教育部哲學社會科學研究重大課題攻關項目

「十一五」國家重點圖書出版規劃項目·重大工程出版規劃
國家社會科學基金重大項目
北京大學「九八五工程」重點項目

儒藏

精華編二册
經部易類

儒藏

精華編

北京大學《儒藏》編纂中心

《儒藏》精華編第二册

首席總編纂　季羡林

項目首席專家　湯一介

總　編　纂　湯一介　龐　樸　孫欽善　安平秋　（按年齡排序）

本册主編　劉大鈞　林忠軍

《儒藏》精華編凡例

一、中國傳統文化以儒家思想爲中心。《儒藏》爲儒家經典和反映儒家思想、體現儒家經世做人原則的典籍的叢編。收書時限自先秦至清代結束。

二、《儒藏》精華編爲《儒藏》的一部分，選收《儒藏》中的精要書籍。

三、《儒藏》精華編所收書籍，包括傳世文獻和出土文獻。傳世文獻按《四庫全書總目》經史子集四部分類法分類，大類、小類基本參照《中國叢書綜録》和《中國古籍善本書目》，於個別處略作調整。凡單書已收入入選的個人叢書或全集者，僅存目録，並注明互見。出土文獻單列爲一個部類，原件以古文字書寫者一律收其釋文文本。韓國、日本、越南儒學者用漢文寫作的儒學著作，編爲海外文獻部類。

四、所收書籍的篇目卷次，一仍底本原貌，不選編，不改編，保持原書的完整性和獨立性。

五、對入選書籍進行簡要校勘。以對校爲主，確定内容完足、精確率高的版本爲底本，精選有校勘價值的版本爲校本。出校堅持少而精，以校正誤爲主，酌校異同。校記力求規範、精煉。

六、根據現行標點符號用法，結合古籍標點通例，進行規範化標點。專名號除書名號用角號（《》）外，其他一律省略。

七、對較長的篇章，根據文字内容，適當劃分段落。正文原已分段者，不作改動。千字以内的短文一般不分段。

八、各書卷端由整理者撰寫《校點説明》，簡要介紹作者生平、該書成書背景、主要内容及影響，以及整理時所確定的底本、校本（舉全稱後括注簡稱）及其他有關情況。重複出現的作者，其生平事蹟按出現順序前詳後略。

九、本書用繁體漢字豎排，小注一律排爲單行。

《儒藏》精華編第一册

經部　易類

周易正義

〔唐〕孔穎達 等撰

趙榮波 校點

目録

校點説明

《周易正義》是唐初《五經正義》之一，採用魏王弼、晉韓康伯注本，由孔穎達等人作疏，是唐代最重要的易學典籍，對唐代及後世易學産生了深遠的影響。孔穎達（五七四——六四八），字沖遠（一字仲達），冀州衡水（今河北衡水）人。孔氏明五經，兼善算曆，尤通王弼《易》。入唐後，歷任文學館學士、國子博士、國子司業、國子祭酒等職，爵爲曲阜縣男，後爵爲子，卒賜太常卿。所撰《周易正義序》云：「今既奉敕删定，考案其事，必以仲尼爲宗；義理可詮，先以輔嗣爲本。去其華而取其實，欲使信而有徵。」足見孔氏等易學試圖融匯儒道，重義理而不輕象數的「糾偏」學術傾向，力圖釐正當時「儒學多門，章句繁雜」的學術狀況。《周易正義》雖然爲王、韓之注作疏，但是孔氏等人在疏注過程中有選擇地吸收了幾十家前代易學家的觀點，並提出了「不可一例求之，不可一類取之」的詮釋原則，對兩漢、魏晉、南北朝以來的易學成果進行了一次大總結。

羣經注疏，以單疏本爲最古。南宋以前，經與注疏各單行，南渡以後始有合刻本。此次《周易正義》的校點整理，以北宋端拱元年（九八八）孔維等奉敕校勘、國子監刊刻的十四卷單疏本爲底本，「此宋槧之最古者」（翁方綱跋語）。關於該本的流傳，傅增湘先生在《宋監本周易正義跋》中已有説明。又據傅先生推斷，此本爲南宋紹興年間覆刻本。校本則採用劉承幹嘉業堂叢書《周易正義》（十四卷單疏本，係日傳鈔本，簡稱「嘉本」）和阮元校刻《十三經注疏》（上卷，中華書局一九七九年影印本，簡稱「阮本」）；並參校以影印文淵閣《四庫全書》本（簡稱「四庫本」）。原書無目録，今據正文增補。

校點人　趙榮波

五經正義表

臣无忌等言：臣聞混元初闢，三極之道分焉；醇德既醨，六籍之文著矣。於是龜書浮於温洛，爰演九疇；龍圖出於滎河，以彰八卦。故能範圍天地，埏埴陰陽，道濟四溟，知周萬物。所以七教八政，垂炯誡於百王；五始六虚，貽徽範於千古。詠歌明得失之跡，雅頌表興廢之由。寔刑政之紀綱，乃人倫之隱括。昔雲官司契之后，火紀建極之君，雖步驟不同，質文有異，莫不開兹膠序，樂以典墳，敦稽古以弘風，闡儒雅以立訓，啓含靈之耳自，❶贊神化之丹青。姬孔發揮於前，荀孟抑揚於後。馬鄭迭進，成均之望鬱興；蕭戴同昇，石渠之業愈峻。歷夷險其教不隊，經隆替其道彌尊。斯乃邦家之基，王化之本者也。伏惟皇帝陛下得一繼明，通三撫運，乘天地之正，齊日月之暉。敷四術而緯俗經邦，蘊九德而辨方軌物。御紫宸而訪道，坐玄扈以裁仁。化被丹澤，政洽幽陵。三秀六穗之祥，府无虚月；集囿巢閣之瑞，史不絶書。照金鏡而泰階平，運玉衡而景宿麗。可謂鴻名軼於軒昊，茂績冠於勳華。而垂拱无爲，遊心經典，以爲聖教幽賾，妙理深玄，訓詁紛綸，文疏踳駮。先儒競生別見，後進争出異端，未辨三豕之疑，莫袪五日之惑。故祭酒上護軍曲阜縣開國子孔穎達，宏才碩學，名振當時，貞觀年中，奉勑修撰。雖加討覈，尚有未周，爰降絲綸，更令刊定。

❶「自」，依文意當作「目」。

勑太尉揚州都督監修國史上柱國趙國公臣无忌，司空上柱國英國公臣勣，尚書左僕射兼太子少師監修國史上柱國燕國公臣志寧，尚書右僕射兼太子少傅監修國史上護軍曲阜縣開國公臣行成，光禄大夫侍中兼太子少保監修國史上護軍蓨縣開國公臣季輔，光禄大夫吏部尚書監修國史上柱國河南郡開國公臣褚遂良，銀青光禄大夫守中書令監修國史上騎都尉臣柳奭，前諫議大夫弘文館學士臣谷那律，國子博士弘文館學士臣劉伯莊，朝議大夫國子博士臣王德韶，朝散大夫行大學博士臣賈公彦，朝散大夫行大學博士弘文館直學士臣范義頵，朝散大夫行太常博士臣柳宣通，直郎大學博士臣齊威，宣德郎守國子助教臣史士弘，宣德郎守大學博士臣孔志約，右内率府長史弘文館直學士臣薛伯珍，大學助教臣鄭祖玄，徵事郎守大學助教臣隨德素，徵事郎守四門博士臣趙君贊，承務郎守大學助教臣周玄達，承務郎守四門助教臣李玄植，儒林郎守四門助教臣王真儒等，上稟宸旨，傍摭羣書，釋左氏之膏肓，翦古文之煩亂，探曲臺之奥趣，索連山之玄言，囊括百家，森羅萬有。比之天象，與七政而長懸；方之地軸，將五嶽而永久。筆削已了，繕寫如前。臣等學謝伏恭，業慙張禹，雖罄庸淺，懼乖典正，謹以上聞，伏增戰越。謹言。

永徽四年二月二十四日太尉揚州都督上柱國趙國公臣无忌等上

周易正義序

夫易者，象也。爻者，效也。聖人有以仰觀俯察，象天地而育羣品，雲行雨施，效四時以生萬物。若用之以順，則兩儀序而百物和；若行之以逆，則六位傾而五行亂。故王者動必則天地之道，不使一物失其性；行必叶陰陽之宜，不使一物受其害。故能彌綸宇宙，酬酢神明。宗社所以无窮，風聲所以不朽。非夫道極玄妙，孰能與於此乎？斯乃乾坤之大造，生靈之所益也。若夫龍出於河，則八卦宣其象；麟傷於澤，則「十翼」彰其用。業資九聖，❶時歷三古。及秦亡金鏡，未墜斯文；漢理珠囊，重興儒雅。其傳《易》者，西都則有丁、孟、京、田，東都則有荀、劉、馬、鄭，大體更相祖述，非有絶倫。唯魏世王輔嗣之注獨見古今，❷所以江左諸儒並傳其學，河北學者罕能及之。其江南義疏，十有餘家，皆辭尚虛玄，義多浮誕。原夫易理難窮，雖復「玄之又玄」，至於垂範作則，便是「有而教有」。若論住內住外之空，就能就所之說，斯乃義涉於釋氏，非爲教於孔門也。既背其本，又違於注。至若《復》卦云「七日來復」，並解云：「『七日』當爲『七月』，謂陽氣從五月建午而消，至十一月建子始復，所歷七辰，故云『七月』。」今案：輔嗣注云：「陽氣始剝盡至來復時，凡『七日』。」則是陽氣剝盡之後，凡經「七日」始復，但陽氣雖建午始消，至建戌之月陽氣猶在，何

❶「九」，嘉本同，阮本作「凡」。阮校云：毛本、足利本、寫本作「九」。

❷「見」，嘉本、四庫本、阮本均作「冠」。

得稱「七月來復」？故鄭康成引《易緯》之說：建戌之月，以陽氣既盡，建亥之月，純陰用事，至建子之月，陽氣始生，隔此純陰一卦，卦主六日七分，舉其成數言之，而云「七日來復」。仲尼之《緯》分明，輔嗣之注若此，康成之說遺跡可尋。輔嗣注之於前，諸儒背之於後。考其義理，其可通乎？又《蠱》卦云「先甲三日，後甲三日」，輔嗣注云「甲者創制之令」，又若漢世之時甲令、乙令也。輔嗣又云「令洽」、「乃誅」，故後之三日。又《巽》卦云「先庚三日，後庚三日」，輔嗣注云「申命令謂之庚」，輔嗣又云「甲庚皆申命之謂也」。諸儒同於鄭氏之說，以爲甲者宣令之日，先之三日而用辛也，欲取改辛之義；❶後之三日而用丁也，取其丁寧之義。王氏注意本不如此，而又不顧其注妄作異端。今既奉勅刪定，考案其事，❷必以仲尼爲宗；義理可詮，先以輔嗣爲本。去其華而取其實，欲使信而有徵。其文簡，其理約，寡而制衆，變而能通。仍恐鄙才短見，意未周盡，謹與朝散大夫行大學博士臣馬嘉運、守大學助教臣趙乾叶等對共參議，詳其可否。至十六年，又奉勅與前修疏人及給事郎守四門博士上騎都尉臣蘇德融等對勅使趙弘智覆更詳審，爲之《正義》，凡十有四卷。庶望上裨聖道，下益將來。故序其大略，附之卷首爾。

❶「辛」，嘉本同，四庫本、阮本作「新」。

❷「案」，嘉本同，四庫本、阮本作「察」。

周易正義卷第一

國子祭酒上護軍曲阜縣
開國子臣孔穎達奉勑撰

自此下分爲八段

第一論「易」之三名

正義曰：夫「易」者，變化之摠名，改换之殊稱。自天地開闢，陰陽運行，寒暑迭來，日月更出，孚萌庶類，亭毒羣品，新新不停，生生相續，莫非資變化之力、换代之功。然變化運行在陰陽二氣，故聖人初畫八卦，設剛柔兩畫，象二氣也；布以三位，象三才也。謂之爲「易」，取變化之義，既義摠變化，而獨以「易」爲名者，《易緯乾鑿度》云：「易」一名而含三義。所謂易也，變易也，不易也。又云：「易」者，其德也。光明四通，簡易立節，天以爛明，❶日月星辰，布設張列，通精无門，藏神无穴，不煩不擾，澹泊不失，此其「易」也。「變易」者，其氣也。天地不變，不能通氣，五行迭終，四

❶ 「爛」，嘉本、阮本同。阮校云寫本作「烱」。

時更廢，君臣取象，變節相移，能消者息，必專者敗，此其「變易」也。「不易」者，其位也。天在上，地在下，君南面，臣北面，父坐子伏，此其「不易」也。鄭玄依此義作《易贊》及《易論》，云「易」一名而含三義。「易簡」一也；「變易」二也；「不易」三也。故《繫辭》云「乾坤，其易之緼邪」，又云「易之門户邪」，又云「夫乾，確然示人易矣；夫坤，隤然示人簡矣。易則易知，簡則易從」，此言其易簡之法則也。又云「爲道也屢遷，變動不居，周流六虚，上下无常，剛柔相易，不可爲典要，唯變所適」，此言順時變易，出入移動者也。又云「天尊地卑，乾坤定矣。卑高以陳，貴賤位矣。動静有常，剛柔斷矣」，此言其張設布列不易者也。崔覲、劉貞□簡等並用此義云：❶「易」者，謂生生之德，有易簡之義；「不易」者，言天地定位，不可相易；「變易」者，謂生生之道，變而相續，皆以《緯》稱「不煩不擾，澹泊不失」，此明是「易簡」之義，无爲之道。故「易」者易也，作難易之音。而周簡子云「易」者，易音亦也，不易也，變易也。「易」者易代之名，凡有无相代，彼此相易，皆是「易」義。「不易」者，常體之名，有常有體，无常无體，是「不易」之義。「變易」者，相變改之名，兩有相變，此爲「變易」。張氏、何氏並用此義云：「易」者，换代之名，待奪之義。因於《乾鑿度》云「易者其德也」，或没而不論，或云德者得也。萬法相形，皆得相易。不顧《緯》文「不煩不擾」之言，所謂用其文而背其義，何不思之甚。故今之所用同鄭康成等。「易」者易也，音爲難易之音，義爲簡易之義，得《緯》文之本實也。蓋「易」之三義，唯在於有，然有

❶「□」，四庫本、阮本無空格。阮校云：寫本「簡」上有「周」字。

從无出，理則包无。故《乾鑿度》云「夫有形者生於无形，則乾坤安從而生？故有太易，有太初，有太始，有太素。太易者，未見氣也。太初者，氣之始也。太始者，形之始也。太素者，質之始也。氣、形、質具而未相離謂之渾沌。渾沌者，言萬物相渾沌而未相離也。視之不見，聽之不聞，循之不得，故曰『易』也」，是知易理備包有无，而易象唯在於有者，蓋以聖人作《易》，本以垂教，教之所備，本備於有。故《繫辭》云「形而上者謂之道」，道即无也；「形而下者謂之器」，器即有也。故以无言之存乎道體，以有言之存乎器用，以變化言之存乎其神，以生成言之存乎其易，以真言之存乎其性，以邪言之存乎其情，以氣言之存乎陰陽，以質言之存乎爻象，以教言之存乎精義，以人言之存乎景行，此等是也。且「易」者象也，物无不可象也。作《易》所以垂教者，即《乾鑿度》云：「孔子曰：上古之時，人民无別，羣物未殊，未有衣食器用之利，伏犧乃仰觀象於天，俯觀法於地，中觀萬物之宜，於是始作八卦，以通神明之德，以類萬物之情。故『易』者，所以斷天地，❶理人倫而明王道。是以畫八卦，建五氣以立五常之行，象法乾坤、順陰陽以正君臣、父子、夫婦之義，度時制宜作爲罔罟，以佃以漁，以贍民用。於是人民乃治，君親以尊，臣子以順，羣生和洽，各安其性。」此其作《易》垂教之本意也。

第二論重卦之人

《繫辭》云：「河出圖，洛出書，聖人則之。」又《禮緯含文嘉》曰：「伏犧德合上下，天應以鳥獸文章，地應以河圖洛書，伏犧

❶「斷」，嘉本、阮本同。明錢叔寶本《乾鑿度》作「繼」。

則而象之，乃作八卦。」故孔安國、馬融、王肅、姚信等並云：伏犧得河圖而作《易》。是則伏犧雖得河圖，復須仰觀俯察以相參正，然後畫卦。伏犧初畫八卦，萬物之象皆在其中。故《繫辭》曰「八卦成列，象在其中矣」是也。雖有萬物之象，其萬物變通之理猶自未備，故因其八卦而更重之。卦有六爻，遂重爲六十四卦也。《繫辭》曰「因而重之，爻在其中矣」是也。然重卦之人，諸儒不同，凡有四説：王輔嗣等以爲伏犧重卦，鄭玄之徒以爲神農重卦，孫盛以爲夏禹重卦，史遷等以爲文王重卦。其言夏禹及文王重卦者，案《繫辭》，神農之時已有蓋取諸益與噬嗑，❶以此論之，不攻自破。其言神農重卦亦未爲得，今以諸文驗之：案《説卦》云：「昔者聖人之作《易》也，幽贊於神明而生蓍。」凡言「作」者，「創造」之謂也，神農以後便是述脩，不可謂之「作」也，則「幽贊用蓍」謂伏犧矣。故《乾鑿度》云：「垂皇策者犧。」上《繫》論用蓍云：「四營而成易，十有八變而成卦。」既言聖人作《易》，十八變成卦，明用蓍在六爻之後，非三畫之時。伏犧用蓍，即伏犧已重卦矣。《説卦》又云：「昔者聖人之作《易》也，將以順性命之理。是以立天之道曰陰與陽，立地之道曰柔與剛，立人之道曰仁與義，兼三材而兩之，故《易》六畫而成卦。」既言聖人作《易》「兼三材而兩之」，又非神農始重卦矣。又上《繫》云：「《易》有聖人之道四焉：以言者尚其辭，以動者尚其變，以制器者尚其象，以卜筮者尚其占。」此之四事皆在六爻之後，何者？三畫之時未有「彖」、「繇」，不得有「尚其辭」。因而重之，始有變動，三畫不動，不得有

❶「諸」，嘉本同，四庫本、阮本無「諸」字。

「尚其變」。揲蓍布爻方用之卜筮，蓍起六爻之後，三畫不得有「尚其占」。自然中閒「以制器者尚其象」亦非三畫之時。今伏犧結繩而爲罔罟，則是制器，明伏犧已重卦矣。又《周禮》小史「掌三皇五帝之書」，❶明三皇已有書也。下《繫》云：「上古結繩而治，後世聖人易之以書契，蓋取諸夬。」既象夬卦而造書契，伏犧有書契則有夬卦矣。故孔安國《書序》云：「古者伏犧氏之王天下也，始畫八卦，造書契以代結繩之政。」又曰「伏犧、神農、皇帝之書謂之《三墳》」是也。又八卦小成，爻象未備，重三成六，能事畢矣。若言重卦起自神農，其爲功也，豈比《繫辭》而已哉！何因《易緯》等數所歷三聖，但云伏犧、文王、孔子，竟不及神農，明神農但有蓋取諸益，不重卦矣。故今依王輔嗣，以伏犧既畫八卦，即自重爲六十四卦爲得其實。其重卦之意備在《説卦》，此不具叙。伏犧之時道尚質素，畫卦重爻足以垂法。後代澆訛，德不如古，爻象不足以爲教，故作《繫辭》以明之。

第三論三代《易》名

案：《周禮》「太卜」、「三易」云：「一曰《連山》，二曰《歸藏》，三曰《周易》。」杜子春云：「《連山》，伏犧；《歸藏》，黄帝。」鄭玄《易贊》及《易論》云：「夏曰《連山》，殷曰《歸藏》，周曰《周易》。」鄭玄又釋云：「『連山』者，象山之出雲連連不絶；『歸藏』者，萬物莫不歸藏於其中；『周易』者，言易道周普，无所不備。」鄭玄雖有此釋，更无所據之文。先儒因此遂爲文質之義，皆煩而无用，今所不取。案《世譜》等羣書：神農

❶ 「小史」云，嘉本、阮本同。據《周禮》，外史「掌三皇五帝之書」。

一曰「連山氏」，亦曰「列山氏」；黄帝一曰「歸藏氏」。既「連山」、「歸藏」並是代號，則《周易》稱「周」，取岐陽地名。毛《詩》云「周原膴膴」，是也。又文王作《易》之時，正在羑里，周德未興，猶是殷世也，故題「周」，别於殷。以此，文王所演，故謂之《周易》，其猶《周書》、《周禮》，題「周」以别餘代。故《易緯》云「因代以題周」，是也。❶先儒又兼取鄭説云：「既指周代之名，亦是普徧之義。」雖欲无所遐棄，亦恐未可盡通。其《易》題「周」，因代以稱「周」，是先儒更不别解。唯皇甫謐云：「文王在羑里演六十四卦，著七、八、九、六之爻，謂之《周易》。」以此，文王安「周」字。其《繫辭》之文，《連山》、《歸藏》无以言也。

第四論卦辭爻辭誰作

其《周易·繫辭》凡有二説。一説所以卦辭爻辭並是文王所作。知者。案《繫辭》云：「《易》之興也，其於中古乎？作《易》者其有憂患乎？」又曰：「《易》之興也，其當殷之末世、周之盛德邪？當文王與紂之事邪？」又《乾鑿度》云：「垂皇策者犧，卦道演德者文，成命者孔。」《通卦驗》又云：「蒼牙通靈昌之成，孔演命明道經。」準驗此諸文，伏犧制卦、文王繫辭、孔子作「十翼」，《易》歷三聖，只謂此也。故史遷云「文王囚而演《易》」，即是「作《易》者其有憂患乎」。鄭學之徒並依此説也。二以爲驗爻辭多是文王後事。案《升》卦六四「王用亨於岐山」，武王剋殷之後，始追號文王爲王。若爻辭是文王所制，不應云「王用亨於岐山」。又《明夷》六五「箕子之明夷」，武王觀兵之後，箕子始被囚奴，文

❶「周」，阮本同。嘉本無此字，校勘記云：「周字不當有。」其底本日本足利學校所藏寫本無此「周」字。

王不宜豫言「箕子之明夷」。又《既濟》九五「東鄰殺牛不如西鄰之禴祭」，説者皆云「西鄰謂文王，東鄰謂紂」。文王之時，紂尚南面，豈容自言己德受福勝殷？又欲抗君之國，遂言東西相鄰而已。又《左傳》韓宣子適魯，見《易象》，云：「吾乃知周公之德。」周公被流言之謗，亦得爲憂患也。驗此諸説，以爲卦辭文王，爻辭周公。馬融、陸績等並同此説，今依而用之。所以只言三聖不數周公者，以父統子業故也。案《禮稽命徵》曰：「文王見禮壞樂崩，道孤无主，故設禮經三百，威儀三千。」其「三百」、「三千」，即周公所制《周官》、《儀禮》。明文王本有此意，周公述而成之，故繫之文王。然則《易》之爻辭，蓋亦是文王本意，故《易緯》但言「文王」也。

第五論分上下二篇

案《乾鑿度》云：「孔子曰：陽三陰四，位之正也。」故《易》卦六十四，分爲上下而象陰陽也。夫陽道純而奇，故上篇三十所以象陽也。陰道不純而偶，故下篇三十四所以法陰也。乾、坤者，陰陽之本始，萬物之祖宗，故爲上篇之始而尊之也。離爲日，坎爲月，日月之道，陰陽之經，所以始終萬物，故以坎、離爲上篇之終也。咸、恒者，男女之始、夫婦之道也。人道之興必由夫婦，所以奉承祖宗爲天地之主，故爲下篇之始而貴之也。既濟、未濟爲最終者，所以明戒慎而全王道也。以此言之，則上下二篇，文王所定，夫子作緯以釋其義也。

第六論夫子「十翼」

其《彖》、《象》等「十翼」之辭，以爲孔子所作，先儒更无異論，但數「十翼」亦有多家。既文王《易經》，本分爲上、下二篇，則區域各別。《彖》、《象》釋卦亦當隨經而分。故一家數「十翼」云：上《彖》一，下《彖》二，上《象》三，下《象》四，上《繫》五，下《繫》六，《文言》七，《説卦》八，《序卦》九，《雜卦》十。鄭學之徒並同此説，故今亦依之。

第七論傳《易》之人

孔子既作「十翼」，易道大明，自商瞿已後傳授不絶。案《儒林傳》云：「商瞿子木本受《易》於孔子，以授魯橋庇子庸，子庸授江東馯臂子弓，子弓授燕周醜子家，子家授東武孫虞子乘，子乘授齊田何子莊。及秦燔書，《易》爲卜筮之書，獨得不禁，故傳授者不絶。漢興，田何授東武王同子中及雒陽周王孫、梁人丁寬、齊服生，皆著《易傳》數篇。同授菑川楊何，字叔元，叔元傳京房，京房傳梁丘賀，賀授子臨，臨授御史大夫王駿。其後丁寬又别授田王孫，孫授施讎，讎授張禹，禹授彭宣。」此前漢大略傳授之人也。其後漢則有馬融、荀爽、鄭玄、劉表、虞翻、陸績等及王輔嗣也。

第八論誰加「經」字

但《子夏傳》云：「雖分爲上下二篇，未有『經』字，『經』字是後人所加，不知起自誰始。」案：前漢孟喜《易》本云「分上下二經」，是孟喜之前已題「經」字。其篇題「經」字雖起於後，其稱「經」之理則久在於前。故《禮記·經解》云：「絜静精微，易教也。」既在《經解》之篇，是《易》有稱「經」之理。案，《經解》之篇備論六藝，則《詩》、《書》、《禮》、《樂》並合稱經。而《孝經緯》稱《易》建八卦，序六十四卦，轉成三百八十四爻，運機布度，其氣轉易，故稱「經」也。但《緯》文鄙僞，不可全信。其八卦方位之所，六爻上下之次，七八九六之數，内外承乘之象，入《經》别釋，此未具論也。

周易正義卷第一

計五千三百六十七字

周易正義卷第一

國子祭酒上護軍曲阜縣
開國子臣孔穎達奉勅撰

☰ 乾下乾上 乾，元亨利貞。正義曰：「乾」者，此卦之名。謂之卦者，《易緯》云：「卦者，掛也。言懸掛物象以示於人，故謂之卦。」但二畫之體，雖象陰陽之氣，未成萬物之象，未得成卦，必三畫以象三才，寫天、地、雷、風、水、火、山、澤之象，乃謂之卦也。故《繫辭》云「八卦成列，象在其中矣」是也。但初有三畫，雖有萬物之象，於萬物變通之理猶有未盡，故更重之而有六畫，備萬物之形象，窮天下之能事，故六畫成卦也。此乾卦本以象天，天乃積諸陽氣而成天，故此卦六爻皆陽畫成卦也。此既象天，何不謂之「天」而謂之「乾」者，「天」者定體之名，「乾」者體用之稱，故《説卦》云「乾，健也」，言「天」之體以健爲用。聖人作《易》，本以教人，欲使人法天之用，不法天之體，故名「乾」不名「天」也。天以健爲用者，運行不息，應化無窮，此天之自然之理，故聖人當法此自然之象而施人事，亦當應物成務，云爲不已，「終日乾乾」無時懈倦，所以因天象以教人事。於物象言之，則純陽也，天也。於人事言之，則君也，父也。以其居尊，故在諸卦之首，爲易理之初。但聖人名卦，體例不同，或則以物象而爲卦名者，若否、泰、剥、頤、鼎之屬是也，或以象之所用而爲卦名者，即乾、坤之屬是也，如此之類多矣。雖取物象，乃以人事而爲卦名者，即家人、歸妹、謙、履之屬是也。所以如此不同者，但物有萬象，人有萬事，若執一事，不可包萬物之象；若限局一象，不可摠萬有之事。故名有隱顯，辭有踳駁，不可一例求之，不可一類取之。故《繫辭》云：「上下無常，剛柔相易，不可爲典要。」韓康伯注云「不可立定準」是也。「元亨利貞」者，是乾之「四德」也。《子夏傳》云：「元，始也；亨，通也；利，和也；貞，正也。」言此卦之德有純陽之性，自然能以陽氣始生萬物而得元始亨通，能使物性和諧各有其利，又能使物堅固貞正得終。此卦自然令物有此四種使得其所，故謂之「四德」。言聖人亦當法此卦而行善道以長萬物，物得生存而爲「元」也。又當以嘉美之事會合萬物，令使開通而爲「亨」也。又當以義協和萬物，使物各得其理而爲「利」也。又當以貞固幹事，使物各得其正而爲「貞」也。是以聖人法乾而行此「四德」，故曰「元亨利貞」。其委曲條例，備在《文言》。

初九，潛龍勿用。正義曰：居第一之位故稱「初」，以其陽爻故稱「九」。「潛」者，隱伏之名，「龍」者，變化之物。言天之自然之氣起於建子之月，陰氣始盛，陽氣潛在地下，故言初九「潛龍」也，此自然之象。聖人作法，言於此潛龍之時，小人道盛，聖人雖有龍德，於此時唯宜潛藏，勿可施用，故言「勿用」。張氏云：「以道未可行，故稱『勿用』以誡之。」於此小人道盛之時，若其施用，則爲小人所害。寡不敵衆，弱不勝强，禍害斯及，故誡「勿用」。若漢高祖生於暴秦之世，唯隱居爲泗水亭長，是「勿用」也。諸儒皆以爲舜始漁於雷澤：舜之時當堯之世，堯君在上，不得爲小人道盛。比「潛龍」始起在建子之月，❶於義恐非也。第一位言「初」，第六位當言「終」；第六位言「上」，第一位當言「下」。所以文不同者，莊氏云「下言『初』則上有『末』義。」故《大過·彖》云「棟橈，本末弱」，是上有「末」義。六言「上」，則初當言「下」，故小《象》云「潛龍勿用，陽在下也」，則是，初有「下」義。互文相通，義或然也。且第一言「初」者，欲明萬物積漸，從无入有，所以言「初」，不言「一」與「下」也。六言「上」者，欲見位居卦上，故不言「六」與「末」也。此初九之等，是乾之六爻之辭，但乾卦是陽生之世，故六爻所述，皆以聖人出、處託之。其餘卦六爻，各因象明義，隨義而發，不必皆論聖人。他皆放此。謂之「爻」者，《繫辭》云「爻也者，效此者也」，聖人畫爻以倣效萬物之象。先儒云：後代聖人以「易」占事之時，先用蓍以求數，得數以定爻，累爻而成卦，因卦以生辭，則蓍爲爻卦之本，爻卦爲蓍之末。今案：《説卦》云：「聖人之作《易》也，幽贊於神明而生蓍，三天兩地而倚數，觀變於陰陽而立卦，發揮於剛柔而生爻。」《繫辭》云：「成天下之亹亹者莫大乎蓍龜，是故天生神物，聖人則之。」又《易乾鑿度》云：「垂皇策者犧。」據此諸文，皆是用蓍以求卦。先儒之説，理當然矣。然陽爻稱「九」，陰爻稱「六」，其説有二：一者，乾體有三畫，坤體有六畫，陽得兼陰，故其數「九」，陰不得兼陽，故其數「六」；二者，老陽數九，老陰數六，老陰、老陽皆變，《周易》以變者爲占。故杜元凱注襄九年《傳》「遇艮之八」，及鄭康成注《易》，皆稱《周易》以變者爲占，故稱九、稱六。所以「老陽數九，老陰數六」者，以揲蓍之數，九遇揲則得老陽，六遇

❶「比」，嘉本、阮本作「此」。

揲則得老陰。其少陽稱七，少陰稱八，義亦準此。張氏以爲：陽數有七有九，陰數有八有六，但七爲少陽，八爲少陰，質而不變，爲爻之本體。九爲老陽，六爲老陰，文而從變，故爲爻之別名。且七既爲陽爻，其畫已長。今有九之老陽，不可復畫爲陽，所以重錢，❶避少陽七數，故稱「九」也。八爲陰數而畫陰爻，今六爲老陰，不可復畫陰爻，故交其錢，避八而稱六。但《易》含萬象，所託多塗，義或然也。

九二，「見龍」至「大人」。正義曰：陽處二位，故曰「九二」。陽氣發見，故曰「見龍」。田是地上可營爲有益之處，陽氣發在地上，故曰「在田」。且一之與二俱爲地道，二在一上，所以稱「田」。「見龍在田」是自然之象，「利見大人」，以人事託之。言龍見在田之時，猶似聖人久潛稍出，雖非君位而有君德，故天下衆庶利見九二之「大人」。故先儒云：若夫子教於洙泗，利益天下，有人君之德，故稱「大人」。案：《文言》云「九二德博而化」，又云「君德也」，王輔嗣注云「雖非君位，君之德也」，是九二有人君之德，所以稱「大人」也。輔嗣又云「利見大人，唯二五焉」，是二之與五俱是「大人」，爲天下所「利見」也。而褚氏、張氏同鄭康成之説，皆以爲九二利見九五之大人，其義非也。且「大人」之文不專在九五與九二，故《訟》卦云「利見大人」，又《蹇》卦「利見大人」，此「大人」之文施處廣矣，故輔嗣注謂「九二」也。是「大人」非專九五。○注云「出潛」至「五焉」。正義曰：「處於地上，故曰在田」者，先儒以爲重卦之時，重於上下兩體，故初與四相應，二與五相應，三與上相應，是上下兩體論天地人各別。但《易》含萬象，爲例非一。及其六位，則一、二爲地道，三、四爲人道，五、上爲天道。二在一上，是九二處於地上，❷所田食之處唯在地上，所以稱「田」也。觀輔嗣之注，意唯取地上稱「田」，諸儒更廣而稱之，言田之耕稼，利益及於萬物，盈滿有益於人，猶若聖人益於萬物，故稱「田」也。「德施周普」者，下小《象》文謂周而普徧。「居中不偏」者，九二居在下卦之中，而於上於下，其心一等，是「居中不偏」也。不偏則周普也。「雖非君位」者，二爲大夫，❸已居二位，是非君位也。「君之德」者，以德施周普也。《文言》云「德博而化」，又云「君德也」，是九二有人君之德也。「初則不彰」者，謂

❶ 「錢」，阮校云：閩、監、毛本「錢」改「體」。下「故交其錢」之「錢」字同。
❷ 「於」，阮本作「其」。
❸ 「夫」，嘉本、阮本作「人」。

潛隱不彰顯也。「三則乾乾」者，危懼不安也。「四則或躍」者，謂進退懷疑也。「上則過亢」，過謂過甚，亢謂亢極。「利見大人，唯二、五焉」者，言此據乾之一卦，❶故云「唯二、五焉」。於別卦言之，非唯二、五而已，故《訟》卦、《蹇》卦並云「利見大人」。所以施處廣，非唯二、五也。諸儒以爲：九二當太蔟之月，陽氣發見，則九三爲建辰之月，九四爲建午之月，九五爲建申之月，爲陰氣始殺，不宜稱「飛龍在天」。上九爲建戌之月，羣陰既盛，上九不得言「與時偕極」。於此時陽氣僅存，何極之有？諸儒此説於理稍乖。此乾之陽氣漸生，似聖人漸出，宜據十一月之後，至建巳之月已來。此九二當據建丑、建寅之間，於時，地之萌牙，初有出者，即是陽氣發見之義。乾卦之象，其應然也。但陰陽二氣共成歲功，故陰興之時仍有陽在，陽生之月尚有陰存，所以六律、六吕，陰陽相間，取象論義，與此不殊。乾之初九則與復卦不殊，乾之九二又與臨卦无別。何以復、臨二卦與此不同者，但《易》論象，復、臨二卦既有羣陰見象於上，即須論卦之象義，各自爲文。此乾卦初九、九二只論居位一爻，无羣陰見象，故但自明當爻之理。❷爲此，與臨、復不同。

九三，「君子」至「无咎」。正義曰：以陽居三位故稱「九三」，以居不得中故不稱「大人」，陽而得位故稱「君子」。在憂危之地，故「終日乾乾」，言每恒終竟此日，健健自强，勉力不有止息。「夕惕」者，謂終竟此日後至向夕之時，猶懷憂惕。「若厲」者，若，如也，厲，危也。言尋常憂懼，恒如傾危乃得无咎。謂既能如此戒慎則无罪咎，如其不然則有咎，故《繫辭》云「无咎者，善補過也」。此一爻，因陽居九三之位，皆以人事明其象。○注「處下」至「之災」。正義曰：「處下體之極」者，極，終也。三是上卦之下，下體之極，故云「極」也。又云「居上體之下」者，四、五與上是上體，三居四下，未入上體，但居上體之下，四則已入上體，但居其上體之下，故九四注云「居上體之下」，與此別也。云「履重剛之險」者，上下皆有陽爻，剛强好爲險難，故云「履重剛之險」。云「上不在天，未可以安其尊」者，若在天位，其尊自然安處，在上卦之下，雖在下卦之上，其尊未安，故云「未可以安其尊」也。「下不在田，未可以寧其居」者，田是所居之處，又是中和之所，既不在田，故不得安其居。「純脩下道則居上之德廢」

❶「此據」，嘉本同，阮本作「範模」。
❷「理」，嘉本同，阮本作「地」。

者，言若純脩下道以事上卦，則已居下卦之上，其德廢壞，言其太卑柔也。「純脩上道則處下之禮曠」者，曠謂空曠，言已純脩居下卦之上道，以自驕矜，則處上卦之下，其禮終竟空曠。「夕惕猶若厲也」者，言雖至於夕，恒懷惕懼猶如未夕之前，常若厲也。案：此卦九三所居之處，實有危厲。又《文言》云「雖危无咎」，是實有危也。據其上下文勢，「若」字宜爲語辭，但諸儒並以「若」爲「如」，「如似」有厲，是實无厲也，理恐未盡。今且依「如」解之。「因時而惕，不失其幾」者，「因時」謂因可憂之時，故《文言》云「因時而惕」，又云「知至至之，可與幾也」，是「因時而惕，不失其幾」也。「雖危而勞」者，「若厲」是「雖危」，「終日乾乾」是「而勞」也。「故竭知力而後免於咎」者，王以九三與上九相並，❶九三處下卦之極，其位猶卑，故竭知力而得免咎也。上九在上卦之上，其位極尊，雖竭知力不免亢極。言下勝於上，卑勝於尊。

九四，或躍在淵，无咎。正義曰：「或」，疑也；「躍」，跳躍也。言九四陽氣漸進，似若龍體欲飛，猶疑或也。躍在於淵，❷未即飛也。此自然之象，猶若聖人位漸尊高，欲進於王位，猶豫遲疑，在於故位，未即進也。云「无咎」者，以其遲疑進退，不即果敢以取尊位，故「无咎」也。若其貪利務進，時未可行而行，則物所不與，故有咎也。若周西伯内執王心、外率諸侯以事紂也。○注「去下體」至「无咎也」。正義曰：「去下體之極」者，離下體入上體但在下體之上，故云「去下體之極」。注九三云「處下體之極」，彼仍處九三，與此别也。云「乾道革之時」者，革，變也，九四去下體入上體是乾道革之時。云「上不在天，下不在田，中不在人」者，《易》之爲體，三與四爲人道，人近在下不近於上，故九四云「中不在人」，異於九三也。云「而无定位所處」者，九四以陽居陰，上既不在於天，下復不在於地，中又不當於人，上下皆无定住所處也。❸「斯誠進退无常之時」者，《文言》云「上下无常」、「進退无恒」是也。「欲進其道，迫乎在下，非躍所及」者，謂欲進己聖道而居王位，但逼迫在下，羣衆未許，非己獨躍所能進及也。「欲静其居，居非所安，遲疑猶豫，未敢決志」者，謂志欲静其居處，百姓既未離禍患，須當拯救，所以不得安居，故遲疑猶豫，未敢決斷其志而苟進也。

❶「王」，阮校云：閩、監、毛本「王」作「正」。
❷「在於」，阮本作「於在」。
❸「住」，嘉本、阮本作「位」。

「用心存公，進不在私」者，本爲救亂除患，不爲於己，是進不在私也。「疑以爲慮，不謬於果」者，謬謂謬錯，果謂果敢，若不思慮，苟欲求進，當錯謬於果敢之事而致敗亡；若疑惑以爲思慮，則不錯謬於果敢之事。其錯謬者，若宋襄公與楚人戰而致敗亡是也。

九五，飛龍在天，利見大人。正義曰：言九五陽氣盛至於天，故云「飛龍在天」。此自然之象，猶若聖人有龍德飛騰而居天位，德備天下，爲萬物所瞻覩，故天下利見此居王位之大人。○注「不行」至「亦宜乎」。正義曰：「龍德在天則大人之路亨」，謂若聖人有龍德居在天位，則大人道路得亨通。猶若文王拘在羑里，是大人道路未亨也。「夫位以德興」者，位謂王位，以聖德之人能興王位也。「德以位叙」者，謂有聖德之人得居王位，乃能叙其聖德。若孔子雖有聖德而无其位，是德不能以位叙也。

上九，亢龍有悔。正義曰：上九亢陽之至天上而極盛，❶故曰「亢龍」。此自然之象，以人事言之，似聖人有龍德上居天位，久而亢極，物極則反，故有悔也。純陽雖極，❷未至大凶，但有悔吝而已。《繫辭》云：「悔吝者，言乎其小疵也。」故鄭引堯之末年，四凶在朝，是以有悔，未大凶也。凡「悔」之爲文，既是小疵，不單稱「悔」也，必以餘字配之。其「悔」若在，則言「有悔」，謂當有此悔，則此經是也。其「悔」若无，則言「悔亡」，言其悔已亡也，若《恒》卦九二「悔亡」是也。其「悔」雖亡，或是更取他文結之，若《復》卦初九「不遠復，无祇悔」之類是也。但聖人至極，終始无虧，故《文言》云「知進退存亡而不失其正者，其唯聖人乎」，是知大聖之人本无此悔。但九五天位，有大聖而居者，亦有非大聖而居者，不能不有驕亢，故聖人設法以戒之也。

用九，見羣龍，无首，吉。正義曰：「用九，見羣龍」者，此一句說「乾元」能用天德也。九，天德也。若體「乾元」，聖人能用天德，則見「羣龍」之義。「羣龍」之義，以「无首」爲吉，故曰「用九，見羣龍，无首，吉」也。○注：「九，天之德也。」正義曰：「九，天之德」者，言六爻俱九，乃共成天德。非是一爻之九，則爲天德也。

《彖》曰，「大哉」至「咸寧」。正義曰：夫子所作《彖》辭，統論一卦之義，或說其卦之德，或說其

❶「天上」，阮本作「大」。
❷「雖」，嘉本作「進」。

卦之義，或說其卦之名，故《略例》云：「彖者，何也？統論一卦之體，明其所由之主。」案：褚氏、莊氏並云：「彖，斷也，斷定一卦之義，所以明爲『彖』也。」但此《彖》釋乾與元亨利貞之德。但諸儒所說此《彖》，分解四德，意各不同。今案：莊氏之說，於理稍密，依而用之。「大哉乾元，萬物資始，乃統天」者，此三句摠釋「乾」與「元」也。「乾」是卦名，「元」是乾德之首，故以元德配乾釋之。「大哉乾元」者，陽氣昊大，乾體廣遠，又以元大始生萬物，故曰「大哉乾元」。「萬物資始」者，釋其「乾元」稱「大」之義，以萬象之物皆資取「乾元」而各得始生，不失其宜，所以稱「大」也。「乃統天」者，以其至健而爲物始，以此乃能統領於天。天是有形之物，以其至健，能摠統有形，是「乾元」之德也。「雲行雨施，品物流形」者，此二句釋「亨」之德也。言乾能用天之德，使雲氣流行，雨澤施布，故品類之物流布成形，各得亨通，无所壅蔽，是其「亨」也。「大明終始，六位時成」者，此二句摠結乾卦之德也。以乾之爲德大明，曉乎萬物終始之道，始則潛伏，終則飛躍，可潛則潛，可飛則飛，是明達乎始終之道，故六爻之位依時而成。若其不明終始之道，應潛而飛，應飛而潛，應生而殺，應殺而生，六位不以時而成也。「時乘六龍，以御天」者，此二句申明「乾元乃統天」之義。言乾之爲德，以依時乘駕六爻之陽氣以控御於天體，「六龍」，即六位之龍也，以所居上下言之謂之六位也，陽氣升降謂之六龍也。上文以「至健」、「元始」摠明乾德，故云「乃統天」也。此明乘駕六龍各分其事，故云「以御天」也。「乾道變化，各正性命」者，此二句更申明「乾元」、「資始」之義。道體无形，自然使物開通，謂之爲「道」。言乾卦之德自然通物，故云「乾道」也。「變」謂後來改前，以漸移改謂之「變」也。「化」謂一有一无，忽然而改謂之爲「化」。言乾之爲道，使物漸變者，使物卒化者，各能正定物之性命。「性」者天生之質，若剛柔、遲速之別；「命」者人所稟受，若貴賤、夭壽之屬是也。「保合大和，乃利貞」者，此二句釋「利貞」也。純陽剛暴，若无和順則物不得利。又失其正，以能保安合會大和之道，乃能利貞於萬物。言萬物得利而貞正也。「首出庶物，萬國咸寧」者，自上已來皆論乾德自然養萬物之道，此二句論聖人上法乾德，生養萬物。言聖人爲君，在衆物之上，最尊高於物。以頭首出於衆物之上，各置君長以領萬國，故萬國皆得寧也。人君位實尊高，故於此云「首出於庶物」者也。志須卑下，故前經云「无首，吉」也。但前文說「乾用天德」，其事既詳，故此文「聖人以人事象乾」於文略也。以此言之，聖人亦當令萬物資始，統領於天位而「雲行雨施」，布散恩澤，使兆庶衆物各流布其形。又大明乎盛衰、終始之道，使天地、四時、貴賤、高下各以時而成。又任用羣賢以奉行聖化，使物各正性命。此聖人所以「象乾而立化」。○注「天也」至「者邪」。正義曰：夫形也者，物之累也。凡有形之物以形爲累，是含生之屬各憂性命。而天地雖復有形，常能永保无虧，爲物之首，豈非統用之者至極健哉？若非至健，何能使天形无累？見其无累，則知「至健」也。「乘變化而御大器」者，乘變化則乘潛龍、飛龍之屬是也；「而御大器」，「大器」謂天也，乘此潛龍、飛龍而控御天體，所以運動不息，故云「而御大器」也。「静專動直，不失大和」者，謂乾之爲體，其静住之時則專一不轉移也，其運動之時則正直不傾邪也。故上《繫辭》云：「夫乾，其静也專，其動也直，是以大生焉。」韓康伯注云：「專，專一也；直，剛正也。」「不失大和」，則下文「保合大和」是也。「豈非正性命之情者邪」，以乾能正定物之性命，故云「豈非正性命之情者邪」，謂物之性命各有情，非天之情也。天本无情，何情之有？而物之性命，各有情也。所禀生者謂之性，隨時念慮謂之情，无識无情，今據有識而言故稱曰「情」也。夫子爲《彖》之體，斷明一卦之義，體例不同。莊氏以爲，凡有一十二體，今則略舉大綱，不可事事繁説。莊氏云「《彖》者發首則歎美卦」者，則此《乾・彖》云「大哉乾元」，《坤卦・彖》云「至哉坤元」，以乾、坤德大，故先歎美之，乃後詳説其義。或有先疊文解義而後歎者，則《豫卦・彖》云「豫之時義大矣哉」之類是也。或有先釋卦名之義後以卦名結之者，則《同人・彖》云「柔得位得中而應乎乾，曰同人」，《大有・彖》云「柔得尊位大中而上下應之，曰大有」之例是也。或有特疊卦名而稱其卦者，則《同人・彖》云「同人曰：同人于野，亨」，注云「同人于野，亨，利涉大川」，非二之所能也。是乾之所行，故特曰「同人曰」。此等之屬爲文不同，唯同人之《彖》特稱「同人曰」，注又别釋。其餘諸卦之《彖》，或詳或略，或先或後，故上下參差，體例不同，或難具解，或易略解。若一一比並，曲生節例，非聖人之本趣，恐牽者之徒勞心不曉也。❶今皆略而不言，必有其義，於卦下而具説。

《象》曰，「天行」至「不息」。正義曰：此大《象》也。「十翼」之中，第三翼揔象一卦，故謂之大《象》。釋爲物之體，自然各有形象，聖人設卦以寫萬物之象。今夫子釋其卦之所象，故言「象曰」。天有純

❶「牽」，嘉本、阮本作「學」。

剛，故有健用。今畫純陽之卦以比擬之，故謂之象。《象》在《彖》後者，《彖》詳而《象》略也。是以「過半」之義，「思」在《彖》而不在《象》，有由而然也。「天行健」者，「行」者運動之稱，「健」者强壯之名，「乾」是衆健之訓。今大《象》不取餘健爲釋，偏説「天」者，萬物壯健皆有衰怠，唯天運動，日過一度，蓋運轉混没，未曾休息，故云「天行健」。「健」是乾之訓也。「順」者坤之訓也，坤則云「地勢坤」。此不言「天行乾」而言「健」者，劉表云「詳其名」也。然則「天」是體名，「乾」是用名，「健」是其訓，三者並見最爲詳悉，所以尊乾異於他卦。凡六十四卦，説象不同：或總舉象之所由，不論象之實體，又總包六爻，不顯上體、下體，則乾、坤二卦是也。或直舉上下二體者，若「雲雷，屯」也，「天地交，泰」也，「天地不交，否」也，「雷電，噬嗑」也，「雷風，恒」也，「雷雨作，解」也，「風雷，益」也，「雷電皆至，豐」也，「洊雷，震」也，「隨風，巽」也，「習坎，坎」也，「明兩作，離」也，「兼山，艮」也，「麗澤，兑」也。凡此一十四卦，皆總舉兩體而結義也。取兩體俱成，或有直舉兩體上下相對者，「天與水違行，訟」也，「上天下澤，履」也，「天與火，同人」也，「上火下澤，睽」也。凡此四卦，或取兩體相違，或取兩體相合，或取兩體上下相承而爲卦也，故兩體相對而俱言也。雖上下二體，共成一卦。或直指上體而爲文者，若「雲上於天，需」也，「風行天上，小畜」也，「火在天上，大有」也，「雷出地奮，豫」也，「風行地上，觀」也，「山附於地，剥」也，「澤滅木，大過」也，「雷在天上，大壯」也，「明出地上，晉」也，「風自火出，家人」也，「澤上於天，夬」也，「澤上於地，萃」也，「風行水上，涣」也，「水在火上，既濟」也，「火在水上，未濟」也。凡此十五卦，皆先舉上象而連於下，亦意取上象以立卦名也。亦有雖意在上象而先舉下象以出上象者，「地上有水，比」也，「澤上有地，臨」也，「山上有澤，咸」也，「山上有火，旅」也，「木上有水，井」也，「木上有火，鼎」也，「山上有木，漸」也，「澤上有雷，歸妹」也，「山上有水，蹇」也，「澤上有水，節」也，「澤上有風，中孚」也，「山上有雷，小過」也。凡此十二卦，皆先舉下象以出上象，亦意取上象共下象而成卦也。或先舉上象而出下象，義取下象以成卦義者，「山下出泉，蒙」也，「地中有水，師」也，「山下有風，蠱」也，「山下有火，賁」也，「天下雷行，无妄」也，「山下有雷，頤」也，「天下有山，遯」也，「山下有澤，損」也，「天下有風，姤」也，「地中有山，謙」也，「澤中有雷，隨」也，「地中生木，升」也，「澤中有火，革」也。凡此十三卦，皆先舉上體後明下體也。其上體是天，天與山則稱「下」也；若上體是地，地與澤則稱「中」也。或有雖先舉下象，稱在上象之下者，若「雷在地中，復」也，「天在山中，大畜」也，「明入地中，明夷」也，「澤无水，困」也。是先舉下象而稱在上象之下，亦義取下象以立卦也。所論之例者皆大判而言之，其間委曲各於卦下別更詳之。先儒所云：此等象辭，或有實象，或有假象。實象者，若「地上有水，比」也，「地中生木，升」也，皆非虛，故言「實」也。假象者，若「天在山中」，「風自火出」，如此之類，實无此象，假而爲義，故謂之「假」也。雖有實象、假象，皆以義示人，摠謂之「象」也。「天行健」者，謂天體之行晝夜不息，周而復始无時虧退，故云「天行健」。此謂天之自然之象。「君子以自彊不息」，此以人事法天所行，言君子之人用此卦象，自彊勉力不有止息。言「君子」者，謂君臨上位，子愛下民，通天子諸侯兼公卿大夫有地者。凡言「君子」，義皆然也。但位尊者象卦之義多也，位卑者象卦之義少也，但須量力而行，各法其卦也，所以諸卦並稱「君子」。若卦體之義唯施於天子，不兼包在下者，則言「先王」也。若《比》卦稱「先王以建萬國」，《豫》卦稱「先王以作樂崇德」，《觀》卦稱「先王以省方觀民設教」，《噬嗑》稱「先王以明罰勑法」，《復》卦稱「先王以至日閉關」，《无妄》稱「先王以茂對時育萬物」，《涣》卦稱「先王以享於帝立廟」，《泰》卦稱「后以財成天地之道」，《姤》卦稱「后以施命誥四方」。稱「后」兼諸侯也，自外卦並稱「君子」。

「潛龍」至「不可久」。正義曰：自此以下至「盈不可久」，是夫子釋六爻之象辭，謂之小《象》。以初九陽潛地中，故云「陽在下也」。經言「龍」而《象》言「陽」者，明經之稱「龍」，則陽氣也。此一爻之象，專明天之自然之氣也。「見龍在田，德施普」者，此以人事言之，用龍德在田，似聖人已出在世，道德恩施能普徧也。比初九「勿用」，是其周普也，若比九五，則猶狹也。「終日乾乾，反復道」者，此亦以人事言之，「君子終日乾乾」，自彊不息，故反之與覆皆合其道。「反」謂進反在上也，處下卦之上能不驕逸，是反能合道也。「覆」謂從上倒覆而下，居上卦之下能不憂懼，是覆能合道也。「或躍在淵，進无咎」者，此亦人事言之。進則跳躍在上，退在潛處在淵，猶聖人疑或而在於貴位也。心所欲進，意在於公，非是爲私，故「進无咎」也。「飛龍在天，大人造」者，此亦人事言之。「飛龍在天」，猶聖人之在王位。「造」，爲也，唯大人能爲之而成就也。姚信、陸績之屬皆以「造」爲「造至」之「造」。今案：《象辭》皆上下爲韻，則姚信之義，其讀非也。「亢龍有悔，盈不可久」者，此亦人事言之。九五是盈也，盈而不已則至上九而致亢極，有悔恨也，故云「盈不可久」也。但此六爻象辭，第一爻言「陽在下」，是舉自然之象，明其餘五爻皆有自然之象，舉初以見末。五爻並論人事，則知初爻亦有人事，互文相通也。**用九，天德不可爲首也。**正義曰：此一節釋經之「用九」之象辭。經稱「用九」，故《象》更疊云「用九」。云「天德不可爲首」者，此夫子釋辭也。「九」是天之德也，天德剛健，當以柔和接待於下，不可更懷尊剛爲物之首，故云「天德不可爲首」也。

「《文言》曰」至「利貞」。正義曰：《文言》者，是夫子第七翼也。以「乾、坤，其易之門户邪」，其餘諸卦及爻皆從乾、坤而出，義理深奥，故特作《文言》以開釋之。莊氏云：「『文』謂文飾，以乾、坤德大，故特文飾，以爲《文言》。」今謂夫子但贊明易道，申説義理，非是文飾華彩，當謂飾二卦之經文，❶故稱《文言》。從此至「元亨利貞」，明乾之「四德」，爲第一節；從「初九」曰「潛龍勿用」至「動而有悔」，明六爻之義，爲第二節；自「潛龍勿用」下至「天下治也」，論六爻之人事，爲第三節；自「潛龍勿用，陽氣潛藏」至「乃見天則」，論六爻自然之氣，爲第四節；自「乾元者」至「天下平也」，此一節復説乾元之「四德」之義，爲第五節；自「君子以成德爲行」至「其唯聖人乎」，此一節更廣明六爻之義，爲第六節。今各依文解之。此第一節論乾之「四德」也。「元者，善之長也」，此已下論乾之「四德」。但乾之爲體是天之用。凡天地運化，自然而爾，因无而生有也，无爲而自爲。天本无心，豈造「元亨利貞」之德也？天本无名，豈造「元亨利貞」之名也？但聖人以人事託之，謂此自然之功爲天之「四德」，垂教於下，使後代聖人法天之所爲，故立天「四德」以設教也。莊氏云：「第一節『元者善之長』者，謂天之體性生養萬物，善之大者莫善施生，元爲施生之宗，故言『元者善之長』也；『亨者嘉之會』者，嘉，美也，言天能通暢萬物，使物嘉美之會聚，故云『嘉之會』也；『利者義之和』者，言天能利益庶物，使物各得其宜而和同也；『貞者事之幹』者，言天能以中正之氣成就萬物，使物皆得幹濟。」莊氏之意，以此四句明天之德也。而配四時：「元」是物始，於時配春，春爲發生，故下云「體仁」，「仁」則春也；「亨」是通暢萬物，於是配夏，❷故下云「合禮」，「禮」則夏也；「利」爲和義，於時配秋，秋既物成，各合其宜；「貞」爲事幹，於時配冬，冬既收藏，事皆幹了也。於五行之氣唯少土也，土則分王四季，四氣之行非土不載，故不言也。「君子體仁足以長人」者，自此已下，明人法天之行此「四德」，言君子之人體包仁道，汎愛施生，足以尊長於人也。「仁」則善也，謂行仁德，法天之「元」德也。「嘉

❶「飾」，嘉本、四庫本、阮本作「釋」。

❷「是」，嘉本同，阮本作「時」。

會足以合禮」者，言君子能使萬物嘉美集會，足以配合於禮，謂法天之「亨」也。「利物足以和義」者，言君子利益萬物，使物各得其宜，足以和合於義，法天之「利」也。「貞固足以幹事」者，言君子能堅固貞正，令物得成，使事皆幹濟，此法天之「貞」也。施於五事言之，❶「元」則仁也，「亨」則禮也，「利」則義也，「貞」則信也。不論智者，行此四事並須資於知，且《乾鑿度》云「水土二行兼信與知」也，故略「知」不言也。❷「君子行此四德者，故曰『乾，元亨利貞』」，以君子之人當行此四種之德。是以文王作《易》，稱「元亨利貞」之德，欲使君子法之。但行此「四德」則與天同功，非聖人不可。唯云「君子」者，但「易」之爲道廣爲垂法，若限局聖人，恐不逮餘下，故摠云「君子」，使諸侯、公卿之等悉皆行之。但聖人行此「四德」能盡其極也，「君子」行此「四德」各量力而爲，多少各有其分。但乾卦象天，故以此「四德」皆爲天德。但陰陽合會，二象相成皆能有德，非獨乾之一卦，是以諸卦之中亦有「四德」。但餘卦「四德」有劣於乾，故乾卦直云「四德」更无所言，欲見乾之「四德」无所不包。其餘卦「四德」之下則更有餘事，以「四德」狹劣，故以餘事繫之，即坤卦之類是也。亦有「四德」之上即論餘事，若《革》卦云「巳日乃孚，元亨利貞，悔亡」也，由「乃孚」之後有「元亨利貞」，乃得「悔亡」也。有「四德」者，即乾、坤、屯、臨、隨、无妄、革七卦是也。亦有其卦非善而有「四德」者，以其卦凶，故有「四德」乃可也。故隨卦有「元亨利貞，乃得无咎」是也。「四德」具者，其卦未必善也。亦有「三德」者，即離、咸、萃、兑、涣、小過，凡六卦。就「三德」之中，爲文不一，或摠稱「三德」於上，更别陳餘事於下，若離、咸之屬是也。就「三德」之中，上下不一，離則云「利貞亨」，由「利貞」乃得「亨」也。亦有先云「亨」，更陳餘事乃始云「利貞」者，以有餘事乃得「利貞」故也。有「二德」者，大有、蠱、漸、大畜、升、困、中孚，凡七卦。此「二德」或在事上言之，或在事後言之，由後有事乃致此「二德」故也。亦有「一德」者，若蒙、師、小畜、履、泰、謙、噬嗑、賁、復、大過、震、豐、節、既濟、未濟，凡十五卦，皆一德也，並是「亨」也。或多在事上言之，或在事後者，❸《履》卦云「履虎尾，不咥人，亨」，由有事乃得「亨」。以前所論「德」者，皆於經文挺然特明「德」者乃言之也，其有因事相連而言「德」者則不數之也。若《需》卦云「需，有孚，光亨貞吉」，雖有「亨、貞」二德，連事起文，故不數也。《遯》卦云「亨，小利貞」，雖有三德亦不數也。《旅》卦云「旅，小

❶「五」，嘉本同，阮本作「王」。
❷「知」，嘉本同，阮本作「而」。
❸「者」，嘉本同，阮本作「言」。

亨，旅貞吉」，雖有「亨、貞」二德，亦連他事，不數也。《比》卦云「原筮，元永貞，无咎」，《否》卦云「否之匪人，不利君子貞」，雖有「貞」字，亦連他文言之，又非本卦德，亦不數之。《同人》云「同人于野，亨」，《坎》卦云「有孚維心，亨」，《損》卦云「无咎可貞」，此等雖有一德，皆連事而言之，故亦不數。所以然者，但易含萬象，事義非一，隨時曲變，不可爲典要故也。其有意義，各於卦下詳之。亦有卦善而德少者，若泰與謙、復之類，雖善，唯一德也。亦有全无德者，若豫、觀、剥、晉、蹇、解、夬、姤、井、艮、歸妹，凡十一卦也。大略唯有凶卦无德者，若剥、蹇、夬、姤之屬是也。亦有卦善而无德者，晉、解之屬是也。各於卦下詳之。凡「四德」者，「亨」之與「貞」，其德特行；若「元」之與「利」，則配連他事。其意以「元」配「亨」，以「利」配「貞」，雖配他事爲文，「元」是元大也，始首也；「利」是利益也，❶合和也。以當分言之，各是其一德也。唯配「亨」、「貞」，俱爲「四德」。「元」雖配「亨」，亦配他事，故《比》卦云「元永貞」，《坤》六五「黃裳元吉」是也。「利」亦非獨利「貞」，亦所利餘事多矣，若「利涉大川」、「利建侯」、「利見大人」、「利君子貞」。如此之屬，是「利」字所施處廣，故諸卦謂他事之「利」，不數以爲德也。此「四德」非唯卦下有之，亦於爻下言之。但爻下其事稍少，故「黃裳元吉」及「何天之衢，亨，小貞吉，大貞凶」，此皆於爻下言之，其利則諸爻皆有。

初九曰「潛龍勿用」至「潛龍也」。正義曰：此第二節釋初九爻辭也。「初九曰『潛龍勿用』，何謂也」者，此夫子疊經初九爻辭，故言「初九曰」。方釋其義，假設問辭，故言「潛龍勿用何謂也」。「子曰：龍德而隱者也」，此夫子以人事釋「潛龍」之義，聖人有龍德隱居者也。「不易乎世」者，不移易其心在於世俗，雖逢險難，不易本志也。「不成乎名」者，言自隱默，不成就於令名使人知也。「遯世无悶」者，謂逃遯避世，雖逢无道，心无所悶。「不見是而无悶」者，言舉世皆非，雖不見善而心亦无悶。上云「遯世无悶」，心處僻陋，不見是而无悶；此因見世俗行惡，是亦无悶，故再起「无悶」之文。「樂則行之，憂則違之」者，心以爲樂，己則行之，心以爲憂己則違之。「確乎其不可拔」者，身雖逐物推移，潛隱避世，❷心志守道，確乎堅實其不可拔，此是「潛龍」之義也。**九二曰「見龍」至「君德也」**。正義曰：此釋九二爻辭。「子曰：龍德而正中」者，九二居中不偏，然不如九五居尊得位，故但云

❶「利益」，嘉本作「益利」。
❷「潛隱」，阮本作「隱潛」。

「龍德而正中者也」。「庸言之信，庸行之謹」者，「庸」謂中庸、庸常也，從始至末，常言之信實，常行之謹慎。「閑邪存其誠」者，言防閑邪惡，當自存其誠實也。「善世而不伐」者，謂爲善於世而不自伐其功。「德博而化」者，言德能廣博而變化於世俗。初爻則全隱遯避世，二爻則漸見德行以化於俗也。若舜漁於雷澤，陶於河濱，以器不窳，民漸化之是也。《易》曰：『見龍在田，利見大人』，君德」者，以其異於諸爻，故特稱「《易》曰『見龍在田』」，未是君位，但云「君德」也。

九三曰「君子」至「雖危无咎矣」。正義曰：此釋九三爻辭也。「子曰：君子進德脩業」者，「德」謂德行，「業」謂功業。九三所以「終日乾乾」者，欲進益道德，脩營功業，故「終日乾乾」，匪懈也。「進德」則「知至」，將進也；「脩業」則「知終」，存義也。「忠信所以進德」者，復解「進德」之事。推忠於人，以信待物，人則親而尊之，其德日進，是「進德」也。「修辭立其誠，所以居業」者，「辭」謂文教，「誠」謂誠實也。外則脩理文教，內則立其誠實，內外相成則有功業可居，故云「居業」也。上云「進德」，下復云「進德」；上云「脩業」，下變云「居業」者，以其間有「脩辭」之文，故避其脩文而云「居業」，且功業宜云「居」也。「知至至之，可與幾」者，九三處一體之極，方至上卦之下，是「至」也。既居上卦之下而不犯凶咎，是「知至」也。既能知是將至，則是識幾知理，可與共論幾事。「幾」者，去无入有，有理而未形之時。此九三既知時節將至，知理欲到，可與共營幾也。「知終終之，可與存義」者，居一體之盡而全其終竟，是「知終」也。既能知此終竟是終盡之時，可與保存其義。「義」者，宜也，保全其位不有失喪，於事得宜。九三既能知其自全，故可存義。然九三唯是一爻，或使之欲進「知幾」也，或使之欲退「存義」也。一進一退，其意不同。以九三處進退之時，若可進則進，可退則退，兩意並行。「是故居上位而不驕」者，謂居下體之上位而不驕也，以其「知終」，故不敢懷驕慢。「在下位而不憂」者，處上卦之下故稱「下位」，以其知事將至，務幾欲進，故不可憂也。「故乾乾因其時而惕，雖危无咎」者，九三以此之故，恒乾乾也。因其已終、已至之時而心懷惕懼，雖危不寧，以其知終、知至，故「无咎」。

○注「處一體」至「知終者乎」。正義曰：「處一體之極是『至』也」者，莊氏云：「極即至也，三在下卦之上是至極。」褚氏云：「一體之極是『至』者，是下卦已極，將至上卦之下，『至』謂至上卦也。」下云「在下位而不憂」，注云「知夫至至，故不憂」，此以人事言之。既云「下位」，明知在上卦之下，欲至上卦，故「不憂」，是知將至上卦。若莊氏之説，直云下卦上極是至極，儻无上卦之體，何可至也？何須與幾也？是知，「至」者據上卦爲文，莊説非也。「處事之至而不犯咎」，是「知至」者，謂三近上卦，事之將至，能以禮知屈而不觸犯上卦之咎，則是知事之將至。「故可與成務」者，「務」謂事務，既識事之先幾，可與以成其事務。「與」猶許也，言可許之事，不謂此人共彼相與也。「進物之速者，義不若利」者，「利」則隨幾而發，見「利」則行也。「義」者依分而動，不妄求進。故進物速疾，義不如利，由「義」静而「利」動故也。「存物之終者，利不及義」者，保全已成之物，不妄興動，故「利不及義」也。「故靡不有初，鮮克有終」者，見利則行，不顧在後，是「靡不有初」，不能守成其業，是「鮮克有終」。○注「明夫」至「不憂也」。正義曰：「明夫終敝，故不驕」者，解「知終」也。「知夫至至，故不憂」者，解「知至」也。前經「知至」在前，「知終」在後；此經先解「知終」，後解「知至」者，隨文便而言之也。○注「處事」至「无咎」。正義曰：「處事之極，失時則廢」者，謂三在下卦之上體，是處事之極至也。若失時不進則幾務廢闕，所以「乾乾」須進也。「懈怠則曠」者，既處事極，極則終也，當保守已終之業。若懈怠驕逸則功業空曠，所以「乾乾」也。「失時則廢」解「知至」也，「懈怠則曠」解「知終」也。**九四曰「或躍」至「故无咎」**。正義曰：此明九四爻辭也。「子曰：上下无常，非爲邪」者，上而欲躍，下而欲退，是无常也。意在於公，非是爲邪也。「進退无恒，非離羣」者，何氏云：「所以『進退无恒』者，時使之然，非苟欲離羣也。」何氏又云：「言上下者，據位也；進退者，據爻也。」所謂「非離羣」者，言雖進退无恒，猶依羣衆而行，和光俯仰並同於衆，非是卓絶獨離羣也。「君子進德脩業欲及時」者，「進德」則欲上、欲進也；「脩業」則欲下、欲退也。進者棄位欲躍，是進德之謂也；退者仍退在淵，是「脩業」之謂也。其意與九三同。但九四於前，進多於九三，故云「欲及時」也。九三則不云「及時」，但「可與言幾」而已。**九五曰「飛龍」至「其類也」**。正義曰：此明九五爻之義。「同聲相應」已下至「各從其類」也。「飛龍在天」者，言天能廣感衆物，衆物應之，所以「利見大人」。因「大人」與衆物感應，故廣陳衆物相感應，以明聖人之作而萬物瞻覩以結之也。「同聲相應」者，若彈宮而宮應，彈角而角動是也。「同氣相求」者，若天欲雨而柱礎潤是也。此二者聲氣相感也。「水流濕，火就燥」者，此二者以形象相感，水流於地先就濕處，火焚其薪先就燥處。

此同氣水火皆无識而相感，先明自然之物，故發初言之也。「雲從龍，風從虎」者，「龍」是水畜，「雲」是水氣，故「龍」吟則景雲出，是「雲從龍」也。「虎」是威猛之獸，「風」是震動之氣，此亦是同類相感，故虎嘯則谷風生，是「風從虎」也。此二句明有識之物感无識，故以次言之，漸就有識而言也。「聖人作，而萬物覩」者，此二句正釋「飛龍在天，利見大人」之義。「聖人作」則「飛龍在天」也，「萬物覩」則「利見大人」也。陳上數事之名，本明於此，是有識感有識也。此亦同類相感。聖人有生養之德，萬物有生養之情，故相感應也。「本乎天者親上，本乎地者親下」者，在上雖陳感應，唯明數事而已，此則廣解天地之間共相感應之義。莊氏云：「天地絪緼，和合二氣，共生萬物。」然萬物之體，有感於天氣偏多者，有感於地氣偏多者，故《周禮・大宗伯》有「天産」、「地産」，《大司徒》云「動物」、「植物」。本受氣於天者是動物，含靈之屬；天體運動，含靈之物亦運動，是親附於上也。本受氣於地者是植物，无識之屬；地體凝滯，植物亦不移動，是親附於下也。「則各從其類」者，言天地之間共相感應，各從其氣類。此類因聖人感萬物以同類，故以同類言之。其造化之性，陶甄之器，非唯同類相感，亦有異類相感者。若磁石引針，琥珀拾芥，蠶吐絲而商弦絶，銅山崩而洛鐘應，其類煩多，難一一言也。皆冥理自然，不知其所以然也。感者動也，應者報也，皆先者爲感，後者爲應。非唯近事則相感，亦有遠事遥相感者：若周時獲麟，乃爲漢高之應；漢時黄星，後爲曹公之兆。感應之事廣，非片言可悉。今意在釋理，故略舉大綱而已。**上九曰「亢龍」至「有悔」**。正義曰：此明上九爻辭也。子曰「貴而无位」者，以上九非「位」而上九居之是无位也。「高而无民」者，六爻皆无陰，是「无民」也。「賢人在下位而无輔」者，賢人雖在下位，❶不爲之輔助也。「是以動而有悔」者，聖人設誡，居此之時不可動作也。○注「處上」至「其義」。正義曰：「夫乾者，統行四事者也。君子以自强不息行此四者」，注意以「乾」爲「四德」之主，《文言》之首，應先説「乾」。而先説「四德」者，故自發問而釋之，以乾體當分无功，唯統行此「四德」之事。行此「四德」乃是「乾」之功，故《文言》先説「君子以自强不息」、「行此四德者」。故先言之，發首不論「乾」也。但能「四德」既備，「乾」功自成，故下始云「乾，元亨利貞」。

「潛龍勿用」至「天下治也」。正義曰：

❶「下」下，阮本有「而當」二字。

「此一節是《文言》第三節，説六爻人事所治之義。「潛龍勿用，下也」者，言聖人於此潛龍之時，在卑下也。「見龍在田，時舍」者，「舍」謂通舍，九二以「見龍在田」，是時之通舍也。「終日乾乾，行事」者，言行此「知至」、「知終」之事也。「或躍在淵，自試」者，言聖人逼近五位，不敢果決而進，唯漸漸自試，意欲前進，遲疑不定，故云「自試」也。「飛龍在天，上治」者，言聖人居上位而治理也。「亢龍有悔，窮之災」者，言位窮而致災，災則悔也，非爲大禍災也。「乾元用九，天下治」者，《易》經上稱「用九」，「用九」之文摠是乾德，又「乾」字不可獨言，故舉「元」德以配「乾」也。言此「乾元」用「九」德而天下治。九五止是一爻，觀見事狹，但云「上治」。「乾元」摠包六爻，觀見事闊，故云「天下治」也。

○注「此一章」至「可知也」。正義曰：「此一章全以人事明之」者，下云「陽氣潛藏」，又云「乃位乎天德」，又云「乃見天則」，此一章但云「天下治」，是皆以人事説之也。「夫能全用剛直，放遠善柔，非天下至理，未之能也」者，以「乾元用九」，六爻皆陽，是「全用剛直」，「放遠善柔」謂放棄善柔之人，善能柔諂，貌恭心恨，使人不知其惡，識之爲難。此「用九」純陽者，是全用剛直，更无餘陰。柔善之人，堯尚病之，故云「非天下之至理，未之能也」。「夫識物之動，則其所以然之理皆可知」者，此欲明在下龍潛、見之義。故張氏云：「『識物之動』，謂龍之動也。『則其所以然之理皆可知』者，謂識龍之所以潛、所以見，然此之理皆可知也。」「龍之爲德，不爲妄者」，言龍靈異於他獸，不妄舉動，可潛則潛，可見則見，是不虚妄也。「見而在田，必以時之通舍」者，經唯云「時舍也」，注云「必以時之通舍」者，則輔嗣以「通」解「舍」，「舍」是通義也。初九潛藏不見，九二既見而在田，是時之通舍之義也。「以爻爲人，以位爲時」者，爻居其位，猶若人遇其時，故「文王明夷則主可知矣」。「主」則時也，謂當時无道，故明傷也。「仲尼旅人，則國可知矣」，「國」亦時也，若見仲尼羈旅於人，則知國君无道，令其羈旅出外。引文王、仲尼者明。❶

「潛龍勿用」至「見天則」。正義曰：此一節是《文言》第四節，明六爻天氣之義。「天下文明」者，陽氣在田，始生萬物，故天下有文章而光明也。「與時偕行」者，此以天道釋爻象也，所以九三「乾乾」不息，終日自戒者，同於天時，生物不息，言「與時偕行」也。「偕」，俱也。諸儒以爲，建辰之月，萬物生長

❶「明」下，嘉本、四庫本、阮本有「龍潛龍見之義」六字。

不有止息，與天時而俱行。若以「不息」言之是建寅之月，三陽用事，三當生物之初，生物不息，同於天時生物不息，故言「與時偕行」也。「乾道乃革」者，去下體入上體，故云「乃革」也。「乃位乎天德」者，位當天德之位，言九五陽居於天，照臨廣大，故云「天德」也。「乃見天則」者，陽是剛亢之物，能用此純剛，唯天乃然，故云「乃見天則」。

「乾元」至「天下平也」。正義曰：「此一節是第五節，復明上初章及「乾四德」之義也。「乾元者，始而亨者也」，以「乾」非自當分有德，以元亨利貞爲德。「元」是「四德」之首，故夫子恒以「元」配「乾」而言之，欲見乾、元相將之義也。以有「乾」之「元」德，故能爲物之始而亨通也。此解元、亨二德也。「利貞者，性情也」者，所以能利益於物而得正者，由性制於情也。「乾始，能以美利利天下，不言所利，大矣哉」者，此復説始而亨、利、貞之義。「乾始」，謂乾能始生萬物，解「元」也。「能以美利利天下」，解「利」也，謂能以生長、美善之道利益天下也。不復説「亨」、「貞」者，前文「亨」既連始，「貞」又連利，舉始舉利則通包「亨」、「貞」也。「不言所利，大矣哉」者，若《坤》卦云「利牝馬之貞」，及「利建侯」、「利涉大川」，皆言所利之事。此直云「利貞」，不言所利之事，欲見「无不利」也，非唯止一事而已，故云「不言所利，大矣哉」。其實此「利」爲无所不利，此「貞」亦无所不貞，是乾德大也。「大哉乾乎，剛健中正，純粹精」者，此正論乾德，不兼通「元」也，故直云「大哉乾乎，剛健中正」，謂純陽剛健，其性剛强，其行勁健。「中」謂二與五也，「正」謂五與三也，故云「剛健中正」。六爻俱陽是純粹也，純粹不雜是精靈，故云「純粹精」也。「六爻發揮，旁通情」者，「發」謂發越也，「揮」謂揮散也，言六爻發越揮散，旁通萬物之情也。「時乘六龍以御天」者，重取《乾·象》之文以贊美此「乾」之義。「雲行雨施，天下平」者，言天下普得其利而均平不偏陂。○注「不爲」至「性情也」。正義曰：乾之元氣，其德廣大，故能徧通諸物之始。若餘卦元德，雖能始生萬物，德不周普，故云「不爲乾元，何能通物之始」。其實，「坤元」亦能通諸物之始。以此，《文言》論「乾元」之德，故注連言「乾元」也。「不性其情，何能久行其正」者，「性」者天生之質，正而不邪；「情」者性之欲也。言若不能以性制情，使其情如性，則不能久行其正。其六爻發揮之義，案《略例》云「爻者，言乎變者也」，故合散屈伸與體相乖，形躁好静，質柔愛剛，體與情反，質與願違。是爻者所以明情，故六爻發散，旁通萬物之情。輔嗣之意，以初爲无用之地，上爲盡末之境，其居位者唯二、三、四、五，故《繫辭》唯論此四爻。初、末雖无正位，❶統而論之，爻亦始、末之位，故《乾·象》云「六位時成」。二、四爲陰位，陰居爲「得位」，陽居爲「失位」；三、五爲陽位，陽居爲「得位」，陰居爲「失位」。《略例》云：「陽之所求者陰也，陰之所求者陽也。」一與四，二與五，三與上，若一陰一陽爲有應，若俱陰俱陽爲无應。此其六爻之大略，其義具於《繫辭》，於此略言之。

「君子以成」至「弗用也」。正義曰：此一節是《文言》第六節，更復明六爻之義。此節明初九爻辭。周氏云：「上第六節『乾元者，始而亨者也』，❷是廣明『乾』與『四德』之義，此『君子以成德爲行』，亦是第六節，明六爻之義，揔屬第六節，不更爲第七節。」義或當然也。「君子以成德爲行」者，明初九「潛龍」之義，故先開此語也。言君子之人，當以成就道德爲行，令其德行彰顯，使人日可見其德行之事，此君子之常也，不應潛隱。所以今日「潛」者，以時未可見，故須「潛」也。「潛之爲言也，隱而未見，行而未成」，此夫子解「潛龍」之義。此經中「潛龍」之言，是德之幽隱而未宣見，所行之行未可成就。「是以君子弗用」者，德既幽隱，行又未成，是君子於時不用。以逢衆陰，未可用也。周氏云：「德出於己，在身内之物，故云『成』；行被於人，在外之事，故云『爲行』。」下文即云「行而未成」，是行亦稱「成」。周氏之説，恐義非也。「成德爲行」者，言君子成就道德以爲其行，其「成德」、「爲行」，未必文相對。

「君子學以」至「君德」。正義曰：此復明九二之德。「君子學以聚之」者，九二從微而進，未在君位，故且習學以畜其德。「問以辯之」者，學有未了，更詳問其事以辯決於疑也。「寬以居之」者，當用寬裕之道居處其位也。「仁以行之」者，以仁恩之心行之被物。「《易》曰『見龍在田，利見大人』，君德」者，既陳其德於上，然後引《易》本文以結之。《易》之所云是「君德」，「寬以居之，仁以行之」是也。但有君德，未是君位。

「九三重剛」至「无咎」。正義曰：此明九三爻辭。上之初九、九二皆豫陳其德。於上不發首云「初九」、「九二」，此九三、九四則發首先言「九三」、「九四」，其九五全不引《易》文，上九則發首云「亢之爲言」也。上下不爲例者，夫子意在釋經，義便則言，以「潛」、「見」須言其始，故豫張本於上。三、四

❶ 「末」，嘉本同，阮本作「上」。

❷ 「六」，阮本同，嘉本作「五」。

俱言「重剛不中」，恐其義同，故並先云爻位并重剛不中之事。九五前章已備，故不復引《易》，但云「大人」也。上九亦前章備顯，故此直言「亢之爲言」也。案：初九云「潛之爲言」，上爻云「亢之爲言」，獨二爻云「言」者，褚氏以初、上居无位之地，故稱「言」也。其餘四爻是有位，故不云「言」，義或然也。「重剛」者，上下俱陽，故「重剛」也。「不中」者，不在二、五之位，故「不中」也。「上不在天」，謂非五位；「下不在田」，謂非二位也。「故乾乾因其時而惕，雖危无咎矣」者，居危之地，以「乾乾夕惕」，戒懼不息，得「无咎」也。**「九四重剛」至「故无咎」**。正義曰：此明九四爻辭也。其「重剛不中，上不在天，下不在田」，並與九三同也。「中不在人」者，三之與四俱爲人道，但人道之中，人下近於地，上遠於天，九三近二是下近於地，正是人道，故九三不云「中不在人」。九四則上近於天，下遠於地，非人所處，故特云「中不在人」。「故或之」者，以其上下无定，故心惑之也。「或之者，疑之也」者，此夫子釋經「或」字，經稱「或」是疑惑之辭，欲進欲退猶豫不定，故疑之也。九三中雖在人，但位卑近下，向上爲難，故危惕，其憂深也。九四則陽德漸盛，去五彌近，前進稍易，故但疑惑，憂則淺也。**「夫大人」至「鬼神乎」**。正義曰：此明九五爻辭。但上節明大人與萬物相感，此論大人之德无所不合，廣言所合之事。「與天地合其德」者，莊氏云「謂覆載也」。「與日月合其明」者，謂照臨也。「與四時合其序」者，若賞以春夏，刑以秋冬之類也。「與鬼神合其吉凶」者，若福善禍淫也。「先天而天弗違」者，若在天時之先行事，天乃在後不違，是天合「大人」也。「後天而奉天時」者，若在天時之後行事能奉順上天，是「大人」合天也。「天且弗違，而況於人乎，況於鬼神乎」者，夫子以天且不違遂明大人之德，言尊而遠者尚不違，況小而近者可有違乎？況於人乎？況於鬼神乎？**「亢之爲」至「聖人乎」**。正義曰：此明上九之義也。「知進而不知退，知存而不知亡，知得而不知喪」者，言此上九所以亢極有悔者，正由有此三事。若能三事備知，雖居上位不至於「亢」也。此設誡辭。莊氏云：「進退據心，存亡據身，得喪據位。」「其唯聖人乎，知進退存亡」者，言唯聖人乃能「知進退存亡」也。何不云「得喪」者，「得喪」輕於「存亡」，舉重略輕也。「而不失其正者，其唯聖人乎」者，聖人非但只知進退存亡，又能不失其正道。「其唯聖人乎」，此經再稱「其唯聖人乎」者，上稱「聖人」爲「知進退存亡」發文，下稱「其唯聖人乎」者，爲「不失其正」發文。言「聖人」非但「知進退存亡」，又能「不失其正」，故再發「聖人」之文也。

周易正義卷第二

計壹萬肆阡玖佰柒拾捌字

周易正義卷第三

國子祭酒上護軍曲阜縣
開國子臣孔穎達奉勑撰

䷁坤下坤上 坤。「元亨」至「安貞吉」。正義曰：此一節是文王於坤卦之下陳坤德之辭。但乾、坤合體之物，故乾後次坤。言地之爲體，❶亦能始生萬物，各得亨通，故云「元亨」，與乾同也。「利牝馬之貞」者，此與乾異。乾之所利，❷利於萬事爲貞，此唯云「利牝馬之貞」。坤是陰道，當以柔順爲貞，假借柔順之象以明柔順之德也。❸「牝」對「牡」爲柔，「馬」對「龍」爲順，假借此柔順以明柔道，❹故云「利牝馬之貞」。「牝馬」，外物自然之象，此亦聖人因「坤元亨，利牝馬之貞」自然之德以垂教也。不云「牛」而云「馬」者，「牛」雖柔順，不能行地无疆，无以見「坤」廣生之德。「馬」雖比「龍」爲劣，所行亦能廣遠，象地之廣育。「君子有攸往」者，以其柔順利貞，故君子利有所往。「先迷後得主利」者，以其至陰，❺當待唱而後和。凡有所爲，若在物之先即迷惑，若在物之後即得「主利」，以陰不可先唱，猶臣不可先君，卑不可先尊故也。「西南得朋」者，此假象以明人事。❻西南坤位，是陰也。今以陰詣陰是「得朋」，❼俱是陰類，不獲吉也。猶人既懷陰柔之行，又向陰柔之所，❽是純陰柔弱，故非吉也。「東北喪朋，安貞吉」者，西南既爲陰，東北反西南即爲陽也。以柔順之道往詣於陽，是喪失陰朋，故得安靜貞正之吉，以陰而兼有陽故也。若以人事言之，象人臣離其黨而入君之朝，女子離其家而入夫之室。莊氏云：「『先迷後得，主利』者，唯據臣事君也。得朋喪朋，唯據婦適夫也。」其理褊狹，非易弘通之道。❾○注「坤

❶「地」，阮本同，嘉本作「坤」。
❷「利」，嘉本同，阮本作「貞」。
❸「假」，嘉本同，阮本作「正」，屬上讀。
❹「假」，嘉本同，阮本作「還」。
❺「陰」，嘉本同，阮本作「柔」。
❻「此」，阮本同，嘉本作「是」。
❼「是」，嘉本同，阮本作「乃」。
❽「所」，嘉本同，阮本作「方」。
❾「易」，嘉本同，阮本作「復」。

貞」至「牝馬之貞」。正義曰：「至順而後乃亨，故唯利於牝馬之貞」者，案：「牝馬」是至順，「牝馬」在「元亨」之下，在「貞」之上，應云「至順而後乃貞」，今云「至順而後乃亨」倒取上文者，輔嗣之意，下句既云「牝馬之貞」，避此「貞」文，故云「乃亨」，但「亨」、「貞」相將之物，故云「至順之貞」亦是「至順之亨」。此坤德以牝馬「至順」乃得「貞」也。下文又云「東北喪朋」，去陰就陽乃得貞吉。上下義反者，但易含萬象，一屈一伸。此句與「乾」相對，不可純剛敵「乾」，故「利牝馬」。下句論凡所交接，不可純陰，當須剛柔交錯，故「喪朋吉」也。○注「西南」至「貞吉」。正義曰：坤位在西南。❶《說卦》云：「坤也者，地也，萬物皆致養焉。」坤既養物，若向西南，「與坤同道」也。「陰之爲物，必離其黨之於反類，而後獲安貞吉」者，若二女同居，其志不同，必之於陽，是之於反類乃得吉也。凡言「朋」者，非唯人爲其黨，性行相同亦爲其黨。假令人是陰柔而之剛正，亦是離其黨。

《彖》曰，「至哉」至「无疆」。正義曰：「至哉坤元」至「德合无疆」，此五句揔明「坤」義及「元」德之首也。但「元」是坤德之首，故連言之，猶乾之「元」德與「乾」相連共文也。❷「至哉坤元」者，歎美坤德，故云「至哉」。「至」謂至極也，言地能生養至極，與天同也。但天亦至極，包籠於地；非但至極，又大於地。故乾言「大哉」，坤言「至哉」。「萬物資生」者，言萬物資地而生初。稟其氣謂之始，成形謂之生。乾本氣初，故云「資始」；坤據成形，故云「資生」。「乃順承天」者，乾是剛健，能統領於天，坤是陰柔，以和順承奉於天。❸「坤厚載物，德合无疆」者，以其廣厚，故能載物；有此生長之德，合會无疆。凡言「无疆」者，其有二義：一是廣博无疆，二是長久无疆也。自此已上論「坤元」之德也。「含弘光大，品物咸亨」者，包含弘厚，光著盛大，故品類之物皆得亨通。但「坤」比「乾」即不得「大」名，若比衆物，其實「大」也，故曰「含弘光大」者也。此二句釋「亨」也。「牝馬地類，行地无疆」者，以其柔順，故云「地類」，以柔順爲體終无禍患，故「行地无疆」，不復窮已。此二句釋「利貞」也。故上文云「利牝馬之貞」是也。「柔順利貞，君子攸行」者，重釋「利貞」之義，是君子之所行，兼釋前文「君子有攸往」。「先迷失道」

❶ 「在」，嘉本同，阮本作「居」。
❷ 「連」，嘉本同，阮本作「通」。
❸ 「奉」，嘉本同，阮本作「平」。

者，以陰在物之先，失其爲陰之道。「後順得常」者，以陰在物之後，陽唱而陰和乃得「主利」，❶是「後順得常」。「西南得朋，乃與類行」者，以陰而造坤位，是乃與類俱行。「東北喪朋，乃終有慶」者，以陰而詣陽，初雖離羣，乃終久有慶善也。「安貞之吉，應地无疆」者，「安」謂安静，「貞」謂貞正，地體安静而貞正，人若得静而能正即得其吉，應合地之无疆，是慶善之事也。○注「若夫行」至「難矣」。正義曰：「行之不以牝馬」，「牝馬」謂柔順也，「利之不以永貞」，「永貞」謂貞固，剛正也。言坤既至柔順而利之，即不兼剛正也。「方而又剛」者，言體既方正而性又剛强，即太剛也，所以須「牝馬」也。「柔而又圓」者，謂性既柔順，體又圓曲，謂太柔也，故須「永貞」也。若其坤无「牝馬」，又无「永貞」，求安難矣。云「永貞」者，是下「用六」爻辭也。「東北喪朋」，去陰就陽，是「利」之「永貞」。

《象》曰：「地勢」至「載物」。正義曰：君子用此「地」之厚德容載萬物，言「君子」者，亦包公卿諸侯之等。但厚德載物隨分多少，非如「至聖」載物之極也。○注：「地形不順，其勢順。」正義曰：地體方直，❷是「不順」也。其勢承天，是其「順」也。

初六，履霜，堅冰至。正義曰：初六陰氣之微，似若初寒之始，但履踐其霜，微而積漸，故堅冰乃至。義取所謂陰道，初雖柔順，漸漸積著乃至堅剛。凡易者象也，以物象而明人事，若《詩》之比喻也。或取天地陰陽之象以明義者，若《乾》之「潛龍」、「見龍」，《坤》之「履霜堅冰」、「龍戰」之屬是也。或取萬物雜象以明義者，若《屯》之六三「即鹿无虞」，六四「乘馬班如」之屬是也。如此之類，《易》中多矣。或直以人事，不取物象以明義者，若《乾》之九三「君子終日乾乾」，《坤》之六三「含章可貞」之例是也。聖人之意，可以取象者則取象也，可以取人事者則取人事也。故《文言》注云「至於九三，獨以君子爲目者何也」，「乾乾夕惕，非龍德也」。故以人事明之是其義也。

《象》曰：「履霜」至「冰也」。正義曰：夫子所作象辭，元在六爻經辭之後，以自卑退，不敢于亂先聖正經之辭。❸及至輔嗣之意，以爲「象」者本釋經文，

---

❶「乃」，嘉本同，阮本作「人」。

❷「體」，嘉本同，阮本作「勢」。

❸「于」，嘉本作「干」，阮本作「于」，阮校云：錢本、監本「于」作「干」，是也。

宜相附近，其義易了，故分文之象辭，❶各附其當爻下言之，猶如元凱注《左傳》分經之年與傳相附。「陰始凝也」者，釋「履霜」之義，言陰氣始凝結而爲霜也。「馴致其道，至堅冰也」者，「馴」猶狎順也，若鳥獸馴狎然。言順其陰柔之道，習而不已乃至堅冰也。褚氏云：「履霜者，從初六至六三；堅冰者，從六四至上六。」陰陽之氣无爲，故積馴履霜必至於「堅冰」。以明人事有爲，不可不制其尊度，❷故於「履霜」而逆以「堅冰」爲戒。所以防漸慮微，慎終于始也。

六二，「直方」至「光也」。正義曰：「直方大，不習无不利」者，《文言》云「直，其正也」。二得其位，極地之質，故亦同地也。俱包三德，生物不邪，謂之「直」也。地體安静是其「方」也，无物不載是其「大」也。既有三德極地之美，自然而生不假脩營，故云「不習无不利」。物皆自成，无所不利。以此爻居中得位，極於地體，故盡極地之義。此因自然之性以明人事。居在此位，亦當如地之所爲。《象》曰「六二之動，直以方」者，言六二之體，所有興動任其自然之性，故云「直以方」也。「不習无不利，地道光」者，言所以不假脩習，物无不利，猶地道光大故也。○注「居中」至「地質」。正義曰：「質」謂形質，地之形質「直方」又「大」，此六二「居中得正」是盡極地之體質也。所以「直」者，言氣至即生物，由是體正直之性。其運動生物之時又能任其質性，「直」而且「方」，故《象》云「六二之動，直以方也」。○注「動而」至「質也」。正義曰：是質以「直方」，動又「直方」，是質之與行内外相副。物有内外不相副者，故《略例》云「形躁好静，質柔愛剛」，此之類是也。

六三，「含章」至「光大也」。正義曰：「含章可貞」者，六三處下卦之極而能不被疑於陽。「章」，美也。既居陰極能自降退，不爲事始，唯内含章美之道待命乃行，可以得正，故曰「含章可貞」。「或從王事，无成有終」者，言六三爲臣，或順從於王事，故不敢爲事之首主成於物，故云「无成」。唯上唱下和奉行其終，故云「有終」。《象》曰「含章可貞，以時發」者，夫子釋「含章」之義，以身居陰極，不敢爲物之首，但内含章美之道待時而發，是「以時發」也。「或從王事，知光大」者，釋「无成有終」也。既隨從王事，不敢主成物始，但奉終而行，是知慮光大，不自擅其美，唯奉於上。

❶ 「文」，嘉本、阮本皆作「爻」。

❷ 「尊」，嘉本、阮本皆作「節」。

○注「三處」至「有終也」。正義曰：「三處下卦之極」者，欲見三雖陰爻，其位尊也。「不疑於陽」者，陰之尊極將與陽敵，體必被陽所忌；今不被疑於陽，言陽不害也。「應斯義」者，「斯」，此也。若能應此義，唯行「含章可貞」已下之事乃「應斯義」。此爻全以人事明之。

六四，「括囊」至「不害也」。正義曰：「括」，結也。「囊」，所以貯物，以譬心藏知也。閉其知而不用，故曰「括囊」。功不顯物，故曰「无譽」。不與物忤，故曰「无咎」。《象》曰「慎不害」者，釋所以「括囊，无咎」之義。由其謹慎，❶不與物競，故不被害也。○注「處陰」至「之道」。正義曰：「不造陽事，无含章之美」者，六三以陰居陽位，是造爲陽事，但不爲事始，待唱乃行，是陽事猶在，故云「含章」，「章」即陽之美也。今六四以陰處陰，内无陽事，是「不造陽事，无含章之美」。當「括結否閉」之時，是「賢人乃隱」，唯施謹慎則可，非通泰之道也。

六五，「黄裳」至「文在中」。正義曰：「黄裳元吉」者，「黄」是中之色，「裳」是下之飾。坤爲臣道，五居君位，是臣之極貴者也。能以中和通於物理，居於臣職，故云「黄裳元吉」。「元」，大也，以其德能如此，故得大吉也。《象》曰「黄裳元吉，文在中」者，釋所以「黄裳元吉」之義，以其文德在中故也。既有中和，又奉臣職，通達文理，故云「文」在中，❷言不用威武也。○注：「黄中」至「美之至也」。正義曰：「黄，中之色；裳，下之飾」者，《左氏·昭十二年傳》文也。「裳」，下之飾，則上衣比君，下裳法臣也。「垂黄裳以獲元吉，非用武」者，以體无剛健，是非用威武也。以内有文德通達物理，故《象》云「文在中也」。

上六，「龍戰」至「道窮也」。正義曰：「龍戰于野，其血玄黄」者，以陽謂之龍，上六是陰之至極，陰盛似陽，故稱「龍」焉。盛而不已，固陽之地，陽所不堪，故陽氣之龍與之交戰，即《説卦》云「戰乎乾」是也。戰於卦外，故曰「于野」。陰陽相傷，故「其血玄黄」。○注「陰之」至「戰于野」。正義曰：「盛而不已，固陽之地」者，「固」爲占固，陰去則陽來，陰乃盛而不去，占固此陽所生之地，故陽氣之龍與之交戰。

「用六」至「大終也」。正義曰：「用六，利永貞」者，此坤之六爻揔辭也。言坤之所用，用此衆爻之六，六是柔順，不可純柔，故利在「永貞」。「永」，長也，

❶「由」，嘉本同，阮本作「曰」。
❷「文在中」，嘉本同，阮本「在」下有「其」字。

「貞」，正也，言長能貞正也。《象》曰「以大終」者，釋「永貞」之義，既能用此柔順，長守貞正，所以廣大而終也。若不用「永貞」，則是柔而又圓，即前注云「求安難矣」。此「永貞」即《坤》卦之下「安貞吉」是也。

「《文言》」至「時行」。正義曰：此一節是第一節，明坤之德也。自「積善之家」以下是第二節也，分釋六爻之義。「坤至柔而動也剛」者，六爻皆陰是至柔也。體雖「至柔而運動也剛」，柔而積漸乃至堅剛，則上云「履霜堅冰」是也。又地能生物，初雖柔弱，後至堅剛而成就。「至静而德方」者，地體不動是「至静」，生物不邪是德能方正。「後得主而有常」者，陰主卑退，若在事之後，不爲物先，即「得主」也。此陰之恒理，故云「有常」。「含萬物而化光」者，自明《象》辭「含弘光大」，言含養萬物而德化光大也。「坤道其順乎，承天而時行」者，言坤道柔順，承奉於天以量時而行，即不敢爲如之先，❶恒相時而動。

「積善」至「言順也」。正義曰：此一節明初六爻辭也。「積善之家必有餘慶，積不善之家必有餘殃」者，欲明初六其惡有漸，故先明其所行善惡事由久而積漸，故致後之吉凶。「其所由來者漸矣」者，言弑君、弑父非一朝一夕率然而起，其禍患所從來者積漸久遠矣。「由辯之不早辯」者，臣子所以久包禍心，由君父欲辯明之事不早分辯故也。此戒君父防臣子之惡。「蓋言順」者，言此「履霜，堅冰至」，蓋言順習陰惡之道，積微而不已乃致此弑害。稱「蓋」者是疑之辭。凡萬事之起皆從小至大，從微至著，故上文善惡並言。今獨言弑君、弑父有漸者，以陰主柔順，積柔不已乃終至禍亂，故特於坤之初六言之，欲戒其防柔弱之初，又陰爲弑害，故寄此以明義。

「直其正」至「疑其所行」。正義曰：此一節釋六二爻辭。「直其正」者，經稱「直」是其正也；「方其義」者，經稱「方」是其義也。「義」者宜也，於事得宜故曰「義」。「君子敬以直内」者，覆釋「直其正」也，言君子用「敬以直内」，「内」謂心也，用此恭敬以直内心。「義以方外」者，用此義事以方正外物，言君子法地正直而生萬物，皆得所宜，各以方正。然即前云「直其正也，方其義也」，下云「義以方外」，即此應云「正以直内」，改云「敬以直内」者，欲見正則能敬，故變「正」爲「敬」也。「敬、義立而德不孤」者，身有敬、義以接於人，則人亦敬、義以應之，是「德不孤」也。直則不邪，

❶「如」，嘉本、阮本皆作「物」。

正則謙恭，義則與物无競，方則凝重不躁。既「不習无不利」，則所行不須疑慮，故曰「即不疑其所行」。❶

「陰雖有美」至「代有終」。正義曰：此一節明六三爻辭。言「陰雖有美，含之以從王事」者，釋「含章可貞」之義也。言六三之陰雖有美道包含之德，若或從王事，❷不敢爲主先成之也。「地道也，妻道也，臣道也」者，欲明坤道處卑，待唱乃和，故歷言此三事皆卑應於尊、下順於上也。「地道无成而代有終」者，其地道卑柔，无敢先唱成物，必待陽始先唱而後代陽有終也。

「天地變」至「言謹也」。正義曰：此一節明六四爻辭。「天地變化」，謂二氣交通，生養萬物，故草木蕃滋。「天地閉，賢人隱」者，謂二氣不相交通，天地否閉，賢人潛隱。天地通則草木蕃，明天地閉草木不蕃。「天地閉，賢人隱」，明天地通則賢人出，互而相通。❸此乃「括囊，无咎」，故「賢人隱」屬「天地閉」也。「蓋言謹」者，「謹」謂謹慎，蓋言賢人、君子於此之時須謹慎也。

「君子黄」至「之至也」。正義曰：此一節明六五爻辭也。「黄中通理」者，以黄居中兼四方之色，奉承臣職是通曉物理也。「正位居體」者，居中得正，是正位也，處上體之中，是居體也。「黄中通理」是「美在其中」，有美在於中必通暢於外，故云「暢於四支」。「四支」猶人手足，比于四方物務也。外内俱善，能宣發於「事業」。所營謂之「事」，事成謂之「業」，美莫過之，故云「美之至也」。

「陰疑於」至「地黄」。正義曰：此一節明上六爻辭。「陰疑於陽必戰」者，陰盛爲陽所疑，陽乃發動，欲除去此陰；陰既强盛，不肯退避，故「必戰」也。「爲其嫌於无陽，故稱『龍』焉」者，上六陰盛似陽，爲嫌純陰非陽，故稱「龍」以明之。「猶未離其類也，故稱『血』焉」者，言上六雖陰盛似陽，然猶未能離其陰類，故爲陽所傷而見滅也。❹「夫玄黄者，天地之雜也。天玄而地黄」者，釋「其血玄黄」之義。莊氏云：「上六之爻兼有天地雜氣，所以上六被傷，『其血玄黄』也。天色玄，地色黄，故血有天地之色。」今輔嗣注云「猶與陽

❶「即」，阮本無此字。
❷「若」，阮本作「苟」。
❸「互」，阮本同，嘉本作「反」。
❹「滅」，嘉本同，四庫本作「血」，阮本作「成」。阮校云：監本、毛本作「血」。

戰而相傷」，是言陰陽俱傷也。恐莊氏之言非王之本意，今所不取也。

䷂ 震下坎上 屯。「元亨」至「建侯」。正義曰：屯，難也。剛柔始交而難生，初相逢遇，故云「屯，難也」。以陰陽始交而爲難，因難，物始大通，故「元亨」也。萬物大亨乃得利益而貞正，故「利貞」也。但屯之四德，劣於乾之四德，故「屯」乃元亨，亨乃利貞。乾之「四德」无所不包。此即「勿用有攸往」，又别言「利建侯」，不如乾之无所不利。此已上説屯之自然之「四德」，聖人當法之。「勿用有攸往，利建侯」者，以其屯難之世，世道初創，其物未寧，故宜「利建侯」以寧之。此二句釋人事也。

《彖》曰，「屯剛」至「不寧」。正義曰：「屯，剛柔始交而難生」者，此一句釋屯之名。以剛柔二氣始欲相交，未相通感，情意未得，故「難生」也。若剛柔已交之後，物皆通泰，非復難也。唯初始交時而有難，故云「剛柔始交而難生」。「動乎險中，大亨貞」者，此釋「四德」也。坎爲險，震爲動，震在坎下是動於險中。初動險中，故「屯，難」。動而不已，將出於險，故得「大亨貞」也。「大亨」即「元亨」也。不言「利」者，「利」屬於「貞」，故直言「大亨貞」。「雷雨之動滿盈」者，周氏云「此一句覆釋『亨』也」。但屯有二義：一難也，二盈也。❶上既以「剛柔始交」釋「屯難」也，此又以「雷雨」二象解「盈」也。言「雷雨」二氣初相交動以生養萬物，故得「滿盈」，即是「亨」之義也。覆釋「亨」者，以屯難之世不宜亨通，恐「亨」義難曉，故特釋之。此已下説屯之自然之象也。「天造草昧，宜建侯而不寧」者，釋「利建侯」也。「草」謂草創，「昧」謂冥昧，言天造萬物於草創之始，如在冥昧之時也。于此「草昧」之時，王者當法此屯卦，宜建立諸侯以撫恤萬方之物，而不得安居无事。此二句以人事釋「屯」之義。○注「雷雨」至「所爲」。正義曰：「雷雨之動乃得滿盈」者，周氏、褚氏云：「釋『亨』也，萬物盈滿則亨通也。」「皆剛柔始交之所爲」者，雷雨之動亦陰陽始交也，萬物盈滿亦陰陽而致之，故云「皆剛柔始交之所爲」也。若取屯「難」則坎爲險，則上云「動乎險中」是也。若取「亨通」則坎爲雨，震爲動，此云「雷雨之動」是也。隨義而取

❶「二」，嘉本同，阮本作「一」。

象，其例不一。❶○注「屯體」至「建侯」。正義曰：「屯體不寧」者，以此屯遭險難，其體不寧，故「宜建侯」也。「造物之始，始于冥昧」者，「造物之始」即「天造草昧」也，「草」謂草創，初始之義。「始於冥昧」者，言物之初造，其形未著，其體未彰，故在幽冥闇昧也。

《象》曰，「雲雷」至「經綸」。正義曰：「經」謂經緯，「綸」謂繩綸，❷言君子法此屯象有爲之時以經綸天下，約束於物，故云「君子以經綸」也。姚信云：「『綸』謂緯也，❸以織綜經緯。」此君子之事，非其義也。劉表、鄭玄云「以『綸』爲『淪』字」，非王本意也。

初九，「磐桓」至「得民也」。正義曰：「磐桓」，不進之貌。處屯之初，動即難生，故「磐桓」也。不可進，唯宜利居處貞正，亦宜建立諸侯。《象》曰：「雖磐桓，志行正」者，言初九雖「磐桓」不進，非苟求宴安，志欲以靜息亂，故居處貞也。非是苟貪逸樂，唯志行守正也。「以貴下賤，大得民」者，「貴」謂陽也，「賤」謂陰也，言初九之陽在三陰之下是「以貴下賤」。屯難之世，民思其主之時，既能「以貴下賤」，所以大得民心也。○注「處屯」至「得民也」。正義曰：「息亂以靜」者，解「利居貞」也。「守靜以侯」者，解「利建侯」也。「安民在正」者，解「貞」也。「弘正在謙」者，取象其「以貴下賤」也，言弘大此屯正在於謙也。「陰求於陽，弱求於强」者，解「大得民」也。○注「不可」至「行正也」。正義曰：「非爲宴安棄成務」者，言己止，爲前進有難，故磐桓且住，非是苟求宴安，棄此所成之務而不爲也。言身雖住，但欲以靜息亂也。

六二，「屯如」至「反常也」。正義曰：「屯如邅如」者，「屯」是屯難，「邅」是邅迴，「如」是語辭也。言六二欲應於九五，即畏初九逼之不敢前進，故「屯如邅如」也。「乘馬班如」者，《子夏傳》云「班如者，謂相牽不進也」，馬季長云「班，班旋不進也」。言二欲乘馬往適於五，正道未通，故班旋而不進也。「匪寇婚媾」者，「寇」謂初也，言二非有初九與己作寇害，則得共五爲婚媾矣。❹馬季長云：「重婚曰媾。」鄭玄云：「媾，猶會也。」「女子貞不字」者，「貞」，正也，「女子」謂六二也，女子以守貞正，不受初九之愛，「字」訓愛也。「十年乃字」者，十年難息之後，即初不害己也，乃得往適

❶「例」，嘉本同，阮本作「義」。
❷「繩」，嘉本同，阮本作「綱」。
❸「緯」，嘉本同，阮本作「綱」。
❹「共」，嘉本同，阮本作「其」。

於五，受五之字愛。「十」者數之極，數極則變，❶故云「十年」也。《象》曰「六二之難，乘剛也」者，釋所以「屯如邅如」也。有畏難者，以其乘陵初剛，不肯從之，故有難也。「十年乃字，反常」者，謂十年之後屯難止息，得「反常」者，謂反常道，即二適于五是其得常也。已前有難，不得行常，十年難息，得反歸於常以適五也。此爻因六二之象以明女子婚媾之事，即其餘人事亦當法此。猶如有人逼近於强，雖遠有外應未敢苟進，被近者所陵，經久之後乃得與應相合。是知萬事皆象於此，非唯男女而已。諸爻所云陰陽、男女之象，義皆倣於此。

六三，「即鹿」至「吝窮也」。正義曰：「即鹿无虞」者，「即」，就也，「虞」謂虞官，如人之田獵欲從就於鹿，當有虞官助己，商度形勢可否，乃始得鹿。若无虞官，即虚入于林木之中，必不得鹿，故云「唯入于林中」。此是假物爲喻。今六三欲往從五，如就鹿也。五自應二，今乃不自揆度彼五之情納己以否，是「无虞」也。即徒往向五，五所不納，是徒入于林中。「君子幾不如舍」者，「幾」，辭也，夫君子之動，自知可否，豈取恨辱哉？見此形勢，即不如休舍也。言六三不如舍此求五之心，勿往也。「往吝」者，若往求五即有悔吝也。《象》曰「即鹿无虞，以從禽」者，言就鹿當有虞官，❷即有鹿也。若无虞官以從逐于禽，亦不可得也。「君子舍之，往吝窮」者，君子見此之時當舍而不往，若往則有悔吝窮苦也。○注「三既近五」至「吝窮也」。正義曰：「見路之易，不揆其志」者，三雖比四，四不害己，身无屯邅是路之平易，即意欲向五，而不預先揆度五之情意納己以否，是「无虞」也。獵人先遣虞官商度鹿之所在，猶若三欲適五，先遣人測度五之情意。「幾」爲語辭，不爲義也。知此「幾」不爲事之幾微。凡「幾微」者，乃從无向有，其事未見乃爲「幾」也。今「即鹿无虞」，是已成之事，事已顯著，❸故不得爲「幾微」之「幾」。

六四，「乘馬」至「往明也」。正義曰：「乘馬班如，求婚媾，往吉，无不利」者，六四應初故「乘馬」也，慮二妨己路，故初時班如旋也。二既不從於初，故四求之爲婚必得媾合，所以「往吉，无不利」。《象》曰「求而往明」者，言求初而往婚媾，明識初與二之情狀，

---

❶「變」，嘉本同，阮本作「復」。

❷「就」，嘉本同，阮本作「即」。

❸「著」，嘉本同，阮本作「者」。

知初納己，知二不害己志，是其「明」矣。

九五，「屯其」至「施未光也」。正義曰：「屯其膏」者，「膏」謂膏澤恩惠之類，言九五既居尊位，當恢弘博施，唯繫應在二，而所施者褊狹，是屯難其膏。「小貞吉，大貞凶」者，「貞」，正也。出納之吝謂之有司，是小正爲吉。若大人不能恢弘博施，是大正爲凶。○注「處屯」至「貞之凶」。正義曰：「固志同好，不容他間」者，「間」者，厠也，五應在二，是堅固其志在于同好，不容他人間厠其間也。

上六，「乘馬」至「何可長也」。正義曰：處險難之極而下无應援，若欲前進即无所之適，故「乘馬班如」。「窮困闉厄，无所委仰」，故「泣血漣如」。《象》曰「何可長」者，言窮困泣血，何可久長也。

䷃ 坎下艮上 蒙。「亨」至「利貞」。正義曰：「蒙」者，微昧闇弱之名。物皆蒙昧，唯願亨通，故云「蒙亨」。「匪我求童蒙，童蒙求我」者，物既闇弱而意願亨通，即明者不求於闇，即匪我師德之高明往求童蒙之闇，但闇者求明，明者不諮於闇，故云「童蒙求我」也。「初筮告」者，「初」者發始之辭，「筮」者決疑之物。童蒙既來求我，我當以初始一理剖決告之。「再三瀆，瀆則不告」者，師若遲疑不定，或再或三，是褻瀆，瀆則不告。童蒙來問本爲決疑，師若以廣深二義、再三之言告之，即童蒙聞之轉亦瀆亂，故不如不告也。自此已上解「蒙亨」之義，順此上事乃得「亨」也，故「亨」文在此事之上也。不云「元」者，謂時當蒙弱未有「元」也。「利貞」者，「貞」，正也，言蒙之爲義，利以養正，故《象》云「蒙以養正」，乃「聖功」也。若養正以「明」，即失其道也。○注「筮者」至「夫疑者也」。正義曰：「初筮則告」者，童蒙既來求我，我當以初心所念、所筮之義一理而則告之。❶「再三則瀆，瀆，蒙也」者，若以棄此初本之意而猶豫遲疑、歧頭別說，則童蒙之人聞之褻瀆而煩亂也，故「再三則瀆，瀆，蒙也」。「能爲初筮，其唯二乎」者，以《象》云「初筮告，以剛中」者，剛而得中，故知是「二」也。○注「蒙之」至「失其道矣」。正義曰：「然則養正以明，失其道」者，言人雖懷聖德，若隱默不言，人則莫測其淺深，不知其大小，所以聖德彌遠而難測矣。若彰顯其德，苟自發明，即人知其所爲，識其淺深。故《明夷注》云「明夷莅衆，顯明於外，巧所

❶「則」，四庫本、阮本作「剖」。

避」是也。此卦繇辭皆以人事明之。❶

《彖》曰，「蒙山」至「聖功也」。正義曰：「山下有險」者，坎在艮下是山下有險，艮爲止，坎上遇止是「險而止」也。恐進退不可，故蒙昧也。此釋蒙卦之名。「蒙，亨，以亨行時中」者，疊「蒙亨」之義，言居「蒙」之時人皆願「亨」，若以亨道行之于時則得中也，故云「時中」也。「匪我求童蒙，童蒙求我，志應」者，以童蒙闇昧之志而求應會明者，故云「志應」也。「再三瀆，瀆則不告，瀆，蒙」者，所以再三不告，恐瀆亂蒙者。自此已上，《彖》辭摠釋「蒙亨」之義。「蒙以養正，聖功也」者，能以蒙昧隱默自養正道，乃成至聖之功。此一句釋經之「利貞」。

《象》曰，「山下」至「育德」。正義曰：「山下出泉，蒙」者，山下出泉，未有所適之處，是險而止，故蒙昧之象也。「君子以果行育德」者，君子當法此蒙道，❷以果決其行告示蒙者，則「初筮」之義，「育德」謂隱默懷藏，不自彰顯以育養其德。「果行」、「育德」者，自相違錯，若童蒙來問則果行也，尋常處衆則育德，是不相須也。

初六，「發蒙」至「以正法也」。正義曰：「發蒙」者，以初近於九二，二以陽處中，而明能照闇，故初六以能發去其蒙也。「利用刑人，用說桎梏」者，蒙既發去，无所凝滯，故利用刑戮于人，又利用說去罪人桎梏。以蒙既發去，疑事顯明，刑人說梏皆得當。❸在足曰桎，在手曰梏。《小雅》云：❹「杻謂之梏，械謂之桎。」「以往吝」者，若以正道而往，即其事益善矣，若以刑人之道出往，行之即有鄙吝。《象》曰「利用刑人以正法」者，且刑人之道乃賊害於物，是道之所惡。以「利用刑人」者，以正其法制，不可不刑矣。故刑罰不可不施於國，鞭扑不可不施於家。案：此經「刑人」、「說人」二事，《象》直云「利用刑人」一者，但舉刑重故也。

九二，「包蒙」至「柔接也」。正義曰：「包蒙吉，納婦吉，子克家」者，「包」謂包含，九二以剛居中，羣蒙悉來歸己，❺九二能含容而不距，皆與之決疑，故得「吉」也。九二以剛居中，陰來應之。「婦」謂配

❶「繇」，嘉本同，阮本作「繫」。
❷「法」，嘉本同，阮本作「發」。
❸「說」下，阮本有「桎」字。
❹「小」，阮本同，嘉本作「爾」。
❺「羣」，嘉本同，阮本作「童」。

也，故納此匹配而得「吉」也。此爻在下體之中，能包蒙納婦，在内理中，❶幹了其任，即是子孫能克荷家事，故云「子克家」也。《象》曰「子克家，剛柔接」者，以陽居於卦内接待羣陰，是剛柔相接，故克幹家事也。○注「以剛」至「之義」。正義曰：「親而得中」者，言九二居下卦之中央，上下俱陰，以己之剛陽迎接上下二陰，❷陰陽相親，故云「親而得中」也。「能幹其任」者，既能包蒙，又能納匹，是「能幹其任」。

六三，「勿用」至「不順也」。正義曰：「勿用取女」者，「女」謂六三，言勿用取此六三之女。所以不須取者，❸此童蒙之世陰求於陽，是女求男之時也。「見金夫」者，謂上九以其剛陽故稱「金夫」。此六三之女，自往求見「金夫」。女之爲體，正行以待命而嫁。今先求於夫，是爲女不能自保其躬，固守貞信，乃非禮而動。行既不順，若欲取之，无所利益，故云「不有躬，无攸利」也。《象》曰「勿用取女，行不順」者，釋「勿用取女」之義。所以勿用取此女者，以女行不順故也。

六四，「困蒙」至「遠實也」。正義曰：此釋六四爻辭也。六四在兩陰之中，去九二既遠，无人發去其童蒙，故曰困于蒙昧而有鄙吝。《象》曰「獨遠實」者，「實」謂九二之陽也。九二以陽故稱「實」也。六三近九二，六五近上九又應九二，唯此六四既不近二又不近上，故云「獨遠實」也。○注「陽稱實」者。正義曰：陽主生息，故稱「實」，陰主消損，故不得言「實」。

六五，「童蒙」至「以巽也」。正義曰：「童蒙吉」者，言六五以陰居於尊位，其應在二，二剛而得中，五則以事委任於二，不勞己之聰明，猶若童稚蒙昧之人，故所以得吉也。《象》曰「順以巽者」，❹釋「童蒙之吉」，巽亦順也，❺猶委物於二。「順」謂心順，「巽」謂貌順。故褚氏云：「順者心不違也，巽者外迹相卑下也。」○注「委物」至「以巽也」。正義曰：「委物以能」，謂委付事物與有能之人，謂委二也。「不先不爲」者，五雖居尊位，而事委任於二，❻不在二先而首唱，是順於二也。「不爲」者，謂不自造爲，是委任二也。不先於二是心順也，不自造爲是貌巽也。❼

❶「在」，嘉本同，阮本作「任」。
❷「剛」，嘉本同，阮本作「兩」。
❸「取」，嘉本同，阮本無此字。
❹「者」，阮本作「也」。
❺「亦」，阮本作「以」。
❻「事」，阮本作「專」。
❼「巽」，阮本作「順」。

上九，「擊蒙」至「上下順也」。正義曰：「擊蒙，不利爲寇，利禦寇」者，處蒙之終，以剛居上，能擊去衆陰之蒙，合上下之願，故莫不順從也。若因物之來即欲取之而爲寇害，物皆叛矣，故「不利爲寇」也。若物從外來，爲之扞禦，則物咸附之，故「利用禦寇」也。《象》曰「利用禦寇，上下順」者，所宜利爲物禦寇者，由上下順從故也。言此爻既能發去衆蒙以合上下之願，又能爲之禦寇，故上下彌更順從也。

䷄ 乾下坎上 需。「有孚」至「大川」。正義曰：此需卦繇辭也。「需」者，待也。物初蒙稚，待養而成，无信即不立，所待唯信也，故云「需有孚」。言需之爲體，唯有信也。「光亨貞吉」者，若能有信，即需道光明，物得亨通，于正則吉，故云「光亨貞吉」也。「利涉大川」者，以剛健而進即不患於險，乾德乃亨，故云「利涉大川」。

《彖》曰，「需須」至「有功也」。正義曰：此釋需卦繇辭。「需」，須也。「險在前」者，釋需卦之名也，是需待之義，故云「需，須也」。「險在前」釋所以需待由險難在前，故有待乃進也。「剛健而不陷，其義不困窮矣」者，解需道所以得亨由乾之剛健，前雖遇險而不被陷滯，是其需待之義，不有「困窮矣」，故得「光亨貞吉」，由乾之德也。「需有孚，光亨貞吉，位乎天位以中正」者，此疊出需卦繇辭然後釋之也，言此需體非但得乾之剛彊而不陷，又由中正之力也。以九五居乎天子之位，又以陽居陽，正而得中，故能有信，光明亨通而貞吉也。剛健而不陷，只由二象之德。位乎天位以正中，是九五之德也。凡卦之爲體，或直取象而爲卦德者，或直取爻而爲卦德者，或以兼象兼爻而爲卦德者，此卦之例是也。「利涉大川，往有功」者，釋「利涉大川」之義，以乾剛健，故行險有功也。○注「謂五」至「貞吉」。正義曰：「需道畢矣」者，凡需待之義先須於信，後乃光明亨通於物而貞吉，能備此事是須道終畢。五即居於天位，以陽居尊，中則不偏，正則无邪，以此待物即所爲皆成，故「須道畢矣」。❶ ○注「乾德」至「輒亨也」。正義曰：前云「剛健而不陷」，此云「往有功」，剛健即乾也，故乾德獲進，往而有功即是往輒亨通也。此雖釋「利涉大川」，兼釋上「光亨」之義，由是「光亨」乃得「利涉大川」，故於「利涉大川」乃明

❶「須」，嘉本同，阮本作「需」。

「亨」也。

《象》曰，「雲上」至「宴樂」。正義曰：坎既爲險，又爲雨。今不言險、雨者，此象不取險難之義也，故不云「險」也。雨是已下之物，不是須待之義，故不云「雨」也。不言天上有雲，而言「雲上於天」者，若是天上有雲，无以見欲雨之義，故云「雲上於天」。若言「雲上於天」，是天之欲雨，待時而落，所以明「需」天惠將施而盛德又亨，故君子於此之時「以飲食宴樂」。

初九，「需于郊」至「未失常也」。正義曰：但難在於坎，初九去難既遠，故待時在于郊。「郊」者是境上之地，亦去水遠也。「利用恒，无咎」者，「恒」，常也，遠難待時以避其害，故宜利保守其常，所以「无咎」。猶不能見幾速進，但得无咎而已。《象》曰「不犯難行」者，去難既遠，故不犯難而行。「未失常」者，不敢速進，遠難待時，是「未失常」也。

九二，「需于沙」至「吉終」。正義曰：「沙」是水傍之地，去水漸近，待時于沙，故難稍近，雖未致寇，而「小有言」以相責讓。「近不逼難，遠不後時」，但「履健居中，以待要會」，雖小有責讓之言，而終得其吉也。《象》曰「須于沙，衍在中」者，「衍」謂寬衍，去難雖近，猶未逼于難，而寬衍在其中也，故「雖小有言，以吉終也」。

九三，「需于泥」至「不敗也」。正義曰：「泥」者，水傍之地，泥溺之處。逼近於難，欲進其道，難必害己，故「致寇至」。猶且遲疑而需待時，雖即有寇至亦未爲禍敗也。《象》曰「災在外」者，釋「需于泥」之義，言爲「需」雖復在泥，泥猶居水之外，即災在身外之義，未陷其剛之義，故可用「需」以免。「自我致寇，敬慎不敗」者，「自」，由也，由我欲進而致寇來，己若敬慎則不有禍敗。❶

六四，「需于血」至「以聽也」。正義曰：「需于血」者，謂陰陽相傷故有血也。九三之陽而欲上進，此六四之陰而塞其路，兩相妨害故稱「血」。言待時于血猶待時於難中也。「出自穴」者，「穴」即陰之路也，而處坎之始是居穴者也。❷三來逼己，四不能距，故出此所居之穴以避之，但順以聽命而得免咎也。故《象》云：「『需於血』，順以聽命」也。○注「凡稱血」至「自穴也」。正義曰：「凡稱血」者，陰陽相傷者也，即《坤》之上六「其血玄黃」是也。「穴者，陰之路也」者，

❶「敗」下，阮本有「也」字。
❷「是」，阮本同，嘉本無此字。

凡孔穴穿道皆是幽隱，故云「陰之路也」。「處坎之始居穴」者，「坎」是坎險，若處坎之上即是「出穴」者也，處坎之始是「居穴」者也。但《易》含萬象，此六四一爻，若以戰鬬言之，其出則爲「血」也，若以居處言之，其處則爲「穴」也。「穴」之與「血」，❶各隨事義也。

九五，「需于酒」至「中正也」。正義曰：「需于酒食貞吉」者，五既爲需之主，已得天位，无所復需，但以需待酒食以遞相宴樂而得貞吉。《象》曰「酒食貞吉，以中正」者，釋「酒食貞吉」之義，言九五居中得正，「需」道亨通，上下无事也。

上六，「入于」至「大失也」。正義曰：「上六入于穴」者，上六陰爻故亦稱「穴」也，上六與三相應，三來之己不爲禍害，乃得爲己援助，故上六无所畏忌，乃「入于穴」而居也。❷「有不速之客三人來」者，「速」，召也，不須召喚之客有三人自來。「三人」謂初九、九二、九三，此三陽務欲前進，但畏于險難不能前進。其難既通，三陽務欲上升，不須召喚而自來，故云「有不速之客三人來」也。「敬之終吉」者，上六居无位之地，以一陰而爲三陽之主，不可怠慢，故須恭敬此三陽乃得「終吉」。《象》曰「雖不當位，未大失」者，釋「敬之終吉」之義。言己雖不當位，而以一陰爲三陽之主，若不敬之則有凶害。今由己能敬之，雖不當位亦未有大失。言初時雖有小失，❸終久乃獲吉，故云「未大失」也。且「需」之一卦，須待難通，其於六爻，皆假他物之象以明人事，待通而亨，須待之義。且凡人萬事，或有去難遠近，須出須處，法此六爻即萬事盡矣，不可皆以人事曲細比之。《易》之諸爻之例並皆倣此。

䷅ 坎下乾上 訟。「有孚」至「大川」。正義曰：「訟有孚，窒惕中吉」者，「窒」，塞也，「惕」，懼也，凡訟者，物有不和，情相乖争而致其訟。凡訟之體，不可妄興，必有信實，被物止塞而能惕懼，中道而止乃得吉也。「終凶」者，訟不可長，若終竟訟事，雖復窒惕亦有凶也。「利見大人」者，物既有訟，須大人決之，故「利見大人」也。「不利涉大川」者，以訟不可長，若以訟而往涉危難必有禍患，故「不利涉大川」。

《象》曰，「訟上」至「于淵也」。正義曰：

❶「血」，嘉本同，阮本作「位」。
❷「于」，嘉本無此字。
❸「雖」，嘉本無此字。

此釋繇辭之義。「訟，上剛下險，險而健，訟」者，「上剛」即乾也，「下險」即坎也，猶人意懷險惡，性又剛健，所以訟也。此二句因卦之象以顯「有訟」之所由。案：上「需」，須也，以釋卦之名，此訟卦不釋「訟」名者，「訟」義可知，故不釋也。諸卦其名難者則釋之，其名易者則不釋之，他皆倣此。「訟有孚，窒惕中吉，剛來而得中」者，先疊出訟之繇辭，以「剛來而得中」者釋所以訟得其「有孚，窒惕中吉」者，言由九二之剛來向下體，❶而處下卦之中，爲訟之主而聽斷獄訟，故訟者得其「有孚，窒惕中吉」也。「終凶，訟不可成」者，釋「終凶」之義，以爭訟之事不可使成，故「終凶」也。「利見大人，尚中正」者，釋「利見大人」之義。所以於訟之時利見此「大人」者，以時方鬭爭，貴尚居中得正之主而聽斷之。「不利涉大川，入于淵」者，釋「不利涉大川」之義。若以訟事往涉于川，即必隊于深淵而陷于難也。〇注「凡不和」至「應斯任」。正義曰：「无施而可」者，言若性好不和又與人鬭訟，即无處施設而可也，言所往之處皆不可也。「涉難特甚焉」者，言好訟之人，習常施爲已自不可，❷若更以訟涉難，其不可特甚焉，故云「涉難特甚焉」。「中乃吉」者，謂此訟事以中途而止乃得吉也。前注云「可以獲中言」，❸謂獲中止之吉。「不閉其源，使訟不至」者，若能謙虚退讓，與物不競，即此是閉塞訟之根源，使訟不至也。今不能如此，是不閉塞訟源，使訟得至也。「雖每不枉而訟至終竟」者，謂雖每訴訟，陳其道理，不有枉曲而訟至終竟，此亦凶矣。

《象》曰，「天與」至「謀始」。正義曰：天道西轉，水流東注，是天與水相違而行，相違而行，象人彼此兩相乖戾，故致「訟」也。不云「水與天違行」者，凡訟之所起，必剛健在先以爲訟始，故云「天與水違行」也。「君子以作事謀始」者，物既有訟，言君子當防此訟源。凡欲興作其事，先須謀慮其始。若初始分職分明，不相干涉，即終无所訟也。〇注「聽訟」至「不責於人」。正義曰：「訟之所以起，契之過」者，凡鬭訟之起，只由初時契要之過，謂作契要不分明。「有德司契」者，言上之有德，司主契要而能使分明以斷於下，亦不須責在下之人有爭訟也。「有德司契」之文，出《老子》經也。

初六，「不永」至「辯明也」。正義曰：「不

❶ 「由」，嘉本同，阮本作「中」。
❷ 「自」，嘉本同，阮本作「且」。
❸ 「言」，嘉本、阮本皆作「吉」。

永所事」者,「永」,長也,不可長久爲鬭訟之事,以「訟不可終」也。「小有言,終吉」者,言初六應于九四,然九四剛陽,先來非理犯己,初六陰柔,見犯乃訟,雖不能不訟,是不獲已而訟也,故「小有言」。以處訟之始,不爲訟先,故「終吉」。《象》曰「訟不可長」者,釋「不永所事」,以訟不可長,故不長此鬭争之事。「其辯明」者,釋「小有言」,以訟必辯析分明。四雖初時犯己,己能辯訟道理分明,故初時「小有言」也。○注「處訟之始」、「不爲訟先」者。正義曰:「處訟之始」者,始入訟境,言訟事尚微,故云「處訟之始」也。「不爲訟先」者,言己是陰柔,待唱乃和,故云「不爲訟先」也。

九二,「不克」至「患至掇也」。正義曰:「不克訟」者,「克」,勝也,以剛處訟不能下物,自下訟上與五相敵,不勝其訟,言訟不得勝也。「歸而逋其邑」者,訟既不勝,怖懼還歸,逋竄其邑。若其邑强大則大都偶國,非逋竄之道。「人三百户无眚」者,若其邑狹少,唯三百户乃可也。「三百户」者,鄭注《禮記》云「小國下大夫之制」,又鄭注《周禮·小司徒》云:「方十里爲成,九百夫之地,溝渠、城郭、道路三分去其一,餘六百夫。又以田有不易,有一易,有再易,定受田三百家。」即此「三百户」者,一成之地也。鄭注云:「不易之田歲種之,一易之田休一歲乃種,再易之地休二歲乃種。」言至薄也。苟自藏隱,不敢與五相敵,則无災眚。❶《象》曰「歸逋竄」者,釋「歸而逋邑」,以訟之不勝,故退歸逋竄也。「患至掇」者,「掇」猶拾掇也,自下訟上,悖逆之道,故禍患來至,若手自拾掇其物,言患必來也。故王肅云:「若手拾掇物然。」○注「以剛」至「災未免也」。正義曰:「若能以懼歸竄其邑,乃可免災」者,如此注意,則經稱「其邑」二字連上爲句,「人三百户」合下爲句。

六三,「食舊」至「從上吉也」。正義曰:「食舊德」者,六三以陰柔順從上九,不爲上九侵奪,故保全己之所有,故食其舊日之德禄位。「貞厲」者,「貞」,正也,「厲」,危也。居争訟之時,處兩剛之間,故須貞正,自危厲,故曰「貞厲」。然六三柔體不争,係應在上,衆莫能傾,故「終吉」也。「或從王事无成」者,三應於上,上則壯而又勝,故六三或從上九之王事,不敢觸忤,无敢先成,故云「无成」。《象》曰「從上吉」者,釋所以「食舊德」以順從上九,故得其吉,「食舊德」也。

九四,「不克」至「不失也」。正義曰:「不

❶「災眚」,嘉本同,阮本作「眚災」。

克訟」者，九四既非理陵犯於初，初能分辯道理，故九四訟不勝也。「復即命渝」者，「復」，反也，「即」，就也。九四訟既不勝，若能反就本理，變前與初争訟之命，能自渝變休息，不與初訟，故云「復即命渝」。「安貞吉」者，既能反從本理，渝變往前争訟之命，即得安居貞吉。《象》「安貞不失」者，釋「復即命渝」之義，以其反理變命，故得安貞之吉，不失其道。○注「處上」至「吉從之」。正義曰：「若能反從本理」者，釋「復即」之義，「復」，反也，「即」，從也，「本理」謂原本不與初訟之理。當反從此原本不争之理，故云「反從本理」。「變前之命」者，解「命渝」也。「渝」，變也。但倒經「渝」字在「命」上，故云「變前之命」。「前命」者，謂往前共初相訟之命也，今乃變之也。「安貞不犯」者，謂四安居貞正，不復犯初，故云「安貞不犯」。「爲仁由己，故吉從之」者，「爲仁由己」，《論語》文。初不犯己，己莫陵於初，是爲仁義之道自由於己，故云「爲仁由己」。

九五，「訟元吉」至「中正也」。正義曰：「訟元吉」者，處得尊位，中而且正以斷獄訟，故得「元吉」也。《象》曰「以中正也」者，釋「元吉」之義。所以訟得大吉者，以九五處中而得正位，中則不有過差，正則不有邪曲，中正爲德，故「元吉」。○注「處得」至「元吉」。正義曰：「處得尊位爲訟之主」者，居九五之位，當争訟之時，是主斷獄訟者也。然此卦之内，斷獄訟之人凡有二主。案：上注云「善聽之主其在二乎」，是二爲主也；此注又云「爲訟之主，用其中正以斷枉直」，是五又爲主也。一卦兩主者，凡諸卦之内，如此者多矣。五是其卦尊位之主，餘爻是其卦爲義之主，猶若復卦初九是復卦之主，「復」義在于初九也。六五亦居復之尊位，爲復卦尊位之主，如此之例非一卦也。所以然者，五居尊位，猶若天子摠統萬機，與萬物爲主，故諸卦皆五居尊位。諸爻則偏主一事，猶若六卿春官主禮、秋官主刑之類偏主一事，則其餘諸爻各主一事也。即六卿摠歸於天子，諸卦之爻皆以九五爲尊位也。若卦由五位，五又居尊，正爲一主也，若比之九五之類是也。今此訟卦二既爲主，五又爲主，皆有斷獄之德，其五與二爻，其義同然也，故俱以爲主也。案：上《象》辭「剛來而得中」，今九五《象》辭云「訟元吉，以中正何」，❶知《象》辭「剛來得中」非據九五也？輔嗣必以爲九二者，凡上下二象在於下象者則稱「來」，故《賁》卦云「柔來而文剛」，是離下艮上而稱「柔來」。今

❶「何」，阮本作「也」。

此云「剛來而得中」，故知九二也。且凡云「來」者，皆據異類而來。九二在二陰之中故稱「來」，九五在外卦，又三爻俱陽，不得稱「來」。若於爻辭之中，亦有從下卦向上卦稱「來」也，故《需》上六有「不速之客三人來」，謂下卦三陽來。然需上六陰爻，陽來詣之，亦是「往」，非類而稱「來」也。「以斷枉直」者，「枉」，曲也。凡二人來訟，必一曲一直，此九五聽訟能斷定曲直者，故云「以斷枉直」。

上九，「或錫」至「敬也」。正義曰：「或錫之鞶帶」者，上九以剛居上是訟而得勝者也，若以謙讓蒙錫，則可長保有；若因訟而得勝，雖或錫與鞶帶，不可長久，終一朝之間三被褫脱，故云「終朝三褫之」。《象》曰「以訟受服亦不足敬」者，釋「終朝三褫」之義。以其因訟得勝受此錫服，非德而受亦不足可敬，故終朝之間三被褫脱也。凡言「或」者，或之言「有」也，言「或有」如此，故言「或」。則上云「或從王事无成」及《坤》之六三「或從王事无成」之類是也。「鞶帶」謂大帶也。故杜元凱桓二年傳「鞶厲旒纓」注云：「鞶，大帶也。」此訟一卦及爻辭並以人事明之，唯「不利涉大川」假外物之象以喻人事。

周易正義卷第三

計一萬二千八百二十二字

周易正義卷第四

國子祭酒上護軍曲阜縣
開國子臣孔穎達奉勑撰

䷆坎下坤上 師，貞，丈人吉，无咎。正義曰：「師，貞，丈人吉，无咎」者，「師」，衆也，「貞」，正也，「丈人」謂嚴莊尊重之人，言爲師之正，唯得嚴莊丈人監臨主領乃得「吉无咎」。若不得丈人監臨之，衆不畏懼，不能齊衆，必有咎害。○注「丈人」至「乃无咎也」。正義曰：「興役動衆无功，罪」者，監臨師衆當以威嚴，❶則有功勞乃得无咎。若其不以威嚴，師必无功而有其罪，❷故云「興役動衆无功，罪」也。

《彖》曰，「師衆」至「何咎矣」。正義曰：「師，衆也，貞，正也，能以衆正可以王矣」者，此釋師卦之名并明用師有功之義。但「師」訓既多，或訓爲法，或訓爲長，恐此「師」名取法之與長，故特明之，「師」訓爲衆也。「貞」爲正也。「貞」之爲正，其義已見於此，復云「貞，正」者，欲見齊衆必須以正，故訓「貞」爲正也。與下文爲首引之勢，故云「能以衆正可以王矣」。「剛中而應」者，「剛中」謂九二，而「應」謂六五。「行險而順」者，「行險」謂下體坎也，而「順」謂上體坤也。若剛中而无應，或有應而不剛中，或行險而不柔順，皆不可行師得吉也。「以此毒天下而民從之，吉又何咎矣」者，「毒」猶役也，若用此諸德使役天下之衆，人必從之以得其吉，又何无功而咎責乎？自「剛中」以下釋「丈人吉，无咎」也，言丈人能備此諸德也。

《象》曰，「地中」至「畜衆」。正義曰：「君子以容民畜衆」者，言君子法此師卦容納其民，畜養其衆。若爲人除害使衆得寧，此則「容民畜衆」也。又爲師之主，雖尚威嚴，當赦其小過，不可純用威猛於軍師之中，亦是「容民畜衆」之義。所以《象》稱「地中有水」，欲見地能包水，水又衆大，是「容民畜衆」之象。若其不然，或當云「地在水上」，或云「上地下水」，或云「水上有地」，今云「地中有水」，蓋取「容畜」之義也。

初六，「師出」至「失律凶也」。正義曰：

❶「衆」，嘉本同，阮本作「旅」。
❷「有」，嘉本同，阮本作「獲」。

「初六，師出以律」者，「律」，法也，初六爲師之始，是整齊師衆者也。既齊整師衆，使師出之時，當須以其法制整齊之，故云「師出以律」也。「否臧凶」者，若其失律行師，无問「否」之與「臧」，皆爲凶也。「否」謂破敗，「臧」謂有功。然「否」爲破敗即是凶也，何須更云「否臧凶」者，本意所明，雖臧亦凶。「臧」文既單，故以「否」配之，欲盛言臧凶，不可單言，故云「否」之與「臧」皆爲凶也。《象》曰「失律凶」者，釋「師出以律」之義。言所以必須以律者，以其失律則凶。反經之文，以明經義。○注云「爲師」至「皆凶」。正義曰：「爲師之始，齊師者也」者，以師之初爻，故云「爲師之始」。在師之首，先唱發始，是齊整師衆者也。「失律而臧，何異於否」者，若棄失法律，不奉法而行，雖有功而「臧」，何異於「否」也？「失令有功，法所不赦」者，解「何異於否」之義。「令」則法律也，若失此法令，雖有功勞，軍法所不容赦，故云「何異於否」。然閫外之事將軍所裁，臨事制宜，不必皆依君命，何得有功「法所不赦」者：凡爲師之體，理非一端，量事制宜，隨時進退，此則將軍所制，隨時施行；若苟順私情，故違君命，犯律觸法，則事不可赦耳。

九二，「在師」至「萬邦也」。正義曰：「在師中，吉」者，以剛居中而應於五，是「在師中，吉」也。「无咎」者，承上之寵，爲師之主，任大役重，无功則凶，故吉乃无咎。「王三錫命」者，以其有功，故王三加錫命。《象》曰「承天寵」者，釋「在師中，吉」之義也。正謂承受五之恩寵，故「中吉」也。「懷萬邦也」者，以其有功，能招懷萬邦，故被「王三錫命」也。○注「以剛」至「成命」。正義曰：「在師而得中」者，觀注之意，以「在師中」爲句，其「吉」字屬下，觀《象》之文，「在師中，吉，承天寵」者，則似「吉」字屬上。此「吉」之一字上下兼該，故注文屬下，《象》文屬上，但《象》略其「无咎」之字，故「吉」屬「師中」也。「故乃得成命」者，案《曲禮》云「三賜不及車馬」，一命受爵，再命受服，三命受車馬。三賜三命而尊之得成，故「乃得成命」也。

六三，「師或」至「无功也」。正義曰：「師或輿尸，凶」者，以陰處陽，以柔乘剛，進无所應，退无所守，以此用師或有輿尸之凶。《象》曰「大无功也」者，釋「輿尸」之義。以其「輿尸」，則大无功也。○注「以陰」至「之凶」。正義曰：「退无所守」者，倒退而下，乘二之剛，己又以陰居陽，是「退无所守」。

六四，「師左」至「失常也」。正義曰：「師左次，无咎」者，六四得位而无應，无應不可以行，得位則可以處，故云「師左次，无咎」。故師在高險，之左以次，止，則无凶咎也。《象》曰「未失常」者，釋「无咎」之義。以其雖未有功，未失常道。○注「得位」至「故左次之」。正義曰：「行師之法，欲右背高」者，此兵法也。故《漢書·韓信》云：「兵法欲右背山陵，前左水澤。」

六五，「田有」至「不當也」。正義曰：「田有禽，利執言」者，柔得尊位，陰不先唱，柔不犯物，犯而後應，往必得直，故往即有功。猶如田中有禽而來犯苗，若往獵之則无咎過也。人之脩田非禽之所犯，王者守國非叛者所亂；禽之犯苗則可獵取，叛人亂國則可誅之。此假他象以喻人事，故「利執言，无咎」，己不直則有咎。己今得直，故可以執此言往問之而无咎也。「長子帥師，弟子輿尸，貞凶」者，以己是柔，不可爲軍帥；己又是陰，身非剛武，不可以親行，故須役任長子、弟子之等。若任役長子則可以帥師，若任用弟子則軍必破敗而輿尸，是爲正之凶。莊氏云：「長子謂九二，德長於人；弟子謂六三，德劣於物。」今案：《象》辭云「長子帥師，以中行也」，是九二居中也；「弟子輿尸，使不當也」，謂六三失位也。○注：「往必得直。」正義曰：「往必得直」者，見犯乃行，❶欲往征之，則於理正直，故云「往必得直」。

上六，「大君」至「亂邦也」。正義曰：「大君有命」者，上六處師之極是師之終竟也，「大君」謂天子也。言天子爵命此上六，若其功大，使之開國爲諸侯；若其功小，使之承家爲卿大夫。「小人勿用」者，言開國承家須用君子，勿用小人也。《象》曰「大君有命，以正功也」者，正此上六之功也。「小人勿用，必亂邦也」者，若用小人必亂邦國，故不得用小人也。

䷇ 坤下坎上 比。「吉」至「後夫凶」。正義曰：「比吉」者，謂能相親比而得其吉。「原筮，元永貞，无咎」者，欲相親比，必能原窮其情，筮決其意，唯有元大、永長、貞正乃得无咎。「元永貞」者，謂兩相親比皆須「永貞」。「不寧方來」者，「比」是寧樂之時，若能與人親比，則不寧之方皆悉歸來。「後夫凶」者，「夫」，語辭也，親比貴速，若及早而來人皆親己，故在先者吉；若在後而至者人或疎己，親比不成，故「後夫凶」。或以「夫」爲丈夫，謂後來之人也。

《象》曰，「比吉」至「道窮也」。正義曰：

❶「行」，嘉本同，阮本作「得」。

「比，吉也」者，釋親比爲善，言相親比而得吉也。「比，輔也」者，釋「比」所以得吉，由比者人來相輔助也。「下順從」者，在下之人順從於上，是相輔助也，謂衆陰順從九五也。自此已上，釋「比」名爲「吉」之義。「原筮，元永貞，无咎」者，釋「原筮，元永貞，无咎」之義。所以得如此者，以九五剛而處中，故使比者皆得「原筮，元永貞，无咎」也。「不寧方來，上下應」者，釋「不寧方來」之義。以九五處中，故上下羣陰皆來應之，於此之時，陰往比陽，羣陰未得其所，皆未寧也。「後夫凶，其道窮」者，釋「後夫凶」。他悉親比，已獨後來，比道窮困，无人與親，故其凶也。此謂上六也。○注「處比」至「九五乎」。正義曰：「將原筮以求无咎，其唯元永貞乎」者，「原」謂原窮比者根本，「筮」謂筮決求比之情，以求久長无咎。「其唯元永貞乎」，「元」，大也，「永」，長也，爲已有大長、貞正乃能原筮相親比之情，得久長而无咎，謂彼此相親比也。「若不遇其主，則雖永貞而猶未足免於咎」者，若不逢遇明主，則彼此相求，「比」者雖各懷永貞而猶未足免離於咎。雖有永貞而无明主照察，不被上知，相親涉於明黨，故不免咎也。「使永貞而无咎者，其唯九五乎」者，使「比」者得免咎，保永貞，久而无咎，其唯九五乎？以九五爲比之主，剛而處中，能識「比」者之情意，故使「比」者得保永貞，无凶咎也。○注「將合」至「以凶也」。正義曰：「親成則誅」者，彼此相比皆速來爲親，親道已成，已獨在後而來，衆則嫌其離貳，所以被誅而凶也。

《象》曰，「地上」至「諸侯」。正義曰：「建萬國親諸侯」，非諸侯已下之所爲，故特云「先王」也。「建萬國」謂割土而封建之，「親諸侯」謂爵賞恩澤而親友之。「萬國」據其境域，故曰「建」也。「諸侯」謂其君身，故云「親」也。「地上有水」猶域中有萬國，使之各相親比，猶地上有水，流通相潤及物，故云「地上有水，比」也。

初六，「有孚」至「它吉也」。正義曰：「有孚比之，无咎」者，處比之始，爲比之首，若无誠信，禍莫大焉。必有誠信而相親比，終始如一，爲之誠信，乃得无咎。「有孚盈缶，終來有它，吉」者，身處比之首，應不在一，心无私吝，莫不比之。有此孚信，盈溢質素之缶，以此待物，物皆歸向，從始至終尋常恒來，非唯一人而已，更有它人並來而得吉，故云「終來有它，吉」也。此假外象喻人事也。○注：「應不在一，心无私吝。」正義曰：「應不在一」者，初六无應是應不在一，故「心无私吝」也。若心有偏應，即私有愛吝也，以「應不在一」，故「心无私吝」也。

六二，「比之」至「不自失也」。正義曰：「比之自内，貞吉」者，居中得位，係應在五，不能使它悉來，唯親比之道自在其内，獨與五應，但「貞吉」而已，不如初六「有它吉」也。《象》曰「不自失」者，釋「比之自内」之義，不自失其所應之偶，故云「比之自内，不自失」也。

六三，「比之匪人」至「傷乎」。正義曰：「比之匪人，不亦傷乎」者，言六三所比皆非己親之人，四自外比，二爲五應，近不相得，遠又无應，是所欲親比皆非其親，是以悲傷也。

六四，「外比之」至「從上也」。正義曰：六四上比於五，故「外比」也。❶居得其位，比不失賢，所以「貞吉」。凡下體爲内，上體爲外，六四比五，故云「外比」也。《象》曰「外比於賢，以從上也」者，九五居中得位，故稱「賢」也，五在四上，四往比之，是「以從上」也。

九五，「顯比」至「使中也」。正義曰：五應於二，顯明比道，不能普徧相親，是比道狹也。「王用三驅，失前禽」者，此假田獵之道以喻「顯比」之事。凡「三驅」之禮，禽向己者則舍之，背己者則射之，是失於「前禽」也。「顯比」之道，與己相應者則親之，與己不相應者則疎之，與三驅田獵，愛來惡去相似，故云「王用三驅，失前禽」也。言「顯比」之道似於此也。「邑人不誡，吉」者，雖不能廣普親比，於自己相親之處不妄加討罰，所以己邑之人不須防誡而有吉也。至于「邑人不誡」而爲「吉」，非是大人弘闊之道，不可爲大人之身，❷但可爲大人之使。《象》曰「顯比之吉，位正中」者，所以「顯比」得吉者，以所居之位正而且中，故云「顯比之吉」。「舍逆取順，失前禽也」者，禽逆來向己者則舍之而不害，禽順去背己而走者則射而取之，是「失前禽」也。「邑人不誡，上使中」者，釋「邑人不誡」之義，所以己邑之人不須防誡，止由在上九五之使，得其中正之人，伐不加邑，動必討叛，不横加无罪，止由在上「使中」也。「中」謂九五也，此九五雖不得爲王者之身，堪爲王者之使，以居中位，故云「上使中」也。○注「爲比」至「之道」。正義曰：「去之與來皆无失」者，若比道弘闊，不偏私於物，唯賢是親，則背己去者與來向己者皆悉親附，无所失也。言去亦不失，來亦不失。「夫三驅之禮」者，先儒皆云「三度驅禽而射

❶「故」，嘉本同，阮本作「欲」。

❷「身」，嘉本同，阮本作「道」。

之」也。三度則已，今亦從之，去則射之。褚氏諸儒皆以爲「三面著人驅禽」，必知「三面」者，禽唯有背己、向己、趣己，故左右及於後皆有驅之。「愛於來而惡於去」者，來則舍之是愛於來也，去則射之是惡於去也，「故其所施常失前禽」者，言獨「比」所應則所比爲失，如三驅所施愛來憎去，則失在前禽也。「用其中正，征討有常，伐不加邑，動必討叛」者，此九五居中得正，故云「用其中正」也。心既中正，不妄喜怒，故征伐有常也。所伐之事，不加親己之邑；興師動衆，必欲討其叛逆。二以其「顯比」親者，❶伐所不加也。叛者，必欲征伐也。云「雖不得乎大人之吉，是顯比之吉」者，以《象》云「顯比」之吉，其「比」狹也，若「大人之吉」，則「比」道弘通也。「可以爲上之使，非爲上之道」者，九五居上之位，若爲行如此，身雖爲王，止可爲上使之人，非是爲王之道，故云「非爲上之道」。

上六，「比之无首」至「所終」。正義曰：「无首，凶」者，謂无能爲頭首。它人皆「比」，己獨在後，是親比於人无能爲頭首也。它人皆「比」，親道已成，己獨在後，衆人所棄，宜其凶也。《象》曰「无所終」者，釋「比之无首」，既不能爲比之初首，被人所棄，故无能與之共終也。

䷈ 乾下巽上 小畜。「亨」至「西郊」。正義曰：「小畜，亨」者，但小有所畜，唯畜九三而已。初九、九二猶剛健得行，是以剛志上得亨通，故云「小畜亨」也。若大畜，乾在於下，艮在於上，艮是陽卦，又能止物，能止此乾之剛健，所畜者大，故稱「大畜」。此卦則巽在於上，乾在於下，巽是陰柔，性又和順，不能止畜在下之乾，唯能畜止九三，所畜狹小，故名「小畜」。「密雲不雨」者，若陽之上升，陰能畜止，兩氣相薄則爲雨也。今唯能畜止九三，其氣被畜但爲密雲，初九、九二猶自上通，所以不能爲雨也。「自我西郊」者，所聚密雲由在我之西郊，去我既遠，潤澤不能行也，但聚在西郊而已。

《象》曰，「小畜」至「未行也」。正義曰：「柔得位而上下應之曰小畜」者，「柔得位」謂六四也，以陰居陰故稱「得位」，此卦唯有一陰，上下諸陽皆來應之，故曰「小畜」。此釋小畜卦名也。言此卦之畜，六四唯畜其下九三，初九、九二猶不能擁畜。而云「上下應之」者，若細別而言，小畜之義唯當畜止在下，三

❶「二」，嘉本同，阮本作「五」。

陽猶不能畜盡，但畜九三而已；若大判而言之，上下五陽摠應六四，故云「上下應之」。其四雖應何妨，摠不能畜止剛健也。「健而巽，剛中而志行乃亨」者，内既剛健而外逢柔順，剛發於中，❶不被擁抑而志意得行，❷以此言之，故剛健之志乃得亨通，此釋「亨」也。「密雲不雨，尚往」者，所以「密雲不雨」者，不能畜止諸陽，初九、九二猶得上進，陰陽氣通所以不雨，釋「密雲不雨」也。「自我西郊，施未行」者，釋「自我西郊」之義。所以「密雲不雨」，從我西郊而積聚者，猶所施潤澤未得流行周偏，故不覆國都，但遠聚西郊也。然雲在國都而不雨，亦是「施未行」也。必云在「西郊」者，❸若在國都，雨雖未落，猶有覆蔭之施，不得云「施未行」，今言在「西郊」，去施遠也。○注「小畜」至「既處」。正義曰：「九三更以不能復爲劣」者，初九既得「復道」，九二可「牽」以獲「復」，皆得剛健上通，則是陰不能固陽。而九三劣弱，又不能自「復」，則是陽不薄陰，是以皆不雨也。且小畜之義貴於上往，而九三不能自「復」，更爲劣弱，故言「九三更不能復爲劣」也。「能固其路而安於上」者，謂上九能閉固九三之道路，不被九三所陵，得安於上，所以「既雨既處」也。故舉一卦而論之。「能爲小畜，密雲而已」者，此明卦之與爻，其義别也。但卦摠二象，明上體不能閉固下體，所以密雲不能爲雨。爻則止明一爻之事，上九能固九三，所以上九而有雨也。所以卦與爻其義異也，諸卦多然。若比卦云「比吉」，上六則云「比之无首，凶」也；《復》卦云「復亨」，上六云「迷復凶」也。此皆卦之與爻義相違反，它皆倣此。

《象》曰，「風行」至「文德」。正義曰：「君子以懿文德」者，「懿」，美也，以於其時，施未得行，喻君子之人但脩美文德，待時而發。風爲號令，若風行天下則施附於物，不得云「施未行」也。今風在天上，去物既遠，无所施及，故曰「風行天上」。凡大《象》「君子」所取之義，或取二卦之象而法之者：若「地中有水，師，君子以容民畜衆」，取卦象包容之義；若《履卦・象》云「上天下澤，履，君子以辯上下」，取上下尊卑之義。如此之類皆取二象，君子法以爲行也。或直取卦名，因其卦義所有，君子法之須合卦義行事者：若《訟》卦云「君子以作事謀始」，防其所訟之源，不取「天與水違行」之象；若《小畜》「君子以懿文德」，不取「風行天

❶「中」，嘉本同，阮本作「外」。
❷「擁」，嘉本同，阮本作「摧」。
❸「西」，嘉本無此字。

上」之象。餘皆倣此。

初九，「復自」至「其義吉也」。正義曰：處乾之始以升巽初，四爲己應，以陽升陰，反復於上，自用己道，四則順而无違，於己无咎，故云「復自道，何其咎？吉」。《象》曰「其義吉」者，以陽升陰，以剛應柔，其義於理吉也。

九二，「牽復」至「自失也」。正義曰：「牽復吉」者，「牽」謂牽連，「復」謂反復，二欲往五，五非止畜之極，不閉固於己，可自牽連反復於上而得「吉」也。《象》曰「牽復在中，亦不自失」者，既彊牽連而復在下卦之中，以其得中不被閉固，亦於己不自有失，解「牽復吉」也。

九三，「輿説輻」至「正室」。正義曰：九三欲復而進，上九固而止之，不可以行，故車輿説其輻。「夫妻反目」者，上九體巽，爲長女之陰，今九三之陽被長女閉固，不能自復，夫妻乖戾，故反目相視。《象》曰「不能正室」者，釋「夫妻反目」之義。以九三之夫不能正上九之室，故「反目」也。此假象以喻人事也。

六四，「有孚」至「合志」。正義曰：「有孚，血去惕出，无咎」者，六四居九三之上，乘陵於三，三既務進而己固之，懼三害己，故有「血」也，畏三侵陵，故惕懼也。但上九亦憎惡九三，六四與上九同志，共惡於三，三不能害己，故得其血去除，其惕出散，信能血去懼除乃得「无咎」。《象》曰「有孚惕出，上合志」者，釋「惕出」之意。所以「惕出」者，由己與上九同合其志，共惡於三也。○注「夫言」至「无咎也」。正義曰：「夫言血者，陽犯陰也」者，謂此卦言「血」，陽犯陰也；「夫」者，發語之端，非是摠凡之辭。故《需》六四云「需於血」，注云「凡稱血者，陰陽相傷也」，則稱「血」者，非唯「陽犯陰」也。

九五，「有孚」至「獨富」。正義曰：「有孚攣如」者，五居尊位，不疑於二，來而不距。二既牽挽而來，己又攀攣而迎接，志意合同，不有專固相逼，是有信而相牽攣也。「如」，語辭，非義類。「富以其鄰」者，五是陽爻，即必富實，心不專固，故能用富以與其鄰。「鄰」謂二也。《象》曰「不獨富也」者，釋「攣如」之義。所以攀攣於二者，以其不獨自專固於富，欲分與二也。

上九，「既雨」至「所疑也」。正義曰：「既雨既處」者，九三欲進，己能固之，陰陽不通，故己得其雨也。「既處」者，三不能侵，不憂危害，故己得其處也。「尚德載」者，體巽處上，剛不敢犯，爲陰之長，能畜止剛健，❶慕尚此德之積聚而運載也，故云「尚德載」也。言慕尚此道德之積載也。「婦貞厲」者，上九制九三是婦制其夫，臣制其君，雖復貞正而近危厲也。「月幾望」者，婦人之制夫，猶如月在望時盛極以敵日也。「幾」，辭也，已從上釋，故於此不復言也。「君子征凶」者，陰疑於陽必見戰伐，雖復君子之行而亦凶也。《象》曰「既雨既處，德積載」者，釋「既雨既處」之義。言所以得「既雨既處」者，以上九道德積聚可以運載，使人慕尚，故云「既雨既處」也。「君子征凶，有所疑」者，釋「君子征凶」之義。言所以「征凶」者，陰氣盛滿，被陽有所疑忌，必見戰伐，故「征凶」也。○注「處小畜」至「征凶」。正義曰：「處小畜之極能畜者也」者，已處小畜盛極，是閉畜者也。「陽不獲亨，故既雨也」者，陽若亨通則不雨也，所以卦繇辭云「小畜亨，密雲不雨。」今九三之陽被上九所固，不獲亨通，故「既雨」也。○注「夫處」至「征之輻」。正義曰：「夫巽雖不能若艮之善畜」者，謂雖不能如大畜艮卦在上，善畜下之乾也。「巽雖不能如艮之善畜」，故其畜小也。「猶不肯爲坤之順從」者，謂猶不肯如泰卦，坤在於上順從乾也。「故可得少進」者，謂初九、九二得前進也。「不可盡陵」者，❷九三欲陵上九，被上九所固，是不可得「盡陵」也。「畜而不已，畜極則通，是以其畜之盛在于四、五至于上九，道乃大行」者，此論大畜義也。大畜，畜而不已，謂之「大畜」。四爻、五爻是畜之盛極而不休已，畜極則通，四、五畜道既極至於上九，无可所畜，故上九「道乃大行」，无所畜也。「小畜積極而後乃能畜」者，小畜之道既微，積其終極至於上九乃能畜也，謂畜九三也。「是以四、五可以進」者，四雖畜初，五雖畜二，畜道既弱，故初、二可以進。「上九説征之輻」者，上九畜之「積極」，故能説此九三征行之輻。案：九三但有「説輻」，无「征」之文，而王氏言上九「説征之輻」者，輿之有輻，可以征行，九三爻有「征」義。今輿輻既説，則是「説征之輻」，因上九「征凶」之文，「征」則行也。文雖不言，於義必有言「輻」者。鄭《注》云「謂輿下縛木與軸相連，鉤心之木」是也。《子夏傳》云：「輻，車劇也。」

䷉ 兑下乾上　履虎尾，不咥人，亨。正義曰：

❶「止」，嘉本同，阮本作「正」。阮校云：「閩、監、毛本作『止』，是也。」

❷「可盡」，阮本同，嘉本作「可得盡」。

「履虎尾，不咥人，亨」者，履卦之義，以六三爲主。六三以陰柔履踐九二之剛，履危者也，猶如履虎尾，爲危之甚。「不咥人，亨」者，以六三在兑體，兑爲和説，而應乾剛，雖履其危而不見害，故得亨通，猶若履虎尾不見咥齧于人。此假物之象以喻人事。

《彖》曰，「履柔」至「光明也」。正義曰：「履，柔履剛」者，言履卦之義是柔之履剛。❶六三陰爻，在九二陽爻之上，故云「柔履剛」也。「履」謂履踐也。此釋履卦之義。「説而應乎乾，是以履虎尾，不咥人，亨」者，釋「不咥人，亨」之義。六三在兑體，兑爲和説，應於上九，上九在乾體。兑自和説應乎乾剛，以説應剛无所見害，是以履踐虎尾，不咥害於人，而得亨通也。若以和説之行而應於陰柔，則是邪佞之道，由以説應於剛，故得吉也。「剛中正履帝位」者，謂九五也，以剛處中得其正位，居五之尊，❷是「剛中正履帝位」也。「而不疚光明」者，能以剛中而居帝位，不有疚病，由德之光明故也。此二句贊明履卦德義之美，於經无所釋也。

《象》曰，「上天」至「民志」。正義曰：「君子以辯上下，定民志」者，天尊在上，澤卑處下，君子法此履卦之象以分辯上下、尊卑，以定正民之志意，使尊卑有序也。但此履卦名含二義：若以爻言之，則在上履踐於下，六三履九二也；若以二卦上下之象言之，則履，禮也，在下以禮承事於上。此象之所言，取上下二卦卑承尊之義，故云「上天下澤，履」。但易含萬象，反覆取義，不可定爲一體故也。

初九，「素履」至「行願」。正義曰：「初九，素履往无咎」者，處履之始而用質素，故往而无咎。若不以質素則有咎也。《象》曰「獨行願」者，釋「素履之往」，它人尚華，己獨質素，則何咎也？故獨行所願，則物无犯也。」

九二，「履道」至「不自亂也」。正義曰：「履道坦坦」者，「坦坦」，平易之貌，九二以陽處陰，履於謙退，己能謙退，故「履道坦坦」，平易无險難也。「幽人貞吉」者，既无險難，故在幽隱之人守正得吉。《象》曰「中不自亂」者，釋「幽人貞吉」，以其居中，不以危險而自亂也。既能謙退幽居，何有危險自亂之事？○注「履道」至「其吉」。正義曰：「履道尚謙」者，言履踐之道貴尚謙退，然後乃能踐物；履又爲禮，故「尚謙」

❶「剛」，原作「則」，據嘉本、阮本改。
❷「五」，嘉本同，阮本作「九五」。

也。「居内履中，隱顯同」者，「履道尚謙，不喜處盈」，然以陽處陰，尚於謙德，「居内履中」，以信爲道，不以居外爲榮，處内爲屈。若居在外，亦能履中謙退，隱之與顯在心齊等，故曰「隱顯同」也。「在幽而貞，宜其吉」者，以其在内卦之中，故云「在幽」也。謙而得中是貞正也。在幽能行此正，故曰「宜其吉」。

六三，「眇能」至「志剛也」。正義曰：「眇能視，跛能履」者，居「履」之時當須謙退，今六三以陰居陽而又失其位，以此視物猶如眇目，自爲能視，不足爲明也；以此履踐猶如跛足，自爲能履，不足與之行也。「履虎尾，咥人，凶」者，以此履虎尾咥齧於人，❶所以凶也。「武人爲于大君」者，行此威武加陵於人，欲自爲於「大君」，以六三之微，欲行九五之志，頑愚之甚。《象》曰「不足以有明」者，釋「眇能視」物，目既隆眇，假使能視，无多明也。「不足以與行」者，解「跛能履」，足既蹇跛，假使能履，行不能遠，故云「不足以與行」也。「位不當」者，釋「咥人」之「凶」，所以被咥見凶者，緣居位不當，謂以陰處陽也。❷「志剛」者，釋「武人爲于大君」，所以陵武加人欲爲大君，以其志意剛猛，以陰而處陽，是志意剛也。

九四，「履虎」至「志行也」。正義曰：「履虎尾，愬愬」者，逼近五之尊位是「履虎尾」，近其危也。以陽承陽，處嫌隙之地，故「愬愬」危懼也。「終吉」者，以陽居陰，意能謙退，故終得其吉也。《象》曰「志行」者，釋「愬愬，終吉」，初雖「愬愬」，終得其吉，以謙志得行，故「終吉」也。

九五，「夬履」至「正當也」。正義曰：「夬履」者，「夬」者，決也；得位處尊，以剛決正，履道行正，故夬履也。「貞厲」者，「厲」，危也，履道惡盈，而五以陽居尊，故危厲也。《象》曰「位正當」者，釋「夬履，貞厲」之義。所以「夬履，貞厲」者，以其位正當處在九五之位，不得不決斷其理，不得不有其「貞厲」，以位居此地故也。

上九，「視履」至「有慶也」。正義曰：「視履考祥」者，「祥」謂徵祥，上九處履之極，履道已成，故視其所履之行；善惡得失，考其禍福之徵祥。「其旋元吉」者，「旋」謂旋反也，上九處履之極，下應兑説，高而不危，是其不墜於禮，❸而能旋反行之，禮道大成，故

❶「此」，阮本同，嘉本無此字。
❷「謂」，嘉本同，阮本作「爲」。
❸「禮」，嘉本同，阮本作「履」，下文「禮道」之「禮」同。

「元吉」也。《象》曰「有大慶」者，❶解「元吉在上」之義。既以「元吉」而在上九，是大有福慶也。以有福慶，故在上「元吉」也。

䷊ 乾下坤上 泰，小往大來，吉，亨。正義曰：「小往大來，吉，亨」者，陰去故「小往」，陽長故「大來」，以此吉而亨通。此卦亨通之極而四德不具者，物既大通，多失其節，故不得以爲元始而利貞也。所以《象》云「財成」、「輔相」，故四德不具。

《彖》曰，「泰小」至「道消也」。正義曰：「泰，小往大來，吉，亨，則是天地交而萬物通」者，釋此卦「小往大來，吉，亨」名爲「泰」也。所以得名爲「泰」者，止由天地氣交而生養萬物，物得大通故云「泰」也。「上下交而其志同」者，此以人事象天地之交，「上」謂君也，「下」謂臣也，君臣交好故志意和同。「內陽而外陰，內健而外順」，內健則內陽，外順則外陰，內陽外陰據其象，內健外順明其性，此說泰卦之德也。陰陽言爻，健順言卦，此就卦爻釋「小往大來，吉，亨」也。「內君子而外小人，君子道長，小人道消」者，更就人事之中釋「小往大來，吉，亨」也。

《象》曰，「天地」至「左右民」。正義曰：「后以財成天地之道」者，由物皆通泰，則上下失節。「后」，君也。於此之時，君當翦財成就天地之道。「輔相天地之宜」者，「相」，助也，當輔助天地所生之宜。「以左右民」者，「左右」，助也，❷以助養其人也。「天地之道」者，謂四時也，冬寒、夏暑、春生、秋殺之道。若氣相交通則物失其節，物失其節則冬溫、夏寒、秋生、春殺。君當財節成就使寒暑得其常，生殺依其節，此天地自然之氣，故云「天地之道」也。「天地之宜」者，謂天地所生之物各有其宜，若《大司徒》云其動物、植物，及《職方》云揚州其貢宜稻麥，雍州其貢宜黍稷。若天氣大同則所宜相反，故人君輔助天地所宜之物各安其性，得其宜，據物言之，故稱「宜」也。此卦言「后」者，以不兼公卿大夫，故不云「君子」也。兼通諸侯，故不得直言「先王」，欲見天子諸侯俱是南面之君，故特言「后」也。

初九，「拔茅」至「在外也」。正義曰：「拔茅茹」者，初九欲往於上，九二、九三皆欲上行，己去則

❶「有大」，嘉本、四庫本、阮本皆作「大有」。
❷「也」，嘉本作「之」。

從，而似拔茅舉其根相牽茹也。「以其彙」者，「彙」，類也，以類相從。「征吉」者，「征」，行也，上坤而順，下應於乾，己去則納，故往行而吉。《象》曰「志在外」者，釋「拔茅征吉」之義。以其三陽志意皆在於外，己行則從，而似拔茅往行而得吉。❶此假外物以明義也。

九二，「包荒」至「光大也」。正義曰：「包荒，用馮河」者，體健居中而用乎「泰」，能包含荒穢之物，故云「包荒」也。「用馮河」者，无舟渡水，馮陵於河，是頑愚之人，此九二能包含容受，故曰「用馮河」也。「不遐遺」者，「遐」，遠也，「遺」，棄也，用心弘大，无所疎遠棄遺於物。「朋亡」者，得中无偏，所在皆納，无私於朋黨之事，「亡」，无也，故云「朋亡」也。「得尚於中行」者，「中行」謂六五也，處中而行，以九二所爲如此。「尚」，配也，得配六五之中也。《象》曰「包荒，得尚于中行，以光大也」者，釋「得尚中行」之義。所以「包荒」得配此六五之「中」者，以无私无偏，存乎光大之道，故此「包荒」。皆假外物以明義也。

九三，「无平」至「天地際也」。正義曰：「无平不陂」者，九三處天地相交之際，將各分復其所處。乾體初雖在下，今將復歸於上，坤體初雖在上，今欲復歸於下，是初始平者必將有險陂也，初始往者必將有反復也。无有平而不陂，无有往而不復者，猶若无在下者而不在上，❷无在上者而不歸下也。❸「艱貞无咎」者，己居變革之世，應有危殆，只爲己居得其正，動有其應，艱難貞正乃得「无咎」。「勿恤其孚，于食有福」者，「恤」，憂也，「孚」，信也，信義先以誠著，故不須憂其孚信也。信義自明，故於食禄之道自有福慶也。《象》曰「天地際」者，釋「无往不復」之義。而三處天地交際之處，天體將上，地體將下，故往者將復，平者將陂。○注「乾本」至「有福也」。正義曰：「將復其所處」者，以泰卦乾體在下，此九三將棄三而向四，是將復其乾之上體所處也。泰卦坤體在上，此六四今將去四而歸向初，復其坤體所處也。「處天地之將閉，平路之將陂」者，天將處上，地將處下，閉而不通，是「天地之將閉」也。所以往前通泰，路无險難，自今已後，時既否閉，路有傾危，是「平路之將陂」也。此因三之向四，是下欲上也。則上六將歸於下，是上欲下也，故云「復其所處」也。「信義誠著」者，以九三居不失正，動不失

❶「往」，嘉本同，阮本作「征」。

❷「无」，嘉本同，阮本作「元」。

❸「无」，嘉本、阮本作「元」。

應，是「信義誠著」也。「故不恤其孚而自明」者，解「於食有福」，以信義自明，故飲食有福。

六四，「翩翩」至「心願也」。正義曰：「六四翩翩」者，四主坤首而欲下復，見命則退，故「翩翩」而下也。「不富以其鄰」者，「以」，用也，「鄰」謂五與上也，今己下復，衆陰悉皆從之，故不待財富而用其鄰。❶「不戒以孚」者，鄰皆從己，共同志願，不待戒告而自孚信以從己也。《象》曰「皆失實」者，解「翩翩不富」之義。猶衆陰皆失其本實所居之處，今既見命，翩翩樂動，不待財富，並悉從之，故云「皆失實」也。「不戒以孚，中心願」者，解「不戒以孚」之義，所以不待六四之戒告，而六五、上六皆已孚信者，由中心皆願下復，故不待戒而自孚也。

六五，「帝乙」至「行願也」。正義曰：「帝乙歸妹」者，女處尊位，履中居順，降身應二，感以相與，用其中情，行其志願，不失於禮。爻備斯義者，唯帝乙歸嫁于妹而能然也，故作《易》者引此「帝乙歸妹」以明之也。「以祉元吉」者，履順居中，得行志願，以獲祉福，盡夫陰陽交配之道，故大吉也。《象》曰「中以行願」者，釋「以祉元吉」之義。止由中順，❷行其志願，故得福而「元吉」也。○注：「婦人謂嫁曰歸。」正義曰：「婦人謂嫁曰歸」，隱二年《公羊傳》文也。

上六，「城復」至「命亂也」。正義曰：「城復于隍」者，居泰上極，各反所應，泰道將滅，上下不交，卑不上承，尊不下施，猶若「城復于隍」也。《子夏傳》云：「隍是城下池也。」城之爲體，由基土陪扶乃得爲城。今下不陪扶，城則損壞，❸以此崩倒，反復於隍，猶君之爲體，由臣之輔翼。今上下不交，臣不扶君，君道傾危，故云「城復于隍」。此假外象以喻人事。「勿用師」者，謂君道已傾，不煩用師也。「自邑告命，貞吝」者，否道已成，物不順從，唯於自己之邑而施告命，下既不從，故「貞吝」。《象》曰「其命亂」者，釋「城復于隍」之義。若教命不亂，臣當輔君，猶土當扶城。由其命錯亂，下不奉上，猶土不陪城使復于隍，故云「其命亂」也。○注：「卑道崩也。」正義曰：卑道向下，不與上交，故卑之道崩壞，不承事於上也。

䷋ 坤下乾上 「否之」至「小來」。正義曰：「否之

❶「財」，嘉本無此字。
❷「止」，嘉本同，阮本作「正」。
❸「損」，嘉本同，阮本作「隕」。

匪人」者，言否閉之世，非是人道交通之時，故云「匪人」。「不利君子貞」者，由小人道長，君子道消，故不利君子爲正也。陽氣往而陰氣來，故云「大往小來」。陽主生息，故稱「大」，陰主消耗，故稱「小」。

《象》曰，「否之」至「道消」。正義曰：「上下不交而天下无邦」者，與泰卦反也。「泰」卦云「上下交而其志同」，此應云「上下不交則其志不同」也。非但其志不同，上下乖隔則邦國滅亡，故變云「天下无邦」也。「内柔而外剛」者，欲取否塞之義，故内至柔弱，外禦剛彊，所以否閉。若欲取「通泰」之義，則云「内健」、「外順」。各隨義爲文，故此云「剛柔」，不云「健順」。

《象》曰，「天地」至「以禄」。正義曰：「君子以儉德辟難」者，言君子於此否塞之時以節儉爲德，辟其危難，不可榮華其身以居禄位。此若據諸侯公卿言之，闢其羣小之難，不可重受官賞；若據王者言之，謂節儉爲德，闢其陰陽厄運之難，❶不可重自榮華而驕逸也。

初六，「拔茅」至「在君也」。正義曰：「拔茅茹」者，以居否之初，處順之始，未可以動，動則入邪，不敢前進。三陰皆然，猶若拔茅牽連其根相茹也。己若不進，餘皆從之，故云「拔茅茹」也。「以其彙」者，以其同類共皆如此。「貞吉亨」者，守正而居，志在於君，乃得吉而亨通。《象》曰「志在君」者，釋「拔茅貞吉」之義。所以居而守正者，以其志意在君，不敢懷諂苟進，故得「吉亨」也。此假外物以明人事。

六二，「包承」至「亂羣也」。正義曰：「包承」者，居否之世而得其位，用其至順包承於上。❷「小人吉」者，否閉之時小人路通，故於小人爲吉也。「大人否亨」者，若大人用此「包承」之德，能否閉小人之吉，其道乃亨。《象》曰「大人否亨，不亂羣」者，此釋所以「大人否亨」之意，良由否閉小人，防之以得其道，小人雖盛，不敢亂羣，故言「不亂羣」也。

六三，「包羞」至「位不當也」。正義曰：「包羞」者，言羣陰俱用小人之道包承於上，以失位不當，所包承之事唯羞辱也。❸

九四，「有命」至「志行也」。正義曰：「有命无咎」者，九四處否之時，其陰爻皆是小人，若有命

❶「厄」，嘉本作「危」，阮本作「己」。

❷「至」，嘉本作「志」。

❸「也」，嘉本同，阮本作「已」。

於小人，則君子道消也。今初六志在於君，守正不進，處于窮下。今九四「有命」，命之，故「无咎」。「疇離祉」者，「疇」謂疇匹，謂初六也；「離」，麗也，麗謂附著也。言九四命初，身既无咎，初既被命，附依祉福，言初六得福也。《象》曰「有命无咎，志行」者，釋「有命无咎」之義。所以九四「有命」，得「无咎」者，由初六志意得行，守正而應於上，故九四之命得「无咎」。

九五，「休否」至「正當也」。正義曰：「休否」者，「休」，美也，謂能行休美之事。於否塞之時，能施此否閉之道，遏絶小人，則是「否」之休美者也，故云「休否」。「大人吉」者，唯大人乃能如此而得吉也，若其凡人則不能。「其亡其亡，繫于苞桑」者，在道消之世，居於尊位而遏小人，必近危難，須恒自戒慎其意，常懼其危亡，言丁寧戒慎如此也。「繫于苞桑」者，「苞」，本也，凡物繫于桑之苞本則牢固也。若能「其亡其亡」，以自戒慎，則有「繫于苞桑」之固，无傾危也。《象》曰「大人之吉，位正當」者，釋「大人吉」之義，言九五居尊得位，正所以當，遏絶小人得其吉。○注「居尊」至「得固也」。正義曰：「心存將危」解「其亡其亡」之義。身雖安静，心意常存將有危難，恒念「其亡其亡乃得固」者，❶即「繫于苞桑」也。必云「苞桑」者，取會韵之義，又桑之爲物其根衆也，衆則牢固之義。

上九，「傾否」至「可長也」。正義曰：「傾否，先否後喜」者，處否之極，否道已終，此上九能傾毁其否，故云「傾否」也。「先否後喜」者，否道未傾之時，是「先否」之道，否道已傾之後，其事得通，故云「後有喜」也。《象》曰「否終則傾，何可長」者，釋「傾否」之義。否道已終，通道將至，故否之終極則傾損其否，❷何得長久，故云「何可長也」。

䷌ 離下乾上 「同人于野」至「君子貞」。正義曰：「同人」謂和同於人。「于野，亨」者，「野」是廣遠之處，借其野名喻其廣遠，言和同於人必須寬廣，无所不同。用心无私，處非近狹，遠至于野，乃得亨通，故云「同人于野，亨」。與人同心足以涉難，故曰「利涉大川」也。與人和同，義涉邪僻，故「利君子貞」也。此「利涉大川」，假物象以明人事。

《象》曰，「同人」至「之志」。正義曰：「同

❶「恒」，嘉本同，阮本作「但」。
❷「之」，嘉本無此字。

人，柔得位得中而應乎乾，曰同人」者，此釋所以能同於人之義。「柔得位得中」者，謂六二也，上應九五是應於乾也。「同人曰：同人于野，亨，利涉大川，乾行」者，釋「同人于野，亨，利涉大川」之義。所以能如此者，由「乾」之所行也。言「乾」能行此德，非六二之所能也，故特云「同人曰」，乃云「同人于野，亨」，與諸卦別也。「文明以健，中正而應，君子正」者，此釋「君子貞」也。此以二象明之，故云「文明以健」。「中正而應」，謂六二、九五，皆居中得正而又相應，是君子之正道也，故云「君子正」也。若以威武而爲健，邪僻而相應，則非君子之正也。「唯君子爲能通天下之志」者，此更贊明君子貞正之義，唯君子之人於「同人」之時，能以正道通達天下之志，故利君子之貞。○注「所以乃能」至「同人曰」。正義曰：「故特曰『同人曰』」者，謂卦之《象》辭，發首即疊卦名以釋其義，則以例言之，此發首應云「同人于野，亨」，今此「同人于野，亨」之上別云「同人曰」者，是其義有異。此同人卦名以六二爲主，故同人卦名繫屬六二，故稱「同人曰」，猶言「同人卦曰」也。「同人于野，亨，利涉大川」，雖是同人卦下之辭，不關六二之義，故更疊「同人于野，亨」之文，乃是「乾」之所行也。○注：「君子以文明爲德。」正義曰：若非君子，則用威武。今卦之下體爲離，故《象》云「文明」，又云「唯君子能通天下之志」，是君子用文明爲德也，謂文理通明也。

《象》曰，「天與」至「辨物」。正義曰：天體在上，火又炎上，取其性同，故云「天與火，同人」。「君子以類族辨物」者，「族」，聚也，言君子法此「同人」，以類而聚也。「辨物」謂分辨事物，各同其黨，使自相同，不間雜也。

初九，「同人于門」至「誰咎也」。正義曰：「同人于門」者，居同人之首，无應於上，心无係吝，含弘光大，和同於人，在於門外，出門皆同，故云「无咎」也。《象》曰「又誰咎」者，釋「出門同人无咎」之義。言既心无係吝，出門逢人皆同，則誰與爲過咎？

六二，「同人」至「吝道也」。正義曰：「同人于宗，吝」者，係應在五而和同於人，在於宗族，不能弘闊，是鄙吝之道，故《象》云「吝道」也。

九三，「伏戎」至「安行也」。正義曰：「伏戎于莽」者，九三處下卦之極，不能包弘上下，通夫大同，欲下據六二，上與九五相争也。但九五剛健，九三力不能敵，故伏潛兵戎於草莽之中，升其高陵。「三歲不興」者，唯升高陵以望前敵，量斯勢也，縱令更經三歲，亦不能興起也。《象》曰「伏戎于莽，敵剛」者，釋

「伏戎于莽」之義，以其當敵九五之剛，不敢顯亢，故「伏戎于莽」、「三歲不興」。「安行」者，釋「三歲不興」之義，雖經三歲猶不能興起也。「安」，語辭也，猶言「何」也。既三歲不興，五道亦已成矣，何可行也？故云「安行也」。此假外物以明人事。○注「居同」至「所行焉」。正義曰：「不能包弘上下，通夫大同」者，初九出門皆同，无所係著，是「包弘上下，通夫大同」。今九三欲下據六二，奪上之應，是不能「包弘」也。「物黨相分」者，謂同人之時，物各有黨類而相分別也。二則與五相親，與三相分別也。「欲乖其道，貪於所比，據上之應」者，言此九三欲乖其同人之道，不以類相從，不知二之從五，直以苟貪與二之比，近而欲取之。據上九五之應也。

九四，「乘其」至「反則也」。正義曰：「乘其墉」者，履非其位，與人鬭爭，與三爭二，欲攻於三。既是上體，力能顯亢，故乘上高墉欲攻三也。「弗克攻，吉」者，三欲求二，其事已非。四又效之以求其二，違義傷理，衆所不與，雖復乘墉，不能攻三也。「吉」者，既不能攻三，能反自思愆以從法則，故得「吉」也。此爻亦假物象也。《象》曰「乘其墉，義弗克也」者，釋「不克」之義。所以乘墉攻三不能克者，以其違義，衆所不從，故云「義不克」也。「其吉則困而反則」者，釋「其吉」之義。所以得「其吉」者，九四則以不克，困苦而反歸其法則，故得「吉」也。

九五，「同人先」至「相克」。正義曰：「同人先號咷」者，五與二應，用其剛直，衆所未從，故九五共二欲相和同，九三、九四與之競二也。五未得二，故志未和同於二，故「先號咷」也。「而後笑」者，處得尊位，戰必克勝，故「後笑」也。「大師克相遇」者，不能使物自歸，己用其剛直，必以大師與三、四戰克，乃得與二相遇。此爻假物象以明人事。《象》曰「同人之先，以中直」者，解「先號咷」之意，以其用中正剛直之道，物所未從，故「先號咷」也。但《象》略「號咷」之字，故直云「同人之先以中直」也。「大師相遇，言相克」者，釋「相遇」之義，所以必用大師乃能相遇也。以其用大師與三、四相伐而得克勝乃與二相遇，故言「相克」也。

上九，「同人」至「未得也」。正義曰：「同人于郊」者，處同人之極，最在於外，雖欲「同人」，人必疎己，不獲所同，其志未得。然雖陽在于外，遠於内之爭訟，故无悔吝也。《象》曰「同人于郊，志未得」者，釋「同人于郊」之義。同人在郊境遠處，與人疎遠，和同之志猶未得也。○注「郊者」至「其志」。正義曰：「不獲同志」者，若彼此在内相同，則獲其同志意也。若已爲郊境之人而與相同，人未親己，是「不獲同志」也。「遠于内争」者，以外而同，不於室家之内，是遠于内争也。以遠内争，故无悔吝。以在外郊，故未得志也。○注「凡處」至「用師也」。正義曰：「凡處同人而不泰焉，則必用師矣」者，王氏注意非止上九一爻，乃摠論同人一卦之義。去初、上而言，二有同宗之吝，三有「伏戎」之禍，四有不克之困，五有「大師」之患，是處「同人」之世，无大通之志則必用師矣。「楚人亡弓，不能亡楚。愛國愈甚，益爲它災」者，案《孔子家語·弟子好生篇》云：「楚昭王出游，亡烏號之弓，左右請求之。王曰：『楚人亡弓，楚得之，又何求焉？』孔子聞之曰：『惜乎！其志不大也。不曰人亡之，人得之，何必楚也。』」昭王名軫，哀六年，吴伐陳，楚救陳，在城父卒。此愛國而致它災也。引此者，證同人不弘皆至用師矣。

周易正義卷第四

計一萬二千四百五十三字

周易正義卷第五

國子祭酒上護軍曲阜縣
開國子臣孔穎達奉勑撰

☲☰ 乾下離上 大有，元亨。正義曰：「大有，元亨」者，柔處尊位，羣陽並應，大能所有，故稱「大有」。既能「大有」，則其物大得亨通，故云「大有，元亨」。

《彖》曰，「大有」至「元亨」。正義曰：「大有，柔得尊位大中而上下應之，曰大有」者，釋此卦稱「大有」之義。「大中」者，謂六五處大以中，柔處尊位，是其大也。居上卦之內，是其中也。「其德剛健而文明，應乎天而時行，是以元亨」者，釋「元亨」之義。「剛健」謂乾也，「文明」謂離也。「應乎天而時行」者，褚氏、莊氏云「六五應九二」，九二在乾體，故云「應乎天」也。德應於天則行不失時，以時而行則萬物大得亨通，❶故云「是以元亨」。○注「德應」至「元亨」。正義曰：「剛健不滯」者，剛健則物不擁滯也。「文明不犯」者，文理明察則不犯於物也。「應天則大」者，能應於天則盛大也。「時行无違」者，以時而行，物无違也。以有此諸事，故「大通」而「元亨」也。

《象》曰，「火在」至「休命」。正義曰：「君子以遏惡揚善」者，大有，包容之義，故君子象之亦當包含，遏匿其惡，褒揚其善，順奉天德，休美物之性命，❷皆取含容之義也。不云「天在火下」而云「火在天上」者，天體高明，火又在上，火是照耀之物而在於天上，是光明之甚无所不照，亦是包含之義，又爲揚善之理也。

初九，「无交」至「交害也」。正義曰：以夫剛健爲大有之始，不能履中謙退，雖无交切之害，久必有凶。其欲「匪咎」，能自艱難其志，則得「无咎」。故云「无交害，匪咎，艱則无咎」也。○注「以夫」至「无咎也」。正義曰：「不能履中，滿而不溢」者，以不在二位，是不能履中。在大有之初，是盈滿。身行剛健，是溢也。故云「不能履中，滿而不溢」。

❶「以時而行則萬物大得亨通」，嘉本同，阮本作「與時無違雖萬物皆得亨通」。

❷「休」，阮本同，嘉本作「體」。

九二，「大車」至「不敗也」。正義曰：「大車以載」者，體是剛健而又居中，身被委任，其任重也。能堪受其任不有傾危，猶若大車以載物也。此假外象以喻人事。「有攸往，无咎」者，堪當重任，故「有所往」。「无咎」者，以居失其位，嫌有凶咎，故云「无咎」也。《象》曰「積中不敗」者，釋「大車以載」之義。物既積聚，身有中和，堪受所積之物聚在身上，不至於敗也。○注：「任重而不危。」正義曰：釋「大車以載」之意。「大車」謂牛車也。載物既多，故云「任重」。車材彊壯，故不有傾危也。

九三，「公用亨」至「弗克也」。正義曰：「公用亨于天子」者，九三處「大有」之時，居下體之極，乘剛健之上，履得其位，與五同功，五爲王位，三既與之同功，則威權之盛莫盛於此，乃得通乎天子之道，故云「公用亨于天子」。「小人弗克」者，小人德劣，不能勝其位，必致禍害，故云「小人不克」也。○注「處大」至「可待也」。正義曰：「與五同功」者，《繫辭》云「三與五同功」，此云「與五同功」，謂五爲王位，三既能與五之同功，則威權與五相似，故云「威權之盛，莫此過焉」。

九四，「匪其」至「辯哲也」。正義曰：「匪其彭，无咎」者，「匪」，非也，「彭」，旁也，謂九三在九四之旁，九四若能專心承五，非取其旁九三，言不用三也，如此乃得无咎也。既失其位，上近至尊之威，下比分權之臣，可謂危矣。能棄三歸五，故得「无咎」也。《象》曰「明辯哲也」者，釋「匪其彭，无咎」之義。「明」，猶才也，九四所以能去其旁之九三者，由九四才性辯而哲知，能斟酌事宜，故云「明辯哲」也。

六五，「厥孚」至「无備也」。正義曰：「六五厥孚交如」者，「厥」，其也，「孚」，信也，「交」謂交接也，「如」，語辭也。六五居尊以柔，處大以中，无私於物，上下應之，故其誠信，物來交接，故云「厥孚交如」也。「威如，吉」者，「威」，畏也，既誠且信，不言而教行，所爲之處，人皆畏敬，故云「威如」。以用此道，故得「吉」也。《象》曰「信以發志」者，釋「厥孚交如」之義。由己誠信，發起其志，故上下應之，與之交接也。「威如之吉，易而无備」者，釋「威如之吉」之義。所以威如得吉者，以己不私於物，唯行簡易，无所防備，物自畏之，故云「易而无備」也。

上九，「自天」至「不利」。正義曰：釋所以「大有」。上九而得吉者以有三德，從天已下悉皆祐之，故云「自天祐之」。○注「大有」至「具焉」。正義曰：「不累於位，志尚乎賢」者，既居豐富之時，應須以富有爲累也。既居无位之地，不以富有縈心，是不繫累於位。既能清静高絜，是慕尚賢之行也。「爻有三德」者，「五爲信德而已履焉，履信之謂」，是一也；「以剛乘柔，思順之義」，是二也；「不以物累於心，高尚其志，尚賢者」，是三也。「爻有三德，盡夫助道」者，天尚祐之，則无物不祐，故云「盡夫助道」也。

䷎ 艮下坤上 謙，亨，君子有終。正義曰：「謙」者，屈躬下物，先人後己，以此待物則所在皆通，故曰「亨」也。小人行謙則不能長久，唯「君子有終」也。然案謙卦之象，「謙」爲諸行之善，是善之最極，而不言「元」與「利貞」及「吉」者，「元」是物首也，「利貞」是幹正也。於人既爲謙退，何可爲之首也？以謙下人，何以幹正於物？故不云「元」與「利貞」也。謙必獲吉，其吉可知，故不言之也。凡《易經》之體，有吉理可知而不言「吉」者，即此謙卦之繇及《乾》之九五「利見大人」，是吉理分明，故不云「吉」也。諸卦言「吉」者，其義有嫌者，爻兼善惡也。若行事有善則「吉」乃隨之，若行事有惡則不得其「吉」。諸稱「吉」者，嫌其不吉故稱「吉」也。若坤之六五，及泰之六五，並以陰居尊位，若不行此事則无「吉」，若行此事則得其「吉」，故並稱「元吉」。其餘皆言「吉」，事亦倣此。亦有大人爲吉，於小人爲凶，若《否》之九五云「休否，大人吉」是也。或有於小人爲吉，大人爲凶，若《屯》之九五「小貞吉，大貞凶」，及《否》之六二「包承，小人吉」之類是也。亦有其吉灼然而稱「吉」者，若《大有》上九「自天祐之，吉，无不利」之類是也。但《易》之爲體，不可以一爲例，今各隨文解之，義具諸卦之下。今謙卦之繇，其吉可知也。既不云「吉」，何故初六、六二及九三並云「吉」者，謙卦是摠諸六爻，其善既大，故不須云「吉」也。六爻各明其義，其義有優劣，其德既小，嫌其不吉，故須「吉」以明之也。

《彖》曰，「謙亨」至「之終也」。正義曰：「謙亨，天道下濟而光明，地道卑而上行」者，此釋「亨」義也，欲明天地，上下交通。坤體在上，故言「地道卑而上行」也。其地道既上行，天地相對則「天道下濟」也。且艮爲陽卦，又爲山，天之高明，今在下體，亦是「天道下濟」之義也。「下濟」者，謂降下濟生萬物也；而「光明」者，謂三光垂耀而顯明也。「地道卑而上行」者，地體卑柔而氣上行，交通於天以生萬物也。「天道虧盈而益謙」者，從此已下，廣説謙德之美，以結君子能終之義也。❶「虧」謂減損，減損盈滿而增益謙退，若日中則昃，月盈則食，是虧減其盈。盈者虧減，則謙者受益也。「地道變盈而流謙」者，丘陵川谷之屬，高者漸下，下者益高，是改變「盈」者，流布「謙」者也。「鬼神害盈而福謙」者，驕盈者被害，謙退者受福，是「害盈而福謙」也。「人道惡盈而好謙」者，盈溢驕慢皆以惡之，謙退恭巽悉皆好之。「謙尊而光，卑而不可踰」者，尊者有謙而更光明盛大，卑者謙而不可踰越，是君子之所終也。言君子能終其謙之善事，又獲謙之終福，故云「君子之終」也。

《象》曰，「地中」至「平施」。正義曰：「裒多」者，君子若能用此謙道，則裒益其多。言多者得謙，物更裒聚，彌益多也，故云「裒多」。即「謙尊而光」也，是尊者得謙而光大也。「益寡」者，謂寡者得謙而更進益，即卑而不可踰也。是卑者得謙而更增益，不可踰越也。「稱物平施」者，稱此物之多少均平而施，物之先多者而得其施也，物之先寡者而亦得其施也，故云「稱物平施」也。此謙卦之象以山爲主，是於山爲謙，於地爲不謙，應言「山在地中」，今乃云「地中有山」者，意取多之與少皆得其益，似「地中有山」，以包取其物以與於人，故變其文也。○注「多者」至「不失平」。正義曰：「多者用謙以爲裒」者，《爾雅·釋詁》云「裒，聚也」，於先多者，其物雖多，未得積聚，以謙故益其物更多而積聚，故云「多者用謙以爲裒」也。「少者用謙以爲益」者，其物先少，今既用謙而更增益，故云「用謙以爲益」也。「隨物而與」者，多少俱與，隨多隨少而皆與也。「施不失平」者，多者亦得施恩，少者亦得施恩，是「施不失平」也。言君子於下若有謙者，官之先高則增之榮秩，位之先卑亦加以爵禄，隨其官之高下，考其謙之多少，皆因其多少而施與之也。

初六，「謙謙」至「自牧也」。正義曰：「謙謙君子」者，能體謙謙，唯君子者能之，以此涉難，其吉宜也。「用涉大川」，假象言也。《象》曰「卑以自牧」者，「牧」，養也，解「謙謙君子」之義，恒以謙卑自養其德也。

六二，「鳴謙貞吉」至「心得也」。正義曰：「鳴謙」者，謂聲名也。二處正得中，行謙廣遠，故曰「鳴謙」，正而得吉也。《象》曰「中心得」者，鳴聲中吉，以中和爲心，而得其所，故鳴謙得中吉也。

❶「君子」，原爲二空格，據嘉本、阮本補。

九三，「勞謙」至「民服也」。正義曰：「勞謙君子」者，處下體之極，履得其位，上下无陽以分其民，上承下接，勞倦於謙也。唯君子能終而得吉也。《象》曰「萬民服」者，釋所以「勞謙」之義。以上下羣陰，象萬民皆來歸服，事須引接，故疲勞也。

六四，「无不」至「違則也」。正義曰：「无不利」者，處三之上而用謙焉，則是自上下下之義。承五而用謙順，則是上行之道。盡乎奉上下下之道，故无所不利也。《象》曰「指撝皆謙不違則」者，釋「无不利，撝謙」之義。所以「指撝皆謙」者，以不違法則，動合於理，故无所不利也。

六五，「不富」至「不服也」。正義曰：「不富以其鄰」者，「以」，用也，凡人必將財物周贍鄰里乃能用之。六五居於尊位用謙與順，鄰自歸之，故不待豐富能用其鄰也。「利用侵伐，无不利」者，居謙履順，必不濫罰无罪，若有驕逆不服則須伐之。以謙得衆，故「利用侵伐，无不利」者也。

上六，「鳴謙」至「邑國也」。正義曰：「鳴謙」者，上六最處於外，不與内政，不能於實事而謙，但有虚名。聲聞之謙，故云「鳴謙」。志欲立功，未能遂事，其志未得。既在外而行謙順，唯利用行師征伐外旁國邑而已，不能立功在内也。《象》曰「志未得」者，釋「鳴謙」之義也。所以但有聲鳴之謙，不能實事立功者，以其居在於外，其内立功之志猶未得也。「可用行師征邑國」者，釋「行師征邑國」之意。經言「利用」，《象》改「利」爲「可」者，言内志雖未得，猶可在外興行軍師征國邑也。❶ ○注「夫吉凶」至「信矣哉」。正義曰：「動之所起興於利」者，凡人若不見利則心无所動，今動之所以起者，見利乃動，故云「興於利」也。「飲食必有訟，訟必有衆起」者，欲明爲利乃有動，動而致訟，訟則起兵，故《序卦》「需」爲飲食，飲食必有訟，故需卦之後次訟卦也。争訟必興兵，故訟卦之後次師卦也。

䷏ 坤下震上 豫，利建侯行師。正義曰：謂之「豫」者，取「逸豫」之義。以和順而動，動不違衆，衆皆説豫，故謂之「豫」也。動而衆説，故可「利建侯」也。以順而動，不加无罪，故可以「行師」也。无「四德」者，以逸豫之事，不可以常行，時有所爲也。縱恣寬暇之事，不可長行以經邦訓俗，故无「元亨」也。逸豫非幹

❶「國邑」，嘉本同，阮本作「邑國」。

正之道，故不云「利貞」也。莊氏云：「建侯即元亨也，行師即利貞也。」案：《屯》卦「元亨利貞」之後別云「利建侯」，則「建侯」非「元亨」也。恐莊氏説非也。

《彖》曰，「豫剛」至「大矣哉」。○正義曰：「豫，剛應而志行，順以動，豫」者，「剛」謂九四也，「應」謂初六也，既陰陽相應，故「志行」也。此就爻明豫義。「順以動」，坤在下是順也，震在上是動也，以順而動，故「豫」也。此以上下二象明「豫」義也。自此已上，釋豫卦之理也。「豫順以動，故天地如之，而況建侯行師乎」者，此釋「利建侯行師」也。若聖人和順而動，合天地之德，故天地亦如聖人而爲之也。天地尊大而遠，神之難者猶尚如之，況於封建諸侯、行師征伐乎？難者既從，易者可知。若「建侯」能順動則人從之，「行師」能順動則衆從之。天地以順動，故「日月不過而四時不忒」。自此已下，廣明天地聖人順動之功也。若天地以順而動，則日月不有過差，依其晷度，四時不有忒變，寒暑以時。「聖人以順動，則刑罰清而民服」者，聖人能以理順而動則不赦有罪，不濫无辜，故「刑罰清」也。刑罰當理，故人服也。「豫之時義大矣哉」者，歎美爲豫之善，言於逸豫之時，其義大矣。此歎卦也。凡言不盡意者，不可煩文具説，故歎之以示情，使後生思其餘藴，得意而忘言也。然歎卦有三體：一直歎時，如「大過之時大矣哉」之例是也；二歎時并用，如「險之時用大矣哉」之例是也；三歎時并義，「豫之時義大矣哉」之例是也。夫立卦之體各象其時，時有屯夷，事非一揆，故爻來適時，有凶有吉。人之生世亦復如斯，或逢治世，或遇亂時，出處存身，此道豈小？故曰「大矣哉」也。然時運雖多，大體不出四種者：一者治時，「頤養」之世是也；二者亂時，「大過」之世是也；三者離散之時，「解緩」之世是也；四者改易之時，「革變」之世是也。故舉此四卦之時爲歎，餘皆可知。言「用」者，謂適時之用也。雖知居時之難，此事不小，而未知以何而用之耳，故坎、睽、蹇之時宜用君子，小人勿用。用險取濟，不可爲常，斟酌得宜，是用時之大略。舉險難等三卦，餘從可知矣。又言「義」者，姤卦注云「凡言義者，不盡於所見，中有意謂者也」，是其時皆有「義」也。略明佚樂之世，相隨相遇之日，隱遯羈旅之時，凡五卦，其義不小，則餘卦亦可知也。今所歎者十二卦，足以發明大義，恢弘妙理者也。凡于《彖》之末歎云「大哉」者，凡一十二卦，若豫、旅、遯、姤凡四卦，皆云「時義」。案：姤卦注云：「凡言義者，不盡於所見，中有意謂。」以此言之，則四卦，卦各未盡其理，其中更有餘意，不可盡申，故摠云「義」也。隨之一卦亦言「義」，但與四卦其文稍別。四卦皆云「時義」，隨卦則「隨時之義」者，非但其中別有義意，又取隨逐其時，故變云「隨時之義大矣哉」。睽、蹇、坎此三卦皆云「時用」。案：睽卦注云「睽離之時，非小人之所能用」，蹇卦亦云「非小人之所能用」，此二卦言「大矣哉」者，則是大人能用，故云「大矣哉」。其中更无餘義，唯大人能用，故云「用」不云「義」也。坎卦「時用」則與睽、蹇稍別，故注云「非用之常，用有時也」。謂坎險之事，時之須用，利益乃大，與睽、蹇「時用」文同而義異也。解之時、革之時、頤之時、大過之時，此四卦直云「時」，不云「義」與「用」也。案：解卦注「難解」之時，非「治難」時，故不言「用」，體盡於「解」之名，无有幽隱，故不曰「義」。以此注言之，直云「時」者，尋卦之名則其意具盡，中間更无餘義，故不言「義」。其卦名之事，事已行了，不須別有所用，故解、革及頤事已行了，不須言「用」。唯大過稱「時」，注云「君子有爲之時」，與解、革、頤其理稍別。大過是有用之時，亦直稱「時」者，取「大過」之名，其意即盡，更无餘意，故直稱「時」不云「義」，又略不云「用」也。

《象》曰，「雷出」至「祖考」。正義曰：案諸卦之象，或云「雲上于天」，或云「風行天上」。以類言之，今此應云「雷出地上」，乃云「雷出地奮，豫」者，雷是陽氣之聲，奮是震動之狀，雷既出地，震動萬物，被陽氣而生，各皆逸豫，故云「雷出地奮，豫」也。「先王以作樂崇德」者，雷是鼓動，故先王法此鼓動而作樂，崇盛德業，樂以發揚盛德故也。「殷薦之上帝」者，用此殷盛之樂薦祭上帝也，象雷出地而向天也。「以配祖考」者，謂以「祖考」配上帝。用祖用考，若周夏正郊天配靈威仰，以祖后稷配也。配祀明堂五方之帝，以考文王也，故云「以配祖考」也。

初六，「鳴豫」至「窮凶也」。正義曰：「鳴豫」者，處豫之初而獨得應於四，逸豫之甚，是聲鳴于豫。但逸樂之極，過則淫荒，獨得於樂，所以「凶」也。《象》曰「初六鳴豫，志窮凶」者，釋「鳴豫」之義。而初時「鳴豫」，後則樂志窮盡，故爲「凶」也。

六二，「介于」至「中正也」。正義曰：「介于石」者，得位履中，安夫貞正，不苟求逸豫，上交不諂，下交不瀆，知幾事之初始，明禍福之所生，不苟求逸豫，守志耿介似於石。然見幾之速，不待終竟一日，去惡修善，恒守正得吉也。《象》曰「不終日，貞吉，以中正」者，釋「貞吉」之義。所以見其惡事即能離去，不待終日守正吉者，以此六二居中守正，順不苟從，豫不違中，故不須待其一日，終守貞吉也。

六三，「盱豫」至「不當也」。正義曰：「盱豫悔」者，六三履非其位，上承動豫之主。「盱」謂睢盱，「睢盱」者，喜説之貌。若睢盱之求豫則悔吝也。「遲有悔」者，居豫之時，若遲停不求於豫，亦有悔也。《象》曰「盱豫有悔，位不當」者，解其「盱豫有悔」之義，以六三居不當位，進退不得其所，故「盱豫有悔」。但《象》載經文多從省略，經有「盱豫有悔」、「遲有悔」，兩文具載，《象》唯云「盱豫有悔」，不言「遲」者，略其文也，故直云「盱豫」。舉其欲進，略云「有悔」，舉其「遲」也。

九四，「由豫」至「大行也」。正義曰：「由豫大有得」者，處豫之時，居動之始，獨體陽爻，爲衆陰之所從，莫不由之以得其豫，故云「由豫」也。「大有得」者，衆陰皆歸，是大有所得。「勿疑，朋盍簪」者，「盍」，合也，「簪」，疾也，若能不疑於物，以信待之，則衆陰羣朋合聚而疾來也。《象》曰「由豫，大有得，志大行」者，釋「由豫大得」之意。❶衆陰既由之而豫，大有所得，是志意大行也。

六五，「貞疾」至「未亡也」。正義曰：「貞疾，恒不死」者，四以剛動，爲豫之主，專權執制，非合己之所乘，❷故不敢與四争權。而又居中處尊，未可得亡滅之，是以必常至於貞疾，恒得不死而已。《象》曰「六五貞疾，乘剛」者，解「貞疾」之義。以乘九四之剛，故正得其疾，恒不死也。「中未亡」者，以其居中處尊，未可亡滅之也。

上六，「冥豫」至「可長也」。正義曰：處動豫之極，極豫盡樂，乃至於冥昧之豫而成就也。如俾晝作夜，不能休已，滅亡在近。「有渝无咎」者，「渝」，變也，若能自思改變，不爲冥豫，乃得「无咎」也。

䷐ 震下兑上 隨，元亨利貞，无咎。正義曰：「元亨」者，於相隨之世必大得亨通，若其不大亨通則无以相隨，逆於時也。「利貞」者，相隨之體須利在得正，隨而不正則邪僻之道，必須「利貞」也。「无咎」者，有此「四德」乃无咎。以苟相從，涉於朋黨，故必須「四德」乃无咎也。凡卦有「四德」者，或其卦當時之義即有四德，如乾、坤、屯、臨、无妄，此五卦之時即能「四

❶「得」，嘉本同，阮本作「有」。
❷「非合己之所乘」，嘉本同，阮本作「非己所乘」。

德」備具。其隨卦以惡相隨，則不可也。有此「四德」乃无咎，无此「四德」則有咎也，與前五卦其義稍别。其《革》卦「巳日乃孚」有「四德」，若不「巳日乃孚」則无「四德」，與乾、坤、屯、臨、无妄、隨，其義又别。若當卦之時，其卦雖美，未有「四德」；若行此美，方得在後始致「四德」者，於卦則不言其德也。若謙、泰及復之等，德義既美，行之不已，久必致此「四德」。但當初之時其德未具，故卦不顯「四德」也。其諸卦之三德已下，其義大略亦然也。

《彖》曰，「隨剛」至「大矣哉」。正義曰：「隨剛來而下柔，動而説，隨」者，此釋隨卦之義。所以致此「隨」者，由剛來而下柔。「剛」謂震也，「柔」謂兑也，震處兑下是剛來下柔，震動而兑説，既能下人，動則喜説，所以物皆隨從也。「大亨、貞、无咎，而天下隨時」者，以有大亨、貞正，无有咎害，而天下隨之，以正道相隨，故隨之者廣。若不以「大亨、貞、无咎」，而以邪僻相隨，則天下不從也。「隨時之義大矣哉」，若以元、亨、利、貞則天下隨從，即隨之義意廣大矣哉。謂隨之初始其道未弘，終久義意而美大也。特云「隨時」者，謂隨其時節之義，謂此時宜行元、亨、利、貞，故云「隨時」也。〇注「震剛」至「矣哉」。正義曰：爲隨而不大通，逆於時也。物既相隨之時，若王者不以廣大開通，使物閉塞，是違逆於隨從之時也。「相隨而不爲利，正災之道」者，凡物之相隨，多曲相朋附，不能利益於物守其正直，此則小人之道長，災禍及之，故云「災之道」也。「隨之所施，唯在於時」者，釋「隨時」之義。言隨時施設唯在於得時，若能大通利貞是得時也，若不能大通利貞是失時也。「時異而不隨，否之道」者，凡所遇之時，體无恒定，或值不動之時，或值相隨之時，舊來恒往，今須隨從。時既殊異於前而不使物相隨，則是否塞之道，當須可隨則隨，逐時而用，所利則大，故云「隨時之義大矣哉」。

《象》曰，「澤中」至「宴息」。正義曰：《説卦》云「動萬物者莫疾乎雷」，「説萬物者莫説乎澤」，故注云「澤中有雷，動説之象也」。「君子以嚮晦入宴息」者，明物皆説豫相隨，不勞明鑒，故君子象之。鄭玄云「晦，冥也」，❶猶人君既夕之後，入於宴寢而止息。

初九，「官有」至「不失也」。正義曰：「官有渝」者，「官」謂執掌之職，人心執掌與官同稱，故人心所主謂之「官渝變」也。此初九既无其應，无所偏

❶「冥」，嘉本同，阮本作「宴」。

係，可隨則隨，是所執之志有能渝變也。唯正是從，故「貞吉」也。「出門交有功」者，所隨不以私欲，故見善則往隨之。以此出門，交獲其功。《象》曰「官有渝，從正吉」者，釋「官有渝」之義。所執官守正，能隨時渝變，以見貞正則往隨從，故云「從正吉」。「出門交有功不失」者，釋「交有功」之義。以所隨之處不失正道，故出門即有功也。○注「居隨」至「失哉」。正義曰：言「隨不以欲，以欲隨宜」者，若有其應則有私欲，以无偏應，是所隨之事不以私欲，有正則從，是以欲隨其所宜也。

六二，「係小子」至「兼與也」。正義曰：「小子」謂初九也，「丈夫」謂九五也。初九處卑，故稱「小子」；五居尊位，故稱「丈夫」。六二既是陰柔，不能獨立所處，必近係屬初九，故云「係小子」。既屬初九則不得往應於五，故云「失丈夫」也。《象》曰「係小子弗兼與」者，釋「係小子」之意。既隨此初九，則失彼九五「丈夫」，是不能兩處兼有，故云「弗兼與」也。

六三，「係丈夫」至「舍下也」。正義曰：六三陰柔，近於九四，是係於「丈夫」也。初九既被六二之所據，六三不可復往從之，是「失小子」也。「隨有求得」者，三欲往隨於四，四亦更无他應。己往隨於四，四不能逆己，是三之所隨，有求而皆得也。「利居貞」者，己非其正，以係於人，不可妄動，唯利在居處守正，故云「利居貞」也。《象》曰「係丈夫，志舍下」者，釋「係丈夫」之義。六三既係九四之「丈夫」，志意則舍下之初九也。○注「陰之」至「小子也」。正義曰：「四俱无應」者，三既无應，四亦无應，是四與三俱无應也。此六二、六三因陰陽之象，假丈夫、小子以明人事，餘无義也。

九四，「隨有」至「明功也」。正義曰：「隨有獲」者，處説之初，下據二陰，三求係己，不距則獲，故曰「隨有獲」也。「貞凶」者，居於臣地，履非其位，以擅其民，失於臣道，違其正理，故「貞凶」也。「有孚在道以明，何咎」者。體剛居説而得民心，雖違常義，志在濟物，心存公誠，著信在於正道，有功以明，更有何咎？故云「有孚在道以明，何咎」也。《象》曰「隨有獲，其義凶」者，釋「隨有獲，貞凶」之意。九四既有六三、六二，獲得九五之民，爲臣而擅君之民，失於臣義，是以宜其凶也。「有孚在道明功」者，釋「以明何咎」之義。既能著信在于正道，是明立其功，故无咎也。

九五，「孚于」至「正中也」。正義曰：「孚于嘉，吉」者，「嘉」，善也，履中居正而處隨世，盡隨時之義，得物之誠信，故獲美善之吉也。

上六，「拘係」至「上窮也」。正義曰：最處上極，是不隨從者也。隨道已成而特不從，故須拘係之乃始從也。「維之，王用亨于西山」者，若欲維係此上六，王者必須用兵，通于西山險難之處，乃得「拘係」也。「山」謂險阻，兑處西方，故謂「西山」。今有不從，❶必須維係，此乃王者必須用兵通於險阻之道，非是意在好刑，故曰「王用亨于西山」。《象》曰「拘係之，上窮」者，釋「拘係」之義。所以須拘係者，以其在上而窮極，不肯隨從故也。

䷑ 巽下艮上 蠱。「元亨」至「後甲三日」。正義曰：「蠱」者，事也，有事營爲則大得亨通。有爲之時利在拯難，故「利涉大川」也。「先甲三日，後甲三日」者，「甲」者創制之令，既在有爲之時，不可因仍舊令。今用創制之令以治於人，人若犯者，未可即加刑罰，以民未習，故先此宣令之前三日，殷勤而語之，又於此宣令之後三日，❷更丁寧而語之。其人不從，乃加刑罰也。其褚氏、何氏、周氏等並同鄭義，以爲「甲」者造作新令之日，「甲」前三日取改過自新，故用「辛」也。「甲」後三日，取丁寧之義，故用「丁」也。今案輔嗣注，「甲者創制之令」，不云「創制之日」。又《巽》卦九五「先庚三日，後庚三日」，輔嗣注「申命令謂之庚」，輔嗣又云「甲、庚皆申命之謂」，則輔嗣不以「甲」爲創制之日，而諸儒不顧輔嗣注旨，妄作異端，非也。

《彖》曰，「蠱剛」至「天行也」。正義曰：「剛上而柔下，巽而止，蠱」者，此釋蠱卦之名，并明稱「蠱」之義也。以上剛能制斷，下柔能施令，巽順止静，故可以有爲也。褚氏云「蠱者惑也」，物既惑亂，終致損壞，當須有事也，有爲治理也。故《序卦》云「蠱者事也」，謂物蠱必有事，非謂訓「蠱」爲「事」義當然也。「蠱，元亨而天下治」者，釋「元亨」之義。以有爲而得「元亨」，是天下治理也。「利涉大川，往有事也」者，釋「利涉大川」也。蠱者有爲之時，拔拯危難，往當有事，故「利涉大川」。此則假外象以喻危難也。「先甲三日，後甲三日，終則有始，天行」者，釋「先甲三日，後甲三日」之義也。民之犯令，告之已終，更復從始，告之

❶「今」，嘉本同，四庫本作「令」。阮校云錢本「今」作「令」。

❷「於」，嘉本同，阮本作「如」。

殷勤不已，若天之行，四時既終，更復從春爲始，象天之行，故云「天行」也。○注「蠱者」至「四時也」。正義曰：「蠱者，有事待能之時」者，物既蠱壞，須有事營爲，所作之事非賢能不可，故經云「幹父之蠱」，幹則能也。「甲者創制之令」者，「甲」爲十日之首，創造之令爲在後諸令之首，故以創造之令謂之爲「甲」。故漢時謂令之重者謂之「甲令」，則此義也。「創制不可責之以舊」者，以人有犯令而致罪者，不可責之舊法，有犯則刑，故須先後三日殷勤語之，使曉知新令而後乃誅。「誅」謂兼通責讓之罪，非專謂誅殺也。

《象》曰，「山下」至「育德」。正義曰：必云「山下有風」者，風能摇動，散布潤澤。今「山下有風」，取君子能以恩澤下振於民，育養己德。❶振民象山下有風，「育德」象山在上也。

初六，「幹父」至「承考也」。正義曰：「幹父之蠱」者，處事之首，以柔巽之質幹父之事，堪其任也。「有子考无咎」者，「有子」既能堪任父事，「考」乃「无咎」也。以其處事之初，若不堪父事，則「考」有咎也。「厲，終吉」者，「厲」，危也，既爲事初，所以「危」也。能堪其事，所以「終吉」也。《象》曰「幹父之蠱，意承考」者，釋「幹父之蠱」義。凡堪幹父事，不可小大、損益一依父命，當量事制宜以意承考而已。對文「父」没稱「考」，若散而言之，生亦稱「考」。若《康誥》云「大傷厥考心」，是父在稱「考」。此避「幹父」之文，故變云「考」也。

九二，「幹母」至「中道也」。正義曰：居内處中，是幹母事也。「不可貞」者，婦人之性難可全正，宜屈己剛，不可固守貞正，故云「不可貞」也。《象》曰「得中道」者，釋「幹母之蠱」義。雖不能全正，猶不失在中之道，故云「得中道」也。

九三，「幹父之」至「无咎也」。正義曰：「幹父之蠱，小有悔」者，以剛幹事而无其應，故「小有悔」也。「无大咎」者，履得其位，故終无大咎也。

六四，「裕父」至「未得也」。正義曰：「裕父之蠱」者，體柔當位，幹不以剛而以柔和，能容裕父之事也。「往見吝」者，以其无應，所往之處見其鄙吝，故「往未得」也。

六五，「幹父」至「以德也」。正義曰：「幹父之蠱，用譽」者，以柔處尊，用中而應，以此承父，用有聲譽。《象》曰「幹父用譽，承以德」者，釋「幹父用

❶「己」，嘉本同，阮本作「以」。

譽」之義。奉承父事唯以中和之德，不以威力，故云「承以德」也。

上九，「不事」至「可則也」。正義曰：「不事王侯，高尚其事」者，最處事上，不復以世事爲心，不係累於職位，故不承事王侯，但自尊高慕尚其清虛之事，故云「高尚其事」也。《象》曰「不事王侯，志可則」者，釋「不事王侯」之義。身既不事王侯，志則清虛高尚，可法則也。

䷒ 兑下坤上 臨。「元亨」至「有凶」。正義曰：案《序卦》云「臨，大也」，以陽之浸長，其德壯大，可以監臨於下，故曰「臨」也。剛既浸長，説而且順，又以剛居中，有應於外，大得亨通而利正也，故曰「元亨利貞」也。「至于八月有凶」者，以物盛必衰，陰長陽退，臨爲建丑之月，從建丑至于八月建申之時，三陰既盛，三陽方退，小人道長，君子道消，故「八月有凶」也。以盛不可終保，聖人作《易》以戒之也。

《彖》曰，「臨剛」至「不久也」。正義曰：「臨，剛浸而長，説而順」者，此釋「臨」義也。據諸卦之例，説而順之，下應以「臨」字結之。此无「臨」字者，以其剛中而應，亦是「臨」義，故不得於剛中之上而加「臨」也。「剛中而應，大亨以正，天之道」者，天道以剛居中，而下與地相應，使物大得亨通而利正，故乾卦「元亨利貞」。今此《臨》卦，其義亦然，故云「天之道」也。「至于八月有凶，消不久也」者，證「有凶」之義。以其陽道既消，不可常久，故「有凶」也。但復卦一陽始復，剛性尚微，又不得其中，故未有「元亨利貞」。泰卦三陽之時，三陽在下而成乾體，乾下坤上，象天降下、地升上，上下通泰，物通則失正，故不具「四德」。唯此卦二陽浸長，陽浸壯大，特得稱「臨」，所以「四德」具也。然陽長之卦，每卦皆應「八月有凶」，但此卦名「臨」，是盛大之義，故於此卦特戒之耳。若以類言之，則陽長之卦，至其終末皆有凶也。○注「八月」至「有凶」。正義曰：云「八月」者，何氏云「從建子陽生至建未爲八月」，褚氏云「自建寅至建酉爲八月」。今案：此注云「小人道長，君子道消」，宜據否卦之時，故以臨卦建丑而至否卦建申爲「八月」也。

《象》曰，「澤上」至「无疆」。正義曰：「澤上有地」者，欲見地臨於澤，在上臨下之義，故云「澤上有地」也。「君子以教思无窮」者，君子於此臨卦之時，其下莫不喜説和順，在上但須教化思念，无窮已也，欲使教恒不絶也。「容保民无疆」者,「容」謂容受也,保安其民无有疆境,象地之闊遠,故云「无疆」也。

初九,「咸臨」至「行正也」。正義曰:「咸臨貞吉」者,「咸」,感也,有應於四,感之而臨,志行得正,故「貞吉」也。《象》曰「咸臨貞吉,志行正」者,釋「咸臨貞吉」之義。四既履得正位,已往與之相應,是己之志意行而歸正也。

九二,「咸臨」至「順命也」。正義曰:「咸臨,吉」者,「咸」,感也,有應於五,是感以臨而得其吉也。「无不利」者,二雖與五相應,二體是剛,五體是柔,兩雖相感,其志不同。若純用剛往則五所不從,若純用柔往又損己剛性,必須商量事宜,有從有否,乃得「无不利」也。《象》曰「未順命」者,釋「无不利」之義。未可盡順五命,須斟酌事宜,有從有否,故得「无不利」也。則君臣上下獻可替否之義也。

六三,「甘臨」至「不長也」。正義曰:「甘臨」者,謂甘美諂佞也。履非其位,居剛長之世而以邪説臨物,故「无攸利」也。「既憂之,无咎」者,「既」,盡也,若能盡憂其危則剛不害正,故「无咎」也。《象》曰「既憂之,咎不長」者,能盡憂其事,改過自脩,其咎則止,不復長久,故「无咎」也。

六四,「至臨」至「位當也」。正義曰:「至臨,无咎」者,履順應陽,不畏剛長而己應之,履得其位,能盡其至極之善而爲臨,故云「至臨」。以柔不失正,故「无咎」也。《象》曰「至臨,无咎,位當」者,釋「无咎」之義。以六四以陰所居得正,柔不爲邪,位當其處,故「无咎」也。

六五,「知臨」至「之謂也」。正義曰:「知臨,大君之宜,吉」者,「處於尊位,履得其中,能納剛以禮,用建其正,不忌剛長而能任之」,故「聰明者竭其視聽,知力者盡其謀能」,是知爲臨之道,大君之所宜,以吉也。《象》曰「大君之宜,行中之謂」者,釋「大君之宜」,所以得宜者,止由六五處中,行此中和之行,致得「大君之宜」,故言「行中之謂」也。

上六,「敦臨」至「在内也」。正義曰:「敦臨,吉,无咎」者,「敦」,厚也,上六處坤之上,敦厚而爲臨,至在助賢,❶以敦爲德,故云「敦臨,吉」。雖在剛長而志行敦厚,剛所以不害,故「无咎」也。《象》曰「敦臨之吉,志在内」者,釋「敦臨,吉」之義。雖在上卦之極,志意恒在於内之二陽,意在助賢,故得「吉」也。

❶「至」,嘉本、阮本皆作「志」。

䷓ 坤下巽上 **觀，盥而不薦，有孚顒若。** 正義曰：「觀」者，王者道德之美而可觀也，故謂之「觀」。「觀盥而不薦」者，可觀之事莫過宗廟之祭盥，其禮盛也。「薦」者，謂既灌之後陳薦籩豆之事，其禮卑也。今所觀宗廟之祭，但觀其盥禮，不觀在後籩豆之事，❶故云「觀盥而不薦」也。「有孚顒若」者，「孚」，信也，但下觀此盛禮，莫不皆化，悉有孚信而顒然，故云「有孚顒若」。○注「王道」至「顒若也」。正義曰：「盡夫觀盛則下觀而化」者，「觀盛」謂觀盥禮盛則休而止，是觀其大，不觀其細，此是下之效上，因「觀」而皆化之矣。「故觀至盥則有孚顒若」者，「顒」是嚴正之貌，「若」爲語辭，言「下觀而化」皆孚信，容貌儼然也。

《彖》曰，「大觀」至「服矣」。 正義曰：「大觀在上」者，謂大爲在下，所觀唯在於上，由在上既貴，故在下大觀。今大觀在於上，又順而和巽，居中得正以觀於天下，謂之「觀」也。此釋觀卦之名。「觀盥而不薦，有孚顒若，下觀而化」者，釋「有孚顒若」之義。本由在下觀效在上而變化，故「有孚顒若」也。「觀天之神道而四時不忒」者，此盛明觀卦之美，言「觀盥」與天之神道相合，觀此天之神道而四時不有忒變。「神道」者，微妙无方，理不可知，目不可見，不知所以然而然，謂之「神道」。而四時之節氣見矣，豈見天之所爲？不知從何而來，唯見四時流行不有差忒，故云「觀天之神道而四時不忒」也。「聖人以神道設教而天下服矣」者，此明聖人用此天之神道，以「觀」設教而天下服矣。天既不言而行，不爲而成，聖人法則天之神道，唯身自行善垂化於人，不假言語教戒，不須威刑恐逼，在下自然觀化服從，故云「天下服矣」。

《象》曰，「風行」至「設教」。 正義曰：「風行地上」者，風主號令行於地上，猶如先王設教在於民上，故云「風行地上，觀」也。「先王以省方觀民設教」者，以省視萬方，觀看民之風俗以設於教，非諸侯以下之所爲，故云「先王」也。

初六，「童觀」至「小人道也」。 正義曰：「童觀」者，處於觀時而最遠朝廷之美體，是柔弱不能自進，无所鑒見，唯如童稚之子而觀望也。「小人无咎，君子吝」者，爲此觀看趣在順從而已，无所能爲，於小人行之纔得无咎，若君子行之則鄙吝也。

❶「其禮卑」至「籩豆之事」二十四字，嘉本同，阮本缺。

六二，「闚觀」至「可醜也」。正義曰：「闚觀，利女貞」者，既是陰爻，又處在卦内，性又柔弱，唯闚竊而觀。如此之事，唯利女之所貞，非丈夫所爲之事也。○注「處在」至「可醜也」。正義曰：「猶有應焉，不爲全蒙」者，六二雖柔弱在内，猶有九五剛陽與之爲應，則微有開發，不爲全是❶童蒙如初六也，故能闚而外觀。此童「觀」、闚「觀」，皆讀爲去聲也。

六三，「觀我」至「失道也」。正義曰：「觀我生進退」者，「我生」，我身所動出。三居下體之極，是有可進之時，又居上體之下，復是可退之地，遠則不爲「童觀」，近則未爲「觀國」，居在進退之處，可以自觀我之動出也。故時可則進，時不可則退，觀風相幾，未失其道，故曰「觀我生進退」也。「道」得名「生」者，「道」是開通生利萬物，故《繫辭》云「生生之謂易」，是「道」爲「生」也。

六四，「觀國」至「尚賓也」。正義曰：「觀國之光，利用賓于王」者，最近至尊，是「觀國之光」。「利用賓于王」者，居在親近而得其位，明習國之禮儀，故宜利用賓于王庭也。《象》曰「觀國之光，尚賓」者，釋「觀國之光」義。以居近至尊之道，志意慕尚爲王賓也。

九五，「觀我生君子」至「觀民也」。正義曰：九五居尊，爲觀之主，四海之内由我而化，我教化善則天下有君子之風，教化不善則天下著小人之俗，故觀民以察我道，有君子之風著則无咎也。故曰「觀我生，君子无咎」也。《象》曰「觀我生，觀民」者，謂觀民以觀我，故觀我即觀民也。

上九，「觀其生」至「未平也」。正義曰：「觀其生」者，最處上極，高尚其志，「生」亦「道」也。爲天下觀其己之道，故云「觀其生」也。「君子无咎」者，既居天下可觀之地，可不慎乎？故君子謹慎乃得「无咎」也。《象》曰「觀其生，志未平」者，釋「觀其生」之義。以特處異地爲衆所觀，不爲平易，和光流通，志未與世俗均平。世无危懼之憂，我有符同之慮，故曰「志未平」也。○注「觀我」至「動出也」。正義曰：「生猶動出」者，或動、或出是生長之義，故云「生猶動出」。六三、九五皆云「觀我生」，上九云「觀其生」，此等云「生」皆爲「動出」，故於卦末注揔明之也。

❶「是」，嘉本同，阮本作「蒙」。

䷔ 震下離上　噬嗑，亨，利用獄。正義曰：「噬嗑，亨」者，「噬」，齧也，「嗑」，合也。物在於口則隔其上下，若齧去其物，上下乃合而得「亨」也。此卦之名假借口象以爲義，以喻刑法也。凡上下之間有物間隔，當須用刑法去之乃得亨通，故云「噬嗑，亨」也。「利用獄」者，以刑除間隔之物，故「利用獄」也。

《彖》曰：「頤中」至「用獄也」。正義曰：「頤中有物曰噬嗑」者，此釋「噬嗑」名也。案：諸卦之《彖》，先標卦名，乃復言曰某卦，❶「曰同人」、「曰大有」、「曰小畜」之類是也。此發首不疊卦名者，若義幽隱者，先出卦名，後更以卦名結之。若具義顯露，則不先出卦名，則此「頤中有物曰噬嗑」之類。其事可知，故不先出卦名。此乃夫子因義理文勢隨義而發，不爲例也。「噬嗑而亨」者，釋「亨」義。由「噬嗑」而得「亨」也。「剛柔分動而明，雷電合而章」者，釋「利用獄」之義。剛柔既分，不相溷雜，故動而顯明也。雷電既合，而不錯亂，故事得彰著。明而且著，可以斷獄。剛柔分謂震剛在下，離柔在上。剛柔云「分」，雷電云「合」者，欲見「明」之與「動」各是一事，故剛柔云「分」也。「明」、「動」雖各一事，相須而用，故雷電云「合」。但易之爲體取象既多，若取分義則云震下離上，若取合義則云離震合體共成一卦也。此釋二象「利用獄」之義也。「柔得中而上行，雖不當位，利用獄」者，此釋爻有「利用獄」之義。陰居五位是「柔得中」也，「而上行」者，既居上卦，意在向進，故云「上行」。其德如此。「雖不當位」者，所居陰位，猶「利用獄」也。○注「剛柔」至「之義」。正義曰：「雷電並合，不亂乃章」者，《彖》文唯云「雷電合」，注云「不亂乃章」者，「不亂」之文以其上云「剛柔分」，「剛柔分」則是「不亂」，故云「雷電並合，不亂乃章」也。○注「謂五」至「用獄也」。正義曰：凡言「上行皆所之在貴」者，輔嗣此注，恐畏之適五位則是「上行」，❷故於此明之。凡言「上行」，但所之在進皆曰「上行」，不是唯向五位乃稱「上行」也。故《謙》卦序《彖》云「地道卑而上行」，坤體在上，❸故摠云「上行」，不止五也。又《損》卦《彖》云「損下益上曰上行」，是減三而益上卦謂之「上行」，❹是亦不據五也。然則此云「上行」，及《晉卦·彖》云「上行」，既在五位而又稱「上行」，則似若王者，雖見在尊位，猶意在欲

❶「復」，嘉本作「後」。
❷「畏」，嘉本作「思」，四庫本作「謂」。
❸「體」，嘉本同，阮本作「道體」。
❹「減三」，嘉本、四庫本作「減下」。

進，仰慕三皇五帝可貴之道，故稱「上行」者也。

《象》曰，「雷電」至「勑法」。正義曰：「雷電噬嗑」者，但「噬嗑」之象，其象在口，雷電非「噬嗑」之體，但「噬嗑」象外物。既有雷電之體，則雷電欲取明罰勑法可畏之義，故連云「雷電」也。

初九，「屨校」至「不行也」。正義曰：「屨校滅趾」者，「屨」謂著而履踐也，「校」謂所施之械也。處刑之初，居无位之地，是受刑之人，非治刑之主。「凡過之所始，必始於微」，積而不已遂至於著。罰之所始必始於薄刑，薄刑之不已，遂至於誅。在刑之初，過輕戮薄，必校之在足。足爲懲誡，故不復重犯，故校之在足，已没其趾，桎其小過，誡其大惡，過而能改乃是其福。雖復「滅趾」，可謂「无咎」，故言「屨校滅趾，无咎」也。《象》曰「屨校滅趾，不行」者，釋「屨校滅趾」之義，猶著校滅没其趾也。小懲大誡，故罪過止息「不行」也。

六二，「噬膚」至「乘剛也」。正義曰：「噬膚滅鼻」者，六二處中得位是用刑者，所刑中當故曰「噬膚」。「膚」是柔脆之物，以喻服罪受刑之人也。「乘剛而刑，未盡順道，噬過其分」，故至「滅鼻」。言用刑大深也。「无咎」者，用刑得其所疾，謂刑中其理，故「无咎」也。《象》曰「乘剛」者，釋「噬膚滅鼻」之義。以其乘剛，故用刑深也。

六三，「噬腊」至「不當也」。正義曰：「噬腊肉」者，「腊」是堅剛之肉也，「毒」者，苦惡之物也。三處下體之上，失正刑人，❶刑人不服。若齧其腊肉，非但難齧，亦更生怨咎，猶噬腊而難入，復遇其毒味然也。三以柔不乘剛，刑不侵順道，雖有遇毒之吝，於德亦无大咎，故曰「噬腊肉遇毒，小吝无咎」。《象》曰「位不當」者，謂處位不當也。

九四，「噬乾胏」至「未光也」。❷正義曰：「噬乾胏」者，「乾胏」是臠肉之乾者，履不獲中，居非其位，❸以斯治物，❹物亦不服，猶如「噬乾胏」然也。「得金矢」者，「金」，剛也，「矢」，直也，雖刑不能服物而能得其剛直也。「利艱貞吉」者，既得剛直，利益艱難，守貞正之吉猶未能光大通理之道，故《象》云「未光」也。

❶「正」，嘉本同，阮本作「政」。
❷「胏」，嘉本作「肺」，阮本作「胇」。下「胏」字同。
❸「非其」，嘉本同，阮本作「其非」。
❹「治」，阮本同，嘉本作「噬」。

六五，「噬乾肉」至「得當也」。正義曰：「噬乾肉」者，「乾肉」，堅也，以陰處陽，以柔乘剛，以此治罪於人，人亦不服，如似「噬乾肉」也。「得黄金」者，「黄」，中也。「金」，剛也，以居於中是「黄」也，以柔乘剛是「金」也。既中而行剛，能行其戮，剛勝者也，故曰「得黄金」也。「貞厲无咎」者，己雖不正，刑戮得當，故雖貞正自危而无咎害。位雖不當而用刑得當，故《象》云「得當」也。

上九，「何校」至「不明也」。正義曰：「何校滅耳，凶」者，「何」謂檐何，處罰之極，惡積不改，故罪及其首，何檐枷械，滅没於耳，以至誅殺。以其聰之不明，積惡致此，故《象》云「聰不明」也。○注「處罰」至「甚焉」。正義曰：「罪非所懲」者，言其惡積既深，尋當刑罪非能懲誡，❶故云「罪非所懲」也。「及首非誡，滅耳非懲」者，若罪未及首猶可誡懼歸善也，罪已及首，性命將盡，非復可誡，故云「及首非誡」也。「校」既滅耳，將欲刑殺，非可懲改，故云「滅耳非懲」也。

䷕ 離下艮上 賁，亨，小利有攸往。正義曰：「賁」，飾也，以剛柔二象交相文飾也。「賁亨」者，以柔來文剛而得亨通，故曰「賁亨」也。「小利有攸往」者，以剛上文柔不得中正，故不能大有所往，故云「小利有攸往」也。

《彖》曰：「賁亨」至「天下」。正義曰：「賁亨，柔來而文剛，故亨」者，此釋「賁亨」之義。不直言「賁」連云「賁亨」者，由「賁」而致「亨」事，義相連也。若「大哉乾元」，以「元」連「乾」者也。「柔來而文剛，故亨」，柔來文剛，以文相飾，是「賁」義也。相飾即有爲亨，故云「賁亨」。「亨」之下不重以「賁」字結之者，以「亨」之與「賁」相連而釋所以「亨」，下不得重結「賁」字。「分剛上而文柔，故小利有攸往」者，釋「小利有攸往」義。乾體在下，今分乾之九二上向文飾坤之上六，是「分剛上而文柔」也。棄此九二之中，往居无位之地，棄善從惡，往无大利，故「小利有攸往」也。「天文也」者，天之爲體，二象剛柔，剛柔交錯成文，是「天文」也。「文明以止，人文」者，「文明」，離也，以止，艮也。用此文明之道裁止於人，是人之文德之教。此賁卦之象既有天文、人文，欲廣美天文、人文之義，聖人用之以治於物也。「觀乎天文以察時變」者，言聖人當觀視

❶「當」，嘉本同，阮本作「常」。

天文，剛柔交錯，相飾成文，以察四時變化。若四月純陽用事，陰在其中，靡草死也。十月純陰用事，陽在其中，薺麥生也。是觀剛柔而察時變也。「觀乎人文以化成天下」者，言聖人觀察人文，則《詩》、《書》、《禮》、《樂》之謂，當法此教而「化成天下」也。○注「坤之上六」至「之義也」。正義曰：坤之上六何以來居二位不居於初三，乾之九二何以分居上位不居於五者，乾性剛亢，故以己九二上居坤極；❶坤性柔順，不爲物首，❷故以己上六下居乾之二位也。且若柔不分居乾二，剛不分居坤極，則不得「文明以止」故也。又陽本在上，陰本在下，應分剛而下、分柔而上，何因分剛向上、分柔向下者，今謂此本泰卦故也。若天地交泰則剛柔得交，若乾上坤下則是天地否閉，剛柔不得交，故分剛而上、分柔而下也。

《象》曰，「山下」至「折獄」。正義曰：「山下有火，賁」者，欲見火上照山有光明文飾也，又取山含火之光明，象君子内含文明以理庶政，故云「山下有火，賁」也。「以明庶政」者，用此文章明達以治理庶政也。「无敢折獄」者，勿得直用果敢折斷訟獄。

初九，「賁其趾」至「弗乘也」。正義曰：「賁其趾，舍車而徒」者，在賁之始以剛處下，居於无位之地，乃棄於不義之車，而從有義之徒步，故云「舍車而徒」。以其志行高絜，不苟就輿乘，是以義不肯乘，故《象》云「義弗乘」也。

六二，「賁其須」至「上興也」。正義曰：「賁其須」者，「須」是上附於面，❸六二當上附於三，❹若似賁飾其須也。循其所履以附於上，與上同爲興起，故《象》云「與上興」也。

九三，「賁如濡如」至「之陵也」。正義曰：「賁如濡如」者，「賁如」，華飾之貌，「濡如」，潤澤之理。居得其位，與二相比，和合文飾而有潤澤，故曰「賁如濡如」。其美如此，長保貞吉，物莫之陵，故《象》云「永貞之吉，終莫之陵」也。

六四，「賁如」至「无尤也」。正義曰：「賁如皤如」者，「皤」是素白之色，六四有應在初欲往從之，三爲己難，故己猶豫。或以文飾，故「賁如」也；或守「質素」，故「皤如」也。「白馬翰如」者，但鮮絜其馬，

❶「上居」，嘉本同，阮本無「上」字。
❷「物」，嘉本同，阮本作「順」。
❸「附」，嘉本同，阮本作「須」。
❹「當」，嘉本同，阮本作「常」。

其色「翰如」，徘徊待之，未敢輒進也。「匪寇婚媾」者，若非九三爲己寇害，乃得與初爲婚媾也。《象》曰「六四當位疑」者，以其當位得與初爲應，但礙於三，故遲疑也。若不當位，則與初非應，何須欲往而致遲疑也。「匪寇婚媾，終无尤」者，釋「匪寇婚媾」之義。若待匪有寇難乃爲婚媾，則終无尤過。若犯寇難而爲婚媾，則終有尤也。

六五，「賁于」至「有喜也」。正義曰：「賁于丘園」者，「丘園」是質素之處，六五處得尊位，爲飾之主。若能施飾在於質素之處，不華侈費用，則所束之帛，「戔戔」衆多也。「吝，終吉」者，初時儉約，故是其「吝」也，必儉約之「吝」乃得「終吉」而有喜也，故《象》云「六五之吉，有喜也」。○注「處得」至「終吉也」。正義曰：「爲飾之主，飾之盛」者，若宮室輿服之屬，五爲飾主。若施設華飾在於輿服、宮館之物，則大道損害也。「施飾丘園盛莫大焉」者，「丘」謂丘墟，「園」謂園圃，唯草木所生，是質素之處，非華美之所。若能施飾每事，質素與丘園相似，「盛莫大焉」。「故賁于束帛，丘園乃落」者，「束帛」，財物也，舉「束帛」言之，則金銀珠玉之等皆是也。若賁飾於此束帛珍寶，則質素之道乃隕落，❶故云「丘園乃落」也。「賁于丘園，帛乃戔戔」者，設飾在於丘園質素之所，則不縻費財物，束帛乃戔戔衆多也。諸儒以爲，若賁飾束帛不用聘士，❷則丘園之士乃落也。若賁飾丘園之士與之，故「束帛」乃「戔戔」也。諸家注《易》多爲此解。但今案輔嗣之注，全无聘賢之意，且爻之與《象》亦无待士之文。輔嗣云「用莫過儉，泰而能約，故必吝焉乃得終吉」，此則普論爲國之道不尚華侈，而貴儉約也。若從先師，唯用「束帛」招聘丘園，以儉約待賢，豈其義也？所以漢聘隱士，或乃用羔鴈玄纁，蒲輪駟馬，豈止束帛之間而云儉約之事？今觀注意，故爲此解耳。

上九，「白賁」至「得志也」。正義曰：「白賁无咎」者，處飾之終，飾終則反素，故任其質素，❸不勞文飾，故曰「白賁无咎」也。守志任真，得其本性，故《象》云「上得志」也，言居上得志也。

䷖ 坤下艮上 剝，不利有攸往。正義曰：「剝」

❶「質素」，嘉本同，阮本作「素質」。
❷「不用聘士」，嘉本同，阮本作「不困聘上」。
❸「任」，嘉本同，阮本作「在」。

者，剥落也，今陰長變剛，剛陽剥落，故稱「剥」也。小人既長，故「不利有攸往」也。

《象》曰，「剥剥也」至「天行也」。正義曰：「剥，剥也」者釋「剥」。卦名爲「剥」，不知何以稱「剥」，故釋云「剥」者，解「剥」之義，是陰長解剥於陽也。「柔變剛」者，釋所以此卦「名剥」之意也。「不利有攸往，小人道長」者，此釋「不利有攸往」之義。以小人道長，❶世既闇亂，何由可進？往則遇災，故「不利有攸往」也。「順而止之，觀象」者，明在剥之時，世既无道，君子行之，不敢顯其剛直，但以柔順止約其上，唯望君上形象，量其顔色而止也。「君子尚消息盈虚，天行」者，解所以在剥之時「順而止之」。觀其顔色形象者須量時制變，隨物而動。君子通達物理，貴尚消息盈虚。道消之時行消道也，道息之時行息道也，在盈之時，行盈道也，在虚之時行虚道也。若值消虚之時，存身避害，危行言遜也。若值盈息之時，極言正諫，建事立功也。「天行」謂逐時消息盈虚乃天道之所行也。春夏始生之時則天氣盛大，秋冬嚴殺之時天氣消滅，故云「天行」也。○注「坤順」至「所尚也」。正義曰：「非君子之所尚」者，不逐時消、息、盈、虚，於无道之時剛亢激拂，觸忤以隕身，身既傾隕，功又不就，「非君子之所尚」也。

《象》曰，「山附」至「安宅」。正義曰：「山附於地，剥」者，山本高峻，今附於地，即是剥落之象，故云「山附於地，剥」也。「上以厚下安宅」者，剥之爲義從下而起，故在上之人當須豐厚於下，安物之居，以防於剥也。

初六，「剥牀」至「以滅下也」。正義曰：「剥牀以足」者，「牀」者，人之所以安處也。在剥之初，剥道從下而起，剥牀之足，言牀足以剥也，下道始滅也。「蔑貞凶」者，「蔑」，削也。「貞」，正也，下道既滅，❷則以侵削其貞正，所以「凶」也。《象》曰「剥牀以足，以滅下」者，釋「剥牀以足」之義。牀在人下，足又在牀下。今剥牀之足，是盡滅於下也。

六二，「剥牀以辨」至「有與也」。正義曰：「剥牀以辨」者，「辨」謂牀身之下，牀足之上，足與牀身分辨之處也。今剥落侵上乃至於「辨」，是漸近人身，故云「剥牀以辨」也。「蔑貞凶」者，「蔑」，削也，削除中正之道，故「凶」也。初六「蔑貞」，但小削而已，六

---

❶「以」，嘉本同，阮本無此字。

❷「滅」，嘉本同，阮本作「蔑」。

二「蔑貞」，是削之甚極，故更云「蔑貞凶」也。長此陰柔，削其正道，以此爲德則物之所棄，故《象》云「未有與」也。言无人與助之也。○注「蔑猶」至「所棄也」。正義曰：「蔑猶甚極之辭」者，初既稱「蔑」，二又稱「蔑」，「蔑」上復「蔑」，此爲「蔑」甚極，❶故云「蔑猶甚極之辭」也。「蔑」謂微蔑，物之見削則微蔑也，故以「蔑」爲「削」。「稍近於牀，轉欲滅物之所處」者，物之所處謂「牀」也，今剥道既至於「辨」，在牀體下畔之間，是將欲滅牀，故云「轉欲滅物之所處」也。

六三，「剥之」至「上下也」。正義曰：六三與上九爲應，雖在剥陽之時，獨能與陽相應，雖失位處剥而无咎也。《象》曰「剥之无咎，失上下」者，釋所以「无咎」之義。上下羣陰皆悉剥陽也，己獨能違失上下之情而往應之，所以「无咎」也。

六四，「剥牀」至「近災也」。正義曰：「剥牀以膚」者，四道浸長，剥牀已盡乃至人之膚體，物皆失身，所以「凶」也。《象》曰「切近災」者，其災已至，故云「切近災」也。

六五，「貫魚」至「无尤也」。正義曰：「貫魚以宫人寵」者，處得尊位爲剥之主，剥之爲害，小人得寵以消君子。「貫魚」者，謂衆陰也，駢頭相次似若貫穿之魚。此六五若能處待衆陰，但以宫人之寵相似。宫人被寵，不害正事則終无尤過，无所不利，故云「无不利」。故《象》云「終无尤也」。

上九，「碩果」至「不可用也」。正義曰：「碩果不食」者，處卦之終獨得完全，不被剥落，猶如碩大之果不爲人食也。「君子得輿」者，若君子而居此位，能覆蔭於下，使得全安，是君子居之則得車輿也。若小人居之，下无庇蔭，在下之人，被剥徹廬舍也。《象》曰「君子得輿，民所載」者，釋「得輿」之義。若君子居處此位養育其民，民所仰載也。「小人剥廬，終不可用」者，言小人處此位爲君，剥徹民之廬舍，此小人終不可用爲君也。

周易正義卷第五

計一萬五千一百六十九字

❶「爲」，嘉本無此字。

周易正義卷第六

國子祭酒上護軍曲阜縣
開國子臣孔穎達奉勑撰

䷗ 震下坤上 復。「亨」至「攸往」。正義曰：「復，亨」者，陽氣反復而得亨通，故云「復，亨」也。「出入无疾」者，出則剛長，入則陽反，理會其時，故无疾病也。「朋來无咎」者，「朋」謂陽也，反復衆陽，朋聚而來，則「无咎」也。若非陽衆來則有咎，以其衆陽之來，故「无咎」也。「反復其道，七日來復」者，欲使反之與復而得其道，❶不可過遠，唯七日則來復乃合於道也。「利有攸往」者，以陽氣方長，往則小人道消，故「利有攸往」也。

《彖》曰，「復亨」至「之心乎」。正義曰：「復，亨」者，以陽復則亨，故以「亨」連「復」而釋之也。「剛反動而以順行」者，既上釋「復亨」之義，又下釋「出入无疾，朋來无咎」之理，故云「是以出入无疾，朋來无咎」也。「反復其道，七日來復，天行」者，以「天行」釋「反復其道，七日來復」之義。言反之與復得合其道，唯七日而來復，不可久遠也。此是天之所行也。天之陽氣絶滅之後，不過七日，陽氣復生，此乃天之自然之理，故曰「天行」也。「利有攸往，剛長」者，以「剛長」釋「利有攸往」之義也。「復，其見天地之心乎」者，此贊明復卦之義。天地養萬物以静爲心，不爲而物自爲，不生而物自生，寂然不動，此天地之心也。此復卦之象，動息地中，雷在地下，息而不動，静寂之義，與天地之心相似。觀此復象乃見天地之心也。天地非有主宰，何得有心？以人事之心託天地，以示法爾。○注「陽氣」至「凡七日」。正義曰：「陽氣始剥盡」，謂陽氣始於剥盡之後至陽氣來復時，凡經七日。觀注之意，陽氣從剥盡之後至於反復，凡經七日，其注分明。如褚氏、莊氏並云：「五月一陰生，至十一月一陽生，凡七月。而云七『日』不云『月』者，欲見陽長須速，故變『月』言『日』。」今輔嗣云「剥盡至來復」，是從「盡」至「來復」經七日也。若從五月言之，何得云「始盡」也？又臨卦亦是陽長而言「八月」，今復卦亦是陽長，何以

❶「使」，嘉本同，阮本作「速」。

獨變「月」而稱「七日」？觀注之意必謂不然，亦用《易緯》「六日七分」之義。同鄭康成之説，但於文省略，不復具言。案：《易緯稽覽圖》云「卦氣起中孚」，故離、坎、震、兑，各主其一方，其餘六十卦，卦有六爻，爻别主一日，凡主三百六十日。餘有五日四分日之一者，每日分爲八十分，五日分爲四百分，四分日之一又爲二十分，是四百二十分。六十卦分之，六七四十二卦，别各得七分，是每卦得六日七分也。剥卦陽氣之盡在於九月之末，十月當純坤用事，坤卦有六日七分。坤卦之盡則復卦陽來，是從剥盡至陽氣來復，隔坤之一卦六日七分，舉成數言之，故輔嗣言「凡七日」也。「反復」者，則出入之義，「反」謂入而倒反，「復」謂既反之後復而向上也。○注「復者」至「具存矣」。正義曰：「復者，反本之謂也」者，往前離本處而去，今更反於本處，是「反本」之謂也。「天地以本爲心」者，「本」謂静也，言天地寂然不動，是「以本爲心」者也。凡動息則静，静非對動者也。天地之動，静爲其本，動爲其末，言静時多也，動時少也。若暫時而動，止息則歸静，是静非對動。言静之爲本，自然而有，非對動而生静，故曰「静非對動」者也。「語息則默，默非對語」者，「語」則聲之動，「默」則口之静，是不語之時恒常「默」也。非是對「語」有「默」，以動静語默而无别體，故云「非對」也。云「天地雖大，富有萬物，雷動風行，運化萬變」者，此言天地之動也。言「寂然至无是其本矣」者，凡有二義：一者，萬物雖運動於外，而天地寂然至无於其内也，外是其末，内是其本，言天地无心也；二者，雖雷動風行千化萬變，若其雷風止息，運化停住之後，亦寂然至无也。「若其以有爲心，則異類未獲具存」者，凡以无爲心，則物我齊致，親疎一等，則不害異類，彼此獲寧。若其以有爲心，則我之自我不能普及於物，物之自物不能普賴於我，物則被害，故「未獲具存」。

《象》曰，「雷在」至「省方」。正義曰：「雷在地中，復」者，「雷」是動物，復卦以動息爲主，故曰「雷在地中」。「先王以至日閉關」者，先王象此復卦，以二至之日閉塞其關也，商旅不行於道路也。「后不省方」者，「方」，事也，后不省視其方事也。以地掩閉於雷，故關門掩閉，商旅不行。君后掩閉於事皆取「動息」之義。○注「方事」至「无事也」。正義曰：「方，事」者，恐「方」是四方境域，故以「方」爲「事」也。言「至日」不但不可出行，亦不可省視事也。「冬至陰之復，夏至陽之復」者，「復」謂反本，静爲動本，冬至一陽生，是陽動用而陰復於静也。夏至一陰生，是陰動用而陽復於静也。「動復則静，行復則止，事復則无事」者，動而反復則歸静，行而反復則歸止，事而反復則歸于无事也。

初九，「不遠」至「脩身也」。正義曰：「不遠復」者，最處復初是始復者也，既在陽復即能從而復之，是迷而不遠即能復也。「无祇悔，元吉」者，韓氏云「祇，大也」，既能速復是无大悔，所以大吉。《象》曰「不遠之復以脩身」者，釋「不遠之復」也。所以不遠速復者，以能脩正其身，有過則改故也。

六二，「休復」至「下仁也」。正義曰：「休復，吉」者，得位處中，最比於初。陽爲仁行，已在其上附而順之，是降下於仁，是休美之復，故云「休復吉」也。以其下仁，所以「吉」也。故《象》云「休復之吉，以下仁也」。

六三，「頻復」至「无咎也」。正義曰：「頻復」者，「頻」謂頻蹙，六三處下體之上，去復稍遠，雖勝於上六「迷復」，猶頻蹙而復。「復道宜速」謂蹙而求復也。去復猶近，雖有危厲，於義无咎。故《象》云「義无咎」也。○注「頻頻」至「難保」。《正義》曰：「義雖无咎，它來難保」者，去復未甚大遠，於義雖復无咎，謂以道自守，得「无咎」也。若自守之外更有它事而來，則難可保此无咎之吉也。所以《象》云「義无咎」，守常之義得「无咎」也。

六四，「中行」至「從道也」。正義曰：「中行獨復」者，處於上卦之下，上下各有二陰，已獨應初，居在衆陰之中，故云「中行」。獨自應初，故云「獨復」。從道而歸，故《象》云「以從道」也。

六五，「敦復」至「自考也」。正義曰：「敦復无悔」者，處坤之中是敦厚於復，故云「敦復」。既能履中，又能自考成其行。既居敦厚，物无所怨，雖不及六二之「休復」，猶得免於悔吝，故云「无悔」也。《象》曰「敦復无悔，中以自考」者，釋「无悔」之義。以其處中，能自考成其身，❶故「无悔」也。

上六，「迷復」至「君道也」。正義曰：「迷復，凶」者，最處復後是迷闇於復，以「迷」求復，所以「凶」也。「有災眚」者，闇於復道必无福慶，唯有災眚也。「用行師，終有大敗」者，所爲既凶，故用之行師必无克勝，唯「終有大敗」也。「以其國君凶」者，「以」，用也，用此迷復於其國内，則反違君道，所以「凶」也。「至于十年不克征」者，師敗國凶，量斯形勢，雖至十年猶不能征伐。以其迷闇不復而反違於君道，故《象》云

❶「成」，嘉本同，阮本無此字。

「迷復之凶，反君道」也。

䷘ 震下乾上 无妄。「元亨」至「攸往」。正義曰：「无妄」者，以剛爲内主，動而能健，以此臨下，物皆无敢詐僞虚妄，俱行實理，所以大得亨通，利於貞正，故曰「元亨利貞」也。「其匪正有眚，不利有攸往」者，物既无妄，當以正道行之。❶若其匪依正道則有眚災，不利有所往也。

《彖》曰，「无妄」至「行矣哉」。正義曰：「剛自外來而爲主於内，動而健」者，以此卦象釋能致「无妄」之義。以震之剛從外而來爲主於内，震動而乾健，故能使物「无妄」也。「剛中而應」者，明爻義能致「无妄」。九五以剛處中，六二應之，是「剛中而應」。剛中則能制斷虚實，有應則物所順從，不敢虚妄也。「大亨以正，天之命」者，釋「元亨利貞」之義。威剛方正，私欲不行，何可以妄？此天之教命也。以天道純陽，❷剛而能健，是乾德相似，故云「天之命」也。既是天命，豈可犯乎？「其匪正有眚，不利有攸往，无妄之往何之矣」者，此釋「匪正有眚，不利有攸往」之義也。「无妄之往何之矣」，上「之」是語辭，下「之」是適也。身既非正，在「无妄」之世欲有所往，何所之適矣？故云「无妄之往何之矣」。「天命不祐行矣哉」者，身既非正，欲有所往，犯違天命則天命不祐助也。必竟「行矣哉」，言終竟行此不祐之事也。○注「剛自」至「攸往也」。正義曰：云「使有妄之道滅，无妄之道成」者，「妄」謂虚妄，矯詐不循正理。若无剛中之主，柔弱邪僻，則物皆詐妄，是有妄之道興也。今遇剛中之主，威嚴剛正，在下畏威，不敢詐妄，是有妄之道滅，无妄之道成。○注「匪正」至「竟矣哉」。正義曰：「竟矣哉」者，「竟」謂終竟，言天所不祐，終竟行矣哉。

《象》曰，「天下」至「萬物」。正義曰：「天下雷行」者，雷是威恐之聲，今天下雷行，震動萬物，物皆驚肅，无敢虚妄，故云「天下雷行」，物皆「无妄」也。「先王以茂對時育萬物」者，「茂」，盛也，「對」，當也。言先王以此无妄盛事當其无妄之時，育養萬物也。此唯王者其德乃耳，❸非諸侯已下所能，故不云「君子」而

❶「當」，嘉本無此字。
❷「以」，嘉本同，阮本無此字。
❸「耳」，嘉本作「爾耳」，四庫本作「爾」。阮校云：「監、毛本『耳』作『爾』。按監、毛本是也。」

言「先王」也。案：諸卦之《象》，直言兩象即以卦名結之，若「雷在地中，復」。今《无妄》應云「天下雷行，无妄」，今云「物與无妄」者，欲見萬物皆无妄，故加「物與」二字也。其餘諸卦，未必萬物皆與卦名同義，故直顯象，以卦結之。至如復卦，唯陽氣復，非是萬物皆復。舉復一卦，餘可知矣。

初九，「无妄」至「得志也」。正義曰：「无妄，往，吉」者，體剛居下，以貴下賤，所行教化，不爲妄動，故「往，吉」而「得志」也。

六二，「不耕」至「未富也」。正義曰：「不耕穫不菑畬」者，六二處中得位盡於臣道，不敢創首，唯守其終，猶若田農不敢發首而耕，唯在後穫刈而已。不敢菑發新田，❶唯治其畬熟之地，❷皆是不爲其初而成其末，猶若爲臣之道，不爲事始而代君有終也。「則利有攸往」者，爲臣如此則利有攸往，若不如此則往而无利也。《象》曰「不耕穫，未富也」者，釋「不耕而穫」之義。不敢前耕但守後穫者，未敢以耕，耕之與穫俱爲己事，唯爲後穫，不敢先耕。事既闕初，不擅其美，故云「未富也」。

六三，「无妄之災」至「人災也」。正義曰：「无妄之災，或繫之牛。行人之得，邑人之災」者，无妄之世，邪道不行，六三陰居陽位失其正道，行違謙順而乖臣範，故「无妄」之所以爲「災」矣。「牛」者，稼穡之資，六三僭爲耕事，行唱始之道而爲不順王事之行，故有司或繫其牛，制之使不妄造，故曰「或繫之牛」也。「行人」者，有司之義也。有司繫得其牛是「行人」制之得功，故曰「行人之得」。彼居三者，是處邑之人僭爲耕事，受其災罰，故曰「行人之得，邑人之災」也。《象》曰「行人得牛，邑人災也」者，釋「行人之得」義也。以行人所得謂「得牛」也，此則「得牛」，彼則爲「災」，故云「邑人災也」。

九四，「可貞」至「有之也」。正義曰：「可貞无咎」者，以陽居陰，以剛乘柔，履於謙順，上近至尊，可以任正，固有所守而无咎，故曰「可貞无咎」也。《象》曰「可貞无咎，固有之也」者，釋「可貞无咎」之義。所以可執貞正，言堅固有所執守，故曰「无咎」也。

九五，「无妄」至「不可試也」。正義曰：「无妄之疾」者，凡禍疾所起由有妄而來，今九五居得

❶「菑」，嘉本同，阮校云：「錢本、監、毛本『菑』作『首』，按盧文弨云：首發新田正謂『菑』也。錢本是。」

❷「畬」，嘉本同，阮本作「菑」。

尊位爲无妄之主，下皆「无妄」，而偶然有此疾害，故云「无妄之疾」也。「勿藥有喜」者，若疾自己招，或寒暑飲食所致，當須治療；若其自然之疾，非己所致，疾當自損，勿須藥療而「有喜」也。此假病象以喻人事，猶若人主而剛正自脩，身无虚妄，下亦无虚妄而遇逢凶禍。若堯、湯之厄，災非己招，但順時脩德，勿須治理必欲除去，不勞煩天下，是「有喜」也。然堯遭洪水，使鯀、禹治之者，雖知災未可息，必須順民之心。鯀之不成，以災未息也；禹能治救，災欲盡也。是亦自然之災，「勿藥有喜」之義也。《象》曰「无妄之藥，不可試也」者，解「勿藥有喜」之義。若有妄致疾，其藥可用；若身既「无妄」，自然致疾，其藥「不可試」也。若其試之，恐更益疾也。言非妄有災不可治也，若必欲治之，則勞煩於下，害更甚也。此非直施於人主，至於凡人之事亦皆然也。若己之无罪，忽逢禍患，此乃自然之理，不須憂勞救護，亦恐反傷其性。

上九，「无妄行」至「之災也」。正義曰：處不可妄之極，唯宜静保其身。若動行必有災眚，无所利也。位處窮極，動則致災。故《象》云「无妄之行，窮之災也」。

䷙ 乾下艮上 大畜。「利貞」至「大川」。正義曰：謂之「大畜」者，乾剛上進，❶艮止在上，止而畜之，能畜止剛健，故曰「大畜」。《彖》云「能止健，大正也」，是能止健，故爲「大畜」也。小畜則巽在乾上，以其巽順，不能畜止乾之剛，故云「小畜」也。此則艮能止之，故爲「大畜」也。「利貞」者，人能止健，非正不可，故「利貞」也。「不家食，吉」者，已有大畜之資，當須養贍賢人，❷不使賢人在家自食，如此乃「吉」也。「利涉大川」者，豐財養賢應於天道，❸不憂險難，故「利涉大川」。

《彖》曰，「大畜」至「應乎天也」。正義曰：言「大畜剛健篤實」者，此釋「大畜」之義，「剛健」謂乾也。乾體剛，性健，故言「剛健」也。「篤實」謂艮也。艮體静止，故稱「篤實」也。「輝光日新其德」者，以其剛健篤實之故，故能輝耀光榮，日日增新其德。若无剛健則劣弱也，必既厭而退。若无篤實則虚薄也，必既榮而隕。何能久有輝光、日新其德乎？「剛上而尚

❶「剛」，嘉本同，阮本作「健」。
❷「贍」，嘉本同，阮本作「順」。
❸「財」，嘉本同，阮本作「則」。

賢」者,「剛上」謂上九也,乾剛向上,上九不距,是貴尚賢也。「能止健,大正也」者,釋「利貞」義。所以艮能止乾之健者,德能大正,故「能止健」也。「不家食,吉,養賢」者,釋「不家食,吉」,所以不使賢者在家自食而獲吉也。以在上有「大畜」之實養此賢人,故不使賢者在家自食也。「利涉大川,應乎天」者,以貴尚賢人,大正應天,可踰越險難,故「利涉大川」也。○注「凡物」至「篤實也」。正義曰:「凡物既厭而退者,弱也」者,釋經「剛健」也。若不剛健則見厭被退,能剛健則所爲日進,不被厭退也。「既榮而隕者,薄也」者,釋經「篤實」也。凡物暫時榮華而即隕落者,由體質虛薄也。若能篤厚充實則恒保榮美,不有隕落也。○注「謂上」至「之謂也」。正義曰:「謂上九也」者,言上九之德,見乾之上進而不距逆,是貴尚賢也。「處上而大通」者,釋「上九何天之衢亨」,是處上通也。既處於上,下應於天,有大通之德也。「剛來而不距」者,以有大通,既見乾來而不距逆,是「尚賢」之義也。○注「有大畜」至「大川也」。正義曰:「尚賢制健」者,謂上九剛來不距,「尚賢」之謂也。艮能畜剛,「制健」之謂也。故上經云「剛上而尚賢」,王注云「謂上九也」;又云「能止健,大正也」,王注云「健莫過乾,而能止之,非夫大正未之能也」,則是全論艮體。明知「尚賢」謂上九也,「制健」謂艮體也,「大正應天」者謂艮也,故前文云「能止健,大正也」。「止健」是艮也,「應天」者,上體之艮應下體之乾,故稱「應天」也。此取上卦下卦而相應,非謂一陰一陽而相應也。

《象》曰,「天在」至「其德」。正義曰:「天在山中」者,欲取德積於身中,故云「天在山中」也。「君子以多識前言往行以畜其德」者,君子則此「大畜」,物既「大畜」,德亦「大畜」,故多記識前代之言,往賢之行,使多聞多見以畜積己德,故云「以畜其德」也。○注「物之」至「於此也」。正義曰:物之可畜於懷令其道德不有棄散者,唯貯藏「前言往行」於懷,可以令德不散也。唯此而已,故云「盡於此也」。

初九,「有厲」至「犯災也」。正義曰:「有厲利已」者,初九雖有應於四,四乃抑畜於己,己今若往則有危厲。唯利休已,不須前進則不犯禍凶也。故《象》云「不犯災也」。

九二,「輿説」至「无尤也」。正義曰:九二雖與六五相應,五處畜盛,未可犯也。若遇斯而進則輿説其輻,車破敗也。以其居中,能遇難而止則无尤過，故《象》云「中无尤」也。以其居中能自止息，故「无尤」也。此「輿説輻」，❶亦假象以明人事也。

九三，「良馬」至「合志也」。正義曰：「九三良馬逐」者，初二之進值於畜盛，不可以升；至於九三升于上九，而上九處天衢之亨，塗徑大通，進无違距，故九三可以良馬馳逐也。「利艱貞」者，履當其位，進得其時，在乎通路，不憂險厄，故宜利艱難而貞正也。若不值此時，雖平易守正而尚不可，況艱難而欲行正乎？「曰閑輿衛」者，進得其時，涉難无患，雖曰有人欲閑閡車輿，乃是防衛見護也，故云「曰閑輿衛」也。「利有攸往」者，與上合志，利有所往，故《象》曰「上合志」也。

六四，「童牛」至「有喜也」。正義曰：「童牛之牿」者，處艮之始，履得其位，能抑止剛健之初。距此初九不須用角，故用「童牛」牿止其初也。「元吉」者，柔以止剛，剛不敢犯，以息彊争，所以大吉而有喜也，故《象》云「元吉有喜也」。

六五，「豶豕」至「有慶也」。正義曰：「豶豕之牙」者，「豕牙」謂九二也，二既剛陽，似豕牙之横猾。九二欲進，此六五處得尊位，能豶損其牙，故云「豶豕之牙」。柔能制剛，禁暴抑盛，所以「吉」也。非唯獨吉，乃終久有慶，故《象》云「六五之吉，有慶也」。

○注「豕牙」至「有慶也」。正義曰：「能豶其牙」者，觀注意則「豶」是禁制損去之名。褚氏云：「豶，除也，除其牙也。」然「豶」之爲除，《爾雅》无訓。案：《爾雅》云「豶，大防」，則「豶」是隄防之義。此「豶其牙」，謂防止其牙。古字假借，雖豕傍土邊之異，其義亦通。「豶其牙」謂止其牙也。

上九，「何天」至「大行也」。正義曰：「何天之衢，亨」者，「何」謂語辭，猶云「何畜」也。處畜極之時，更何所畜？乃天之衢亨，无所不通也。故《象》云「何天之衢，道大行也」。何氏云：「天衢既通，道乃大亨。」

䷚ 震下艮上 頤。「貞吉」至「口實」。正義曰：「頤，貞吉」者，於頤養之世養此貞正，則得「吉」也。「觀頤」者，「頤」，養也，觀此聖人所養物也。「自求口實」者，觀其自養，求其口中之實也。

《象》曰，「頤貞」至「大矣哉」。正義曰：

❶「此」，嘉本無此字。

「頤貞吉，養正則吉」者，釋「頤貞吉」之義。「頤」，養也，「貞」，正也，所養得正則有吉也。其「養正」之言乃兼二義：一者養此賢人是其「養正」，故下云「聖人養賢以及萬民」；二者謂養身得正，故《象》云「慎言語，節飲食」。以此言之，則「養正」之文兼養賢及自養之義也。「觀頤，觀其所養也」者，釋「觀頤」之義也。言在下觀視在上頤養，所養何人，故云「觀頤，觀其所養也」。「自求口實，觀其自養」者，釋「自求口實」之義也。謂在下之人觀此在上自求口中之實，是「觀其自養」，則是在下觀上乃有二義：若所養是賢及自養有節，則是其德盛也；若所養非賢及自養乖度，則其德惡也。此卦之意，欲使所養得也，不欲所養失也。「天地養萬物」者，自此已下廣言頤卦所養事大，故云「天地養萬物」也。「聖人養賢以及萬民」者，先須養賢，乃得養民，故云「養賢以及萬民」也。聖人但養賢人使治衆，衆皆獲安，有如虞舜六人，❶周武十人，漢帝張良，齊君管仲，此皆養得賢人以爲輔佐，政治世康，兆庶咸説，此則「聖人養賢以及萬民」之義也。「頤之時大矣哉」者，以《象》釋「頤」義於理既盡，更无餘意，故不云「義」，所以直言「頤之時大矣哉」。以所養得廣，故云「大矣哉」。

《象》曰，「山下」至「飲食」。正義曰：山止於上，雷動於下，頤之爲用，下動上止，故曰「山下有雷，頤」。人之開發言語、咀嚼、飲食，皆動頤之事，故君子觀此頤象，以謹慎言語，裁節飲食。先儒云「禍從口出，患從口入」，故於頤養而慎節也。

初九，「舍爾」至「不足貴也」。正義曰：「舍爾靈龜，觀我朶頤，凶」者，「靈龜」謂神靈明鑒之龜兆，以喻己之明德也。「朶頤」謂朶動之頤以嚼物，喻貪惏以求食也。初九以陽處下而爲動始，不能使物賴己而養，而更自動求養，是舍其靈龜之明兆，觀我朶頤而躁求，是損己廉静之德，行其貪竊之情，所以「凶」也。不足可貴，故《象》云「亦不足貴也」。○注「朶頤」至「甚焉」。正義曰：「朶頤者，嚼也」者，「朶」是動義，如手之捉物謂之「朶」也，今動其頤，故知「嚼」也。「不能令物由己養」者，若道德弘大，則己能養物，是物由己養。今身處无位之地，又居震動之始，是動而自求養也。「離其致養之至道，闚我寵禄而競進」者，若能自守廉静，保其明德，則能致君上所養。今不能守廉静，是「離其致養之至道」，反以求其寵禄而競進也。

六二，「顛頤」至「失類也」。正義曰：

❶「六」，嘉本、阮本作「五」。

「顛」，倒也，「拂」，違也，「經」，義也，「丘」，所履之常處也。六二處下體之中，无應於上，反倒下養初，故曰「顛頤」。下當奉上是義之常處也，今不奉於上而反養於下，是違此經義於常之處，故云「拂經於丘」也。「頤征凶」者，「征」，行也，若以此而養，所行皆凶，故曰「頤征凶」也。《象》曰「六二，征凶，行失類也」者，頤養之體類皆養上也，今此獨養下，是所行失類也。

六三，「拂頤」至「大悖也」。正義曰：「拂頤，貞凶」者，「拂」，違也，履夫不正以養上九，是自納於上以諂媚者也，違「養正」之義，故曰拂頤貞而有凶也。爲行如此，雖至十年猶勿用而見棄也，故曰「十年勿用」。立行於此，故无所利也。《象》曰「十年勿用，道大悖」者，釋「十年勿用」之義。以其養上以諂媚，則於正道大悖亂，解「十年勿用」，見棄也。

六四，「顛頤」至「上施光也」。正義曰：「顛頤，吉」者，體屬上體，居得其位而應於初，以上養下得養之宜，所以「吉」也。「虎視眈眈」者，以上養下不可褻瀆，恒如虎視眈眈，然威而不猛也。「其欲逐逐」者，既養於下，不可有求，其情之所欲逐逐然，尚於敦實也。「无咎」者，若能「虎視眈眈，其欲逐逐」，雖復「顛頤」養下，則得「吉」而「无咎」也。《象》曰「顛頤之吉，上施光」者，釋「顛頤吉」之義。「上」謂四也，下養於初是「上施」也。能威而不猛，如虎視眈眈，又寡欲少求，「其欲逐逐」，能爲此二者，是上之所施有光明也。然六二「顛頤」則爲「凶」，六四「顛頤」得爲「吉」者，六二身處下體而又下養，所以「凶」也，六四身處上體又應於初，陰而應陽又能威嚴寡欲，所以「吉」也。

○注「體屬」至「爲盛矣」。正義曰：「觀其自養則履正」者，以陰處陰，四自處其身是觀其自養，則能履正道也。「察其所養則養陽」者，六四下養於初是觀其所養，初是陽爻，則能養陽也。

六五，「拂經」至「從上也」。正義曰：「拂」，違也，「經」，義也，以陰居陽不有謙退，乖違於「頤養」之義，故言「拂經」也。「居貞，吉」者，行則失類，居貞吉也。「不可涉大川」者，處頤違謙，患難未解，故「不可涉大川」，故「居貞，吉」也。《象》曰「順以從上」者，釋「居貞」之義。以五近上九，以陰順陽，親從於上，故得「居貞，吉」也。

上九，「由頤」至「有慶也」。正義曰：「由頤」者，以陽處上而履四陰，陰不能獨爲其主，必宗事於陽也。衆陰莫不由之以得其養，故曰「由頤」也。「厲吉」者，爲衆陰之主，不可褻瀆，嚴厲乃吉，故云「厲吉」也。「利涉大川」者，爲養之主，无所不爲，故「利涉大川」而有慶也。故《象》云「大有慶也」。

䷛ 巽下兑上 **大過。「棟橈」至「往亨」。** 正義曰：「過」謂「過越」之過，非「經過」之過。此衰難之世，唯陽爻乃大能過越常理以拯患難也，故曰「大過」。以人事言之，猶若聖人過越常理以拯患難也。「棟橈」者，謂屋棟也。本之與末俱橈弱，以言衰亂之世始終皆弱也。「利有攸往，亨」者，既遭衰難，聖人利有所往以拯患難，乃得亨通，故云「利有攸往，亨」也。○注：「音相過之過。」正義曰：「相過」者，謂相過越之甚也，非謂相過從之過，故《象》云「澤滅木」，是過越之甚也。四陽在中，二陰在外，以陽之過越之甚也。

《彖》曰，「大過」至「大矣哉」。 正義曰：「大過，大者過也」者，釋「大過」之義也。「大者過」謂盛大者乃能過其分理以拯難也，故於二爻陽處陰位，乃能拯難也，亦是過甚之義。「棟橈，本末弱也」者，釋「棟橈」義。以「大過」本末俱弱，故屋「棟橈」弱也，似若衰難之時始終弱也。「剛過而中，巽而説行，利有攸往乃亨」者，此釋「利有攸往乃亨」義。「剛過而中」謂二也，以陽處陰是剛之過極之甚，則陽來拯此陰難，是過極之甚也。「巽而説行」者，既以巽順和説而行，難乃得濟，故「利有攸往」得亨也，故云「乃亨」。「大過之時大矣哉」，此廣説大過之美，言當此大過之時，唯君子有爲拯難，其功甚大，故曰「大矣哉」也。

象曰，「澤滅」至「无悶」。 正義曰：「澤滅木」者，澤體處下，木體處上，澤无滅木之理。今云「澤滅木」者，乃是澤之甚極而至滅木，是極大過越之義。其大過之卦有二義也：一者，物之自然大相過越常分，即此「澤滅木」是也；二者，大人大過越常分以拯患難，則九二「枯楊生稊，老夫得其女妻」是也。「君子以獨立不懼，遯世无悶」者，明君子於衰難之時卓爾獨立，不有畏懼，隱遯於世而无憂悶，欲有遯難之心，其操不改。凡人遇此則不能。然唯君子獨能如此，是其過越之義。

初六，「藉用」至「在下也」。 正義曰：「藉用白茅」者，以柔處下，心能謹慎，薦藉於物用絜白之茅，言以絜素之道奉事於上也。「无咎」者，既能謹慎如此，雖遇大過之難而「无咎」也。以柔道在下，所以免害，故《象》云「柔在下也」。

九二，「枯楊」至「以相與也」。 正義曰：

「枯楊生稊」者，「枯」謂枯槁，「稊」謂楊之秀者。九二以陽處陰，能過其本分而救其衰弱。上无其應，心无特吝，處大過之時能行此道，无有衰者不被拯濟。故衰者更盛，猶若枯槁之楊更生少壯之稊，朽老之夫得其少女爲妻也。「无不利」者，謂拯弱興衰莫盛於此。以斯而行，无有不利也。《象》曰「老夫女妻，過以相與」者，釋「老夫女妻」之義。若老夫而有老妻，是依分相對。今老夫而得女妻，是過分相與也。老夫得女妻，是女妻以少而與老夫。老夫得少而更壯，是女妻過分而與夫也。女妻而得少夫，是依分相對。今女妻得老夫，是老夫減老而與少。女妻既得其老則益長，是老夫過分而與妻也，故云「過以相與」。《象》直云「老夫女妻」，不云「枯楊生稊」者，「枯楊」則是「老夫」也，「生稊」則「女妻」也。其意相似，故《象》略而不言。

○注「稊者」至「斯義也」。正義曰：「稊」者，楊柳之穗，故云「楊之秀」也。「以陽處陰，能過其本而救其弱」者，若以陽處陽是依其本分，今以陽處陰是過越本分，拯救弱陰也。❶「老過則枯，少過則稚」者，老之太過則枯槁，少之大過則幼稚也。「以老分少則稚者長」也，謂老夫減老而與女妻，女妻得之而更益長，故云「以老分少則稚者長」也。「以稚分老則枯者榮」者，謂女妻減少而與老夫，老夫得之似若枯者而更得生稊，故云「則枯者榮」也。云「大過至衰而已至壯，以至壯輔至衰，應斯義」者，此大過之卦本明至壯輔至衰，不論至衰減至壯，故輔嗣此注特云「以至壯輔至衰」也。《象》曰「過以相與」者，因至壯而輔至衰，似女妻而助老夫，遂因云「老夫減老而與少」，猶若至衰減衰而與壯也。其實不然也。

九三，「棟橈」至「有輔也」。正義曰：「棟橈，凶」者，居大過之時，處下體之極，以陽居陽不能救危拯弱，唯自守而已。獨應於上，係心在一，所以「凶」也。心既褊狹，不可以輔救衰難，故《象》云「不可以有輔」也。

九四，「棟隆」至「乎下也」。正義曰：「棟隆，吉」者，體居上體，以陽處陰能拯救其弱，不爲下所橈，故得棟隆起而獲「吉」也。「有它吝」者，以有應在初，心不弘闊，故「有它吝」也。《象》曰「棟隆之吉，不橈乎下也」者，釋「棟隆之吉」。以其能拯於難，不被橈乎在下，故得「棟隆，吉」。九四應初，行又謙順，能拯於難。然唯只拯初，初謂「下」也。下得其拯，猶若所

❶「弱陰」，嘉本同，阮本作「陰弱」。

居屋棟隆起，下必不橈弱，❶何得之不被橈乎在下？❷但經文云「棟橈」，《象》釋「棟橈者，本末弱也」，以屋棟橈弱而偏，則屋下榱柱亦先弱。柱爲本，榱爲末，❸觀此《象》辭，是足見其義。故子産云「棟折榱崩，僑將壓焉」，以屋棟橈折則榱柱亦同崩，此則義也。

九五，「枯楊」至「可醜也」。正義曰：「枯楊生華」者，處得尊位而以陽居陽，未能拯危，不如九二「枯楊生稊」，但以處在尊位，唯得「枯楊生華」而已。言其衰老，雖被拯救，其益少也。又似年老之婦得其彊壯士夫，婦已衰老，夫又彊大，亦是其益少也。所拯難處少，纔得无咎而已，何有聲譽之美？故「无咎无譽」也。《象》曰「枯楊生華，何可久」者，枯槁之楊，被拯纔得生華，何可長久？尋當衰落也。「老婦士夫，亦可醜也」者，婦當少稚於夫，今年老之婦而得彊壯士夫，亦可醜辱也。此言九五不能廣拯衰難，但使「枯楊生華」而已，但使「老婦得其士夫」而已。拯難狹劣，故不得長久，誠可醜辱。言不如九二也。○注「處得」至「可醜也」。正義曰：「處得尊位，亦未有橈」者，以九三不得尊位，故有「棟橈」。今九五雖與九三同以陽居陽，但九五處得尊位，功雖未廣，亦未有橈弱。若其橈弱，不能拯難，不能使「枯楊生華」也。以在尊位，微有拯難，但其功狹少，但使「枯楊生華」而已，不能使之「生稊」也。❹「能得夫，不能得妻」者，若拯難功闊，則「老夫得其女妻」，是得少之甚也。今既拯難功狹，但能使老婦得士夫而已，不能「得女妻」，言老婦所得利益薄少，皆爲拯難功薄，故所益少也。

上六，「過涉」至「可咎也」。正義曰：「過涉滅頂，凶」者，處大過之極是過越之甚也，以此涉危難乃至於滅頂，言涉難深也。既滅其頂，所以「凶」也。「无咎」者，所以涉難滅頂至於凶亡，本欲濟時拯難，意善功惡，无可咎責。此猶龍逢、比干，憂時危亂，不懼誅殺，直言深諫以忤无道之主，遂至滅亡。其意則善，而功不成，復有何咎責？此亦「過涉滅頂，凶，无咎」之象，故《象》云「不可咎」，言不可害於義理也。

䷜ 坎下坎上 習坎。「有孚」至「有尚」。正義曰：「習坎」者，「坎」是險陷之名，「習」者便習之義。險

❶「弱」，嘉本同，阮本作「若」。
❷「之」，阮校云：監、毛本作「云」。
❸「榱」，嘉本同，阮本作「棟」。
❹「使之」，嘉本同，阮本無此二字。

難之事，非經便習不可以行，故須便習於坎，事乃得用，故云「習坎」也。「有孚」者，「孚」，信也，由剛正在內，故有信也。「維心亨」者，陽不外發而在於內，❶是「維心亨」，言心得通也。「行有尚」者，內亨外闇，內剛外柔，以此行險，事可尊尚，故云「行有尚」也。案：諸卦之名，皆於卦上不加其字。此坎卦之名特加「習」者，以坎爲險難，故特加「習」名。「習」有二義：一者，習，重也，謂上下俱坎，是重疊有險，險之重疊乃成險之用也；二者，人之行險，先須便習其事乃可得通，❷故云「習」也。○注「剛正」至「亨者也」。正義曰：「剛正在內」者，謂陽在中也。內心剛正則能有誠信，❸故云「剛正在內有孚者也」，「陽不外發而在乎內，心亨者也」者，❹若外陽內陰則內心柔弱，故不得亨通。今以陽在於內，陽能開通，故維其在心之亨也。○注「內亨」至「有尚也」。正義曰：「內亨外闇」者，內陽故「內亨」，外陰故「外闇」。以亨通之性而往詣陰闇之所，能通於險，故行可貴尚也。

《彖》曰，「習坎」至「大矣哉」。正義曰：「習坎，重險」者，釋「習坎」之義。言「習坎」者，習行重險。險，難也。若險難不重，不爲至險，不須便習亦可濟也。今險難既重，是險之甚者，若不便習不可濟也，故注云「習坎者，習重險也」。「水流而不盈，行險而不失其信」者，此釋「重險」、「習坎」之義。「水流而不盈」，謂險陷既極，坑穽特深，水雖流注，不能盈滿，言險之甚也。此釋「重險」之義也。「行險而不失其信」，謂行此至險能守其剛中，不失其信也。此釋「習坎」及「有孚」之義也。以能便習於險，故守剛中，不失其信也。「維心亨，乃以剛中也」者，釋「維心亨」義也。以剛在於中，故維得心亨也。「行有尚，往有功」者，此釋「行有尚」也。既便習於坎而往之險地，必有其功，故云「行有尚，往有功」也。「天險不可升」者，已下廣明險之用也。言天之爲險，懸邈高遠，不可升上，此天之險也。若其可升，不得保其威尊，故以「不可升」爲「險」也。「地險山川丘陵也」者，言地以山川丘陵而爲險也，故使地之所載之物保守其全。若无山川丘陵，則地之所載之物失其性也，故地以山川丘陵而爲險也。「王公設險以守其國」者，言王公法象天地，固其

❶「外發」，嘉本同，阮本作「發外」。
❷「便」，嘉本同，阮本作「使」。
❸「內」，嘉本同，阮本作「因」。
❹下「者」，嘉本同，阮本無。

城池，嚴其法令，以保守其國也。❶「險之時用大矣哉」者，言天地已下莫不須險，險難有時而用，故其功盛大矣哉。○注「言習」至「重險也」。正義曰：言「習坎者，習乎重險也」者，言人便習於坎，止是便習重險。「便習」之語以釋「習」名。兩「坎」相重謂之「重險」，又當「習」義，是一「習」之名有此兩義。○注「險陗」至「之謂也」。正義曰：「險陗之極，故水流而不能盈」者，若淺岸平谷，則水流有可盈滿。若其崖岸險峻，澗谷泄漏，是水流不可盈滿，是險難之極也。○注「非用」至「有時也」。正義曰：「非用之常，用有時」者，若「天險」、「地險」不可暫无，此謂人之設險，用有時也。若化洽平治，內外輯睦，非用險也。若家國有虞，須設險防難，是「用有時」也。

《象》曰，「水洊」至「教事」。正義曰：「水洊至習坎」者，重險懸絶，其水不以險之懸絶，水亦相仍而至，故謂爲「習坎」也。以人之便習于坎，❷猶若水之洊至，水不以險爲難也。「君子以常德行習教事」者，言君子當法此便習於坎，不以險難爲困，常守德行而習其政教之事。❸若能習其教事，則可便習於險也。

初六，「習坎」至「失道凶也」。正義曰：「習坎，入於坎窞，凶」者，既處坎底，上无應援，是習爲險難之事。无人應援，故入於坎窞而至凶也。以其失道不能自濟，❹故《象》云「失道凶」也。

九二，「坎有」至「出中也」。正義曰：「坎有險」者，履失其位，故曰「坎」也。上无應援，故曰「有險」。既在坎難而又遇險，未能出險之中，故《象》云「未出中」也。「求小得」者，以陽處中，初、三來附，故可以「求小得」也。初、三柔弱，未足以爲大援，故云「求小得」也。

六三，「來之」至「无功也」。正義曰：「來之坎坎」者，履非其位而處兩「坎」之間，出之與居皆在於「坎」，故云「來之坎坎」也。「險且枕」者，「枕」，枝而不安之謂也，出則无應所以「險」，處則不安故「且枕」也。「入于坎窞」者，出入皆難，故「入於坎窞」也。「勿用」者，不可出行，若其出行終必无功，徒勞而已，故《象》云「終无功」也。

六四，「樽酒」至「剛柔際也」。正義曰：

❶「守」，嘉本同，阮本無此字。
❷「于」，嘉本作「乎」。
❸「常」，嘉本同，阮本作「當」。
❹「其」，嘉本無此字。

「樽酒簋貳」者，處重險而履得其位，以承於五，五亦得位，剛柔各得其所，皆无餘應，以相承比，明信顯著，不假外飾。處「坎」以此，雖復一樽之酒，二簋之食，故云「樽酒簋貳」也。「用缶」者，既有「樽酒簋貳」，又用瓦缶之器，故云「用缶」也。「納約自牖，終无咎」者，納此儉約之物，從牖而薦之，可羞於王公，可薦於宗廟，故云「終无咎」也。《象》曰「樽酒簋貳，剛柔際」者，釋「樽酒簋貳」義。所以一樽之酒、貳簋之食得進獻者，以六四之柔與九五之剛兩相交際而相親，故得以此儉約而爲禮也。

九五，「坎不」至「未大也」。正義曰：「坎不盈」者，爲坎之主而无應輔，可以自佐，險難未能盈坎，猶險難未盡也，故云「坎不盈」也。「祇既平无咎」者，「祇」，辭也，謂險難既得盈滿而平乃得「无咎」，若坎未盈平仍有咎也。《象》曰：「坎不盈，中未大」者，釋「坎不盈」之義。雖復居中而无其應，未得光大，所以坎不盈滿也。

上六，「係用」至「三歲也」。正義曰：「係用徽纆，寘於叢棘」者，險陗之極，不可升上，嚴法峻整，難可犯觸。上六居此險陗之處，犯其峻整之威，所以被繫用其徽纆之繩。「置於叢棘」，謂囚執之處以棘叢而禁之也。「三歲不得，凶」者，謂險道未終，三歲已來不得其吉，而有「凶」也。險終乃反，若能自脩，三歲後可以求復自新，故《象》云「上六失道凶，三歲也」。言失道之凶，唯三歲之後可以免也。

䷝ 離下離上 離，利貞，亨。畜牝牛，吉。正義曰：「離，利貞，亨」者，「離」，麗也，麗謂附著也，言萬物各得其所附著處，故謂之「離」也。「利貞，亨」者，離卦之體陰柔爲主，柔則近於不正，不正則不亨通，故利在行正乃得亨通。以此故，「亨」在「利貞」之下，故云「利貞，亨」。「畜牝牛，吉」者，柔處於内而履正中，是牝之善者。外强内順是牛之善者也。「離」之爲體以柔順爲主，故畜養牝牛乃得其吉。若畜養剛健則不可也。此云「畜牝牛」，假象以明人事也。言「離」之爲德，須内順外强而行此德，則得「吉」也。若内剛外順，則反「離」之道也。○注「離之」至「貞亨也」。正義曰：「離之爲卦以柔爲正」者，二與五俱是陰爻，處於上下兩卦之中，是以柔爲正。○注「柔處」至「牝牛也」。正義曰：「柔處於内而履正中，牝之善也」者，若柔不處於内，似婦人而預外事；若柔而不履正中，則邪僻之行，皆非牝之善也；若柔能處中，行能履正，是爲「牝之善」也。云「外强而内順，牛之善」者，明若内外俱强則失於猛害，若外内俱順則失於劣弱，唯外强内順，於用爲善，故云「外强内順，牛之善」也。「離之爲體以柔順爲主，故不可以畜剛猛之物」者，既以柔順爲主，若畜剛猛之物則反其德，故不可畜剛猛而「畜牝牛」也。

《彖》曰，「離麗」至「牛吉也」。正義曰：「離，麗」者，釋離卦之名。「麗」謂附著也。以陰柔之質附著中正之位，得所著之宜，故云「麗」也。「日月麗乎天，百穀草木麗乎土」者，此廣明附著之義。以柔附著中正是附得宜，故廣言所附得宜之事也。「重明以麗乎正，乃化成天下」者，此以卦象説離之功德也，并明「利貞」之義也。「重明」謂上下俱離。「麗乎正也」者，謂兩陰在内，既有重明之德，又附於正道，所以「化成天下」也。然陰居二位可謂爲「正」，若陰居五位，非其正位而云「重明麗乎正」者，以五處於中正，又居尊位，雖非陰陽之正，乃是事理之正，故摠云「麗於正」也。「柔麗乎中正，故亨。是以牝牛吉」者，釋經「亨」義也，又摠釋「畜牝牛吉」也。「柔麗於中正」，謂六五、六二之柔皆麗於中，中則不偏，故云「中正」。以「中正」爲德，故萬事亨。以「中正」得通，故畜養牝牛而得吉也。以牝牛有「中正」故也。案：諸卦之《彖》釋卦名，之下乃釋卦下之義，於後乃歎而美之。此《彖》既釋卦名，即廣歎爲卦之美，乃釋卦下之義。與諸卦不例者，此乃夫子隨義則言，因文之便也。此既釋「離」名「麗」，因廣説日月草木所麗之事，然後却明卦下之義，更无義例。

《象》曰，「明兩」至「于四方」。正義曰：「明兩作，離」者，「離」爲日，日爲明。今有上下二離，❶故云「明兩作，離」也。案：八純之卦論象不同，各因卦體事義隨文而發。乾、坤不論上下之體，直摠云「天行健」、「地勢坤」，以天地之大，故摠稱上下二體也。雷是連續之至，水爲流注不已，義皆取連續相因，故《震》云「洊雷」，《坎》云「洊至」也。風是摇動相隨之物，故云「隨風，巽」也。山澤各自爲體，非相入之物，故云「兼山，艮」，「麗澤，兑」是兩物各行也。今明之爲體，前後各照，故云「明兩作，離」，是積聚兩明乃作於離。若一明暫絶，其離未久，必取兩明前後相續，乃得作離卦之美，故云「大人以繼明照於四方」，是繼續其明乃得照於四方。❷若明不繼續則不得久爲照臨，所以特云「明兩作，離」，取「不絶」之義也。

❶「離」，嘉本同，阮本作「體」。
❷「得」，嘉本同，阮本無此字。

初九，「履錯」至「辟咎也」。正義曰：「履錯然」者，身處離初，將欲前進，其道未濟，故其所履踐恒錯然，敬慎不敢自寧，故云「履錯然，敬之无咎」。若能如此恭敬，則得避其禍而「无咎」，故《象》云「履錯之敬，以避咎也」。○注「錯然」至「其咎也」。正義曰：「錯然」者，警慎之貌者，「錯」是警懼之狀，❶其心未寧，故「錯然」也。言「處離之始，將進而盛，未在既濟」者，「將進而盛」，謂將欲前進而向盛也。若位在於三則得「既濟」，今位在於初，是未在「既濟」，謂功業未大，故宜慎其所履，恒須錯然避咎也。

六二，「黄離」至「中道也」。正義曰：「黄」者中色，「離」者文明，居中得位而處於文明，故「元吉」也。故《象》云「得中道」，以其得中央黄色之道也。

九三，「日昃」至「可久也」。正義曰：「日昃之離」者，處下離之終，其明將没，故云「日昃之離」也。「不鼓缶而歌，則大耋之嗟，凶」者，時既老耄，當須委事任人，自取逸樂。若不委之於人，則是不鼓擊其缶而爲歌，則至於大耋、老耄而咨嗟，何可久長？所以「凶」也。故《象》云「日昃之離，何可久也」。

九四，「突如」至「所容也」。正義曰：「突如其來如」者，四處始變之際，三爲始昏，四爲始曉，三爲已没，四爲始出，突然而至，忽然而來，故曰「突如其來如」也。「焚如」者，逼近至尊，履非其位，欲進其盛以焚炎其上，故云「焚如」也。「死如」者，既焚其上，命必不全，故云「死如」也。「棄如」者，違於離道，无應无承，衆所不容，故云「棄如」。是以《象》云「无所容」也。

六五，「出涕」至「王公也」。正義曰：「出涕沱若」者，履非其位，不勝其任，以柔乘剛，不能制下，下剛而進，將來害己，憂傷之深，所以出涕滂沱，❷憂戚而咨嗟也。「若」是語辭也。「吉」者，以所居在尊位，四爲逆首，已能憂傷悲嗟，衆之所助，所以「吉」也。《象》曰「六五之吉，離王公」者，此釋「六五吉」義也。所以終得「吉」者，以其所居在五，離附於王公之位，被衆所助，故得「吉」也。五爲王位而言「公」者，此連王而言「公」，取其便文以會韻也。

上九，「王用」至「正邦也」。正義曰：「王用出征」者，處離之極，離道既成，物皆親附，當除去其非類以去民害，故「王用出征」也。「有嘉折首，獲匪其

❶「錯」，嘉本同，阮本無此字。
❷「涕」，原作「沸」，據嘉本、阮本改。

醜」者，以出征罪人，事必剋獲，故有嘉美之功。折斷罪人之首，獲得匪其醜類乃得「无咎」也。若不出征除害，居在終極之地則有咎也。《象》曰「王用出征以正邦也」者，釋「出征」之義。言所出征者，除去民害以正邦國故也。

周易正義卷第六

計一萬二千一百七十三字

周易正義卷第七

國子祭酒上護軍曲阜縣
開國子臣孔穎達奉勑撰

䷞ 艮下兌上　咸，亨，利貞，取女吉。正義曰：先儒以《易》之舊題分，自此已上三十卦爲上經，已下三十四卦爲下經，《序卦》至此又別起端首。先儒皆以上經明天道，下經明人事。然韓康伯注《序卦》破此義云：「夫《易》，六畫成卦，三才必備，錯綜天人，以效變化，豈有天道、人事偏於上下哉！」案：上經之內，明飲食必有訟，訟必有衆起，是兼於人事，不專天道。既不專天道，則下經不專人事，理則然矣。但孔子《序卦》不以咸繫離。《繫辭》云「二篇之策」，則是六十四卦舊分上下，乾、坤象天地，咸、恒明夫婦；乾坤乃造化之本，夫婦寔人倫之原，因而擬之，何爲不可？天地各卦，夫婦共卦者，周氏云「尊天地之道，略於人事，猶如三才，天地爲二，人止爲一也」，此必不然。竊謂乾、坤明天地初闢，至屯乃剛柔始交，故以純陽象天，純陰象地，則咸以明人事。人物既生，共相感應。若二氣不交則不成於相感，自然天地各一，夫婦共卦。此不言可悉，豈宜妄爲異端。「咸，亨，利貞，取女吉」者，「咸」，感也，此卦明人倫之始，夫婦之義，必須男女相共感應方成夫婦。❶既相感應乃得亨通。若以邪道相通則凶害斯及，故利在貞正。既感通以正即是婚媾之善，故云「咸，亨利貞，取女吉」也。

《彖》曰，「咸感」至「可見矣」。正義曰：「柔上而剛下，二氣感應以相與」者，此因上下二體釋「咸亨」之義也。艮剛而兑柔，若剛自在上，柔自在下，則不相交感，无由得通。今兑柔在上而艮剛在下，是二氣感應以相授與，所以爲「咸亨」也。「止而説」者，以因二卦之義釋「利貞」也。艮止而兑説也。能自静止則不隨動欲，以止行説則不爲邪謟，❷不失其正，所以「利貞」也。「男下女」者，此因二卦之象釋「取女吉」之義。艮爲少男而居於下，兑爲少女而處於上，是男下於女也。婚姻之義，男先求女，親迎之禮，御輪三

❶「相共」，嘉本同，阮本作「共相」。
❷「止」，嘉本同，阮本作「上」。

周，皆男先下於女，然後女應於男，所以取女得吉者也。「是以亨利貞，取女吉」者，次第釋詁，摠舉繇辭以結之。「天地感而萬物化生」者，以下廣明「感」之義也。天地二氣若不感應相與，則萬物无由得變化而生。❶「聖人感人心而天下和平」者，聖人設教感動人心，使變惡從善，然後天下和平。「觀其所感，而天地萬物之情可見矣」者，結歎咸道之廣，大則包天地，小則該萬物。感物而動，謂之情也。天地萬物皆以氣類共相感應，故「觀其所感而天地萬物之情可見矣」也。❷

《象》曰，「山上」至「受人」。正義曰：「山上有澤，咸」，澤性下流能潤於下，山體上承能受其潤，以山感澤所以爲「咸」。「君子以虚受人」者，君子法此咸卦，下山上澤，故能空虚其懷，不自有實，受納於物，无所棄遺。以此感人，莫不皆應。

初六，「咸其拇」至「在外也」。正義曰：「咸其拇」者，「拇」是足大指也，體之最末。初應在四，俱處卦始，爲感淺末，取譬一身，在於足指而已，故曰「咸其拇」也。《象》曰「志在外」者，「外」謂四也，與四相應，所感在外，處於感初，有志而已，故云「志在外」也。○注：「如其本實，未至傷静。」正義曰：六二「咸」道轉進，所感在腓，腓體動躁則成往而行。今初六所感淺末，則譬於拇指，❸指雖小動，未移其足，以喻人心初感始有其志。志雖小動，未甚躁求。凡吉凶悔吝，生乎動者也。以其本實未傷於静，故无吉凶悔吝之辭。

六二，「咸其腓」至「不害也」。正義曰：「咸其腓，凶。居吉」者，「腓」，足之腓腸也。六二應在九五，咸道轉進，離拇升腓，腓體動躁，躁以相感，凶之道也。由躁故凶，静居則吉，故曰「咸其腓，凶。居吉」。以不乘剛，故可以居而獲吉。《象》曰「雖凶居吉，順不害」者，「雖」者，與奪之辭。若既凶矣，何由得居而獲吉？良由陰性本静。今能不躁而居，順其本性，則不有災害，免凶而獲吉也。○注：「腓體，動躁者也。」正義曰：王廙云「動於腓腸，斯則行矣」，故言「腓體動躁」也。

九三，「咸其股」至「執下也」。正義曰：「咸其股，執其隨，往吝」者，九三處二之上，轉高至股，股之爲體動静隨足，進不能制足之動，退不能静守其

❶「變」，嘉本同，阮本作「應」。
❷「也」，嘉本同，阮本無此字。
❸「於」，嘉本同，阮本作「如」。

處。股是可動之物，足動則隨，不能自處，常執其隨足之志，故云「咸其股，執其隨」。施之於人，自无操持，志在隨人，所執卑下，以斯而往，鄙吝之道，故言「往吝」。❶《象》曰「咸其股，亦不處也」者，非但進不能制動，退亦不能静處也。「所執下」者，既「志在隨人」，是其志意所執下賤也。

九四，「貞吉」至「光大也」。 正義曰：「貞吉，悔亡」者，九四居上卦之初，應下卦之始，居體之中，在股之上，二體始相交感以通其志，心神始感者也。凡物始感而不以之於正，則害之將及矣。故必貞然後乃吉，吉然後乃得亡其悔也，故曰「貞吉，悔亡」也。「憧憧往來，朋從爾思」者，始在於感，未盡感極，惟欲思運動以求相應，未能忘懷息照，任夫自然，故有「憧憧往來」，然後朋從爾之所思也。《象》曰「未感害」者，心神始感，未至於害，故不可不正，正而故得「悔亡」也。「未光大」者，非感之極，不能无思无欲，故未光大也。

九五，「咸其脢」至「志末也」。 正義曰：「咸其脢，无悔」者，「脢」者，心之上、口之下也。四已居體之中，爲心神所感，五進在於四上，故所感在脢，脢已過心，故「進不能大感」，由在心上，「退亦不能无志」，志在淺末，故「无悔」而已。故曰「咸其脢，无悔」也。《象》曰「志末也」者，「末」猶淺也，感以心爲深，過心則謂之淺末矣。○注「脢者」至「而已」。正義曰：「脢者，心之上口之下」者，《子夏易傳》曰「在脊曰脢」，馬融云「脢，背也」，鄭玄云「脢，脊肉也」，王肅云「脢在背而夾脊」，《説文》云「脢，背肉也」。雖諸説不同，大體皆在心上。輔嗣以四爲心神，上爲輔頰，五在上、四之間，故直云「心之上、口之下」也。明其淺於心神，厚於言語。

上六，「咸其輔」至「口説也」。 正義曰：「咸其輔、頰、舌」者，馬融云「輔，上頷也」，「輔、頰、舌」者，言語之具。咸道轉末，在於口舌言語而已，故云「咸其輔、頰、舌」也。《象》曰「滕口説也」者，舊説字作「滕」，徒登反，滕，競與也。所競者口，无復心實，故云「滕口説」也。鄭玄又作「媵」，媵，送也。咸道極薄，徒送口舌言語相感而已，不復有志於其間。王注義得兩通，未知誰同其旨也。

---

❶ 自「九三處二之上」至「故言往吝」，此八十九字，嘉本、四庫本同，阮本無。

䷟ 巽下震上 恒。「亨」至「攸往」。正義曰：「恒，亨，无咎，利貞」者，「恒」，久也，恒久之道，所貴變通，必須變通隨時方可長久。能久能通乃「无咎」也。恒通无咎，然後利以行正，故曰「恒，亨，无咎，利貞」也。「利有攸往」者，得其常道，何往不利，故曰「利有攸往」也。○注：「恒而亨，以濟三事也。」正義曰：褚氏云：「三事，謂无咎、利貞、利有攸往。」莊氏云：「三事者，无咎一也，利二也，貞三也。」周氏云：「三事者，一亨也，二无咎也，三利貞也。」注不明數，故先儒各以意説。竊謂注云「恒而亨以濟三事」者，明用此「恒」、「亨」，濟彼三事，无疑「亨」字在三事之中。而此注云「恒之爲道，亨乃无咎。恒通无咎乃利正也」，又注《彖》曰「道得所久，則常通无咎而利正也」，此解皆以「利正」相將爲一事，分以爲二恐非注旨。驗此注，云「恒之爲道，亨乃无咎」，此以「恒」、「亨」濟「无咎」也；又云「恒通无咎乃利正也」，此以「恒」、「亨」濟「利貞」也；下注「利有攸往」云「各得所恒，脩其常道，終則有始，往而无違，故『利有攸往』」，此以「恒」、「亨」濟「利有攸往」也。觀文驗注，褚氏爲長。

《彖》曰，「恒久」至「可見矣」。正義曰：「恒，久也」者，訓釋卦名也。❶「恒」之爲名，以長久爲義。「剛上而柔下」者，既訓「恒」爲久，因明此卦得其「恒」名，所以釋可久之意。此就二體以釋「恒」也。震剛而巽柔，震則剛尊在上，巽則柔卑在下，得其順序，所以爲「恒」也。「雷風相與」者，此就二象釋「恒」也。雷之與風，陰陽交感，二氣相與，更互而相成，故得恒久也。「巽而動」者，此就二卦之義，因釋「恒」名。震動而巽順，无有違逆，所以可「恒」也。「剛柔皆應」者，此就六爻釋「恒」。此卦六爻剛柔皆相應和，无孤媲者，故可長久也。「恒」者，歷就四義釋「恒」名訖，故更舉卦名以結之也。明上四事「皆可久之道」，故名此卦爲「恒」。「恒，亨，无咎，利貞。久於其道」者，此就名釋卦之德，言所以得「亨，无咎，利貞」者，更无別義，正以得其恒久之道，故言「久於其道也」。「天地之道，恒久而不已也」者，將釋「利有攸往」，先舉天地以爲證喻，言天地得其恒久之道，故久而不已也。「利有攸往，終則有始」者，舉經以結成也。人用恒久之道，會於變通，故終則復始，往无窮極，同於天地之不已，所以爲「利」也。「日月得天而能久照」者，以下廣明「恒」義。上言天地之道恒久而不已也，故日月得天，所以

❶「訓釋」，嘉本同，阮本作「釋訓」。

亦能久照。「四時變化而能久成」者，四時更代，寒暑相變，所以能久生成萬物。「聖人久於其道而天下化成」者，聖人應變隨時，得其長久之道，所以能光宅天下，使萬物從化而成也。「觀其所恒而天地萬物之情可見矣」者，摠結「恒」義也。○注：「剛尊柔卑得其序也。」正義曰：咸明感應，故柔上而剛下，取二氣相交也。恒明長久，故剛上而柔下，取尊卑得序也。○注：「長陽長陰，能相成也。」正義曰：震爲長男，故曰「長陽」，巽爲長女，故曰「長陰」。《彖》曰「雷風相與」，雷之與風共相助成之義，故褚氏云「雷資風而益遠，風假雷而增威」是也。今言「長陽長陰能相成」者，因震爲長男，巽爲長女，遂以「長陽長陰」而名之，作文之體也。又此卦明夫婦可久之道，故以二長相成，如雷風之義也。○注：「不孤媲也。」正義曰：「媲」，配也。

《象》曰，「雷風」至「易方」。正義曰：雷風相與爲「恒」，已如《彖》釋。「君子以立不易方」者，君子立身得其恒久之道，故不改易其方。「方」猶道也。

初六，「浚恒」至「求深也」。正義曰：「浚」，深也，最處卦底，故曰「深」也。深恒者，以深爲恒是也。施之於仁義，即不厭深；施之於正，即求物之情過深，是凶正害德，无施而利，故曰「浚恒，貞凶，无攸利」也。○注：「始求深者乎。」正義曰：處卦之初，故言「始」也。最在於下，故言「深」也。所以致凶，謂在於始而求深者也。

九二，「悔亡」至「久中也」。正義曰：失位故稱「悔」，居中故「悔亡」也。《象》曰「能久中」者，處恒故能「久」，位在於「中」，所以消悔也。

九三，「不恒」至「无所容也」。正義曰：「不恒其德，或承之羞，貞吝」者，九三居下體之上，處上體之下，雖處三陽之中，又在不中之位，上不全尊，下不全卑，執心不定，德行无恒，故曰「不恒其德」。德既无恒，自相違錯，則爲羞辱承之，所羞非一，故曰「或承之羞」也。處久如斯，正之所賤，故曰「貞吝」也。《象》曰「无所容」者，謂不恒之人，所往之處皆不納之，故「无所容」也。○注「中不在體」至「不可致詰」。正義曰：雖在三陽之中，非一體之中也。「不可致詰」者，「詰」，問也，違錯處多，不足問其事理，所以明其羞辱之深，如《論語》云「於子與何誅」。

九四，「田无」至「得禽也」。正義曰：「田」者，田獵也，以譬有事也。「无禽」者，田獵不獲，以喻有事无功也。「恒於非位」，故勞而无功也。《象》

曰「久非其位，安得禽」者，在恒而失位是「久非其位」，❶田獵而无所獲是「安得禽」也。

六五，「恒其」至「婦凶也」。正義曰：「恒其德，貞」者，六五係應在二，不能傍及他人，是恒常貞一其德，故曰「恒其德，貞」也。「婦人吉」者，用心專貞，從唱而已，是婦人之吉也。「夫子凶」者，夫子須制斷事宜，不可專貞從唱，故曰「夫子凶」也。《象》曰「從一而終」者，謂用心貞一，從其貞一而自終也。「從婦凶」者，五與二相應，五居尊位，在震爲夫，二處下體，在巽爲婦，五係於二，故曰「從婦凶」也。

上六，「振恒」至「无功也」。正義曰：「振恒，凶」者，「振」，動也，凡處於上者，當守静以制動。今上六居「恒」之上，處動之極，以「振」爲「恒」，所以「凶」也。《象》曰「大无功」者，居上而以振動爲恒，无施而得，故曰「大无功也」。

䷠ 艮下乾上 遯，亨，小利貞。正義曰：「遯亨」者，「遯」者，隱退逃避之名，陰長之卦，小人方用，君子日消。君子當此之時，若不隱遯避世即受其害，須遯而後得通，故曰「遯亨」。「小利貞」者，陰道初始浸長，正道亦未全滅，故曰「小利貞」。

《象》曰，「遯亨」至「大矣哉」。正義曰：「遯而亨」者，此釋「遯」之所以得亨通之義。小人之道方長，君子非遯不通，故曰「遯而亨」也。「剛當位而應，與時行」者，舉九五之爻釋所以能「遯」而致「亨」之由。良由九五以剛而當其位，有應於二，非爲否亢。遯不否亢即是相時而動，所以遯而得亨，故云「剛當位而應，與時行也」。「小利貞，浸而長」者，釋「小利貞」之義。「浸」者，漸進之名。若陰德暴進即消正道，良由二陰漸長而正道亦未即全滅，故云「小利貞」也。「遯之時義大矣哉」，歎美「遯」德。相時度宜，避世而遯，自非大人照幾不能如此，其義甚大，故云「大矣哉」。

《象》曰，「天下」至「而嚴」。正義曰：「天下有山，遯」者，「山」者陰類，進在天下，即是山勢欲上逼於天；天性高遠，不受於逼，是遯避之象，故曰「天下有山，遯」。「君子以遠小人，不惡而嚴」者，君子當此遯避之時，小人進長，理須遠避，力不能討，故不可爲惡，復不可與之褻瀆，故曰「不惡而嚴」。○注：「天下

❶「在」，嘉本同，阮本作「有」。

有山，陰長之象。」正義曰：積陽爲天，❶積陰爲地。山者，地之高峻，今上逼於天，是陰長之象。

初六，「遯尾」至「何災也」。正義曰：「遯尾厲」者，爲遯之尾，最在後遯者也。小人長於内，應出外以避之，而最在卦内，是遯之爲後也。逃遯之世，宜速遠而居，先而爲「遯尾」，禍所及也，故曰「遯尾厲」也。「勿用有攸往」者，危厲既至，則當固窮，危行言遜，勿用更有所往，故曰「勿用有攸往」。《象》曰「不往何災」者，《象》釋「當遯」之時，宜須出避。而「勿用有攸往」者，既爲「遯尾」，出必見執，不如不往，不往即无災害。「何災」者，猶言「无災」也，與「何傷」、「何咎」之義同也。

六二，「執之」至「固志也」。正義曰：「執之用黄牛之革，莫之勝説」者，逃遯之世，避内出外，二既處中居内，即非遯之人也。既非遯之人，便爲所遯之主，❷物皆棄己而遯，何以執固留之？惟有中和厚順之道可以固而安之也。能用此道則无能勝己，❸解脱而去也。黄中之色以譬中和，牛性順從，皮體堅厚，牛革以譬厚順也。六二居中得位，亦是能用中和厚順之道，故曰「執之用黄牛之革，莫之勝説」也。《象》曰「固志」者，堅固遯者之志，使不去已也。

九三，「係遯」至「大事也」。正義曰：「係遯」者，九三无應於上，與二相比，以陽附陰，係意在二。處「遯」之世而意有所係，故曰「係遯」。「有疾厲」者，「遯」之爲義，宜遠小人。既係於陰，即是有疾憊而致危厲，故曰「有疾厲」也。「畜臣妾，吉」者，親於所近，係在於下，施之於人，畜養臣妾則可矣，大事則凶，故曰「畜臣妾，吉」。《象》曰「不可大事」者，釋此「係遯」之人，以「畜臣妾，吉」，明其不可爲大事也。

九四，「好遯」至「小人否也」。正義曰：九四處在於外而有應於内，處外即意欲遠遯，應内則未能棄捨，吉。「好遯」，君子超然不顧，所以得「吉」；小人有所係戀，即不能遯，故曰「小人否」也。○注：「音『臧否』之『否』。」正義曰：嫌讀爲「圮」，故音之也。

九五，「嘉遯」至「正志也」。正義曰：「嘉遯，貞吉」者，「嘉」，美也，五居於外，得位居中，是遯而得正；二爲已應，不敢違拒，從五之命，率正其志。遯而得正，反制於内，「不惡而嚴」，得正之吉，爲遯之美，

❶「積」，嘉本同，阮本作「精」。
❷「便」，嘉本作「使」。
❸「无」，嘉本同，阮本作「不」。

故曰「嘉遯，貞吉」也。《象》曰「以正志」者，小人應命，不敢爲邪，是五能正二之志，故成遯之美也。

上九，「肥遯」至「所疑也」。○正義曰：《子夏傳》曰「肥，饒裕也」，四、五雖在於外，皆在内有應，猶有反顧之心；惟上九最在外極，无應於内，心无疑顧，是遯之最優，故曰「肥遯」。遯而得肥，无所不利，故云「无不利」也。○注：「矰繳不能及。」正義曰：「矰」，矢名也。鄭注《周禮》：「結繳於矢謂之矰。」「繳」，《字林》及《説文》云：「繳，生絲縷也。」

䷡ 乾下震上 大壯，利貞。正義曰：「大壯」，卦名也。壯者，强盛之名。以陽稱大，陽長既多是大者盛壯，故曰「大壯」。「利貞」者，卦德也。羣陽盛長，❶小道將滅，大者獲正，故曰「利貞」也。

《彖》曰，「大壯」至「見矣」。正義曰：「大者壯也」者，就爻釋卦名。陽爻浸長已至於四，是大者盛壯，故曰「大者壯也」。「剛以動，故壯」者，就二體釋卦名，乾剛而震動。柔弱而動即有退溺，❷剛强以動所以成壯。「大壯利貞，大者正也」者，就爻釋卦德。大者獲正，故得「利貞」。「正大而天地之情可見矣」者，因大獲正，遂廣美正大之義。天地之道弘正極大，故「正大」即見天地之情。❸不言萬物者，壯大之名義歸天地，❹故不與咸、恒同也。○注：「大者獲正，故『利貞』也。」正義曰：釋名之下，剩解「利貞」，成「大者」之義也。

《象》曰，「雷在」至「弗履」。正義曰：「雷在天上，大壯」者，震雷爲威動，乾天主剛健，雷在天上是「剛以動」，所以爲「大壯」。「君子以非禮弗履」者，盛極之時好生驕溢，故於「大壯」誡以「非禮勿履」也。

初九，「壯于」至「孚窮也」。正義曰：「壯于趾，征凶有孚」者，「趾」，足也，初在體下，有如趾足之象，故曰「壯于趾」也。施之於人，即是在下而用壯也。在下用壯，陵犯於物，以斯而行，凶其信矣，故曰「征凶有孚」。《象》曰「其孚窮」者，釋壯於「趾」者，其人信有窮凶也。❺

❶「長」，嘉本同，阮本作「大」。
❷「溺」，嘉本同，阮本作「弱」。
❸「即」，嘉本同，阮本作「則」。
❹「地」，嘉本同，阮本作「極」。
❺「有」，嘉本同，阮本作「其」。

九二，「貞吉」至「以中也」。正義曰：以其居中履謙，行不違禮，故得正而吉也。

九三，「小人」至「君子罔也」。正義曰：「罔」，羅罔也，「羝羊」，羖羊也，「藩」，藩籬也，「羸」，拘纍纏繞也。九三處乾之上是健之極也，又以陽居陽是健而不謙也，健而不謙必用其壯也。小人當此不知恐懼，即用以爲壯盛，故曰「小人用壯」，君子當此即慮危難，用之以爲羅罔於己，故曰「君子用罔」。以壯爲正，其正必危，故云「貞厲」也。以此爲正，狀似「羝羊觸藩」也，必拘羸其角矣。《象》曰「小人用壯，君子罔」者，言小人用以爲「壯」者，即是君子所以爲羅罔也。

九四，「貞吉」至「尚往也」。正義曰：「大輿」者，大車也。下剛而進，將有憂虞。而九四以陽處陰，行不違謙，居謙即不失其壯，故得正吉而「悔亡」也，故云「貞吉，悔亡」。九三以壯健不謙，即被羸其角。九四以謙而進，謂之上行。陰爻不罔己路，故「藩決不羸」也。「壯于大輿之輹」者，言四乘車而進，其輹壯大，无有能脱之者，故曰「藩決不羸，壯于大輿之輹」也。《象》曰「尚往」者，「尚」，庶幾也，言己不失其壯，庶幾可以往也。

六五，「喪羊」至「不當也」。正義曰：「喪羊于易，无悔」者，「羊」，壯也，居「大壯」之時，以陽處陽猶不免咎，而況以陰處陽，以柔乘剛者乎？違謙越禮，必喪其壯。羣陽方進，勢不可止。若於平易之時，逆捨其壯，委身任二，不爲違拒，亦剛所不害，不害即「无悔」矣，故曰「喪羊于易，无悔」也。《象》曰「位不當」者，正由處不當位，故須捨其壯也。○注「羊壯也」至「无悔」。正義曰：「羊」，剛很之物，故以譬「壯」。云「必喪其羊，失其所居」者，言違謙越禮，理勢必然。云「能喪壯於易，不於險難」者，二雖應己，剛長則侵陰，爲己寇難，必喪其壯。當在於平易寇難未來之時，勿於險難敵寇。既來之日，良由居之必有喪其羊之理，❶故戒其預防。而莊氏云：「經止一言『喪羊』，而注爲兩處分用。初云『必喪其羊，失其所居』，是自然應失。後云『能喪壯於易，不於險難』，故得无咎。自能喪其羊，二理自爲矛楯。」竊謂：莊氏此言，全不識注意。

上六，「羝羊」至「不長也」。正義曰：「退」謂退避。「遂」謂進往。有應於三，欽之不已，❷故不能退避。然懼於剛長，故不能遂往，故云「羝羊觸

❶「必有喪其羊之理」，嘉本同，阮本作「有必喪之理」。
❷「欽」，嘉本作「歆」，阮本作「疑」。

藩，不能退，不能遂」也。「无攸利」者，持疑猶豫，不能自決，以此處事，未見其利，故曰「无攸利」也。「艱則吉」者，雖處剛長，剛不害正，但艱固其志，不捨於三，即得「吉」，故曰「艱則吉」也。《象》曰「不祥也」者，「祥」者善也，進退不定非爲善也，故云「不祥」也。「咎不長也」者，能艱固其志即憂患消亡，其咎不長。釋所以得「吉」也。

䷢ 坤下離上 晉。「康侯」至「三接」。正義曰：「晉」者，卦名也。「晉」之爲義，進長之名。此卦明臣之昇進，故謂之「晉」。「康」者，美之名也，「侯」謂昇進之臣也。臣既柔進，天子美之，賜以車馬，蕃多而衆庶，故曰「康侯用錫馬蕃庶」也。「晝日三接」者，言非惟蒙賜蕃多，又被親寵頻數，一晝之間，三度接見也。

《彖》曰，「晉進」至「三接也」。正義曰：「晉，進也」者，以今釋古。古之「晉」字，即以進長爲義，恐後世不曉，故以「進」釋之。「明出地上」者，此就二體釋得「晉」名。離上坤下，故言「明出地上」。明既出地，漸就進長，所以爲「晉」。「順而麗乎大明，柔進而上行」者，此就二體之義及六五之爻，釋「康侯用錫馬」已下也。坤，順也；離，麗也，又爲明。坤能順從，而麗著於大明，六五以柔而進，上行貴位，順而著明臣之美道也。「柔進而上行」，君上所與也，故得厚賜而被親寵也。「是以康侯用錫馬蕃庶，晝日三接」者，釋訖，舉經以結君寵之意也。○注「以訟」至「三接也」。正義曰：舉此對釋者，蓋《訟》言「終朝」，《晉》言一「晝」，俱不盡一日者，明黜、陟之速，所以示懲勸也。

《象》曰，「明出」至「明德」。正義曰：「自昭明德」者，「昭」亦明也，謂自顯明其德也。周氏等爲「照」，以爲自照己身，《老子》曰「自知者明」，用明以自照爲「明德」。案：王注此云「以順著明，自顯之道」，又此卦與「明夷」正反；《明夷·象》云「君子以莅衆，用晦而明」，王注彼云「莅衆顯明，蔽僞百姓」，「藏明於內乃得明也」。准此二注，明王之注意以此爲「自顯明德」。「昭」字宜爲「昭」之遥反，周氏等爲「照」之少反，❶非注旨也。

初六，「晉如」至「受命也」。正義曰：「晉如，摧如，貞吉」者，何氏云「摧，退也；裕，寬也；如，辭也」，初六處順之初，應明之始，明順之德於斯將隆，進

❶ 「少」，嘉本同，阮本作「召」。

則之明，退則居順，進之與退不失其正，故曰「晉如，摧如，貞吉」也。「罔孚」者，處卦之始功業未著，未爲人所信服，故曰「罔孚」。「裕无咎」者，「裕」，寬也，方踐卦始，未至履位，不可自以爲足也。若以此爲足是自喪其長也，故必宜寬裕其德，使功業弘廣然後「无咎」，故曰「裕无咎」也。《象》曰「獨行正」者，「獨」猶專也，言進與退，專行其正也。「裕无咎，未受命」者，處進之初，❶未得履位，未受錫命，故宜寬裕進德乃得「无咎」。

六二，「晉如愁」至「中正也」。正義曰：「晉如，愁如」者，六二進而无應於上，其德不見昭明，故曰「進如愁如」，憂其不昭也。「貞吉」者，然履順居於中正，不以无應而不脩其德，正而獲吉，故曰「貞正」也。❷「受兹介福于其王母」者，「介」者，大也；「母」者，處内而成德者也。初雖「愁如」，但守正不改，終能受此大福於其所脩，故曰「受兹介福於其王母」。○注：「鳴鶴在陰則其子和之。」正義曰：此王用中孚九二爻辭也。

六三，「衆允」至「上行也」。正義曰：六三處非其位，有悔也。志在上行，與衆同信，順而麗明，故得「悔亡」。❸《象》曰「衆允之志，上行也」者，居晉之時衆皆欲進，己應於上，志在上行，故能與衆同信也。

九四，「晉如鼫」至「不當也」。正義曰：「晉如鼫鼠」者，鼫鼠有五能而不成伎之蟲也。九四履非其位，上承於五，下據三陰，上不許其承，下不許其據，以斯爲進，无業可安，无據可守，事同鼫鼠，无所成功也。以斯爲進，正之危也，故曰「晉如鼫鼠，貞厲」也。○注：「進如鼫鼠，无所守也。」正義曰：蔡邕《勸學篇》云：「鼫鼠五能，不成一伎術」。注曰：「能飛不能過屋，能緣不能窮木，能游不能渡谷，❹能穴不能掩身，能走不能先人。」《本草經》云「螻蛄一名鼫鼠」，謂此也。鄭引《詩》云「碩鼠碩鼠，无食我黍」，謂大鼠也。陸機以爲「雀鼠」。案：王以爲「无所守」，蓋五伎者當之。

六五，「悔亡」至「有慶也」。正義曰：「悔亡，失得勿恤，往吉无不利」者，居不當位，悔也。柔得尊位，陰爲明主，能不自用其明，以事委任於下，故得

❶「處」，嘉本同，阮本無此字。
❷「正」，嘉本、阮本皆作「吉」。
❸「得」，嘉本同，阮本作「得其」。
❹「渡」，嘉本同，阮本作「度」。

「悔亡」。既以事任下，委物責成，失之與得不須憂恤，故曰「失得勿恤」也。能用此道，所往皆吉而无不利，故曰「往吉，无不利」也。《象》曰「有慶」者，委任得人，非惟自得，无憂亦將，人所慶説，故曰「有慶」也。

上九，「晉其」至「未光也」。正義曰：「晉其角」者，西南，隅也，上九處進之極，❶過明之中，其猶日過於中，已在於角，而猶進之，故曰「進其角」也。「維用伐邑」者，在角猶進，過亢不已，不能端拱无爲，使物自服，必須攻伐其邑然後服之，故云「維用伐邑」也。「厲吉无咎，貞吝」者，兵者凶器，伐而服之是危乃得吉，吉乃无咎，故曰「厲吉无咎」。以此爲正亦以賤矣，故曰「貞吝」也。《象》曰「道未光也」者，用伐乃服，雖得之，其道未光大也。

䷣ 離下坤上 明夷，利艱貞。正義曰：「明夷」，卦名，「夷」者，傷也。此卦日入地中，「明夷」之象。施之於人事，闇主在上，明臣在下，不敢顯其明智，亦「明夷」之義也。時雖至闇，不可隨世傾邪，故宜艱難堅固，守其貞正之德，故明夷之世，利在艱貞。

《彖》曰，「明入」至「以之」。正義曰：「明入地中，明夷」者，此就二象以釋卦名，故此及晉卦皆《彖》、《象》同辭也。「内文明而外柔順，以蒙大難，文王以之」者，既釋「明夷」之義，又須出能用「明夷」之人。内懷文明之德撫教六州，外執柔順之能三分事紂，以此蒙犯大難，身得保全，惟文王能用之，故云「文王以之」。「利艱貞，晦其明也」者，此又就二體釋卦之德。明在地中是「晦其明」也。既處「明夷」之世，外晦其明恐陷於邪道，故利在艱固其貞，不失其正。言所以「利艱貞」者，用「晦其明」也。「内難而能正其志，箕子以之」者，既釋「艱貞」之義，又須出能「用艱貞」之人。内有險難，殷祚將傾，而能自正其志不爲邪諂，❷惟箕子能用之，故云「箕子以之」。

《象》曰，「君子」至「而明」。正義曰：「莅衆顯明，蔽僞百姓者也」，所以君子能用此「明夷」之道以臨於衆，冕旒垂目，黈纊塞耳，无爲清静，民化不欺。若運其聰明，顯其智慧，民即逃其密網，姦詐愈生，豈非藏明用晦反得其明也？故曰「君子以莅衆，用晦而明」也。

❶「進」，嘉本同，阮本作「晉」。
❷「諂」，嘉本同，阮本作「干」。

初九，「明夷」至「不食也」。正義曰：「明夷于飛」者，「明夷」是至闇之卦，上六既居上極，爲明夷之主。云「飛」者，借飛鳥爲喻，如鳥飛翔也。初九處於卦始，去上六最遠，是最遠於難。「遠難過甚，明夷遠遯，絶跡匿形，不由軌路」，高飛而去，故曰「明夷于飛」也。「垂其翼」者，飛不敢顯，故曰「垂其翼」也。「君子于行，三日不食」者，尚義而行，故云「君子于行」。志急於行，饑不遑食，故曰「三日不食」。「有攸往，主人有言」者，殊類過甚，以此適人，人必疑怪而有言，故曰「有攸往，主人有言」。《象》曰「義不食也」者，君子逃難惟速，故義不求食也。

六二，「明夷夷」至「以則也」。正義曰：「明夷，夷于左股」者，左股被傷，行不能壯。六二以柔居中，用夷其明，不行剛壯之事者也，故曰「明夷，夷于左股」。莊氏云「言左者，取其傷小」，則比夷右未爲切也。「夷于左股」，明避難不壯，不爲闇主所疑，猶得處位，不至懷懼而行，然後徐徐用馬以自拯濟，而獲其壯吉也，故曰「用拯馬壯，吉」也。《象》曰「順以則也」者，言順闇主之則，不同初九，殊類過甚，故不爲闇主所疑，故得拯馬之吉也。

九三，「明夷于」至「大得也」。正義曰：南方，文明之所；「狩」者，征伐之類；「大首」謂闇君。「明夷于南狩，得其大首」者，初藏明而往，託狩而行，至南方而發其明也。九三應於上六，是「明夷」之臣發明以征闇君而得其「大首」，故曰「明夷于南狩，得其大首」也。「不可疾貞」者，既誅其主，將正其民，民迷日久不可卒正，宜化之以漸，故曰「不可疾貞」。《象》曰「南狩之志，乃大得」者，志欲除闇乃得「大首」，是其志大得也。

六四，「入于」至「心意也」。正義曰：「入于左腹，獲明夷之心」者，凡右爲用事也，從其左不從其右，是卑順不逆也。「腹」者，懷情之地。❶六四體柔處坤，與上六相近，是能執卑順「入于左腹」，獲「明夷」之心意也。「于出門庭」者，既得其意，雖近不危，隨時避難門庭而已，故曰「于出門庭」。《象》曰「獲心意」者，心有所存，既不逆忤，能順其旨，❷故曰「獲心意」也。

六五，「箕子」至「可息也」。正義曰：「箕子之明夷」者，六五最比闇君，似箕子之近殷紂，故曰

❶「懷」，嘉本同，阮本作「事」。
❷「旨」，嘉本同，阮本作「正」。

「箕子之明夷」也。「利貞」者，箕子執志不回，闇不能没，明不可息，正不憂危，故曰「利貞」。《象》曰「明不可息也」，「息」，滅也，《象》稱「明不可滅」者，明箕子能保其貞，卒以全身爲武王師也。

上六，「不明」至「失則也」。正義曰：「不明晦」者，上六居明夷之極，是至闇之主，故曰「不明而晦」。「本其初也」，其意在於光照四國，其後由乎不明，遂入於地，謂見誅滅也。《象》曰「失則」者，由失法則，故誅滅也。

䷤ 離下巽上 家人，利女貞。正義曰：「家人」者，卦名也。明家内之道，正一家之人，故謂之「家人」。「利女貞」者，既脩家内之道，不能知家外他人之事。統而論之，非君子、丈夫之正，故但言「利女貞」。

《象》曰，「家人」至「定矣」。正義曰：「女正位乎内，男正謂乎外」者，❶此因二、五得正以釋「家人」之義，并明「女貞」之旨。「家人」之道，必須女主於内，男主於外，然後家道乃立。今此卦六二柔而得位，是女正位乎内也；九五剛而得位，是男正位乎外也。「家人」以内爲本，故先説女也。「男女正，天地之大義也」者，因「正位」之言，廣明「家人」之義乃道均二儀，非惟人事而已。「家人」即女正於内，男正於外；二儀則天尊在上，地卑在下，同於男女正位，故曰「天地之大義」也。「家人有嚴君焉，父母之謂」者，上明義均天地，此又言道齊邦國。父母，一家之主，家人尊事同於國有嚴君，故曰「家人有嚴君焉，父母之謂也」。「父父、子子、兄兄、弟弟、夫夫、婦婦而家道正，正家而天下定矣」者，此歎美正家之功可以定於天下，申成道齊邦國。既家有嚴君，即父不失父道，乃至婦不失婦道，尊卑有序，上下不失，而後爲家道之正。各正其家，无家不正，即天下之治定矣。

《象》曰，「風自」至「有恒」。正義曰：「風自火出，家人」者，巽在離外是風從火出，火出之初，因風方熾，火既炎盛，還復生風，内外相成，有似「家人」之義，故曰「風自火出，家人」也。「君子以言有物而行有恒」者，「物」，事也，言必有事，即口无擇言；行必有常，即身无擇行。正家之義，脩於近小。言之與行，君子樞機。出身加人，發邇化遠，故舉言行以爲之誡。言既稱「物」而行稱「恒」者，發言立行，皆須合於可常

❶「謂」，據《象》文，當作「位」。

之事，互而相足也。

初九，「閑有」至「未變也」。正義曰：「閑有家，悔亡」者，治家之道，在初即須嚴正，立法防閑。若黷亂之後方始治之，即有悔矣。初九處家人之初，能防「閑有家」，乃得「悔亡」，故曰「閑有家，悔亡」也。《象》曰「志未變也」者，釋在初防閑之義。所以在初防閑其家者，家人志未變黷也。

六二，「无攸」至「以巽也」。正義曰：「无攸遂，在中饋，貞吉」者，六二履中居位，以陰應陽，盡婦人之義也。婦人之道，巽順爲常，无所必遂。其所職主在於家中饋食，供祭而已，得婦人之正吉，故曰「无攸遂，在中饋，貞吉」也。《象》曰「六二之吉，順以巽」者，舉爻位也。言「吉」者，明其以柔居中而得正位，故能「順以巽」而獲「吉」也。

九三，「家人」至「家節也」。正義曰：「家人嗃嗃，悔厲，吉；婦子嘻嘻，終吝」者，「嗃嗃」，嚴酷之意也；「嘻嘻」，喜笑之貌也。九三處下體之上，爲一家之主，以陽處陽，行剛嚴之政，故「家人嗃嗃」。雖復「嗃嗃」傷猛，悔其酷厲，猶保其吉，故曰「悔厲，吉」。若縱其婦子慢黷「嘻嘻」，喜笑而无節，則終有恨辱，故曰「婦子嘻嘻，終吝」也。《象》曰「未失也」者，初雖悔厲，似失於猛，終无慢黷，故曰「未失也」。「失家節」者，若縱其嘻嘻，初雖歡樂，終失家節也。

六四，「富家」至「位也」。正義曰：「富家大吉」者，「富」謂禄位昌盛也，六四體柔處巽，得位承五，能富其家者也。由其體巽承尊，長保禄位，吉之大者也，故曰「富家大吉」。《象》曰「順在位」者，所以致「大吉」，由順承於君而在臣位，故不見黜奪也。

九五，「王假」至「相愛也」。正義曰：「王假有家」者，「假」，至也，九五履正而應，處尊體巽，是能以尊貴巽接於物，王至此道以有其家，故曰「王假有家」也。「勿恤，吉」者，居於尊位而明於家道，則在下莫不化之矣，不須憂恤而得吉也，故曰「勿恤，吉」也。《象》曰「交相愛也」者，王既明於家道，天下化之，六親和睦，交相愛樂也。

上九，「有孚」至「之謂也」。正義曰：「有孚威如，終吉」者，上九處家人之終，家道大成，刑于寡妻以著於外，信行天下，故曰「有孚」也。威被海内，故曰「威如」。威、信並立，乃得終於家道，❶而吉從之，故曰「有孚威如，終吉」也。《象》曰「反身之謂」者，身得

❶「乃」，嘉本同，阮本作「上」。

人敬則敬於人，明知身敬於人人亦敬己，反之於身則知施之於人，故曰「反身之謂」也。

䷥ 兑下離上 **睽，小事吉。** 正義曰：「睽」者，乖異之名，物情乖異，不可大事。大事謂興役動衆，必須大同之世方可爲之。小事謂飲食衣服，不待衆力，雖乖而可，故曰「小事吉」也。

《彖》曰，「睽火」至「大矣哉」。正義曰：「睽，火動而上，澤動而下，二女同居，其志不同行」者，此就二體釋卦名。爲「睽」之義同而異者也。水火二物共成烹飪，理應相濟。今火在上而炎上，澤居下而潤下，无相成之道，所以爲乖。中、少二女共居一家，理應同志；各自出適，志不同行，所以爲異也。「說而麗乎明，柔進而上行，得中而應乎剛，是以小事吉」者，此就二體及六五有應，釋所以小事得吉。「說而麗乎明」，不爲邪僻；「柔進而上行」，所之在貴；「得中而應乎剛」，非爲全弱。雖在乖違之時，卦爻有此三德，故可以行小事而獲吉也。「天地睽而其事同」，此以下歷就天地、男女、萬物，廣明「睽」義體乖而用合也。天高地卑，其體懸隔，是「天地睽」也。而生成品物，其事則同也。「男女睽而其志通」者，男外女内，分位有別，是「男女睽」也。而成家理事，其志即通也。❶萬物殊形，各自爲象，是「萬物睽」也。而均於生長，其事即類，故曰「天地睽而其事同也，男女睽而其志通也，萬物睽而其事類也」。「睽之時用大矣哉」，既明「睽」理合同之大，又歎能「用睽」之人，其德不小。睽離之時能建其用，使合其通理，非大德之人則不可也，故曰「睽之時用大矣哉」也。

《象》曰，「上火」至「而異」。正義曰：「上火下澤，睽」者，動而相背，所以爲「睽」也。「君子以同而異」者，佐主治民，❷其意則同；各有司存，職掌則異，故曰「君子以同而異」也。

初九，「悔亡」至「闢咎也」。正義曰：「悔亡」者，初九處睽離之初，居下體之下，无應獨立，所以「悔」也。四亦處下，无應獨立，不乖於己，與己合志，故得「悔亡」。「喪馬勿逐，自復」者，時方睽離，觸目乖阻，馬之爲物，難可隱藏，時或失之，不相容隱，不須尋求，勢必自復，故曰「喪馬勿逐，自復」也。「見惡人，无

❶ 「即」，嘉本同，阮本作「則」。
❷ 「主」，嘉本同，阮本作「王」。

咎」者，處於窮下，上无其應，无應則无以爲援，窮下則无權可恃。若摽顯自異，不能和光同塵，則必爲惡人所害，故曰「見惡人，无咎」。「見」，謂遜接之也。《象》曰「以闢咎也」者，惡人不應與之相見，而遜接之者，以避咎也。

九二，「遇主」至「失道也」。正義曰：「遇主於巷，无咎」者，九二處睽之時而失其位，將无所安。五亦失位，與己同黨，同趣相求，不假遠涉而自相遇，適在於巷。言遇之不遠，故曰「遇主於巷」。「主」謂五也。處「睽」得援，咎悔可亡，故「无咎」也。《象》曰「未失道」者，既遇其主，雖失其位，亦「未失道」也。

六三，「見輿」至「遇剛也」。正義曰：「見輿曳，其牛掣」者，處「睽」之時，履非其位，以陰居陽，以柔乘剛，志在上九，不與四合。二自應五，又與己乖。欲載，其輿被曳，失己所載也。欲進，其牛被牽，滯隔所在，不能得進也，故曰「見輿曳，其牛掣」也。「其人天且劓，无初有終」者，剠額爲「天」，截鼻爲「劓」。既處二、四之間，皆不相得。其爲人也，四從上刑之，故掠其額；❶二從下刑之，又截其鼻，故曰「其人天且劓」。而應在上九，執志不回，初雖受困，終獲剛助，故曰「无初有終」。《象》曰「位不當」者，由位不當，故輿被曳。「遇剛」者，由過上九之剛，所以「有終」也。

九四，「睽孤遇」至「志行也」。正義曰：「元夫」謂初九也。處於卦始，故云「元」也。初、四俱陽而言「夫」者，蓋是「丈夫」之夫，非「夫婦」之夫也。

六五，「悔亡」至「有慶也」。正義曰：「悔亡」者，失位，「悔」也；有應故「悔亡」也。「厥宗噬膚，往何咎」者，「宗」，主也，謂二也。「噬膚」謂噬三也。三雖隔二，二之所噬，故曰「厥宗噬膚」也。三是陰爻，故以「膚」爲譬，言柔脆也。二既噬三即五，可以往而无咎矣，故曰「往无咎」。《象》曰「往有慶也」者，「有慶」之言，善功被物，爲物所賴也。五雖居尊而不當位，與二合德乃爲物所賴，故曰「往有慶也」。

上九，「睽孤」至「羣疑亡也」。正義曰：「睽孤」者，處「睽」之極，「睽」道未通，故曰「睽孤」也。「見豕負塗」者，火動而上，澤動而下，己居炎極，三處澤盛，睽之極也。離爲文明，澤是卑穢，以文明之極而觀至穢之物，事同豕而負塗泥，穢莫斯甚矣，故曰「見豕負塗」。「載鬼一車，先張之弧，後説之弧」者，鬼魅

❶ 「掠」，嘉本、阮本作「剠」。

盈車，怪異之甚也。至「睽」將合，至殊將通，未至於洽，❶先見殊怪，故又見「載鬼一車」。「載鬼」不言「見」者，爲「豕」上有「見」字也。見怪若斯，懼來害己，故「先張之弧」，將攻害也。物極則反，「睽」極則通，故「後説之弧」，不復攻也。「匪寇婚媾」者，四剠其應，故謂四爲「寇」。「睽」志既通，匪能爲寇，乃得與三爲婚媾矣，❷故曰「匪寇婚媾」也。「往遇雨則吉」者，「雨」者，陰陽交和之道也。衆異併消，无復疑阻，往得和合則吉從之，故曰「往遇雨則吉」。《象》曰「羣疑亡也」者，往與三合，如雨之和。向之見豕、見鬼、張弧之疑併消釋矣，故曰「羣疑亡」也。○注：「恢詭譎怪，道將爲一。」正義曰：《莊子·内篇·齊物論》曰：「无物不然，无物不可。故爲舉莛與楹，❸厲與西施，恢詭譎怪，道通爲一。」郭象注云：「夫莛横而楹縱，厲醜而西施好，所謂『齊』者，豈必齊形狀、同規矩哉？舉縱横、好醜，恢詭譎怪，各然其所然，各可其所可，即形雖萬殊而性本得同，故曰『道通爲一』也。」莊子所言以明「齊物」，故舉恢詭譎怪至異之物，道通爲一，得性則同。王輔嗣用此文而改「通」爲「將」字者，明物極則反，「睽」極則通，有似引詩斷章，不必與本義同也。

䷦ 艮下坎上 蹇。「利西南」至「貞吉」。正義曰：「蹇」，難也。有險在前，畏而不進，故稱爲「蹇」。「蹇，利西南，不利東北」者，西南地位，❹平易之方。東北險位，阻礙之所。世道多難，率物以適平易則蹇難可解，若入於險阻則彌加擁塞，去就之宜，理須如此，故曰「蹇，利西南，不利東北」也。「利見大人」者，能濟衆難，惟有大德之人，故曰「利見大人」。「貞吉」者，居難之時，若不守正而行其邪道，雖見大人亦不得吉，故曰「貞吉」也。

《象》曰，「蹇難」至「大矣哉」。正義曰：「蹇，難也，險在前也。見險而能止，知矣哉」者，釋卦名也。「蹇」者，有難而不進，能止而不犯，故就二體有險有止以釋「蹇」名。坎在其外是「險在前」也，有險在前，所以爲難，若冒險而行，或罹其害。艮居其内，止而不往，相時而動，非知不能，故曰「見險而能止，知矣哉」也。「蹇，利西南，往得中也」者，之於平易，救難之

❶「洽」，嘉本同，阮本作「治」。
❷「三」，嘉本同，阮本作「二」。
❸「舉」，上嘉本有「是」字，阮本無。
❹「地」，嘉本同，阮本作「險」。

理，故云「往得中」也。「不利東北，其道窮」者，之於險阻，更益其難，其道彌窮，故曰「其道窮」也。「利見大人，往有功也」者，往見大人必能除難，故曰「往有功」也。「當位貞吉，以正邦也」者，二、三、四、五爻皆當位，所以得正而吉，故曰「當位貞吉」也。「以正邦也」者，居難守正，正邦之道，故曰「以正邦」也。「蹇之時用大矣哉」者，能於蹇難之時建立其功，用以濟世者，非小人之所能，故曰「蹇之時用大矣哉」也。

《象》曰，「山上」至「脩德」。正義曰：「山上有水，蹇」者，「山」者是巖險，「水」是阻難。水積山上，彌益危難，故曰「山上有水，蹇」。「君子以反身脩德」者，蹇難之時未可以進，惟宜反求諸身，自脩其德，道成德立方能濟險，❶故曰「君子以反身脩德」也。陸績曰：「水在山上，失流通之性，故曰『蹇』。」通水流下，今在山上，不得下流，蹇之象。陸績又曰：「水本應山下，今在山上，終應反下，故曰『反身』。」處難之世不可以行，只可反自省察，脩己德用乃除難。君子通達道暢之時並濟天下，處窮之時則獨善其身也。

初六，「往蹇」至「宜待也」。正義曰：「往蹇來譽」者，初六處蹇之初，往則遇難，來則得譽。初居艮始是能見險而止，見險不往則是來而得譽，故曰「往蹇來譽」。《象》曰「宜待」者，既往則遇蹇，宜止以待時也。

六二，「王臣」至「无尤也」。正義曰：「王臣蹇蹇，匪躬之故」者，「王」謂五也，「臣」謂二也。九五居於王位而在難中，六二是五之臣，往應於五，履正居中，志匡王室，能涉蹇難而往濟蹇，故曰「王臣蹇蹇」也。盡忠於君，匪以私身之故而不往濟君，故曰「匪躬之故」。《象》曰「終无尤」者，處難以斯，豈有過尤也？

九三，「往蹇」至「喜之也」。正義曰：「往蹇來反」者，九三與坎爲鄰，進則入險，故曰「往蹇」。來則得位，故曰「來反」。《象》曰「內喜之」者，內卦三爻，惟九三一陽居二陰之上，是內之所恃，故云「內喜之」也。

六四，「往蹇來連」至「位實也」。正義曰：馬云「連亦難」也，鄭云「遲久之意」。六四往則无應，來則乘剛，往來皆難，故曰「往蹇來連」也。《象》曰「當位實」者，明六四得位履正，❷當其本實。而往來遇難者，乃數之所招，非邪妄之所致也，故曰「當位

❶ 「方」，阮本同，嘉本作「有」。
❷ 「得」，嘉本同，阮本作「當」。

實」也。

九五，「大蹇」至「中節也」。正義曰：九五處難之時，獨在險中，難之大者也，故曰「大蹇」。然得位履中，❶不改其節，如此則同志者自遠而來，故曰「朋來」。《象》曰「以中節」者，得位居中，不易其節，故致「朋來」，故云「以中節」也。○注：「同志者集而至矣。」正義曰：此以「同志」釋「朋來」之義。鄭注《論語》云：「同門曰朋，同志曰友。」此對文也。通而言之，「同志」亦是朋黨也。

上六，「往蹇來」至「從貴也」。正義曰：「碩」，大也。上六，難終之地，不宜更有所往，往則長難，故曰「往蹇」也。來則難終，難終則衆難皆濟，志大得矣，故曰「來碩，吉」也。險夷難解，大道可興，宜見大人以弘道化，故曰「利見大人」也。《象》曰「志在内也」者，有應在三，是「志在内」也。應既在内，往則失之，來則得之，所以往則「有蹇」，來則「碩吉」也。「以從貴」者，「貴」謂陽也，以陰從陽，❷故云「以從貴」也。

䷧ 坎下震上 解。「利西」至「夙吉」。正義曰：「解」者，卦名也。然「解」有兩音：一音「古買反」，一音「胡賣反」；「解」謂解難之初，「解」謂既解之後。《象》稱「動而免乎險」，明非救難之時，❸故先儒皆讀爲「解」。《序卦》云：「物不可以終難，故受之以解。解者，緩也。」然則「解」者，險難解，釋物情舒緩，故爲「解」也。「解，利西南」者，西南坤位，坤是衆也。施解於衆，則所濟者弘，故曰「解，利西南」也。「无所往」者，上言「解難濟險，利施於衆」，此下明救難之時誡其可否。若无難可往則以「來復」爲吉，若有難可往則以速赴爲善，故云「无所往，其來復吉，有攸往，夙吉」。設此誡者，褚氏云：「世有无事求功，故誡以无難宜靜；亦有待敗乃救，故誡以有難須速也。」

《象》曰，「解險」至「大矣哉」。正義曰：「解，險以動，動而免乎險，解」者，此就二體以釋卦名。遇險不動无由解難，動在險中亦未能免咎，今動於險外，即見免説於險，所以爲「解」也。「解，利西南，往得衆」者，「解」之爲義，兼濟爲美，往之西南得施解於衆，所以爲「利」也。「其來復吉，乃得中也」者，无難可解，

❶「中」，嘉本同，阮本作「正」。
❷「陰」，嘉本同，阮本無此字。
❸「非救」，嘉本同，阮本作「解衆」。

退守静默，得理之中，故云「乃得中」也。「有攸往，夙吉，往有功也」者，解難能速則不失其幾，故「往有功」也。「天地解而雷雨作，雷雨作而百果草木皆甲坼」者，此因震、坎有雷雨之象，以廣明「解」義。天地解緩雷雨乃作，雷雨既作，百果草木皆孚甲開坼，莫不解散也。「解之時大矣哉」者，結歎「解」之大也。自天地至於草木无不有「解」，豈非大哉！

《象》曰，「雷雨」至「宥罪」。正義曰：「赦」謂放免，「過」謂誤失，「宥」謂寬宥，「罪」謂故犯。過輕則赦，罪重則宥，皆解緩之義也。

初六，「无咎」至「无咎也」。正義曰：夫險難未夷，則賤弱者受害。然則蹇難未解之時，柔弱者不能无咎，否結既釋之後，剛强者不復陵暴。初六處蹇難始解之初，在剛柔始散之際，雖以柔弱處无位之地，逢此之時，不慮有咎，故曰「初六，无咎」也。《象》曰「義无咎」者，「義」猶理也，剛柔既散，理必无咎，或有過咎，非理之常也，❶故曰「義无咎」也。○注：「或有過咎，非其理也。」正義曰：或本无此八字。

九二，「田獲」至「中道也」。正義曰：「田獲三狐」者，狐是隱伏之物，三爲成數，舉「三」言之，搜獲備盡。❷九二以剛居中而應於五，爲五所任，處於險中，知險之情，以斯解險无險不濟，能獲隱伏，如似田獵而獲窟中之狐，故曰「田獲三狐」。「得黄矢，貞吉」者，「黄」，中之稱。「矢」，直也，田而獲三狐，得乎理中之道，不失枉直之實，能全其正者也，故曰「得黄矢，貞吉」也。《象》曰「得中道也」者，明九二位既不當所以得貞吉者，由處於中，得乎理中之道故也。

六三，「負且」至「誰咎也」。正義曰：「負且乘，致寇至」者，六三失正无應，下乘於二，上附於四，即是用夫邪佞以自説媚者也。「乘」者，君子之器也；「負」者，小人之事也。施之於人，即在車騎之上而負於物也，故寇盜知其非己所有，於是競欲奪之，故曰「負且乘，致寇至」也。「貞吝」者，負乘之人，正其所鄙，故曰「貞吝」也。《象》曰「亦可醜也」者，天下之醜多矣，此是其一，故曰「亦可醜」也。「自我致戎，又誰咎也」者，言此寇難由己之招，❸非是他人致此過咎，故曰「又誰咎也」。

九四，「解而」至「當位也」。正義曰：「解

❶「常」，嘉本同，阮本作「當」。
❷「備」，嘉本同，阮本作「憊」。
❸「難」，嘉本同，阮本作「雖」。

而拇，朋至斯孚」者，「而」，汝也，「拇」，足大指也。履於不正，與三相比，三從下來附之，如指之附足。四有應在初，若三爲之拇則失初之應，故必解其拇然後朋至而信，故曰「解而拇，朋至斯孚」。《象》曰「未當位」者，四若當位履正，即三爲邪媚之身不得附之也，既三不得附四則无所解。今須解拇，由不當位也。

六五，「君子」至「小人退也」。正義曰：「君子維有解，吉」者，六五居尊履中而應於剛，是有君子之德。君子當此之時，可以解於險難。「維」，辭也。有解於難所以獲吉，故曰「君子維有解，吉」也。「有孚于小人」者，以君子之道解難，則小人皆信服之，故曰「有孚于小人」也。《象》曰「君子有解，小人退」者，「小人」謂作難者，信君子之德，故退而畏服之。

上六，「公用」至「解悖也」。正義曰：「隼」者，貪殘之鳥，鸇鷂之屬。「墉」，墻也。六三失位負乘，不應於上，即是罪釁之人，故以譬於「隼」。此借飛鳥爲喻，而居下體之上，其猶隼處高墉。隼之爲鳥，宜在山林，隼於人家高墉，❶必爲人所繳射，以譬六三處於高位，必當被人所誅討。上六居動之上，爲「解」之極，將解之荒悖而除穢亂，故用「射」之也。極而後動，成而後舉，故必「獲之」而「无不利」，故曰「公用射隼于高墉之上，獲之，无不利」也。「公」者臣之極，上六以陰居上，故謂之「公」也。《象》曰「解悖也」者，「悖」，逆也，六三失位負乘，不應於上，是悖逆之人也。上六居動之上，能除解六三之荒悖，故云「以解悖」也。

周易正義卷第七

計一萬三千八百七十六字

❶「隼」，阮校云當作「集」。

周易正義卷第八

國子祭酒上護軍曲阜縣
開國子臣孔穎達奉勑撰

䷨ 兌下艮上 損。「有孚」至「用享」。正義曰：「損」者，減損之名，此卦明損下益上，故謂之「損」。「損」之爲義，損下益上，損剛益柔。損下益上非補不足者也，損剛益柔非長君子之道者也。若不以誠信，則涉諂諛而有過咎，故必「有孚」，然後大吉，无咎可正，而「利有攸往」矣，故曰「損有孚，元吉，无咎可貞，利有攸往」也。先儒皆以「无咎」、「可貞」各自爲義，言既吉而无咎，則可以爲正。准下王注《彖》辭云：「損下而不爲邪，益上而不爲諂，則何咎而可正。」然則王意以「无咎」、「可貞」共成一義，故莊氏云：「若行損有咎，則須補過以正其失；今行損用信，則是无過可正，❶故云『无咎可貞』。」竊謂莊氏之言得王旨矣。❷「曷之用，二簋可用享」者，明行損之禮，貴夫誠信，不在於豐。既行損以信，何用豐爲？二簋至約，可用享祭矣，故曰「曷之用，二簋可用享」也。

《彖》曰，「損損」至「偕行」。正義曰：「損，損下益上，其道上行」者，此就二體釋卦名之義。艮，陽卦，爲止；兑，陰卦，爲説。陽止於上，陰説而順之，是下自減損以奉於上，「上行」之謂也。「損而有孚，元吉，无咎可貞，利有攸往」者，卦有「元吉」已下等事，由於「有孚」，故加一「而」字，則其義可見矣。「曷之用，二簋可用享」者，舉經明之，皆爲「損而有孚」，故得如此。「二簋應有時」者，申明二簋之禮不可爲常。二簋至約，惟在損時應時行之，非時不可也。「損剛益柔有時」者，明「損下益上」之道亦不可爲常。損之所以能「損下益上」者，以下不敢剛亢，貴於奉上，則是損於剛亢而益柔順也。「損剛」者，謂損兑之陽爻也。「益柔」者，謂益艮之陰爻也。人之爲德須備剛柔，就剛柔之中，剛爲德長。既爲德長，不可恒減，故損之「有時」。「損益盈虚，與時偕行」者，「盈虚」者，鳧足短而任性，鶴脛長而自然。此又云「與時偕行」者，上既

❶「過」，嘉本同，阮本作「咎」。
❷「王」，嘉本同，阮本作「正」。

言「損剛益柔」，不可常用，此又汎明損益之事，體非恒理，自然之質，各定其分。鳧足非短，鶴脛非長，何須損我以益人，虛此以盈彼？ 但有時宜用，故應時而行，故曰「損益盈虛，與時偕行」也。

《象》曰，「山下」至「窒欲」。 正義曰：「山下有澤，損。 君子以懲忿窒欲」者，澤在山下，澤卑山高，似澤之自損以崇山之象也。 君子以法此損道，以懲止忿怒，窒塞情欲。 夫人之情也，感物而動，境有順逆，故情有忿欲。「懲」者息其既往，「窒」者閉其將來。忿欲皆有往來，「懲」、「窒」互文而相足也。

初九，「已事」至「合志也」。 正義曰：「已事遄往，无咎」者，「已」，竟也，「遄」，速也。 損之爲道，損下益上，如人臣欲自損己奉上。 然各有職掌，❶若廢事而往，咎莫大焉。 若事已不往，則爲傲慢。 竟事速往乃得无咎，故曰「已事遄往，无咎也」。「酌損之」者，剛勝則柔危，以剛奉柔，初未見親也，故須酌而減損之乃得「合志」，故曰「酌損之」。《象》曰「尚合志」者，「尚」，庶幾也，所以竟事速往，庶幾與上合志也。

九二，「利貞」至「爲志也」。 正義曰：「利貞，征凶，弗損益」者，柔不可以全益，剛不可以全削，下不可以无正。 初九已損剛以益柔，爲順六四爲初六，九二復損己以益六五爲六二，則成「剥」卦矣，故九二利以居而守正，進之於柔則凶，故曰「利貞，征凶」也。 既「征凶」，故九二不損己而務益，故曰「不損益之」也。《象》曰「中以爲志」者，言九二所以能居而守貞，不損益之，良由居中，以中爲志，故損益得其節適也。

六三，「三人」至「則疑也」。 正義曰：「三人行則損一人，一人行則得其友」者，六三處「損」之時，居於下體。「損」之爲義，其道上行。「三人」謂自六三已上三陰。 上一人謂上九也，下一人謂六三也。夫陰陽相應，萬物化淳，男女匹配，故能生育。 六三應於上九，上有二陰，六四、六五也。 損道上行，有相從之義。 若與二陰并己俱行，雖欲益上九一人，更使上九懷疑，疑則失其適匹之義也。 名之曰「益」，即不是減損，其實損之也，故曰「三人行則損一人」。 若六三一人獨行，則上九納己无疑，則得其友矣，故曰「一人行則得其友」也。《象》曰「三則疑」者，言一人則可，三人益加疑惑也。❷

❶ 「職」，嘉本同，阮本作「所」。
❷ 「益」，嘉本同，阮本作「疑」。

六四，「損其」至「可喜也」。正義曰：「損其疾，使遄有喜，无咎」者，「疾」者，相思之疾也。初九自損己遄往，己以正道速納，陰陽相會，同志斯來，无復企予之疾，❶故曰「損其疾」。疾何可久，速乃有喜，有喜乃无咎，故曰「使遄有喜，无咎」。《象》曰「亦可喜」者，《詩》曰「亦既見止」、「我心則降」，不亦有喜乎？○注：「速乃有喜，有喜乃无咎也。」正義曰：相感而久不相會，則有勤望之憂，❷故「速乃有喜」。初九自損以益四，四不速納則有失益之咎也，故曰「有喜乃无咎」也。

六五，「或益」至「上祐也」。正義曰：「或益之十朋之龜，弗克違，元吉」者，六五居尊以柔而在乎損，而能自抑損者也。居尊而能自抑損，則天下莫不歸而益之，故曰「或益之」也。「或」者，言有也，言其不自益之，有人來益之也。「朋」者，黨也。「龜」者，決疑之物也。陰不先唱，柔不自任，尊以自居，損以守之，則人用其力，事竭其功，智者慮能，明者慮策，而不能違也。朋至不違，則羣才之用盡矣，故曰「十朋之龜，弗克違」也。羣才畢用，自尊委人，天人並助，故曰「元吉」。《象》曰「自上祐」者，「上」謂天也，故與「自天祐之，吉无不利」義同也。○注：「朋，黨也。」正義曰：馬、鄭皆案《爾雅》云：「『十朋之龜』者，一曰神龜，二曰靈龜，三曰攝龜，四曰寶龜，五曰文龜，六曰筮龜，七曰山龜，八曰澤龜，九曰水龜，十曰火龜。」

上九，「弗損」至「得志也」。正義曰：「弗損，益之，无咎，貞吉」者，「損」之爲義，損下益上。上九處損之極，上无所奉，損終反益，故曰「弗損，益之」也。既「剛德不損，乃反益之」，則不憂於咎，用正而吉，故曰「无咎，貞吉」也。「利有攸往」者，下制於柔，❸不使三陰俱進，不疑其志，剛德遂長，故曰「利有攸往」也。又能自守剛陽，不爲柔之所制，豈惟「无咎，貞吉」而已，所往亦无不利，故曰「利有攸往」，義兩存也。「得臣无家」者，居上乘柔，處損之極尊。夫剛德爲物所歸，故曰「得臣」。得臣則以天下爲一，故曰「无家」。「无家」者，光宅天下，无適一家也。《象》曰「大得志」者，剛德不損，爲物所歸，故「大得志」也。

䷩ 震下巽上 益。「利有」至「大川」。正義

❶「予」，嘉本同，阮本作「子」。
❷「勤」，嘉本作「鞅」。
❸「下制」，嘉本同，阮本作「不利」。

曰：「益」者，增足之名，損上益下，故謂之「益」。下已有矣，而上更益之，明聖人利物之无已也。損卦則損下益上，益卦則損上益下。得名皆就下而不據上者，向秀云：「明王之道志在惠下，故取下謂之損，與下謂之益。」既上行惠下之道利益萬物，動而无違，何往不利，故曰「利有攸往」。以益涉難，理絶險阻，故曰「利涉大川」。

《彖》曰，「益損」至「偕行」。正義曰：「益，損上益下，民説无疆」者，此就二體釋卦名之義。柔巽在上，❶剛動在下，上巽不違於下，損上益下之義也。既居上者能自損以益下，則下民歡説，无復疆限。益卦所以名「益」者，正以「損上益下，民説无疆」者也。「自上下下，其道大光，利有攸往，中正有慶」者，此就九五之爻釋「利有攸往，中正有慶」也。五處中正，能「自上下下」，則其道光大，爲天下之所慶賴也。❷以中正有慶之德，故所往无不利焉。「益」之所以「利有攸往」者，正謂中正有慶故也。「利涉大川，木道乃行」者，此取譬以釋「利涉大川」也。木體輕浮，以涉大川爲常而不溺也。以益涉難如木道之涉川，涉川无害方見「益」之爲利，故云「利涉大川，木道乃行」也。「益動而巽，日進无疆」者，自此已下，廣明益義。前則就二體明「損上益下」以釋卦名，以下有動求，上能巽接，是「損上益下」之義。今就二體更明得益之方也。❸若動而驕盈則被損无已，若動而卑巽則進益无疆，故曰「益動而巽，日進无疆」。「天施地生，其益无方」者，此就天地廣明「益」之大義也。天施氣於地，地受氣而化生，亦是「損上益下」義也。其施化之益，无有方所，故曰「天施地生，其益无方」。「凡益之道，與時偕行」者，雖施益无方不可恒用，當應時行之，故舉「凡益」摠結之，故曰「凡益之道，與時偕行」也。

《象》曰，「風雷」至「則改」。正義曰：「風雷，益。君子以見善則遷，有過則改」者，《子夏傳》云：「雷以動之，風以散之，萬物皆益。」❹孟僖亦與此同其意。言必須雷動於前，風散於後，然後萬物皆益。如二月啓蟄之後，風以長物；八月收聲之後，風以殘物。風之爲益，其在雷後，故曰「風雷，益」也。「遷」謂遷徙慕尚，「改」謂改更懲止。遷善改過，益莫大焉，故

❶「巽」，嘉本同，阮本作「損」。
❷「賴」，嘉本同，阮本作「順」。
❸「就」，嘉本同，阮本作「執」。
❹「益」，嘉本、阮本皆作「盈」。

君子求益，以「見善則遷，有過則改」也。六子之中並有益物，獨取「雷風」者，❶何晏云「取其最長可久之義也」。

初九，「利用」至「厚事也」。正義曰：「利用爲大作，元吉，无咎」者，「大作」謂興作大事也。初九處「益」之初，居動之始，有興作大事之端，又體剛能幹，❷應巽不違，有堪建大功之德，故曰「利用爲大作」也。然有其才而无其位，得其時而非其處，❸雖有殊功，人不與也。時人不與則咎過生焉，故必「元吉」乃得「无咎」，故曰「元吉，无咎」。《象》曰「下不厚事」者，「厚事」猶大事也。

六二，「或益」至「外來也」。正義曰：「或益之十朋之龜，弗克違，永貞吉。王用享於帝，吉」者，六二體柔居中，當位應巽，是居益而能用謙沖者也。居益用謙則物自外來，朋龜獻策，弗能違也。同於損卦六五之位，故曰「或益之十朋之龜，弗克違」也。然位不當尊，故「永貞」乃「吉」，故曰「永貞吉」。「帝」，天也。王用此時以享祭於帝，❹明靈降福，故曰「王用享於帝，吉」也。《象》曰「自外來」者，明益之者從外自來，不召而至也。

六三，「益之」至「有之也」。正義曰：「益之，用凶事，无咎。有孚中行，告公用圭」者，六三以陰居陽，不能謙退，是求益者也，故曰「益之」。益不外來，己自爲之，物所不與。若以謙道責之則理合誅戮，若以救凶原之則情在可恕。然此六三以陰居陽，處下卦之上，壯之甚也。用此以救衰危則物之所恃，所以「用凶事」而得免咎，故曰「益之，用凶事，无咎」。若能求益不爲私己，志在救難，爲壯不至亢極，能適於時，是有信實而得中行，故曰「有孚中行」也。用此「有孚中行」之德，執圭以告於公，公必任之以救衰危之事，故曰「告公用圭」。《象》曰「固有之」者，明非爲救凶則不可求益，❺施之凶事乃得固有其功也。○注「公者臣之極」至「用圭也」。正義曰：告王者宜以文德燮理使天下人寧，不當恒以救凶，用志褊狹也。

六四，「中行」至「益志也」。正義曰：「中行，告公從，利用爲依遷國」者，六四居「益」之時，處巽

❶「獨」，嘉本同，阮本作「猶」。
❷「體」，嘉本同，阮本作「應」。
❸「非」，嘉本同，阮本作「无」。
❹「於」，嘉本無此字。
❺「非」，嘉本同，阮本作「其」。

之始，體柔當位，在上應下，卑不窮下，高不處亢，位雖不中，用中行者也，故曰「中行」也。以此中行之德，有事以告於公，公必從之，故曰「告公從」也。用此道以依人而遷國者人无不納，故曰「利用爲依遷國」也。「遷國」，國之大事，明以「中行」，雖有大事而无不利，如「周之東遷，晉鄭焉依」之義也。《象》曰「以益志」者，既爲公所從，其志得益也。

九五，「有孚」至「得志也」。正義曰：「有孚惠心，勿問元吉，有孚，惠我德」者，九五得位處尊爲益之主，兼弘德義，❶以益物者也。爲益之大，莫大於信；爲惠之大，莫大於心。因民所利而利之焉，惠而不費，惠心者也。有惠有信，盡物之願，必獲「元吉」，不待疑問，❷故曰「有孚惠心，勿問元吉」。我既以信惠被於物，物亦以信惠歸於我，故曰「有孚，惠我德」也。《象》曰「大得志」者，天下皆以信惠歸我，則可以得志於天下，故曰「大得志」也。

上九，「莫益」至「外來也」。正義曰：上九處「益」之極，益之過甚者也。求益无厭，怨者非一，故曰「莫益之，或擊之」也。「勿」猶无也，求益无已，是「立心无恒」者也。无恒之人必凶咎之所集，故曰「立心勿恒，凶」。《象》曰「偏辭」者，此有求而彼不應，是「偏辭」也。「自外來」者，怨者非一，不待召也，故曰「自外來也」。

䷪ 乾下兌上 夬。「揚于」至「攸往」。正義曰：「夬」，決也。此陰消陽息之卦也。陽長至五，五陽共決一陰，故名爲「夬」也。「揚于王庭」者，明行決斷之法。「夬」以剛決柔，施之於人則是君子決小人也。「王庭」是百官所在之處，以君子決小人，故可以顯然發揚決斷之事於王者之庭，示公正而无私隱也，故曰「揚于王庭」也。「孚號有厲」者，「號」，號令也，行決之法，❸先須號令。夬以剛決柔，則是用明信之法而宣其號令，如此即柔邪者危，故曰「孚號有厲」也。以剛制斷，行令於邑可也。若用剛即戎，尚力取勝，爲物所疾，以此用師必有不利，故曰「告自邑，不利即戎」。雖「不利即戎」，然剛德不長則柔邪不消，故陽爻宜有所往，夬道乃成，故曰「利有攸往」也。

《象》曰，「夬決」至「乃終也」。正義曰：

❶ 「弘」，嘉本同，阮本作「張」。
❷ 「待」，阮本同，嘉本作「得」。
❸ 「之」，阮本同，嘉本無此字。

「夬」，決也。「剛決柔」者，此就爻釋卦名也。「健而說，決而和」者，此就二體之義明決而能和。乾健而兌說，健則能決，說則能和，故曰「決而和」也。「揚于王庭，柔乘五剛」者，此因一陰而居五陽之上釋行決之法。以剛德齊長，一柔爲逆，衆所同誅，誅而无忌也，故曰「揚于王庭」。言所以得顯然「揚于王庭」者，只謂柔乘五剛也。「孚號有厲，其危乃光」者，以明信而宣號令，即柔邪者危厲，危厲之理分明可見，故曰「其危乃光」也。「告自邑，不利即戎，所尚乃窮」者，剛克之道不可常行，若專用威猛，以此即戎則便爲尚力取勝，即是決而不和，其道窮矣。行決所以惟「告自邑，不利即戎」者，只謂所尚乃窮故也。「利有攸往，剛長乃終」者，終成也。剛長柔消，夬道乃成也。

《象》曰，「澤上」至「則忌」。正義曰：「澤上於天，夬」者，澤性潤下，雖復「澤上於天」，決來下潤，此事必然，故是「夬」之象也。「君子以施祿及下，居德則忌」者，「忌」，禁也。「夬」有二義：《象》則澤來潤下，《彖》則明法決斷。所以君子法此「夬」義，威惠兼施，雖復施祿及下，其在身居德，復須明其禁令，合於健而能說、決而能和，故曰「君子以施祿及下，居德則忌」也。

初九，「壯于」至「往咎也」。正義曰：初九居夬之初，當須審其籌策然後乃往。而體健處下，徒欲果決壯健，前進其趾，以此而往必不克勝，非夬之謀，❶所以爲咎，故曰「初九，壯于前趾，往不勝，爲咎」也。《象》曰「不勝而往，咎」者，經稱「往不勝，爲咎」，《象》云「不勝而往，咎」，翻其文者，蓋暴虎馮河，孔子所忌，謬於用壯，必无勝理。孰知不勝，果決而往，所以致於咎過。故注云「不勝之理，在往前」也。

九二，「惕號」至「中道也」。正義曰：「惕號，莫夜有戎，勿恤」者，九二體健居中，能決其事而无疑惑者也。雖復有人惕懼號呼，語之云「暮夜必有戎寇來害己」，❷能審己度，不惑不憂，故「勿恤」也。《象》曰「得中道」者，決事而得中道，故不以「有戎」爲憂，故云「得中道也」。

九三，「壯于」至「无咎也」。正義曰：「壯于頄，有凶」者，「頄」，面權也，謂上六也。言九三處夬之時，獨應上六，助於小人，是以「凶」也。若「剥」之六三，處陰長之時而應上，是助陽爲善。今九三處剛長

❶ 「夬」，嘉本、阮本皆作「決」。
❷ 「寇」，嘉本同，阮本作「卒」。

之時獨助陰，爲「凶」也。「君子夬夬」者，君子之人居於此時，❶能棄其情累，不受於應，在於決斷而无滯，是「夬夬」也。「獨行遇雨，若濡有愠，无咎」者，若不能決斷，殊於衆陽應於小人，則受濡濕其衣，自爲怨恨，无咎責於人，故曰「有愠无咎」也。《象》曰「君子夬夬，終无咎」者，衆陽決陰，獨與上六相應是有咎也。若能「夬夬」，決之不疑則「終无咎」矣。然則《象》云「无咎」，自釋「君子夬夬」，非經之「无咎」也。

九四，「臀无」至「不明也」。正義曰：「臀无膚，其行次且」者，九四據下三陽，位又不正，下剛而進必見侵傷，侵傷則居不得安，若「臀无膚」矣。「次且」行不前進也。「臀」之「无膚」，居既失安，行亦不進，故曰「臀无膚，其行次且」也。「牽羊悔亡，聞言不信」者，「羊」者，牴很難移之物，❷謂五也。居尊當位，爲夬之主，下不敢侵。若牽於五則可得「悔亡」，故曰「牽羊悔亡」。然四亦是剛陽，各亢所處，雖復聞「牽羊」之言，不肯信服事於五，故曰「聞言不信」也。《象》曰「聽不明」者，「聰」，聽也，良由聽之不明，故「聞言不信」也。○注：「同於《噬嗑》『滅耳』之凶。」正義曰：四既「聞言不信」，不肯牽係於五，則必被侵克致凶。而經无「凶」文，《象》稱「聰不明」者，與噬嗑上九辭同，彼以「不明」釋「凶」，知此亦爲「凶」也。

九五，「莧陸」至「未光也」。正義曰：「莧陸夬夬，中行无咎」者，「莧陸」，草之柔脆者也。「夬」之爲義，以剛決柔，以君子除小人者也。五處尊位爲夬之主，親決上六，決之至易也，如決莧草然，故曰「莧陸夬夬」也。但以至尊而敵於至賤，雖其克勝，不足貴也。特以「中行」之故纔得无咎，故曰「中行无咎」。《象》曰「中未光」者，雖復居中而行，以其親決上六，以尊敵卑，未足以爲光大也。○注：「莧陸，草之柔脆者。」正義曰：❸《子夏傳》云：「莧陸，木根，草莖，剛下柔上也。」馬融、鄭玄、王肅皆云「莧陸，一名商陸」，皆以莧陸爲一。董遇云：「莧，人莧也；陸，商陸也。」以莧陸爲二。案：注直云「草之柔脆」，似亦以爲一，同於子夏等也。

上六，「无號」至「不可長也」。正義曰：上六居夬之極，以小人而居羣陽之上，衆共棄也。君子道長，小人必凶，非號咷所免，故禁其號咷，曰「无

❶「居」，嘉本同，阮本作「若」。

❷「牴」，嘉本同，阮本作「抵」。

❸「曰」下，阮本有「莧陸草之柔脆者」七字。

號，終有凶」也。《象》曰「終不可長」者，「長」，延也，凶危若此，非號咷所能延，故曰「終不可長也」。

䷫ 巽下乾上 **姤，女壯，勿用取女。** 正義曰：「姤」，遇也。此卦一柔而遇五剛，故名爲「姤」。施之於人則是一女而遇五男，淫壯至甚，故戒之曰「此女壯甚，勿用取此女」也。

《彖》曰，「姤遇」至「矣哉」。 正義曰：「姤，遇也，柔遇剛」者，此就爻釋卦名。以初六一柔而上遇五剛，所以名「遇」而用，釋卦辭「女壯，勿用取女」之義也。「勿用取女，不可與長」者，「女」之爲體，婉娩貞順方可期之偕老，淫壯若此，不可與之長久，故「勿用取女」。「天地相遇，品物咸章」者，已下廣明「遇」義。卦得「遇」名，本由一柔與五剛相遇，故「遇」辭非美，就卦而取，遂言「遇」不可用，是「勿用取女」也。故孔子更就天地歎美「遇」之爲義不可廢也。天地若各亢所處，不相交遇，則萬品庶物无由彰顯，必須二氣相遇乃得化生，故曰「天地相遇，品物咸章」也。「剛遇中正，天下大行」者，莊氏云「一女而遇五男既不可取，天地匹配則能成品物」，由是言之，若剛遇中正之柔，男得幽貞之女，則天下人倫之化乃得大行也。「姤之時義大矣哉」者，上既博美，此又結歎，欲就卦而取義。但是一女而遇五男不足稱美，博論「天地相遇」乃致「品物咸章」，然後「姤之時義大矣哉」。○注「凡言」至「意謂者也」。正義曰：注摠爲稱義發例，故曰「凡言」也。就卦以驗名義，只是女遇於男，博尋「遇」之深旨，乃至道該天地，故云「不盡於所見，中有意謂者也」。

《象》曰，「天下」至「四方」。 正義曰：風行天下則无物不遇，故爲「遇」象。「后以施命誥四方」者，風行草偃，天之威令，故人君法此，以施教命誥於四方也。

初六，「繫于」至「道牽也」。 正義曰：「繫於金柅，貞吉」者，「金」者堅剛之物，「柅」者制動之主，謂九四也。初六陰質，若繫於正應以從於四，則貞而吉矣，故曰「繫於金柅，貞吉」也。「有攸往，見凶」者，若不牽於一而有所行往，則惟凶是見矣，故曰「有攸往，見凶」。「羸豕孚蹢躅」者，初六處遇之初，以一柔而承五剛，是不繫金柅，有所往者也。不繫而往，則如羸豕之務躁而蹢躅然也，故曰「羸豕孚蹢躅」。「羸豕」謂牝豕也。羣豕之中，豭強而牝弱也，故謂牝豕爲「羸豕」，陰質而淫躁，牝豕特甚焉，故取以爲喻。《象》曰

「柔道牽」者，陰柔之道必須有所牽繫也。○注：「柅者，制動之主。」正義曰：柅之爲物，衆説不同。王肅之徒皆爲織績之器，婦人所用。惟馬云：「柅者，在車之下，所以止輪，令不動者也。」王法云「柅者，❶制動之主」，蓋與馬同。

九二，「包有」至「及賓也」。正義曰：「庖有魚，无咎」者，初六以陰而處下，故稱「魚」也。以不正之陰處「遇」之始，不能逆於所近，故捨九四之正應，樂充九二之庖厨，故曰「九二，庖有魚」。初自樂來，爲己之厨，非爲犯奪，故得「无咎」也。「不利賓」者，夫擅人之物以爲己惠，義所不爲，故「不利賓」也。《象》曰「義不及賓」者，言有他人之物，於義不可及賓也。

九三，「臀无」至「未牽也」。正義曰：陽之所據者陰也，九三處下體之上，爲内卦之主，以乘於二，无陰可據，居不獲安，上又无應，不能牽據以固所處，同於夬卦九四之失據，故曰「臀无膚，其行次且」也。然履得其位，非爲妄處，特以不遇其時故致此危厲，災非己招，故无大咎，故曰「厲，无大咎」。《象》曰「行未牽」者，未能牽據故「其行次且」，是「行未牽」也。

九四，「包无」至「遠民也」。正義曰：「庖无魚」者，二擅其應，故曰「庖无魚」也，庖之无魚則是无民之義也。「起凶」者，「起」，動也，无民而動，失應而作，是以「凶」也。《象》曰「遠民」者，陰爲陽之民，爲二所據，故曰「遠民」也。

九五，「以杞」至「舍命也」。❷正義曰：「以杞匏瓜」者，杞之爲物，生於肥地；匏瓜爲物，繫而不食。九五處得尊位而不遇其應，是得地而不食，故曰「以杞匏瓜」也。「含章，有隕自天」者，不遇其應，命未流行，无物發起其美，故曰「含章」。然體剛居中，雖復當位，命未流行，而能不改其操，❸无能傾隕之者，故曰「有隕自天」，蓋言惟天能隕之耳。《象》曰「中正」者，「中正」故有美，无應故「含章」而不發。若非九五中正則无美可含，故舉爻位而言「中正」也。「志不舍命」者，雖命未流行，而居尊當位，志不舍命，故曰「不可傾隕」也。○注：「杞之爲物，生於肥地者也。」正義曰：先儒説「杞」亦有不同。馬云：「杞，大木也。」《左傳》云：「杞梓皮革自楚往。」則爲「杞梓」之「杞」。《子

---

❶ 「者」，嘉本同，阮本無此字。

❷ 「九五」至「命也」，原作「九五至以杞舍命也」，據文例改。

❸ 「能不」，嘉本作「己不」，阮本作「不能」。

夏傳》曰：「作杞匏瓜。」《薛虞記》云：「杞，杞柳也。杞性柔刃，宜屈撓，❶似匏瓜。」又爲「杞柳」之「杞」。案：王氏云「生於肥地」，蓋以「杞」爲今之「枸杞」也。

上九，「姤其」至「窮吝也」。正義曰：「姤其角」者，「角」者最處體上，上九進之於極，无所復遇，遇角而已，故曰「姤其角」也。「吝无咎」者，角非所安，與无遇等，故獨恨而鄙吝也。然不與物争，其道不害，故无凶咎，故曰「无咎」也。《象》曰「上窮吝」者，處於上窮，所以遇角而吝也。

䷬ 坤下兑上 萃。「亨」至「有攸往」。正義曰：「萃」，卦名也，又萃聚也，聚集之義也。能招民聚物，使物歸而聚己，故名爲「萃」也。「亨」者，通也。擁隔不通，无由得聚，聚之爲事其道必通，故云「萃，亨」。「王假有廟」者，「假」，至也，天下崩離則民怨神怒，雖復享祀，與无廟同。王至大聚之時孝德乃洽，❷始可謂之「有廟」矣，故曰「王假有廟」。「利見大人，亨，利貞」者，聚而无主，不散則亂。惟有大德之人能弘正道，乃得常通而利正，故曰「利見大人，亨，利貞」也。「用大牲，吉」者，大人爲主，❸聚道乃全，以此而用大牲，神明降福，故曰「用大牲，吉」也。「利有攸往」者，人聚神祐，何往不利，故曰「利有攸往」也。

《象》曰，「萃聚」至「可見矣」。正義曰：「萃，聚」者，訓「萃」名也。「順以説，剛中而應，故聚」者，此就二體及九五之爻釋所以能「聚」也。若全用順説則邪佞之道興，全用剛陽而違於中應，則强亢之德著，何由得聚？今「順以説」，而剛爲主，則非邪佞也；應不失中則非偏亢也，如此方能聚物，故曰「順以説，剛中而應，故聚」也。「王假有廟，致孝享也」者，「亨」，獻也，聚道既全，可以至於「有廟」，設祭祀而「致孝享」也。「利見大人，亨，聚以正也」者，釋「聚」所以「利見大人」乃得通而利正者，良由大人有中正之德，能以正道通而化之，然後聚道得全，故曰「聚以正也」。「用大牲，吉，利有攸往，順天命」者，天之爲德，剛不違中，今「順以説」而以剛爲主，是「順天命」也。動順天命可以享於神明，无往不利，所以得「用大牲，吉」。「利有攸往」者，只爲「順天命」也。「觀其所聚，而天地

❶「撓」，嘉本同，阮本作「橈」。
❷「洽」，嘉本同，阮本作「昭」。
❸「主」，嘉本、阮本皆作「王」。

萬物之情可見矣」者，此廣明「萃」義而歎美之也。凡物所以得聚者，由情同也。情志若乖，无由得聚，故「觀其所聚，則天地萬物之情可見矣」。

《象》曰，「澤上」至「不虞」。正義曰：澤上於地則水潦聚，故曰「澤上於地，萃」也。「除」者，治也。人既聚會，不可无防備，故君子於此之時，脩治戎器以戒備不虞也。

初六，「有孚」至「志亂也」。正義曰：「有孚不終，乃亂乃萃」者，初六有應在四，而三承之，萃聚之時貴於近合，見三承四，疑四與三，始以正應相信，❶末以他意相阻，故曰「有孚不終」也。既心懷嫌疑則情志迷亂，❷奔馳而行，萃不以禮，故曰「乃亂乃萃」。「一握」者，小之貌也。自比一握之間，言至小也。「爲笑」者，非嚴毅之容，言懦劣也。己爲正配，三以近寵。若自號比於「一握」之小，❸執其謙退之容，不與物争，則不憂於三，往必得合而「无咎」矣。故曰「若號，一握爲笑，勿恤，往无咎」也。《象》曰「其志亂」者，只謂疑四與三，❹故志意迷亂也。

六二，「引吉」至「未變也」。正義曰：「引吉无咎」者，萃之爲體，貴相從就，聚道乃成。今六二以陰居陰，復在坤體，志於静退，則是守中未變，不欲相就者也。❺乖衆違時則致危害，故須牽引乃得「吉」而「无咎」也，故曰「引吉无咎」。「孚乃利用禴」者，「禴」，殷春祭之名也，四時之祭最薄者也。雖乖於衆，志須牽引，然居中得正，忠信而行，故可以省薄薦於鬼神也，❻故曰「孚乃利用禴」。《象》曰「中未變也」者，釋其所以須「引」乃「吉」，良由居中未變。

六三，「萃如」至「上巽也」。正義曰：居萃之時，履非其位以比於四，四亦失位。不正相聚，相聚不正，患所生也。干人之應害所起也，故曰「萃如，嗟如，无攸利」也。「往无咎，小吝」者，上六亦无應而獨立，處極而憂危，思援而求朋，巽以待物者也。與其萃於不正，不若之於同志，故可「往」而「无咎」。但以上六是陰，己又是陰，以二陰相合，猶不若一陰一陽之應，故有「小吝」也。《象》曰「往无咎，上巽也」者，以上體柔巽以求其朋，故三可以往而无咎也。

❶「正」，嘉本同，阮本作「中」。
❷「志」，嘉本同，阮本作「意」。
❸「於」，嘉本同，阮本作「爲」。
❹「謂」，嘉本同，阮本作「爲」。
❺「就」，嘉本同，阮本作「從」。
❻「薦」，嘉本同，阮本作「祭」。

九四，「大吉」至「不當也」。正義曰：「大吉，无咎」者，以陽處陰，明履非其位，又下據三陰，得其所據，失其所處。處聚之時，不正而據是其凶也。若以萃之時立夫大功，獲其大吉，乃得无咎，故曰「大吉，无咎」。《象》曰「位不當」者，謂以陽居陰也。

九五，「萃有」至「未光也」。正義曰：「萃有位，无咎，匪孚，元永貞，悔亡」者，九五處聚之時，最得盛位，故曰「萃有位」也。既得盛位，所以「无咎」。「匪孚」者，良由四專而據，已德化不行，信不孚物，自守而已，故曰「无咎，匪孚」。若能脩夫大德，久行其正，則其悔可消，故曰「元永貞，悔亡」。《象》曰「志未光也」者，雖有盛位，信德未行，❶久乃悔亡。今時志意未光大也。

上六，「齎咨」至「安上也」。正義曰：「齎咨」者，居萃之時，最處上極，五非所乘，内又无應，處上獨立，无其援助，危亡之甚，居不獲安，故「齎咨」而嗟歎也。若能知有危亡，懼害之深，憂危之甚，至於「涕洟」滂沲，如此居不獲安，方得衆所不害，故「无咎」矣。自目出曰「涕」，自鼻出曰「洟」。《象》曰「未安上」者，未敢安居其上所乘也。

䷭ 巽下坤上 升。「元亨，」至「南征吉」。正義曰：「升元亨」者，「升」，卦名也，「升」者，登上之義。升而得大通，❷故曰「升元亨」也。「用見大人，勿恤」者，「升」者，登也。陽爻不當尊位，无剛嚴之正，則未免於憂，故用見大德之人，然後乃得无憂恤，故曰「用見大人，勿恤」。「南征吉」者，非直須見大德之人，復宜適明陽之地。若以陰之陰，彌足其闇也。「南」是明陽之方，故云「南征吉」也。

《象》曰，「柔以」至「志行也」。正義曰：「柔以時升」者，「升」之爲義，自下升高，故就六五居尊以釋名「升」之意。六五以陰柔之質超升貴位，❸若不得時則不能升耳，故曰「柔以時升」也。「巽而順，剛中而應，是以大亨」者，此就二體及九二之爻釋「元亨」之德也。純柔則不能自升，剛亢則物所不從，卦體既巽且順，爻又剛中而應於五，有此衆德，故得「元亨」。「用見大人，勿恤有慶」者，以大通之德，「用見大人」，不憂否塞，必致慶善，故曰「有慶」也。「南征吉，志行」

❶「信」，嘉本、阮本作「然」。
❷「通」，阮本同，嘉本作「道」。
❸「超」，嘉本同，阮本作「起」。

者，之於闇昧則非其本志，今以柔順而升於大明，其志得行也。

《象》曰，「地中」至「高大」。正義曰：「地中生木，升」者，地中生木，始於細微，以至高大，故爲「升」象也。「君子以順德，積小以高大」者，地中生木始於毫末，終至合抱，君子象之，以順行其德，積其小善以成大名，故《繫辭》云「善不積不足以成名」，是也。

初六，「允升」至「上合志也」。正義曰：「允升，大吉」者，「允」，當也，巽卦三爻皆應升上，而二、三有應於五、六，升之不疑；惟初无應於上，恐不得升，當二、三升時與之俱升，必大得矣，❶故曰「允升，大吉」也。《象》曰「上合志也」者，「上」謂二、三也，與之合志俱升，乃得大吉也。

九二，「孚乃」至「有喜也」。正義曰：「孚乃利用禴，无咎」者，九二與五爲應，往升於五必見信任，故曰「孚」。二體剛德而履乎中，進不求寵，志在大業，用心如此，乃可薦其省約於神明而无咎也，故曰「孚乃利用禴，无咎」。《象》曰「有喜也」者，上升則爲君所任，薦約則爲神所亨，斯之爲喜不亦宜乎？

九三，「升虛」至「无所疑也」。正義曰：「升虛邑」者，九三履得其位，升於上六，上六體是陰柔，不距於己，若升空虛之邑也。《象》曰「无所疑」者，往必得邑，何所疑乎？

六四，「王用」至「順事也」。正義曰：「王用亨於岐山」者，六四處升之際，下體三爻皆來上升，可納而不可距，事同文王岐山之會，故曰「王用亨於岐山也」。「吉，无咎」者，若能納而不距，順物之情，則得吉而无咎，故曰「吉，无咎」也。《象》曰「順事」者，順物之情而立功、立事，故曰「順事」也。

六五，「貞吉」至「得志也」。正義曰：「貞吉，升階」者，六五以柔居尊位，納於九二，不自專權，故得「貞吉，升階」。保其尊貴而踐阼矣，❷故曰「貞吉，升階」也。《象》曰「大得志」者，居中而得其「貞吉」，處尊而保其「升階」，志大得矣，故曰「大得志也」。

上六，「冥升」至「不富也」。正義曰：「冥升」者，「冥」猶昧也，❸處升之上進而不已，則是雖冥猶升也，故曰「冥升」。「利于不息之貞」者，若冥升在上，陵物爲主，則喪亡斯及。若絜己脩身，施於爲政，則以

❶「得」，嘉本作「得吉」，阮本無「吉」字。
❷「其」，嘉本同，阮本作「是」。
❸「昧」，嘉本同，阮本作「暗」。

不息爲美，故曰「利于不息之貞」。《象》曰「消不富」者，雖爲政不息，交免危咎，然勞不可久，終致消衰，故曰「消不富」也。

䷮ 坎下兌上 困。「亨」至「不信」。正義曰：「困」者，窮厄委頓之名，道窮力竭，不能自濟，故名爲「困」。「亨」者，卦德也。小人遭困則「窮斯濫矣」，君子遇之則不改其操。君子處困而不失其自通之道，故曰「困，亨」也。「貞，大人吉，无咎」者，處困而能自通，必是履正體大之人，能濟於困，然後得吉而无咎，故曰「貞，大人吉，无咎」也。「有言不信」者，處困求濟在於正身脩德，若巧言飾辭，❶人所不信，則其道彌窮，故誡之以「有言不信」也。

《彖》曰，「困剛揜」至「乃窮也」。正義曰：「困剛揜」者，此就二體以釋卦名。兌陰卦爲柔，坎陽卦爲剛，坎在兌下，是剛見揜於柔也。剛應升進，今被柔揜，施之於人，其猶君子爲小人所蔽，以爲困窮矣。「險以説，困而不失其所亨」者，此又就二體名訓以釋「亨」德也。坎險而兌説，所以「困」而能「亨」者，良由君子遇困安其所遇，雖居險困之世，不失暢説之心，故曰「險以説，困而不失其所亨」也。「其惟君子乎」者，結歎處困能通非小人之事，惟君子能然也。「貞大人，吉，以剛中」者，此就二、五之爻釋「貞大人」之義。剛則正直所以爲「貞」，中而不偏所以能「大」。若正而不大，未能濟困。處困能濟，濟乃得吉而无咎也，故曰「貞大人，吉，以剛中」也。「有言不信，尚口乃窮」者，處困求通在於脩德，非用言以免困。徒尚口説更致困窮，故曰「尚口乃窮」也。

《象》曰，「澤无水」至「遂志」。正義曰：「澤无水，困」者，謂水在澤下則澤上枯槁，萬物皆困，故曰「澤无水，困」也。「君子以致命遂志」者，君子之人守道而死，雖遭困厄之世期於致命喪身，必當遂其高志，不屈橈而移改也，故曰「致命遂志」也。

初六，「臀困」至「不明也」。正義曰：「臀困于株木」者，初六處困之時，以陰爻最居窮下，沉滯卑困，居不獲安，若臀之困于株木，故曰「臀困于株木」也。「入于幽谷」者，有應在四而二隔之，居則困株，進不獲拯，勢必隱遯者也，故曰「入于幽谷」也。「三歲不覿」者，困之爲道不過數歲，困解乃出，故曰「三歲不

❶「飾」，嘉本同，阮本作「能」。

覿」也。《象》曰「幽不明」者，《象》辭惟釋「幽」字，言「幽」者，正是不明之辭。所以入不明，以自藏而避困也。釋「株」者，杌木謂之「株」也。❶

九二，「困于」至「有慶也」。正義曰：「困于酒食」者，九二體剛居陰，處中无應。體剛則健，能濟險也。居陰則謙，物所歸也。處中則不失其宜，无應則心无私黨。處困以斯，物莫不至，不勝豐衍，故曰「困于酒食」也。「朱紱方來，利用亨祀」者，「紱」，祭服也，坎，北方之卦，朱紱，南方之物，處困用謙，能招異方者也，故曰「朱紱方來」也。舉異方者，明物无不至，酒食豐盈，異方歸向，祭則受福，故曰「利用亨祀」。「征凶无咎」者，盈而又進，傾敗之道，以征必凶，故曰「征凶」。自進致凶，无所怨咎，故曰「无咎」也。《象》曰「中有慶」者，言二以中德被物，物之所賴，故曰「有慶也」。

六三，「困于石」至「不祥也」。正義曰：「困于石，據于蒺蔾」者，石之爲物，堅剛而不可入也。蒺蔾之草，有刺而不可踐也。六三以陰居陽，志懷剛武，己又无應，欲上附於四。四自納於初，不受己者也，故曰「困于石」也。下欲比二，二又剛陽，非己所據，故曰「據于蒺蔾」也。「入于其宮，不見其妻，凶」者，无應而入，難得配偶，譬於入宮不見其妻，處困以斯，凶其宜也，故曰「入于其宮，不見其妻，凶」也。《象》曰「乘剛」者，明二爲蒺蔾也。「不祥也」者，「祥」，善也，吉也。不吉，必有凶也。

九四，「來徐」至「有與也」。正義曰：「九四，來徐徐，困于金車，吝，有終」者，何氏云「九二以剛德勝，故曰『金車』也」。「徐徐」者，疑懼之辭。九四有應於初而礙於九二，故曰「困于金車」。欲棄之，惜其配偶。疑懼而行，不敢疾速，故「來徐徐」也。有應而不敢往，可恥可恨，故曰「吝」也。以陽居陰，不失謙道，爲物之所與，故曰「有終」。《象》曰「有與」者，位雖不當，執謙之故，物所與也。

九五，「劓刖」至「受福也」。正義曰：九五以陽居陽，用其剛壯，物不歸己。見物不歸而用威刑，行其「劓刖」之事。既行其威刑，則異方愈乖，遐邇愈叛。兑爲西方之卦，赤紱，南方之物，故曰「劓刖，困於赤紱」也。此卦九二爲以陽居陰，用其謙退，能招異方之物也。此言九五剛猛，不能感異方之物也。若但用其中正之德招致於物，不在速暴而「徐徐」，則物歸

❶「杌木」，嘉本同，阮本作「初不」。

之而有説矣，故曰「乃徐有説」也。居得尊位，困而能反，不執其迷，用其祭祀則受福也。《象》曰「志未得也」者，由物不附己，己志未得，故曰「志未得」也。「乃徐有説，以中直也」者，居中得直，不貪不暴，終得其應，乃寬緩脩其道德，則得喜説，故云「乃徐有説，以中直也」。「利用祭祀，受福」者，君能不遂迷志，❶用其中正則異方所歸，祭則受福，故曰「利用祭祀，受福也」。

上六，「困于葛」至「吉行也」。正義曰：「葛藟」，引蔓纏繞之草。「臲卼」，動摇不安之貌。❷上六處困之極，極困者也，而乘於剛，下又无應，行則纏繞，居不得安，故曰「困於葛藟，於臲卼」也。應亦言「困於臲卼」，「困」因於上，省文也。凡物窮則思變，困則謀通，處至困之地，是用謀策之時也。「曰」者，思謀之辭也。謀之所行，有隙則獲，言將何以通至困乎？爲之謀曰：必須發動其可悔之事，令其有悔可知，然後處困求通，可以行而獲吉，故曰「動悔，有悔，征吉」。《象》曰「未當也」者，處於困極而又乘剛，所處未當，故致此困也。「吉行」者，知悔而征，行必獲吉也。

䷯ 巽下坎上 井。「改邑」至「瓶凶」。正義曰：「井」者，物象之名也。古者穿地取水，以瓶引汲，謂之爲「井」。此卦明君子脩德養民，有常不變，終始無改。養物不窮，莫過乎井，故以脩德之卦取譬，名之「井」焉。「改邑不改井」者，以下明「井」有常德，此明「井」體有常，邑雖遷移而「井體」无改，故云「改邑不改井」也。「无喪无得」者，此明井用有常德，終日引汲未嘗言損，終日泉注未嘗言益，故曰「无喪无得」也。「往來井井」者，此明性常。「井井」，絜静之貌也，「往」者「來」者皆使絜静，不以人有往來改其洗濯之性，故曰「往來井井」也。「汔至亦未繘井，羸其瓶，凶」者，此下明「井」誡，言「井」功難成也。「汔」，幾也，幾，近也，「繘」，綆也。雖汲水以至井上，然綆出猶未離井口，而鉤羸其瓶而覆之也。棄其方成之功，雖有出井之勞而與未汲不異，喻今人行常德須善始令終。若有初无終則必致凶咎，故曰「汔至亦未繘井，羸其瓶，凶」。言「亦」者，不必之辭，言不必有。如此不克終者，計覆一瓶之水，何足言凶？以喻人之脩德不成。又云但取喻人之德行不恒，不能慎終如始，故就人言「凶」也。

❶「君」，嘉本、阮本作「若」。
❷「貌」，嘉本同，阮本作「辭」。

《象》曰，「巽乎」至「是以凶也」。正義曰：「巽乎水而上水，井」者，此就二體釋「井」之名、義。此卦坎爲水在上，巽爲木在下，又巽爲入，以木入於水而又上水，井之象也。「井養而不窮」者，歎美井德，愈汲愈生，給養於人，无有窮已也。「改邑不改井，乃以剛中也」者，此釋井體有常，由於二、五也。二、五以剛居中，故能定居其所而不改變也。不釋「往來」二德者，「无喪无得，往來井井」，皆由以剛居中，更无他義，故不具舉經文也。「汔至亦未繘井，未有功也」者，水未及用則井功未成，其猶人德未被物，❶亦是功德未就也。「羸其瓶，是以凶也」者，汲水未出而覆，喻脩德未成而止，所以致凶也。○注：「音舉上之上。」正義曰：嫌讀爲去聲，故音之也。

《象》曰，「木上」至「勸相」。正義曰：「木上有水」則是上水之象，❷所以爲「井」。「君子以勞民勸相」者，「勞」謂勞賚，「相」猶助也。井之爲義，汲養而不窮，君子以勞來之恩，勤恤民隱，❸勸助百姓，使有功成，❹則此養而不窮也。

初六，「井泥」至「時舍也」。正義曰：「井泥不食，舊井无禽」者，初六最處井底，上又无應，沈滯滓穢，即是井之下泥污，不堪食也，故曰「井泥不食」也。井泥而不可食，即是久井不見渫治，禽所不嚮，而況人乎？故曰「舊井无禽」也。《象》曰「下也」者，以其最在井下，故爲井泥也。「時舍也」者，人既非食，❺禽又不向，即是一時共棄舍也。○注：「井者，不變之物，居德之地。」正義曰：繫辭稱「改邑不改井」，故曰「井者，不變之物」。「居德」者，《繫辭》又云「井，德之地」，故曰「居德之地」也。注言此者，明井既有不變，即是有恒。既居德地，即是用德也。今居窮下，即是恒德至賤，故物无取也。禽之與人，皆共棄舍也。

九二，「井谷」至「无與也」。正義曰：「井谷射鮒」者，井之爲德，以下汲上。九二上无其應，反下比初，施之於事，正似谷中之水，下注轍鮒，❻井而似谷，故曰「井谷射鮒」也。「鮒」謂初也。《子夏傳》云：「井中蝦蟆，呼爲鮒魚也。」「甕敝漏」者，井而下注，失井之道，有似甕敝漏水，水漏下流，故曰「甕敝漏」也。

❶「未」，嘉本同，阮本作「事」。
❷「之」，阮本同，嘉本作「也」。
❸「隱」，阮本同，嘉本作「德」。
❹「功成」，嘉本同，阮本作「成功」。
❺「人」，嘉本同，阮本作「以」。
❻「轍」，原作「徹」，據嘉本改。

《象》曰「无與也」者，井既處下，宜應汲上，今反養下，則不與上交，物莫之與，故曰「无與也」。

九三，「井渫」至「受福也」。 正義曰：「井渫不食」者，「渫」，治去穢污之名也，井被渫治則清絜可食。九三處下卦之上，異初六「井泥」之時，得位而有應於上，非「射鮒」之象。但井以上出爲用，猶在下體，未有成功。功既未成，井雖渫治，未食也，故曰「井渫不食」也。「爲我心惻」者，「爲」猶使也，井渫而不見食，猶人脩己全絜而不見用，使我心中惻愴，故曰「爲我心惻」也。「可用汲，王明，並受其福」者，不同九二下注而不可汲也，有應於上是可汲也。井之可汲，猶人可用。若不遇明王則滯其才用，若遭遇賢主則申其行能。賢主既嘉其行，又欽其用，故曰「可用汲，王明，並受其福」也。

六四，「井甃」至「脩井也」。 正義曰：案：《子夏傳》云：「『甃』亦治也，以塼壘井，脩井之壞，謂之爲甃。」六四得位而无應，自守而已，不能給上，可以脩井崩壞。施之於人，可以脩德補過，故曰「井甃，无咎」也。《象》曰「脩井」者，但可脩井之壞，未可上給養人也。

九五，「井洌」至「中正也」。 正義曰：「井洌寒泉，食」者，餘爻不當貴位，但脩德以待用。九五爲卦之主，擇人而用之。「洌」，絜也。九五居中得正而體剛直，既體剛直則不食污穢，必須井絜而寒泉然後乃食。以言剛正之主不納非賢，必須行絜才高而後乃用，故曰「井洌寒泉，食」也。《象》曰「以中正」者，若非居中得正，則任用非賢，不能要待寒泉，然後乃食也。必言「寒泉」者，清而冷者，水之本性，遇物然後濁而温，故言「寒泉」以表絜也。

上六，「井收」至「大成也」。 正義曰：「收」式胄反，凡物可收成者則謂之「收」，❶如五穀之有收也。上六處井之極，水已出井，井功大成者也，故曰「井收」也。「勿幕有孚，元吉」者，「幕」，覆也，井功已成，若能不擅其美，不專其利，不自掩覆，與衆共之則爲物所歸信，能致其大功而獲元吉，故曰「勿幕有孚，元吉」也。《象》曰「元吉在上，大成」者，上六所以能獲「元吉」者，只爲居井之上，井功大成者也。

䷰ 離下兌上 革。「巳日」至「悔亡」。 正義

❶「凡物可」，嘉本作「物」。

曰：「革」者，改變之名也。此卦明改制革命，故名「革」也。「巳日乃孚」者，夫民情可與習常，難與適變，可與樂成，難與慮始。故革命之初人未信服，所以即日不孚，「巳日乃孚」也。「元亨利貞，悔亡」者，爲革而民信之，然後乃得大通而利正也。悔吝之所生，生乎變動。革之爲義，變動者也。革若不當則悔吝交及，如能大通利貞，則革道當矣。爲革而當乃得亡其悔吝，故曰「元亨利貞，悔亡」。

《彖》曰，「革水火」至「大矣哉」。正義曰：「革，水火相息，二女同居，其志不相得，曰『革』」者，此就二體釋卦名也。水火相息，先就二象明「革」。「息」，生也。火本乾燥，澤本潤濕，燥濕殊性，不可共處。若其共處，必相侵剋；既相侵剋，其變乃生，變生則本性改矣。水熱而成湯，火滅而氣冷，是謂「革」也。「二女同居」者，此就人事明「革」也。中、少二女而成一卦，此雖形同而志革也。一男一女乃相感應，二女雖復同居，其志終不相得。志不相得則變必生矣，所以爲「革」。「巳日乃孚，革而信」者，釋「革」之爲義，革初未孚，巳日乃信也。「文明以説」者，此舉二體，上釋革而信，下釋四德也。能用文明之德以説於人，❶所以革命而爲民所信也。「大亨以正」者，民既説文明之德而從之，所以大通而利正也。「革而當，其悔乃亡」者，爲「革」，若合於大通而利正，❷可謂「當」矣。革而當理，其悔乃亡消也。「天地革而四時成」者，以下廣明「革」義，此先明「天地革」者，天地之道，陰陽升降，温暑涼寒迭相變革，然後四時之序皆有成也。「湯武革命，順乎天而應乎人」者，次明「人革」也。❸夏桀、殷紂凶狂无度，天既震怒，人亦叛亡。❹殷湯、周武聰明睿智，上順天命，下應人心，放桀鳴條，誅紂牧野，革其王命，改其惡俗，故曰「湯武革命，順乎天而應乎人」。計王者相承，改正易服皆有變革，而獨舉湯、武者，蓋舜、禹禪讓，猶或因循，湯、武干戈極其損益，故取相變甚者以明「人革」也。「革之時大矣哉」者，備論革道之廣，訖摠結歎其大，故曰「大矣哉」也。

《象》曰，「澤中」至「明時」。正義曰：「澤中有火，革」者，火在澤中，二性相違，必相改變，故爲「革」象也。「君子以治歷明時」者，天時變改，故須歷

---

❶「用」，嘉本同，阮本作「思」。
❷「正」，嘉本同，阮本作「王」。
❸「次」，嘉本同，阮本作「以」。
❹「亡」，嘉本同，阮本作「主」。

數，所以君子觀兹革象，脩治歷數以明天時也。

初九，「鞏用」至「有爲也」。正義曰：「鞏」，固也，「黄」，中也，牛革，牛皮也。「革」之爲義，變改之名，而名皮爲革者，以禽獸之皮皆可從「革」，故以喻焉。皮雖從革之物，然牛皮堅仞難變。初九在革之始，革道未成，守夫常中，未能應變，施之於事，有似用牛皮以自固，未肯造次以從變者也，故曰「鞏用黄牛之革」也。《象》曰「不可以有爲」者，「有爲」謂適時之變，有所云爲也。既堅仞自固，可以守常，「不可以有爲也」。

六二，「巳日」至「有嘉也」。正義曰：「巳日乃革之」者，陰道柔弱，每事順從，不能自革。革，巳日乃能從之，故曰「巳日乃革之」。「征吉，无咎」者，與五相應，同處厥中，陰陽相應，往必合志，不憂咎也，故曰「征吉，无咎」。二、五雖是相應，而水火殊體，嫌有相剋之過，故曰「无咎」。《象》曰「行有嘉」者，往應見納，故行有嘉慶也。

九三，「征凶」至「何之矣」。正義曰：「征凶，貞厲。革言三就，有孚」者，九三陽爻剛壯，又居火極，火性炎上，處「革」之時欲征之使革，征之非道則正之危也，故曰「征凶，貞厲」。所以征凶致危者，正以水火相息之物，既處於火極，上之三爻，水在火上，皆從「革」者也。自四至上從命而變，不敢有違，則「從革」之言，三爻並成就，不虚，故曰「革言三就」。其言實誠，故曰「有孚」也。既「革言三就，❶有孚」，從革已矣，而猶征之，則凶，所以「征凶」而「貞厲」。《象》曰「又何之矣」者，征之本爲不從，既「革言三就」，更又何往征伐矣。

九四，「悔亡」至「信志也」。正義曰：「悔亡，有孚，改命，吉」者，九四與初同處卦下，初九處下卦之下，革道未成，故未能變。九四處上卦之下，所以能變也。无應，悔也，能變，故「悔亡」也。處水火之際，居會變之始，能不固吝，不疑於下，信彼改命之志而能從之，合於時願，所以得吉，故曰「有孚，改命，吉」也。《象》曰「信志」者，信下之志而行其命也。

九五，「大人」至「文炳也」。正義曰：「大人虎變，未占有孚」者，九五居中處尊，以大人之德爲革之主，損益前王，創制立法，有文章之美，焕然可觀，有似「虎變」，其文彪炳。則是湯、武革命，順天應人，❷

❶「革」，嘉本同，阮本作「不」。
❷「順天」，嘉本同，阮本作「廣大」。

不勞占決，信德自著，故曰「大人虎變，未占有孚」也。《象》曰「其文炳」者，義取文章炳著也。

上六，「君子」至「從君也」。正義曰：「君子豹變，小人革面」者，上六居革之終，變道已成。君子處之，雖不能同九五革命創制，如虎文之彪炳，然亦潤色鴻業，如豹文之蔚縟，故曰「君子豹變」也。「小人革面」者，小人處之，但能變其顔面容色，順上而已，故曰「小人革面」也。「征凶，居貞吉」者，革道已成，宜安静守正，更有所征則凶，居而守正則吉，故曰「征凶，居貞吉」也。《象》曰「其文蔚」者，明其不能大變，故文細而相映蔚也。❶「順以從君」者，明其不能潤色立制，但順而從君也。

周易正義卷第八

❶「細」，嘉本同，阮本作「炳」。

周易正義卷第九

國子祭酒上護軍曲阜縣
開國子臣孔穎達奉勅撰

䷱ 巽下離上 鼎，元吉，亨。正義曰：「鼎」者，器之名也。自火化之後，鑄金而爲此器，以供亨飪之用，謂之爲「鼎」。亨飪成新，能成新法。然則鼎之爲器，且有二義：一有亨飪之用，二有物象之法，故《彖》曰「鼎，象也」，明其有法象也。《雜卦》曰「革去故」而「鼎取新」，明其亨飪有成新之用。此卦明聖人革命，示物法象，惟新其制，有「鼎」之義，「以木巽火」，有「鼎」之象，故名爲「鼎」焉。變故成新必須當理，故先「元吉」而後乃「亨」，故曰「鼎，元吉，亨」。

《彖》曰，「鼎象」至「元亨」。正義曰：「鼎，象也」者，明「鼎」有亨飪成新之法象也。「以木巽火，亨飪也」者，此明上下二象有亨飪之用，此就「用」釋卦名也。「聖人亨以享上帝，而大亨以養聖賢」者，此明鼎用之美。亨飪所須，不出二種，一供祭祀，二當賓客。若祭祀則天神爲大，賓客則聖賢爲重，故舉其重大則輕小可知。❶ 享帝直言「亨」，養人則言「大亨」者，亨帝尚質，特牲而已，故直言「亨」。聖賢既多，養須飽飫，故「亨」上加「大」字也。「巽而耳目聰明」者，此明鼎用之益。言聖人既能謙巽大養聖賢，聖賢獲養則憂其事而助於己，明目達聰，不勞己之聰明，則不爲而成矣。「柔進而上行，得中而應乎剛，是以元亨」者，此就六五釋「元吉，亨」。以柔進上行，體已獲通，得中應剛，所通者大，故能制法成新而獲「大亨」也。

《象》曰，「木上」至「凝命」。正義曰：「木上有火」即是「以木巽火」，有亨飪之象，所以爲「鼎」也。「君子以正位凝命」者，「凝」者，嚴整之貌也。鼎既成新，即須制法。制法之美，莫若上下有序，正尊卑之位，輕而難犯，布嚴凝之命，故君子象此「以正位凝命」也。

初六，「鼎顛」至「從貴也」。正義曰：「鼎顛趾」，「趾」，足也，凡陽爲實而陰爲虛，鼎之爲物，下實而上虛。初六居鼎之始，以陰處下則是下虛，下虛而鼎足倒矣，故曰「鼎顛趾」也。「利出否」者，「否」者

❶「舉其重」，嘉本同，阮本作「質其牲」。

不善之物，鼎之倒趾，失其所利，鼎覆而不失其利在於寫出否穢之物也，故曰「利出否」也。「得妾以其子，无咎」者，「妾」者側媵，非正室也。施之於人，正室雖亡，妾猶不得爲室主，妾爲室主，亦猶鼎之顛趾而有咎過。妾若有賢子，則母以子貴，以之繼室則得「无咎」，故曰「得妾以其子，无咎」也。《象》曰「未悖也」者，倒趾以出否，未爲悖逆也。「以從貴」者，舊，穢也，新，貴也，棄穢納新，所以「從貴」也。然則去妾之賤名而爲室主，亦從子貴也。

九二，「鼎有」至「无尤也」。正義曰：「鼎有實，我仇有疾，不我能即，吉」者，「實」謂陽也，「仇」是匹也，「即」，就也。九二以陽之質居鼎之中，「有實」者也，故曰「鼎有實」也。有實之物不可復加也，加之則溢而傷其實矣。六五，我之仇匹，欲來應我，困於乘剛之疾不能就我，則我不溢而全其吉也，故曰「我仇有疾，不我能即，吉」也。《象》曰「慎所之」者，「之」，往也，自此已往，所宜慎之也。「終无尤也」者，五既有乘剛之疾，不能加我，則我「終无尤」也。

九三，「鼎耳」至「其義也」。正義曰：「鼎耳革，其行塞」者，鼎之爲義，下實上虛，是空以待物者也。鼎耳之用，亦宜空以待鉉。今九三處下體之上，當此鼎之耳，宜居空之地，而以陽居陽，是以實處實者也。既實而不虛，則變革鼎耳之常，義也。常所納物受鉉之處，今則塞矣，故曰「鼎耳革，其行塞」也。「雉膏不食」者，非直體實不受，❶又上九不應於己，亦无所納。雖有其器而无所用，雖有雉膏而不能見食也，故曰「雉膏不食」。「方雨虧悔，終吉」者，「雨」者陰陽交和，不偏亢者也，雖體陽爻，而統屬陰卦。若不全任剛亢，務在和通，方欲爲此和通，則悔虧而終獲吉，故曰「方雨虧悔，終吉」也。《象》曰「失其義也」者，失其虛中納受之義也。

九四，「鼎折」至「如何也」。正義曰：「鼎折足，覆公餗」者，「餗」，糝也，八珍之膳，鼎之實也。初以「出否」，至四所盛，故當馨絜矣，故以「餗」言之。初處下體之下，九四處上體之下，上有所承而又應初，下有所施，既承且施，非己所堪，故曰「鼎折足」。鼎足既折，則「覆公餗」也。「渥」，霑濡之貌也。既「覆公餗」，體則渥霑也。施之於人，知小而謀大，力薄而任重，如此必受其至辱，災及其身也，故曰「其形渥，凶」。《象》曰「信如何也」者，言不能治之於未亂，既敗之後，

❶「直」，嘉本同，阮本作「有」。

乃責之云「不量其力，果致凶災」。災既及矣，信如之何也？言信有此不可如何之事也。

六五，「鼎黄」至「爲實也」。正義曰：「鼎黄耳金鉉，利貞」者，「黄」，中也，「金」，剛也，「鉉」所以貫鼎而舉之也。五爲中位，故曰「黄耳」，應在九二，以柔納剛，故曰「金鉉」，所納剛正，故曰「利貞」也。《象》曰「中爲實也」者，言六五以中爲實，所受不妄也。

上九，「鼎玉」至「剛柔節也」。正義曰：「鼎玉鉉」者，「玉」者，堅剛而有潤者也。上九居鼎之終，鼎道之成，體剛處柔，則是用玉鉉以自舉者也，故曰「鼎玉鉉」也。「大吉，无不利」者，應不在一，即靡所不舉，故得「大吉」而「无不利」。《象》曰「剛柔節」者，以剛履柔，雖復在上，不爲《乾》之「亢龍」，故曰「剛柔節也」。

䷲ 震下震上 震。「亨」至「匕鬯」。正義曰：「震亨」者，「震」，動也，此象雷之卦，天之威動，故以「震」爲名。震既威動，莫不驚懼，驚懼以威則物皆整齊，由懼而獲通，所以震有亨德，故曰「震亨」也。「震來虩虩，笑言啞啞」者，「虩虩」，恐懼之貌也，「啞啞」，笑語之聲也。震之爲用，天之威怒，所以肅整怠慢，故迅雷風烈，君子爲之變容。施之於人事，則是威嚴之教行於天下也。故震之來也，莫不恐懼，故曰「震來虩虩」也。物既恐懼，不敢爲非，保安其福，遂至笑語之盛，故曰「笑言啞啞」也。「震驚百里，不喪匕鬯」者，「匕」，所以載鼎實；「鬯」，香酒也，奉宗廟之盛者也。震卦施之於人又爲長子，長子則正體於上，將所傳重，出則撫軍，守則監國，威震驚於百里，可以奉承宗廟，彝器粢盛，守而不失也，故曰「震驚百里，不喪匕鬯」。

○注「威震」至「廟之盛也」。正義曰：先儒皆云「雷之發聲，聞乎百里」，故古帝王制國，公侯地方百里，故以象焉。竊謂：天之震雷不應止聞百里，蓋以古之啓土，百里爲極。文王作繇在殷時，明長子威震於一國，故以「百里」言之也。「匕，所以載鼎實；鬯，香酒」者，陸績云：「匕者棘匕，橈鼎之器。」先儒皆云：匕形似畢，但不兩岐耳。以棘木爲之，長三尺，刊柄與末。《詩》云「有捄棘匕」是也。用「棘」者，取其赤心之義。❶祭祀之禮，先烹牢於鑊，既納諸鼎而加冪焉。將薦乃舉冪，而以匕出之，升于俎上，故曰「匕所以載鼎實」也。「鬯」者，鄭玄之義則爲秬黍之酒，其氣調暢，故謂之

❶「其」，嘉本無此字。

「鬯」,《詩傳》則爲「鬯」是香草。案《王度記》云:「天子鬯,諸侯薰,大夫蘭。」以例而言之,則「鬯」是草,明矣。今特言「匕鬯」者,鄭玄云:「人君於祭祀之禮,尚牲薦鬯而已,其餘不足觀也。」

《彖》曰,「震亨」至「祭主也」。正義曰:「震,亨」者,卦之名德,但舉經而不釋名德所由者,正明由懼得通,故曰「震亨」,更无他義。或本无此二字。「震來虩虩,恐致福也」者,威震之來,初雖恐懼,能因懼自脩,所以致福也。「笑言啞啞,後有則也」者,因前恐懼自脩,未敢寬逸,致福之後方有「笑言」,以曾經戒懼,不敢失則,必時然後言,樂然後笑,故曰「笑言啞啞,後有則」也。「震驚百里,驚遠而懼邇」者,言威震驚於百里之遠,則惰者恐懼於近也。「出可以守宗廟社稷,以爲祭主」者,釋「不喪匕鬯」之義也。「出」,謂君出巡狩等事也。君出則長子留守宗廟社稷,攝祭主之禮事也。○注:「已出。」正義曰:「已出」謂君也。

《象》曰,「洊雷」至「脩省」。正義曰:「洊」者重也,因仍也。雷相因仍乃爲威震也,此是重震之卦,故曰「洊雷,震」也。「君子以恐懼脩省」者,君子恒自戰戰兢兢,不敢懈惰,今見天之怒,畏雷之威,彌自脩身,省察己過,故曰「君子以恐懼脩省」也。

初九,「震來」至「有則也」。正義曰:初九剛陽之德,爲一卦之先,剛則不闇於幾,先則能有前識,故處震驚之始能以恐懼自脩而獲其吉,故曰「震來虩虩,後笑言啞啞,吉」。此爻辭兩句,既與卦同,《象》辭釋之又與《彖》不異者,蓋卦舉威震之功,❶令物恐懼致福,爻論遇震而懼、脩省致福之人,卦則自震言人,爻則據人威震,所説雖殊,其事一也。所以爻卦二辭本末俱等,其猶屯卦初九,與卦俱稱「利建侯」,然卦則汎舉屯時宜其有所封建,❷爻則以貴下賤,則是堪建之人。此震之初九,亦其類也。

六二,「震來厲」至「乘剛也」。正義曰:「震來厲,億喪貝」者,「億」,辭也,「貝」,資貨糧用之屬。震之爲用,本威惰慢者也。初九以剛處下,聞震而懼,恐而致福,即是有德之人。六二以陰賤之體不能敬於剛陽,尊其有德,❸而反乘之,是傲尊陵貴,爲天所誅。震來則有危亡,喪其資貨,故曰「震來厲,億喪貝」也。「躋于九陵,勿逐,七日得」者,「躋」,升也,犯

❶「舉」,嘉本同,阮本作「主」。
❷「汎」,嘉本同,阮本作「凡」。
❸「德」,嘉本同,阮本作「得」。

逆受戮，无應而行，行无所舍。威嚴大行，物莫之納。既喪資貨，无糧而走，雖復超越陵險，必困於窮匱，不過七日，爲有司所獲矣，故曰「躋於九陵，勿逐，七日得」。《象》曰「乘剛也」者，只爲乘於剛陽，所以犯逆受戮也。

六三，「震蘇」至「不當也」。正義曰：「震蘇蘇，震行无眚」者，「蘇蘇」，畏懼不安之貌。六三居不當位，故震懼而「蘇蘇」然也。雖不當位，而无乘剛之逆，故可以懼行而无災眚也，故曰「震蘇蘇，震行无眚」也。《象》曰「位不當」者，其猶竊位者，遇威嚴之世不能自安也。○注：「位非所處，故蘇蘇。」又云：「懼行而无眚。」正義曰：驗注，以訓「震」爲懼，❶蓋懼不自爲懼，由震故懼也。自下爻辭，皆以震言懼也。

九四，「震遂」至「未光也」。正義曰：「震遂泥」者，九四處四陰之中，爲衆陰之主。當恐懼之時，宜勇其身以安於衆，若其自懷震懼則遂滯溺而困難矣，故曰「震遂泥」也。然四失位違中，則是有罪自懼，遂沈泥者也。《象》曰「未光也」者，身既不正，不能除恐，使物安己，是道德未能光大也。

六五，「震往」至「无喪也」。正義曰：「震往來厲」者，六五往則无應，來則乘剛，恐而往來不免於咎，故曰「震往來厲」也。「億无喪，有事」者，夫處震之時而得尊位，斯乃有事之機，而懼以往來，將喪其事，故戒之曰「億无喪，有事」也。《象》曰「危行也」者，懷懼往來是致危之行。「其事在中，大无喪也」者，六五居尊當其有事，❷在於中位得建大功。若守中建大則无喪有事，若恐懼往來則致危无功也。

上六，「震索」至「鄰戒也」。正義曰：「震索索，視矍矍」者，「索索」，心不安之貌，「矍矍」，視不專之容。上六處震之極，極震者也。既居震位，欲求中理以自安而未能得，故懼而索索，視而矍矍，无所安親。「征凶」者，夫處動懼之極而復征焉，凶其宜也，故曰「征凶」也。「震不于其躬，于其鄰，无咎」者，若恐非己造，彼動故懼，懼鄰而戒，合於備豫則得无咎，故曰「震不于其躬，于其鄰，无咎」也。「婚媾有言」者，居極懼之地，雖復婚媾相結，亦不能无相疑之言，故曰「婚媾有言」也。《象》曰「中未得也」者，猶言未得中也。「畏鄰戒也」者，畏鄰之動，懼而自戒乃得无咎。

❶「訓震」，嘉本同，阮校引盧文弨云當作「震訓」。
❷「其有」，嘉本同，阮本作「有其」。

䷳ 艮下艮上 艮。「其背」至「无咎」。正義曰：「艮其背，不獲其身，行其庭，不見其人，无咎」者，「艮」，止也，静止之義。此是象山之卦，故以「艮」爲名。❶施之於人則是止物之情，防其動欲，故謂之止。「艮其背」者，此明施止之所也。施止得所則其道易成，施止不得其所則其功難成，故《老子》曰「不見可欲，使心不亂」也。「背」者，无見之物也，夫无見則自然静止。夫欲防止之法宜防其未兆，既而止則傷物情，❷故施止於无見之所則不隔物欲，得其所止也。若施止於面則對面而不相通，强止其情則姦邪並興而有凶咎。止而无見則所止在後，不與面相對。❸言有物對面而來，則情欲有私於己。既止在後則是施止无見，所止无見，何及其身？❹故「不獲其身」。既「不獲其身」，則相背矣。相背者，雖近而不相見，故「行其庭，不見其人」。如此乃得无咎，故曰「艮其背，不獲其身，行其庭，不見其人，无咎」也。又若能止於未兆，則是治之於未萌，若對面不相交通，則是「否」之道也。但止其背，可得「无咎」也。○注：「目无患也。」正義曰：「目」者，能見之物，施止於面則抑割所見，强隔其欲是目見之所患。今施止於背則「目无患」也。

《彖》曰，「艮止」至「无咎也」。正義曰：「艮，止也」者，訓其名也。「時止時止，❺時行則行，動静不失其時，其道光明」者，將釋施止有所光明，施止有時。凡物之動息，自若有時運。❻用止之法不可爲常，必須應時行止，然後其道乃得光明也。「艮其止，止其所也」者，此釋施止之所也。「艮其止」者，疊經文「艮其背」也。「易背曰止，以明背」者，无見之物即是可止之所也，既時止即宜止，時行則宜行，所以施止須得其所。❼艮既訓止，今言「艮其止」，是止其所止也，故曰「艮其止，止其所」也。「上下敵應，不相與也」者，此就六爻皆不相應釋艮卦之名，又釋「不獲其身」以下之義。凡應者，一陰一陽二體不敵，今上下之位雖復相當，而爻皆峙敵，不相交與，故曰「上下敵應，不相與」也。然八純之卦皆六爻不應，何獨於此言之者，謂此卦既止而不交，爻又峙而不應，與「止」義相協，故兼

❶「故」，嘉本同，阮本作「其」。
❷「既」，嘉本、阮本皆作「既兆」。
❸「面」，嘉本同，阮本作「而」。
❹「及」，嘉本同，阮本作「見」。
❺下「時」字，嘉本、阮本作「則」。
❻「若」，嘉本、阮本作「各」。
❼「得其所」，嘉本同，阮本作「須是所」。

取以明之也。❶是以「不獲其身，行其庭，不見其人，无咎也」者，此舉經文以結之，明相與而止之則「有咎」也。❷

《象》曰，「兼山」至「其位」。正義曰：「兼山，艮」者，兩山兼重謂之「兼山」也。直置一山已能鎮止，今兩山重疊，止義彌大，故曰「兼山，艮」也。「君子以思不出其位」者，止之爲義，各止其所，故君子於此之時，思慮所及不出其己位也。

初六，「艮其」至「未失正也」。正義曰：「艮其趾，无咎」者，「趾」，足也，初處體下故謂之「足」。居止之初，行无所適，止其足而不行乃得无咎，故曰「艮其趾，无咎」也。「利永貞」者，靜止之初不可以躁動，故利在「永貞」也。《象》曰「未失正也」者，行則有咎，止則不失其正，釋所以在「永貞」。

六二，「艮其腓」至「退聽也」。正義曰：「艮其腓，不拯其隨」者，「腓」，腸也，在足之上。腓體或屈或伸，躁動之物，腓動則足隨之，故謂足爲「隨」。「拯」，舉也。今既施止於腓，腓不得動則足无由舉，❸故曰「艮其腓，不拯其隨」也。「其心不快」者，腓是躁動之物而强止之，貪進而不得動，則情與質乖也，故曰「其心不快」。此爻明施止不得其所也。《象》曰「未退聽也」者，「聽」，從也，既不能拯動，又不能靜退聽從其見止之命，所以「其心不快」矣。

九三，「艮其限」至「危薰心也」。正義曰：「艮其限，列其夤，厲薰心」者，「限」，身之中，人繫帶之處，❹言三當兩象之中，故謂之「限」。施止於限，故曰「艮其限」也。「夤」，當中脊之肉也。「薰」，燒灼也。既止加其身之中，則上下不通之義也，是分列其夤。夤既分列，身將喪亡，故憂危之切薰灼其心矣。然則君臣共治，大體若身。大體不通則君臣不接，君臣不接則上下離心，列夤則身亡，離心則國喪，故曰「列其夤，厲薰心」。○注：「體分兩主，大器喪矣。」正義曰：「大器」謂國與身也。此爻亦明施止不得其所也。

六四，「艮其身」至「諸躬也」。正義曰：「艮其身，无咎」者，中上稱身。六四居止之時已入上體，履得其位，止求諸身，不陷於咎，故曰「艮其身，无

❶「取」，嘉本同，阮本作「此」。
❷「有」，嘉本、阮本作「无」。
❸「由」，嘉本同，阮本作「拯」。
❹「繫」，嘉本同，阮本作「是」。

咎」也。求，責也。諸，之也。《象》曰「止諸躬也」者，「躬」猶身也，明能静止其身，不爲躁動也。○注：「自止其躬，不分全體。」正義曰：艮卦揔其兩體以爲一身，❶兩體不分乃謂之全，全乃謂之身。以九三居兩體之際，在於身中，未入上體則是止於下體，不與上交，所以體分夤列。六四已入上體則非上下不接，故能揔止其身，不分全體。然則身是揔名，而言「中上稱身」者何也？蓋至中則體分而身喪，入上體則不分而身全。九三施止於分體故謂之「限」，六四施止於全體故謂之「身」。非中上獨是其身，而中下非身也。

六五，「艮其輔」至「中正也」。正義曰：「艮其輔，言有序，悔亡」者，「輔」，頰車也，能止於輔頰也。以處其中，故口无擇言也。言有倫序，能亡其悔，故曰「艮其輔，言有序，悔亡」也。《象》曰「以中正」者，位雖不正，以居得其中，故不失其正，故「言有序」也。

上九，「敦艮」至「厚終也」。正義曰：「敦艮，吉」者，「敦」，厚也，上九居艮之極，極止者也。在上能用敦厚以自止，不陷非妄，宜其吉也，故曰「敦艮，吉」也。《象》曰「以厚終」者，言上九能以敦厚自終，所以獲吉也。

䷴ 艮下巽上 漸，女歸吉，利貞。正義曰：「漸」者，不速之名也。凡物有變移，徐而不速謂之「漸」也。「女歸吉」者，「歸」，嫁也，女人生有外成之義，以夫爲家，故謂嫁曰「歸」也。婦人之嫁，備禮乃動，故漸之所施，吉在女嫁，故曰「女歸吉」也。「利貞」者，女歸有漸，得禮之正，故曰「利貞」也。

《彖》曰，「漸之」至「不窮也」。正義曰：「漸之進也」者，釋卦名也。漸是徐動之名，不當進退，但卦所名「漸」是「之於進」也。「女歸吉也」者，漸漸而進之，施於人事是女歸之吉也。「進得位，往有功也。進以正，可以正邦也」者，此就九五得位剛中釋「利貞」也。言進而得於貴位，是「往而有功」也。以六二適九五是進而以正，身既得正「可以正邦」也。「其位剛得中」者，此卦爻皆得位，上言進得位，嫌是兼二、三、四等，故特言「剛得中」，以明「得位」之言惟是九五也。❷「止而巽，動不窮也」者，此就二體廣明漸進之美也。止不爲暴，巽能用謙，以斯適進，物无違拒，故能漸而動進，不有困窮也。

---

❶「一」，嘉本同，阮本作「二」。

❷「之」，嘉本同，阮本作「言」。

《象》曰，「山上」至「善俗」。正義曰：「山上有木，漸」者，木生山上，因山而高，非是從下忽高，故是「漸」義也。「君子以居賢德善俗」者，夫止而巽者，漸之美也。君子求賢德使居位，化風俗使清善，皆須文德謙下，漸以進之。若以卒暴威刑，物不從矣。

初六，「鴻漸于干」至「无咎也」。正義曰：「鴻漸于干」者，「鴻」，水鳥也，「干」，水涯也。漸進之道自下升高，故取譬「鴻」飛，自下而上也。初之始進，未得禄位，上无應援，體又窮下，若鴻之進於河之干，不得安寧也，故曰「鴻漸于干」也。「小子厲，有言，无咎」者，始進未得顯位，易致陵辱，則是危於小子，而被毁於謗言，故曰「小子厲，有言」。小人之言，未傷君子之義，故曰「无咎」也。《象》曰「義无咎」者，備如經釋。

六二，「鴻漸」至「不素飽也」。正義曰：「鴻漸于磐，飲食衎衎，吉」者，「磐」，山石之安者也，「衎衎」，樂也。六二進而得位，居中而應，得可安之地，故曰「鴻漸于磐」。既得可安之地，所以「飲食衎衎」然。樂而獲吉，福也，故曰「鴻漸于磐，飲食衎衎，吉」也。《象》曰「不素飽」者，「素」，故也，故无禄養，今日得之，故「願莫先焉」。○注：「磐，山石之安也。」正義曰：馬季長云：❶「山中石磐紆，故稱磐也。」鴻是水鳥，非是集於山石陵陸之禽，而爻辭以此言「鴻漸」者，蓋「漸」之爲義，漸漸之於高，故取山石陵陸以應漸高之義，不復係水鳥也。

九三，「鴻漸于陸」至「相保也」。正義曰：「鴻漸于陸，夫征不復，婦孕不育，凶」者，「陸」，高之頂也，九三居下體之上，是進而得高之象，故曰「鴻漸于陸」也。進而之陸，无應於上，與四相比，四亦无應，近而相得。三本是艮體，與初、二相同一家。棄其羣類而與四合好，即是夫征而不反復也。夫既樂於邪配，妻亦不能保其貞。非夫而孕，故「不育」也。見利忘義，貪進忘舊，凶之道也，故曰「夫征不復，婦孕不育，凶」也。「利禦寇」者，異體合好，恐有寇難離間之者。然和比相順，共相保安，❷物莫能間，故曰「利用禦寇」也。《象》曰「離羣醜」者，「醜」，類也，言三與初、二雖有陰陽之殊，同體艮卦，故謂之「羣醜」也。「失其道也」者，非夫而孕，孕而不育，失道故也。「順相保也」者，謂四以陰乘陽，嫌其非順，然好合相得，和比相安，

❶「長」，嘉本同，阮本作「良」。
❷「共」，嘉本同，阮本作「其」。

故曰「順相保」也。○注：「陸，高之頂也。」正義曰：《爾雅》云「高平曰陸」，故曰「高之頂」也。

六四，「鴻漸于木」至「以巽也」。正義曰：「鴻漸于木」者，鳥而之木，得其宜也。六四進而得位，故曰「鴻漸于木」也。「或得其桷，无咎」者，「桷」，榱也。之木而遇堪爲桷之枝，取其易直可安也。六四與三相得，❶順而相保，故曰「或得其桷」。既與相得，无乘剛之咎，故曰「无咎」。《象》曰「順以巽也」者，言四雖乘三，體巽□而下附，❷三雖被乘，上順而相保，所以六四得其安栖，由「順以巽也」。

九五，「鴻漸于陵」至「所願也」。正義曰：「鴻漸于陵」者，「陵」，次陸者也，九五進得中位，❸處於尊高，故曰「鴻漸于陵」。「婦三歲不孕」者，有應在二而隔乎三、四，不得與其應合，是二、五情意，徒相感説而隔礙不交，故曰「婦三歲不孕」也。「終莫之勝，吉」者，然二與五合，各履正而居中，三、四不能久塞其路，終得遂其所懷，故曰「終莫之勝，吉」也。《象》曰「得所願也」者，所願在於與二合好，既各履中正，无能勝之，故終得其所願也。○注：「進以正邦，三年有成。」正義曰：九五居尊得位，故曰「進以正邦也」。「三歲有成」，❹則三、四不敢塞其路，故曰「不過三歲」也。

上九，「鴻漸」至「不可亂也」。正義曰：「鴻漸于陸」者，上九與三皆處卦上，故並稱「陸」。上九最居上極，是進處高絜，故曰「鴻漸于陸」也。「其羽可用爲儀，吉」者，然居无位之地，是不累於位者也。處高而能不以位自累，則其羽可用爲物之儀表，可貴可法也，故曰「其羽可用爲儀，吉」也。必言「羽」者，既以「鴻」明「漸」，故用「羽」表「儀」也。《象》曰「不可亂也」者，進處高絜，不累於位，无物可以亂其志也。

䷵ 兑下震上 歸妹，征凶，无攸利。正義曰：「歸妹」者，卦名也，婦人謂嫁曰「歸」，「歸妹」猶言嫁妹也。然《易》論「歸妹」得名不同。《泰》卦六五云「帝乙歸妹」，彼據兄嫁妹謂之「歸妹」。此卦名「歸妹」，以妹從姊而嫁謂之「歸妹」，❺故初九爻辭云「歸妹以娣」是也。上咸卦明二少相感，恒卦明二長相承，今此卦以

❶「三」，嘉本同，阮本作「二」。
❷「□」，嘉本無空格。「下附」，嘉本同，阮本作「附下」。
❸「得」，嘉本同，阮本作「于」。
❹「歲」，嘉本同，阮本作「年」。
❺「姊」，嘉本作「姊」，阮本作「娣」。

少承長，非是匹敵，明是妹從姊嫁，故謂之「歸妹」焉。古者諸侯一取九女，嫡夫人及左右媵皆以姪娣從，故以此卦當之矣。不言「歸姪」者，女娣是兄弟之行，亦舉尊以包之也。「征凶，无攸利」者，歸妹之戒也。「征」謂進有所往也，妹從姊嫁，本非正匹，惟須自守卑退以事元妃。若妄進求寵則有並后凶咎之敗，故曰「征凶，无攸利」。

《彖》曰，「歸妹」至「乘剛也」。正義曰：「歸妹，天地之大義也。天地不交而萬物不興」者，此舉天地交合然後萬物蕃興，證美「歸妹」之義。所以未及釋卦名先引證者，以「歸妹」之義非人情所欲，且違於匹對之理。蓋以聖人制禮，令姪娣從其姑姊而充妾媵者，所以廣其繼嗣，以象天地以少陰少陽、長陰長陽之氣共相交接，所以蕃興萬物也。「歸妹，人之終始也」者，上既引天地交合爲證，此又舉人事「歸妹」結合其義也。天地以陰陽相合而得生物不已，人倫以長少相交而得繼嗣不絶，歸妹豈非「天地之大義，人倫之終始」也。「説以動，所歸妹也」者，此就二體釋「歸妹」之義。少女而與長男交，少女所不樂也。而今「説以動」，所歸必妹也。雖與長男交，嫁而係於姊，是以「説」也。係姊所以説者，既係姊爲媵，不得別適，若其不以備數，更有勤望之憂，❶故係姊而行合禮，「説以動」也。「征凶，位不當也」者，此因二、三、四、五皆不當位，釋「征凶」之義。位既不當，明非正嫡，因説動而更求進，妖邪之道也。所戒其「征凶」也。「无攸利，柔乘剛也」者，此因六三、六五乘剛釋「无攸利」之義。夫陽貴而陰賤，以妾媵之賤進求殊寵，即是以賤陵貴，故无施而利也。○注「以征」至「之逆」。正義曰：《彖》以失位釋「征凶」，乘剛釋「无攸利」，而注連引言之者，《略例》云：「去初、上而論位分，則三、五各在一卦之上，何得不謂之陽？二、四各在一卦之下，何得不謂之陰？然則二、四陰位也，三、五陽位也。」陽應在上，陰應在下，今二、三、四、五並皆失位，其勢自然柔皆乘剛，其猶妾媵求寵，其勢自然以賤陵貴。以明柔之乘剛，緣於失正而進也。

《象》曰，「澤上」至「知敝」。正義曰：「澤上有雷」，「説以動」也，故曰「歸妹」。「君子以永終知敝」者，歸妹，相終始之道也，故君子象此以永長其終，知應有不終之敝故也。

初九，「歸妹」至「相承也」。正義曰：「歸

❶「勤」，嘉本同，阮本作「動」。

妹以娣」者，少女謂之「妹」，從姊而行謂之「歸」。初九以兑適震，非夫婦匹敵，是從姊之義也，故曰「歸妹以娣」也。「跛能履」者，妹而繼姊爲娣，雖非正配，不失常道。譬猶跛人之足然，雖不正，不廢能履，故曰「跛能履」也。「征吉」者，少長非偶，爲妻而行則凶焉，爲娣而行則吉，故曰「征吉」也。《象》曰「以恒也」者，妹而爲娣，恒久之道也。「吉相承也」者，行得其宜是相承之吉也。○注：「夫承嗣以君之子，雖幼而不妄行。」正義曰：此爲少女作比例也。❶言君之子宜爲嗣承，以類妃之妹應爲娣也。立嗣宜取長，然君之子雖幼而立之不爲妄也。以言行嫁宜匹敵。然妃之妹雖至少，而爲娣則可行也。

九二，「眇能」至「變常也」。正義曰：九二不云「歸妹」者，既在「歸妹」之卦，「歸妹」可知，故略不言也。然九二雖失其位，不廢居内處中。以言「歸妹」，雖非正配，不失交合之道。猶如眇目之人，視雖不正，不廢能視耳，故曰「眇能視」也。「利幽人之貞」者，居内處中，能守其常，施之於人是處幽而不失其貞正也，故曰「利幽人之貞也」。《象》曰「未變常也」者，貞正者人之常也，九二失位，❷嫌其變常不貞也，能以履中不偏，故云「未變常」也。

六三，「歸妹以須」至「未當也」。正義曰：「歸妹以須」者，六三在「歸妹」之時，處下體之上，有欲求爲室主之象，而居不當位，則是室主猶存。❸室主既存而欲求進，爲未值其時也。未當其時則宜有待，故曰「歸妹以須」也。「反歸以娣」者，既而有須，不可以進，宜反歸待時，以娣乃行，故曰「反歸以娣」。《象》曰「未當也」者，未當其時，故宜有待也。

九四，「歸妹」至「而行也」。正義曰：「歸妹愆期，遲歸有時」者，九四居不得位，❹又无其應，以斯適人，必待彼道窮盡，无所與交，然後乃可以往，故曰「愆期，遲歸有時」也。《象》曰「愆期之志，有待而行」者，嫁宜及時，今乃過期而遲歸者，此嫁者之志，正欲有所待而後乃行也。

六五，「帝乙」至「貴行也」。正義曰：「帝乙歸妹」者，六五居歸妹之中，獨處貴位，是帝王之所嫁妹也，故曰「帝乙歸妹」。「其君之袂，不如其娣之袂

❶「比」，嘉本、阮本作「此」。
❷「二」，嘉本同，阮本作「三」。
❸「猶」，嘉本同，阮本作「獨」。
❹「不」，嘉本同，阮本作「下」。

良」者，六五雖處貴位，卦是長陽之卦，若以爻爲人即是婦人之道，故爲帝乙之妹。既居長卦，乃是長女之象，其君即五也。袂，衣袖也，所舉斂以爲禮容，帝王嫁妹，爲之崇飾，故曰「其君之袂」也。配在九二，兑少震長，以長從少者也。❶以長從少，❷雖有其君崇飾之袂，猶不若以少從長之爲美，故曰「不如其娣之袂良」也。「月幾望，吉」者，陰而貴盛，如月之近望。以斯適配，雖不如以少從長，然以貴而行，往必合志，故得吉也，故曰「月幾望，吉」也。《象》曰「帝乙歸妹，不如其娣之袂良」者，釋其六五雖所居貴位，然長不如少也。言不如少女而從於長男也。❸「其位在中，以貴行也」者，釋「月幾望，吉」也。既以長適少，非歸妹之美，而得「吉」者，其位在五之中，以貴盛而行，所往必得合而獲「吉」也。

上六，「女承」至「虚筐也」。正義曰：「女承筐，无實，士刲羊，无血，无攸利」者，女之爲行，以上有承順爲美。士之爲功，以下有應命爲貴。上六處卦之窮，仰則无所承受，故爲「女承筐」，則虚而无實。又下无其應，下命則无應之者，故爲「士刲羊」則乾而「无血」，❹故曰「女承筐，无實，士刲羊，无血」。則進退莫與，故无所利。《象》曰「承虚筐」者，筐本盛幣，以幣爲實。今之「无實」，正是承捧虚筐，空无所有也。

䷶ 離下震上　豐。「亨」至「日中」。正義曰：「豐亨」者，「豐」，卦名也，《彖》及《序卦》皆以「大」訓「豐」也，然則「豐」者多大之名，盈足之義，財多德大，故謂之爲「豐」。德大則无所不容，財多則无所不濟，❺无所擁礙謂之爲「亨」，故曰「豐亨」。「王假之」者，「假」，至也，豐亨之道，王之所尚，非有王者之德不能至之，故曰「王假之」也。「勿憂，宜日中」者，「勿」，无也，王能至於豐亨乃得无復憂慮，故曰「勿憂」也。用夫豐亨无憂之德，然後可以君臨萬國，徧照四方，如日中之時徧照天下，故曰「宜日中」也。

《彖》曰，「豐大」至「鬼神乎」。正義曰：「豐，大也」者，釋卦名正是弘大之義也。「明以動，故豐」者，此就二體釋卦得名爲「豐」之意。動而不明，未

❶「也」，嘉本同，阮本無此字。
❷「以長從少」，嘉本同，阮本作「可以從少」。
❸「如」，嘉本同，阮本作「必」。
❹「血」，嘉本同，阮本作「和」。
❺「濟」，嘉本同，阮本作「齊」。

能光大；資明以動，乃能致豐，故曰「明以動，故豐」也。「王假之，尚大也」者，豐大之道，王所崇尚，所以王能至之，以能尚大故也。「勿憂，宜日中，宜照天下也」者，日中之時徧照天下，王无憂慮，德乃光被，同於日中之盛，❶故曰「勿憂，宜日中，宜照天下也」。「日中則昃，月盈則食，天地盈虚，與時消息，而況於人乎？況於鬼神乎」者，此孔子因豐設戒。以上言王者以豐大之德照臨天下，同於日中。然盛必有衰，自然常理。日中至盛，過中則昃；月滿則盈，過盈則食。天之寒暑往來，地之陵谷遷貿，盈則與時而息，虚則與時而消。天地日月尚不能久，況於人與鬼神而能長保其盈盛乎？勉令及時脩德，仍戒居存慮亡也。此辭先陳天地，後言人、鬼、神者，欲以輕譬重，亦先尊後卑也。而日月先天地者，承上「宜日中」之下，遂言其昃食，因舉日月以對之，然後并陳天地，作文之體也。○注：「音闡大之大也。」正義曰：闡者，弘廣之言。凡物之大，其有二種：一者自然之大，二者由人之闡弘使大。「豐」之爲義，既闡弘微細，則「豐」之稱「大」乃「闡大」之「大」，非自然之「大」，故音之也。

《象》曰，「雷電」至「致刑」。正義曰：「雷電皆至，豐」者，雷者天之威動，電者天之光耀。雷電俱至則威明備，足以爲「豐」也。「君子以折獄致刑」者，君子法象天威而用刑罰，亦當文明以動，折獄斷決也。斷決獄訟須得虚實之情，致用刑罰必得輕重之中。若動而不明則淫濫斯及，故君子象於此卦而折獄致刑。

初九，「遇其」至「旬災也」。正義曰：「遇其」至「旬災也」。正義曰：「遇其配主」者，豐者文明以動，尚乎光大者也。初配在四，俱是陽爻，以陽適陽，以明之動，能相光大者也，故曰「遇其配主」也。「雖旬无咎，往有尚」者，「旬」，均也，俱是陽爻謂之爲均，非是陰陽相應，嫌其有咎，以其能相光大，故雖均可以无咎，而往有嘉尚也，故曰「雖均无咎，往有尚」也。《象》曰「過旬災也」者，言勢若不均則相傾奪，既相傾奪則争競乃興而相違背，災咎生焉，❷故曰「過旬災」也。○注：「過均則争，交斯叛也。」正義曰：初，四應配謂之爲「交」，勢若不均，則初、四之相交，於斯乖叛矣。

六二，「豐其」至「發志也」。正義曰：「豐其蔀」者，二以陰居陰，又處於内，幽闇无所覩見，所豐

❶「盛」，嘉本同，阮本作「盈」。
❷「生」，嘉本同，阮本作「至」。

在於覆蔽，故曰「豐其蔀」也。「蔀」者，覆，曖障光明之物也。「日中見斗」者，二居離卦之中，如日正中，則至極盛者也。處日中盛明之時而斗星顯見，是二之至闇使斗星見明者也。處光大之世而爲極闇之行，譬日中而斗星見，故曰「日中見斗」也。二、五俱陰，二已見斗之闇不能自發，以自求於五，往則得見疑之疾，故曰「往得疑疾」也。然居中履正，處闇不邪，是有信者也。有信以自發其志，不困於闇，故獲吉也，故曰「有孚發若，吉」也。《象》曰「信以發志」者，雖處幽闇而不爲邪，是有信以發其豐大之志，故得吉也。

九三，「豐其沛」至「可用也」。正義曰：「豐其沛，日中見沬」者，「沛」，幡幔，所以禦盛光也，「沬」，微昧之明也。以九三應在上六，志在乎陰，雖愈於六二以陰處陰，亦未見免於闇也，是所以「豐在沛，日中見沬」也。處光大之時而豐沛見沬，雖愈於豐蔀見斗，然施於大事終不可用。假如折其右肱，自守而已，乃得无咎，故曰「折其右肱，无咎」。《象》曰「不可大事」者，當光大之時可爲大事，而明不足，❶故不可爲大事也。「終不可用」者，凡用事在右肱，右肱既折，雖有左在，終不可用也。

九四，「豐其」至「吉行也」。正義曰：「豐其蔀」者，九四以陽居陰，闇同於六二，故曰「豐其蔀」也。「日中見斗，遇其夷主，吉」者，「夷」，平也，四應在初，而同是陽爻，能相顯發而得其吉，故曰「遇其夷主，吉」也。言四之與初交相爲主者，若賓主之義也。若據初適四則以四爲主，故曰「遇其配主」。自四之初則以初爲主，故曰「遇其夷主」也。二陽體敵，兩主均平，故初謂四爲「旬」，而四謂初爲「夷」也。《象》曰「位不當」者，止謂以陽居陰而位不當，所以豐蔀而闇者也。「幽不明也」者，日中盛明而反見斗，❷以譬當光大而居陰，是應明而幽闇不明也。「吉行也」者，處於陰位爲闇已甚，更應於陰，无由獲吉，猶與陽相遇，故得「吉行」也。

六五，「來章」至「有慶也」。正義曰：六五處豐大之世，以陰柔之質來適尊陽之位，能自光大，章顯其德，而獲慶善也，故曰「來章有慶譽，吉」也。《象》曰「有慶也」者，言六五以柔處尊，履得其中，故致「慶譽」也。

上六，「豐其屋」至「自藏也」。正義曰：

❶「而」，嘉本同，阮本無此字。
❷「盛明而反」，嘉本同，阮本作「盛則反而」。

「屋」者，藏蔭隱蔽之物也。上六以陰處陰，極以處外，不履於位，是深自幽隱，絶跡深藏也，事同豐厚於屋者也。既豐厚其屋而又覆蔀其家，屋厚家闇，蔽鄣之甚也。雖闚視其户而闃寂无人，棄其所處而自深藏也。處於豐大之世，隱不爲賢。治道未濟，隱猶可也。三年豐道已成而猶不見，所以爲凶，故曰「豐其屋，蔀其家，闚其户，闃其无人，三歲不覿，凶」。《象》曰「天際翔也」者，如鳥之飛翔於天際，言隱翳之深也。「自藏也」者，言非有爲而當自藏，可以出而不出，无事自爲隱藏也。

周易正義卷第九

計九千七百一十字

周易正義卷第十

國子祭酒上護軍曲阜縣
開國子臣孔穎達奉勑撰

䷷ 艮下離上 旅，小亨，旅貞吉。正義曰：「旅」者，客寄之名，羈旅之稱，失其本居而寄他方謂之爲「旅」。既爲羈旅，苟求僅存，雖得自通，非甚光大，故「旅」之爲義，小亨而已，故曰「旅，小亨」。羈旅而獲小亨是旅之正吉，故曰「旅，貞吉」也。

《彖》曰，「旅小」至「大矣哉」。正義曰：「旅，小亨」者，舉《經》文也。柔得中乎外而順乎剛，止而麗乎明，是以「小亨」。「旅貞吉」者，此就六五及二體釋「旅」得「亨貞」之義。柔處於外，弱而爲客之象。若所託不得其主，得主而不能順從，則乖逆而離散，何由得自通而貞吉乎？今柔雖處外而得中順陽，則是得其所託而順從於主，又止而麗明，動不履妄，故能於寄旅之時得通而正，不失所安也。「旅之時義大矣哉」者，此歎美：寄旅之時物皆失其所居，若能與物爲附，使旅者獲安，非小才可濟，惟大智能然，故曰「旅之時義大矣哉」。

《象》曰，「山上」至「留獄」。正義曰：「山上有火，旅。君子以明慎用刑而不留獄」者，火在山上逐草而行，勢不久留，故爲「旅」象。又上下二體，艮止離明，故君子象此，以静止明察，審慎用刑而不稽留獄訟。

初六，「旅瑣瑣」至「窮災也」。正義曰：「旅瑣瑣，斯其所取災」者，「瑣瑣」者，細小卑賤之貌也。初六當旅之時最處下極，是寄旅不得所安而爲斯卑賤之役，然則爲斯卑賤勞役由其處於窮下，故致此災，故曰「旅瑣瑣，斯其所取災」也。《象》曰「志窮災」，志意窮困，自取此災也。

六二，「旅即」至「无尤也」。正義曰：「旅即次，懷其資，得童僕貞」者，得位居中，體柔承上，以此而爲寄旅，必爲主君所安，故得次舍，❶懷來資貨，又得童僕之正，不同初六賤役，故曰「旅即次，懷其資，得童僕貞」。《象》曰「終无尤」者，旅不可以處盛，盛則爲

❶「故」，嘉本同，阮本作「旅」。

物所害。今惟正於童僕則終保无尤也。❶

九三，「旅焚」至「義喪也」。正義曰：「旅焚其次，喪其童僕，貞厲」者，九三居下體之上，下據於二，上无其應，與二相得，是欲自尊而惠施於下也。以羈旅之身而爲惠下之道，是與萌侵權，爲主君之所疑也。爲君主所疑則被黜而見害，故焚其次舍，喪其童僕之正而身危也。《象》曰「亦以傷矣」者，言失其所安亦可悲傷也。「其義喪」者，言以旅與下，理是喪亡也。○注：「與萌侵權。」正義曰：言與得政事之萌漸，侵奪主君之權勢，若齊之田氏，故爲主所疑也。

九四，「旅于」至「未快也」。正義曰：「旅于處，得其資斧，我心不快」者，九四處上體之下，不同九三之自尊，然不得其位猶寄旅之人，求其次舍不獲平坦之所，而得用斧之地。言用斧除荆棘然後乃處，故曰「旅于處，得其資斧」也。求安處而得資斧之地，所以其心不快也。

六五，「射雉」至「上逮也」。正義曰：「射雉一矢亡，終以譽命」者，羈旅不可以處盛位，六五以羈旅之身進居貴位，其位終不可保。譬之射雉，惟有一矢射之而復亡失其矢，其雉終不可得，故曰「射雉一矢亡」也。然處文明之内，能照禍福之幾，不乘下以侵權，而承上以自保，故得終以美譽而見爵命，故曰「終以譽命」也。《象》曰「上逮」者，逮，及也，以能承及於上，故得「終以譽命」也。

上九，「鳥焚」至「之聞」。正義曰：「鳥焚其巢，旅人先笑後號咷，喪牛于易，凶」者，最居於上如鳥之巢，以旅處上必見傾奪，如鳥巢之被焚，故曰「鳥焚其巢」也。客得上位所以「先笑」，凶害必至故「後號咷」。衆所同疾，❷喪其稼穡之資理在不難，故曰「喪牛于易」。物莫之與則傷之者至矣，故曰「凶」也。《象》曰「終莫之聞也」者，衆所同疾，危而不扶，至于喪牛于易，終无以一言告之，使聞而悟也。

䷸ 巽下巽上 巽。「小亨」至「大人」。正義曰：「巽，小亨，利有攸往，利見大人」者，「巽」者卑順之名，《說卦》云「巽，入也」，蓋以「巽」是象風之卦，風行无所不入，故以「入」爲訓。若施之於人事，能自卑巽者亦无所不容。然「巽」之爲義，以卑順爲體，以容入

❶「尤」，嘉本同，阮本作「咎」。
❷「疾」，嘉本同，阮本作「嫉」。

爲用，故受「巽」名矣。上下皆巽不爲違逆，君唱臣和教令乃行，故於重巽之卦以明申命之理。雖上下皆巽，❶命令可行，然全用卑巽則所通非大，故曰「小亨」。巽悌以行物无違距，故曰「利有攸往」。但能用「巽」者皆无往不利，然大人用「巽」其道愈隆，故曰「利見大人」。明上下皆須用「巽」也。

《彖》曰，「重巽」至「大人」。正義曰：「重巽以申命」者，此卦以卑巽爲名，以申命爲義，故就二體上下皆巽以明可以申命也。上巽能接於下，下巽能奉於上，上下皆巽，命乃得行，故曰「重巽以申命」也。「剛巽乎中正而志行」者，雖上下皆巽，若命不可從則物所不與也，故又因二、五之爻剛而能巽，不失其中，所以志意得行，申其命令也。「柔皆順乎剛」者，剛雖巽爲中正，柔若不順乎剛，何所申其命乎？故又就初、四各處卦下，❷柔皆順剛无有違逆，所以教命得申，成「小亨」以下之義也。是以「小亨」以下舉經結也。❸○注：「明无違逆，故得小亨。」正義曰：案《彖》併舉「小亨，利有攸往，利見大人」以結之，則「柔皆順剛」之意不專釋「小亨」二字，❹而注獨言「明无違逆，故得小亨」者，褚氏云：「夫獻可替否其道乃弘，柔皆順剛非大通之道，所以文王繫『小亨』之辭，孔子致『皆順』之釋。」案：王注上下卦之體皆以「巽」言之，柔不違剛正是「巽」義，故知「皆順」之言通釋諸辭也。

《象》曰，「隨風」至「行事」。正義曰：「隨風，巽」者，兩風相隨故曰「隨風」，風既相隨，物无不順，故曰「隨風，巽」。「君子以申命行事」者，風之隨至，非是令初，故君子則之以申命行事也。❺

初六，「進退」至「志治也」。正義曰：「進退，利武人之貞」者，初六處令之初，法未宣，著體於柔巽不能自決，心懷進退，未能從令者也。成命齊邪莫善威武，既未能從令，則宜用武人之正以整齊之，故曰「進退，利武人之貞」也。《象》曰「志疑」者，欲從之則未明其令，欲不從則懼罪及己，志意懷疑，所以進退也。「志，治也」者，武非行令所宜，而言「利武人」者，志在使人從治，故曰「利武人」。其猶蒙卦初六《象》曰「利用刑人，以正法也」。

❶「雖」，嘉本同，阮校云閩、監、毛本作「須」。
❷「四」，嘉本同，阮本作「九」。
❸「舉」，嘉本同，阮本作「釋」。
❹「則」，嘉本作「明」。
❺「則」，嘉本作「象」，阮本作「訓」。

九二，「巽在」至「得中也」。正義曰：「巽在牀下」者，九二處巽下體而復以陽居陰，卑巽之甚，故曰「巽在牀下」。「用史巫紛若，吉，无咎」者，「史」謂祝史，「巫」謂巫覡，並是接事鬼神之人也。「紛若」者，盛多之貌。卑甚失正則入於過咎。人有威勢易爲行恭，神道无形，多生怠慢。若能用居中之德行至卑之道，用之於神祇，不行之於威勢，則能致之於盛多之吉而无咎過，故曰「用史巫紛若，吉，无咎」也。《象》曰「得中」者，用卑巽於神祇是行得其中，故能致紛若之吉也。

九三，「頻巽」至「志窮也」。正義曰：「頻巽，吝」者，「頻」者，頻蹙憂戚之容也。九三體剛居正爲四所乘，是志意窮屈，不得申遂也。既處巽時，只得受其屈辱也。頻蹙而巽，鄙吝之道，故曰「頻巽，吝」也。《象》曰：「志窮」者，志意窮屈，所以爲吝也。

六四，「悔亡」至「有功也」。正義曰：「悔亡，田獲三品」者，六四有乘剛之悔，然得位承尊得其所奉，雖以柔乘剛而依尊履正，以斯行命必能有功。取譬田獵，能獲而有益莫善三品，所以得「悔亡」，故曰「悔亡，田獲三品」也。「三品」者，一曰乾豆，二曰賓客，三曰充君之包厨也。《象》曰「有功」者，田獵有獲，以喻行命有功也。

九五，「貞吉」至「正中也」。正義曰：九五以陽居陽違於謙巽，是悔也。然執乎中正以宣其令，物莫之違，是由貞正獲吉，故得悔亡而无不利，故曰「貞吉，悔亡，无不利」也。「无初有終」者，若卒用剛直，化不以漸，物皆不説，故曰「无初」也。終於中正，物服其化，故曰「有終」也。「先庚三日，後庚三日，吉」者，申命令謂之「庚」，民迷固久，申不可卒，故先申之三日，令著之後復申之三日，然後誅之，民服其罪，无怨而獲吉矣，故曰「先庚三日，後庚三日，吉」也。《象》曰「位正中」者，若不以九居五位，則不能以中正齊物，物之不齊无由致吉，致吉是由九居五位，故舉爻位言之。

上九，「巽在」至「正乎凶也」。正義曰：「巽在牀下」者，上九處巽之極，巽之過甚，故曰「巽在牀下」。「喪其資斧」者，斧能斬決，以喻威斷也。巽過則不能行威命，命之不行是喪其所用之斧，故曰「喪其資斧」也。「貞凶」者，失其威斷是正之凶，故曰「貞凶」也。《象》曰「上窮」者，處上窮巽，故過在牀下也。「正乎凶」者，正理須當威斷，而喪之，是「正乎凶也」。

䷹ 兑下兑上 **兑，亨，利貞。**正義曰：「兑」，説也，《説卦》曰「説萬物者莫説乎澤」，以兑是象澤之卦，故以「兑」爲名。澤以潤生萬物，所以萬物皆説。施於人事，猶人君以恩惠養民，民兑不説也。❶惠施民説，所以爲「亨」。以説説物，恐陷諂邪，其利在於貞正，故曰「兑，亨，利貞」。

《彖》曰，「兑説」至「矣哉」。正義曰：「兑，説也」者，訓此名也。「剛中而柔外，説以利貞」者，此就二、五以剛居中，上六、六三以柔處外，釋「兑，亨，利貞」之義也。外雖柔説而内德剛正則不畏邪諂，内雖剛正而外迹柔説則不憂侵暴。只爲剛中而柔外，中外相濟，故得説亨而利貞也。「是以順乎天而應乎人」者，廣明説義合於天人。天爲剛德而有柔克，是剛而不失其説也。今説以利貞，是上順乎天也。人心説於惠澤，能以惠澤説人是下應乎人也。「説以先民，民忘其勞」以下，歎美説之所致，亦申明應人之法。先以説豫撫民，然後使之從事，則民皆竭力忘其從事之勞，故曰「説以先民，民忘其勞」也。「説以犯難，民忘其死」者，先以説豫勞民，然後使之犯難，則民皆授命，忘其犯難之死，故曰「説以犯難，民忘其死」也。施説於人，所致如此，豈非説義之大，能使民勸勉矣哉，故曰「説之大，民勸矣哉」。

《象》曰，「麗澤」至「講習」。正義曰：「麗澤，兑」者，麗，猶連也，兩澤相連，潤説之盛，故曰「麗澤，兑」也。「君子以朋友講習」者，同門曰朋，同志曰友，朋友聚居講習道義，相説之盛莫過於此也，故君子象之「以朋友講習」也。

初九，「和兑」至「未疑也」。正義曰：「和兑，吉」者，初九居兑之初，應不在一，无所私説，説之和也。説物以和，何往不吉，故曰「和兑，吉」也。《象》曰「行未疑」者，説不爲諂，履斯而行未見疑之者也，所以得吉也。

九二，「孚兑」至「信志也」。正義曰：「孚兑，吉，悔亡」者，九二説不失中，有信者也。説而有信則吉從之，故曰「孚兑，吉」也。然履失其位，有信而吉乃得亡悔，故曰「孚兑，吉，悔亡」也。《象》曰「信志也」者，失位而得吉，是其志信也。

六三，「來兑」至「不當也」。正義曰：「來兑，凶」者，三爲陽位，陰來居之是進來求説，故言「來

---

❶ 「兑」，嘉本、阮本作「无」。

兑」。而以不正求説，❶佞邪之道，故曰「來兑，凶」也。《象》曰「位不當」者，由位不當，所以致凶也。

九四，「商兑」至「有慶」。正義曰：「商兑未寧」者，「商」，商量裁制之謂也。夫佞邪之人，國之疾也。三爲佞説，將近至尊，故四以剛德裁而隔之，使三不得進，匡内制外，未遑寧處，故曰「商兑未寧」。居近至尊，防邪隔疾，宜其有喜，故曰「介疾有喜」。《象》曰「有慶」者，四能匡内制外，介疾除邪，此之爲喜，乃爲至尊所善，天下蒙賴，故言「有慶也」。

九五，「孚于」至「正當也」。正義曰：「孚于剥，有厲」者，「剥」者，小人道長，消君子之正，故謂小人爲剥也。九五處尊正之位，下无其應，比於上六，與之相得，是説信於小人，故曰「孚于剥」。信而成剥，危之道也，故曰「有厲」。《象》曰「位正當」者，以正當之位宜任君子，❷而信小人，故以當位責之也。

上六，「引兑」至「未光也」。正義曰：「引兑」者，上六以陰柔之質最在兑後，是自静退，不同六三自進求説，必須他人見引然後乃説，故曰「引兑」也。《象》曰「未光也」者，雖免躁求之凶，亦有後時之失，所以經无「吉」文，以其道「未光」故也。

䷺ 坎下巽上 渙。「亨」至「利貞」。正義曰：「渙亨」者，「渙」，卦名也。《序卦》曰：「説而後散之，故受之以渙。」然則「渙」者，散釋之名。《雜卦》曰「渙，離也」，此又「渙」是離散之號也。蓋「渙」之爲義，小人遭難，離散奔迸而逃避也；大德之人，能於此時建功立德，散難釋險，故謂之爲「渙」。能釋險難，所以爲「亨」，故曰「渙亨」。「王假有廟」者，王能渙難而亨，可以至於建立宗廟，故曰「王假有廟」也。「利涉大川」者，德洽神人，可濟大難，故曰「利涉大川」。「利貞」者，大難既散，宜以正道而柔集之，故曰「利貞」。

《彖》曰，「渙亨」至「有功也」。正義曰：「渙，亨」者，疊經文，略舉名德也。「剛來而不窮，柔得位乎外而上同」者，此就九二剛德居險，六四得位從上，釋所以能散釋險難而致亨通，乃至「利涉大川，利貞」等也。二以剛德來居險中而不窮於險，四以柔順得位於外而上與五同，内剛无險困之難，外柔无違逆之乖，所以得散釋險難而通亨，建立宗廟而祭享，利涉大川而克濟，利以正道而鳩民也。「王假有廟，王乃在

❶「求」，嘉本同，阮本作「來」。
❷「任」，嘉本同，阮本作「在」。

中」者，此重明「涣」時可以有廟之義。險難未夷，方勞經略，今在涣然之中，故至於「有廟」也。「利涉大川，乘木有功」者，重明用「涣」可以濟難之事。乘木涉川必不沉溺，以涣濟難必有成功，故曰「乘木有功也」。○注「凡剛」至「利貞也」。正義曰：「凡剛得暢而无忌回之累」者，此還言九二居險不窮是剛得暢遂，剛既得暢，无復畏忌回邪之累也。「柔履正而同志乎剛」者，此還言六四得位履正，同志乎五也。剛德不暢，柔不同剛，何由得亨通而濟難、利貞而不邪乎？故言「則皆亨，利涉大川，利貞」也。注於此言「皆」者凡有二意：一則《彖》雖疊「涣亨」二字，即以「剛來而不窮，柔得位乎外而上同」釋之，下别言「王假有廟，王乃在中，利涉大川，乘木有功」，恐「剛來」之言惟釋「亨」德，不通在下；二則先儒有以「剛來不窮」釋「亨」德，「柔得位乎外」釋「利貞」，故言「皆」以通之。明「剛柔」皆釋「亨」以下至于「利貞」也。○注：「乘木即涉難也。」木者，專所以涉川也。正義曰：先儒皆以此卦坎下巽上，以爲乘木水上，涉川之象，故言「乘木有功」。王不用象，直取況喻之義，故言此以序之也。

《象》曰，「風行」至「立廟」。正義曰：「風行水上，涣」者，風行水上激動波濤，散釋之象，故曰「風行水上，涣」。「先王以享于帝，立廟」者，先王以涣然无難之時，享于上帝以告太平，建立宗廟以祭祖考，故曰「先王以享于帝，立廟」也。

初六，「用拯」至「順也」。正義曰：初六處散之初，乖散未甚，可用馬以自拯拔而得壯吉也，故曰「用拯馬壯吉」。《象》曰「初六之吉，順也」者，觀難而行，不與險争，故曰「順也」。

九二，「涣奔」至「得願也」。正義曰：「涣奔其机」者，「机」，承物者也。初承於二，謂初爲机，二俱无應，與初相得，而初得遠難之道。今二散奔歸初，故曰「涣奔其机」也。「悔亡」者，初得散道而二往歸之，得其所安，故「悔亡」也。《象》曰「得願」者，違難奔散，願得所安。奔初獲安是得其願也。

六三，「涣其」至「在外也」。正義曰：「涣其躬，无悔」者，「涣」之爲義，内險外安。六三内不比二而外應上九，是不固所守，能散其躬，故得无悔，故曰「涣其躬，无悔」。《象》曰「志在外」者，釋六三所以能涣其躬者，正爲身在於内，而應在上九，是志意在外也。

六四，「涣其羣」至「光大也」。正義曰：「涣其羣」者，六四出在坎上，已踰於險，得位體巽，與五合志，内掌機密，外宣化命者也。能爲羣物散其險害，故曰「涣其羣」也。「元吉，涣有丘，匪夷所思」者，能散羣險則有大功，故曰「元吉」。然處上體之下，不可自專，而得位承尊，憂責復重，雖獲「元吉」，猶宜於散難之中，有丘墟未平之慮爲其所思，故曰「涣有丘，匪夷所思」也。《象》曰「光大也」者，能散羣險而獲元吉，是其道光大也。

九五，「涣汗」至「正位也」。正義曰：「涣汗其大號」者，人遇險阨，驚怖而勞則汗從體出，故以汗喻險阨也。九五處尊履正，在號令之中，能行號令以散險阨者也，故曰「涣汗其大號」也。「涣，王居无咎」者，爲涣之主，名位不可假人，惟王居之乃得无咎，故曰「涣，王居无咎」。《象》曰「正位」者，釋「王居无咎」之義，以九五是王之正位，若非王居之則有咎矣。

上九，「涣其血」至「遠害也」。正義曰：「涣其血，去逖出」者，「血」，傷也，「逖」，遠也。上九處於卦上，最遠於險，不近侵害，是能散其憂傷、去而遠出者也，❶故曰「涣其血，去逖出」也。「无咎」者，散患於遠害之地，誰將咎之矣，故曰「无咎」。《象》曰「遠害」者，釋「涣其血」也，是居遠害之地故也。

䷻ 兑下坎上 **節，亨，苦節，不可貞。**正義曰：節，卦名也。《彖》曰：「節以制度。」《雜卦》云：「節，止也。」然則「節」者，制度之者，❷節止之義。制事有節其道乃亨，故曰「節，亨」。節須得中，爲節過苦，傷於刻薄，物所不堪，不可復正，故曰「苦節，不可貞」也。

《彖》曰，「節，亨」至「不害民」。正義曰：「節，亨，剛柔分而剛得中」者，此就上、下二體及二、五剛中，❸釋所以爲「節」得「亨」之義也。坎剛居上，兑柔處下，是剛柔分也。剛柔分，男女別，節之大義也。二、五以剛居中，爲制之主，所以得節；節不違中，所以得亨，故曰「節，亨，剛柔分而剛得中」也。「苦節，不可貞，其道窮」者，爲節過苦，不可爲正。若以苦節爲正則其道困窮，故曰「苦節，不可貞，其道窮也」。「説以行險，當位以節，中正以通」者，上言「苦節，不可貞，其道窮」者，止由爲節不中則物所不説，❹不可復正，其道困窮，故更就二體及四、五當位，重釋行「節」

❶「遠」，嘉本同，阮本作「逖」。
❷「者」，嘉本、阮本作「名」。
❸「及」，嘉本同，阮本作「居」。
❹「止」，嘉本同，阮本作「正」。

得「亨」之義，以明「苦節」之「窮」也。「行險以説」則爲節得中，「當位以節」則可以爲正，良由中而能正所以得通，故曰「中正以通」。此其所以爲「亨」也。「天地節而四時成」者，此下就天地與人廣明「節」義。天地以氣序爲節，使寒暑往來各以其序，則四時功成之也。王者以制度爲節，使用之有道，役之有時，則不傷財、不害民也。

《象》曰，「澤上」至「德行」。正義曰：「澤上有水，節」者，水在澤中乃得其節，故曰「澤上有水，節」也。「君子以制數度，議德行」者，「數度」謂尊卑禮命之多少，「德行」謂人才堪任之優劣，君子象節，以制其禮數等差，皆使有度，議人之德行任用，皆使得宜。

初九，「不出」至「通塞也」。正義曰：「不出户庭，无咎」者，初九處節之初，將立制度，宜其慎密，不出户庭。若不慎而泄則民情姦險，應之以僞。故慎密不失，然後事濟而无咎，故曰「不出户庭，无咎」。《象》曰「知通塞」者，識時通塞，所以不出也。○注：「爲節之初，將整離散。」正義曰：《序卦》云：「物不可以終離，故受之以節。」以此卦承「涣」之後，初九居節之初，故曰「將整離散而立法度也」。

九二，「不出」至「時極也」。正義曰：「不出門庭，凶」，若初已制法，至二宜宣，若猶匿之則失時之極，可施之事則遂廢矣。不出門庭，所以致凶，故曰「不出門庭，凶」。《象》曰「失時極」者，極，中也。應出不出，失時之中，所以爲凶。

六三，「不節」至「誰咎也」。正義曰：「不節若，則嗟若，无咎」者，節者，制度之卦，處節之時位不可失。六三以陰處陽，以柔乘剛，失位驕逆，違節之道，禍將及己以至哀嗟，故曰「不節若，則嗟若」也。禍自己致，无所怨咎，故曰「无咎」。《象》曰「又誰咎」者，由己不節，自致禍災，又欲怨咎誰乎？

六四，「安節」至「上道也」。正義曰：「安節，亨」者，六四得位而上順於五，是得節之道。但能安行此節而不改變，則何往不通，故曰「安節，亨」。明六三以失位乘剛則失節而招咎，六四以得位承陽故「安節」而致「亨」。《象》曰「承上道」者，以能承於上，故不失其道也。

九五，「甘節」至「位中也」。正義曰：「甘節，吉，往有尚」者，「甘」者，不苦之名也。九五居於尊位，得正履中，能以中正爲「節」之主，則當《彖》曰「節以制度，不傷財，不害民」之謂也。爲節而无傷害則是不苦而甘，所以得吉，故曰「甘節，吉」。以此而行，所往皆有嘉尚，故曰「往有尚」也。《象》曰「居位中」者，以居尊位而得中，故致「甘節」之「吉」也。

上六，「苦節」至「道窮也」。正義曰：「苦節，貞凶，悔亡」者，上六處節之極，過節之中，節不能甘，以至於苦，故曰「苦節」也。爲節過苦，物所不堪，不可復正，正之凶也，故曰「貞凶」。若以苦節施人則是正道之凶，若以苦節脩身則儉約无妄，可得亡悔，故曰「悔亡」也。

䷼ 兑下巽上 中孚。「豚魚」至「利貞」。正義曰：「中孚，豚魚，吉」者，「中孚」，卦名也，信發於中謂之「中孚」。「魚」者蟲之幽隱，「豚」者獸之微賤。人主内有誠信，則雖微隱之物信皆及矣，莫不得所而獲吉，故曰「豚魚，吉」也。「利涉大川，利貞」者，微隱獲吉，顯著可知。❶既有誠信，光被萬物，萬物得宜，以斯涉難，何往不通，故曰「利涉大川」。信而不正，凶邪之道，故「利」在「貞」也。

《彖》曰，「中孚」至「乎天也」。正義曰：「中孚，柔在内而剛得中，説而巽，孚」者，此就三、四陰柔并在兩體之内，二、五剛德各處一卦之中，及上、下二體説而以巽，釋此卦名爲「中孚」之義也。柔内剛中，各當其所，説而以巽，乖争不作，所以信發於内謂之「中孚」，故曰「柔在内而剛得中，説而巽，孚」也。「乃化邦也」者，誠信發於内，則邦國化於外，故曰「乃化邦也」。「豚魚吉，信及豚魚也」者，釋所以得吉，由信及豚魚故也。「利涉大川，乘木舟虚」者，釋此涉川所以得利。以中信而濟難，若乘虚舟以涉川也。「中孚以利貞，乃應乎天」者，釋「中孚」所以「利貞」者，天德剛正而氣序不差，是正而信也。今信不失正，乃得應於天，是「中孚」之盛，故須濟以利貞也。

《象》曰，「澤上」至「緩死」。正義曰：「澤上有風，中孚」者，風行澤上无所不周，其猶信之被物无所不至，故曰「澤上有風，中孚」。「君子以議獄緩死」者，中信之世必非故犯，過失爲辜，情在可恕，故君子以議其過失之獄，緩捨當死之刑也。

初九，「虞吉」至「未變也」。正義曰：「虞吉，有它不燕」者，「虞」猶專也，「燕」，安也。初爲信始，應在于四，得其專一之吉，故曰「虞吉」。既係心於

❶「著」，嘉本同，阮本作「者」。

一，故更有他來，❶不能與之共相燕安也，故曰「有它不燕」也。《象》曰「志未變」者，所以得專一之吉，以志未改變，不更親於他也。

九二，「鳴鶴」至「心願也」。正義曰：「鳴鶴在陰，其子和之」者，九二體剛，處於卦內，又在三、四重陰之下。而履不失中，是不徇於外，自任其真者也。處於幽昧而行不失信，則聲聞于外，爲同類之所應焉。如鶴之鳴於幽遠，則爲其子所和，故曰「鳴鶴在陰，其子和之」也。「我有好爵，吾與爾靡之」者，「靡」，散也，又无偏應，是不私權利，惟德是與。若我有好爵，吾願與爾賢者分散而共之，故曰「我有好爵，吾與爾靡之」。《象》曰「中心願」者，誠信之人願與同類相應，得誠信而應之是「中心願也」。

六三，「得敵」至「不當也」。正義曰：「得敵，或鼓或罷，或泣或歌」者，六三與四俱是陰爻，相與爲類。然三居少陰之上，四居長陰之下，各自有應對而不相比，「敵」之謂也，故曰「得敵」。欲進礙四，恐其害己，故「或鼓」而攻之。而四履正承尊，非己所勝，故「或罷」而退敗也。不勝而退，懼見侵陵，故「或泣」而憂悲也。四履于順，不與物校，退不見害，故「或歌」而歡樂也，故曰「或鼓或罷，或泣或歌」也。《象》曰「位不當」者，所以「或鼓或罷」，進退无恒者，止爲不當其位，妄進故也。

六四，「月幾」至「類上也」。正義曰：「月幾望」者，六四居「中孚」之時，處巽應説，得位履順，上之於五，❷內毗元首，外宣德化，充乎陰德之盛，如月之近望，故曰「月幾望」也。「馬匹亡，无咎」者，三與己敵，進來攻己，己若與三校戰則失其所盛，故棄三之類如馬之亡匹。上承其五，不與三爭，乃得无咎，故曰「馬匹亡，无咎」也。《象》曰「絶類上」者，絶三之類，不與三爭，❸而上承於五也。

九五，「有孚」至「正當也」。正義曰：「有孚攣如，无咎」者，「攣如」者，相牽繫不絶之名也。五在信時，處於尊位，爲羣物之主，恒須以中誠交物，孚信何可暫舍，故曰「有孚攣如」。繫信不絶乃得无咎，故曰「有孚攣如，无咎」也。《象》曰「位正當」者，以其正當尊位，故戒以繫信乃得无咎。若直以陽得正位而

❶「來」，嘉本同，阮本作「求」。
❷「之」，嘉本、阮本作「承」。
❸「三」，嘉本同，阮本作「二」。

无有係信，❶則招有咎之嫌也。

上九，「翰音」至「可長也」。正義曰：「翰音登于天，貞凶」者，「翰」，高飛也，飛音者，音飛而實不從之謂也。上九處信之終，信終則衰也。信衰則詐起，❷而忠篤内喪，華美外揚，若鳥之翰音登于天，虚聲進聞也，❸故曰「翰音登于天」。虚聲无實，正之凶也，故曰「貞凶」。《象》曰「何可長也」者，虚聲无實，何可久長。

䷽ 艮下震上 小過。「亨」至「大吉」。正義曰：「小過，亨」者，「小過」，卦名也，王於大過卦下注云「音相過之過」。恐人作「罪過」之義，故以音之。然則「小過」之義，亦與彼同也。過於小事謂之「小過」，❹即「行過乎恭，喪過乎哀」之例是也。❺褚氏云：「謂小人之行小有過差，君子爲過厚之行以矯之也，如晏子狐裘之比也。」此因小人有過差，故君子爲過厚之行，非即以「過差」釋卦名。《象》曰「小過，小者過而亨」，言因過得亨，明非「罪過」，故王於「大過」音之，明雖義兼「罪過」得名，止在君子爲過行也。❻而周氏等不悟此理，兼以「罪過」釋卦名，失之遠矣。過爲小事，道乃可通，故曰「小過，亨」也。「利貞」者，矯世勵俗，利在歸正，故曰「利貞」也。「可小事，不可大事」者，時世小有過差，❼惟可矯以小事，不可正以大事，故曰「可小事，不可大事」也。「飛鳥遺之音，不宜上，宜下，大吉」者，借喻以明過厚之行，有吉有凶。飛鳥遺其音，聲哀以求處，過上則愈无所適，過下則不失其安，以譬君子處過差之時，爲過矯之行，❽順而止之則吉，❾逆而忤鱗則凶，故曰「飛鳥遺之音，不宜上，宜下，大吉」。順則執卑守下，逆則犯君陵上，故以臣之逆順類鳥之上下也。○注：「飛鳥遺其音，聲哀以求處。」正義曰：「遺」，失也。鳥之失聲必是窮迫，未得安處。《論語》曰「鳥之將死，其鳴也哀」，故知「遺音」即哀聲也。

❶「直」，嘉本同，阮本作「真」。
❷「詐」，原作「誰」，據嘉本、阮本改。
❸「進」，嘉本同，嘉本、阮本作「遠」。
❹「於」，嘉本同，阮本作「之」。
❺「例」，嘉本同，阮本作「謂」。
❻「止」，嘉本同，阮本作「上」。
❼「世」，嘉本同，阮本作「也」。
❽「矯」，嘉本同，阮本作「厚」。
❾「止」，嘉本同，阮本作「立」。

《象》曰，「小過」至「下順也」。正義曰：「小過，小者過而亨也」者，此釋「小過」之名也，并明「小過」有「亨」德之義。過行小事謂之「小過」，順時矯俗，雖過而通，故曰「小者過而亨也」。「過以利貞，與時行也」者，此釋「利貞」之德，由爲過行而得「利貞」。然矯枉過正，應時所宜，不可常也，故曰「與時行」也。「柔得中，是以小事吉也；剛失位而不中，是以不可大事也」者，此就六二、六五以柔居中，九四失位不中，九三得位不中，釋「可小事，不可大事」之義。柔順之人惟能行小事，柔而得中是行小中時，故曰「小事吉」也。剛健之人乃能行大事，失位不中是行大不中時，故曰「不可大事」也。「有飛鳥之象焉」者，釋不取餘物爲況，惟取「飛鳥」者，以不宜上，宜下，有飛鳥之象故也。「飛鳥遺之音，不宜上，宜下，大吉，上逆而下順」者，此就六五乘九四之剛，六二承九三之陽，釋所以「不宜上，宜下，大吉」之義也。上則乘剛而逆，下則承陽而順，故曰「不宜上，宜下，大吉」。以上逆而下順也。

《象》曰，「山上」至「過乎儉」。正義曰：「山上有雷，小過。君子以行過乎恭，喪過乎哀，用過乎儉」者，雷之所出，本出於地，❶今出山上，過其本所，故曰「小過」。小人過差，失在慢易奢侈，故君子矯之以「行過乎恭，喪過乎哀，用過乎儉」也。

初六，「飛鳥」至「如何也」。正義曰：「飛鳥以凶」者，小過之義上逆下順，而初應在上卦，進而之逆同於飛鳥，无所錯足，故曰「飛鳥以凶」也。《象》曰「不可如何也」者，進而之逆，孰知不可自取凶咎，欲如何乎？

六二，「過其」至「可過也」。正義曰：「過其祖，遇其妣，不及其君。遇其臣无咎」者，過而得之謂之「遇」，六二在小過而當位是過而得之也。「祖」，始也，謂初也。「妣」者，母之稱。六二居內，履中而正，故謂之「妣」。已過於初，故曰「過其祖」也。履得中位，❷故曰「遇其妣」也。過不至於僭，盡於臣位而已，故曰「不及其君，遇其臣，无咎」。《象》曰「臣不可過」者，臣不可自過其位也。

九三，「弗過」至「如何也」。正義曰：「弗過防之」者，小過之世，大者不能立德，故令小者得過。九三居下體之上，以陽當位，不能先過爲防，至令小者

❶ 「本」，嘉本同，阮本作「不」。
❷ 「位」，嘉本同，阮本作「正」。

咸過。❶上六小人，最居高顯，而復應而從焉。其從之也，則有殘害之凶至矣，故曰「弗過防之」。「從或戕之，凶」者，《春秋傳》曰「在内曰弑，在外曰戕」，然則「戕」者皆殺害之謂也。言「或」者，不必之辭也。謂爲此行者，有幸而免也。《象》曰「凶如何」者，從於小人，果致凶禍，將如何乎？言不可如何也。

九四，「无咎」至「不可長也」。正義曰：「无咎，弗過遇之，往厲必戒，勿用永貞」者，居小過之世，小人有過差之行，須大德之人防使无過。今九四雖體陽爻而不居其位，不防之責，責不在己，故得「无咎」。所以无其咎者，以其失位在下，不能爲過厚之行，故得遇於无咎之宜，故曰「无咎，弗過遇之」也。既能无爲自守則无咎，有往則危厲，故曰「往厲」。不交於物，物亦不與，无援之助，故危則必自戒慎而已，无所告救，故曰「必戒」。以斯而處於羣小之中，未足委任，不可用之以長行其正也，故曰「勿用永貞」也。《象》曰「位不當」者，釋所以弗過而遇，得免於咎者，以其位不當故也。「終不可長」者，自身有危，无所告救，豈可任之長以爲正也。○注：「夫宴安酖毒，不可懷也。」正義曰：此《春秋》「狄伐邢，管仲勸齊侯救邢」爲此辭，言「宴安不救邢」比酖鳥之毒，❷不可懷而安之也。

六五，「密雲」至「已上也」。正義曰：「密雲不雨，自我西郊」者，小過者，小者過於大也。六得五位是小過於大，陰之盛也。陰盛於上而艮止之，九三陽止於下是陰陽不交，雖復至盛，密雲至于西郊而不能爲雨也。施之於人是柔得過而處尊，未能行其恩施，廣其風化也，故曰「密雲不雨，自我西郊」也。「公弋取彼在穴」者，公者臣之極，五極陰盛，故稱「公」也。小過之時爲過猶小，而難未大作，猶在隱伏。以小過之才治小過之失，❸能獲小過在隱伏者，有如公之弋獵，取得在穴隱伏之獸也，故曰「公弋取彼在穴」也。《象》曰「已上」者，釋所以「密雲不雨」也。以艮之陽爻，已止於一卦之上而成止，❹故不上交而爲雨也。○注「除過」至「能雨也」。正義曰：「雨」者，以喻德之惠化也。除過差之道，❺在於文德懷之，使其自服。弋而

❶「咸」，嘉本同，阮本作「或」。
❷「比」，嘉本同，阮本作「即」。
❸「才」，阮本同，嘉本作「弋」。
❹「止於」，嘉本同，阮本作「上於」。
❺「除」，嘉本同，阮本作「際」。

取之是尚威武，尚威武即「密雲不雨」之義也。

上六，「弗遇」至「已亢也」。正義曰：「弗遇過之，飛鳥離之，凶，是謂災眚」者，上六處小過之極，是小人之過遂至上極，過而不知限，至于亢者也。過至於亢，无所復遇，故曰「弗遇過之」也。以小人之身過而弗遇，必遭羅網，其猶飛鳥，飛而无託必離矰繳，故曰「飛鳥離之，凶」也。過亢離凶，是謂自災而致眚，復何言哉！故曰「是謂災眚」也。《象》曰「已亢」者，釋所以「弗遇過之」，以其已在亢極之地故也。

䷾ 離下坎上 既濟。「亨」至「終亂」。正義曰：「既濟，亨小，利貞，初吉終亂」者，「濟」者，濟渡之名，「既」者，皆盡之稱，萬事皆濟，故以「既濟」爲名。既萬事皆濟，若小者不通則有所未濟，故曰「既濟，亨小」也。小者尚亨，何況于大？則大小剛柔各當其位，皆得其所。當此之時非正不利，故曰「利貞」也。但人皆不能居安思危，慎終如始，故戒以今日。既濟之初雖皆獲吉，若不進德脩業至於終極，則危亂及之，故曰「初吉終亂」也。

《象》曰，「既濟」至「道窮也」。正義曰：「既，濟，亨，小者亨也」者，此釋卦名德。既濟之亨，必小者皆亨也。但舉小者，則大者可知，所以爲「既濟」也。具足爲文，當更有一「小」字，但既疊經文，略足以見，故從省也。「利貞，剛柔正而位當」者，此就二、三、四、五並皆得正以釋「利貞」也。剛柔皆正則邪不可行，故惟「正」乃「利貞」也。「初吉，柔得中」者，此就六二以柔居中釋「初吉」也。以柔小尚得其中，則剛大之理皆獲其濟。物无不濟所以爲吉，故曰「初吉」也。「終止則亂，其道窮」者，此正釋戒：若能進脩不止則既濟无終，既濟終亂由止故亂，❶終止而亂則既濟之道窮矣，故曰「終止則亂，其道窮也」。

《象》曰，「水在」至「豫防之」。正義曰：「水在火上，既濟，君子以思患而豫防之」者，水在火上，炊爨之象，飲食以之而成，性命以之而濟，故曰「水在火上，既濟」也。但既濟之道，初吉終亂，故君子思其後患而豫防之。

初九，「曳其輪」至「无咎也」。正義曰：「曳其輪，濡其尾，无咎」者，初九處「既濟」之初，體剛

❶「故」，阮本同，嘉本作「散」。

居下是始欲濟渡也。❶始濟未涉於燥，故輪曳而尾濡，故云「曳其輪，濡其尾」也。但志在棄難，雖復曳輪濡尾，其義不有咎，故云「无咎」。

六二，「婦喪」至「中道也」。正義曰：「婦喪其茀，勿逐，七日得」者，「茀」者，婦人之首飾也。六二居中履正，處文明之盛而應乎五，陰之光盛者也，然居初、三之間而近不相得。夫以光盛之陰處於二陽之間，近而不相得，能无見侵乎？故曰「婦喪其茀」。稱「婦」者，以明自有夫而他人侵之也。夫以中道執乎貞正而見侵者，物之所助也。處既濟之時，不容邪道者也。時既明峻，衆又助之，竊之者逃竄而莫之歸矣。量斯勢也，不過七日，不須已逐而自得，故曰「勿逐，七日得」。《象》曰「以中道」者，釋不須追逐而自得者，以執守中道故也。

九三，「高宗」至「憊也」。正義曰：「高宗伐鬼方，三年克之」者，「高宗」者，殷王武丁之號也。九三處既濟之時，居文明之終，履得其位，是居衰末而能濟者也。高宗伐鬼方以中興殷道，事同此爻，故取譬焉。高宗德實文明而勢甚衰憊，不能即勝，三年乃克，故曰「高宗伐鬼方，三年克之」也。「小人勿用」者，勢既衰弱，君子處之能建功立德，故興而復之；小人居之日就危亂，必喪邦也，故曰「小人勿用」。《象》曰「憊也」者，以衰憊之故，故三年乃克之。❷

六四，「繻有」至「所疑也」。正義曰：「繻有衣袽，終日戒」者，王注云「繻，宜曰濡，衣袽，所以塞舟漏」者也。六四處既濟之時，履得其位而近不與三、五相得，如在舟而漏矣。而舟漏則濡濕，所以得濟者，有衣袽也。鄰於不親而得全者，「終日戒」也，故曰「繻有衣袽，終日戒」也。《象》曰「有所疑」者，釋所以「終日戒」，以不與三、五相得，懼其侵克，有所疑故也。

九五，「東鄰」至「大來也」。正義曰：「牛」，祭之盛者也。「禴」，殷春祭之名，祭之薄者也。九五居既濟之時而處尊位，物既濟矣，將何爲焉？其所務者，祭祀而已。祭祀之盛，莫盛脩德。九五履正居中，動不爲妄，脩德者也。苟能脩德，雖薄可饗。假有東鄰不能脩德，雖復殺牛至盛，不爲鬼神歆饗。不如我西鄰禴祭雖薄，能脩其德，故神明降福，故曰「東鄰殺牛，不如西鄰之禴祭，實受其福」也。《象》曰「不如西鄰之時」者，神明饗德能脩德致敬，合於祭祀之時

❶「下」，嘉本同，阮本作「中」。
❷「之」，阮本同，嘉本作「也」。

雖薄降福，故曰「時」也。「吉大來」者，非惟當身，福流後世。○注：「沼沚之毛，蘋蘩之菜，可羞於鬼神。」正義曰：並略《左傳》之文也。○注：「在於合時。」正義曰：《詩》云「威儀孔時」，言周王廟中羣臣助祭，並皆威儀肅敬，甚得其時。此合時之義，亦當如彼也。

上六，「濡其」至「可久也」。正義曰：「濡其首，厲」者，上六處既濟之極則反於未濟，若反於未濟則首先犯焉。若進而不已，必遇於難，故「濡其首」也。既被濡首，將没不久，危莫先焉，故曰「濡其首，厲」也。《象》曰「何可久」者，首既被濡，身將陷没，何可久長者也。

䷿ 坎下離上 未濟。「亨」至「无攸利」。正義曰：「未濟，亨」者，「未濟」者，未能濟渡之名也。未濟之時，小才居位，不能建功立德，拔難濟險。若能執柔用中，委任賢哲，則未濟有可濟之理，所以得通，故曰「未濟，亨」。「小狐汔濟，❶濡其尾，无攸利」者，「汔」者，將盡之名。小才不能濟難，事同小狐雖能渡水而无餘力，❷必須水汔方可涉川。未及登岸而濡其尾，濟不免濡，豈有所利？故曰「小狐汔濟，濡其尾，无攸利」也。

《象》曰，「未濟」至「剛柔應也」。正義曰：「未濟，亨，柔得中」者，此就六五以柔居中，下應九二，釋「未濟」所以得「亨」。柔而得中，不違剛也。與二相應，納剛自輔，故於「未濟」之世終得亨通也。「小狐汔濟，未出中也」者，釋小狐涉川，所以必須水汔乃濟，以其力薄，未能出險之中故也。「濡其尾，无攸利，不續終」者，濡尾力竭，不能相續而終至於登岸，所以「无攸利」也。「雖不當位，剛柔應」者，重釋「未濟」之義。凡言「未」者，今日雖未濟，後有可濟之理。以其不當其位，故即時未濟。剛柔皆應，足得相拯，❸是有可濟之理，故稱「未濟」，不言「不濟」也。

《象》曰，「火在」至「居方」。正義曰：「火在水上，未濟」者，火在水上不成烹飪，未能濟物，故曰「火在水上，未濟」。「君子以慎辨物居方」者，❹君子見未濟之時剛柔失正，故用慎爲德，辨别衆物，各居其

❶「汔」，原作「沇」，據嘉本、阮本改。
❷「能」，嘉本同，阮本作「難」。
❸「足」，嘉本同，阮本作「是」。
❹「辨」，阮本同，嘉本作「弁」，下同。

方，使皆得求其所，❶所以濟也。

初六，「濡其」至「知極也」。正義曰：「濡其尾，吝」者，初六處「未濟」之初，最居險下而欲上之其應，進則溺身，如小狐之渡川，濡其尾也。未濟之始，始於既濟之上六也。既濟上六但云「濡其首」，言始入於難，未没其身。此言「濡其尾」者，進不知極，已没其身也。然以陰處下，非爲進亢，遂其志者也。困則能反，故不曰「凶」。不能豫昭事之幾萌，❷困而後反，頑亦甚矣，故曰「吝」也。《象》曰「亦不知極」者，未濟之初始於既濟之上六，濡首而不知，遂濡其尾，故曰「不知極」也。○注「不知紀極」者。正義曰：《春秋傳》曰「聚斂積實，不知紀極，謂之饕餮」，言无休已也。

九二，「曳其輪」至「行正也」。正義曰：「曳其輪，貞吉」者，九二居未濟之時，處險難之内，體剛中之質以應於五。五體陰柔委任於二，令其濟難者也。經綸屯蹇，任重憂深，故曰「曳其輪」。「曳其輪」者，言其勞也。循難在正，❸然後得吉，故曰「曳其輪，貞吉」也。《象》曰「中以行正」者，釋九二失位而稱「貞吉」者，位雖不正，以其居中，故能行正也。

六三，「未濟」至「不當也」。正義曰：「未濟，征凶」者，六三以陰柔之質，失位居險，不能自濟者也。身既不能自濟，而欲自進求濟，必喪其身，故曰「未濟，征凶」也。「利涉大川」者，二能拯難，而已比之，若能棄己委二則没溺可免，故曰「利涉大川」。《象》曰「位不當」者，以不當其位，故有征則凶。

九四，「貞吉」至「志行也」。正義曰：居未濟之時，履失其位，所以爲「悔」。但出險難之外，居文明之初，以剛健之質接近至尊，志行其正，正則貞吉而悔亡，故曰「貞吉，悔亡」。正志既行，靡禁其威，故震發威怒，用伐鬼方也。然處文明之初，始出於險，其德未盛，不能即勝，故曰「三年」也。五以柔順文明而居尊位，不奪物功。九四既克而還，必得百里大國之賞，故曰「有賞於大國」也。《象》曰「志行」者，釋九四失位而得「貞吉，悔亡」者也，以其正志得行而終吉故也。

六五，「貞吉」至「暉吉也」。正義曰：「貞吉，无悔」者，六五以柔居尊，處文明之盛，爲未濟之主，故必正然後乃吉，吉乃得无悔，故曰「貞吉，无

❶「求」，嘉本同，阮本作「安」。
❷「昭」，阮本同，嘉本作「照」。
❸「循」，嘉本同，阮本作「靖」。

悔」也。「君子之光」者，以柔順文明之質居於尊位，有應於二，是能付物以能而不自役，有君子之光華矣，故曰「君子之光」也。「有孚，吉」者，付物以能而无疑焉，則物竭其誠，功斯克矣，故曰「有孚，吉」也。《象》曰「其暉吉」者，言君子之德，光暉著見，然後乃得吉也。

上九，「有孚」至「不知節也」。 正義曰：「有孚于飲酒，无咎」者，上九居未濟之極則反於既濟，既濟之道，則所任者當也。所任者當則信之无疑，故得自逸飲酒而已，故曰「有孚于飲酒，无咎」。「濡其首」者，既得自逸飲酒而不知其節，則「濡首」之難還復及之，故曰「濡其首」也。「有孚，失是」者，言所以「濡首」之難及之者，良由信任得人不憂事廢故，失於是矣，故曰「有孚，失是」也。《象》曰「亦不知節」者，釋「飲酒」所以致「濡首」之難，以其不知止節故也。

周易正義卷第十

計一萬一千七百四十字

周易正義卷第十一

國子祭酒上護軍曲阜縣
開國子臣孔穎達奉勑撰

周易繫辭上第七

正義曰：謂之「繫辭」者，凡有二義，論字取「繫屬」之義。聖人繫屬此辭於爻卦之下，故此篇第六章云「繫辭焉以斷其吉凶」，第十二章云「繫辭焉以盡其言」，是繫屬其辭於爻卦之下，則上、下二篇經辭是也。文取「繫屬」之義，故字體從「毄」。又音爲係者，取綱係之義。卦之與爻各有其辭以釋其義，則卦之與爻各有綱係，所以音謂之「係」也。夫子本作「十翼」，申説上、下二篇經文，《繫辭》條貫義理，别自爲卷，摠曰《繫辭》。分爲上、下二篇者，何氏云：上篇明「无」，故曰「易有太極」，太極即「无」也；又云：「聖人以此洗心，退藏於密」，是其「无」也。下篇明「幾」，從无入有，故云「知幾其神乎」。今謂分爲上、下更无異義，直以簡編重大，❶是以分之。或以上篇論易之大理、下篇論易之小理者，事必不通。何則？案：上《繫》云：「君子出其言善則千里之外應之，出其言不善則千里之外違之」。又云：「藉用白茅，无咎。」皆人言語小事及小慎之行，豈爲易之大理？又下《繫》云：「天地之道貞觀者也，日月之道貞明者也。」豈復易之小事乎？明以大小分之，義必不可。故知聖人既无其意，若欲强釋，理必不通。諸儒所釋上篇，所以分段次下，凡有一十二章。周氏云：「天尊地卑」爲第一章，「聖人設卦觀象」爲第二章，「彖者言乎象者」爲第三章，「精氣爲物」爲第四章，「顯諸仁，藏諸用」爲第五章，「聖人有以見天下之賾」爲第六章，「初六，藉用白茅」爲第七章，「大衍之數」爲第八章，「子曰知變化之道」爲第九章，「天一地二」爲第十章，「是故易有太極」爲第十一章，「子曰書不盡言」爲第十二章。馬季長、荀爽、姚信等又分「白茅」章後，取「負且乘」更爲别章，成十三章。案：「白茅」以下歷序諸卦，獨分「負且乘」以爲别章，義无所取也。虞翻分爲十一章，合「大衍之數」并「知變化之道」共爲一章。案：「大衍」一章，摠明揲蓍策數及十

❶「直」，嘉本同，阮本作「有」。

有八變之事，首尾相連。其「知變化之道」已下，別明「知神」及「唯幾」之事，全與「大衍」章義不類，何得合爲一章？今從先儒，以十二章爲定。

「天尊地卑」至「其中矣」。正義曰：此第一章明天尊地卑及貴賤之位，剛柔動静、寒暑往來，廣明乾坤簡易之德。聖人法之，能見天下之理。「天尊地卑，乾坤定矣」者，天以剛陽而尊，❶地以柔陰而卑，則乾坤之體安定矣。乾健與天陽同，坤順與地陰同，故得「乾坤定矣」。若天不剛陽，地不柔陰，是乾坤之體不得定也。此經明天地之德也。「卑高以陳，貴賤位矣」者，「卑」謂地體卑下，「高」謂天體高上。卑高既以陳列，則物之貴賤得其位矣。若卑不處卑，謂地在上，高不處高，謂天在下，上下既亂，則萬物貴賤不得其位矣。此經明天地之體。此雖明天地之體，亦涉乎萬物之形。此「貴賤」揔兼萬物，不唯天地而已。先云「卑」者，便文爾。案：前經云「天尊地卑」，天地別陳；此「卑高以陳」，不更別陳，揔云「卑高」者，上文詳，於此略也。「動静有常，剛柔斷矣」者，天陽爲動，地陰爲静，各有常度則剛柔斷定矣。動而有常則成剛，静而有常則成柔，所以剛柔可斷定矣。若動而无常則剛道不成，静而无常則柔道不立，是剛柔雜亂、動静无常則剛柔不可斷定也。此經論天地之性也。此雖天地動静，亦揔兼萬物也。萬物稟於陽氣多而爲動也，稟於陰氣多而爲静也。「方以類聚，物以羣分，吉凶生矣」者，「方」謂法術，性行以類共聚，同方者則同聚也。❷「物」謂物色，羣黨共在一處而與他物相分別。若順其所同則吉也，若乖其所趣則凶也，故曰「吉凶生矣」。此經雖因天地之性，亦廣包萬物之情也。「在天成象，在地成形，變化見矣」者，「象」謂懸象，日月星辰也；「形」謂山川草木也。懸象運轉而成昏明，山澤通氣而雲行雨施，故變化見也。「是故剛柔相摩」者，以變化形見，即陽極變爲陰，陰極變爲陽，陽剛而陰柔，故剛柔共相切摩，更遞變化也。「八卦相盪」者，剛則陽爻也，柔則陰爻也。剛柔兩體是陰陽二爻，相雜而成八卦，遞相推盪。若十一月一陽生而推去一陰，五月一陰生而推去一陽。雖諸卦遞相推移，本從八卦而來，故云「八卦相盪」也。「鼓之以雷霆，潤之以風雨，日月運行，一寒一暑」者，重明上經「變化見矣」及「剛柔相摩，八卦相盪」之事。八卦既相推盪，各有功之所用

❶「天」，阮本同，嘉本作「謂天」。
❷「同」，嘉本同，阮本作「固」。

也。又鼓動之以震雷離電，滋潤之以巽風坎雨，或離日坎月，運動而行，一節爲寒，一節爲暑。直云震、巽、離、坎，不云乾、坤、艮、兑者，乾、坤上下備言，艮、兑非鼓動運行之物，故不言之。其實亦兼焉：❶雷電風雨亦出山澤也。「乾道成男，坤道成女」者，「道」謂自然而生，故乾得自然而爲男，坤得自然而成女。必云「成」者有故，以乾因陰而得成男，坤因陽而得成女，故云「成」也。「乾知太始」者，以乾是天陽之氣，萬物皆始在於氣，故云「知其太始」也。「坤作成物」者，坤是地，陰之形，坤能造作以成物也。初始无形，未有營作，故但云「知」也。已成之物，事可營爲，故云「作」也。「乾以易知」者，「易」謂易略，无所造爲，以此爲知，故曰「乾以易知」也。「坤以簡能」者，「簡」謂簡省凝静，不須繁勞，以此爲能，故曰「坤以簡能」也。若於物艱難則不可以知，故以易而得知也。若於事繁勞則不可能也，必簡省而後可能也。「易則易知」者，此覆説上「乾以易知」也。乾德既能説「易」，若求而行之則易可知也。「簡則易從」者，覆説上「坤以簡能」也。於事簡省，若求而行之則易可從也。上「乾以易知，坤以簡能」，論乾坤之體性也。「易則易知，簡則易從」者，此論乾坤既有此性，人則易可倣效也。「易知則有親」者，性意易知，心无險難，則相和親，故云「易知則有親」也。「易從則有功」者，於事易從不有繁勞，其功易就，故曰「易從則有功」。此二句，論聖人法此乾坤易簡則有所益也。「有親則可久」者，物既和親，无相殘害，故可久也。「有功則可大」者，事業有功則積漸可大。此二句論人法乾坤，久而益大。「可久則賢人之德」者，使物長久是賢人之德，能養萬物，故云「可久則賢人之德」也。「可大則賢人之業」者，功勞既大則是賢人事業。行天地之道，摠天地之功，唯聖人能然。今云「賢人」者，聖人則隱迹藏用，事在无境。今云「可久」、「可大」則是離无入有，賢人亦事在有境，❷故「可久」、「可大」，以賢人目之也。「易簡而天下之理得矣」者，此則贊明聖人能行天地易簡之化，則天下萬事之理並得其宜矣。「天下之理得而成位乎其中」者，「成位」况「立象」，言聖人極易簡之善則能通天下之理，故能成立卦象於天地之中，言並天地也。○注「乾坤其易」至「之體」。正義曰：云「先明天尊地卑以定乾坤之體」者，易含萬象，天地最大。若天尊地卑各得其所，則乾坤之義得定矣。若天之不尊降在滯溺，地之不卑

❶「兼」，嘉本同，阮本作「一」。

❷「亦」，嘉本同，阮本作「則」。

進在剛盛，則乾坤之體何由定矣？案：乾坤是天地之用，非天地之體，今云乾坤之體者是所用之體，乾以健爲體，坤以順爲體，故云「乾坤之體」。○注「天尊地卑」至「明矣」。正義曰：「天尊地卑之義既列」，解經「卑高以陳」也。云「則涉乎萬物，貴賤之位明矣」，解經貴賤位矣。上經既云「天尊地卑」，此經又云「貴賤」者，則貴賤非唯天地，是兼萬物之貴賤。○注「方有類」至「生矣」。正義曰：云「方有類」者，❶「方」謂法術、情、性、趣舍，故《春秋》云「教子以義方」。注云「方，道也」，是方謂性行法術也。言「方」雖以類而聚，亦有非類而聚者。若陰之所求者陽，陽之所求者陰，是非類聚也。若以人比禽獸即是非類，雖男女不同俱是人例，亦是以類聚也，故云「順所同則吉，乖所趣則凶」。○注「天地之道」至「易簡」。正義曰：云「天地之道，不爲而善始」者，釋經之「乾以易知」。「不勞而善成」者，釋經「坤以簡能」也。❷案：經「乾易」、「坤簡」，各自別言，❸而注合云「天地」者，若以坤對乾，乾爲易也，坤爲簡也。經之所云者是也。若據乾坤相合皆无爲自然，養物之始也，是自然成物之終也。是乾亦有簡，坤亦有易，故注合而言之也。用使聖人俱行易簡，法无爲之化。○注「天地易簡」至「其德業」。正義曰：云「聖人不爲，羣方各遂其業」者，聖人顯仁藏用，唯見生養之功，不見其何以生養，猶若日月見其照臨之力，不知何以照臨，是聖人用无爲以及天下，是聖人不爲也。云「德業既成則入於形器」者，初行德業未成之時，不見其所爲，是在於虛无。若德業既成，覆被於物，在於有境，是入於形器也。賢人之分則見其所爲，見其成功始末，皆有德之與業，是所有形器，故以賢人目其德業。然則本其虛无玄象謂之聖，據其成功事業謂之賢也。○注「天下之理」至「分位」。正義曰：云「天下之理，莫不由於易簡而各得順其分位」者，若能行説易簡靜，任物自生，則物得其性矣。故《列子》云「不生而物自生，不化而物自化」。若不行易簡，法令滋章，則物失其性也。《老子》云：「水至清則无魚，人至察則无徒。」又《莊子》云：「馬翦剔羈絆，所傷多矣。」是天下之理未得也。

「聖人設卦」至「不利」。正義曰：此第二章也。前章言天地成象、成形，簡易之德，❹明乾坤之

❶「云」，嘉本無此字。
❷「坤」上，嘉本有「之」字。
❸「言」上，嘉本有「而」字。
❹「簡易」，阮校云錢本作「易簡」。

大旨。此章明聖人設卦觀象，爻辭吉凶、悔吝之細别。「聖人設卦觀象」者，謂聖人設畫其卦之時莫不瞻觀物象，法其物象，然後設之，卦象則有吉有凶，故下文云：「吉凶者，失得之象也；悔吝者，憂虞之象；變化者，進退之象；剛柔者，晝夜之象。」是施設其卦，有此諸象也。「繫辭焉而明吉凶」者，卦象、爻象有吉有凶，若不繫辭，其理未顯，故繫屬吉凶之文辭於卦爻之下，而顯明此卦爻吉凶也。案：吉凶之外猶有悔吝憂虞，直云而明「吉凶」者，悔吝憂虞是凶中之小，别舉吉凶則包之可知也。「剛柔相推而生變化」者，八純之卦，卦之與爻，其象既定，變化猶少。若剛柔二氣相推，陰爻、陽爻交變，分爲六十四卦，有三百八十四爻，委曲變化，事非一體，是「而生變化」也。「繫辭而明吉凶」，明繫辭之意。「剛柔相推而生變化」，明其推引而生《雜卦》之意也。「是故吉凶者，失得之象也」者，此下四句經，摠明諸象不同之事。辭之吉者是得之象，辭之凶者是失之象，故曰「吉凶者是失得之象也」。初時於事有失有得，積漸成著乃爲吉凶也。然《易》之諸卦及爻不言「吉凶」者，義有數等。或吉凶據文可知，不須明言吉凶者，若《乾》「元亨利貞」及「九五，飛龍在天，利見大人」之屬，尋文考義是吉可知，故不須云「吉」也。若其《剥》「不利有攸往」，《離》之九四「突如其來如，焚如，死如，棄如」之屬，據其文辭，其凶可見，故不言「凶」也。亦有爻處吉凶之際，吉凶未定，行善則吉，行惡則凶。是吉凶未定，亦不言吉凶。若《乾》之九三「君子終日乾乾，夕惕若厲，无咎」，若《屯》之六二「屯如邅如，乘馬班如，匪寇婚媾，女子貞不字，十年乃字」，是吉凶未定，亦不言吉凶也。又諸稱「无咎」者，若不有善應則有咎，若有善應則无咎，此亦不定言吉凶也。諸稱「吉凶」者，皆嫌其吉凶不明，故言「吉凶」以正之。若《坤》之六五「黄裳元吉」，以陰居尊位，嫌其不吉，故言「吉」以明之。推此餘可知也。亦有於事无嫌，吉凶灼然可知而更明言吉凶者，若《剥》之初六「剥牀以足，蔑貞凶」、六二「剥牀以辨，蔑貞凶」者，此皆凶狀灼然而言凶也。或有一卦之内，或一爻之中得失相形，須言吉凶。若《大過》九三「棟橈凶」、九四「棟隆吉」，是一卦相形也。《屯》卦九五「屯其膏，小貞吉，大貞凶」，是一爻相形也。亦有一事相形，始終有異。若《訟》卦「有孚窒惕，中吉，終凶」之類是也。大略如此。原夫《易》之爲書，曲明萬象，苟在釋辭，明其意，達其理，不可以一爻爲例，義有變通也。「悔吝者，憂虞之象也」者，經稱「悔吝」者，是得失微小，初時憂念虞度之形象也。以憂虞不已未是大凶，終致悔吝。「悔」者，其事已過，意有追悔之也。「吝」者，當事之時，可輕鄙恥，故云「吝」也。吝既是小凶，則《易》之爲書亦有小吉，則「无咎」之屬，善補過是也。此亦小吉而不言者，下經備陳之也，故於此不言。其餘「元亨利貞」則是吉象之境，有四德別言，故於此不言也。其「以祉」、「有慶」、「有福」之屬，❶各於爻卦別言，故不在此而說。且《易》者戒人爲惡，故於惡事備言也。「變化者，進退之象也」者，萬物之象皆有陰陽之爻，或從始而上進，或居終而倒退，以其往復相推，或漸變而頓化，故云「進退之象」也。「剛柔者，晝夜之象也」者，晝則陽日照臨，萬物生而堅剛，是晝之象也。夜則陰潤浸被，萬物而皆柔弱，是夜之象也。「六爻之動，三極之道也」者，此覆明變化進退之義，言六爻遞相推動而生變化，是天、地、人三才至極之道，以其事兼三才，故能見吉凶而成變化也。「是故君子所居而安者，易之序也」者，以其在上，吉凶顯其得失，變化明其進退，以此之故，君子觀象知其所處，故可居治之位而安靜居之，❷是易位之次序也。若居在乾之初九而安在「勿用」，若居在乾之九三而安在「乾乾」。是以所居而安者，由觀易之位，次序也。「所樂而玩者，爻之辭也」者，言君子愛樂而習玩者，是六爻之辭也。辭有吉凶悔吝，見善則思齊其事，見惡則懼而自改，所以愛樂而耽玩也。卦之與爻皆有其辭，但爻有變化，取象既多，以知得失，故君子尤所愛樂，所以特云「爻之辭」也。「是故君子居則觀其象而玩其辭」者，以易象則明其善惡，辭則示其吉凶，故君子自居處其身觀看其象，以知身之善惡；而習玩其辭以曉事之吉凶。「動則觀其變而玩其占」者，言君子出行興動之時則觀其爻之變化，而習玩其占之吉凶。若《乾》之九四「或躍在淵」，是動則觀其變也。《春秋傳》云「先王卜征五年」，又云「卜以決疑」，是動玩其占也。「是以自天祐之，吉，无不利」者，君子既能奉遵易象以居處其身，无有凶害，是以從天以下悉皆祐之。「吉，无不利」，此《大有》上九爻辭。○注：「此搃言也。」正義曰：此「設卦觀象」搃爲下而言，故云「此搃言」也。○注「晝則陽剛」至「其義」。正義曰：云「始搃言吉凶變化」者，謂上文云「繫辭焉而明吉凶，剛柔相推而生變化」，是始搃言吉凶變化也。云「而下別明悔吝晝夜」者，謂次文云「悔吝者，憂虞之象」，「剛柔者，晝夜之象」，是別明悔吝晝夜也。言「悔吝則吉凶之類」者，案：上文「繫辭而明吉凶」，次

❶「以」，阮校云閩、監、毛本作「有」。
❷「可居」，阮校云監、毛本作「居可」。

文別序云「吉凶者，失得之象」，❶「悔吝者，憂虞之象」，是吉凶之外別生悔吝，是悔吝亦吉凶之類。大略摠言吉凶，若細別之，❷吉凶之外別有悔吝也，故云「悔吝則吉凶之類」。云「晝夜亦變化之道」者，案：上文云「剛柔相推而生變化」，次文別序云「變化者進退之象」，❸「剛柔者晝夜之象」，變化之外別云晝夜，摠言之則「變化」、「晝夜」是一，分之則「變化」、「晝夜」是殊，故云「晝夜亦變化之道」也。云「吉凶之類，則同因繫辭而明」者，案：上文云「繫辭焉而明吉凶」，次文別序云「吉凶」、「悔吝」，兩事同因上繫辭而明之也，故云「吉凶之類，則同因繫辭而明」也。云「變化之道，則俱由剛柔而著」者，上文「剛柔相推而生變化」，次文別序云「變化者，進退之象」，「剛柔者，晝夜之象」，上文則「變化」、「剛柔」合爲一，次文則別序「變化」、「剛柔」分爲二。合之則同，分之則異，是變化從剛柔而生，故云「變化之道，俱由剛柔而著」也。云「故始摠言之」也，上文「繫辭焉而明吉凶」，不云「悔吝」，是摠言之也。又上文「剛柔相推而生變化」，不云「晝夜」，是摠變化言之也。云「下則明失得之輕重，辨變化之大小，❹故別序其義」者，案：次文別序云「吉凶者，失得之象」，是失得重也。「悔吝者，憂虞之象」，是失得輕也。又次經云「變化者，進退之象」，是變化大也。「剛柔者，晝夜之象」，是變化小也。兩事並言，失得別明輕重，變化別明小大，是別序其義。

「彖者言乎」至「生之説」。正義曰：此第三章也。上章明「吉凶悔吝」繫辭之義而細意未盡，❺故此章更委曲説卦爻吉凶之事。是以義理深奥，能彌綸天地之道，仰觀俯察，知死生之説。「彖者言乎象者也」，「彖」謂卦下之辭，言説乎一卦之象也。「爻者言乎變者也」，謂爻下之辭，言説此爻之象改變也。「吉凶者，言乎其失得也」者，謂爻卦下辭也。著其「吉凶」者，言論其卦爻失之與得之義也。前章言據其卦爻之象，故云「吉凶者，失得之象」。此章據其卦爻之辭，故云「吉凶者，言乎其失得也」。「悔吝者，言乎其小疵也」者，辭著悔吝者，言説此卦爻有小疵病也。有小疵病必預有憂虞，故前章云「悔吝者，憂虞之象」。但前章據其象，此章論其辭也。「无咎者，善補過也」者，辭

❶「文」，阮本作「又」。
❷「若」，嘉本同，阮本作「是」。
❸「序」，嘉本同，阮本無此字。
❹「大小」，嘉本同，阮本作「小大」。
❺「悔」，原作「侮」，據嘉本、阮本改。

稱「无咎」者，即此卦爻能補其過，若不能補過則有咎也。案《略例》：「无咎」有二：一者善能補過故无咎。二者其禍自己招，无所怨咎，故節之六三「不節之嗟，又誰咎也」。但如此者少。此據多者言之，故云「善補過也」。前章舉其大略，故不細言「无咎」之事，此章備論也。「是故列貴賤者存乎位」者，以爻者言乎變，以此之故，陳列物之貴賤者在存乎六爻之位，皆上貴而下賤也。「齊小大者存乎卦」者，以象者言乎象，象有小大，故齊辯物之小大者存乎卦也。猶若《泰》則「小往大來，吉亨」，《否》則「大往小來」之類是也。「辯吉凶者存乎辭」者，謂辯明卦之與爻之吉凶，存乎卦爻下之言辭是也。「憂悔吝者存乎介」者，「介」謂纖介，謂小小疵病。能預憂虞悔吝者，存於細小之疵病也。❶「震无咎者存乎悔」者，「震」，動也。動而无咎者，存乎能自悔過也。「是故卦有小大，辭有險易」者，其道光明謂之「大」，其道銷散謂之「小」。若之適通泰，其辭則説易；若之適否塞，其辭則艱險也。「辭也者，各指其所之」者，謂爻卦之辭，各斥其爻卦之之適也。若之適於善則其辭善，若之適於惡則其辭惡也。「《易》與天地準」者，自此已上論卦爻辭理之義，自此已下廣明易道之美。言聖人作《易》與天地相準。謂準擬天地，則乾健以法天，坤順以法地之類是也。「故能彌綸天地之道」者，以《易》與天地相準。爲此之故，聖人用《易》能彌綸天地之道。「彌」謂彌縫補合，「綸」謂經綸牽引，能補合牽引天地之道，用此「易道」也。「仰以觀於天文，俯以察於地理」者，天有懸象而成文章，故稱「文」也。地有山川原隰，各有條理，故稱「理」也。「是故知幽明之故」者，「故」謂事也，故以用易道仰觀俯察，知无形之幽，有形之明，義理事故也。「原始反終，故知死生之説」者，言用易理，原窮事物之初始，反復事物之終末，始終吉凶皆悉包羅，以此之故，知死生之數也。止謂用易道參其逆順，則禍福可知，用蓍策求其吉凶則死生可識也。○注「辭，爻辭」至「之差」。正義曰：云「辭，爻辭也」者，其實卦之與爻皆有其辭，知是爻辭者，但卦辭變化少，爻辭變化多，此經「辯吉凶者存乎辭」與「齊小大者存乎卦」，二文相對。上既云卦，故此「辭」爲「爻辭」也。云「言象所以明小大」者，即「齊小大者存乎卦」是也。云「言變化所以明吉凶」者，❷則「辯吉凶者存乎辭」是也。云「故小大之義存乎卦」者，覆説「言象所以明小大」也。云「吉凶之狀見乎

❶「於」，嘉本作「乎」。
❷「化」，嘉本無此字。

爻」者，覆説「言變所以明吉凶」也。云「悔吝无咎，❶其例一也」者，謂悔吝无咎，體例與吉凶一也，皆是「存乎辭」。云「悔吝、小疵、无咎，皆生乎變」者，謂皆坐於爻也。❷言乎變者，❸謂皆從爻變而來。云「事有小大」者，大則爲吉凶，小則爲悔吝无咎也。云「故下歷言五者之差」者，謂於吉凶下，歷次言五者之差別。數五者，謂吉一，凶二，悔三，吝四，无咎五。然諸儒以爲：五者，皆數「列貴賤者存乎位」是其一也，「齊小大者存乎卦」是其二也，「辯吉凶者存乎辭」是其三也，「憂悔吝者存乎介」是其四也，「震无咎者存乎悔」是其五也。於經數之爲便，但於注理則乖。今並存焉，任後賢所釋。

「精氣爲物」至「鮮矣」。正義曰：此第四章也。上章明卦爻之義，其事類稍盡，但卦爻未明鬼神情狀。此章説物之改變而爲鬼神，易能通鬼神之變化，故於此章明之。云「精氣爲物」者，謂陰陽精靈之氣，氤氳積聚而爲萬物也。「遊魂爲變」者，物既積聚，極則分散，將散之時，浮遊精魂去離物形而爲改變，則生變爲死，成變爲敗，或未死之間變爲異類也。「是故知鬼神之情狀」者，能窮易理，盡生死變化，以此之故，能知鬼神之内外情狀也。物既以聚而生，以散而死，皆是鬼神所爲。但極聚散之理則知鬼神之情狀也。言聖人以易之理而能然也。「與天地相似故不違」者，天地能知鬼神，任其變化。聖人亦窮神盡性，能知鬼神，是與天地相似。所爲所作，故不違於天地，能與天地合也。「知周乎萬物而道濟天下」者，聖人无物不知是知周於萬物，天下皆養是道濟天下也。「故不過」者，所爲皆得其宜，不有愆過，使物失分也。「旁行而不流」者，言聖人之德應變旁行，无不被及，而不有流移淫過。若不應變化，非理而動，則爲流淫也。「樂天知命，故不憂」者，順天施化是歡樂於天，識物始終是自知性命。順天道之常數，知性命之始終，任自然之理，故不憂也。「安土敦乎仁，故能愛」者，言萬物之性皆欲安静於土，敦厚於仁。聖人能行此「安土」、「敦仁」之化，故能愛養萬物也。「範圍天地之化而不過」者，「範」謂模範，「圍」謂周圍，言聖人所爲所作，模範周圍天地之化養。言法則天地以施其化，而不有過失違天地者也。「曲成萬物而不遺」者，言聖人隨變而

❶「云」，嘉本作「至於」。
❷「坐」，嘉本、阮本作「生」。
❸「言」，嘉本作「生」。

應，屈曲委細成就萬物，而不有遺棄細小而不成也。「通乎晝夜之道而知」者，言聖人通曉於晝夜之道。晝則明也，夜則幽也，言通曉於幽明之道而无事不知也。自此已上皆神之所爲，聖人能極神之幽隱之德也。「故神无方而易无體」者，神則寂然，虚无陰陽，深遠不可求測，❶是无一方可明也。易則隨物改變，應變而往，无一體可定也。「一陰一陽之謂道」者，一謂无也，无陰无陽乃謂之道。一得爲无者，无是虚无，虚无是太虚，不可分别，唯一而已，故以一爲无也。若其有境則彼此相形，有二有三不得爲一。故在陰之時而不見爲陰之功，在陽之時而不見爲陽之力，自然而有陰陽，自然无所營爲，此則道之謂也。故以言之爲道，以數言之謂之一，以體言之謂之无，以物得開通謂之道，以微妙不測謂之神，以應機變化謂之易，揔而言之，皆虚无之謂也。聖人以人事名之，隨其義理，立其稱號。「繼之者善也」者，道是生物開通，善是順理養物，故繼道之功者，唯善行也。「成之者性也」者，若能成就此道者人之本性，若性仁者成就此道爲仁性，知者成就此道爲是知也，故云「仁者見之謂之仁，知者見之謂之知」。是仁之與知，皆資道而得成仁、知也。「百姓日用而不知」者，言萬方百姓，恒日日賴用此道以得生，❷而不知道之功力也。言道冥昧不以功爲功，故百姓日用而不能知也。「故君子之道鮮矣」者，君子謂聖人也，仁、知則各滯於所見，百姓則日用不知，明體道君子，不亦少乎？○注「盡聚散」至「不通」。正義曰：案：下云「神无方」，韓氏云「自此以上皆言神之所爲」，則此經「情狀」是虚无之神。聖人極虚无之神知變化之道，❸幽冥悉通，故能知鬼神之情狀。○注「自此以上」至「體明」。正義曰：「自此已上皆言神之所爲」者，謂從「神无方」以上至「精氣爲物」下經之所云皆言神所施爲。「神」者，微妙玄通，不可測量，故能知鬼神之情狀，與天地相似。「知周萬物」，「樂天知命」，「安土敦仁」，❹「範圍天地」，「曲成萬物」，「通乎晝夜」，此皆神之功用也。作《易》者因自然之神以垂教，欲使聖人用此神道以被天下，雖是神之所爲，亦是聖人所爲。云「方體者，皆係於形器」者，方是處所之名，體是形質之稱。凡處所形質，非是虚无，皆係著於器物，故云「皆係於形器」也。云「神則陰陽不測」者，既幽微不可測度，不可測則何有處所，是「神无方」也。云「易則唯

❶「測」，嘉本同，阮本作「難」。
❷「以」，嘉本同，阮本作「而」。
❸「知」，嘉本同，阮本作「如」。
❹「土」，原作「上」，據嘉本、阮本改。

變所適」者，既是變易，唯變之適，不有定往，何可有體，是「易无體」也。❶云「不可以一方一體明」者，解「无方」、「无體」也。凡「无方」、「无體」，各有二義：一者神則不見其處所云爲，是无方也；二則周遊運動，不常在一處，亦是无方也。「无體」者，一是自然而變而不知變之所由，是无形體也；二則隨變而往，无定在一體，亦是无體也。○注「道者何」至「一陽也」。正義曰：云「道者何，❷无之稱」者，此韓氏自問其「道」而釋之也。道是虚无之稱，以虚无能開通於物，故稱之曰「道」。云「无不通，无不由」者，若處於有，有則爲物礙難，不可常通。道既虚无爲體則不爲礙難，故「无不通」也。「无不由」者，言萬物皆因之而通，由之而有。云「況之曰道」者，比況道路以爲稱也。「寂然无體，不可爲象」者，謂寂然幽静而无體，不可以形象求，是不可爲象。至如天覆地載，日照月臨，冬寒夏暑，春生秋殺，萬物運動，皆由道而然，豈見其所營，知其所爲？是「寂然无體，不可爲象」也。云「必有之用極，而无之功顯」者，猶若風雨是有之所用，當用之時以无爲心，風雨既極之後，萬物賴此風雨而得生育，是生育之功由風雨无心而成，是「有之用極，而无之功顯」。是神之發作動用以生萬物，其功成就乃在於无形。應機變化雖有功用，本其用之所以亦在於「无」也，故至乎「神无方而易无體」。自然无爲之道可顯見矣，當其有用之時道未見也。云「故窮變以盡神」者，神則杳然不測，千變萬化，聖人則窮此千變萬化以盡神之妙理，故云「窮變化以盡神」。云「因神以明道」者，謂盡神之理唯在虚无，因此虚无之神以明道之所在，道亦虚无，故云「因神以明道」也。「陰陽雖殊，无一以待之」者，言陰之與陽，雖有兩氣，恒用虚无之一，以擬待之。言在陽之時亦以爲虚无，无此陰也。在陰之時亦以爲虚无，无此陽也。云「在陰爲无陰，陰以之生」者，謂道雖在於陰而无於陰，言道所在皆无陰也。❸雖无於陰，陰終由道而生，故言「陰以之生」也。「在陽爲无陽，陽以之成」者，謂道雖在陽，陽中必无道也。雖无於陽，陽必由道而成，故言「陽以之成」也。❹道雖无於陰陽，然亦不離於陰陽，陰陽雖由道成，即陰陽亦非道，故曰「一陰一陽」也。○注「君子體道」至「極也」。正義曰：「君子體道以爲用」者，謂聖人爲君子體，履於至道，法道而施政，則《老子》云「爲而不宰，功成不居」是

❶「是」，原作「骨」，據嘉本、阮本改。
❷「云」，阮本同，嘉本無此字。
❸「在」，嘉本同，阮本作「生」。
❹「之成」，嘉本同，阮本作「成之」。

也。云「仁知則滯於所見」者，言仁、知雖賢猶有偏見：「仁」者觀道謂道爲「仁」，「知」者觀道謂道爲「知」，不能偏曉，是滯於所見也。是道既以爲用，若以仁以知則滯所見也。至於百姓，但日用通生之道，又不知通生由道而來，故云「百姓日用而不知」也。云「體斯道者，不亦鮮矣」者，是聖人、君子獨能悟道，故云「不亦鮮矣」。云「故常无欲以觀其妙」者，引老子《道經》之文以結成此義。「无欲」謂无心，若能寂然无心无欲觀其道之妙趣，謂不爲所爲，得道之妙理也。云「始可以語至而言極也」者，若能无欲觀此道之妙理，无事无爲，如此可以語説其至理而言其極趣也。若不如此，不可語至而言極也。

「顯諸仁」至「之門」。正義曰：此第五章也。上章論神之所爲，此章廣明易道之大，與神功不異也。「顯諸仁」者，言道之爲體，顯見仁功，衣被萬物，是「顯諸仁」也。「藏諸用」者，謂潛藏功用，不使物知，是「藏諸用」也。「鼓萬物而不與聖人同憂」者，言道之功用能鼓動萬物，使之化育，故云「鼓萬物聖人化物，不能全无以爲體，猶有經營之憂。道則虚无爲用，无事无爲，不與聖人同用，有經營之憂也。「盛德大業，至矣哉」者，聖人爲功用之母，體同於道，萬物由之而通，衆事以之而理，是聖人極盛之德，廣大之業，至極矣哉。於行謂之德，於事謂之業。「富有之謂大業」者，自此已下覆説「大業」、「盛德」。因廣明易與乾坤及其占之與事，并明神之體以廣大悉備，萬事富有，所以謂之「大業」。「日新之謂盛德」者，聖人以能變通體化，合變其德，日日增新，是德之盛極，故謂之「盛德」也。「生生之謂易」者，生生，不絶之辭。陰陽變轉，後生次於前生是萬物恒生，謂之「易」也。前後之生變化改易，生必有死，易主勸戒，獎人爲善，故云「生」不云「死」也。「成象之謂乾」者，謂畫卦成乾之象，擬乾之健，故謂卦爲「乾」也。「效法之謂坤」者，謂畫卦效坤之法，擬坤之順，故謂之「坤」也。「極數知來之謂占」者，謂窮極蓍策之數豫知來事，占問吉凶，故云「謂之占」也。「通變之謂事」者，物之窮極，欲使開通，須知其變化乃得通也。凡天下之事，窮則須變，萬事乃生，故云「通變之謂事」。「陰陽不測之謂神」者，天下萬物皆由陰陽，或生或成，本其所由之理，不可測量之謂神也，故云「陰陽不測之謂神」。「夫易，廣矣大矣」者，此贊明易理之大。易之變化，極於四遠是廣矣，窮於上天是大矣，故下云「廣大配天地」也。「以言乎遠則不禦」者，「禦」，止也，言乎易之變化窮極幽深之遠，則不有禦止也。謂无所止息也。「以言乎邇則静而正」者，

「邇」，近也，言易之變化，在於邇近之處則寧静而得正。謂變化之道，於其近處，物各静而得正，不煩亂邪僻也。遠尚不禦，近則不禦，可知近既静正則遠亦静正。互文也。「以言乎天地之間則備矣」者，變通之道，徧滿天地之内，是則備矣。「夫乾，其静也專，其動也直，是以大生焉」者，上經既論易道資陰陽而成，故此經明乾，復兼明坤也。乾是純陽，德能普備，无所偏二，❶唯專一而已。若氣不發動則静而專一，故云「其静也專」。若其運轉則四時不忒，寒暑无差，剛而得正，❷故云「其動也直」。以其動静如此，故能大生焉。「夫坤，其静也翕，其動也闢，是以廣生焉」者，此經明坤之德也。坤是陰柔，閉藏翕斂，故「其静也翕」；動則開生萬物，故「其動也闢」。以其如此，故能廣生於物焉。天體高遠，故《乾》云「大生」；地體廣博，故《坤》云「廣生」。對則乾爲物始，坤爲物生，散則始亦爲生，故摠云「生」也。「廣大配天地」者，此經申明易之德。以易道廣大配合天地，大以配天，廣以配地。「變通配四時」者，四時變通，易理亦能變通，故云「變通配四時」也。「陰陽之義配日月，易簡之善配至德」者，案：初章論「乾坤易簡」，「可久可大」，配至極微妙之德也。然《易》初章，易爲賢人之德，簡爲賢人之業，今摠云「至德」者，對則德、業別，散則業由德而來，俱爲德也。

「子曰易其至矣乎」者，更美「易」之至極，是語之別端，故言「子曰」。「夫易，聖人所以崇德而廣業」者，言易道至極，聖人用之增崇其德，廣大其業，故云「崇德而廣業也」。「知崇禮卑」者，易兼「知」之與「禮」，故此明知、禮之用。「知」者通利萬物，象天陽无不覆，以崇爲貴也。「禮」者卑敬於物，象地柔而在下，故以卑爲用也。「崇效天，卑法地」者，知既崇高故效天，禮以卑退故法地也。「天地設位，而易行乎其中矣」者，天地陳設於位，謂知之與禮而效法天地也。「而易行乎其中矣」者，變易之道，行乎知、禮之中，言知、禮與易而並行也。若以實象言之，天在上，地在下，是天地設位。天地之間萬物變化，是易行乎天地之中也。「成性存存，道義之門」者，此明易道既在天地之中，能成其萬物之性，使物生不失其性，存其萬物之存，使物得其存成也。性謂禀其始也，存謂保其終也，道謂開通也，義謂得其宜也。既能「成性存存」，則物之開通、物之得宜從此「易」而來，故云「道義之門」。謂「易」與道義爲門户也。○注「萬物由之」至「之跡」。正義曰：云「聖

---

❶「二」，嘉本、阮本作「主」。

❷「剛」，嘉本同，阮本作「則」。

人雖體道以爲用」者，❶言聖人不能无憂之事，道則无心无跡，聖人則亦无心有跡。聖人能體附於道，其跡以有爲用。云「未能全无以爲體」者，道則心跡俱无，是其「全无以爲體」，聖人則无心有跡，是跡有而心无，是不能「全无以爲體」。云「故順通天下則有經營之跡」者，言聖人順通天下之理，內則雖是无心，外則有經營之跡，則有憂也。道則心跡俱无，无憂无患，故云「不與聖人同憂」也。○注「神也者」至「於神矣」。正義曰：云「神也者，變化之極」者，言神之施爲，自將變化之極以爲名也。云「妙萬物而爲言」者，「妙」謂微妙也，萬物之體有變象可尋，神則微妙於萬物而爲言也，謂不可尋求也。云「不可以形詰」者，杳寂不測，无形无體，不可以物之形容所求而窮詰也。❷云「造之非我，理自玄應」者，此言神力也。「我」，謂宰主之名也。言物之造作，非由我之宰主所爲。其造化之理，自然玄空相應而自然造作也。云「是以明兩儀以太極爲始」者，言欲明兩儀天地之體，必以太極虛无爲初始，不知所以然，將何爲始也？云「言變化而稱極乎神」者，欲言論變化之理，不知涯際，唯「稱極乎神」，神則不可知也。云「夫唯知天之所爲者，窮理體化，坐忘遺照」者，言若能知天之所造爲者，會能窮其物理，體其變化，靜坐而忘其事及遺棄所照之物，任其自然之理，不以他事係心，端然玄寂，如此者乃能知天之所爲也。言天之道亦如此也。「坐忘遺照」之言，事出《莊子・大宗師》篇也。云「至虛而善應，則以道爲稱」者，此解道之目也。言至極空虛而善應於物，則乃目之爲道，故云「則以道爲稱」。云「不思而玄覽，則以神爲名」者，謂不可思量而玄遠覽見者，乃目之爲神，故云「則以神爲名」也。云「蓋資道而同乎道」者，此謂聖人設教資取乎道，行无爲之化，積久而遂同於道，內外皆无也。云「由神而冥於神也」者，言聖人設教法此神之不測，无體无方以垂於教，久能積漸而冥合於神，不可測也。此皆謂聖人初時雖法道、法神以爲无，體未能全无，但行之不已，遂至全无不測，故云「資道而同於道，由神而冥於神」也。

周易正義卷第十一

計一萬三百二十一字

❶「云」，嘉本無此字。

❷「詰」，嘉本同，阮本作「語」。

周易正義卷第十二

國子祭酒上護軍曲阜縣
開國子臣孔穎達奉勑撰

「聖人有以」至「如蘭」。正義曰：此第六章也。上章既明易道變化，神理不測，聖人法之，所以配於天地，道義從「易」而生。此章又明聖人擬議易象以贊成變化。又明人擬議之事，先慎其身，在於慎言語，同心行，動舉措，守謙退，勿驕盈，保静密，勿貪非位，凡有七事。是行之尤急者，❶故引七卦之義以證成之。「聖人有以見天下之賾」者，「賾」謂幽深難見，聖人有其神妙以能見天下深賾之至理也。「而擬諸其形容」者，以此深賾之理擬度諸物形容也。見此剛理則擬諸乾之形容，見此柔理則擬諸坤之形容也。「象其物宜」者，聖人又法象其物之所宜：若象陽物宜於剛也，若象陰物宜於柔也，是各象其物之所宜。六十四卦皆擬諸形容，象其物宜也。若泰卦比擬「泰」之形容，象其「泰」之物宜。若否卦則比擬「否」之形容，象其「否」之物宜也。舉此而言，諸卦可知也。「是故謂之象」者，以是之故謂之象也，謂六十四卦是也，故前章云「卦者言乎象者也」。此以上結成卦象之義也。「聖人有以見天下之動」者，謂聖人有其微妙，以見天下萬物之動也。「而觀其會通」，以行其典禮」者，既知萬物以此變動，觀看其物之會合變通，當此會通之時，以施行其典法禮儀也。「繫辭焉以斷其吉凶」者，既觀其會通而行其典禮，以定爻之通變，而有三百八十四爻。於此爻下繫屬文辭，以斷定其吉凶。若會通典禮得則爲吉，若會通典禮失則爲凶也。「是故謂之爻」者，以是之故，謂此會通之事而爲爻也。❷夫爻者效也，效諸物之通變，故上章云「爻者言乎變者也」。自此已上，結爻義也。「言天下之至賾而不可惡也」者，此覆説前文「見天下之賾」，卦象義也。謂聖人於天下至賾之理，必重慎明之，不可鄙賤輕惡也。若鄙賤輕惡，不存意明之，則逆於順道也。「言天下之至動而不可亂」者，覆説上

❶ 「尤」，嘉本同，阮本作「於」。
❷ 「謂」，嘉本同，阮本作「議」。

「聖人見天下之至動」，爻之義也。謂天下至賾變動之理，論説之時，明不可錯亂也，若錯亂則乖違正理也。若以文勢上下言之，宜云「至動而不可亂」也。「擬之而後言」者，覆説上「天下之至賾不可惡也」，聖人欲言之時，必擬度之而後言也。「議之而後動」者，覆説上「天下之至動不可亂也」，謂欲動之時，必議論之而後動也。「擬議以成其變化」者，言則先擬也，動則先議也，則能成盡其變化之道也。「鳴鶴在陰」者，上既明擬議而動，若擬議於善則善來應之，若擬於惡則惡亦隨之，故引「鳴鶴在陰」，取同類相應以證之。❶此引中孚九二爻辭也。鳴鶴在幽陰之處，雖在幽陰而鳴，其子則在遠而和之，以其同類相感召故也。「我有好爵」者，言我有美好之爵而在我身。「吾與爾靡之」者，言我雖有好爵，不自獨有，吾與汝外物共靡散之。謂我既有好爵，能靡散以施於物，物則有感我之恩，亦來歸從於我。是善往則善者來，皆證明擬議之事。我擬議於善以及物，物亦以善而應我也。「子曰君子居其室」者，既明《易》辭，❷前語已絶，故言「子曰」。「況其邇者乎」者，出其言善遠尚應之，則近應可知，故曰「況其邇者乎」。此證明擬議而動之事，言身有善惡，無問遠近皆應之也。「言行，君子之樞機」者，「樞」謂户樞，「機」謂弩牙，言户樞之轉或明或闇，弩牙之發或中或否，猶言行之動，從身而發以及於物，或是或非也。「言行，君子之所以動天地」者，言行雖初在於身，其善惡積而不已，所感動天地，豈可不慎乎？「同人先號咷而後笑」者，證擬議而動則同類相應，以同人初未和同，故先號咷；後得同類，故後笑也。「子曰君子之道」者，各引《易》之後，其文勢已絶，故言「子曰」。「或出或處，或默或語」者，言同類相應本在於心，不必共同一事。或此物而出，或彼物而處，或此物而默，或彼物而語，出處默語其時雖異，其感應之事，其意則同，或處應於出，或默應於語。「二人同心，其利斷金」者，二人若同齊其心，其纖利能斷截於金。金是堅剛之物，能斷而截之，盛言利之甚也。此謂二人心行同也。「同心之言，其臭如蘭」者，言二人同齊其心，吐發言語，氤氲臭氣，香馥如蘭也。此謂二人言同也。

「初六藉用」至「盜之招也」。正義曰：此第七章也。此章欲求外物來應，必須擬議謹慎，則外物來應之。故引「藉用白茅，无咎」之事，以證謹慎

❶「之」，嘉本無此字。

❷「明」，嘉本、阮本作「引」。

之理。此「藉用白茅」，《大過》初六爻辭也。「子曰：苟錯諸地而可矣」者，「苟」，且也，「錯」，置也，凡薦獻之物且置於地，其理可矣。言今乃謹慎，薦藉此物而用絜白之茅，可置於地。「藉之用茅，何咎之有」者，何愆咎之有，是謹慎之至也。「勞謙，君子有終，吉」者，欲求外物來應，非唯謹慎，又須謙以下人，故引謙卦九三爻辭以證之也。「子曰勞而不伐」者，以引卦之後，故言「子曰」。「勞而不伐」者，雖謙退疲勞，而不自伐其善也。「有功而不德，厚之至」者，雖有其功，而不自以爲恩德，是篤厚之至極。「語以其功下人」者，言《易》之所言者，語説其謙卦九三，能以其有功卑下於人者也。「德言盛，禮言恭」者，謂德以盛爲本，禮以恭爲主。德貴盛新，禮尚恭敬，故曰「德言盛，禮言恭」。「謙也者，致恭以存其位」者，言謙退致其恭敬，以存其位者也，言由恭德保其禄位也。「亢龍有悔」者，上既以謙德保位，此明无謙則有悔，故引《乾》之上九「亢龍有悔」，❶證驕亢不謙也。「不出户庭，无咎」者，又明擬議之道，非但謙而不驕，又當謹慎周密，故引節之初九周密之事以明之。「子曰亂之所生，則言語以爲階」者，「階」謂梯也，言亂之所生，則由言語以爲亂之階梯也。「君不密則失臣」者，臣既盡忠，不避危難，爲君謀事。君不慎密，乃彰露臣之所爲，使在下聞之，衆共嫉怒，害此臣而殺之，是失臣也。「臣不密則失身」者，言臣之言行，既有虧失則失身也。「幾事不密則害成」者，「幾」謂幾微之事，當須密慎，預防禍害。若其不密而漏泄，禍害交起，是害成也。「是以君子慎密而不出」者，於易言之是身慎密不出户庭，於此義言之，亦謂不妄出言語也。「子曰作《易》者，其知盜乎」者，此結上不密失身之事。事若不密，人則乘此機危而害之，猶若財之不密，盜則乘此機危而竊之。「易」者，愛惡相攻，遠近相取，盛衰相變，若此爻有釁隙衰弱，則彼爻乘變而奪之，故云「作《易》者，其知盜乎」。「《易》曰負且乘，致寇至」者，此又明擬議之道當量身而行，不可以小處大，以賤貪貴，故引解卦六三以明之也。「負也者，小人之事也」，「負」者，檐負於物，合是小人所爲也。「乘也者，君子之器」者，言乘車者，君子之器物，言君子合乘車。今應負之人而乘車，是小人乘君子之器也，則盜竊之人思欲奪之矣。「上慢下暴，盜思伐之矣」者，小人居上位必驕慢，而在下必暴虐，爲政如此，大盜思欲伐之矣。「慢藏誨盜，冶容誨淫」者，若

❶「悔」，原作「海」，據嘉本、阮本改。

慢藏財物，守掌不謹，則教誨於盜者，使來取此物。女子妖冶其容，身不精慤，是教誨淫者，使來淫己也。以比小人而居貴位，❶驕矜而不謹慎而致寇至也。「《易》曰負且乘，致寇至，盜之招也」者，又引《易》之所云，是盜之招來也，言自招來。於盜以慎重其事，故首尾皆稱「《易》曰」，而載《易》之爻辭也。

「大衍之數」至「祐神矣」。正義曰：此第八章明占筮之法，揲蓍之體，顯天地之數，定乾坤之策以爲六十四卦，而生三百八十四爻。「大衍之數五十，其用四十有九」者，京房云：「五十者，謂十日、十二辰、二十八宿也，凡五十。其一不用者，天之生氣，將欲以虛來實，故用四十九焉。」馬季長云：「易有太極，謂北辰也。太極生兩儀，兩儀生日月，日月生四時，四時生五行，五行生十二月，十二月生二十四氣。北辰居位不動，其餘四十九轉運而用也。」荀爽云：「卦各有六爻，六八四十八，加乾、坤二用，凡有五十。《乾》初九『潛龍勿用』，故用四十九也。」鄭康成云：「天地之數五十有五，以五行氣通。凡五行減五，大衍又減一，故四十九也。」姚信、董遇云：「天地之數五十有五者，其六以象六畫之數，故減之而用四十九。」但五十之數，義有多家，各有其說，未知孰是。今案王弼云「演天地之數，所賴者五十」，據王弼此說，其意皆與諸儒不同：萬物之策，凡有萬一千五百二十，其用此策推演天地之數，唯用五十策也。一謂自然，所須策者唯用五十，就五十策中，其所用揲蓍者，唯用四十有九。其一不用，以其虛无，非所用也，故不數之。顧懽同王弼此說，故顧懽云：「立此五十數以數神，神雖非數，因數而顯，故虛其一數，以明不可言之義。」只如此意，則別无所以，自然而有此五十也。今依用之。「分而爲二以象兩」者，五十之內去其一，餘有四十九，合同未分，是象太一也。今以四十九分而爲二，以象兩儀也。「掛一以象三」者，就兩儀之間，於天數之中，分掛其一而配兩儀，以象三才也。「揲之以四，以象四時」者，分揲其蓍，皆以四四爲數，以象四時。「歸奇於扐以象閏」者，奇謂四揲之餘，歸此殘奇於所扐之策而成數，以法象天道。歸殘聚餘，分而成閏也。「五歲再閏」者，凡前閏後閏，相去大略三十二月，在五歲之中，故「五歲再閏」。「再扐而後卦」者，既分天地，天於左手，地於右手，乃四四揲天之數，最末之餘，歸之合於扐掛之一處，是

❶ 「比」，嘉本同，阮本作「此」。

一揲也。又以四四揲地之數，最末之餘，又合於前所歸之扐而揔掛之，是再扐而後掛也。「天數五」者，謂一、三、五、七、九也。「地數五」者，謂二、四、六、八、十也。「五位相得而各有合」者，若天一與地六相得，合爲水；地二與天七相得，合爲火；天三與地八相得，合爲木；地四與天九相得，合爲金；天五與地十相得，合爲土也。「天數二十有五」者，揔合五奇之數。「地數三十」者，揔合五偶之數也。❶「凡天地之數五十有五」者，是天地二數相合爲五十五，此乃天地、陰陽、奇偶之數，非是上文「演天地之策」也。「此所以成變化而行鬼神」者，言此陽奇陰偶之數成就其變化，言變化以此陰陽而成，故云「成變化」也。而宣行鬼神之用，言鬼神以此陰陽而得宣行，故云「而行鬼神」也。「乾之策二百一十有六」者，以乾老陽，一爻有三十六策，六爻凡有二百一十六策也。乾之少陽，一爻有二十八策，六爻則有一百六十八策。此經據老陽之策也。「坤之策百四十有四」者，坤之老陰，一爻有二十四策，六爻故一百四十有四策也。若坤之少陰，一爻有三十二，六爻則有一百九十二。此經據坤之老陰，故百四十有四也。「凡三百有六十，當期之日」者，舉合乾、坤兩策，有三百有六十，當期之數。三百六十日，舉其大略，不數五日四分日之一也。「二篇之策，萬有一千五百二十，當萬物之數」者，二篇之爻，揔有三百八十四爻，陰陽各半：陽爻一百九十二爻，爻則三十六，❷揔有六千九百一十二也；陰爻亦一百九十二爻，爻別二十四，揔有四千六百八也。陰陽揔合，萬有一千五百二十，當萬物之數也。「是故四營而成易」者，「營」謂經營，謂四度經營蓍策，乃成易之一變也。「十有八變而成卦」者，每一爻有三變，謂初一揲不五則九，是一變也；第二揲不四則八，是二變也；第三揲亦不四則八，是三變也。若三者俱多爲老陰，謂初得九，第二、第三俱得八也。若三者俱少爲老陽，謂初得五，第二、第三俱得四也。若兩少一多爲少陰，謂初與二、三之間，或有四，或有五，而有八也，或有二箇四而有一箇九，此爲兩少一多也。其兩多一少爲少陽者，謂三揲之間，或有一箇九、有一箇八而有一箇四，或有二箇八而有一箇五，此爲兩多一少也。如此三變既畢乃定一爻，六爻則十有八變乃始成卦也。「八卦而小成」者，象天地、雷風、日月、山澤，於大象略盡，是易道小成。「引而伸

❶「數」，嘉本同，阮本作「類」。

❷「則」，嘉本、阮本作「別」。

之」者，謂引長八卦而伸盡之，謂引之爲六十四卦也。「觸類而長之」者，謂觸逢事類而增長之，若觸剛之事類，以次增長於剛；若觸柔之事類，以次增長於柔。「天下之能事畢矣」者，天下萬事皆如此例，各以類增長，則天下所能之事，法象皆盡，故曰「天下之能事畢矣」也。「顯道，神德行」者，言易理備盡天下之能事，故可以顯明无爲之道，而神靈其德行之事。言太虛以養萬物爲德行，今易道以其神靈助太虛而養物，是神其德行也。「是故可與酬酢」者，「酬酢」謂應報對答，❶言易道如此。若萬物有所求爲，此易道可與應答。萬物有求則報，故曰「可與酬酢」也。「可與祐神矣」者，「祐」，助也，易道弘大，可與助成神化之功也。

○注「演天地之數」至「由之宗也」。正義曰：王弼云「演天地之數，所賴者五十」者，韓氏親受業於王弼，❷承王弼之旨，故引「王弼云」以證成其義。「演天地之數，所賴者五十」，謂萬物籌策雖萬有一千五百二十，若用之推演天地之數，所須賴者，唯賴五十，其餘不賴也。但賴五十者，自然如此，不知其所以然。云「則其一不用」者，經既云「五十」，又云「其用四十九」也，既稱「其用」，明知五十之内，其一是不用者也。言「不用而用以之通」者，若全不用理應不賴，此既當論「用」，所以并言「不用」爲「用」。五十者雖是不用，其「有用」從「不用」而來，以不用而得用也，故云「不用而用以之通」。所用者則四十九蓍也。蓍所以堪用者，從造化虛无而生也。若无造化之生，此蓍何由得用也？言「非數而數以之成」者，太一虛无，无形之數是非可數也。❸然有形之數，由非數而得成也。即四十九是有形之數，原從非數而來，故將非數之一，揔爲五十，故云「非數而數以之成」也。言「斯易之太極」者，「斯」，此也，言此「其一不用」者，是易之太極之虛无也。无形，即无數也。凡有皆從无而來，故易從太一爲始也。言「夫无不可以无明，必因於有」者，言虛无之體處處皆虛，何可以无説之，明其虛无也。若欲明虛无之理，必因於有物之境，可以却本虛无。猶若春生、秋殺之事，於虛无之時不見生殺之象，是不可以无明也。就有境之中見其生殺，却推於无，始知无中有生殺之理，是明无必因於有也。言「故常於有物之極，而必明其所由之宗」者，言欲明於无，常須因有物至極之處，而明其所由宗。若易由

❶「報對」，嘉本同，阮本作「對報」。
❷「親」下，原衍一「○」，删。
❸「之」，嘉本、阮本作「无」。

太一，❶有由於无，變化由於神，皆是所由之宗也。言有且何因如此，皆由於虛无自然而來也。

「子曰知變化」至「此之謂也」。正義曰：此第九章也。上章既明大衍之數，極盡蓍策之名數，可與助成神化之功。此又廣明易道深遠，聖人之道有四，又明易之深遠，窮極幾神也。「知變化之道者，其知神之所爲乎」者，言易既知變化之道理不爲而自然也，則能知神化之所爲。言神化亦不爲而自然也。「易有聖人之道四焉」者，言《易》之爲書，有聖人所用之道者，凡有四事焉。「以言者尚其辭」者，謂聖人發言而施政教者，貴尚其爻卦之辭，發其言辭，出言而施政教也。「以動者尚其變」者，謂聖人有所興動營爲，故法其陰陽變化。變有吉凶，聖人之動，取吉不取凶也。「以制器者尚其象」者，謂造制形器法其爻卦之象，若造弧矢，法「睽」之象，若造杵臼，法「小過」之象也。「以卜筮者尚其占」者，策是筮之所用，并言「卜」者，卜雖龜之見兆，亦有陰陽五行變動之狀，故卜之與筮，尚其爻卦變動之占也。「是以君子將有爲也，將有行也，問焉而以言」者，既易道有四，是以君子將欲有所施爲，將欲有所行往，❷占問其吉凶，而以言命蓍也。「其受命也如響」者，謂蓍受人命，報人吉凶，如響之應聲也。「无有遠近幽深」者，言易之告人吉凶，无問遠之與近及幽邃深遠之處，悉皆告之也。「遂知來物」者，「物」，事也，然易以萬事告人，人因此遂知將來之事也。「非天下之至精，其孰能與於此」者，言易之功深如此，若非天下萬事之内至極精妙，誰能參與於此。與易道同也。此已上論易道功深，告人吉凶，使豫知來事，故以此結之也。「參伍以變」者，「參」，三也，「伍」，五也，或三或五以相參合，以相改變。略舉三、五，諸數皆然也。「錯綜其數」者，「錯」謂交錯，「綜」謂揔聚，交錯揔聚其陰陽之數也。「通其變」者，由交錯揔聚，通極其陰陽相變也。「遂成天地之文」者，以其相變，故能遂成就天地之文。若青赤相雜，故稱「文」也。「極其數，遂定天下之象」者，謂窮極其陰陽之數，以定天下萬物之象。猶若極二百一十六策，以定乾之老陽之象；窮一百四十四策，以定坤之老陰之象，舉此餘可知也。「非天下之至變，其孰能與於此」者，言此易之理，若非天下萬事至極之變化，誰能與於此者，言皆

❶ 「太一」，嘉本同，阮本作「太」。
❷ 「將」，阮本同，嘉本作「暫」。

不能也。此結成易之變化之道，故更言「與於此」也。此經論前經論易理功深，❶故云「非天下之至精」。此經論極數變通，故云「非天下之至變」也。「易无思也，无爲也」者，任運自然，不關心慮是无思也，任運自動，不須營造是无爲也。「寂然不動，感而遂通天下之故」者，既无思无爲，故「寂然不動」。有感必應，萬事皆通，是「感而遂通天下之故」也。故謂事故，言通天下萬事也。「非天下之至神，其孰能與於此」者，言易理神功不測，非天下萬事之中至極神妙，其孰能與於此也。此經明易理神妙不測，故云「非天下之至神」。若非天下之至神，誰能與於此也。「夫易，聖人之所以極深而研幾也」者，言易道弘大，故聖人用之，所以窮極幽深而研覈幾微也。「極深」者，則前經初一節云「君子將有爲，將有行，問焉而以言，其受命如嚮，无有遠近幽深」，是極深也。「研幾」者，上經次節云「參伍以變，錯綜其數，通其變遂成天地之文，極其數以定天下之象」，是「研幾」也。「唯深也，故能通天下之志」者，言聖人用易道以極深，故聖人德深也，故能通天下之志意，即是前經上節「問焉而以言，其受命如嚮」，「遂知來物」，是通天下之志也。「唯幾也，故能成天下之務」者，聖人用易道以研幾，故聖人知事之幾微，是前經次節「參伍以變，錯綜其數，通其變遂成天地之文」是也。「幾」者，離无入有，是有初之微。以能知有初之微，則能興行其事，故能成天下之事務也。「唯神也，故不疾而速，不行而至」者，此覆説上經下節易之神功也。以无思无爲，寂然不動，感而遂通，故不須急疾而事速成，不須行動而理自至也。案：下節云「唯深也」言「通天下之志」，「唯幾也」言「成天下之務」。今「唯神也」直云「不疾而速，不行而至」，不言「通天下」者，神則至理微妙，不可測知，无象无功於天下之事，理絶名言不可論也，故不云「成天下之功」也。「子曰《易》有聖人之道四焉者，此之謂也」者，章首論聖人之道四焉，❷章中歷陳其三事，章末結而成之，故曰「聖人之道四焉」是「此之謂」也。章首「聖人之道有四」者，韓氏注云「此四者存乎器象」，「可得而用」者，則辭也，變也，象也，占也。是有形之物，形器可知也。若章中所陳則有三事：一是至精，精則唯深也；二是至變，變則中幾也；❸三是至神，神則微妙无形，是其无也。神既无形，則章中

❶「功」，阮本無此字。
❷「之」，嘉本無此字。
❸「中」，嘉本、阮本作「唯」。

「三事」不得配章首「四事」。韓氏云「四者存乎器象」，故知章中「三事」不得配章首「四事」者也。但行此四者，即能致章中「三事」，故章中歷陳「三事」，下摠以「聖人之道四焉」結之也。○注：「此四者存乎器象，可得而用也。」正義曰：「辭」是爻辭，爻辭是器象也。「變」是變化，見其來去，亦是器象也。「象」是形象，「占」是占其形狀，並是有體之物。有體則是物之可用，故云「可得而用」者也。○注「夫非忘象」至「與於斯也」。正義曰：云「夫非忘象者，則无以制象」者，凡自有形象者，不可以制他物之形象，猶若海不能制山之形象，山不能制海之形象。遺忘已象者，乃能制衆物之形象也。「非遺數者，无以極數」者，若以數數物則不能極其物數，猶若以萬而數則不能苞億，以一億而數則不能苞千億、萬億。遺去數名者則无所不苞，是非遺去其數，无以極盡於數也。言「至精者，无籌策而不可亂」者，以其心之至精，理在玄通，无不記憶，雖无籌策而不可亂也。言「至變者，體一而无不周」者，言至極曉達變理者，能體其淳一之理，❶其變通无不周徧。言雖萬類之變，同歸於一變也。「斯蓋功用之母，象數所由立」者，言「至精」、「至變」、「至神」，三者是物之功用之母。物之功用，象之與數，由此「至精」、「至變」、「至神」所由來，故云「象數所由立」也。言象之所以立有象者，豈由象而來，由太虛自然而有象也；數之所以有數者，豈由數而來，由太虛自然而有數也。是太虛之象，太虛之數，是其至精至變也。由其至精故能制數，由其至變故能制象。若非「至精」、「至變」、「至神」，則不得參與妙極之玄理也。

「天一地二」至「謂之神」。正義曰：此第十章也。前章論《易》有聖人之道四焉，以卜筮尚其占。此章明卜筮蓍龜所用，能通神知也。「天一地二」至「天九地十」，此言天地陰陽自然奇偶之數也。「子曰：夫易，何爲」者，言「易」之功用，其體何爲，是問其功用之意。「夫易，開物成務，冒天下之道，如斯而已」者，此夫子還自釋「易」之體用之狀，言「易」能開通萬物之志，成就天下之務，有覆冒天下之道。斯，此也。「易」之體用如此而已。「是故聖人以通天下之志」者，言易道如此，是故聖人以其易道通達天下之志，極其幽深也。「以定天下之業」者，以此易道定天下之業，由能研幾成務，故定天下之業也。「以斷天下之疑」者，以此易道決斷天下之疑，用其蓍龜

❶「其」，嘉本同，阮本作「于」。

占卜，定天下疑危也。「是故蓍之德圓而神，卦之德方以知」者，神以知來是來无方也，知以藏往是往有常也。物既有常猶方之有止，數无恒體猶圓之不窮。故蓍之變通則无窮，神之象也；卦列爻分有定體，知之象也。知可以識前言往行，神可以逆知將來之事，故蓍以圓象神，卦以方象知也。「六爻之義易以貢」者，「貢」，告也。六爻有吉凶之義，變易以告人也。「聖人以此洗心」者，聖人以此易之卜筮，洗蕩萬物之心。萬物有疑則卜之，是蕩其疑心。行善得吉，行惡遇凶，是盪其惡心也。「退藏於密」者，言易道進則盪除萬物之心，退則不知其所以然，萬物日用而不知，是功用藏於密也。❶「吉凶與民同患」者，易道以示人吉凶，民則亦憂患其吉凶，是與民同其所憂患也。「凶」者，民之所憂也，上並言「吉凶」，此獨言「同患」者，「凶」雖民之所患，「吉」亦民之所患也。❷既得其吉，又患其失，故《老子》云「寵辱若驚」也。「神以知來，知以藏往」者，此明蓍卦德同神知，知來藏往也。蓍，定數於始，於卦爲來。卦，成象於終，於蓍爲往。以蓍望卦，則是知卦象將來之事，故言「神以知來」。以卦望蓍，則是聚於蓍象往去之事，故言「知以藏往」也。「其孰能與此哉」者，言誰能同此也，蓋是「古之聰明叡知神武而不殺者夫」。易道深遠，以吉凶禍福威服萬物，故古之聰明叡知神武之君，謂伏犧等，用此易道能威服天下，而不用刑殺而威服之也。「是以明於天之道」者，言聖人能明天道也。「而察於民之故」者，「故」，事也，易窮變化而察知民之事也。「是興神物以前民用」者，謂易道興起神理事物，豫爲法象，以示於人，以前民之所用。定吉凶於前，民乃法之所用，故云「以前民用」也。「聖人以此齊戒」者，聖人以易道自齊自戒，謂照了吉凶，齊戒其身。洗心曰「齊」，防患曰「戒」。「以神明其德夫」者，言聖人既以易道自齊戒，又以易道神明其己之德化也。「是故闔户謂之坤」者，聖人既用此易道以化天下，此已下又廣明易道之大。❸易從乾坤而來，故更明乾坤也。凡物先藏而後出，故先言坤而後言乾。「闔户」謂閉藏萬物，若室之閉闔其户，故云「闔户謂之坤」也。「闢户謂之乾」者，闢户謂吐生萬物也，若室之開闢其户，故云「闢户謂之乾」也。「一闔一闢謂之變」者，開閉相循，陰陽遞至，或陽變爲陰，或開而更閉；或陰

❶「是」，嘉本同，阮本作「有」。
❷「患」，阮本同，嘉本作「憂」。
❸「已」，嘉本同，阮本作「以」。

變爲陽，或閉而還開，是謂之變也。「往來不窮謂之通」者，須往則變來爲往，須來則變往爲來，隨須改變，不有窮已，恒得通流，是「謂之通」也。「見乃謂之象」者，前「往來不窮」據其氣也，氣漸積聚，露見萌兆，乃謂之象，言物體尚微也。「形乃謂之器」者，體質成形是謂器物，故曰「形乃謂之器」，言其著也。「制而用之謂之法」者，言聖人裁制其物而施用之，垂爲模範，故云「謂之法」。「利用出入，民咸用之謂之神」者，言聖人以利而用，或出或入，使民咸用之，是聖德微妙，故云「謂之神」。〇注「易以極數」至「天地之數也」。正義曰：「易以極數通神明之德」者，謂易之爲道，先由窮極其數，乃以數通神明之德也。❶「故明易之道，先舉天地之數」者，此章欲明「神之德」先由天地之數而成，故云「故明易之道，先舉天地之數」也。〇注「圓者運」至「故曰方也」。正義曰：「圓者，運而不窮」者，謂團圓之物運轉无窮已，猶阪上走圜也。❷ 蓍亦運動不已，故稱圓也。言「方者止而有分」者，「方」謂處所，既有處所則是止而有分。且物方者著地則安，其卦既成，更不移動，亦是止而有分，故卦稱「方」也。

「是故易有」至「无不利也」。正義曰：此第十一章也。前章既明蓍卦有神明之用，聖人則而象之，成其神化。此又明易道之大，法於天地，明象日月，能定天下之吉凶，成天下之亹亹也。「是故易有太極，是生兩儀」者，「太極」，謂天地未分之前元氣混而爲一，即是太初、太一也，故《老子》云「道生一」，即此「太極」是也。又謂混元既分，即有天地，故曰「太極生兩儀」，即《老子》云「一生二」也。不言「天地」而言「兩儀」者，指其物體，下與「四象」相對，❸故曰「兩儀」，謂兩體容儀也。「兩儀生四象」者，謂金、木、水、火稟天地而有，故云「兩儀生四象」，土則分王四季，又地中之別，故唯云「四象」也。「四象生八卦」者，若謂震木、離火、兑金、坎水各主一時，又巽同震木，乾同兑金，加以坤、艮之土，爲八卦也。「八卦定吉凶」者，八卦既立，爻象變而相推，有吉有凶，故「八卦定吉凶」也。「吉凶生大業」者，萬事各有吉凶，廣大悉備，故能生天下大事業也。❹「是故法象莫大乎天地」者，言天地最大也。「變通莫大乎四時」者，謂

❶「數」，阮本無此字。
❷「圜」，嘉本同，阮本作「丸」。
❸「下」，阮本同，嘉本作「小」。
❹「生」，嘉本同，阮本作「王」。

四時以變得通，是變中最大也。「縣象著明莫大乎日月」者，謂日月中時，偏照天下，无幽不燭，故云「著明莫大乎日月」也。「崇高莫大乎富貴」者，以王者居九五富貴之位，力能齊一天下之動，而道濟萬物，是崇高之極，故云「莫大乎富貴」。「備物致用，立成器以爲天下利，莫大乎聖人」者，謂備天下之物，招致天下所用，建立成就天下之器，以爲天下之利，唯聖人能然，故云「莫大乎聖人」也。「探賾索隱，鉤深致遠，以定天下之吉凶，成天下之亹亹者，莫大乎蓍龜」者，「探」謂闚探求取，「賾」謂幽深難見。卜筮則能闚探幽昧之理，故云「探賾」也。「索」謂求索，「隱」謂隱藏，卜筮能求索隱藏之處，故云「索隱」也。物在深處能鉤取之，物在遠方能招致之，卜筮能然，故云「鉤深致遠」也。以此諸事正定天下之吉凶、成就天下之亹亹者，唯卜筮能然，故云「莫善乎蓍龜」也。❶案：《釋詁》云：「亹亹，勉也。」言天下萬事悉動而好生，皆勉勉營爲，此蓍龜知其好惡得失，人則棄其惡而取其好，❷背其失而求其得，是「成天下之亹亹」也。「是故天生神物，聖人則之」者，謂天生蓍龜，聖人法則之以爲卜筮也。「天地變化，聖人效之」者，行四時生殺，賞以春夏，刑以秋冬，是聖人效之。「天垂象，見吉凶，聖人象之」者，若璿璣、玉衡，以齊七政，是聖人象之也。「河出圖，洛出書，聖人則之」者，如鄭康成之義，則《春秋緯》云：「河以通乾出天苞，洛以流坤吐地符，河龍圖發，洛龜書感。」河圖有九篇，洛書有六篇。孔安國以爲，河圖則八卦是也，洛書則九疇是也。輔嗣之義，未知何從。「易有四象，所以示」者，莊氏云「四象，謂六十四卦之中有實象、有假象、有義象、有用象，爲四象也」，今於釋卦之處已破之矣。何氏以爲：四象，謂「天生神物，聖人則之」，一也；「天地變化，聖人效之」，二也；「天垂象，見吉凶，聖人象之」，三也；「河出圖，洛出書，聖人則之」，四也。今謂：此等四事，乃是聖人易外別有其功，非專易內之物，何得稱「易有四象」？且又云「易有四象，所以示也」，「繫辭焉，所以告也」，然則「象」之與「辭」，相對之物，「辭」既爻卦之下辭，則「象」謂爻卦之象也。則上「兩儀生四象」，七、八、九、六之謂也。故諸儒有爲七、八、九、六，今則從以爲義。「繫辭焉，所以告」者，繫辭於象卦下，所以告其得失也。「定之以吉凶，所以斷」者，謂於繫辭之中，定其行事吉凶，所以斷其行

❶「善」，嘉本同，阮校云：監、毛本作「大」。

❷「惡」，嘉本同，阮本作「得」。

事得失。「《易》曰自天祐之，吉无不利」者，言人於此「易之四象」所以示，繫辭所以告，吉凶告所斷而行之，❶行則鬼神无不祐助，无所不利，故引《易》之大有上九爻辭以證之。「子曰祐者，助也」者，上既引《易》文，下又釋其易理，故云「子曰：祐者，助也」。「天之所助者，順也；人之所助者，信也。履信思乎順」者，人之所助，唯在於信，此上九能履踐於信也；天之所助唯在於順，此上九恒思於順。既有信、思順，又能尊尚賢人，是以從天已下皆祐助之，而得其吉，无所不利也。

「子曰書不盡言」至「乎德行」。正義曰：此第十二章也。此章言立象盡意，繫辭盡言。易之興廢，存乎其人事也。「書不盡言，言不盡意，然則聖人之意，其不可見乎」者，此一節夫子自發其問，謂聖人之意難見也。所以難見者，書所以記言，言有煩碎，或楚夏不同，有言无字，雖欲書録，不可盡竭於其言，故云「書不盡言」也。「言不盡意」者，意有深邃委曲，非言可寫，是「言不盡意」也。聖人之意，意又深遠，若言之不能盡聖人之意，書之又不能盡聖人之言，是聖人之意，其不可見也。故云：「然則聖人之意，其不可見乎？」疑而問之，故稱「乎」也。「子曰聖人立象以盡意」已下，至「幾乎息矣」，此一節是夫子還自釋聖人之意，有可見之理也。「聖人立象以盡意」者，雖言不盡意，立象可以盡之也。「設卦以盡情僞」者，非唯立象以盡聖人之意，又設卦以盡百姓之情僞也。「繫辭焉以盡其言」者，雖書不盡言，繫辭可以盡其言也。「變而通之以盡利」者，「變」謂化而裁之，「通」謂推而行之，故能盡物之利也。「鼓之舞之以盡神」者，此一句摠結立象盡意、繫辭盡言之美。聖人立象以盡其意，繫辭則盡其言，可以説化百姓之心，百姓之心自然樂順，若鼓舞然，而天下從之。非盡神，其孰能與於此？故曰「鼓之舞之以盡神」也。「乾坤，其易之緼邪」者，上明盡言、盡意皆由於易道，此明易之所立本乎乾坤。若乾坤不存則易道无由興起，故乾坤是易道之所緼積之根源也。是與「易」爲川府奥藏，故云「乾坤其易之緼邪」。「乾坤成列，而易立乎其中矣」者，夫易者，陰陽變化之謂。陰陽變化，立爻以效之，皆從乾、坤而來。故乾生三男、坤生三女而爲八卦，變而相重，而有六十四卦、三百八十四爻。本之根源，從乾坤而來，故乾坤既成列位，而

❶「告」，嘉本無。

易道變化，建立乎乾坤之中矣。「乾坤毁則无以見易」者，易既從乾坤而來，乾坤若缺毁則易道損壞，故云「无以見易」也。「易不可見，則乾坤或幾乎息矣」，若易道毁壞，不可見其變化之理，則乾坤亦壞，或其近乎止息矣。幾，近也。猶若樹之枝幹生乎根株，根株毁則枝條不茂。若枝幹已枯死，其根株雖未全死，僅有微生，將死不久。根株譬乾坤也，易譬枝幹也，故云「易不可見，則乾坤或幾乎息矣」。「是故形而上者謂之道，形而下者謂之器」者，道是无體之名，形是有質之稱。凡有從无而生，形由道而立，是先道而後形，是道在形之上，形在道之下。故自形外已上者謂之道也，自形内而下者謂之器也。形雖處道、器兩畔之際，形在器不在道也。既有形質，可爲器用，故云「形而下者謂之器」也。「化而裁之謂之變」者，陰陽變化而相裁節之，謂之變也，是得以理之變也。猶若陽氣之化不可久長，而裁節之以陰雨也，是得理之變也。陰陽之化自然相裁，聖人亦法此而裁節也。「推而行之謂之通」者，因推此以可變而施行之，謂之通也。猶若亢陽之後變爲陰雨，因陰雨而行之，物得開通，聖人亦當然也。「舉而錯之天下之民，謂之事業」者，謂舉此理以爲變化而錯置於天下之民，凡民得以營爲事業，故云「謂之事業」也。此乃自然以變化錯置於民也，聖人亦當法此，錯置變化於萬民，使成其事業也。凡《繫辭》之説，皆説易道，以爲聖人德化，欲使聖人法易道以化成天下，是故「易」與聖人恒相將也。以作《易》者本爲立教故也，非是空説易道不關人事也。「是故夫象，聖人有以見天下之賾」至「是故謂之爻」者，於第六章已具其文，今於此更復言者，何也？爲下云「極天下之賾存乎卦，鼓天下之動存乎辭」，爲此故，更引其文也。且已下又云「存乎變」、「存乎通」、「存乎其人」，廣陳所存之事，所以須重論也。「極天下之賾存乎卦」者，言窮極天下深賾之處存乎卦，言觀卦以知賾也。「鼓天下之動存乎辭」者，「鼓」謂發揚，「天下之動」，動有得失，「存乎爻卦之辭」，謂觀辭以知得失也。「化而裁之存乎變」者，謂覆説上文「化而裁之謂之變」也。「推而行之存乎通」者，覆説上文「推而行之謂之通」也。「神而明之存乎其人」者，言人能神此易道而顯明之者，存在於其人。若其人聖則能神而明之，若其人愚則不能神而明之，故存於其人，不在易象也。「默而成之，不言而信，存乎德行」者，若能順理足於内，默然而成就之，闇與理會，不須言而自信也。「存乎德行」者，若有德行則得默而成就之，不言而信也。若无德行則不能然。此言「德行」，據賢人之德行也。前經「神而明之，存乎其人」，謂聖人也。

周易正義卷第十二

計一萬三千三百五十二字

周易正義卷第十三

國子祭酒上護軍曲阜縣
開國子臣孔穎達奉勑撰

周易繫辭下第八

正義曰：此篇章數，諸儒不同：劉瓛爲十二章，以對上《繫》十二章也；周氏、莊氏並爲九章，今從九章爲說也。第一起「八卦成列」至「非曰義」，第二起「古者包犧」至「蓋取諸夬」，第三起「易者象也」至「德之盛」，第四起「困于石」至「勿恒凶」，第五起「乾坤其易之門」至「失得之報」，第六起「易之興」至「巽以行權」，第七起「易之爲書」至「思過半矣」，第八起「二與四」至「謂易之道」，第九起「夫乾天下」至「其辭屈」。

「八卦成列」至「非曰義」。正義曰：此第一章，覆釋上《繫》第二章象爻、剛柔、吉凶悔吝之事，更具而詳之。「八卦成列，象在其中矣」者，言八卦各成列位，萬物之象在其八卦之中也。「因而重之，爻在其中矣」者，謂因此八卦之象而更重之，萬物之爻在其所重之中矣。然象亦有爻，爻亦有象，所以象獨在卦、爻獨在重者，卦則爻少而象多，重則爻多而象少，故在卦舉象、在重論爻也。「剛柔相推，變在其中矣」者，則上《繫》第二章云「剛柔相推而生變化」，是變化之道在剛柔相推之中。剛柔即陰陽也，論其氣即謂之陰陽，語其體即謂之剛柔也。「繫辭焉而命之，動在其中矣」者，謂繫辭於爻卦之下而呼命，其卦爻得失吉凶則適時，變動好惡故在其繫辭之中也。「吉凶悔吝者，生乎動者也」，上既云動在繫辭之中，動則有吉凶悔吝，所以悔吝生在乎所動之中也。「剛柔者，立本者也」，言剛柔之象，立在其卦之根本者也。言卦之根本，皆由剛柔、陰陽而來。❶「變通者，趣時者也」，其剛柔之氣所以改變、會通，趣向於時也。若乾之初九趣向「勿用」之時，乾之上九趣向「亢極」之時。是諸爻之變，皆臻趣於時也。其「剛柔立本」者，若剛定體爲乾，若柔定體爲坤，陽卦兩陰而一陽，陰卦兩陽而一陰，是立其卦本而不易也，則上「八卦成列，象在其中矣」是也。卦既與爻爲本，又是摠主其時，故《略例》云「卦者時

❶「而來」，嘉本作「而往來」，阮本作「往來」。

也，變通者趣時者也」，則上「因而重之，爻在其中矣」是也。卦既揔主一時，爻則就一時之中各趣其所宜之時，故《略例》云「爻者趣時者也」。「吉凶者，貞勝者也」，「貞」，正也。言吉之與凶，皆由所動不能守一而生吉凶，唯守一貞正而能克勝此吉凶。謂但能貞正，則免此吉凶之累也。「天地之道，貞觀者也」，謂天覆地載之道，以貞正得一，故其功可爲物之所觀也。「日月之道，貞明者也」，言日月照臨之道，以貞正得一而爲明也。若天覆地載，不以貞正而有二心，則天不能普覆，地不能兼載，則不可以觀。由「貞」乃得觀見也。日月照臨若不以貞正，有二之心，則照不普及，不爲明也，故以「貞」而爲明也。「天下之動，貞夫一者也」，言天地日月之外，天下萬事之動，皆正乎純一也。若得於純一則所動遂其性，若失於純一則所動乖其理，是天下之動得正在一也。「夫乾，確然示人易矣」者，此明天之得一之道，剛質確然，示人以和易。由其得一无爲，物由以生，是示人易也。「夫坤，隤然示人簡矣」者，此明地之得一。以其得一，故坤隤然而柔，自然无爲以成萬物，是示人簡矣。若乾不得一，或有隤然，則不能示人易矣。若坤不隤然，或有確然，則不能示人簡矣。「爻也者，效此者也」，此釋爻之名也。言爻者，効此物之變動也。「象也者，像此者也」，言象此物之形狀也。「爻象動乎内」者，言爻之與象，發動於卦之内也。「吉凶見乎外」者，其爻象吉凶見於卦，外在事物之上也。「功業見乎變」者，言功勞、事業由變乃興，故功業見於變也。「聖人之情見乎辭」者，辭則言其聖人所用之情，故觀其辭而知其情也，是聖人之情見乎爻象之辭也。若乾之初九，其辭云「潛龍勿用」，則聖人「勿用」之情見於初九爻辭也。他皆倣此。「天地之大德曰生」者，自此已下，欲明聖人同天地之德，廣生萬物之意也。言天地之盛德在乎常生，故言「曰生」。若不常生則德之不大，以其常生萬物，故云「大德」也。「聖人之大寶曰位」者，言聖人大可寶愛者在於位耳。位是有用之地，寶是有用之物。若以居盛位，能廣用无疆，故稱「大寶」也。「何以守位曰仁」者，言聖人何以保守其位，必須仁愛，故言「曰仁」也。「何以聚人曰財」者，言何以聚集人衆，必須財物，故言「曰財」也。「理財正辭，禁民爲非曰義」者，言聖人治理其財，用之有節，正定號令之辭，出之以理，禁約其民爲非僻之事，勿使行惡，是謂之「義」。義，宜也。言以此行之而得其宜也。○注「夫八卦」至「其中矣」。正義曰：「夫八卦備天下理」者，前注云「備天下之象」，據其體；此云「備天下之理」，據其用也。言八卦大略有八，以備天下大象、大理，大者既備，則小者亦備矣。直是不變之備，未是變之備也，故云「未極其變，故因而重之，以象其動用」也。云「則爻卦之義，所存各異」者，謂爻之所存，存乎已變之義，「因而重之，爻在其中」是也。卦之所存，存於未變之義，「八卦成列，象在其中」是也。○注「剛柔」至「例詳矣」。正義曰：云「立卦之義，則見於《彖》、《象》」者，《彖》、《象》謂卦下之辭，説其卦之義也。「適時之功，則存於爻辭」者，卦者時也，六爻在一卦之中，各以適當時之所宜以立功也。欲知適時之功用，觀於爻辭也。云「王氏之例詳矣」者，案：《略例·論彖》云：「彖者何也？統論一卦之體，明其所由之主者也。夫衆不能治衆，治衆者至寡者也。」論卦體皆以一爲主，是卦之大略也。又《論爻》云：「爻者何也？言乎其變者也。變者何也？情僞之所爲也。夫情僞之動，非數之所求也。故合散屈伸與體相乖，形躁好静，質柔愛剛，體與情反，質與願違。」「是故情僞相感，遠近相追，愛惡相攻，屈伸相推。見情者獲，直往則違。」此是爻之大略也。其義既廣，不能備載，是王氏之例詳矣。○注「貞者正也」至「執一御也」。正義曰：「貞者，正也，一也」者，言「貞」之爲訓，訓正、訓一，正者體无傾邪，一者情无差二，寂然无慮，任運而行者也。凡吉凶者，由動而來，若守貞静寂，何吉何凶之有？是貞正能勝其吉凶也。云「夫有動則未能免乎累」者，寂然不動則无所可累，若動有營求則恥累將來，故云「動則未免於累」也。云「殉吉則未離乎凶」者，「殉」，求也，若不求其吉，无慮无思，凶禍何因而至？由其求吉，有所貪欲，則凶亦將來，故云「殉吉未離乎凶」也。云「盡會通之變而不累於吉凶者，其唯貞者乎」，言若能窮盡萬物會通改變之理，而不繫累於吉凶之事者，唯貞一者乃能然也。猶若少必有老，老必有死，能知此理是盡會通之變。既知老必將死是運之自然，何須憂累於死，是不累乎吉凶。唯守貞一，任其自然，故云「其唯貞者乎」。云「《老子》曰王侯得一，以爲天下貞」者，王侯若不得一，二三其德，則不能治正天下。若得純粹，无二无邪，則能爲天下貞也。謂可以貞正天下也。云「萬變雖殊，可以執一御也」者，猶若寒變爲暑，暑變爲寒，少變爲壯，壯變爲老，老變爲死，禍變爲福，盛變爲衰，變改不同是萬變殊也。其變雖異，皆自然而有。若能知其自然，不造不爲，无喜无感，而乘御於此，是「可以執一御」也。

「古者包犧」至「取諸夬」。正義曰：此第二章，明聖人法自然之理而作《易》，象「易」以制器而利天下。此一章其義既廣，今各隨文釋之。**自此至「取諸離」**。此一節明包犧法天地造作八卦，法離卦而爲罔罟也。云「仰則觀象於天，俯則觀法於地」者，言取象大也。「觀鳥獸之文與地之宜」者，言取象細也。大之與細，則无所不包也。「地之宜」者，若《周禮》五土，動物、植物各有所宜是也。「近取諸身」者，若耳、目、鼻、口之屬是也。「遠取諸物」者，若雷、風、山、澤之類是也。舉遠近則萬事在其中矣。「於是始作八卦，以通神明之德」者，言萬事云爲，皆是神明之德。若不作八卦，此神明之德閉塞幽隱，既作八卦則而象之，是通達神明之德也。「以類萬物之情」者，若不作《易》，物情難知，今作八卦以類象，萬物之情皆可見也。「作結繩而爲罔罟，以佃以漁」者，用此罟罔，或陸畋以羅鳥獸，或水澤以罔魚鼈也。「蓋取諸離」者，「離」，麗也，麗謂附著也，言罔罟之用，必審知鳥獸、魚鼈所附著之處，故稱離卦之名爲罔罟也。案：諸儒象卦制器，皆取卦之爻象之體，今韓氏之意直取卦名，因以制器。案：上《繫》云「以制器者尚其象」，則取象不取名也。韓氏乃取名不取象，於義未善矣。今既遵韓氏之學，且依此釋之。

「包犧氏」至「取諸噬嗑」。此一節明神農取卦造器之義。一者制耒耜，取於益卦，以利益民也。二者日中爲市，聚合天下之貨，設法以合物，取於噬嗑，象物噬齧，乃得通也。包犧者，案《帝王世紀》云：大皞帝包犧氏，風姓也，母曰華胥。燧人之世，有大人跡出於雷澤，華胥履之而生包犧。長於成紀，蛇身人首，有聖德，取犧牲以充包廚，故號曰「包犧氏」。後世音謬，故或謂之伏犧，或謂之虙犧，一號皇雄氏，在位一百一十年。包犧氏没，女媧氏代立爲女皇，亦風姓也。女媧氏没，次有大庭氏、柏皇氏、中央氏、栗陸氏、驪連氏、赫胥氏、尊盧氏、混沌氏、皞英氏、有巢氏、朱襄氏、葛天氏、陰康氏、无懷氏，凡十五世，皆習包犧氏之號也。神農者，案《帝王世紀》云：炎帝神農氏，姜姓也，母曰任巳。有蟜氏女，名曰女登，爲少典正妃，游華山之陽，有神龍首感女，登於尚羊，生炎帝，人身牛首，長於姜水，有聖德。繼无懷之後，本起烈山，或稱烈山氏，在位一百二十年而崩。納奔水氏，女曰聽談，生帝臨魁，次帝承，次帝明，次帝直，次帝釐，次帝哀，次帝榆罔，凡八代及軒轅氏。

「神農氏没」至「吉无不利」。此一節明神農氏没後，乃至黄帝、堯、舜，通其《易》之變理，於是廣制器物。此節與下制器物爲引緒之勢，爲下起文。「黄帝、堯、舜氏作」者，案《世紀》云：黄帝有熊氏，少典之子，姬姓也。母曰附寶，其先即炎帝母家有蟜氏之女。附寶見大電光繞北斗樞星，照於郊野，感附寶，孕二十四月而生黄帝於壽丘。長於姬水，龍顔，有聖德，戰蚩尤于涿鹿，擒之，在位一百年崩。子青陽代立，是爲少皞。少皞帝名摯，字青陽，姬姓也，母曰女節。黄帝時大星如虹，❶下臨華渚，女節夢接意感，生少皞，在位八十四年而崩。顓頊，高陽氏，黄帝之孫，昌意之子，母曰昌僕，蜀山氏之女，爲昌意正妃，謂之女樞。瑶光之星，貫月如虹，感女樞於幽房之宫，生顓頊於弱水，在位七十八年而崩。少皞之孫，蟜極之子代立，是爲帝嚳。帝嚳，高辛氏，姬姓也，其母不見。生而神異，自言其名，在位七十年而崩。子帝摯立，在位九年。摯立不肖而崩，弟放勛代立，是爲帝堯。帝堯，陶唐氏，伊祁姓，母曰慶都，生而神異，常有黄雲覆其上，爲帝嚳妃，出以觀河，遇赤龍，晻然陰風而感慶都，孕十四月而生堯於丹陵，即位九十八年而崩。帝舜代立。帝舜，姚姓，其先出自顓頊。顓頊生窮蟬，窮蟬生敬康，敬康生句芒，句芒生蟜牛，蟜牛生瞽瞍，瞍之妻握登，見大虹，意感而生舜於姚墟，故姓姚氏。此歷序三皇之後至堯舜之前所爲君也。此既云黄帝、即云堯舜者，略舉五帝之終始，則少皞、顓頊、帝嚳在其間也。「通其變，使民不倦」者，事久不變則民倦而窮。❷今皇帝、堯、舜之等，以其事久或窮，故開通其變，量時制器，使民用之日新，不有懈倦也。「神而化之，使民宜之」者，言所以「通其變」者，欲使神理微妙而變化之，使民各得其宜。若黄帝已上，衣鳥獸之皮，其後人多獸少，事或窮乏。故以絲麻布帛而制衣裳，是神而變化，使民得宜也。「易窮則變，變則通，通則久」者，此覆説上文「通則變」之事。所以「通其變」者，言易道若窮則須隨時改變，所以須變者，變則開通得久長，故云「通則久」也。「是以自天祐之，吉无不利」者，此明若能變通則无所不利，❸故引《易》文證結變通之善。上《繫》引此文者，證明人事之信順，此乃明易道之變通俱得天之祐，故各引其文也。

「黄帝堯舜」至「取諸乾坤」。自此已下凡有九事，皆黄帝、堯、舜取易卦以制象。此於九事之第一也。何以連云「堯、舜」者，謂此九事黄帝制其初，堯、舜成其末，事相連接，共有九事之功，故連云「黄帝、堯、舜」也。案：皇甫謐《帝王世紀》載此九事，皆爲黄帝之功。若如所論，則堯、舜无事，《易·繫》何須連云「堯、舜」？則皇甫之言，未可用也。「垂衣裳」者，以前衣皮，其制短小；今衣絲

❶「虹」，嘉本同，阮本作「斗」。
❷「窮」，嘉本同，阮本作「變」。
❸「變通」，嘉本同，阮本作「通變」。

麻布帛所作衣裳，其制長大，故云「垂衣裳」也。「取諸乾坤」者，衣裳辯貴賤，乾坤則上下殊體，故云「取諸乾坤」也。「刳木爲舟」至「取諸渙」。此九事之第二也。舟必用大木，刳鑿其中，故云「刳木」也。「剡木爲楫」者，楫必須纖長，理當剡削，故曰「剡木」也。「取諸渙」者，「渙」，散也，渙卦之義，取乘理以散動也。舟楫亦乘水以載運，❶故「取諸渙」也。「服牛乘馬」至「取諸隨」。此九事之第三也。「隨」者，謂隨時之所宜也。今服用其牛，乘駕其馬，服牛以引重，乘馬以致遠，是以人之所用，各得其宜，故「取諸隨」也。「重門擊柝」至「取諸豫」。此九事之第四也。「豫」者，取其豫有防備。韓氏以此九事皆以卦名而爲義者，特以此豫文，❷取備豫之義，其事相合，故其餘八事皆以卦名解義，量爲此也。❸「斷木爲杵」至「取諸小過」。此九事之第五也。杵須短木，故斷木爲杵。臼須鑿地，故掘地爲臼。「取諸小過」，以小事之用過而濟物，杵臼亦小事，過越而用以利民，故「取諸小過」也。「弦木爲弧」至「取諸睽」。此九事之第六也。案：《爾雅》「弧，木弓也」，故云「弦木爲弧」。「取諸睽」者，「睽」謂乖離，弧矢所以服此乖離之人，故「取諸睽」也。案：弧矢、杵臼、服牛、乘馬、舟楫皆云之「利」，此皆器物益人，故稱「利」也。「重門擊柝」非如舟楫、杵臼，故不云「利」也。變稱「以禦暴客」，是亦「利」也。「垂衣裳」不言「利」者，此亦隨便立稱，故云「天下治」，治亦「利」也。此皆義便而言，不可以一例取也。「上古穴居而野處」至「取諸大壯」。此九事之第七也。已前不云「上古」，已下三事或言「上古」，或言「古」，與上不同者，已前，未造此器之前更无餘物之用，非是後物以替前物，故不云「上古」也。此已下三事皆是未造此物之前，已更別有所用。今將後用而代前用，欲明前用所有，故本之云「上古」及「古」者。案：未有衣裳之前則衣鳥獸之皮，亦是已前有用。不云「上古」者，雖云古者衣皮，必不專衣皮也，或衣草、衣木，事无定體，故不得稱「上古衣皮」也。若此穴居野處及結繩以治，唯專一事，故可稱「上古」，由後物代之也。「取諸大壯」者，以造制宮室，壯大於穴居野處，故取「大壯」之名也。「古之葬者」

❶「亦」，嘉本作「又」，阮本作「以」。
❷「豫」，嘉本、阮本作「象」。
❸「量」，阮本同，嘉本作「蓋」。

至「取諸大過」。此九事之第八也。不云「上古」，直云「古之葬者」，若極遠者則云「上古」，其次遠者則直云「古」。則厚衣之以薪，葬之中野，猶在「穴居」、「結繩」之後，故直云「古」也。「不封不樹」者，不積土爲墳是「不封」也，不種樹以標其處是「不樹」也。「喪期无數」者，哀除則止，无日月限數也。「後世聖人易之以棺椁」者，若《禮記》云「有虞氏瓦棺」，未必用木爲棺也。則《禮記》又云「殷人之棺椁」，以前云「椁」，无文也。「取諸大過」者，送終追遠，欲其甚大過厚，故「取諸大過」也。案：《書》稱堯崩，百姓如喪考妣，三載，四海遏密八音，則喪期无數、在堯已前而棺，椁自殷已後，則夏已前棺椁未具也。所以其文參差，前後不齊者，但此文舉大略明前後相代之義，不必確在一時，故九事上從黄帝，下稱堯、舜，連延不絶，更相增脩也。「上古結繩而治」至「取諸夬」。此明九事之終也。夬者決也，造立書契，所以決斷萬事，故「取諸決」也。「結繩」者，鄭康成注云：「事大大結其繩，事小小結其繩。」義或然也。

「是故易者」至「德之盛也」。正義曰：此第三章。明陰陽二卦之體及日月相推而成歲，聖人用之安身崇德，德之盛也。「是故易者象也」者，但前章皆取象以制器，以是之故，易卦者，寫萬物之形象，故「易者象也」。「象也者，像也」者，謂卦爲萬物象者，法像萬物，猶若乾卦之象法像於天也。「彖者，材也」者，謂卦下彖辭者，論此卦之材德也。「爻也者，效天下之動」者，謂每卦六爻，皆倣效天下之物而發動也。「吉凶生而悔吝著」者，動有得失，故吉凶生也。動有細小疵病，故悔吝著也。「陽卦多陰，陰卦多陽，其故何」者，此夫子將釋陰陽二卦不同之意，故先發其問，云「其故何也」。「陽卦多陰」，謂震、坎、艮一陽而二陰也。「陰卦多陽」，謂巽、離、兑一陰而二陽也。「陽卦奇，陰卦耦」者，陽卦則以奇爲君，故「一陽而二陰」。陽爲君，陰爲臣也。陰卦則以耦爲君，故「二陽而一陰」。陰爲君，陽爲臣也。故注云：「陽卦二陰，故奇爲之君；陰卦二陽，故耦爲之主。」「其德行何」者，前釋陰陽之體，未知陰陽德行之故，故夫子將釋德行，先自問之，故云「其德行何也」。「陽一君而二民，君子之道」者，夫君以无爲統衆，无爲者，爲每事因循，委任臣下，不司其事，故稱「一」也。臣則有事代終，各司其職，有職則有對，故稱「二」也。今陽爻以一爲君，以二爲民，得其尊卑相正之道，故爲君子之道者也。「陰二君而一民，小人之道」者，陰卦則以二爲君，是失其正，以一爲臣，乖反於理，上下失序，故稱小人之道也。「《易》

曰憧憧往來，朋從爾思」者，此明不能无心感物使物來應，乃憧憧然役用思慮，或來或往，然後朋從爾之所思。若能虛寂，以純一感物，則不須憧憧往來，朋自歸也。此「一」之爲道，得爲可尚，結成前文陽卦以「一」爲君，是君子之道也。注云：「天下之動必歸乎一，思以求朋，未能一也。一以感物，不思而至矣。」「子曰天下何思何慮」者，言得一之道，心既靜寂，❶何假思慮也。「天下同歸而殊塗」者，言天下萬事，終則同歸於一，但初時殊異其塗路也。「一致而百慮」者，所致雖一，慮必有百。言慮雖百種，必歸於一致也。塗雖殊異，亦同歸於至真也。言多則不如少，動則不如寂，則天下之事何須思也，何須慮也？「日往則月來」至「相推而歲成」者，此言不須思慮，任運往來，自然明生、自然歲成也。「往者屈也，來者信也」者，此覆明上「日往則月來，寒往則暑來」，自然相感而生利之事也。往是去藏，故爲屈也；來是施用，故爲信也。一屈一信，遞相感動而利生，則上云「明生」、「歲成」是「利生」也。「尺蠖之屈以求信」者，覆明上往來相感，屈信相須。尺蠖之蟲初行必屈者，欲求在後之信也。言信必須屈，屈以求信是相須也。「龍蛇之蟄以存身」者，言靜以求動也。蛟蛇初蟄是靜也，以此存身是後動也，言動必因靜也。靜而得動，亦動靜相須也。「精義入神以致用」者，亦言先靜而後動。此言人事之用，言聖人用精粹微妙之義入於神化，寂然不動乃能致其所用。「精義入神」是先靜也，「以致用」是後動也，是動因靜而來。「利用安身以崇德」者，此亦言人事也。言欲利己之用，先須安靜其身，不須役其思慮，可以增崇其德。言「利用安身」是靜也，言「崇德」是動也。此亦先靜而後動，動亦由靜而來也。「過此以往，未之或知也」者，言「精義入神以致用」、「利用安身以崇德」，此二者皆人理之極，過此二者以往則微妙不可知，故云「未之或知」也。「窮神知化，德之盛」者，此言過此二者以往之事。若能過此以往則窮極微妙之神，曉知變化之道，乃是聖人德之盛極也。○注「陽君道」至「小人之道也」。正義曰：「陽，君道」者，陽是虛无爲體，純一不二，君德亦然，故云「陽，君道也」。「陰，臣道」者，陰是形器，各有質分，不能純一，臣職亦然，故云「陰，臣道也」。案：經云「民」而注云「臣」者，臣則民也。經中對「君」故稱「民」，注意解「陰」故稱「臣」也。○注「利用之道」至「愈彰矣」。正義曰：云「利用之道，皆安其身而後動」者，言欲利益所用先須自安其身，身既得

❶「靜寂」，嘉本同，阮本作「寂靜」。

安然後舉動，德乃尊崇。若不先安身，身有患害，何能利益所用以崇德也。云「精義由於入神以致其用」者，言精粹微妙之義，由入神寂然不動乃能致其用。云「利用由於安身以崇德」者，言欲利益所用，先須自安其身，乃可以增崇其德也。

「易曰困于石」至「勿恒凶」。正義曰：此第四章，凡有九節。以上章先利用安身可以崇德，若身自危辱，何崇德之有？故此章第一節引困之六三危辱之事以證之也。困之六三，履非其位，❶欲上干於四，四自應初，不納於己，是困於九四之石也。三又乘二，二是剛陽，非己所乘，是下向據於九二之蒺蔾也。六三又无應，是「入其宮，不見其妻」，死期將至，所以凶也。「子曰：非所困而困焉」者，夫子既引《易》文，又釋其義，故云「子曰」。「非所困」謂九四。若六三不往犯之，非六三之所困。而六三彊往干之，而取困焉。「名必辱」者，以向上而進取，故以聲名言之云「名必辱」也。「非所據而據焉」者謂九二也。若六三能卑下九二，則九二不爲其害，是非所據也。今六三彊往陵之，是「非所據而據焉」。「身必危」者，下向安身之處，故以「身」言之云「身必危」也。**「易曰公用射隼于高墉」至「語成器而動者也」**。以前章先須安身可以崇德，故此第二節論明先藏器於身，待時而動而有利也，故引解之上六以證之。三不應上，又以陰居陽；此上六處解之極，欲除其悖亂而去其三也。故公用射此六三之隼於下體高墉之上，云自上攻下合於順道，故「獲之无不利」也。「子曰隼者禽也」者，既引《易》文於上，下以解之，故言「子曰」也。「君子藏器於身，待時而動，何不利」者，❷猶若射人持弓矢於身，此君子若包藏其器於身，待時而動，何不利之有？似此射隼之人也。「動而不括」者，言射隼之人既持弓矢，待隼可射之動而射之，則不括結而有礙也。猶若君子藏善道於身，待可動之時而興動，亦不滯礙而括結也。「語成器而後動」者，謂《易》之所説此者，語論有見成之器而後興動也。**「子曰小人不恥不仁」至「滅趾无咎」**者。此章第三節也。明小人之道不能恒善，若因懲誡而得福也。此亦證前章「安身」之事，故引《易》噬嗑初九以證之。以初九居无位之地，是受刑者；以處卦初，其過未深，故「履校滅趾」而「无咎」也。**「善不積不足以成名」至「何校滅耳凶」**者。

❶「位」，嘉本同，阮本作「地」。

❷「何不利」，阮本同，嘉本作「何不利之有」。

此章第四節也。明惡人爲惡之極以致凶也。此結成前章不能安身之事，故引噬嗑上九之義以證之。上九處斷獄之終，是罪之深極者，故有「何校滅耳」之凶。案：第一、第二節皆先引《易》文於上，其後乃釋之。此第三已下皆先豫張卦義於上，然後引《易》於下以結之，體例不同者，蓋夫子隨義而言，不爲例也。**「子曰危者安其位者也」至「繫于苞桑」**。此第五節。以上章有「安身」之事，故此節恒須謹慎，可以安身，故引否之九五以證之。「危者，安其位者也」，言所以今有傾危者，由往前安樂於其位，自以爲安，不有畏慎，故致今日危也。「亡者，保其存者」，所以今日滅亡者，由往前保有其存，恒以爲存，不有憂懼，故今致滅亡也。「亂者，有其治者」，所以今有禍亂者，由往前自恃有其治理也。謂恒以爲治，不有憂慮，故今致禍亂也。是故君子今雖獲安，❶心恒不忘傾危之事。國之雖存，心恒不忘滅亡之事。政之雖治，心恒不忘禍亂之事。「其亡其亡，繫于苞桑」者，言心恒畏慎，其將滅亡。其將滅亡，乃繫于苞桑之固也。**「子曰德薄而位尊」至「不勝其任」**。此第六節。言不能安其身，知小謀大而遇禍也，❷故引《易》鼎卦九四以證之。「鼎折足，覆公餗，其形渥，凶」者，處上體之下而又應初，既承且施，非己所堪，故有「折足」之凶。既覆敗其美道，災及其形，以致渥凶也。言不勝其任者，此夫子之言，引《易》後以此結之。其文少，故不云「子曰」也。**「子曰知幾其神乎」至「萬夫之望」**者。此第七節。前章云「精義入神」，故此章明知幾入神之事，故引豫之六二以證之。云《易》曰介于石，不終日，貞吉。知幾其神乎」者，神道微妙，寂然不測。人若能豫知事之幾微，則能與其神道合會也。「君子上交不諂，下交不瀆」者，上謂道也，下謂器也。若聖人知幾窮理，冥於道，絕於器，故能上交不諂，下交不瀆。若於道不冥而有求焉，未能離於諂也。於器不絕而有交焉，未能免於瀆也。能无諂、瀆，知幾窮理者乎？「幾者，動之微，吉之先見」者，此釋「幾」之義也。「幾」，微也，是已動之微。「動」謂心動、事動。初動之時其理未著，唯纖微而已。若其已著之後則心事顯露，不得爲幾。若未動之前，又寂然頓无，兼亦不得稱「幾」也。「幾」是離无入有，在有无之際，故云「動之微」也。若事著之後乃成爲吉，此「幾」在吉之先，豫前已見，故云「吉之

❶「獲」，嘉本同，阮本作「復」。
❷「也」，阮本無此字。

先見者」也。此直云「吉」不云「凶」者，凡豫前知幾，皆向吉而背凶，違凶而就吉，无復有凶，故特云「吉」也。諸本或有「凶」字者，其定本則无也。「君子見幾而作，不俟終日」者，言君子既見事之幾微，則須動作而應之，不得待終其日。言赴「幾」之速也。「《易》曰介于石，不終日，貞吉」者，此豫之六二辭也。得位居中，故守介如石，見幾則動，不待終其一日也。「介如石焉，寧用終日，斷可識矣」者，此夫子解釋此爻之辭，❶既守志耿介，如石不動，纔見幾微，即知禍福，何用終竟其日，當時則斷可識矣。「君子知微知彰」者，初見事幾，❷是知其微；既見其幾，逆知事之禍福，是知其彰著也。「知柔知剛」者，剛柔是變化之道，既知初時之柔，則逆知在後之剛。言凡物之體從柔以至剛，凡事之理從微以至彰，知幾之人既知其始，又知其末，是合於神道，故爲萬夫所瞻望也。「萬夫」舉大略而言。若知幾合神則爲天下之主，何直只云「萬夫」而已，此「知幾其神乎」者也。**「子曰顏氏之子」至「元吉」者**。此第八節。上節明其知幾是聖人之德，此節論賢人唯庶於幾。雖未能知幾，故引「顏氏之子」以明之也。「其殆庶幾乎」者，言聖人知幾，顏子亞聖，未能知幾，但殆近庶慕而已，故云「其殆庶幾乎」，又以「殆」爲辭。「有不善，未嘗不知」者，若知幾之人本无不善，以顏子未能知幾，故有不善。不近於幾之人，既有不善，不能自知於惡。此顏子以其近幾，若有不善，未嘗不自知也。「知之未嘗復行」者，以顏子近幾，❸既知不善之事，見過則改，未嘗復更行之。但顏子於幾理闇昧，故有不善之事，於形器顯著乃自覺悟，所有不善，未嘗復行。以去幾既近，尋能改悔，故引復卦初九以明之也。以復卦初九既在卦初，則能復於陽道，是速而不遠則能復也，所以无大悔而有元吉也。**「天地絪緼」至「勿恒凶」**。此第九節也。以前章利用安身以崇德也，安身之道在於得一，若已能得一則可以安身，故此節明得一之事也。「天地絪緼，萬物化醇」者，「絪緼」，相附著之義。言天地无心自然得一，唯二氣絪緼，共相和會，萬物感之變化而精醇也。天地若有心爲二，則不能使萬物化醇也。「男女構精，萬物化生」者，「構」，合也，言男女陰陽相感，任其自然得一之性，故合其精則萬物化生也。若男女无自然之性而各

❶「辭」，嘉本同，阮本作「時」。
❷「事」，嘉本同，阮本作「是」。
❸「近」，嘉本同，阮本作「通」。

懷差二，則萬物不化生也。「《易》曰三人行則損一人，一人行則得其友」者，此《損》卦六三辭也。言六三若更與二人同往承上，則上所不納，是三人俱行，并六三，不相納，是「則損一人」也。若六三獨行則上所容受，故云「一人行則得其友」。此言衆不如寡、三不及一也。「言致一也」者，此夫子釋此爻之意，謂此爻所論，致其醇一也，故一人獨行乃得其友也。「子曰君子安其身而後動」者，此明致一之道，致一者，在身之謂。若己之爲得則萬事得，若己之爲失則萬事失也。欲行於天下，先在其身之一，故先須安静其身而後動，和易其心而後語，先以心選定其交而後求。若其不然，則傷之者至矣。「《易》曰莫益之，或擊之，立心勿恒，凶」者，此《益》之上九爻辭。在无位高亢，獨唱无和，是「莫益之」也。衆怒難犯，是「或擊之」也。「勿」，无也。由己建立其心，无能有恒，故凶危也。《易》之此言，若虚己存誠則衆之所與，躁以有求則物之所不與也。

「子曰乾坤其易」至「失得之報」。正義曰：此第五章也。前章明安身崇德之道，在於知幾得一也。此明「易」之體用辭理遠大，可以濟民之行，以明失得之報也。「子曰乾坤其易之門邪」者，易之變化從乾坤而起，猶人之興動從門而出，故乾坤是「易之門」邪。「乾，陽物也。坤，陰物也。陰陽合德而剛柔有體」者，若陰陽不合則剛柔之體无從而生，以陰陽相合乃生萬物，或剛或柔，各有其體。陽多爲剛，陰多爲柔也。「以體天地之撰」者，「撰」，數也。天地之内，萬物之象，非剛則柔，或以剛柔體象天地之數也。「以通神明之德」者，萬物變化或生或成，是神明之德。《易》則象其變化之理，是其易能通達神明之德也。「其稱名也雜而不越」者，《易》之其稱萬物之名，萬事論説，故辭理雜碎，各有倫叙而不相乖越。《易》之爻辭多載細小之物，若「見豕負塗」之屬，是雜碎也。辭雖雜碎，各依爻卦所宜而言之，是不相踰越也。「於稽其類，其衰世之意邪」者，「稽」，考也，「類」謂事類。然考校《易》辭，事類多有悔吝憂虞，❶故云衰亂之世所陳情意也。❷若盛德之時，物皆遂性，人悉懽娱，无累於吉凶，不憂於禍害。今《易》所論則有「亢龍有悔」，或稱「龍戰于野」，或稱「箕子明夷」，或稱「不如西鄰之禴祭」，此皆論戰争、盛衰之理，故云「衰」意也。凡云「邪」者，

❶「吝」，嘉本同，阮本作「之」。「虞」，阮本同，嘉本作「慮」。

❷「衰」，嘉本同，阮本作「變」。

是疑而不定之辭也。「夫易彰往而察來」者，往事必載是彰往也，來事豫占是察來也。「而微顯闡幽」者，「闡」，明也，謂微而之顯，幽而闡明也。言《易》之所説，論其初微之事，以至其終末顯著也；論其初時幽闇，以至終末闡明也。皆從微以至顯，從幽以至明。觀其《易》辭是微而幽闇也，演其義理則顯見著明也。以體言之則云「微顯」也，以理言之則云「闡幽」，其義一也。但以體以理，故别言之。「開而當名」者，謂開釋爻卦之義，使各當所象之名，若乾卦當龍，坤卦當馬也。「辨物正言」者，謂辨天下之物，各以類正定言之。若辨健物正言其龍，若辨順物正言其馬，是辨物正言也。「斷辭則備矣」者，言「開而當名」及「辨物正言」，凡此二事，決斷於爻卦之辭則備具矣。「其稱名也小」者，言《易》辭所稱物名多細小，若「見豕負塗」、「噬腊肉」之屬，是其辭碎小也。「其取類也大」者，言雖是小物，而比喻大事，是所取義類而廣大也。「其旨遠」者，近道此事，遠明彼事，是其旨意深遠。若「龍戰于野」，近言龍戰，乃遠明陰陽鬬争、聖人變革，是其旨遠也。「其辭文」者，不直言所論之事，乃以義理明之，是其辭文飾也。若「黄裳元吉」，不直言得中居職，乃云「黄裳」，是其辭文也。「其言曲而中」者，變化无恒，不可爲體例，其言隨物屈曲而各中其理也。「其事肆而隱」者，其《易》之所載之事，其辭放肆顯露，而所論義理深而幽隱也。「因貳以濟民行」者，「貳」，二也，謂吉凶二理。言《易》因自然吉凶二理以濟民之行也，欲令取吉而避凶，行善而不行惡也。「以明失得之報」者，言《易》明人行失之與得所報應也。失則報之以凶，得則報之以吉，是「明失得之報」也。

「易之興也」至「巽以行權」。正義曰：此第六章。明所以作《易》，爲其憂患故。作《易》既有憂患，須脩德以避患，故明九卦爲德之所用也。「其於中古乎」者，謂《易》之爻卦之辭起於中古。若《易》之爻卦之象，則在上古伏犧之時，但其時理尚質素，聖道凝寂，直觀其象足以垂教矣。但中古之時事漸澆浮，非象可以爲教，又須繫以文辭示其變動吉凶，故爻卦之辭起於中古。則《連山》起於神農，《歸藏》起於黄帝，《周易》起於文王及周公也。此之所論，謂《周易》也。「作《易》者其有憂患乎」者，若无憂患，何思何慮，不須營作。今既作《易》，故知有憂患也。身既患憂，須垂法以示於後，以防憂患之事，故繫之以文辭，明其失得與吉凶也。其作《易》憂患，已於初卷詳之也。「是故，履，德之基」者，以爲憂患，行德爲本也。六十四卦悉爲脩德防患之事，但於此九卦最是脩德之甚，故特舉以言焉，以防憂患之事，故履卦爲德之初基。欲爲德之時，❶先須履踐其禮，敬事於上，故履爲德之初基也。「謙，德之柄也」者，言爲德之時以謙爲用，若行德不用謙，則德不施用，是謙爲德之柄，猶斧刃以柯柄爲用也。「復，德之本」者，言爲德之時先從静默而來，復是静默，故爲德之根本也。「恒，德之固」者，言爲德之時，恒能執守，始終不變，則德之堅固，故爲德之固也。「損，德之脩」者，行德之時恒自降損，則其德自益而增新，故云「損，德之脩」也。「謙」者論其退下於人，「損」者能自減損於己，故「謙」、「損」别言也。「益，德之裕」者，「裕」，寬大也，能以利益於物則德更寬大也。「困，德之辨」者，若遭困之時守操不移，德乃可分辨也。「井，德之地」者，「改邑不改井」，井是所居之常處，能守處不移是德之地也。言德亦不移動也。「巽，德之制」者，巽申明號令，以示法制，故能與德爲制度也。自此已上，明九卦各與德爲用也。「履，和而至」者，自此已下明九卦之德也。言履卦與物和諧，而守其能至，故可履踐也。「謙，尊而光」者，以能謙卑，故其德益尊而光明也。「復，小而辨於物」者，言復卦於初細微小之時，即能辨於物之吉凶，不遠速復也。「恒，雜而不厭」者，言恒卦雖與物雜碎並居，而常執守其操，不被物之厭薄也。❷「損，先難而後易」者，先自減損是先難也，後乃無患是後易也。「益，長裕而不設」者，「益」是增益於物，能長養寬裕於物，皆因物性自然而長養，不空虚妄設其法而无益也。「困，窮而通」者，言困卦於困窮之時而能守節，使道通行而不屈也。「井，居其所而遷」者，言井卦居得其所，恒住不移而能遷其潤澤，施惠於外也。「巽，稱而隱」者，言巽稱揚號令，而不自彰伐而幽隱也。自此已上辨九卦性德也。「履以和行」者，自此已下，論九卦各有施用而有利益也。言履者以禮敬事於人，是調和性行也。「謙以制禮」者，性能謙順，可以裁制於禮。「復以自知」者，既能反復求身，則自知得失也。「恒以一德」者，恒能終始不移，是純一其德也。「損以遠害」者，自降損脩身，无物害己，故遠害也。「益以興利」者，既能益物，物亦盈己，❸故興利也。「困以寡怨」者，遇困守節不移，不怨天，不尤人，是无怨於物，故「寡怨」也。「井以辨義」者，井能施而无私，則是義之方所，故辨明於義也。「巽以行權」者，「巽」，順也。既能順時合宜，故可以行

❶「欲」，嘉本同，阮本作「故」。
❷「厭薄」，嘉本同，阮本作「不正」。
❸「盈」，嘉本同，阮本作「益」。

權也。❶若不順時制變，不可以行權也。

「易之爲書」至「思過半矣」。正義曰：此第七章，明《易》書體用也。「不可遠」者，言《易》書之體皆倣法陰陽，擬議而動，不可遠離陰陽物象而妄爲也。「其爲道也屢遷」者，「屢」，數也。言「易」之爲道皆法象陰陽，數數遷改，若《乾》之初九則「潛龍」，九二則「見龍」，是屢遷也。「變動不居」者，言陰陽六爻更互變動，不恒居一體也。若一陽生爲復，二陽生爲臨之屬是也。「周流六虚」者，言陰陽周徧，流動在六位之虚。六位言「虚」者，位本无體，因爻始見，故稱「虚」也。「上下无常」者，初居一位，又居二位，是上无常定也。既窮上位之極，又下來居於初，是上下无常定也。若九月剥卦，一陽上極也；十一月，一陽下來歸初也。「剛柔相易，不可爲典要」者，言陰陽六爻，兩相交易，或以陰易陽，或以陽易陰，或在初位相易，或在二位相易，❷六位錯綜上下，所易皆不同，是不可爲典常要會也。「唯變所適」者，言剛柔相易之時，既无定準，唯隨應變之時所之適也。「其出入以度」者，「出入」猶行藏也，言行藏各有其度，不可違失於時，故韓氏云「豐以幽隱致凶」，「明夷以處昧利貞」，是出入有度也。「外内使知懼」者，外内猶隱顯，言欲隱顯之人，使知畏懼於易也。若不應隱而隱，不應顯而顯，必有凶咎，使知畏懼、凶咎而不爲也。「又明於憂患與故」者，「故」，事故也。非但使人隱顯知懼，又使人明曉於憂患并與萬事也。「无有師保，如臨父母」者，言使人畏懼此易，歸行善道，不須有師保教訓，恒常恭敬，如父母臨之，故云「如臨父母」也。「初率其辭而揆其方」者，「率」，循也，「揆」，度也，「方」，義也，言人君若能初始依循其《易》之文辭，而揆度其《易》之義理，則能知「易」有典常也，故云「既有典常」。「易」雖千變萬化，不可爲典要，然循其辭，度其義，原尋其初，要結其終，皆唯變所適，是其常典也。言唯變是常。既以變爲常，其就變之中，剛之與柔相易，仍不常也，故上云「不可爲典要」也。「苟非其人，道不虚行」者，言若聖人則能循其文辭，揆其義理，知其典常，是易道得行也。若苟非通聖之人，則不曉達易之道理，❸則易之道不虚空得行也。言有人則易道行，若无人則易道不行，无人而行是「虚行」也。必不如此，故云「道不虚行」也。「《易》之爲

❶「行權」，嘉本同，阮本作「權行」。
❷「或」，阮本無此字。
❸「則」，嘉本無此字。

書，原始要終，以爲質也」，此以下亦明《易》辭體用，尋其辭則吉凶可以知也。「原始要終，以爲質」者，「質」，體也，言《易》之爲書，原窮其事之初始，《乾》初九「潛龍勿用」是原始也，又要會其事之終末，若上九「亢龍有悔」是要終也。言《易》以原始、要終以爲體質也，此「潛龍」、「亢龍」，是一卦之始終也。諸卦亦然。若大畜初畜而後通，皆是也。亦有一爻之中原始、要終也：故《坤》卦之初六「履霜，堅冰至」，「履霜」是原始也，「堅冰至」是要終也。「六爻相雜，唯其時物」者，「物」，事也。一卦之中，六爻交相雜錯，唯各會其時，唯各主其事。若《屯》卦初九「磐桓，利居貞」，是「居貞」之時，有「居貞」之事；六二「屯如，邅如」，是乘陽「屯」、「邅」之時，是有「屯」、「邅」之事也。略舉一爻，❶餘爻倣此也。「其初難知」者，謂卦之初始起於微細，始擬議其端緒，事未顯著，故難知也。「其上易知」者，其上謂卦之上爻，事已終極，成敗已見，故易知也。上云其「上」，則其初宜云「下」也。初既言「初」，則上應稱「末」，互文也。以《易經》爻辭言「初」言「上」，故此從經文也。「本末也」者，其初難知是本也，其上易知是末也。以事本，故難知；以事末，故易知，故云「本末也」。「初辭擬之」者，覆釋「其初難知」也。以初時以辭擬議其始，故難知也。「卒成之終」者，覆釋「其上易知」也。言上是事之卒了而成就終竟，故易知也。「若夫雜物撰德，辨是與非，則非其中爻不備」者，言雜聚天下之物，撰數衆人之德，辨定是之與非，則非其中之一爻，不能備具也。謂一卦之内而有六爻，各主其物，各數其德，欲辨定此六爻之是非，❷則摠歸於中爻，言中爻統攝一卦之義多也。若非中爻，則各守一爻，不能盡統卦義，以中爻居一无偏，故能統卦義也。猶《乾》之九二「見龍在田，利見大人」、九五「飛龍在天，利見大人」，是摠攝乾卦之義也。乾是陽長，是行「利見大人」之時，二之與五統攝乾德。又《坤》之六二云「直方大」，攝坤卦地道之義；六五「黄裳元吉」，亦統攝坤之臣道之義也。「噫！亦要存亡吉凶，則居可知矣」者，「噫」者，發聲之辭，卦爻雖衆，意義必在其中爻。噫乎發歎，要定或此卦存之與亡，吉之與凶，但觀其中爻則居然可知矣。謂平居自知，不須營爲也。「知者觀其彖辭，則思過半矣」者，「彖辭」謂文王卦下之辭，言聰明知達之士，觀此卦下彖辭，則能思慮有益以過半矣。○注「夫彖者」至「不亦宜乎」。正義曰：云

❶ 「一」，阮本同，嘉本作「二」。
❷ 「欲」上，嘉本有「故」字，阮本無。

「夫象者，舉立象之統」者，謂文王卦下彖辭，舉明立此卦象之綱統也。云「論中爻之義」者，言彖辭論量此卦中爻義意也。「舉立象之統」者，若《屯卦・彖》云「利貞」，夫子釋云「動於險中，大亨，貞」者，是舉立象之統也。「論中爻之義」者，若《蒙》卦云「蒙亨」、「初筮告」，注云「能爲初筮，其唯二乎」，是彖云「初筮」，其在九二，是論中爻之義也。云「約以存博，簡以兼衆」者，唯舉中爻是約，是簡，存備六爻之義是存博兼衆也。云「雜物撰德而一以貫之」者，一卦六爻，雜聚諸物，撰數諸德，而用一道以貫穿之。「一」謂中爻也，以其居中，於上於下无有偏二，故稱「一」也。「其事彌繁則愈滯乎形」者，「愈」，益也，「滯」謂陷滯也，若事務彌更繁多，則轉益滯陷於形體，言處處妨礙也。云「其理彌約則轉近乎道」者，若理能簡約則轉，轉附近於道，道以約少，无爲之稱，故少則近於道也。

「二與四」至「易之道也」。正義曰：此第八章也。明諸卦二、三、四、五爻之功用，又明三才之道，并明《易》興之時，摠贊明易道之大也。各隨文釋之。「柔之爲道，不利遠者」，此覆釋上「四多懼」之意。凡陰柔爲道，當須親附於人以得濟。今乃遠其親援，而欲上逼於君，所以多懼，其不宜利於疎遠也。「其要无咎，其用柔中」者，覆釋上「二多譽」也。言「二」所「多譽」者，言二所以要會无罪咎而多譽也。所以然者，以其用柔而居中也。「貴賤之等，其柔危，其剛勝邪」者，此釋「三與五同功」之義，五爲貴，三爲賤，是貴賤之等也。此並陽位，若陰柔處之則傾危，陽剛處之則剋勝其任，故云「其柔危，其剛勝」也。諸本「三多凶，五多功」之下皆有注，今定本无也。三居下卦之極故「多凶」，五居中處尊故「多功」也。「易之爲書」至「吉凶生焉」，此節明三材之義、六爻相雜之理也。「六者非他，三材之道也」者，言六爻所效法者非更別有他義，唯三材之道也。「道有變動，故曰爻」者，言三材之道，既有變化而移動，故重畫以象之，而曰爻也。「爻有等，故曰物」者，「物」，類也，言爻有陰陽、貴賤、等級，以象萬物之類，故謂之物也。「物相雜，故曰文」者，言萬物遞相錯雜，若玄黄相間，故謂之文也。「文不當，故吉凶生焉」者，若相與聚居，間雜成文，不相妨害，則吉凶不生也。由文之不當，相與聚居不當於理，故吉凶生也。「易之興也」至「易之道也」，此一節明《易》之興起在紂之末世，故其辭者，憂其傾危也。以當紂世憂畏滅亡，故作《易》辭，多述憂危之事，亦以垂法於後使保身，危懼避其患難也。周氏云：「謂當紂時不敢指斥紂惡，故其辭微危而不正也。」今案康伯之注云：「文王與紂之事，危其辭也。」則似周釋爲得也。案：下覆云「危者使平」，則似「危」謂憂危，是非既未可明，所以兩存其釋也。「危者使平」者，❶既有傾危，以蒙大難，文王有天下是危者使平也。「易者使傾」者，若其慢易，不循易道者，則使之傾覆，若紂爲凶惡以至誅滅也。「其道甚大，百物不廢」者，言易道功用甚大，百種之物賴之不有休廢也。「懼以終始」者，言恒能憂懼於終始，能於始思終，於終思始也。「其要无咎」者，若能始終皆懼，要會歸於无咎也。「此之謂易之道」者，言易之爲道，若能終始之懼則无凶咎，此謂易之所用之道，其大體如此也。

「夫乾天下」至「其辭屈」。　正義曰：此第九章。自此已下終篇末，摠明易道之美，兼明易道愛惡相攻，情僞相感，吉凶悔吝由此而生。人情不等，制辭各異也。「德行恒易以知險」者，謂乾之德行恒易略，不有艱難，以此之故，能知險之所興。若不有易略則爲險也，故行易以知險也。「德行恒簡以知阻」者，言坤之德行恒爲簡靜，不有煩亂，以此之故，知阻之所興也。若不簡則爲阻難，故行簡靜以知阻也。大難曰險，乾以剛健，故知其大難。小難曰阻，坤以柔順，故知其小難。知大難曰險者，案：《坎卦·彖》云：「天險不可升，地險山川丘陵。」言險不云阻，故知險爲大難。險既爲大，明阻爲小也。「能説諸心」者，萬物之心皆患險阻，今以阻險逆告於人，❷則萬物之心无不喜説，故曰「能説諸心」也。「能研諸侯之慮」者，「研」，精也，諸侯既有爲於萬物，育養萬物，使令得所。易既能説諸物之心，則能精妙諸侯之慮。謂諸侯以此易之道思慮諸物，轉益精粹，故云「研諸侯之慮」也。「定天下之吉凶」者，言易道備載諸物得失，依之則吉，逆之則凶，是易能定天下之吉凶也。「成天下之亹亹」者，「亹亹」，勉也，天下有所營爲，皆勉勉不息。若依此易道則所爲得成，故云「成天下之亹亹」也。「是故變化云爲」者，《易》既備含諸事，以是之故，物之或以漸變改，或頓從化易，或口之所云，或身之所爲也。「吉事有祥」者，若行吉事則有嘉祥之應也。「象事知器」者，觀其所象之事，則知作器物之方也。「占事知來」者，言卜占之事，則知未來之驗也。言易之爲道，有此諸德也。「天地設位」者，言聖人乘天地之正，設貴賤之位也。「聖人成能」者，聖人因天地所生之性，各成其能，令皆得所也。「人謀鬼

❶「危者」，嘉本無「者」字。
❷「阻險」，阮本同，嘉本作「險阻」。

謀，百姓與能」者，謂聖人欲舉事之時，先與人衆謀圖以定得失，又卜筮於鬼神以考其吉凶，是與鬼爲謀也。聖人既先與人謀、鬼神謀，不煩思慮與探射，❶自然能類萬物之情，能通幽深之理，是其能也。則天下百姓親與能人，樂推爲主也。❷自此已上，論易道之大，聖人法之而行。自此已下，又明卦爻剛柔、變動、情僞相感之事也。「剛柔雜居而吉凶可見矣」者，剛柔二爻相雜而居，得理則吉，失理則凶，故吉凶可見也。「變動以利言」者，若不變不動，則於物有損，有害。今變而動之，使利益於物，是變動以利而言説也。「吉凶以情遷」者，「遷」謂遷移，凡得吉者，由情遷移於善也。所得凶者，由情遷於惡也。「是故愛惡相攻而吉凶生」者，若泯然无心，事无得失，何吉凶之有？由有所貪愛，有所憎惡，兩相攻擊，或愛攻於惡，或惡攻於愛，或兩相攻擊，事有得失，故「吉凶生」也。「遠近相取而悔吝生」者，遠謂兩卦上下相應之類，近謂比爻共聚，迭相資取，取之不以理，故「悔吝生」也。「情僞相感而利害生」者，「情」謂實情，「僞」謂虚僞，虚實相感，若以實情相感則利生，若以虚僞相感則害生也。「凡易之情，近而不相得則凶」者，近謂兩爻相近，而不相得，又各无外應，❸則致凶咎。若各有應，雖近不相得，不必皆凶也。「或害之，悔且吝」者，言若能弘通，不偏對於物，盡竭順道，物豈害之？今既有心於物，情意二三，其外物則或欲害之，則有凶禍。假令自能免濟，猶有悔及吝也，故云「或害之，悔且吝」也。「將叛者其辭慙」者，此已下説人情不同，其辭各異。將欲違叛己者，貌雖相親，辭不以實，故「其辭慙」也。「中心疑者其辭枝」者，「枝」謂樹枝也，中心於事疑惑，則其心不定，其辭分散若樹枝也。❹「吉人之辭寡」者，以其吉善辭直，故「辭寡」也。「躁人之辭多」者，以其煩躁，故其辭多也。「誣善之人其辭游」者，「游」謂浮游，誣罔善人，其辭虚漫，故言其辭浮游也。❺「失其守者其辭屈」者，居不值時，失其所守之志，故其辭屈橈不能申也。凡此辭者，皆論《易經》之中有此六種之辭，謂作《易》之人，述此六人之意，各準望其意而制其辭也。

周易正義卷第十三

❶「射」，嘉本同，阮本作「討」。
❷「主」，嘉本同，阮本作「王」。
❸「又」，嘉本同，阮本作「以」。
❹「樹」，嘉本同，阮本作「閒」。
❺「浮」，阮本無此字。

周易正義卷第十四

國子祭酒上護軍曲阜縣
開國子臣孔穎達奉勑撰

周易說卦第九

正義曰：《說卦》者，陳說八卦之德業變化及法象所爲也。孔子以伏犧畫八卦，後重爲六十四卦，八卦爲六十四卦之本。前《繫辭》中略明八卦小成，引而伸之，觸類而長之，天下之能事畢矣。又曰：「八卦成列，象在其中矣。因而重之，爻在其中矣。」又云：「古者包犧氏之王天下也，仰則觀象於天，俯則觀法於地，觀鳥獸之文與地之宜，近取諸身，遠取諸物，於是始作八卦，以通神明之德，以類萬物之情。」然引而伸之，重三成六之意猶自未明；仰觀俯察，近身遠物之象亦爲未見。故孔子於此，更備說重卦之由及八卦所爲之象，故謂之《說卦》焉。先儒以孔子「十翼」之次，乾坤《文言》在二《繫》之後，《說卦》之前，以《彖》、《象》附上下二經爲六卷，則上《繫》第七，下《繫》第八，《文言》第九，《說卦》第十。輔嗣以《文言》分附乾坤二卦，❶故《說卦》爲第九。

「昔者聖人」至「以至於命」。正義曰：此一節將明聖人「引伸」、「因重」□之意，❷故先叙聖人本制蓍數卦爻，備明天道人事妙極之理。據今而稱上世，謂之「昔」者也。聰明叡知，謂之「聖人」，此「聖人」即伏犧也。不言「伏犧」而云「聖人」者，明以聖知而制作也，且下《繫》已云「包犧氏之王天下也」、「於是始作八卦」，今言作《易》，明是伏犧，❸非文王等。凡言「作」者，皆本其事之所由，故云「昔者聖人之作《易》也」。聖人作《易》，其「作」如何？以此聖知深明神明之道，而生用蓍求卦之法，故曰「幽贊於神明而生蓍」也。倚，立也。既用蓍求卦，其揲蓍所得，取奇數於天，取耦數於地，而立七、八、九、六之數，故曰「參天兩地而倚數」也。言其作《易》，聖人本觀察變化之道，象於天地陰陽而立乾坤等卦，故曰「觀變於陰陽而立卦」也。

❶「以」，嘉本同，阮本作「之」字。
❷「□」，嘉本作「卦」字，阮本不空，亦無「卦」字。
❸「明」，嘉本同，阮本作「言」。

既觀象立卦，又就卦發動揮散於剛柔兩畫而生變動之爻，故曰「發揮於剛柔而生爻」也。蓍數既生，爻卦又立，易道周備，无理不盡。聖人用之，上以和協順成聖人之道德，下以治理斷割人倫之正義，❶又能窮極萬物深妙之理，究盡生靈所稟之性。物理既窮，生性又盡，至於一期所賦之命，莫不窮其短長，定其吉凶，故曰「和順於道德而理於義，窮理盡性以至於命」也。❷○注「幽深」至「而然也」。正義曰：幽者，隱而難見，故訓爲深也。贊者，佐而助成，而令微者得著，故訓爲明也。「蓍受命如響，不知所以然而然」者，釋聖人所以深明神明之道，便能生用蓍之意，以神道與用蓍相協之故也。神之爲道，陰陽不測，妙而无方，生成變化，不知所以然而然者也。蓍則受人命令，告人吉凶，應人如響，亦不知所以然而然，與神道爲一，故《繫辭》云「蓍之德圓而神」。其「受命如響」，亦《繫辭》文也。」○注「參奇」至「陰數」。正義曰：先儒馬融、王肅等，解此皆依《繫辭》云「天數五，地數五，五位相得而各有合」，以爲五位相合，以陰從陽。天得三合，謂一、三與五也。地得兩合，謂二與四也。鄭玄亦云：天地之數備於十，乃三之以天，兩之以地，而倚託大演之數五十也。必「三之以天，兩之以地」者，天三覆，地二載，欲極於數，庶得吉凶之審也。❸其意皆以《繫辭》所云「大演之數五十，其用四十有九」，明用蓍之數。下云「天數五，地數五，五位相得而各有合」，「天地之數五十有五」，以爲大演即天地之數。又此上言「幽贊於神明而生蓍」，便云「參天兩地而倚數」，驗文準義，故知如此。韓康伯注《繫辭》云「大演之數五十」，用王輔嗣意。云「易」之「所賴者五十，其用四十有九，則其一不用也。不用而用以之通，非數而數以之成」。用與不用，本末合數，故五十也。以大衍五十，非即天地之數，故不用馬融、鄭玄等說。然此倚數生數，在生蓍之後，立卦之前，明用蓍得數而布以爲卦，故以七、八、九、六當之。七、九爲奇，天數也，六、八爲耦，地數也，故取奇於天，取耦於地，而立七、八、九、六之數也。何以參、兩爲目奇、耦者，蓋古之奇、耦亦以三、兩言之，且以兩是耦數之始，三是奇數之初故也。不以一目奇者，張氏云，以「三中含兩，有一以包兩」之義，明天有包地之德，陽有包陰之道，故天舉其多，地言其少也。○注「卦象也」至「陰陽」。正義曰：「卦則雷風相薄，山澤通氣，擬象

❶「割」，嘉本同，阮本無此字。
❷「於」，阮本同，嘉本無此字。
❸「庶」，阮本同，嘉本作「度」。

陰陽變化之體」者，此言六十四卦非小成之八卦也。伏犧初畫八卦，以震象雷，以巽象風，以艮象山，以兑象澤。八卦未重則雷風各異，山澤不通，於陰陽變化之理未爲周備，故此下云「八卦相錯，數往者順，知來者逆」，注云「八卦相錯，變化理備，於往則順而知之，於來則逆而數之」是也。「知非八卦」者，先儒皆以《繫辭》論用蓍之法，云「四營而成易，十有八變而成卦」者，謂用蓍三扐而布一爻，則十有八變爲六爻也。然則用蓍在六爻之後，非三畫之時。蓋伏犧之初，直仰觀俯察，用陰陽兩爻而畫八卦，後因而重之爲六十四卦，然後天地變化，人事吉凶，莫不周備，緼在爻卦之中矣。文王又於爻卦之下繫之以辭，明其爻卦之中吉凶之義。蓍是數也。傳稱「物生而後有象，象而後有滋，滋而後有數」，然則數從象生，故可用數求象，於是「幽贊於神明而生蓍」，用蓍之法，求取卦爻以定吉凶。《繫辭》曰「天生神物，聖人則之，无有遠近幽深，遂知來物」是也。《繫辭》言伏犧作《易》之初，不假用蓍成卦，故直言「仰觀」、「俯察」，此則論其既重之後端策布爻，故先言「生蓍」，後言「立卦」，非是聖人「幽贊」元在「觀變」之前。○注「命者」至「其極也」。正義曰：命者人所禀受，有其定分，從生至終，有長短之極，故曰「命者生之極」也。此所賦命乃自然之至理，故「窮理則盡其極」也。

「昔者」至「成章」。正義曰：此一節就爻位明重卦之意。八卦小成，但有三畫，於三才之道陰陽未備，所以重三爲六，然後周盡，故云「昔者聖人之畫卦作《易》」也。「將以順性命之理」者，本意將此易卦，以順從天地生成萬物性命之理也。其天地生成萬物之理須在陰陽必備，是以造化闢設之時，其立天之道有二種之氣，曰成物之陰與施生之陽也。其立地之道有二種之形，曰順承之柔與持載之剛也。❶天地既立，人生其間。立人之道有二種之性，曰愛惠之仁與斷割之義也。既兼備三才之道，❷而皆兩之，作《易》本順此道理，須六畫成卦，故作《易》者因而重之，使六畫而成卦也。六畫所處有其六位，分二、四爲陰位，三、五爲陽位，迭用六、八之柔爻，七、九之剛爻而來居之，故作《易》者分布六位而成爻卦之文章也。○注「或有」至「其終也」。正義曰：「在形而言陰陽」者，即《坤·象》辭云「履霜堅冰，陰始凝」是也。「在氣而言柔剛」者，即《尚書》云「高明柔克」及《左傳》云「天爲剛德」是也。

❶「持」，嘉本、阮本作「特」。
❷「兼」，嘉本同，阮本無此字。

○注：「二、四爲陰，三、五爲陽。」正義曰：王輔嗣以爲初、上无陰陽定位，此注用王之説也。

「天地」至「逆數也」。正義曰：此一節就卦象明重卦之意。《易》以乾、坤象天、地，艮、兑象山、澤，震、巽象雷、風，坎、離象水、火。若使天、地不交，水、火異處，則庶類无生成之用，品物无變化之理，所以因而重之，令八卦相錯，則天地人事莫不備矣。故云天地定位而合德，山澤異體而通氣，雷風各動而相薄，水火不相入而相資。既八卦之用變化如此，故聖人重卦，令八卦相錯，乾、坤、震、巽、坎、離、艮、兑莫不交互而相重，以象天、地、雷、風、水、火、山、澤莫不交錯，則《易》之爻卦與天地等，成性命之理、吉凶之數，既往之事、將來之幾，備在爻卦之中矣。故《易》之爲用，人欲數知既往之事者，「易」則順後而知之；人欲數知將來之事者，易則逆前而數之。是故聖人用此易道，以逆數知來事也。○注「作《易》」至「民用」。正義曰：「易」雖備知來往之事，莫不假象知之，故聖人作《易》以逆覩來事也。❶「以前民用」者，「易」占事在其民用之前，此《繫辭》文，引之以證逆數來事也。

「雷以」至「藏之」。正義曰：此一節摠明八卦養物之功。烜，乾也。上四舉象，下四舉卦者，王肅云「互相備也」，明雷、風與震、巽同用，乾坤與天地通功也。

「帝出」至「乎艮」。正義曰：康伯於此无注。然《益》卦六二「王用享于帝，吉」，王輔嗣注云：「帝者，生物之主，興益之宗，出震而齊巽者也。」王之注意，正引此文。則輔嗣之意，以此帝爲天帝也。帝若出萬物則在乎震，絜齊萬物則在乎巽，令萬物相見則在乎離，致役以養萬物則在乎坤，説萬物而可言者則在乎兑，陰陽相戰則在乎乾，受納萬物勤勞則在乎坎，能成萬物而可定則在乎艮也。「萬物出乎震，震，東方」者，解上「帝出乎震」。以震是東方之卦，斗柄指東爲春，春時萬物出生也。「齊乎巽，巽，東南也」，「齊」也者，言萬物之絜齊也，解上「齊乎巽」。以巽是東南之卦，斗柄指東南之時，萬物皆絜齊也。「離也者，明也。萬物皆相見，南方之卦也。聖人南面而聽天下，嚮明而治，蓋取諸此也」者，解上「相見乎離」，因明聖人法離之事。以離爲象日之卦，故爲明也。日出而萬物皆相見也，又位在南方，故聖人法南面而聽天下，嚮明而治也，故云「蓋取諸此」也。「坤也者，地也。萬物皆致養焉，故曰致役乎坤」者，解上「致役乎坤」。

❶「覩」，阮本同，嘉本作「觀」。

以坤是象地之卦，地能生養萬物，是有其勞役，故云「致役乎坤」。鄭云：「坤不言『方』者，所言地之養物不專一也。」「兑，正秋也，萬物之所説也，故曰説言乎兑」者，解上「説言乎兑」。以兑是象澤之卦，説萬物者，莫説乎澤，又位是西方之卦，斗柄指西，是正秋八月也。正秋而萬物皆説成也。❶「戰乎乾，乾，西北之卦也，言陰陽相薄也」者，解上「戰乎乾」。以乾是西北方之卦，西北是陰地，乾是純陽而居之，是陰陽相薄之象也，故曰「戰乎乾」。「坎者，水也，正北方之卦也，勞卦也，萬物之所歸也，故曰勞乎坎」者，解上「勞乎坎」。以坎是象水之卦，水行不舍晝夜，所以爲勞卦。又是正北方之卦，斗柄指北，於時爲冬，冬時萬物閉藏，納受爲勞，是坎爲勞卦也。「艮，東北之卦也，萬物之所成終而所成始也，故曰成言乎艮」者，解上「成言乎艮」也。以艮是東北方之卦也。東北在寅、丑之間，丑爲前歲之末，寅爲後歲之初，則是萬物之所成終而所成始也。

「神也」至「成萬物也」。正義曰：此一節别明八卦生成之用。八卦運動，萬物變化，應時不失，无所不成，莫有使之然者。而求其真宰，无有遠近，了无晦跡，不知所以然而然，況之曰神也。然則神也者非物，妙萬物而爲言者。神既範圍天地，故此之下不復别言乾、坤，直舉六子以明神之功用。故曰鼓動萬物者「莫疾乎震」，震象雷也。橈散萬物者「莫疾乎巽」，巽象風也。乾燥萬物者「莫熯乎離」，離象火也。光説萬物者「莫説乎兑」，兑象澤也。潤濕萬物者「莫潤乎坎」，坎象水也。終萬物、始萬物者「莫盛乎艮」，艮，東北方之卦也。故水火雖不相入而相逮及，雷風雖相薄而不相悖逆，山澤雖相懸而能通氣，然後能行變化而盡成萬物也。艮不言「山」，獨舉卦名者，動橈燥潤之功是雷風水火，至於終始萬物於「山」義爲微，故言「艮」而不言「山」也。上章言「水火不相入」，此言「水火相逮」者，既不相入，又不相及，則无成物之功，明性雖不相入而氣相逮及也。上言「雷風相薄」，此言「不相悖」者，二象俱動，動若相薄，而相悖逆則相傷害，亦无成物之功，明雖相薄而不相逆也。

「乾健也」至「兑説也」。正義曰：此一節説八卦名訓。乾象天，天體運轉不息，故爲健也。「坤，順也」，坤象地，地順承於天，故爲順也。「震，動也」，震象雷，雷奮動萬物，故爲動也。「巽，入也」，巽象風，風行无所不入，故爲入也。「坎，陷也」，坎象水，

❶「正」，嘉本同，阮本作「立」。

水處險陷，故爲陷也。「離，麗也」，離象火，火必著於物，故爲麗也。「艮，止也」，艮象山，山體静止，故爲止也。「兑，説也」，兑象澤，澤潤萬物，故爲説也。

「乾爲馬」至「兑爲羊」。正義曰：此一節説八卦畜獸之象，略明遠取諸物也。乾象天，天行健，故爲馬也。「坤爲牛」，坤象地，任重而順，故爲牛也。「震爲龍」，震，動象，龍，動物，故爲龍也。「巽爲雞」，巽主號令，雞能知時，故爲雞也。「坎爲豕」，坎主水瀆，豕處污濕，故爲豕也。「離爲雉」，離爲文明，雉有文章，故爲雉也。「艮爲狗」，艮爲静止，狗能善守，禁止外人，故爲狗也。「兑爲羊」，兑，説也。王廙云：「羊者，順從之畜」，❶故爲羊也。

「乾爲首」至「兑爲口」。正義曰：此一節説八卦人身之象，略明近取諸身也。乾尊而在上，故爲首也。「坤爲腹」，坤能包藏含容，故爲腹也。「震爲足」，足能動用，故爲足也。「巽爲股」，股隨於足則巽順之謂，故爲股也。「坎爲耳」，坎，北方之卦，主聽，故爲耳也。「離爲目」，南方之卦，主視，故爲目也。「艮爲手」，艮既爲止，手亦能止持其物，故爲手也。「兑爲口」，兑，西方之卦，主言語，故爲口也。

「乾天」至「少女」。正義曰：此一節説乾坤、六子，明父子之道。王氏云「索，求也」，以乾坤爲父母而求其子也。得父氣者爲男，得母氣者爲女。❷坤初求得乾氣爲震，故曰長男。坤二求得乾氣爲坎，故曰中男。坤三求得乾氣爲艮，故曰少男。乾初求得坤氣爲巽，故曰長女。乾二求得坤氣爲離，故曰中女。乾三求得坤氣爲兑，故曰少女。

「乾爲天」至「木果」。正義曰：此下歷就八卦廣明卦象者也。此一節廣明乾象。乾既爲天，天動運轉，故爲圜也。「爲君、爲父」，取其尊首而爲萬物之始也。❸「爲玉、爲金」，取其剛而清明也。❹「爲寒、爲冰」，取其西北寒冰之地也。「爲大赤」，取其盛陽之色也。「爲良馬」，取其行健之善也。「爲老馬」，取其行健之久也。「爲瘠馬」，取其行健之甚。瘠馬，骨多也。「爲駁馬」，言此馬有牙如倨，❺能食虎豹。《爾雅》云：「倨牙，食虎豹。」此之謂也。王廙云：「駁馬能食虎豹，

❶「從」，嘉本同，阮本無此字。
❷「爲」，嘉本無此字。
❸「首」，嘉本同，阮本作「道」。
❹「而」，嘉本同，阮本作「之」。
❺「倨」，阮本同，嘉本作「鋸」。

取其至健也。」「爲木果」，取其果實著木，有似星之著天也。**「坤爲地」至「爲黑」**。正義曰：此一節廣明坤象。坤既爲地，地受任生育，故謂之爲母也。「爲布」，取其地廣載也。「爲釜」，取其化生成熟也。「爲吝嗇」，取其地生物不轉移也。「爲均」，取其地道平均也。「爲子母牛」，取其多蕃育而順之也。「爲大輿」，取其能載萬物也。「爲文」，取其萬物之色雜也。「爲衆」，取其地載物非一也。「爲柄」，取其生物之本也。「其於地也爲黑」，取其極陰之色也。**「震爲雷」至「蕃鮮」**。正義曰：此一節廣明震象。「爲玄黄」，取其相雜而成蒼色也。「爲旉」，取其春時氣至，草木皆吐旉布而生也。「爲大塗」，取其萬物之所生出也。❶「爲長子」，如上文釋，震爲長子也。「爲決躁」，取其剛動也。「爲蒼筤竹」，竹初生之時色蒼筤，取其春生之美也。「爲萑葦」，萑葦，竹之類也。「其於馬也爲善鳴」，取其象雷聲之遠聞也。「爲馵足」，馬後足白爲馵，取其動而見也。「爲作足」，取其動而行健也。「爲的顙」，白額爲的顙，亦取動而見也。「其於稼也爲反生」，取其始生，戴甲而出也。「其究爲健」，究，極也，極於震動則爲健也。「爲蕃鮮」，鮮，明也，取其春時草木蕃育而鮮明。**「巽爲木」至「躁卦」**。正義曰：此一節廣明巽象。「巽爲木」，木可以輮曲直，即巽順之謂也。「爲風」，取其陽在上摇木也。「爲長女」，如上釋「巽爲長女」也。「爲繩直」，取其號令齊物，如繩之直木也。「爲工」，亦皆取繩直之類。❷「爲白」，取其風吹去塵，故絜白也。「爲長」，取其風行之遠也。「爲高」，取其風性高遠，又木生而上也。「爲進退」，取其風之性，前却其物，進退之義也。「爲不果」，取其風性前却，不能果敢決斷，亦皆進退之義也。「爲臭」，王肅作「爲香臭」也，取其風所發也，又取下風之遠聞。「其於人也爲寡髮」，寡，少也，風落樹之華葉，則在樹者稀踈，如人之少髮，亦類於此，故爲寡髮也。「爲廣顙」，額闊爲廣顙，髮寡少之義，故爲廣顙也。「爲多白眼」，取其躁人之眼，❸其色多白也。「爲近利」，取其躁人之情多近於利也。「市三倍」，取其木生蕃盛，於市則三倍之宜利也。「其究爲躁卦」，究，極也，取其風之勢極於躁急也。❹**「坎爲水」至「多心」**。正義曰：此

❶「出」，嘉本同，阮本無此字。
❷「皆」，嘉本同，阮本作「正」。
❸「其」，嘉本同，阮本無此字。
❹「勢」，嘉本同，阮本作「近」。

一節廣明坎象。「坎爲水」，取其北方之行也。「爲溝瀆」，取其水行无所不通也。「爲隱伏」，取其水藏地中也。「爲矯輮」，取其使曲者直爲矯，使直者曲爲輮，水流曲直，故爲矯輮也。「爲弓輪」，弓者，激矢，取如水激射也；輪者，運行如水行也。「其於人也爲加憂」，取其憂險難也。「爲心病」，憂其險難，故心病也。「爲耳痛」，坎爲勞卦也，又北方主聽，聽勞則耳痛也。「爲血卦」，取其人之有血，猶地有水也。「爲赤」，亦取血之色。「其於馬也爲美脊」，取其陽在中也。「爲亟心」，亟，急也，取其中堅内動也。「爲下首」，取其水流向下也。「爲薄蹄」，取其水流迫地而行也。「爲曳」，取其水磨地而行也。「其於輿也爲多眚」，取其表裏有陰，力弱不能重載，常憂災眚也。「爲通」，取其水行有孔穴也。❶「爲月」，取其月是水之精也。「爲盜」，取水行潛竊如盜賊也。「其於木也爲堅多心」，取剛在内也。

「離爲火」至「上槁」。正義曰：此一節廣明離象。「離爲火」，取南方之行也。「爲日」，取其日是火之精也。❷「爲電」，取其有明似火之類也。「爲中女」，如上釋「離爲中女」也。「爲甲胄」，取其剛在外也。「爲戈兵」，取其剛在於外，以剛自捍也。「其於人也爲大腹」，取其懷陰氣也。「爲乾卦」，取其日所烜也。「爲鼈、爲蟹、爲蠃、爲蚌、爲龜」，皆取剛在外也。「其於木也爲科上槁」，科，空也，陰在内爲空，木既空中者，上必枯槁也。

「艮爲山」至「多節」。正義曰：此一節廣明艮象。「艮爲山」，取陰在於下爲止，❸陽在於上爲高，故艮象山也。「爲徑路」，取其山雖高有澗道也。「爲小石」，取其艮爲山，又爲陽卦之小者，故爲小石也。「爲門闕」，取其有徑路，又崇高也。「爲果蓏」，木實爲果，草實爲蓏，取其出於山谷之中也。「爲閽寺」，取其禁止人也。「爲指」，取其執止物也。「爲狗、爲鼠」，取其皆止人家也。「爲黔喙之屬」，取其山居之獸也。「其於木也爲堅多節」，取其山之所生，其堅勁故多節也。

「兑爲澤」至「爲羊」。正義曰：此一節廣明兑象。「兑爲澤」，取其陰卦之小，地類卑也。「爲少女」，如上釋「兑爲少女」也。「爲巫」，取其口舌之官也。「爲口舌」，取西方於五事爲言，取口舌爲言語之具也。「爲毁折、爲附決」，兑，西方之卦，又兑主秋也，取秋物成熟，稿稈之屬則毁折也，果蓏之屬則附決也。

❶「水」，嘉本同，阮本無此字。
❷「之」，嘉本同，阮本無此字。
❸「於」，嘉本同，阮本無此字。

「其於地也爲剛鹵」，取水澤所停則鹹鹵也。「爲妾」，取少女從姊爲娣也。「爲羊」，如上釋「取其羊性順」也。

周易序卦第十

正義曰：《序卦》者，文王既繇六十四卦，分爲上下二篇，其先後之次，其理不見，故孔子就上下二經，各序其相次之義，故謂之《序卦》焉。其周氏就《序卦》以「六門」往攝：第一天道門，第二人事門，第三相因門，第四相反門，第五相須門，第六相病門。如乾之次坤，泰之次否等，是天道運數門也。如訟必有師，師必有比等，是人事門也。如因小畜生履，因履故通等，是相因門也。如遯極反壯，動竟歸止等，是相反門也。如大有須謙，蒙稚待養等，是相須門也。如賁盡致剝，進極致傷等，是相病門也。韓康伯云：「序卦之所明，非《易》之緼也。蓋因卦之次，託象以明義。」不取深緼之義，故云「非《易》之緼」，故以取其人理也。❶今驗六十四卦，二二相耦，非覆即變。覆者，表裏視之遂成兩卦，屯蒙、需訟、師比之類是也。變者，反覆唯成一卦，則變以對之，乾坤、坎離、大過頤、中孚小過之類是也。且聖人本定先後，若元用孔子《序卦》之意則不應非覆即變，然則康伯所云「因卦之次，託象以明義」，蓋不虛矣。故不用周氏之義。○注「屯剛」至「始生也」。正義曰：王肅云「屯，剛柔始交而難生，故爲物始生也」，❷盧氏云「物之始生故屯難」，皆以「物之始生」釋「屯難」之義。案：上言「屯者，盈也」，釋屯次乾、坤，其言已畢。更言「屯者，物之始生」者，開說下「物，生必蒙」，直取始生之意，非重釋屯之名也。故韓康伯直引「剛柔始交」以釋「物之始生」也。○注「順以」至「所隨」。正義曰：鄭玄云：「喜樂而出，人則隨從。」孟子曰：「吾君不游，吾何以休；吾君不豫，吾何以助。」此之謂也。王肅云：「歡豫，人必有隨。」「隨」者，皆以爲人君喜樂歡豫，則以爲人所隨。案：《豫卦·彖》云：「豫，剛應而志行，順以動，豫。豫，順以動，故天地如之，而況建侯行師乎？天地以順動，故日月不過而四時不忒。聖人以順動，則刑罰清而民服。」即此上云「有大而能謙必豫，故受之以豫」，其意以聖人順動能謙，爲物所説，所以爲豫。人既説豫，自然隨之，則謙

❶「其」，阮本同，嘉本作「其義」。
❷「物」下，嘉本、阮本皆有「之」字。

順在君，説豫在人也。若以人君喜樂游豫，❶人則隨之。紂作靡靡之樂，長夜之飲，何爲天下離叛乎？故韓康伯云「順以動者，衆之所隨」，在於人君取致豫之義，然後爲物所隨，所以非斥先儒也。○注「不養」至「則厚」。正義曰：鄭玄云：「以養賢者宜過於厚。」王輔嗣注此卦云：「音相過之過。」韓氏云「養過則厚」，與鄭玄、輔嗣義同。唯王肅云「過莫大於不養」，則以爲「過失」之「過」。案：此《序卦》以大過次頤也，明所過在養。子雍以爲「過在不養」，違經反義，莫此之尤。而周氏等不悟其非，兼以「過失」釋大過之名，已具論之於經也。○注「言咸」至「遠矣」。正義曰：韓於此一節，注破先儒上經明天道，下經明人事，於咸卦之初已論之矣。

周易雜卦第十一

正義曰：上《序卦》依文王上下而次序之，此《雜卦》孔子更以意錯雜而對辨其次第，不與《序卦》同。故韓康伯云：「《雜卦》者，雜糅衆卦，錯綜其義，或以同相類，或以異相明也。」虞氏云：「《雜卦》者，雜六十四卦以爲義，其於《序卦》之外别言也。」此者聖人之興，因時而作，隨其事宜，❷不必皆相因襲，當有損益之意也。故《歸藏》名卦之次，亦多異於時。王道踳駮，聖人之意，或欲錯綜以濟之，故次《序卦》，以其雜也。

周易正義卷第十四

鄉貢進士臣張　壽書
勘官承奉郎守大理評事臣秦　奭
勘官徵事郎守太子右贊善大夫臣胡　令問
勘官承奉郎守太子右贊善大夫柱國臣解　貞吉
勘官朝奉郎守國子毛詩博士柱國賜緋魚袋臣解　損
都勘官朝請大夫守國子司業柱國賜紫金魚袋臣孔　維
詳勘官將仕郎守開封府雍丘縣主簿臣孫　俊
詳勘官許州觀察支使登仕郎試大理司直兼監察御史臣
王　元貞
詳勘官文林郎守大理評事臣劉　弼

❶「游」，嘉本作「歡」。
❷「事」，阮本作「時」。

詳勘官登仕郎守將作監丞臣尹　文化
詳勘官登仕郎守光禄寺丞臣牛　韶
詳勘官儒林郎守大理寺丞臣畢　道昇
詳勘官宣奉郎守太子右贊善大夫臣李　説
徵事郎守國子學丞臣劉　弼再校
宣奉郎守大理寺丞臣畢　道昇再校
徵事郎守太子右贊善大夫臣胡　令問再校
宣奉郎守太子右贊善大夫臣李　説再校
中散大夫守國子祭酒柱國賜紫金魚袋臣孔　維都校
端拱元年戊子十月　日推忠佐理功臣金紫光禄大夫行
　尚書户部侍郎参知政事柱國瑯琊縣開國伯食邑七百
　户臣王沔等進
推忠佐理功臣金紫光禄大夫行尚書户部侍郎参知政事
　柱國隴西縣開國伯食邑七百户臣辛　仲甫
推忠協謀佐理功臣光禄大夫中書侍郎兼户部尚書同中
　書門下平章事監修國史上柱國東陽郡開國侯食邑一
　千三百户食實封貳伯户臣吕　蒙正
推忠協謀同德佐理功臣開府儀同三司守太保兼侍中昭
　文館大學士上柱國許國公食邑八千户食實封壹阡陸
　伯户臣　普

周易集解

〔唐〕李鼎祚 撰
張文智 校點

目録

校點説明

《周易集解》由唐李鼎祚輯，是唐朝保存漢《易》的唯一文獻。新、舊《唐書》皆未給李氏立傳。明儒朱睦㮮《周易集解序》中云：「鼎祚，資州人。仕唐，爲秘閣學士。」並稱他「以經學稱於世」。清人劉毓崧根據李鼎祚《自序》及《元和志》、《寰宇記》、《輿地紀勝》，並參之《通志》、《能改齋漫録》等書，作《周易集解跋》，對李鼎祚生平進行了詳細考證，謂李鼎祚爲「資州磐石縣人」，唐明皇幸蜀時，「鼎祚進《平胡論》，後召守左拾遺」。肅宗時「仍官左拾遺」。代宗登基後，「獻《周易集解》，其時爲秘書省著作郎，仕至殿中侍御史」。劉毓崧又據《周易集解》避太宗、高宗、肅宗、代宗之諱，而不避德宗之諱，斷定《周易集解》「成于代宗之朝，更無疑義」。（《通義堂文集·周易集解跋》）

《易》學有象數派與義理派之分。兩漢主象數。西漢《易》學傳自漢初田何，而由孟喜、焦延壽、京房建構或完善之象數《易》學爲西漢《易》學之代表。至漢宣帝、元帝時，「有施、孟、梁丘、京氏列於學官」（《漢書·藝文志》）。東漢《易》學則以馬融、鄭玄、荀爽、虞翻之象數《易》學爲代表。魏晉時期，王弼義理《易》學興起。永嘉之亂後，施氏、梁丘之《易》亡，孟、京、費《易》人無傳者。南北朝時期，南尊王弼義理《易》學，北崇鄭玄象數《易》學。至隋代，王注盛行，鄭學浸微。唐初重南輕北，孔穎達奉詔撰定《五經正義》，於《易》則以王弼玄學義理《易》爲宗。《周易集解》旨在「刊輔嗣（王弼）之野文，補康成（鄭玄）之逸象」（《周易集解序》），收録有子夏、孟喜、焦贛、京房、馬融、荀爽、鄭玄、劉表、何晏、宋衷、虞翻、陸績、干寶、王肅、王弼、姚信、王廙、張璠、向秀、王凱沖、侯果、蜀才、翟玄、韓康伯、劉瓛、何妥、崔憬、沈驎士、盧氏、崔覲、伏曼容、孔穎達、姚規、朱仰之、蔡景君、孔安國、延叔堅、《九家易》、《乾鑿度》、《易軌》共四十家《易》注，並有李鼎祚自加之案語，凡二千七百餘節。其中《乾鑿度》、孔安國、蔡景君、焦贛、延叔堅、王廙、沈驎士、伏曼容、姚規、崔覲十家各僅一節，且焦贛爲鄭玄注中所引及，蔡景君、延叔堅爲虞翻注中所引及。孟喜、京房、劉表、何晏、張璠、朱仰之六家各僅二節，向秀三節，子夏《易傳》、王凱沖兩家各僅四節，劉瓛僅五節。又馬融雖僅八節，於虞翻注中屢有論及。姚信十四節。唯虞翻《易》注獨近一千三百節，幾占二分之一，可見李鼎祚對虞氏《易》學之重視。對其保留漢《易》之功，《四庫全書總目》云：「千百年後，學者得考見畫卦之本旨者，惟賴此書之存矣，是真可寶之古笈也！」

《周易集解》所輯主要爲漢魏以來之象數《易》注，但對當時流行的義理《易》的許多注解亦輯入其中。如輯入的王弼《易》注有五十七節，韓康伯《易》注五十八節，孔穎達《易》注亦多達五十三節。可見，李鼎祚力圖將象數與義理融爲一體。

關於《周易集解》之版本，有北宋慶曆計用章作《序》之本，而今存最早的是明嘉靖時據慶曆本之朱睦㮮本，其次爲據朱睦㮮本之毛晉汲古閣本。此外尚有乾隆丙子年（一七五六）盧見曾據宋慶曆本校刊之雅雨堂本、文淵閣《四庫全書》本以及刊於嘉慶十年（一八〇五）的張海鵬照曠閣本。以上諸本皆源於宋慶曆本這一系統。經過比較可知，雅雨堂本錯訛較少，所以以此本爲底本。張氏照曠閣本「初就汲古本校梓，繼得蘭陵孫觀察本」，又「假雅雨堂盧氏本互爲參訂」，「凡毛本訛舛脱佚，悉從盧本改正」，具有一定的校勘價值，所以作爲校本（簡稱照曠閣本）。此外還參校了影印文淵閣《四庫全書》本（簡稱四庫本），力圖呈現《周易集解》之原貌。雅雨堂本《周易集解》原名《李氏易傳》，今據李鼎祚《原序》、四庫本、照曠閣本等所稱，改爲《周易集解》。原書卷十三至卷十七爲釋《繫辭傳》、《説卦》等傳部分，除了卷十七已加《周易序卦》、《周易雜卦》二篇題外，其餘均未加。現依例補加《周易繫辭上》、《周易繫辭下》、《周易説卦》三篇題。四庫本《周易集解〈提要〉》對《周易集解》的分卷等問題有所闡發，有助於我們瞭解《周易集解》的編排及分卷，故予以迻録，置於卷首。

關於《周易集解》的卷數，《新唐書·藝文志》作十七卷，宋晁公武《讀書志》稱「止有十卷」，《宋史·藝文志》亦稱十卷。四庫本《周易集解》自序作十八卷。至於到底原爲多少卷，實難考之，清人劉毓崧考之較詳，可備一説：

「至於此書卷數，諸家目録各有不同。《新唐書·藝文志》載李鼎祚集注《周易》十七卷，『集注』即『集解』之異文。如其所言，則此書原有十七卷也。北宋以後，通行之本皆係十卷，或謂其逸去七篇，或謂其首尾俱全，初無亡失。《中興書目》既言十卷，又言十七卷，尤令閱者無所適從。今按《自序》云：『至如卦爻彖象，理涉重玄，經注文言，書之不盡，别撰《索引》，錯綜根萌，音義兩存，詳之明矣。』據此則李氏之釋《周易》，更有《索引》一書，詳列音義異同，兼以發揮爻象錯綜之理，雖其書久逸，卷數未見明文，然以諸家目録參互考之，竊疑《集解》止有十卷，而《索引》别七卷。諸書稱十七卷者，係總計《集解》、《索引》而言，故《自序》又云：『其王氏《略例》，得失相參，采葑采菲，無以下體，仍附經末，式廣未聞。凡成一十八卷。』蓋除《略例》一卷爲王弼所編，與李氏無關，其餘十七卷則自《集解》十卷以外，《索引》當有七卷，是《索引》與《集解》本相輔而行，此十七卷之目録所由來也。特以記載簡略，止標《集解》而遺《索引》，於是《索引》遂沉晦而不彰；加以刊刻流傳，止有《集解》而無《索引》，於是《索引》遂湮没而莫考。此所以但知有十卷之本，而不知有十七卷之本。甚至有改《自序》中之卷數，以遷就調停，而昔人舊目相沿傳，疑爲無據，其誤甚矣。雅雨堂所刻《集解》强析十卷爲十七卷，欲以複其舊觀，所謂楚則失之，齊亦未得也。」（《通義堂文集·周易集解跋》）

雅雨堂本、四庫本、張氏照曠閣本等均將《周易集解》分作十七卷，我們既不知其本來面目，姑從之。

雅雨堂原刻本原附有《易釋文》，現因《儒藏》收有《經典釋文》校點本，故此次校點不再附入。

校點者　張文智

四庫全書提要

臣等謹案：《周易集解》十七卷，唐李鼎祚撰。鼎祚，《唐書》無傳，始末未詳，惟據《序》末結銜，知其官爲秘書省著作郎。據袁桷《清容居士集》載，資州有鼎祚讀書臺，知爲資州人耳。朱睦㮮《序》稱爲秘閣學士，不知何據也。其時代亦不可考。《舊唐書·經籍志》稱録開元盛時四部諸書而不載是編，知爲天寶以後人矣。其書《新唐書·藝文志》作十七卷。晁公武《讀書志》曰「今所有止十卷而始末皆全，無所亡失」，豈後人併之耶？《經義考》引李燾之言則曰：「鼎祚《自序》止云十卷，無亡失也。」朱睦㮮《序》作于嘉靖丁巳，亦云《自序》稱十卷，與燾説同。今所行毛晉汲古閣本乃作一十七卷，《序》中亦稱王氏《畧例》附于卷末，凡成一十八卷，與諸家所説截然不同，殊滋疑竇。今考《序》中稱「至如卦爻彖象，理涉重玄，[1]經注文言，書之不盡，別撰《索隱》。錯綜根萌，音義兩存，詳之明矣」云云，則《集解》本十卷，附《畧例》一卷爲十一卷，尚別有《索隱》六卷，共成十七卷。《唐志》所載蓋併《索隱》、《畧例》數之，實非舛誤。至宋而《索隱》散佚，刊本又削去《畧例》，僅存《集解》十卷，故與《唐志》不符。至毛氏刊本始析十卷爲十七卷，以合《唐志》之文。又改《序》中一十卷爲一十八卷，以合附録《畧例》一卷之數，故又與朱睦㮮《序》不符。蓋自宋以來，均未究《序》中「別撰《索

[1] 「玄」，原作「元」，避清帝玄燁諱。依《自序》原文，當爲「玄」，據改。以下徑改，不再出校。

隱》」一語，故疑者誤疑，改者誤改。即辨其本止十卷者，亦不能解《唐志》稱十七卷之故，致愈説愈訛耳。今詳爲考正，以祛將來之疑。至十卷之本，今既未見，則姑仍以毛本著録。蓋篇帙分合，無關宏旨，固不必一一追改也。其書仍用王弼本，惟以《序卦傳》散綴六十四卦之首，蓋用《毛詩》分冠小序之例。所採凡子夏、孟喜、焦贛、京房、馬融、荀爽、鄭玄、劉表、何晏、宋衷、虞翻、陸績、干寶、王肅、王弼、姚信、王廙、張璠、向秀、王凱沖、侯果、蜀才、翟玄、韓康伯、劉瓛、何妥、崔憬、沈驎士、盧氏、案：盧氏《周易注》、《隋志》已佚其名。崔覲、伏曼容、孔穎達、案：以上三十二家，朱睦㮮《序》所考。姚規、朱仰之、蔡景君案：以上三家，朱彝尊《經義考》所補考。等三十五家之説。《自序》謂「刊輔嗣之野文，補康成之逸象」，蓋王學既盛，漢《易》遂亡，千百年後，學者得考見畫卦之本旨者，惟賴此書之存矣，是真可寶之古笈也。乾隆四十五年七月恭校上

李氏易傳序

兩漢傳《易》者數十家，唯費氏爲古文《易》。今所傳之《易》乃費《易》也。費長翁以《彖》、《象》、《繫辭》、《文言》解説上下經，頗得聖人遺意。唐有《章句》四卷，惜已亡佚。其後荀慈明祖述費學，亦以十篇之義詮釋經文。故當時兖、豫言《易》者，皆傳荀氏學。《九家》亦以荀爲主。虞仲翔注《易》，其説六爻升降之義，皆荀法也。二家之業，爲兩漢最。故唐資州李氏撰《易傳》，集解共三十餘家，荀、虞獨多。先是，王輔嗣《易》專尚黄老，謂卦中所取之象皆假象也。韓康伯因之，《易》之大義始乖。六朝，王氏之《易》與鄭氏並行。自孔穎達奉詔爲《五經正義》，《易》用王氏，而兩漢之學亡矣。

今幸《李氏易傳》尚存。前明朱氏、胡氏、毛氏刊本流傳，然板皆迷失，又多譌字。余學《易》數十年，於唐、宋、元、明四代之《易》，無不博綜玄覽，而求其得聖人之遺意者，推漢學爲長，以其去古未遠，家法猶存故也。爲校正謬誤，刊以行世，並附宋王伯厚所采鄭氏《易》於後，以存古義。荀、虞逸象最多，故李氏《序》云「刊輔嗣之野文，補康成之逸象」。晁公武謂李氏刊王存鄭，此誤解《序》義也，爲辨而正之。乾隆丙子德州盧見曾序

周易集解序

叙曰：元氣絪緼，三才成象，神功浹洽，八索成形。在天則日月運行，潤之以風雨；在地則山澤通氣，鼓之以雷霆。至若近取諸身，四支百體合其度；遠取諸物，森羅萬象備其工。陰陽不測之謂神，一陰一陽之謂道。範圍天地而不過，曲成萬物而不遺。仁者見之以爲仁，知者見之以爲知。百姓日用而不知，君子之道鮮矣。斯乃顯諸仁而藏諸用，神无方而易無體，巍巍蕩蕩，難可名焉。逮乎天尊地卑，君臣位列，五運相繼，父子道彰。震巽索而男女分，咸恒設而夫婦睦。人倫之義既闡，家國之教鬱興。

故《繫辭》云：古者庖犧氏王天下也，始畫八卦，「以通神明之德，以類萬物之情。作結繩而爲網罟，以佃以漁，蓋取諸离。庖犧氏没，神農氏作，斲木爲耜，揉木爲耒，耒耨之利，以教天下，蓋取諸益。日中爲市，致天下之人，聚天下之貨，交易而退，蓋取諸噬嗑。神農氏没，黄帝、堯、舜氏作。通其變，使人不倦，神其化，使人宜之」。「刳木爲舟，剡木爲檝，舟檝之利，以濟不通，蓋取諸涣。服牛乘馬，引重致遠，蓋取諸隨。」「古者穴居而野處，後代聖人易之以宫室，蓋取諸大壯。」「弦木爲弧，剡木爲矢，弧矢之利，以威天下，蓋取諸睽。」「上古結繩爲政，後代易之書契，百官以理，萬人以察，蓋取諸夬。」「故聖人見天下之賾，而擬諸形容，象其物宜，而觀其會通，以行其典禮。」「觸類而長之」，六十四卦，三百八十四爻，「天下之能事畢矣」。

「其旨遠，其辭文，其言曲而中，其事肆而隱。」「若夫雜物撰德，辯是與非」，「終日乾乾，夕惕若厲」，「無有師保，如臨父母」，「自天祐之，吉无不利者也」。至於「損以遠害」，說以先之，「定其交而後求，安其身而後動」，「履，和而至；謙，尊而光」，「能說諸心，能研諸慮」，「是故君子居則觀其象而玩其辭，動則觀其變而玩其占」。「蓍之德，圓而神；卦之德，方以智」，「探嘖索隱，鈎深致遠，定天下之吉凶，成天下之亹亹，莫善乎蓍龜」，「神以知來，智以藏往」，「將有爲也，問之以言，其受命也，應之如響，無有遠邇幽深，遂知來物」，故能「窮理盡性」，「利用安身」。「聖人以此洗心，退藏於密」，自然虛室生白，吉祥至止，坐忘遺照，「精義入神」。口僻焉不能言，心困焉不能知。微妙玄通，深不可識。「《易》有聖人之道四焉」，斯之謂矣。

原夫權輿三教，鈐鍵九流，實開國、承家、脩身之正術也。自卜商入室，親授微言。傳注百家，緜歷千古。雖競有穿鑿，猶未測淵深。唯王鄭相沿，頗行于代。鄭則多參天象，王乃全釋人事，且易之爲道，豈偏滯於天人者哉？致使後學之徒，紛然淆亂，各脩局見，莫辨源流。天象遠而難尋，人事近而易習。則折楊黃華，嗑然而笑。方以類聚，其在兹乎？

臣少慕玄風，遊心墳籍。歷觀炎漢，迄今巨唐。采羣賢之遺言，議三聖之幽嘖。集虞翻、荀爽三十餘家，刊輔嗣之野文，補康成之逸象。各列名義，共契玄宗。先儒有所未詳，然後輒加添削。每至章句，僉例發揮。俾童蒙之流，一覽而悟，達觀之士，「得意忘言」。當仁既不讓於師，論道豈慚於前哲。至如卦爻彖象，理涉重玄，經注文言，書之不盡，別撰《索隱》，錯綜根萌，音義兩存，詳之明矣。其王氏《略例》，得失相參，采葑采菲，無以下體，仍附經末，式廣未聞。凡成一十八卷，以貽同好，冀將來君子無所疑焉。秘書省著作郎臣李鼎祚序

易傳卷第一

唐資州李鼎祚集解

☰ 乾下乾上 乾，元亨利貞。

案：《説卦》「乾，健也」，言天之體，以健爲用。運行不息，應化无窮，故聖人則之。欲使人法天之用，不法天之體，故名「乾」不名「天」也。○《子夏傳》曰：元，始也；亨，通也；利，和也；貞，正也。言乾稟純陽之性，故能「首出庶物」，各得元始，開通，和諧，貞固，不失其宜。是以君子法乾而行四德，故曰「元亨利貞」矣。

初九，潛龍勿用。

崔憬曰：九者，老陽之數，動之所占，故陽稱焉。潛，隱也。龍下隱地，潛德不彰，是以君子韜光待時，未成其行，故曰「勿用」。○《子夏傳》曰：龍，所以象陽也。○馬融曰：物莫大於龍，故借龍以喻天之陽氣也。初九，建子之月，陽氣始動於黃泉。既未萌牙，猶是潛伏，故曰「潛龍」也。○沈驎士曰：稱龍者，假象也。天地之氣有升降，君子之道有行藏。龍之爲物，能飛能潛，故借龍比君子之德也。初九既尚潛伏，故言「勿用」。○干寶曰：位始，故稱「初」。陽重，故稱「九」。陽在初九，十一月之時，自復來也。初九甲子，天正之位而乾元所始也。陽處三泉之下，聖德在愚俗之中，此文王在羑里之爻也。雖有聖明之德，未被時用，故曰「勿用」。

九二，見龍在田，利見大人。

王弼曰：出潛離隱，故曰「見龍」。處

於地上，故曰「在田」。德施周普，居中不偏，雖非君位，君之德也。初則不彰，三則「乾乾」，四則「或躍」，上則過亢，「利見大人」，唯二、五焉。○鄭玄曰：二於三才爲地道，地上即田，故稱「田」也。○干寶曰：陽在九二，十二月之時，自臨來也。二爲地上，田在地之表而有人功者也。陽氣將施，聖人將顯，此文王免於羑里之日也。故曰「利見大人」。

九三，君子終日乾乾，夕惕若厲，无咎。

鄭玄曰：三於三才爲人道。有乾德而在人道，君子之象。○虞翻曰：謂陽息至三，二變成离。离爲日，坤爲夕。○荀爽曰：「日」以喻君。謂三居下體之終而爲之君，承乾行乾，故曰「乾乾」。「夕惕」以喻臣。謂三臣於五，則疾脩柔順，危去陽行，故曰「无咎」。○干寶曰：爻以氣表，繇以龍興，嫌其不關人事，故著「君子」焉。陽在九三，正月之時，自泰來也。陽氣始出地上而接動物，人爲靈，故以人事成天地之功者，在於此爻焉。故君子以之憂深思遠，朝夕匪懈。仰憂嘉會之不序，俯懼義和之不逮，反復天道，謀始反終，故曰「終日乾乾」。此蓋文王反國，大釐其政之日也。凡无咎者，憂中之喜，善補過者也。文恨早耀文明之德，以蒙大難；增脩柔順，以懷多福，故曰「无咎」矣。

九四，或躍在淵，无咎。

崔憬曰：言君子進德脩業，欲及於時。猶龍自試躍天，疑而處淵，上下進退，非邪離羣，故「无咎」。○干寶曰：陽氣在四，二月之時，自大壯來也。四，虛中也。躍者，暫起之言。既不安於地，而未能飛於天也。四以初爲應，「淵」謂初九甲子，龍之所由升也。或之者，疑之也。此武王舉兵孟津，觀釁而退之爻也。守柔順則逆天人之應，通權道則違經常之教，故聖人不得已而爲之，故其辭疑矣。

九五，飛龍在天，利見大人。

鄭玄曰：五於三才爲天道。天者，清明无形，而龍在焉，飛之象也。○虞翻曰：謂四已變，則五體离。离爲飛，五在天，故「飛龍在天，利見大人」也。謂若庖犧觀象於天，造作八卦，備物致用，以利天下，故曰「飛龍在天」，「天下之所利見也。○干寶曰：陽在九五，三月之時，自夬來也。五在天位，故曰「飛龍」。此武王克紂，正位之爻也。聖功既就，萬物既覩，故曰「利見大人」矣。

上九，亢龍有悔。

王肅曰：窮高曰「亢」，知進忘退，故「悔」也。○干寶曰：陽在上九，四月之時也。亢，過也。乾體既備，上位既終，天之鼓物，寒暑相報，聖人治世，威德相濟。武功既成，義在止戈。盈而不反，必陷於悔。案：以人事明之，若桀放於南巢，湯有慚德，斯類是也。

用九，見羣龍，无首吉。

劉瓛曰：總六爻純九之義，故曰「用九」也。○王弼曰：九，天之德也。能用天德，乃見羣龍之義焉。夫以剛健而居人之首，則物之所不與也。以柔順而爲不正，則佞邪之道也。故乾吉在「无首」，坤利在「永貞」矣。

《彖》曰：

劉瓛曰：彖者，斷也，斷一卦之才也。

大哉「乾元」，

《九家易》曰：陽稱大。六爻純陽，故曰「大」。乾者純陽，衆卦所生，天之象也。觀乾之始，以知天德。惟天爲大，惟乾則之，故曰「大哉」。元者，氣之始也。

萬物資始，

荀爽曰：謂分爲六十四卦，萬一千五百二十册，皆受始於乾也。册取始於乾，猶萬物之生本於天。❶

乃統天。

《九家易》曰：乾之爲德，乃統繼天道，與天合化也。

雲行雨施，品物流形。

虞翻曰：已成既濟。上坎爲雲，下坎爲雨，故「雲行雨施」。乾以雲雨流坤之形，萬物化成，故曰「品物流形」也。

大明終始，

荀爽曰：乾起坎而終於离，坤起於离而終於坎。离坎者，乾坤之家而陰陽之府，故曰「大明終始」也。

六位時成，

荀爽曰：六爻隨時而成乾。

時乘六龍以御天。

侯果曰：大明，日也。六位，天地四時也。六爻效彼而作也。大明以晝夜爲終始，六位以相揭爲時成。言乾乘六氣而陶冶變化，運四時而統御天地，故曰「時乘六龍以御天」也。故《乾鑿度》曰「日月終始萬物」，是其義也。

乾道變化，各正性命，保合大和，乃「利貞」。首出庶物，萬國咸寧。

劉瓛曰：陽氣爲萬物之所始，故曰「首出庶物」。立君而天下皆寧，故曰「萬國咸寧」也。

《象》曰：

案：「象者，象也」，❷取其法象卦爻

❶「本」，四庫本、照曠閣本作「稟」。

❷「象」，四庫本、照曠閣本作「像」。

之德。

天行健，

何妥曰：　天體不健，能行之德健也。猶如地體不順，承弱之勢順也，所以乾卦獨變名爲健者。○宋衷曰：　晝夜不懈，以「健」詳其名。　餘卦當名，不假於詳矣。

君子以自强不息。

虞翻曰：「君子」謂三。　乾健故「强」。　天一日一夜過周一度，故「自强不息」。《老子》曰：「自勝者强。」○干寶曰：　言「君子」，通之於賢也。　凡勉强以德，不必須在位也。　故堯舜一日萬機，文王日昃不暇食，仲尼終夜不寢，顔子欲罷不能。　自此以下，莫敢淫心舍力，故曰「自强不息」矣。

「潛龍勿用」，陽在下也。

荀爽曰：　氣微位卑，雖有陽德，潛藏在下，故曰「勿用」也。

「見龍在田」，德施普也。

荀爽曰：　見者，見居其位。「田」謂坤也。　二當升坤五，故曰「見龍在田」。「大人」謂天子。　見據尊位，臨長羣陰，德施於下，故曰「德施普也」。

「終日乾乾」，反復道也。

虞翻曰：　至三體復，故「反復道」，謂「否泰反其類也」。

「或躍在淵」，進「无咎」也。

荀爽曰：　乾者，君卦。　四者，陰位。　故上躍居五者，欲下居坤初，求陽之正。　地下稱「淵」也。　陽道樂進，故曰「進无咎也」。

「飛龍在天」，「大人」造也。

荀爽曰：　飛者，喻无所拘。　天者，首事造制。　大人造法，見居天位，「聖人作而萬物覩」，是其義也。

「亢龍有悔」，盈不可久也。

《九家易》曰：　陽當居五，今乃居上，故曰「盈」也。亢極失位，當下之坤三，故曰「盈不可久」。若太上皇者也。下之坤三，屈爲諸侯，故曰「悔」者也。

「用九」，天德不可爲「首」也。

宋衷曰：　用九，六位皆九，故曰「見羣龍」。純陽，則「天德」也。萬物之始，莫能先之，「不可爲首」。先之者凶，隨之者吉，故曰「无首吉」。

《文言》曰：

劉瓛曰：　依文而言其理，故曰「文言」。

○姚信曰：　乾坤爲門户，文説乾坤，六十二卦皆放焉。

「元」者，善之長也；

《九家易》曰：　乾者，君卦也。六爻皆當爲君，始而大通，君德會合，故「元」爲「善之長也」。

「亨」者，嘉之會也；

《九家易》曰：　通者，謂陽合而爲乾。衆善相繼，故曰「嘉之會也」。

「利」者，義之和也；

荀爽曰：　陰陽相和，各得其宜，然後利矣。

「貞」者，事之幹也。

荀爽曰：　陰陽正而位當，則可以幹舉萬事。

君子體仁足以長人，

何妥曰：　此明聖人則天合五常也。仁爲木，木主春，故配「元」爲四德之首。「君子體仁」，故有「長人」之義也。

嘉會足以合禮，

何妥曰：　禮是交接會通之道，故以配「通」。五禮有吉凶賓軍嘉，故以「嘉」合於禮也。

利物足以和義，

何妥曰：利者，裁成也。君子體此利以利物，足以合於五常之義。

貞固足以幹事。

何妥曰：貞，信也。君子堅貞正，可以委任於事，故《論語》曰「敬事而信」，故「幹事」而配「信」也。案：此釋非也。夫「在天成象」者，「乾，元亨利貞」也。言天運四時，以生成萬物。「在地成形」者，仁義禮智信也。言君法五常，以教化於人。「元」爲善長，故能體仁。仁主春，生東方木也。「亨」爲嘉會，足以合禮。禮主夏養，南方火也。「利」爲物宜，足以和義。義主秋成，西方金也。「貞」爲事幹，以配於智。智主冬藏，北方水也。故孔子曰「仁者樂山，智者樂水」，則智之明證矣。不言信者，信主土而統屬於君，故《中孚》云「信及豚魚」，是其義也。若「首出庶物」而「四時不忒」者，乾之象也；「厚德載物」而五行相生者，土之功也。土居中宫，分王四季，亦由人君无爲皇極而奄有天下。水火金木，非土不載；仁義禮智，非君不弘。信既統屬於君，故先言乾而後不言信，明矣。

君子行此四德者，故曰「乾，元亨利貞」。

干寶曰：夫純陽，天之精氣。四行，君之懿德。是故乾冠卦首，辭表篇目，明道義之門，在於此矣。猶《春秋》之備五始也，故夫子留意焉。然則體仁正己所以化物，觀運知時所以順天，氣用隨宜所以利民，守正一業所以定俗也。逾亂則敗禮，其教淫；逆則拂時，其功否；錯則妨用，其事廢；忘則失正，其官敗。四德者，文王所由興；四愆者，商紂所由亡。

初九曰「潛龍勿用」，何謂也？

何妥曰：夫子假設疑問也。後五爻皆放此也。

子曰：「龍德而隱者也。

何妥曰：此直答言聖人有隱顯之龍德。今居初九窮下之地，隱而不見，故云「勿用」矣。

不易世，

崔憬曰：言據當潛之時，不易乎世而行者，龍之德也。

不成名。（唐以後本「不易乎世，不成乎名」。）

鄭玄曰：當隱之時，以從世俗，不自殊異，无所成名也。

遯世无悶，

崔憬曰：道雖不行，達理无悶也。

不見是而无悶。

崔憬曰：世人雖不己是，而己知不違道，故「无悶」。

樂則行之，憂則違之。

虞翻曰：陽出初震，爲樂、爲行，故「樂則行之」。坤死稱「憂」。隱在坤中，「遯世无悶」，故「憂則違之」也。

確乎其不可拔，『潛龍』也。」

虞翻曰：確，剛貌也。乾剛潛初，坤亂於上，君子弗用。隱在下位，確乎難拔，潛龍之志也。

九二曰「見龍在田，利見大人」，何謂也？

子曰：「龍德而正中者也。

虞翻曰：中，下之中。二非陽位，故明言能「正中」也。

庸言之信，

荀爽曰：處和應坤，故曰「信」。

庸行之謹。

《九家易》曰：以陽居陰位，故曰「謹」也。庸，常也。謂言常以信，行常以謹矣。

閑邪存其誠，

宋衷曰：閑，防也。防其邪而存誠焉。二在非其位，故以「閑邪」言之。能處中和，故以「存誠」言之。

善世而不伐，

《九家易》曰：陽升居五，處中居上，始以美德利天下，「不言所利」，即是「不伐」。故《老子》曰「上德不德，是以有德」，此之謂也。

德博而化。

荀爽曰：處五據坤，故「德博」；羣陰順從，故物「化」也。

《易》曰『見龍在田，利見大人』，君德也。」

虞翻曰：陽始觸陰，當升五爲君。時舍於二，宜利天下。直方而大，德无不利，明言「君德」。地數始二，故稱「易曰」。

九三曰「居子終日乾乾，夕惕若厲，无咎」，何謂也？子曰：「君子進德脩業。

虞翻曰：乾爲「德」，坤爲「業」。以乾通坤，謂爲「進德脩業」。○宋衷曰：業，事也。三爲三公。君子處公位，所以「進德脩業」也。

忠信，所以進德也；

翟玄曰：忠於五，所以脩德也。○崔憬曰：推忠於人，以信待物，故其德日新也。

脩辭立其誠，所以居業也。

荀爽曰：「脩辭」謂「終日乾乾」，「立誠」謂「夕惕若厲」，「居業」謂居三也。○翟玄曰：居三，脩其教令，立其誠信，民敬而從之。

知至至之，可與言幾也；

翟玄曰：知五可至而至之，故可與行幾微之事也。

知終終之，可與存義也。

姚信曰：知終者可以知始。「終」謂三

也。義者，宜也。知存知亡，君子之宜矣。○崔憬曰：「君子」喻文王也。言文王進德脩業，所以貽厥武王，至於九五。至於九五，可與進脩意合，故言「知至至之，可與言微也」。知天下歸周，三分有二以服事殷，終於臣道。終於臣道，可與進脩意合，故言「知終終之，可與存義」。

是故居上位而不驕，

虞翻曰：天道三才，一乾而以至三乾成，故爲「上」。「夕惕若厲」，故「不驕」也。

在下位而不憂，

虞翻曰：「下位」謂初。隱於初，「憂則違之」，故「不憂」。

故乾乾因其時而惕，雖危无咎矣。」

王弼曰：惕，怵惕也。處事之極，失時則廢，懈怠則曠，故「乾乾因其時而惕，雖危无咎」。

九四曰「或躍在淵，无咎」，何謂也？子曰：「上下无常，非爲邪也；

荀爽曰：乾者，君卦。四者，臣位也，故欲上躍居五。下者，當下居坤初，得陽正位，故曰「上下无常，非爲邪也」。

進退无恒，非離羣也。

荀爽曰：「進」謂居五，「退」謂居初，故「進退无恒，非離羣也」。

君子進德脩業，欲及時也，故无咎。」

崔憬曰：至公，欲及時濟人，故「无咎」也。

九五曰「飛龍在天，利見大人」，何謂也？子曰：「同聲相應，

虞翻曰：謂震巽也。庖犧觀變而放八卦。「雷風相薄」，故「相應」也。○張璠

曰：天，❶陽也。君者，陽也。雷風者，天之聲。號令者，君之聲。明君與天地相應，合德同化，動静不違也。

同氣相求。

虞翻曰：謂艮兑。「山澤通氣」，故「相求」也。○崔憬曰：方諸與月，同有陰氣，相感則水生；陽燧與日，同有陽氣，相感則火出也。

水流溼，

荀爽曰：陽動之坤而爲坎。坤者，純陰，故曰「溼」也。

火就燥。

荀爽曰：陰動之乾而成离。乾者，純陽，故曰「燥」也。○虞翻曰：「离上而坎下」，「水火不相射」。○崔憬曰：決水先流溼，□火先就燥。

雲從龍，

荀爽曰：「龍」喻王者，謂乾二之坤五爲坎也。○虞翻曰：乾爲龍。雲生天，故「從龍」也。

風從虎。

荀爽曰：「虎」喻國君。謂坤五之乾二，爲巽而從三也。三者，下體之君，故以喻國君。○虞翻曰：坤爲「虎」。風生地，故「從虎」也。

聖人作而萬物覩。

虞翻曰：覩，見也。聖人則庖犧，合德乾五，造作八卦，「以通神明之德，以類萬物之情」。五動成离，日出照物皆相見，故曰「聖人作而萬物覩」也。○陸績曰：陽氣至五，萬物茂盛，故譬以聖人在天子之位，功成制作，萬物咸見之矣。

本乎天者親上，

荀爽曰：謂乾九二本出於乾，故曰「本

---

❶「天」下，四庫本、照曠閣本有「者」字。

乎天」。而居坤五，故曰「親上」。

本乎地者親下，

荀爽曰：謂坤六五本出於坤，故曰「本乎地」。降居乾二，故曰「親下」也。◯崔憬曰：謂動物親於天之動，植物親於地之静。

則各從其類也。」

虞翻曰：「方以類聚，物以羣分」，「乾道變化，各正性命」，「觸類而長」，故「各從其類」。

上九曰「亢龍有悔」，何謂也？子曰：「貴而无位，

荀爽曰：在上故「貴」，失位故「无位」。

高而无民，

何妥曰：既不處九五帝王之位，故「无民」也。夫「率土之濱，莫非王臣」，既非王位，則民不隸屬也。

賢人在下位，

荀爽曰：謂上應三。三陽德正，故曰「賢人」。别體在下，故曰「在下位」。

而无輔，

荀爽曰：兩陽无應，故「无輔」。

是以動而有悔也。」

荀爽曰：升極當降，故「有悔」。

「潛龍勿用」，下也。

何妥曰：此第二章，以人事明之。當帝舜耕漁之日，卑賤處下，未爲時用，故云「下」。

「見龍在田」，時舍也。

何妥曰：此夫子洙泗之日，開張業藝，教授門徒。自非通舍，孰能如此？◯虞翻曰：二非王位，時暫舍也。

「終日乾乾」，行事也。

何妥曰：此當文王爲西伯之時。處人臣之極，必須事上接下，故言「行事也」。

「或躍在淵」，自試也。

何妥曰：欲進其道，猶復疑惑。此當武王觀兵之日，欲以試觀物情也。

「飛龍在天」，上治也。

何妥曰：此當堯舜冕旒之日。以聖德而居高位，在上而治民也。

「亢龍有悔」，窮之災也。

案：此當桀紂失位之時。亢極驕盈，故致悔恨窮斃之災禍也。

乾元「用九」，天下治也。

案：此當三皇五帝禮讓之時，垂拱无爲而天下治矣。○王弼曰：此一章全以人事明之也。九，陽也。陽，剛直之物也。夫能全用剛直，放遠善柔，非天下之至治，未之能也。故「乾元用九」，則「天下治也」。夫識物之動，則其所以然之理皆可知也。龍之爲德，不爲妄也。潛而勿用，何乎必窮處於下也？見而在田，必以時之通舍也。以爻爲人，以位爲時。人不妄動，則時皆可知也。文王明夷，則主可知矣。仲尼旅人，則國可知矣。

「潛龍勿用」，陽氣潛藏。

何妥曰：此第三章，以天道明之。當十一月，陽氣雖動，猶在地中，故曰「潛龍」也。

「見龍在田」，天下文明。

案：陽氣上達於地，故曰「見龍在田」。百草萌牙孚甲，故曰「文明」。○孔穎達曰：先儒以爲九二當太蔟之月，陽氣見地，則九三爲建辰之月，九四爲建午之月，九五爲建申之月，上九爲建戌之月。羣陰既盛，上九不得言「與時偕極」。先儒此説，於理稍乖。此乾之陽氣漸生，似聖人漸進。宜據十一月之後，建巳之月已來。此九二爻當建丑建寅之間，於時地之萌牙，物有生者，即是陽氣發見之義也。但陰陽二氣，共成歲功，故陰興之時仍有陽，在陽生之月尚有陰氣。所以六律六吕，陰陽相關，取象論義，與此不殊也。

「終日乾乾」，與時偕行。

何妥曰：此當三月，陽氣浸長，萬物將盛，與天之運俱行不息也。

「或躍在淵」，乾道乃革。

何妥曰：此當五月。微陰初起，陽將改變，故云「乃革」也。

「飛龍在天」，乃位乎天德。

何妥曰：此當七月。萬物盛長，天功大成，故云「天德」也。

「亢龍有悔」，與時偕極。

何妥曰：此當九月。陽氣大衰，向將極盡，故云「偕極」也。

乾元「用九」，乃見天則。

何妥曰：陽消，天氣之常。天象法則，自然可見。案：王弼曰：此一章全説天氣以明之也。九，剛直之物，唯乾體能用之。用純剛以觀天，「天則」可見矣。

乾「元」者，始而「亨」者也。

虞翻曰：乾始開通，以陽通陰，故始通。

「利貞」者，性情也。

干寶曰：以施化利萬物之性，以純一正萬物之情。○王弼曰：不爲乾元，何能通物之始；不性其情，何能久行其正。是故「始而亨」者，必「乾元」也；利而正者，必「性情」也。

乾始而以美利利天下，今本「而」爲「能」。古文通。

虞翻曰：「美利」謂「雲行雨施，品物流形」，故「利天下」也。

不言所利，大矣哉！

虞翻曰：「天何言哉！四時行焉，百物生焉」，故「利」者，「大」也。

大哉乾乎！剛健中正，純粹精也；

崔覲曰：不雜曰「純」，不變曰「粹」。言乾是純粹之精，故有「剛健中正」之四德也。

六爻發揮，旁通情也；

陸績曰：乾六爻發揮變動，旁通於坤。坤來入乾，以成六十四卦，故曰「旁通情也」。

時乘六龍，

《九家易》曰：謂時之元氣，以王而行。履涉衆爻，是乘六龍也。

以御天也；

荀爽曰：御者，行也。陽升陰降，天道行也。

雲行雨施，天下平也。

荀爽曰：乾升於坤曰「雲行」，坤降於乾曰「雨施」。乾坤二卦成兩既濟，陰陽和均而得其正，故曰「天下平」。

君子以成德爲行，

干寶曰：君子之行，動静可觀，進退可度。動以成德，无所苟行也。

日可見之行也。

虞翻曰：謂初。乾稱「君子」，陽出成爲上德。「雲行雨施」則成離，日新之謂上德，故「日可見之行」。

「潛」之爲言也，隱而未見，行而未成，是以君子弗用也。

荀爽曰：「隱而未見」謂居初也，「行而未成」謂行之坤四。陽居陰位，未成爲君。乾者，君卦也。不成爲君，故「不用」也。

君子學以聚之，問以辯之，

虞翻曰：謂二。陽在二，兑爲口，震爲言，爲講論，坤爲文，故「學以聚之，問以辯之」。《兑·象》：「君子以朋友講習。」

寬以居之，仁以行之。

虞翻曰： 震爲寬，仁爲行。 謂居寬行仁，「德博而化」也。

《易》曰「見龍在田，利見大人」，君德也。

虞翻曰： 重言「君德」者，大人「善世不伐」，信有君德，「後天而奉天時」，故詳言之。

九三重剛而不中，

虞翻曰： 以乾接乾，故「重剛」。 位非二、五，故「不中」也。

上不在天，下不在田。

何妥曰： 上不及五，故云「不在天」。下已過二，故云「不在田」。 處此之時，實爲危厄也。

故乾乾因其時而惕，雖危「无咎」矣。

何妥曰： 處危懼之地，而能乾乾懷厲，至夕猶惕，乃得「无咎」矣。

九四重剛而不中，

案： 三居下卦之上，四處上卦之下，俱非得中，故曰「重剛而不中」也。

上不在天，下不在田，中不在人，

侯果曰： 案下《繫》「易有天道、有地道、有人道，兼三才而兩之」，謂兩爻爲一才也。 初兼二，地也； 三兼四，人也； 五兼六，天也。 四是兼才，非正，故言「不在人」也。

故或之。或之者，疑之也，故「无咎」。

虞翻曰： 非其位，故「疑之」也。

夫「大人」者，

《乾鑿度》曰： 聖明德備曰「大人」也。

與天地合其德，

荀爽曰： 與天合德，謂居五也。 與地合德，謂居二也。 案： 謂撫育无私，同天地之覆載。

與日月合其明，

荀爽曰： 謂坤五之乾二成离，离爲日。

乾二之坤五爲坎，坎爲月。　案：威恩遠被，若日月之照臨也。

與四時合其序，

翟玄曰：　乾坤有消息，從四時來也。

又案：　賞罰嚴明，順四時之序也。

與鬼神合其吉凶。

虞翻曰：　謂乾神合吉，坤鬼合凶。以乾之坤，故與鬼神合其吉凶。　案：禍淫福善，叶鬼神之吉凶矣。

先天而天弗違，

虞翻曰：　乾爲「天」、爲「先」。大人在乾五。乾五之坤五，天象在先，故「先天而天弗違」。○崔憬曰：　行人事，合天心也。

後天而奉天時。

虞翻曰：　奉，承行。乾四之坤初成震，震爲「後」也。震春兑秋，坎冬离夏，四時象具，故「後天而奉天時」。　謂承天時行順也。○崔憬曰：　奉天時布政，聖政也。

天且弗違，況於人乎？

荀爽曰：「人」謂三。

況於鬼神乎？

荀爽曰：「神」謂天，「鬼」謂地也。

案：　大人「惟德動天，无遠不届」。鬼神饗德，夷狄來賓。人神叶從，猶風偃草，豈有違忤哉！

「亢」之爲言也，知進而不知退，

荀爽曰：　陽位在五，今乃居上，故曰「知進而不知退」也。

知存而不知亡，

荀爽曰：　在上當陰，今反爲陽，故曰「知存而不知亡」也。

知得而不知喪。

荀爽曰：「得」謂陽，「喪」謂陰。　又案：　此論人君驕盈過亢，必有喪亡。

若殷紂招牧野之災，太康遘洛水之怨，即其類矣。

其唯聖人乎！知進退存亡而不失其正者，其唯聖人乎！

荀爽曰：「進」謂居五，「退」謂居二。「存」謂五，爲陽位；「亡」謂上，爲陰位也。再出「聖人」者，上聖人謂五，下聖人謂二也。　案：此則「乾元用九，天下治也」。言大寶聖君，若能用九天德者，垂拱无爲，芻狗萬物，「生而不有，功成不居」，「百姓日用而不知」，豈荀生成之德者也？此則三皇五帝，乃聖乃神，「保合太和」，而天下自治矣。今夫子《文言》再稱「聖人」者，歎美用九之君，能「知進退存亡而不失其正」，故得「大明終始」，「萬國咸寧」，「時乘六龍，以御天也」。斯即「有始有卒者，其唯聖人乎」，是其義也。○崔憬曰：謂失其正者，若燕噲讓位於子之之類是也。案：三王五伯，揖讓風頹，專恃干戈，遞相征伐，失正忘退，其徒實繁。略舉宏綱，斷可知矣。

易傳卷第一

易傳卷第二

唐資州李鼎祚集解

䷁ 坤下坤上 坤，元亨，利牝馬之貞。

干寶曰：陰氣之始，婦德之常，故稱「元」。與乾合德，故稱「亨」。行天者莫若龍，行地者莫若馬，故乾以龍繇，坤以馬象也。坤，陰類，故稱「利牝馬之貞」矣。○虞翻曰：謂陰極陽生。乾流坤形，坤含光大，凝乾之元，終於坤亥。出乾初子，品物咸亨，故「元亨」也。坤爲牝，震爲馬。初動得正，故「利牝馬之貞」矣。

君子有攸往，先迷，後得主，利。

盧氏曰：「坤，臣道也，妻道也」，後而不先，先則迷失道矣，故曰「先迷」。陰以陽爲主，當後而順之則利，故曰「後得主，利」。○《九家易》曰：坤爲「牝」、爲「迷」。

西南得朋，東北喪朋，安貞吉。

崔憬曰：妻道也。西方坤兑，南方巽离。二方皆陰，與坤同類，故曰「西南得朋」。東方艮震，北方乾坎。二方皆陽，與坤非類，故曰「東北喪朋」。以喻在室得朋，猶迷於失道；出嫁喪朋，乃順而得常，安於承天之正，故言「安貞吉」也。

《彖》曰：至哉「坤元」，

《九家易》曰：謂乾氣至坤，萬物資受而以生也。坤者，純陰，配乾生物，亦善之始，地之象也。故又歎言至美。

萬物資生，

荀爽曰：謂萬一千五百二十册，皆受始於乾，由坤而生也。册生於坤，猶萬物成形出乎地也。

乃順承天。

劉瓛曰：萬物資生於地，故地承天而生也。

坤厚載物，

蜀才曰：坤以廣厚之德載含萬物，無有窮竟也。

德合无疆，

蜀才曰：天有无疆之德而坤合之，故云「德合无疆」也。

含弘光大，

荀爽曰：乾二居坤五爲「含」，坤五居乾二爲「弘」，坤初居乾四爲「光」，乾四居坤初爲「大」也。

品物咸亨。

荀爽曰：天地交，萬物生，故「咸亨」。○崔憬曰：含育萬物爲「弘」，光華萬物爲「大」。動植各遂其性，故言「品物咸亨」也。

「牝馬」地類，行地无疆。

侯果曰：地之所以含弘物者，以其順而承天也。馬之所以行地遠者，以其柔而伏人也。而又牝馬，順之至也。誠臣子當至順，故作《易》者取象焉。

柔順「利貞」，君子攸行。

《九家易》曰：謂坤爻本在柔順陰位，則利正之乾，則陽爻來據之，故曰「君子攸行」。

「先迷」失道，後順得常。

何妥曰：陰道惡先，故先致迷失。後順於主，則保其常慶也。

「西南得朋」，乃與類行。

虞翻曰：謂陽得其類。月朔至望，從震至乾，與時偕行，故「乃與類行」。

「東北喪朋」，乃終有慶。

虞翻曰：陽喪滅坤，坤終復生。謂月

三日震象出庚，故「乃終有慶」。此指説易道陰陽消息之大要也。謂陽月三日變而成震出庚，至月八日成兑見丁。庚西丁南，故「西南得朋」。謂二陽爲「朋」，故《兑》「君子以朋友講習」。《文言》曰「敬義立而德不孤」，《彖》曰「乃與類行」。二十九日，消乙入坤，滅藏於癸。乙東癸北，故「東北喪朋」。謂之以坤滅乾，坤爲「喪」故也。馬君云「孟秋之月，陰氣始著，而坤之位，同類相得，故『西南得朋』。孟春之月，陽氣始著，陰始從陽，失其黨類，故『東北喪朋』」，失之甚矣。而荀君以爲「陰起於午，至申三陰，得坤一體，故曰『西南得朋』。陽起於子，至寅三陽，喪坤一體，故『東北喪朋』」。就如荀説，從午至申，經當言「南西得朋」，子至寅當言「北東喪朋」。以乾變坤而言「喪朋」，經以乾卦爲喪耶？此何異於馬也。

「安貞」之「吉」，

虞翻曰：坤道至静，故「安」。復初得正，故「貞吉」。

應地无疆。

虞翻曰：震爲「應」。陽正於初，以承坤陰。地道應，故「應地无疆」。

《象》曰：地勢坤，

王弼曰：地形不順矣。○宋衷曰：地有上下九等之差，故以形勢言其性也。

君子以厚德載物。

虞翻曰：勢，力也。「君子」謂乾。陽爲「德」，動在坤下。君子之德車，故「厚德載物」。《老子》曰「勝人者有力」也。

初六，履霜，堅冰至。

干寶曰：重陰，故稱「六」。剛柔相推，故生變。占變，故有爻。《繫》曰「爻者，言乎變者也」，故《易・繫辭》皆稱「九」、「六」也。陽數奇，陰數偶，是以乾用一也，坤用二也。陰氣在初，五月之時，自姤來也。陰氣始動乎三泉之下，言陰氣動矣，則必至於「履霜」。「履霜」則必至於「堅冰」，言有漸也。藏器于身，貴其俟時。故陽在潛龍，戒以「勿用」，防禍之原，欲其先幾，故陰在三泉，而顯以「履霜」也。

《象》曰：「履霜堅冰」，陰始凝也。馴致其道，至「堅冰」也。

《九家易》曰：「霜」者，乾之命也。「堅冰」者，陰功成也。謂坤初六之乾四，履乾命令而成堅冰也。此卦本乾。陰始消陽，起于此爻，故「履霜」也。「馴」猶「順」也，言陽順陰之性，成「堅冰」矣。初六始姤，姤爲五月。盛夏而言「堅冰」，五月陰氣始生地中，言始于微霜，終至堅冰，以明漸順至也。

六二，直方大，

荀爽曰：大者，陽也。二應五，五下動之，則應陽出直，布陽于四方。

不習无不利。

荀爽曰：物唱乃和，不敢先有所習。陽之所唱，從而和之，无不利也。○干寶曰：陰氣在二，六月之時，自遯來也。陰出地上，佐陽成物，「臣道也，妻道也」。臣之事君，妻之事夫，義成者也。臣貴其直，義尚其方，地體其大，故曰「直方大」。士該九德，然後可以從王事；女躬四教，然後可以配君子。道成於我而用之於彼。不方以仕學爲政，不方以嫁學爲婦，故曰「不習无不利」也。

《象》曰：「六二」之動，直以方也。

《九家易》曰：謂陽。下動應之則直而

行，布陽氣於四方也。

「不習无不利」，地道光也。

干寶曰：女德光於夫，士德光於國也。

六三，含章可貞，

虞翻曰：貞，正也。以陰包陽，故「含章」。三失位，發得正，故「可貞」也。

或從王事，无成有終。

虞翻曰：謂三已發，成泰。乾爲王，坤爲事，震爲從，故「或從王事」。地道无成而有終，故「无成有終」。○干寶曰：陽降陰氣在三，七月之時，自否來也。陽降在四，三公位也。陰升在三，三公事也。上失其權，位在諸侯。坤體既具，陰黨成羣。君弱臣强，戒在二國，唯文德之臣然後可以遭之，運而不失其柔順之正。坤爲文。坤象既成，故曰「含章可貞」。此蓋平襄之王垂拱以賴晉鄭之輔也。苟利社稷，專之則可，故曰「或從王事」。遷都誅親，疑於專命，故亦或之。失後順之節，故曰「无成」。終於濟國安民，故曰「有終」。

《象》曰：「含章可貞」，以時發也。

崔憬曰：陽命則發，非時則含也。

「或從王事」，知光大也。

干寶曰：位彌高，德彌廣也。

六四，括囊，无咎，无譽。

虞翻曰：括，結也。謂泰反成否。坤爲囊，艮爲手，巽爲繩，故「括囊」。在外多咎也，得位承五，「繫于包桑」，故「无咎」。陰在二多譽，而遠在四，故「无譽」。○干寶曰：陰氣在四，八月之時，自觀來也。天地將閉，賢人必隱，懷智苟容，以觀時釁。此蓋甯戚、蘧瑗與時卷舒之爻也。不艱其身則「无咎」，功業不建故「无譽」也。

《象》曰：「括囊无咎」，慎不害也。

盧氏曰：慎言則无咎也。

六五，黄裳，元吉。

干寶曰：陰氣在五，九月之時，自剥來也。剥者，反常道也。黄，中之色；裳，下之飾；元，善之長也。中美能黄，上美爲元，下美則裳。陰登於五，柔居尊位，若成、昭之主，周、霍之臣也。百官總己，專斷萬機。雖情體信順，而貌近僭疑，周公其猶病諸。言必忠信，行必篤敬，然後可以取信於神明，无尤於四海也，故曰「黄裳元吉」也。

《象》曰：「黄裳元吉」，文在中也。

王肅曰：坤爲文，五在中，故曰「文在中也」。○干寶曰：當總己之任，處疑僭之間，而能終元吉之福者，由文德在中也。

上六，龍戰于野，

荀爽曰：消息之位，坤在於亥。下有伏乾，爲其兼于陽，故稱「龍」也。

其血玄黄。

《九家易》曰：實本坤體，未離其類，故稱「血」焉。血以喻陰也。玄黄，天地之雜，言乾坤合居也。○侯果曰：坤，十月卦也。乾位西北，又當十月。陰窮於亥，窮陰薄陽，所以「戰」也，故《説卦》云「戰乎乾」是也。六稱「龍」者，陰盛似龍，故稱「龍」也。○干寶曰：陰在上六，十月之時也。爻終於酉而卦成於乾。乾體純剛，不堪陰盛，故曰「龍戰」。戌亥，乾之都也，故稱「龍」焉。陰德過度，以逼乾戰。郭外曰郊，郊外曰野。坤位未申之維而氣溢酉戌之間，故曰「于野」。未離陰類，故曰「血」。陰陽色雜，故曰「玄黄」。言陰陽離則異氣，合則同功。君臣夫妻，其義一也。故文王之忠於殷，抑參二之强以事獨夫之紂，蓋欲彌縫其闕而匡救其惡，以祈殷命，以濟生民也。紂遂長惡不悛，天命殛之，是以至於武王，遂有牧野之事，是其義也。

《象》曰：「龍戰于野」，其道窮也。

干寶曰：天道窮，至於陰陽相薄也。君德窮，至於攻戰受誅也。柔順窮，至於用權變矣。

用六，利永貞。

干寶曰：陰體其順，臣守其柔，所以秉義之和，履貞之幹。唯有推變終歸於正，是周公始於負扆南面，以先王道，卒於復子明辟，以終臣節，故曰「利永貞」也矣。

《象》曰：「用六永貞」，以大終也。

侯果曰：用六，妻道也，臣道也，利在長正矣，不長正則不能大終陽事也。

《文言》曰：

何妥曰：坤《文言》唯一章者，以一心奉順於主也。

坤至柔，

荀爽曰：純陰至順，故「柔」也。

而動也剛，

《九家易》曰：坤一變而成震，陰動生陽，故「動也剛」。

至静而德方，

荀爽曰：坤性至静，得陽而動，布於四方也。

後得主而有常，

虞翻曰：坤陰先迷，後順得常。陽出初震，爲「主」、爲「常」也。

含萬物而化光。

干寶曰：光，大也。謂坤含藏萬物，順承天施，然後化光也。

坤道其順乎，承天而時行。

荀爽曰：承天之施，因四時而行之也。

積善之家，必有餘慶；

虞翻曰：謂初。乾爲「積善」。以坤牝陽，滅出復震爲「餘慶」，謂「東北喪朋，乃終有慶」也。

積不善之家，必有餘殃。

虞翻曰：坤積不善，以臣弑君。以乾通坤，極姤生巽爲「餘殃」也。案：聖人設教，理貴隨宜，故夫子先論人事，則「不語怪、力、亂、神」，絶四毋必。今於易象，闡揚天道，故曰「積善之家，必有餘慶；積不善之家，必有餘殃」者，欲明陽生陰殺，天道必然。理國脩身，積善爲本，故於坤爻初六陰始生時，著此微言，永爲深誡，欲使防萌杜漸，災害不生，開國承家，君臣同德者也。故《繫辭》云「善不積，不足以成名；惡不積，不足以滅身」，是其義也。

臣弑其君，子弑其父，

虞翻曰：坤消至二，艮子弑父。至三成否，坤臣弑君。上下不交，天下無邦，故子弑父、臣弑君也。

非一朝一夕之故，其所由來者漸矣，

虞翻曰：剛爻爲朝，柔爻爲夕。乾爲寒，坤爲暑，相推而成歲焉，故「非一朝一夕」，所由來漸矣。

由辯之不早辯也。

孔穎達曰：臣子所以久包禍心，由君父不早辯明故也。此文誡君父防臣子之惡也。

《易》曰「履霜，堅冰至」，蓋言順也。

荀爽曰：霜者，乾之命令。坤下有伏乾，「履霜堅冰，蓋言順也」。乾氣加之性而堅，象臣順君命而成之。

「直」其正也，「方」其義也。

虞翻曰：謂二。陽稱「直」。「乾，其靜也專，其動也直」，故「直其正」。「方」謂闢。陰開爲「方」。「坤，其靜也翕，其動也闢」，故「方其義也」。

君子敬以直内，義以方外。敬義立而德不孤。

虞翻曰：陽息在二，故「敬以直内」。坤位在外，故「義以方外」。謂陽見兑丁，「西南得朋，乃與類行」，故「德不孤」。孔子曰「必有鄰」也。

「直方大，不習无不利」，則不疑其所行也。

荀爽曰：「直方大」，乾之唱也。「不習无不利」，坤之和也。陽唱陰和而无所不利，故「不疑其所行也」。

陰雖有美，「含」之以從王事，弗敢成也。

荀爽曰：六三陽位，下有伏陽。坤，陰卦也。雖有伏陽，含藏不顯，以從王事。要待乾命，不敢自成也。

地道也，妻道也，臣道也。

翟玄曰：坤有此三者也。

地道「无成」而代「有終」也。

宋衷曰：臣子雖有才美，含藏以從其上，不敢有所成名也。地得終天功，臣得終君事，婦得終夫業，故曰「而代有終」也。

天地變化，草木蕃。

虞翻曰：謂陽息坤成泰。天地反，以乾變坤，坤化升乾，萬物出震，故「天地變化草木蕃」矣。

天地閉，賢人隱。

虞翻曰：謂四。泰反成否。乾稱「賢人」，隱藏坤中，「以儉德避難，不營以禄」，故「賢人隱」矣。

《易》曰「括囊，无咎，无譽」，蓋言謹也。

荀爽曰：六四陰位，迫近於五。雖有成德，當括而囊之，謹慎畏敬也。○孔穎達曰：括，結也。囊，所以貯物，以譬心藏智也。閉其智而不用，故曰「括囊」。不與物忤，故「无咎」，功名不顯，故「无譽」也。

君子黄中通理，正位居體，

虞翻曰： 謂五。坤息體觀，地色黄，坤爲理。以乾通坤，故稱「通理」。五正陽位，故曰「正位」。艮爲居，體謂四支也。艮爲兩肱，巽爲兩股，故曰「黄中通理，正位居體」。

美在其中，而暢於四支，

虞翻曰： 陽稱「美」，在五中，「四支」謂股肱。

發於事業，

《九家易》曰： 天地交而萬物生也。謂陽德潛藏，變則發見。若五動爲比，乃事業之盛。

美之至也。

侯果曰： 六五以中和通理之德，居體於正位，故能美充於中而旁暢於萬物，形於事業，无不得宜，是「美之至也」。

陰疑於陽必戰，

孟喜曰： 陰乃上薄，疑似于陽，必與陽戰也。

爲其兼于陽也，故稱「龍」焉。

《九家易》曰： 陰陽合居，故曰「兼陽」。謂上六。坤行至亥，下有伏乾。陽者變化，以喻龍焉。

猶未離其類也，故稱「血」焉。

荀爽曰： 實本坤卦，故曰「未離其類也」。血以喻陰，順陽也。○崔憬曰： 乾坤交會。乾爲大赤，伏陰柔之，故稱「血」焉。

夫「玄黄」者，天地之雜也。

荀爽曰： 消息之卦，坤位在亥，下有伏乾。陰陽相和，故言「天地之雜也」。

天玄而地黄。

王凱沖曰： 陰陽交戰，故「血玄黄」。

○荀爽曰：天者，陽，始於東北，故色玄也。地者，陰，始於西南，故色黄也。

《序卦》曰：有天地，然後萬物生焉。盈天地之間者唯萬物，故受之以屯。屯者，盈也。屯者，萬物之始生也。

崔憬曰：此仲尼序文王次卦之意也。不序乾坤之次者，以「一生二，二生三，三生萬物」，則天地之次第可知，而萬物之先後宜序也。萬物之始生者，言剛柔始交，故萬物資始於乾，而資生於坤。

䷂ 震下坎上 屯，元亨，利貞。

虞翻曰：坎二之初，剛柔交震，故「元亨」。之初得正，故「利貞」矣。

勿用有攸往，利建侯。

虞翻曰：之外稱「往」。初震得正，起之欲應。動而失位，故「勿用有攸往」。震爲侯。初剛難拔，故利以建侯。《老子》曰「善建者不拔」也。

《彖》曰：屯，剛柔始交而難生，

虞翻曰：「乾剛坤柔」，坎二交初，故「始交」。確乎難拔，故「難生」也。○崔憬曰：十二月，陽始浸長而交於陰，故曰「剛柔始交」。萬物萌牙，生於地中，有寒冰之難，故言「難生」。於人事，則是運季業初之際也。

動乎險中，大亨貞。

荀爽曰：物難在始生。此本坎卦也。案：初六升二，九二降初，是「剛柔始交」也。交則成震，震爲動也。上有坎，是「動乎險中」也。動則物通而得正，故曰「動乎險中，大亨貞」也。

雷雨之動滿形，今本「形」訛「盈」。

荀爽曰：雷震雨潤，則萬物滿形而生也。○虞翻曰：震雷，坎雨，坤爲形也。謂三已反正，成既濟。坎水流坤，故「滿形」。謂雷動雨施，「品物流形」也。

天造草昧，

荀爽曰：謂陽動在下，造生萬物於冥昧之中也。

宜建侯而不寧。

荀爽曰：天地初開，世尚屯難，震位承乾，故「宜建侯」。動而遇險，故「不寧」也。○虞翻曰：造，造生也。草，草創物也。坤冥爲昧，故「天造草昧」。成既濟定，故曰「不寧」，言寧也。○干寶曰：水運將終，木德將始，殷周際也。百姓盈盈，匪君子不寧。天下既遭屯險之難，後王宜蕩之以雷雨之政，故封諸侯以寧之也。

《象》曰：雲雷，屯。

《九家易》曰：雷雨者，興養萬物。今言「屯」者，十二月，雷伏藏地中，未得動出。雖有雲雨，非時長育，故言「屯」也。

君子以經論。

荀爽曰：屯難之代，萬事失正。經者，常也。論者，理也。君子以經論，不失常道也。○姚信曰：經，緯也。時在屯難，是天地經論之日，故君子法之，須經論艱難也。

初九，盤桓，利居貞，利建侯。

虞翻曰：「震起艮止」，「動乎險中」，故「盤桓」。得正得民，故「利居貞」。謂「君子居其室」「慎密而不出也」。

《象》曰：雖「盤桓」，志行正也。

荀爽曰：盤桓者，動而退也。謂陽從二動而退居初，雖盤桓，得其正也。

以貴下賤，大得民也。

荀爽曰：陽貴而陰賤。陽從二來，是「以貴下賤」，所以「得民」也。

六二，屯如邅如，

荀爽曰：陽動而止，故「屯如」也。陰乘於陽，故「邅如」也。

乘馬班如，

虞翻曰：屯邅，盤桓，謂初也。震爲馬作足，二乘初，故「乘馬」。班，躓也。馬不進，故「班如」矣。

匪寇婚媾。女子貞，不字，十年乃字。

虞翻曰：匪，非也。寇謂五。坎爲寇。盜應在坎，故「匪寇」。陰陽德正，故「婚媾」。字，妊娠也。三失位，變復體离。离爲女子，爲大腹，故稱「字」。今失位，爲坤，离象不見，故「女子貞，不字」。坤數十。三動反正，离女大腹，故十年反常乃字。謂成既濟定也。

《象》曰：「六二」之難，乘剛也。

崔憬曰：下乘初九，故爲之難也。

「十年乃字」，反常也。

《九家易》曰：陰出於坤，今還爲坤，故曰「反常也」。陰出於坤，謂乾再索而得坎。今變成震，中有坤體，故言「陰出於坤，今還於坤」。謂二從初即逆，應五順也。去逆就順，陰陽道正，乃能長養，故曰「十年乃字」。

六三，即鹿无虞，惟入于林中，

虞翻曰：即，就也。虞謂虞人，掌禽獸者。艮爲山，山足稱鹿。鹿，林也。三變體坎，坎爲藂木山下，故稱「林中」。坤爲兕虎，震爲麋鹿，又爲驚走。艮爲狐狼，三變，禽走入于林中，故曰「即鹿无虞，惟入林中」矣。

君子幾，不如舍，往吝。

虞翻曰：君子謂陽已正位。幾，近。舍，置。吝，疵也。三應於上，之應歷險，不可以往。動如失位，故不如舍之，往必吝窮矣。

《象》曰：「即鹿无虞」，以從禽也。

案：《白虎通》云：「禽者何？鳥獸之總名，爲人所禽制也。」即《比》卦九五爻辭「王用三驅，失前禽」，是其義也。

「君子舍之」，往吝窮也。

崔憬曰：君子見動之微，逆知无虞，則不如舍，勿往，往則吝窮也。

六四，乘馬班如，

虞翻曰：乘三也。謂三已變。坎爲馬，故曰「乘馬」。馬在險中，故「班如」也。或說乘初，初爲建侯，安得乘之也？

求婚媾，往吉，无不利。

崔憬曰：屯難之時，勿用攸往。初雖作應，班如不進。既比於五，五來求婚，男求女，「往吉，无不利」。

《象》曰：「求」而「往」，明也。

虞翻曰：之外稱「往」，體离故「明」也。

九五，屯其膏，

虞翻曰：坎雨稱「膏」。《詩》云「陰雨膏之」，是其義也。

小貞吉，大貞凶。

崔憬曰：得屯難之宜，有膏澤之惠。謂與四爲婚媾，施雖未光，小貞之道也，故「吉」。至於遠求嘉偶，以行大正，赴二之應，冒難攸往，固宜且凶，故曰「大貞凶」也。貞，正也。

《象》曰：「屯其膏」，施未光也。

虞翻曰：陽陷陰中，故「未光」也。

上六，乘馬班如，

虞翻曰：乘五也。坎爲馬，震爲行，艮爲止。馬行而止，故「班如」也。

泣血漣如，

《九家易》曰：上六乘陽，故「班如」也。下二四爻，雖亦乘陽，皆更得承五，憂解難除。今上无所復承，憂難不解，故「泣血漣如」也。體坎爲血，伏离爲目，互艮爲手。掩目流血，泣之象也。

《象》曰：「泣血漣如」，何可長也？

虞翻曰：謂三變時，离爲目，坎爲血，震爲出。血流出目，故「泣血漣如」。柔乘於剛，故「不可長也」。

《序卦》曰：物生必蒙，故受之以蒙。蒙者，蒙也，物之穉也。

崔憬曰：萬物始生之後，漸以長穉，故言「物生必蒙」。○鄭玄曰：蒙，幼小之貌。齊人謂「萌」爲「蒙」也。

䷃ 坎下艮上 蒙，亨。

虞翻曰：艮三之二。「亨」謂二。震剛柔接，故「亨」。「蒙亨」，以通行時中也。○干寶曰：蒙者，离宮陰也。世在四，八月之時。降陽布德，薺麥並生，而息來在寅，故蒙於世爲八月，於消息爲正月卦也。正月之時，陽氣上達，故屯爲「物之始生」，蒙爲「物之穉」也。施之於人，則「童蒙」也。苟得其運，雖蒙必亨，故曰「蒙亨」。此蓋以寄成王之遭周公也。

匪我求童蒙，童蒙求我。

虞翻曰：「童蒙」謂五。艮爲童蒙，我謂二也。震爲動起，嫌求之五，故曰「匪我求童蒙」。五陰求陽，故「童蒙求我，志應也」。艮爲求，二體師象，坎爲經。謂禮有來學，無往教。

初筮告，再三瀆。瀆則不告，

崔憬曰：「初筮」謂六五求決於九二，二則告之。「再三瀆」謂三應於上，四隔於三，與二爲瀆，故二「不告」也。「瀆」，古「黷」字也。

利貞。

虞翻曰：二五失位，利變之正，故「利貞」。「蒙以養正，聖功也。」

《象》曰：蒙，山下有險，險而止，蒙。

侯果曰：艮爲山，坎爲險，是「山下有險」。險被山止，止則未通，蒙昧之象也。

「蒙亨」，以亨行時中也。

荀爽曰：此本艮卦也。案：二進居三，三降居二，剛柔得中，故能通發蒙時，令得時中矣。故曰「蒙亨，以亨行時中也」。

「匪我求童蒙，

陸績曰：六五陰爻在蒙暗，蒙又體艮少男，故曰「童蒙」。

童蒙求我」，志應也。

荀爽曰：二與五，志相應也。

「初筮告」，以剛中也。

崔憬曰：以二剛中，能發於蒙也。

「再三瀆，瀆則不告」，瀆蒙也。

荀爽曰：「再三」謂三與四也。皆乘陽不敬，故曰「瀆」。瀆不能尊陽，蒙氣不除，故曰「瀆蒙」也。

蒙以養正，聖功也。

虞翻曰：體頤，故「養」。「五多功」，「聖」謂二。二志應五，變得正而亡其蒙，故「聖功也」。○干寶曰：武王之崩，年九十三矣，而成王八歲，言天後成王之年，將以養公正之道，而成三聖之功。

《象》曰：山下出泉，蒙。

虞翻曰：艮爲山，震爲出。坎泉流出，故「山下出泉」。

君子以果行育德。

虞翻曰：「君子」謂二，艮爲果，震爲行。育，養也。二至上有頤養象，故以「果行育德」也。

初六，發蒙，利用刑人，用説桎梏，以往吝。

虞翻曰：發蒙之正。初爲蒙始而失其

位，發蒙之正以成兑。兑爲刑人，坤爲用，故曰「利用刑人」矣。坎爲穿木，震足艮手，互與坎連，故稱「桎梏」。初發成兑，兑爲説，坎象毁壞，故曰「用説桎梏」。之應歷險，故「以往吝」。吝，小疵也。

《象》曰：「利用刑人」，以正法也。

虞翻曰：坎爲法。初發之正，故「正法」也。○干寶曰：初六戊寅，平明之時，天光始照，故曰「發蒙」。此成王始覺周公至誠之象也。坎爲法律，寅爲貞廉。以貞用刑，故「利用刑人」矣。此成王將正四國之象也。説，解也。正四國之罪，宜釋周公之黨，故曰「用説桎梏」。既感《金縢》之文，追恨昭德之晚，故曰「以往吝」。初、二失位，「吝」之由也。

九二，包蒙，吉。納婦，吉。子克家。《象》曰：「子克家」，剛柔接也。

虞翻曰：坤爲包，應五據初。初與三四同體，包養四陰，故「包蒙，吉」。震剛爲夫，伏巽爲婦。二以剛接柔，故「納婦吉」。二稱家。震，長子，主器者。納婦成初，故有「子克家」也。

六三，勿用娶女，見金夫，不有躬，无攸利。

虞翻曰：謂三，誡上也。金夫謂二。初發成兑，故三稱女。兑爲見，陽稱金，震爲夫。三逆乘二陽，所行不順，爲二所淫。上來之三，陟陰，故曰「勿用娶女，見金夫」矣。坤身稱躬。三爲二所乘，兑澤動下，不得之應，故「不有躬」。失位多凶，故「无攸利」也。

《象》曰：「勿用娶女」，行不順也。

虞翻曰：失位乘剛，故「行不順」也。

六四，困蒙，吝。《象》曰：「困蒙」之「吝」，獨遠實也。

王弼曰：陽稱實也。獨遠於陽，處兩

陰之中，闇莫之發，故曰「困蒙」也。困於蒙昧，不能比賢以發其志，亦鄙矣，故曰「吝」。

六五，童蒙，吉。

虞翻曰：艮爲童蒙。處貴承上，有應於二，動而成巽，故「吉」也。

《象》曰：「童蒙」之「吉」，順以巽也。

荀爽曰：順於上，巽於二，有似成王任用周、召也。

上九，擊蒙，不利爲寇，利禦寇。

虞翻曰：體艮爲手，故「擊」。謂五已變，上動成坎稱「寇」而逆乘陽，故「不利爲寇」矣。禦，止也。此寇謂二。坎爲寇，巽爲高，艮爲山。登山備下，順有師象，故「利禦寇」也。

《象》曰：利用「禦寇」，上下順也。

虞翻曰：自上禦下，故「順」也。

《序卦》曰：物穉不可不養也，故受之以需。需者，飲食之道也。

干寶曰：需，坤之遊魂也。雲升在天而雨未降，翱翔東西，須之象也。王事未至，飲宴之日也。夫坤者，地也，婦人之職也。百穀果蓏之所生，禽獸魚鼈之所託也，而在遊魂變化之家，即烹爨腥實以爲和味者也。故曰「需者，飲食之道也」。

䷄ 乾下坎上 需，有孚，光亨，貞吉。

虞翻曰：大壯四之五。「孚」謂五，离日爲「光」。四之五，得位正中，故「光亨」。「貞吉」謂「壯于大轝之輻」也。

利涉大川。

何妥曰：大川者，大難也。須之待時，本欲涉難。既能以信而待，故可以「利涉大川」矣。

《象》曰：需，須也，險在前也。

何妥曰：　此明得名由於坎也，坎爲險也。有險在前，不可妄涉，故須待時然後動也。
剛健而不陷，其義不困窮矣。
侯果曰：　乾體剛健，遇險能通，險不能險，「義不窮」也。
「需，有孚，光亨，貞吉」，位乎天位，以正中也。
蜀才曰：　此本大壯卦。案：　六五降四，「有孚，光亨，貞吉」。九四升五，「位乎天位，以正中也」。
「利涉大川」，往有功也。
虞翻曰：　謂二失位，變而涉坎。坎爲大川，得位應五，故「利涉大川」。「五多功」，故「往有功也」。
《象》曰：　雲上於天，需。
宋衷曰：　雲上於天，須時而降也。
君子以飲食宴樂。
虞翻曰：「君子」謂乾。坎水兑口，水流入口爲飲。二失位，變體噬嗑爲食，故「以飲食」。陽在内稱宴，大壯震爲樂，故「宴樂」也。
初九，需于郊，利用恒，无咎。
干寶曰：　郊，乾坎之際也。既已受命，進道北郊，未可以進，故曰「需于郊」。處不避汙，出不辭難，臣之常節也。得位有應，故曰「利用恒」。雖小稽留，終於必達，故曰「无咎」。
《象》曰：「需于郊」，不犯難行也。「利用恒，无咎」，未失常也。
王弼曰：　居需之時，最遠於險。能抑其進，不犯難行。雖不應機，可以保常，故「无咎」。
九二，需于沙，小有言，終吉。
虞翻曰：「沙」謂五，水中之陽稱沙也。二變之陰稱小。大壯震爲言，兑爲口。

四之五，震象半見，故「小有言」。二變應之，故「終吉」。

《象》曰：「需于沙」，衍在中也。

虞翻曰：衍，流也。「中」謂五也。◯荀爽曰：二應於五，水中之剛，故曰「沙」。知前有沙漠而不進也。體乾處和，美德優衍在中而不進也。

雖「小有言」，以吉終也。

荀爽曰：「二與四同功」而三據之，故「小有言」。乾雖在下，終當升上，二當居五，故「終吉」也。

九三，需于泥，致寇至。

荀爽曰：親與坎接，故稱「泥」。須止不進，不取於四，不致寇害。

《象》曰：「需于泥」，災在外也。

崔憬曰：泥，近乎外者也。三逼於坎，坎爲險盜，故「致寇至」，是「災在外也」。

自我致寇，敬慎不敗也。

虞翻曰：离爲戎，乾爲敬。陰消至五，遯，臣將弑君，四上壯坤，故「敬慎不敗」。

六四，需于血，出自穴。

案：六四體坎。坎爲雲，又爲血卦。血以喻陰，陰體卑弱，宜順從陽，故曰「需于血」。◯《九家易》曰：雲從地出，上升于天。自地出者，莫不由穴，故曰「需于血，出自穴」也。

《象》曰：「需于血」，順以聽也。

王弼曰：穴者，陰之路也。四處坎始，居穴者也。九三剛進，四不能距。見侵則避，「順以聽命」也。◯《九家易》曰：雲欲升天，須時當降。順以聽五，五爲天也。

九五，需于酒食，貞吉。

荀爽曰：五互离坎，水在火上，酒食之象。「需者，飲食之道」，故坎在需家爲酒食也。雲須時欲降，乾須時當升。五有剛德，處中居正，故能帥羣陰，舉坎以降陽。能正居其所則吉，故曰「需于酒食」也。

《象》曰：「酒食貞吉」，以中正也。

《九家易》曰：謂乾二當升五正位者也。○盧氏曰：沈湎則凶，中正則吉也。

上六，入于穴，

荀爽曰：需道已終，雲當下入穴也。雲上升極則降而爲雨，故《詩》云「朝隮于西，崇朝其雨」，則還入地，故曰「入于穴」。雲雨入地，則下三陽動而自至者也。

有不速之客三人來，敬之終吉。

荀爽曰：「三人」謂下三陽也。須時當升，非有召者，故曰「不速之客」焉。乾升在上，君位以定。坎降在下，當循臣職，故「敬之終吉」也。

《象》曰：「不速之客來，敬之終吉」，雖不當位，未大失也。

荀爽曰：上降居三，雖不當位，承陽有實，故「終吉」，无大失矣。

易傳卷第二

易傳卷第三

唐資州李鼎祚集解

《序卦》曰：飲食必有訟，故受之以訟也。

鄭玄曰：訟，猶諍也。言飲食之會恒多諍也。

䷅ 坎下乾上 訟，有孚，

干寶曰：訟，离之遊魂也。离爲戈兵，此天氣將刑殺，聖人將用師之卦也。「訟，不親也」，兆民未識天命不同之意。○荀爽曰：陽來居二而孚於初，故曰「訟，有孚」也。

窒惕，中吉，

虞翻曰：遯三之二也。「孚」謂二。窒，塞止也。惕，懼二也。二失位，故不言貞。遯將成否，則子弑父，臣弑君。三來之二，得中，弑不得行，故「中吉」也。

終凶。

虞翻曰：二失位，終止不變則入于淵，故「終凶」也。

利見大人，不利涉大川。

侯果曰：「大人」謂五也。斷決必中，故「利見」也。訟是陰事，以險涉險，故「不利涉大川」。

《彖》曰：訟，上剛下險，險而健，訟。

盧氏曰：「險而健」者，恒好争訟也。

「訟，有孚，窒惕，中吉」，剛來而得中也。

蜀才曰：此本遯卦。案：二進居三，三降居二，是「剛來而得中」也。

「終凶」，訟不可成也。

王肅曰：以訟成功者，終必凶也。○王弼曰：凡不和而訟，无施而可，涉難特甚焉。唯有信而見塞懼者，乃可以得吉也。猶復不可以終，中乃吉也。不閉其源，使訟不至，雖每不枉而訟至終竟，此亦凶矣。故雖復有信而見塞懼，猶不可以爲終，故曰「訟，有孚，窒惕，中吉，終凶」也。无善聽者，雖有其實，何由得明？而令有信塞懼者乃得其中吉，必有善聽之主焉。其在二乎？以剛而來正夫羣小，斷不失中，應其任矣。

案：天爲訟善聽之主者，其在五焉。何以明之？案爻辭九五「訟，元吉」，王氏注云「處得尊位，爲訟之主，用其中正，以斷枉直」，即《象》云「利見大人，尚中正」，是其義也。九二《象》曰「不克訟，歸逋竄也。自下訟上，患至掇也」，九二居訟之時，自救不暇。訟既不克，懷懼逃歸。僅得免其終凶禍，豈能爲善聽之主哉！年代緜流，師資道喪，恐傳寫字誤，以五爲二，後賢當審詳之也。

「利見大人」，尚中正也。

荀爽曰：二與四訟，利見於五。五以中正之道解其訟也。

「不利涉大川」，入于淵也。

荀爽曰：陽來居二，坎在下爲「淵」。

《象》曰：天與水違行，訟。

荀爽曰：天自西轉，水自東流。上下違行，成訟之象也。

君子以作事謀始。

虞翻曰：「君子」謂乾。三來變坤，爲「作事」。坎爲謀，「乾知大始」，故「以作事謀始」。○干寶曰：省民之情以制作也。武王故先觀兵孟津，蓋以卜天下之心，故曰「作事謀始」也。

初六，不永所事，小有言，終吉。

虞翻曰：永，長也。坤爲事，初失位而爲訟始，故「不永所事」也。「小有言」謂初四易位成震言，三「食舊德」，震象半見，故「小有言」。初變得正，故「終吉」也。

《象》曰：「不永所事」，訟不可長也。雖「小有言」，其辯明也。

盧氏曰：初欲應四，而二據之。蹔争，事不至永。雖有小訟，訟必辯明，故「終吉」。

九二，不克訟，歸而逋。

虞翻曰：謂與四訟。坎爲隱伏，故「逋」。乾位剛，在上，坎濡失正，故「不克」也。

其邑人三百户，无眚。

虞翻曰：眚，災也。坎爲眚。謂二變應五，乾爲百，坤爲户。三爻，故「三百户」。坎化爲坤，故「无眚」。

《象》曰：「不克訟」，歸逋竄也。

荀爽曰：三不克訟，故逋而歸。坤稱邑，二者，邑中之陽人。逋，逃也。謂逃失邑中之陽人。

自下訟上，患至掇也。

荀爽曰：下與上争，即取患害，如拾掇小物而不失也。坤有三爻，故云「三百户，无眚」。二者，下體之君。君不争，則百姓无害也。

六三，食舊德，貞厲，終吉。

虞翻曰：乾爲舊德。「食」謂初、四。二已變之正，三動得位，體噬嗑。食四變食乾，故「食舊德」。三變在坎，正危貞厲。得位，故「終吉」也。

或從王事，无成。

虞翻曰：乾爲王。二變否時，坤爲事，故「或從王事」。「道无成而代有終」，故曰「无成」。坤三同義也。

《象》曰：「食舊德」，從上吉也。

侯果曰：雖失其位，專心應上，故能保

全舊恩，「食舊德」者也。處兩剛之間，而皆近不相得。乘二負四，正之危也。剛不能侵，故「終吉」。

九四，不克訟，復即命渝，安貞吉。

虞翻曰：　失位，故「不克訟」。渝，變也。不克訟，故復位。變而成巽，巽爲命令，故「復即命渝」。動而得位，故「安貞吉」。謂二已變坤安也。

《象》曰：「復即命渝，安貞吉」，不失也。

侯果曰：　初既辯明，四訟妄也。訟既不克，當反就前理，變其詔命，則安靜貞吉而不失初也。

九五，訟，元吉。《象》曰：「訟，元吉」，以中正也。

王肅曰：　以中正之德，齊乖争之俗，「元吉」者也。○王弼曰：　處得尊，❶訟之主。用其中正，以斷枉直。中則不過，正則不邪，剛則无所溺，公則无所偏，故「訟，元吉」。

上九，或錫之鞶帶，

虞翻曰：「錫」謂王之錫命。鞶帶，大帶。男子鞶革。初四已易位，三二之正，巽爲要帶，故「鞶帶」。

終朝三拕之。

虞翻曰：　位終乾上。二變時，坤爲終，离爲日，乾爲甲。日出甲上，故稱「朝」。應在三。三變時，艮爲手，故「終朝三拕之」。使變應己，則去其鞶帶。體坎乘陽，故《象》曰「不足敬也」。○侯果曰：　褫，解也。乾爲衣、爲言，故以訟受服。○荀爽曰：　二、四争三。三本下體，取之有緣。或者，疑之辭也。以三錫二，於義疑矣。争競之世，分理未明，故或以錫二。終朝者，君道明。三者，陽成

❶「尊」下，照曠閣本有「位爲」二字。「爲」字屬下讀。

功也。君明道盛，則奪二與四，故曰「終朝三拕之」也。鞶帶，宗廟之服。三應於上，上爲宗廟，故曰「鞶帶」也。○翟玄曰：上以六三錫下三陽，羣剛交争，得不以讓，故終一朝之間，各一奪之，爲「三拕」。

《象》曰：以訟受服，亦不足敬也。

虞翻曰：「服」謂鞶帶。終朝見拕，乾象毁壞，故「不足敬」。○《九家易》曰：初、二、三、四皆不正。以不正相訟而得其服，故「不足敬」也。

《序卦》曰：訟必有衆起，故受之以師。師者，衆也。

崔憬曰：因争必起衆相攻，故「受之以師」也。

䷆ 坎下坤上 師，貞，丈人吉，无咎。

何晏曰：師者，軍旅之名，故《周禮》云「二千五百人爲師」也。○王弼曰：丈人，嚴莊之稱，有軍正者也。爲師之正，丈人乃吉。興役動衆，无功則罪，故「吉」乃「无咎」。○陸績曰：丈人者，聖人也。帥師未必聖人，若漢高祖、光武應此義也。○崔憬曰：《子夏傳》作「大人」，並王者之師也。案：此《彖》云「師，衆；貞，正也。能以衆正，可以王矣」，故《老子》曰：「域中有四大，而王居其一焉。」由是觀之，則知夫爲王者，必大人也。豈以丈人而爲王哉！故《乾·文言》曰「夫大人與天地合德，與日月合明」，「先天而天不違，後天而奉天時。天且不違，而況於人乎」。況於行師乎！以斯而論，《子夏傳》作「大人」是也。今王氏曲解「大人」爲「丈人」，臆云「嚴莊之稱」，學不師古，匪說攸聞。既誤違於經旨，輒改正作「大人」

明矣。

《彖》曰：師，衆也。貞，正也。能以衆正，可以王矣。

虞翻曰：坤爲衆。謂二失位，變之五爲比，故「能以衆正」乃「可以王矣」。○荀爽曰：謂二有中和之德而據羣陰，上居五位，可以王也。

剛中而應，行險而順，

蜀才曰：此本剥卦。案：上九降二，六二升上，是「剛中而應，行險而順」也。

以此毒天下，而民從之。

干寶曰：坎爲險，坤爲順。兵革刑獄，所以險民也。毒民於險中而得順道者，聖王之所難也。毒，荼苦也。五刑之用，斬刺肌體。六軍之鋒，殘破城邑。皆所荼毒奸凶之人，使服王法者也。故曰「以此毒天下，而民從之」。毒以治民，明不獲已而用之，故於《彖》、《象》、六爻皆著戒懼之辭也。

「吉」又「何咎」矣！

崔憬曰：「剛」能進義，「中」能正衆。既順且應，行險戡暴，亭毒天下，人皆歸往而以爲王，「吉又何咎」矣。

《象》曰：地中有水，師。

陸績曰：坎在坤内，故曰「地中有水」。師，衆也。坤中衆者，莫過於水。

君子以容民畜衆。

虞翻曰：「君子」謂二。容，寬也。坤爲民，衆又畜養也。陽在二，「寬以居之」。五變「執言」時有頤養象，故以「容民畜衆」矣。

初六，師出以律，否臧凶。《象》曰：「師出以律」，失律凶也。

案：初六以陰居陽，履失其位。位既匪正，雖令不從。以斯行師，失律者也。凡首率師，出必以律。若不以律，雖臧亦凶，故曰「師出以律，失律凶也」。

○《九家易》曰：坎爲法律也。

九二，在師中，吉，无咎。王三錫命。《象》曰：「在師中吉」，承天寵也。

《九家易》曰：雖當爲王，尚在師中。爲天所寵，事克功成，故「吉，无咎」。二非其位，蓋謂武王受命而未即位也。受命爲王，定天下以師，故曰「在師中，吉」。

「王三錫命」，懷萬邦也。

荀爽曰：「王」謂二也。三者，陽德成也。德純道盛，故能上居王位而行錫命。羣陰歸之，故曰「王三錫命，懷萬邦也」。

案：二互體震。震木數三，「王三錫命」之象。《周禮》云「一命受職，再命受服，三命受位」，是其義也。

六三，師或輿尸，凶。

虞翻曰：坤爲尸，❶坎爲車，多眚。同人离爲戈兵，爲折首。失位、乘剛、无應，尸在車上，故「輿尸，凶」矣。

《象》曰：「師或輿尸」，大无功也。

盧氏曰：失位乘剛，内外无應。以此帥師，必大敗，故有「輿尸」之「凶」，功業大喪也。

六四，師左次，无咎。

荀爽曰：「左」謂二也。陽稱左。次，舍也。「二與四同功」，四承五，五无陽，故呼二舍於五，四得承之，故「无咎」。

《象》曰：「左次无咎」，未失常也。

崔憬曰：偏將軍居左。左次，常備師也。師順用柔，與險无應，進取不可，次舍无咎，得位故也。

六五，田有禽，利執言，无咎。

虞翻曰：「田」謂二。陽稱禽，震爲言。五失位，變之正。艮爲執，故「利執言」，

❶「坤」，原作「坎」，今據四庫本、照曠閣本改。

无咎」。○荀爽曰：田，獵也。謂二帥師禽五，五利度二之命，執行其言，故「无咎」也。案：六五居尊失位，在師之時，蓋由殷紂而被武王擒於鹿臺之類是也。以臣伐君，假言田獵。六五离爻，體坤。离爲戈兵，田獵行師之象也。

長子帥師，

虞翻曰：「長子」謂二。震爲長子，在師中，故「帥師」也。

弟子輿尸，貞凶。

虞翻曰：「弟子」謂三，三體坎。坎，震之弟而乾之子，失位乘陽，逆，故「貞凶」。

《象》曰：「長子帥師」，以中行也。

荀爽曰：「長子」謂九二也。五處中應二，二受任帥師，當上升五，故曰「長子帥師，以中行也」。

「弟子輿尸」，使不當也。

宋衷曰：「弟子」謂六三也。失位乘陽，處非所據，衆不聽從，師人分北，或敗績死亡，輿尸而還，故曰「弟子輿尸」，謂使不當其職也。

上六，大君有命，

虞翻曰：同人乾爲大君，巽爲有命。○干寶曰：大君，聖人也；有命，天命也。五常爲王位，至師之家而變其例者，上爲郊也，故易位。以見武王親征，與師人同處于野也。《离》上九曰「王用出征，有嘉折首」。上六爲宗廟，武王以文王行，故正開國之辭於宗廟之爻，明己之受命，文王之德也。故《書·泰誓》曰「予克紂，非予武，惟朕文考无罪。受克予，非朕文考有罪，惟予小子无良」。開國，封諸侯也。承家，立都邑也。「小人勿用」，非所能矣。

開國承家，

虞翻曰：承，受也。坤爲國，二稱家。

謂變乾爲坤，欲令二上居五爲比，故「開國承家」。○荀爽曰：「大君」謂二。師旅已息，既上居五，當封賞有功，立國命家也。開國，封諸侯；承家，立大夫也。○宋衷曰：陽當之五，處坤之中，故曰「開國」。陰下之二，在二承五，故曰「承家」。「開國」謂析土地以封諸侯，如武王封周公七百里地也。「承家」，立大大夫爲差次。立大夫因采地名，正其功勳，行其賞禄。

小人勿用。

虞翻曰：陰稱小人。坤虛无君，體「迷復，凶」。坤成乾滅以弒君，故「小人勿用」。

《象》曰：「大君有命」，以正功也。

虞翻曰：謂「五多功」。五動正位，故「正功也」。○干寶曰：湯武之事。

「小人勿用」，必亂邦也。

虞翻曰：坤反君道，故「亂邦也」。○干寶曰：楚靈、齊閔，窮兵之禍也。

《序卦》曰：衆必有所比，故受之以比。

崔憬曰：「方以類聚，物以羣分」，人衆則羣類，必有所比矣。上比相阿黨，下比相和親也。相黨則相親，故言「比者，比也」。

䷇ 坤下坎上 比，吉。

虞翻曰：師二上之五，得位。衆陰順從，比而輔之，故「吉」。與大有旁通。○《子夏傳》曰：地得水而柔，水得土而流，比之象也。夫「凶」者，生乎乖爭。今既親比，故云「比，吉也」。

原筮元永貞，无咎。不寧方來，後夫凶。

干寶曰：比者，坤之歸魂也。亦世於七月，而息來在巳，去陰居陽，承乾之命，義與師同也。原，卜也。《周禮》三卜，一曰「原兆」。坤德變化，反歸其所。四方既同，萬國既親，故曰「比吉」。考之蓍龜，以謀王業。「大相東土，卜惟洛食」，遂乃「定鼎郟鄏，卜世三十，卜年七百」。德善長於兆民，戩祿永於被業，故曰「原筮元永貞」。逆取順守，居安如危，故曰「无咎」。天下歸德，不唯一方，故曰「不寧方來」。後服之夫，違天失人，❶必災其身，故曰「後夫凶」也。

《象》曰：比，吉也。比，輔也，下順從也。

崔憬曰：下比於上，是「下順」也。

「原筮元永貞，无咎」，以剛中也。

蜀才曰：此本師卦。案：六五降二，九二升五。剛往得中，爲比之主，故能原究筮道，以求長正而无咎矣。

「不寧方來」，上下應也。

虞翻曰：水性流動，故「不寧」。坤陰爲方，上下應之，故「方來」也。

「後夫凶」，

虞翻曰：「後」謂上，「夫」謂五也。坎爲後，艮爲背。上位在背後，无應乘陽，故「後夫凶」也。

其道窮也。

荀爽曰：「後夫」謂上六。逆禮乘陽，不比聖王，其義當誅，故「其道窮」凶也。

《象》曰：地上有水，比。

何晏曰：水性潤下，今在地上，更相浸潤，比之義也。

先王以建萬國，親諸侯。

虞翻曰：「先王」謂五。初陽已復，震爲建，爲諸侯，坤爲萬國，爲腹，坎爲心。腹心親比，故「以建萬國，親諸侯」。《詩》曰「公侯腹心」，是其義也。

初六，有孚比之，无咎。

❶「失」，原誤作「夫」，今據四庫本、照曠閣本改。

虞翻曰：「孚」謂五。初失位，變來得正，故「无咎」也。○荀爽曰：初在應外，以喻殊俗。聖王之信，光被四表。絶域殊俗，皆來親比，故「无咎」也。

有孚盈缶，終來有它，吉。

虞翻曰：坤器爲缶。坎水流坤，初動成屯。「屯者，盈也」，故「盈缶」。終變得正，故「終來有它，吉」。在内稱「來」也。

《象》曰：比之「初六」，「有它吉」也。

荀爽曰：缶者應内，以喻中國。孚既盈滿中國，終來及初，非應，故曰「它」也。《象》云「有它吉」者，謂信及非應，然後吉也。

六二，比之自内，貞吉。

干寶曰：二在坤中。坤，國之象也。得位應五而體寬大，君樂民人自得之象也，故曰「比之自内，貞吉」矣。

《象》曰：「比之自内」，不自失也。

崔憬曰：自内而比，不失己親也。

六三，比之匪人。

虞翻曰：匪，非也。失位无應，三又多凶，體剥傷象，弑父弑君，故曰「匪人」。

《象》曰：「比之匪人」，不亦傷乎！

干寶曰：六三乙卯，坤之鬼吏。在比之家，有土之君也。周爲木德，卯爲木辰，同姓之國也。爻失其位，辰體陰賊，管蔡之象也。比建萬國，唯去此人，故曰「比之匪人」，不亦傷王政也。

六四，外比之，貞吉。

虞翻曰：在外體，故稱「外」。得位比賢，故「貞吉」也。

《象》曰：「外比」於賢，以從上也。

干寶曰：四爲三公，在比之象而得其位，上比聖主，下御列國，方伯之象也。能外親九服賢德之君，務宣上志，綏萬邦也。故曰「外比於賢，以從上也」。

九五，顯比。

虞翻曰：五貴多功，得位正中，初、三以變體重明，故「顯比」。謂「顯諸仁」也。

王用三毆，失前禽。

虞翻曰：坎五稱王。「三毆」謂毆下三陰。不及於初，故「失前禽」。謂初已變成震。震爲鹿，爲驚走。「鹿之斯奔」，則「失前禽」也。

邑人不戒，吉。

虞翻曰：坤爲邑，師震爲人。師時坤虚无君，使師二上居五中，故「不戒，吉」也。

《象》曰：「顯比」之「吉」，位正中也。

虞翻曰：謂离象明，正上中也。

舍逆取順，「失前禽」也。

虞翻曰：背上六，故「舍逆」。據三陰，故「取順」。不及初，故「失前禽」。

「邑人不戒」，上使中也。

虞翻曰：謂二。使師二居五中。

上六，比之无首，凶。

荀爽曰：陽欲无首，陰以大終。陰而无首，不以大終，故「凶」也。◯虞翻曰：首，始也。「陰道无成而代有終」，「无首，凶」。

《象》曰：「比之无首」，无所終也。

虞翻曰：迷失道，故「无所終也」。

《序卦》曰：比必有所畜，故受之以小畜。

崔憬曰：下順從而上下應之，則有所畜矣。◯韓康伯曰：由比而畜，故曰「小畜」也。

䷈ 乾下巽上 小畜，亨。

侯果曰：四爲畜主，體又稱小，唯九三被畜，下剛皆通，是以「小畜，亨」也。

密雲不雨，自我西郊。

崔憬曰：雲如不雨，積我西邑之郊。施澤未通，以明小畜之義。案：雲雨者，陰之氣也。今小畜五陽而一陰，既微少，纔作密雲，故未能爲雨。四互居兑，西郊之象也。

《彖》曰：小畜，柔得位而上下應之，曰小畜。

王弼曰：謂六四也。成卦之義，在此一爻者也。體无二陰以分其應，既得其位，而上下應之，三不能陵，小畜之義。

健而巽，剛中而志行，乃「亨」。

虞翻曰：需上變爲巽，與豫旁通。豫四之坤初爲復，復小陽潛，所畜者少，故曰「小畜」。二失位，五剛中正，二變應之，故「志行乃亨」也。

「密雲不雨」，尚往也。

虞翻曰：密，小也。兑爲密，需坎升天爲雲，墜地稱雨。上變爲陽，坎象半見，故「密雲不雨，上往也」。

「自我西郊」，施未行也。

虞翻曰：豫坤爲自我，兑爲西，乾爲郊。雨生於西，故「自我西郊」。九二未變，故「施未行」矣。○荀爽曰：體兑位秋，故曰「西郊」也。時當收斂，臣不專賞，故「施未行」。喻文王也。

《象》曰：風行天上，小畜。

《九家易》曰：風者，天之命令也。今行天上，則是令未下行，畜而未下，小畜之義也。

君子以懿文德。

虞翻曰：「君子」謂乾。懿，美也。豫坤爲文，乾爲德，离爲明。初至四體夬爲書契，乾离照坤，故「懿文德」也。

初九，復自道，何其咎，吉。《象》曰：「復自道」，其義「吉」也。

虞翻曰：　謂從豫四之初，成復卦，故「復自道」，「出入无疾，朋來无咎」，「何其咎，吉」。乾稱「道」也。

九二，牽復，吉。

崔憬曰：　四柔得位，羣剛所應。二以中和，牽復自守，不失於行也。

《象》曰：「牽復」在中，亦不自失也。

虞翻曰：　變應五，故「不自失」。與比二同義也。

九三，車説輹，

虞翻曰：　豫坤爲車、爲輹。至三成乾，坤象不見，故「車説輹」。馬君及俗儒皆以乾爲車，非也。

夫妻反目。

虞翻曰：　豫震爲夫、爲反，巽爲妻，离爲目。今夫妻共在四，离火動上，目象不正，巽多白眼，「夫妻反目」。妻當在内，夫當在外。今妻乘夫，而出在外，《象》曰「不能正室」。三體离，需「飲食之道」。飲食有訟，故争而反目也。

《象》曰：「夫妻反目」，不能正室也。

《九家易》曰：　四互體离，离爲目也。离既不正，五引而上，三引而下，故「反目」也。輿以輪成車，夫以妻成室。今以妻乘夫，其道逆，故「不能正室」。

六四，有孚，血去惕出，无咎。

虞翻曰：「孚」謂五。豫坎爲血，爲惕。惕，憂也。震爲出，變成小畜，坎象不見，故「血去惕出」。得位承五，故「无咎」也。

《象》曰：「有孚」「惕出」，上合志也。

荀爽曰：　血以喻陰。四陰，臣象，有信順五。惕，疾也。四當去初，疾出從五，故曰「上合志也」。

九五，有孚攣如，富以其鄰。

虞翻曰：　孚五，謂二也。攣，引也。巽

爲繩，豫艮爲手。二失位，五欲其變，故曰「攣如」，以及也。五貴稱「富」，「鄰」謂三。兑西震東稱「鄰」。二變承三，故「富以其鄰」，《象》曰「不獨富」。二變爲既濟，與東西鄰同義。

《象》曰：「有孚攣如」，不獨富也。

《九家易》曰：有信，下三爻也。體巽，故「攣如」。如，謂連接其鄰。鄰謂四也。五以四陰作財，與下三陽共之，故曰「不獨富也」。

上九，既雨既處，尚得載，婦貞厲。今本「得」作「德」。

虞翻曰：既，已也。應在三。坎水零爲雨，巽爲處。謂二已變，三體坎雨，故「既雨既處」。坎雲復天，坎爲車，積載在坎上，故「上得積載」。巽爲婦，坎成巽壞，故「婦貞厲」。

月幾望，君子征凶。

虞翻曰：幾，近也。坎月离日，上已正，需時成坎，與离相望。兑西震東，日月象對，故「月幾望」。上變陽消，之坎爲疑，故「君子征」，「有所疑」矣。與《歸妹》、《中孚》「月幾望」義同也。

《象》曰：「既雨既處」，得積載也。

虞翻曰：巽消承坎，故「得積載」。坎習爲積也。

「君子征凶」，有所疑也。

虞翻曰：變坎爲盜，故有所疑也。

《序卦》曰：物畜然後有禮，故受之以履。

崔憬曰：履，禮也。物畜不通，則君子先懿文德，然後以禮導之，故言「物畜然後有禮」也。

䷉ 兑下乾上 履虎尾，不咥人，亨，利貞。今本脱「利貞」二字。

虞翻曰：謂變訟初爲兑也。與謙旁

通。以坤履乾，以柔履剛。謙坤爲虎，艮爲尾，乾爲人。乾兑乘謙，震足蹈艮，故「履虎尾」。兑悦而應虎口，與上絶，故「不咥人」。剛當位，故通。俗儒皆以兑爲虎，乾履兑，非也。兑剛鹵，非柔也。

《彖》曰：履，柔履剛也。

虞翻曰：坤柔乾剛，謙坤籍乾，故「柔履剛」。○荀爽曰：謂三履二也。二五无應，故无元，以乾履兑，故有通。六三履二非和正，故云「利貞」也。

説而應乎乾，

虞翻曰：説，兑也。明兑不履乾，故言「應」也。○《九家易》曰：動來爲兑而應上，故曰「説而應乎乾」也。以喻一國之君，應天子命以臨下。承上以巽，據下以説，其正應天，故虎爲之「不咥人」也。

是以「履虎尾，不咥人，亨」。

《九家易》曰：「虎尾」謂三也。三以説道履五之應，上順於天，故「不咥人，亨」也。能巽説之道，順應於五，故雖踐虎，不見咥噬也。太平之代，虎不食人。「亨」謂於五也。

剛中正，履帝位而不疚，光明也。

虞翻曰：「剛中正」謂五。謙震爲帝。五，帝位。坎爲疾病，乾爲大明。五履帝位，坎象不見，故「履帝位而不疚，光明也」。

《象》曰：上天下澤，履。君子以辯上下，定民志。

虞翻曰：「君子」謂乾。辯，别也。乾天爲上，兑澤爲下，謙坤爲民，坎爲志。謙時坤在乾上，變而爲履，故「辯上下，定民志」也。

初九，素履，往无咎。

虞翻曰：應在巽，爲白，故「素履」。四失位，變往得正，故「往无咎」。初已得正，使四獨變。在外稱「往」，《象》曰「獨行願也」。

《象》曰：「素履」之「往」，獨行願也。

荀爽曰：初九者，潛位，「隱而未見，行而未成」。素履者，謂布衣之士，未得居位，獨行禮義，不失其正，故「无咎」也。

九二，履道坦坦，幽人貞吉。

虞翻曰：二失位，變成震爲道，爲大塗，故「履道坦坦」。訟時二在坎獄中，故稱「幽人」。之正得位，震出兑説，幽人喜笑，故「貞吉」也。

《象》曰：「幽人貞吉」，中不自亂也。

虞翻曰：雖幽訟獄中，終辯得正，故「不自亂」。

六三，眇而視，跛能履，今本「而」爲「能」。

虞翻曰：离目不正，兑爲小，故「眇而視」。視，上應也。訟坎爲曳，變震時爲足。足曳，故「跛而履」。俗儒多以兑刑爲跛，兑折震足爲刑人。見刑斷足者，非爲跛也。

履虎尾，咥人凶。

虞翻曰：艮爲尾，在兑下，故「履虎尾」。位在虎口中，故「咥人凶」。既跛又眇，視步不能，爲虎所嚙，故「咥人凶」，《象》曰「位不當也」。

武人爲于大君。

虞翻曰：乾象在上爲「武人」。三失位，變而得正成乾，故曰「武人爲于大君，志剛也」。

《象》曰：「眇而視」，不足以有明也。「跛而履」，不足以與行也。

侯果曰：六三，兑也。互有离巽。离爲目，巽爲股，體俱非正。雖能視，眇目者也。雖能履，跛足者也。故曰「眇能視，不足以有明。跛能履，不足以與行」，是其義也。

「咥人」之「凶」，位不當也。

案：六三爲履卦之主，體説應乾，下柔上剛，尊卑合道，是以「履虎尾，不咥人，通」。今於當爻，以陰處陽，履非其位，互體离兑，水火相刑，故獨唯三被咥凶矣。

「武人爲于大君」，志剛也。

案：以陰居陽，武人者也。三互离爻，离爲嚮明，爲于大君南面之象，與乾上應，故曰「志剛」。

九四，履虎尾，愬愬，終吉。

虞翻曰：體與下絶，四多懼，故「愬愬」。變體坎，得位承五應初，故「終吉」，《象》曰「志行也」。

《象》曰：「愬愬，終吉」，志行也。

侯果曰：愬愬，恐懼也。履乎兑主，履虎尾也。逼近至尊，故「恐懼」。以其恐懼，故「終吉」也。執乎樞密，故「志行」也。

九五，夬履，貞厲。

虞翻曰：謂三上已變，體夬象，故夬。履四變五，在坎中也。爲上所乘，故「貞厲」，《象》曰「位正當也」。

《象》曰：「夬履貞厲」，位正當也。

干寶曰：夬，決也。居中履正，爲履貴主。萬方所履，一決於前。恐決失正，恒懼危厲，故曰「夬履貞厲，位正當也」。

上九，視履考詳，其旋元吉。

虞翻曰：應在三。三先視上，故上亦視三，故曰「視履考詳」矣。考，稽；詳，善也。乾爲積善，故「考詳」。三上易位，故「其旋元吉」，《象》曰「大有慶也」。

《象》曰：「元吉」在上，大有慶也。

盧氏曰：王者履禮於上，則萬方有慶於下。

易傳卷第三

易傳卷第四

唐資州李鼎祚集解

《序卦》曰：　履而泰然後安，故受之以泰。泰者，通也。

崔憬曰：　以禮導之必通，通然後安，所謂「君子以辯上下，定民志」，通而安也。

䷊ 乾下坤上　泰，小往大來，吉亨。

虞翻曰：　陽息坤，反否也。坤陰詘外爲「小往」，乾陽信内稱「大來」，天地交，萬物通，故「吉亨」。

《彖》曰：「泰，小往大來，吉亨」。

蜀才曰：　此本坤卦。「小」謂陰也，「大」謂陽也。天氣下，地氣上，陰陽交，萬物通，故「吉亨」。

則是天地交而萬物通也，

何妥曰：　此明天道泰也。夫泰之爲道，本以通生萬物。若天氣上騰，地氣下降，各自閉塞，不能相交，則萬物無由得生。明萬物生由天地交也。

上下交而其志同也，

何妥曰：　此明人事泰也。上之與下，猶君之與臣，君臣相交感乃可以濟養民也。天地以氣通，君臣以志同也。

内陽而外陰，内健而外順，

何妥曰：　此明天道也。陰陽之名，就爻爲語。健順之稱，指卦爲言。順而陰居外，故曰「小往」；　健而陽在内，故曰「大來」。

内君子而外小人。

崔憬曰：　此明人事也。陽爲君子，在内，健於行事。陰爲小人，在外，順以聽命。

君子道長，小人道消也。

《九家易》曰：謂陽息而升，陰消而降也。陽稱息者，長也。起復成巽，萬物盛長也。陰言消者，起姤終乾，萬物成熟。成熟則給用，給用則分散，故陰用特言消也。

《象》曰：天地交，泰。

荀爽曰：坤氣上升，以成天道。乾氣下降，以成地道。天地二氣，若時不交，則爲閉塞。今既相交，乃通泰。

后以財成天地之道，

虞翻曰：后，君也。陰升乾位，坤女主，故稱「后」。坤富稱財。守位以人，聚人以財，故曰「成天地之道」。

輔相天地之宜，以左右民。

虞翻曰：相，贊。左右，助之。震爲左，兑爲右，坤爲民。謂以陰輔陽，《詩》曰「宜民宜人，受禄于天」。○鄭玄曰：財，節也。輔相，左右，助也。以者，取其順陰陽之節，爲出内之政。春崇寬仁，夏以長養，秋教收斂，冬敕蓋藏，皆可以成物助民也。

初九，拔茅茹，以其彙，征吉。

王弼曰：茅之爲物，拔其根而相牽引也。茹，相牽引之貌也。三陽同志，俱志在外。初爲類首，已舉則從，若茅茹也。上順而應，不爲違距，進皆得志，故「以其類，征吉」也。

《象》曰：「拔茅」「征吉」，志在外也。

虞翻曰：「否泰反其類」，否巽爲茅。茹，茅根。艮爲手。彙，類也。初應四，故「拔茅茹以彙」。震爲征。得位應四，「征吉」。「外」謂四也。

九二，包荒。

翟玄曰：荒，虛也。二五相應，五虛无陽，二上包之。

用馮河，不遐遺。

荀爽曰：　河出於乾，行於地中。陽性欲升，陰性欲承，馮河而上，不用舟航。自地升天，道雖遼遠，三體俱上，不能止之，故曰「不遐遺」。

朋亡，得尚于中行。

荀爽曰：「中」謂五，坤爲朋。朋亡而下，則二上居五而行中和矣。

《象》曰：「包荒」，「得尚于中行」，以光大也。

虞翻曰：　在中稱「包」。荒，大川也。馮河，涉河。遐，遠；遺，亡也。失位，變得正，體坎。坎爲大川，爲河。震爲足，故「用馮河」。乾爲遠，故不遐遺。兑爲朋，坤虚無君，欲使二上，故「朋亡」。二與五易位，故「得上于中行」。震爲行，故「光大」也。

九三，无平不陂，无往不復。

虞翻曰：　陂，傾。謂否上也。平謂三，天地分，故「平」。天成地平，謂「危者使平，易者使傾」。「往」謂消外，「復」謂息内。從三至上體復，「終日乾乾，反復道」，故「无平不陂，无往不復」。

艱貞无咎。勿恤其孚，于食有福。

虞翻曰：　艱，險；貞，正；恤，憂；孚，信也。二之五得正，在坎中，故「艱貞」。坎爲憂，故「勿恤」。陽在五孚。險坎爲孚，故「有孚」。體噬嗑，食也。二上之五據四，則三乘二，故「于食有福」也。

《象》曰：「无平不陂」，天地際也。

宋衷曰：　位在乾極，應在坤極，天地之際也。地平極則險陂，天行極則還復，故曰「无平不陂，无往不復」也。

六四，翩翩，不富以其鄰。

虞翻曰：　二五變時，四體离飛，故「翩

翩」。坤虛无陽，故「不富」。兑西震東，故稱「其鄰」。三陰乘陽，不得之應，《象》曰「皆失實也」。

不戒以孚。

虞翻曰：謂坤。「邑人不戒」，故使二升五，信來孚邑，故「不戒以孚」。二上體坎，中正，《象》曰「中心願也」。與《比》「邑人不戒」同義也。

《象》曰：「翩翩不富」，皆失實也。

宋衷曰：四互體震，翩翩之象也。陰虛陽實，坤今居上，故言「失實」也。《九家易》曰：乾升坤降，各得其正。

「不戒以孚」，中心願也。

陰得承陽，皆陰心之所願也。

六五，帝乙歸妹，以祉元吉。

《九家易》曰：五者，帝位。震象稱乙，是爲「帝乙」。六五以陰處尊位，帝者之姊妹。五在震後，明其爲妹也。五應於二，當下嫁二。婦人謂嫁曰「歸」，故言「帝乙歸妹」。謂下居二，以中和相承，故「元吉」也。○虞翻曰：震爲帝，坤爲乙。帝乙，紂父。歸，謂嫁也。震兄兑妹，故嫁妹祉福也。謂五變體离，离爲大腹，則妹嫁而孕。得位正中，故「以祉元吉」也。

《象》曰：「以祉元吉」，中以行願也。

《九家易》曰：五下於二而得中正，故言「中以行願也」。

上六，城復于隍，

虞翻曰：否艮爲城，故稱「城」。坤爲積土。隍，城下溝。無水稱隍，有水稱池。今泰反否，乾壞爲土，艮城不見而體復象，故「城復于隍」也。

勿用師。自邑告命，貞吝。

虞翻曰：謂二動時體師。陰皆乘陽，行不順，故「勿用師」。坤爲自邑，震爲言，兑爲口，否巽爲命。今逆陵陽，故「自邑告命」。命逆不順，陰道先迷，失實遠應，故「貞吝」。

《象》曰：「城復于隍」，其命亂也。

《九家易》曰：乾當來上，不可用師而拒之也。自邑者，謂從坤性而降也。告命者，謂下爲巽宣布君之命令也。三陰自相告語，俱下服順承乾也。「城復于隍」，國政崩也。坤爲亂，否巽爲命。交在泰上，故「其命亂也」。

《序卦》曰：物不可以終通，故受之以否。

崔憬曰：物極則反，故「不終通」而否矣。所謂「城復于隍」者也。

䷋ 坤下乾上 否之匪人，不利君子貞，大往小來。

虞翻曰：陰消乾又反泰也。謂三比坤滅乾，以臣弑其君，子弑其父，故曰「匪人」。陰來滅陽，君子道消，故「不利君子貞」。陰信陽詘，故「大往小來」，則是天地不交而萬物不通」，與比三同義也。

六二

《象》曰：「否之匪人，不利君子貞，

崔憬曰：否，不通也。於不通之時，小人道長，故云「匪人」。「君子道消」，故「不利君子貞」也。

大往小來」，

蜀才曰：此本乾卦。「大往」，陽往而消；「小來」，陰來而息也。

則是天地不交而萬物不通也，

何妥曰：此明天道否也。

上下不交而天下无邦也。

何妥曰：此明人事否也。泰中言「志同」，否中云「无邦」者，言人志不同，必致離散而亂邦國。○崔憬曰：君臣乖阻，取亂之道，故言「无邦」。

內陰而外陽，內柔而外剛，

崔憬曰：陰柔謂坤，陽剛謂乾也。

內小人而外君子。小人道長，君子道消也。

崔憬曰：君子在野、小人在位之義也。

《象》曰：天地不交，否。

宋衷曰：天地不交，猶君臣不接。天氣上升而不下降，地氣沈下又不上升，二氣特隔，故云「否」也。

君子以儉德辟難，不可營以禄。

虞翻曰：「君子」謂乾。坤爲營，乾爲禄，難謂坤，爲弑君，故「以儉德辟難」。巽爲入，伏乾爲遠，艮爲山，體遯，《象》謂「辟難」。遠遯入山，故「不可營以禄」。「營」或作「榮」，「儉」或作「險」。○孔穎達曰：言君子於此否時，以節儉爲德，辟其危難，不可榮華其身以居禄位。若據諸侯公卿而言，是辟時羣小之難，不可重受官爵也。若據王者言之，謂節儉爲德，辟陰陽厄運之難，不可自重榮貴而驕逸也。

初六，拔茅茹，以其彙，貞吉，亨。

荀爽曰：「拔茅茹」，取其相連。彙者，類也。合體同包，謂坤三爻同類相連，欲在下也。貞者，正也。謂正居其所則吉也。

《象》曰：「拔茅」「貞吉」，志在君也。

《九家易》曰：陰志在下，欲承君也。

案：初六巽爻，巽爲草木。陽爻爲木，陰爻爲草。初六陰爻，草茅之象也。

六二，包承，小人吉。大人否，亨。

荀爽曰：「二與四同功」，爲四所包，故曰「包承」也。小人，二也。謂一爻獨居，間象相承，得繫於陽，故「吉」也。「大人」謂五。乾坤分體，天地否隔，故曰「大人否」也。二五相應，否義得通，故曰「否亨」矣。

《象》曰：「大人否亨」，不亂羣也。

虞翻曰：否，不也。物三稱羣。謂坤三陰亂弑君，大人不從，故「不亂羣也」。

六三，包羞。《象》曰：「包羞」，位不當也。

荀爽曰：卦性爲否，其義否隔。今以不正與陽相承，爲四所包，違義失正而可羞者，以「位不當」故也。

九四，有命，无咎，疇離祉。

《九家易》曰：巽爲命。謂受五之命以據三陰，故「无咎」。无命而據則有咎也。疇者，類也。謂四應初據三，與二同功，故陰類皆離祉也。離，附；祉，福也。陰皆附之，故曰「有福」。謂下三陰離受五四之福也。

《象》曰：「有命无咎」，志行也。

荀爽曰：謂志行於羣陰也。

九五，休否，大人吉。

《九家易》曰：否者，消卦。陰欲消陽，故五處和居正，以否絶之。乾坤異體，升降殊隔，卑不犯尊，故「大人吉」也。

其亡其亡，

荀爽曰：陰欲消陽，由四及五，故曰「其亡其亡」。謂坤性順從，不能消乾使亡。

繫于包桑。

荀爽曰：包者，乾坤相包也。桑者，上玄下黄，以象乾坤也。乾職在上，坤體在下。雖欲消乾，繫其本體，不能亡也。○京房曰：桑有衣食人之功，聖人亦有天覆地載之德，故以喻。○陸績曰：包，本也。言其堅固不亡，如以巽繩繫也。案：「其亡其亡」，近死之嗟也。其與幾同。幾者，近也。九五居否之時，下包六二。二互坤艮，艮山坤地，地上即田也。五互巽木，田上有木，莫過於桑，故曰「其亡其亡，繫於苞桑」。言五二包繫，根深蒂固，若山之堅，如地之厚者也。雖遭危亂，物莫能害矣。○鄭玄曰：猶紂囚文王於羑里之獄，四臣獻珍異之物，而終免於難，「繫於包桑」之謂。

《象》曰：「大人」之「吉」，位正當也。

崔憬曰：得位居中也。

上九，傾否，先否後喜。

侯果曰：傾爲覆也。否窮則傾矣。傾猶否，故「先否」也。傾畢則通，故「後喜」也。

《象》曰：「否」終則「傾」，何可長也。

虞翻曰：否終必傾，盈不可久，故「先否」。下反於初，成益，體震，「民説无疆」，故「後喜」。以陰剥陽，故「不可久」也。

《序卦》曰：物不可以終否，故受之以同人。

崔憬曰：「否終則傾」，故同於人，通而利涉矣。

䷌ 离下乾上 同人于野，亨。

鄭玄曰：乾爲天，离爲火。卦體有巽，巽爲風，天在上。火炎上而從之，是其性同於天也。火得風然後炎上益熾，是猶人君在上，施政教使天下之人和同而事之，以是爲人和同者，君之所爲也。故謂之「同人」。風行无所不徧，徧則會通之德大行，故曰「同人于野，亨」。

利涉大川，利君子貞。

崔憬曰：以离文明而合乾健。九五中正，同人於二，爲能通天下之志，故能「利涉大川，利君子之貞」。

《象》曰：同人，

《九家易》曰：謂乾舍於离，同而爲日。天日同明以照于下，君子則之，上下同心，故曰「同人」。

柔得位得中而應乎乾，曰同人。

蜀才曰：此本夬卦。九二升上，上六降二，則「柔得位得中而應乎乾」。下奉上之象，義同於人，故曰「同人」。

《同人》曰「同人于野，亨，利涉大川」，乾行也。

虞翻曰：旁通師卦。巽爲同，乾爲野，師震爲人。二得中應乾，故曰「同人于野，亨」。此孔子所以明嫌表微。師震爲夫，巽爲婦，所謂「二人同心」，故不稱君臣父子兄弟朋友，而故言人耳。乾四上失位，變而體坎，故曰「利涉大川，乾行也」。○侯果曰：九二升上，上爲郊野，是「同人于野」而得通者，由乾爻上行耳，故特曰「乾行也」。

文明以健，中正而應，君子正也。

何妥曰：离爲文明，乾爲剛健。健非尚武，乃以文明應，不以邪，乃以中正，故曰「利君子貞」也。

唯君子爲能通天下之志。

虞翻曰：唯，獨也。四變成坎，坎爲通，爲志，故「能通天下之志」。謂五「以類族辯物」，「聖人作而萬物覩」。○崔憬曰：「君子」謂九五。❶能舍己同人，「以通天下之志」。若九三、九四，以其人臣則不當矣，故爻辭不言「同人」也。

《象》曰：天與火，同人。

荀爽曰：乾舍於離，相與同居，故曰「同人」也。

君子以類族辯物。

虞翻曰：「君子」謂乾。師坤爲類，乾爲族。辯，别也。乾，陽物。坤，陰物。體《姤》「天地相遇，品物咸章」，以乾照坤，故「以類族辯物」。謂「方以類聚，物以羣分」。孔子曰「君子和而不同」，故於

❶「五」，原誤作「二」，今據照曠閣本改。

同人家見「以類族辯物」也。

初九，同人于門，无咎。

虞翻曰：乾爲門。謂同於四，四變應初，故「无咎」也。

《象》曰：「出門同人」，又誰「咎」也。

崔憬曰：剛而无應，比二以柔，近同於人，出門之象，「又誰咎矣」。案：初九震爻，「帝出乎震」，「震爲大塗」，又爲日門，「出門」之象也。

六二，同人于宗，吝。

荀爽曰：宗者，衆也。三據二陰，「二與四同功」，五相應，初相近。上下衆陽皆欲與二爲同，故曰「同人于宗」也。陰道貞靜，從一而終。今宗同之，故「吝」也。

《象》曰：「同人于宗」，吝道也。

侯果曰：「宗」，謂五也。二爲同人之主，和同者之所仰也。有應在五，唯同於五。過五則否，不能大同於人，則爲主之德吝狹矣。所同雖吝，亦妻臣之道也。

九三，伏戎于莽，升其高陵，三歲不興。

虞翻曰：巽爲伏，震爲草莽，离爲戎。謂四變時，三在坎中，隱伏自藏，故「伏戎于莽」也。巽爲高，師震爲陵。以巽股升其高陵，爻在三，乾爲歲。興，起也。動不失位，故「三歲不興」也。

《象》曰：「伏戎于莽」，敵剛也。「三歲不興」，安行也。

崔憬曰：與二相比，欲同人焉。盜憎其主而忌於五，所以隱兵于野，將以襲之，故曰「伏戎于莽」。五既居上，故曰「升其高陵」。一爻爲一年，自三至五頻遇剛敵，故「三歲不興」，安可行也。

案：三互离、巽。巽爲草木，离爲戈兵，「伏戎于莽」之象也。

九四，乘其庸，弗克攻，吉。

虞翻曰：巽爲庸，四在巽上，故「乘其庸」。變而承五，體訟。乾剛在上，故「弗克攻」則「吉」也。

《象》曰：「乘其庸」，義弗克也。其「吉」，則困而反則也。

王弼曰：處上攻下，力能乘庸者也。履非其位，與三争二。二自應五，三非犯己。攻三求二，尤而效之。違義傷禮，衆所不與。勢雖乘墉，義終弗克。而得吉者，以困而反正則也。

九五，同人先號咷而後笑，大師克相遇。

虞翻曰：應在二。巽爲號咷，乾爲先，故「先號咷」。師震在下，故「後笑」。震爲後笑也。乾爲大，同人反師，故「大師」。二至五體姤，遇也，故「相遇」。

《象》曰：「同人」之「先」，以中直也。「大師」「相遇」，言相克也。

侯果曰：乾德中直，不私於物。欲天下大同，方始同二矣。三四失義而近據之，未獲同心，故「先號咷」也。時須同好，寇阻其途，以言相克，然後始相遇，故「笑」也。○《九家易》曰：乾爲言。

上九，同人于郊，无悔。

虞翻曰：乾爲郊。失位无應，與乾上九同義，當有悔。同心之家，故「无悔」。

《象》曰：「同人于郊」，志未得也。

侯果曰：獨處于外，「同人于郊」也。不與内争，无悔吝也。同人之時，唯同于郊，「志未得也」。

《序卦》曰：與人同者物必歸焉，故受之以大有。

崔憬曰：以欲從人，物必歸己，所以成大有。

䷍ 乾下离上 大有，元亨。

虞翻曰：與比旁通。「柔得尊位大中」，

「應天而時行」，故「元亨」也。◯姚規曰：　互體有兑。兑爲澤，位在秋也。乾則施生，澤則流潤，離則長茂，秋則成收，大富有也。大有則「元亨」矣。◯鄭玄曰：　六五體离，處乾之上，猶大臣有聖明之德，代君爲政，處其位、有其事而理之也。元亨者，又能長羣臣以善，使嘉會禮通，若周公攝政朝諸侯於明堂是也。

《象》曰：　大有，柔得尊位，大中而上下應之，曰大有。

王弼曰：　處尊以柔，居中以大，體無二陰，以分其應。上下應之，靡所不納，「大有」之義也。

其德剛健而文明，應乎天而時行，是以「元亨」。

虞翻曰：　謂五以日應乾而行於天也。「時」謂四時也。大有亨。比初動成震爲春，至二兑爲秋，至三离爲夏，坎爲冬，故曰「時行」。以乾亨坤，是以「元亨」。

《象》曰：　火在天上，大有。

荀爽曰：　謂夏。火王在天，萬物並生，故曰「大有」也。

君子以遏惡揚善，順天休命。

虞翻曰：　遏，絶；揚，舉也。乾爲揚善，坤爲遏惡，爲順。以乾滅坤，體《夬》「揚于王庭」，故「遏惡揚善」。乾爲天休，二變時巽爲命，故「順天休命」。

初九，无交害，匪咎，艱則无咎。

虞翻曰：「害」謂四。四离火爲惡人，故「无交害」。初動震爲交，比坤爲害。匪，非也。艱，難。謂陽動比初成屯。屯，難也。變得位，「艱則无咎」。

《象》曰：　大有「初九」，「无交害」也。

虞翻曰：「害」謂四。

九二：　大轝以載，有攸往，无咎。

虞翻曰：　比坤爲大轝。乾來積上，故

「大轝以載」。「往」謂之五。二失位，變得正應五，故「有攸往，无咎」矣。

《象》曰：「大轝以載」，積中不敗也。

盧氏曰：乾爲大車，故曰「大車以載」。體剛履中，可以任重。有應於五，故所積皆中而不敗也。

九三，公用亨于天子，小人弗克。

虞翻曰：「天子」謂五。三，公位也。「小人」謂四。二變得位，體鼎象，故「公用亨于天子」。四折鼎足，「覆公餗」，故「小人不克」也。

《象》曰：「公用亨于天子」，「小人」害也。

虞翻曰：「小人」謂四也。

九四，匪其尫，无咎。

虞翻曰：匪，非也。其位尫。足尫，體行不正。四失位，折震足，故「尫」。變而得正，故「无咎」。「尫」或爲「彭」，作旁聲，字之誤。

《象》曰：「匪其尫，无咎」，明辯折也。

虞翻曰：折之离，故「明辯折也」。四在乾則尫，在坤爲鼠，在震噬胏得金矢，在巽折鼎足，在坎爲鬼方，在离焚死，在艮旅于處，言无所容，在兑睽孤孚厲。三百八十四爻，獨无所容也。

六五，厥孚交如，威如，吉。

虞翻曰：孚，信也。發而孚二，故「交如」。乾稱威，發得位，故「威如吉」。

《象》曰：「厥孚交如」，信以發志也。「威如」之「吉」，易而无備也。

侯果曰：其體文明，其德中順。信發乎志，以覃於物。物懷其德，以信應君。君物交信，「厥孚交如」也。爲卦之主，有威不用，唯行簡易，无所防備。物感其德，翻更畏威，「威如之吉」也。

上九，自天右之，吉无不利。

虞翻曰：謂乾也。右，助也。大有通

比。坤爲自，乾爲天，兑爲右，故「自天右之」。比坤爲順，乾爲信。天之所助者，順。人之所助者，信。履信思順，又以尚賢，故「自天右之，吉无不利」。◯王弼曰：　餘爻皆乘剛，己獨乘柔順也。五爲信德而己履焉，履信者也。居豐富之代，物不累心，高尚其志，尚賢者也。爻有三德，盡夫助道，故《繫辭》具焉也。

《象》曰：　大有「上吉」，自天右也。

《九家易》曰：　上九説五，以柔處尊而自謙損。尚賢奉己，上下應之，爲乾所右，故吉且利也。❶

《序卦》曰：　有大者不可以盈，故受之以謙。

崔憬曰：「富貴而自遺其咎」，故「有大者不可盈」，當須謙，天之道也。

䷎ 艮下坤上　謙，亨。

虞翻曰：　乾上九來之坤，與履旁通。「天道下濟」，故「亨」。彭城蔡景君説「剥上來之三」。

君子有終。

虞翻曰：「君子」謂三。艮終萬物，故「君子有終」。◯鄭玄曰：　艮爲山，坤爲地。山體高，今在地下。其於人道，高能下下，謙之象。亨者，嘉會之禮，以謙而爲主。謙者，自貶損以下人。唯艮之堅固，坤之厚順乃能終之，故君子之人有終也。

《象》曰：　謙「亨」。

《九家易》曰：　艮山，坤地。山至高，地至卑。以至高下至卑，故曰「謙」也。謙者兑世。艮與兑合，故「亨」。

天道下濟而光明，

❶「利」，原誤作「和」，據照曠閣本改。

荀爽曰：乾來之坤，故「下濟」。陰去爲离，陽來成坎，日月之象，故「光明」也。

地道卑而上行，

侯果曰：此本剥卦。乾之上九來居坤三，是「天道下濟而光明」也，坤之六三上升乾位，是「地道卑而上行」者也。

天道虧盈而益謙，

虞翻曰：謂乾盈履上，虧之坤三，故「虧盈」。貴處賤位，故「益謙」。○崔憬曰：若日中則昃，月滿則虧。損有餘以補不足，天之道也。

地道變盈而流謙，

虞翻曰：謙二以坤變乾，盈坎動而潤下，水流溼，故「流謙」也。○崔憬曰：「高岸爲谷，深谷爲陵」，是爲「變盈而流謙」，地之道也。

鬼神害盈而福謙，

虞翻曰：「鬼」謂四，「神」謂三。坤爲鬼害，乾爲神福，故「鬼神害盈而福謙」也。○崔憬曰：「朱門之家，鬼闞其室」，「黍稷非馨，明德惟馨」，是其義矣。

人道惡盈而好謙。

虞翻曰：乾爲好，爲人。坤爲惡也。故人道惡盈，從上之三，故「好謙」矣。○崔憬曰：「滿招損，謙受益」，人之道也。

謙，尊而光，卑而不可踰，

虞翻曰：天道遠，故尊光。三位賤，故卑。坎水就下，險弱難勝，故「不可踰」。

「君子」之「終」也。

孔穎達曰：尊者有謙而更光明盛大，卑者有謙而不踰越，是「君子之終」也。言君子能終其謙之善，而又獲謙之福，故曰「君子有終」也。

《象》曰：地中有山，謙。

劉表曰：地中有山，以高下下，故曰「謙」。謙之爲道，降己升人。山本地上，今居地中，亦降體之義，故爲謙象也。

君子以捊多益寡，稱物平施。

虞翻曰：「君子」謂三。捊，取也。艮爲多，坤爲寡，乾爲物，爲施，坎爲平。謙乾盈益謙，故「以捊多益寡，稱物平施」。◯侯果曰：裒，聚也。《象》云「天道益謙」，則謙之大者天益之以大福，謙之小者天益之以小福，故君子則之。以大益施大德，以小益施小德，是「稱物平施」也。

初六，謙謙君子，用涉大川，吉。

荀爽曰：初最在下，爲「謙」。二陰承陽，亦爲「謙」，故曰「謙謙」也。二陰一陽，相與成體，故曰「君子」也。九三體坎，故「用涉大川，吉」也。

《象》曰：「謙謙君子」，卑以自牧也。

《九家易》曰：承陽卑謙，以陽自牧養也。

六二，鳴謙，貞吉。

姚信曰：三體震爲善鳴，二親承之，故曰「鳴謙」。得正處中，故「貞吉」。

《象》曰：「鳴謙貞吉」，中心得也。

崔憬曰：言中正，心與謙相得。◯虞翻曰：「中正」謂二，坎爲「心」也。

九三，勞謙，君子有終，吉。

荀爽曰：體坎爲勞，終下二陰，「君子有終」，故「吉」也。

《象》曰：「勞謙君子」，萬民服也。

荀爽曰：陽當居五，自卑下衆，降居下體，君有下國之意也。衆陰皆欲撝陽，上居五位，羣陰順陽，故「萬民服也」。

六四，无不利，撝謙。

荀爽曰：四得位處正，家性爲謙，故「无不利」。陰欲撝三，使上居五，故曰「撝謙」。撝，猶舉也。

《象》曰：「无不利，撝謙」，不違則也。

《九家易》曰：陰撝上陽，不違法則。

六五，不富以其鄰，

荀爽曰：「鄰」謂四與上也。自四以上乘陽。乘陽失實，故皆「不富」。五居中有體，故總言之。

利用侵伐，无不利。

荀爽曰：謂陽利侵伐來上，无敢不利之者。

《象》曰：「利用侵伐」，征不服也。

荀爽曰：「不服」謂五也。案：六五离爻。离爲戈兵，「侵伐」之象也。

上六，鳴謙，利用行師，征邑國。

虞翻曰：應在震，故曰「鳴謙」。體師象，震爲行，坤爲邑國。利五之正，已得從征，故「利用行師，征邑國」。

《象》曰：「鳴謙」，志未得也。可「用行師」，「征邑國」也。

《九家易》曰：陰陽相應，故「鳴謙」也。雖應不承，故「志未得」。謂下九三可行師來上。坤爲邑國也。三應上，上呼三，征來居五位，故曰「利用行師，征邑國」也。案：上六兑爻，兑爲口舌，「鳴謙」之象也。

《序卦》曰：有大而能謙必豫，故受之以豫。

鄭玄曰：言國既大而能謙則於政事恬豫。「雷出地奮，豫」，行出而喜樂之意。

䷏ 坤下震上 豫，利建侯行師。

鄭玄曰：坤，順也。震，動也。順其性而動者，莫不得得其所，❶故謂之豫。豫，喜豫悦樂之貌也。震又謂雷，諸侯之象。坤又爲衆，師役之象，故「利建侯行師」矣。○虞翻曰：復初之四，與小

❶「得得」，四庫本「得」字不重。

畜旁通。坤爲邦國，震爲諸侯。初至五，體比象。四利復初，故「利建侯」。三至上，體師象，故「行師」。

《彖》曰：豫，剛應而志行，

侯果曰：四爲卦主，五陰應之，剛志大行，故曰「剛應而志行」。

順以動，豫。

崔憬曰：坤下震上，「順以動」也。

豫，順以動，故天地如之，

虞翻曰：小畜乾爲天，坤爲地。「如之」者，謂天地亦動，以成四時，而「況建侯行師」。言其皆應而豫也。

而況建侯行師乎！

《九家易》曰：震爲建侯，坤爲行師。建侯所以興利，行師所以除害。利興害除，民所豫樂也。天地有生殺，萬物有始終，王者盛衰，亦有迭更。猶武王承亂而應天地，「建侯行師」，奉辭除害，民得豫說，君得安樂也。

天地以順動，

虞翻曰：豫變通小畜。坤爲地，動初至三成乾，故「天地以順動」也。

故日月不過而四時不忒，

虞翻曰：「過」謂失度。忒，差迭也。謂變初至需，离爲日，坎爲月，皆得其正，故「日月不過」。動初時震爲春，至四兑爲秋，至五坎爲冬，离爲夏。四時位正，故「四時不忒」。「通變之謂事」，蓋此之類。

聖人以順動，則刑罰清而民服。

虞翻曰：「清」猶明也。動初至四兑爲刑，至坎爲罰。坎兑體正，故「刑罰清」。坤爲民，乾爲清。以乾乘坤，故「民服」。

案：帝出震，聖人也。坎爲法律、刑罰也。坤爲衆，順而民服也。

豫之時義大矣哉！

虞翻曰：順動天地，使日月四時皆不過差，「刑罰清而民服」，故「義大」也。

《象》曰：雷出地奮，豫。

崔憬曰：震在坤上，故言雷出地。雷，陽氣，亦謂龍也。夏至後陽氣極而一陰生，陰陽相擊而成雷聲。雷聲之疾，有龍奮迅豫躍之象，故曰「奮豫」。

先王以作樂崇德，殷薦之上帝，以配祖考。

鄭玄曰：奮，動也。雷動於地上而萬物乃豫也。以者，取其喜佚動摇，猶人至樂則手欲鼓之，足欲舞之也。崇，充也。殷，盛也。薦，進也。上帝，天也。「王者功成作樂」，以文得之者作籥舞，以武得之者作萬舞，各充其德而爲制。祀天帝以配祖考者，使與天同饗其功也。故《孝經》云「郊祀后稷以配天，宗祀文王於明堂以配上帝」，是也。

初六，鳴豫，凶。

虞翻曰：應震善鳴。失位，故「鳴豫，凶」也。

《象》曰：「初六鳴豫」，志窮凶也。

虞翻曰：體《剥》「蔑貞」，故「志窮凶也」。

六二，介于石。

虞翻曰：介，纖也。與四爲艮，艮爲石，故「介于石」。

不終日，貞吉。

虞翻曰：與小畜通。應在五，終變成离，离爲日，得位。欲四急復初，己得休之，故「不終日，貞吉」。

《象》曰：「不終日，貞吉」，以中正也。

侯果曰：得位居中，柔順正一，明豫動之可否，辯趣舍之權宜。假如堅石，不可移變。應時則改，不待終日，故曰豫之正吉。

六三，盱豫悔，遲有悔。《象》曰：「盱豫」「有悔」，位不當也。

王弼曰：履非其位，承動豫之主。若

其睢盱而豫，悔亦至焉。遲而不從，豫之所疾。進退離悔，位不當也。◯向秀曰：睢盱，小人喜悅佞媚之貌也。

九四，由豫，大有得，勿疑，朋盍戠。「戠」，鄭作「簪」，京作「撍」，荀作「宗」。

侯果曰：爲豫之主，衆陰所宗，莫不由之以得其豫。體剛心直，志不懷疑，故得羣物依歸，朋從大合，若以簪篸之固括也。◯虞翻曰：由，自從也。據有五陰，坤以衆順，故「大有得」，得羣陰也。坎爲疑，故「勿疑」。小畜兑爲朋。盍，合也。坤爲盍。戠，聚會也。坎爲聚，坤爲衆。衆陰並應，故「朋盍戠」。戠，舊讀作「撍」、作「宗」也。

《象》曰：「由豫大有得」，志大行也。

崔憬曰：以一陽而衆陰從己，合簪交歡，故其志大行也。

六五，貞疾，恒不死。

虞翻曰：恒，常也。坎爲疾，應在坤。坤爲死，震爲反生。位在震中，與坤體絶，故「貞疾，恒不死」也。

《象》曰：「六五貞疾」，乘剛也。「恒不死」，中未亡也。

侯果曰：六五居尊而乘於四。四以剛動，非己所乘。乘剛爲政，終亦病若。「恒不死」者，以其中也。

上六，冥豫，成有渝，无咎。

虞翻曰：應在三。坤爲冥。渝，變也。三失位，无應多凶。變乃得正，體艮成，故「成有渝，无咎」。

《象》曰：「冥豫」在上，何可長也。

荀爽曰：陰性冥昧，居尊在上而猶豫說，故「不可長」。

易傳卷第四

易傳卷第五

唐資州李鼎祚集解

《序卦》曰：豫必有隨也，故受之以隨。

韓康伯曰：順以動者，衆之所隨。

䷐ 震下兑上 隨，元亨利貞，无咎。

虞翻曰：否上之初，「剛來下柔」，初上得正，故「元亨利貞，无咎」。◯鄭玄曰：震，動也。兑，悦也。内動之以德，外説之以言，則天下之人咸慕其行，而隨從之，故謂之隨也。既見隨從，能長之以善，通其嘉禮，和之以義，幹之以正，則功成而有福。若无此四德，則有凶咎焉。焦贛曰：漢高帝與項籍，其明徵也。

《彖》曰：隨，剛來而下柔，動而説，隨。

虞翻曰：否乾上來之坤初，故「剛來而下柔」。動，震；説，兑也。

大亨貞，无咎，

荀爽曰：隨者，震之歸魂。震歸從巽，故「大通」。動爻得正，故「利貞」。陽降陰升，嫌於有咎。動而得正，故「无咎」。

而天下隨時，

虞翻曰：乾爲天，坤爲下。震春，兑秋。三四之正，坎冬离夏。四時位正，「時行則行」，故「天下隨時」矣。

隨時之義大矣哉！

蜀才曰：此本否卦。剛自上來居初，柔自初而升上，則内動而外説，是「動而説，隨」也。相隨而大亨无咎，得於時也。得時則天下隨之矣，故曰「隨時之義大矣哉」。

《象》曰：澤中有雷，隨。

《九家易》曰：兑澤，震雷。八月之時，雷藏於澤，則「天下隨時」之象也。

君子以嚮晦入宴息。

翟玄曰：晦者，冥也。雷者，陽氣。春夏用事，今在澤中，秋冬時也，故君子象之。日出視事，其將晦冥，退入宴寢而休息也。○侯果曰：坤爲晦。乾之上九來入坤初，「嚮晦」者也。坤初升兑，兑爲休息，「入宴」者也。欲君民者，晦德息物，動説黎庶，則萬方歸隨也。

初九，官有渝，貞吉。出門交有功。

《九家易》曰：渝，變也。謂陽來居初，得正爲震。震爲子，得土之位，故曰官也。陰陽出門，相與交通。陰往之上，亦不失正，故曰「貞吉」而「交有功」。

《象》曰：「官有渝」，從正「吉」也。「出門交有功」，不失也。

鄭玄曰：震爲大塗，又爲日門，當春分陰陽之所交也。是臣出君門，與四方賢人交有成功之象也。❶昔舜「慎徽五典，五典克從。納于百揆，百揆時序。賓于四門，四門穆穆」，是其義也。

六二，係小子，失丈夫。

虞翻曰：應在巽。巽爲繩，故稱「係」。「小子」謂五。兑爲少，故曰「小子」。「丈夫」謂四。體大過老夫，故稱「丈夫」。承四隔三，故「失丈夫」。三至上有大過象，故與老婦士夫同義。體咸象，夫死大過，故每有欲嫁之義也。

《象》曰：「係小子」，弗兼與也。

虞翻曰：已係於五，不兼與四也。

六三，係丈夫，失小子。隨有求，得，利居貞。

虞翻曰：隨家陰隨陽。三之上无應，

❶「人」，原作「方」，今據四庫本、照曠閣本改。

上係於四，失初小子，故「係丈夫，失小子」。艮爲居，爲求。謂求之正得位，遠應，利上，承四，故「利居貞」矣。

《象》曰：「係丈夫」，志舍下也。

王弼曰：雖體下卦，二已據初，將何所附？故舍初係四，志在丈夫也。四俱无應，亦欲於己隨之，則得其求矣，故曰「隨有求，得」也。應非其正，以係於人，何可以妄，故「利居貞」也。初處己下，四處己上，故曰「係丈夫，失小子」也。

九四，隨有獲，貞凶。有孚在道，以明，何咎。

虞翻曰：謂獲三也。失位相據，在大過死象，故「貞凶」，《象》曰「其義凶」矣。「孚」謂五。初震爲道。三已之正，四變應初，得位在离，故「有孚在道，以明，何咎」。《象》曰「明功也」。

《象》曰：「隨有獲」，其義「凶」也。

虞翻曰：死在大過，故「凶」也。

「有孚在道」，明功也。

虞翻曰：「功」謂五也。三四之正，离爲明，故「明功也」。

九五，孚于嘉，吉。

虞翻曰：坎爲孚，陽稱嘉，位五正，故「吉」也。

《象》曰：「孚于嘉吉」，位正中也。

虞翻曰：凡五言中正。中正皆陽得其正，以此爲例矣。

上六，拘係之，乃從維之。

虞翻曰：應在艮。艮手爲拘，巽爲繩。兩係稱維，故「拘係之，乃從維之」。在隨之上而無所隨，故「維之」。《象》曰「上窮」，是其義也。

王用亨于西山。

虞翻曰：否乾爲王，謂五也。有觀象，故「亨」。兑爲西，艮爲山，故「王用亨于

西山」也。❶

《象》曰：「拘係之」，上窮也。

虞翻曰：乘剛无應，故「上窮也」。

《序卦》曰：以喜隨人者必有事，故受之以蠱。蠱者，事也。

《九家易》曰：子行父事，備物致用而天下治也。「備物致用，立成器以爲天下利，莫大於聖人」。子修聖道，行父之事，以臨天下，无爲而治也。

䷑ 巽下艮上 蠱，元亨。

虞翻曰：泰初之上，與隨旁通。剛上柔下，乾坤交，故「元亨」也。○伏曼容曰：蠱，惑亂也。萬事從惑而起，故以蠱爲事也。案：《尚書大傳》云「乃命五史，以書五帝之蠱事」，然爲訓者，正以太古之時，无爲无事也。今言蠱者，是卦之惑亂也。時既漸澆，物情惑亂，故事業因之而起惑矣，故《左傳》云「女惑男，風落山」謂之蠱，是其義也。

利涉大川。

虞翻曰：謂二失位，動而之坎，故「利涉大川」也。

先甲三日，後甲三日。

《子夏傳》云：「先甲三日」者，辛壬癸也。「後甲三日」者，乙丙丁也。○馬融曰：甲在東方，艮在東北，故云「先甲」。巽在東南，故云「後甲」。所以十日之中唯稱甲者，甲爲十日之首，蠱爲造事之端，故舉初而明事始也。言所以三日者，不令而誅謂之暴，故令先後各三日，欲使百姓偏習，行而不犯也。

《彖》曰：蠱，剛上而柔下，巽而止，蠱。

❶「王」，原脱，今據四庫本、照曠閣本補。

虞翻曰：泰初之上，故「剛上」。坤上之初，故「柔下」。上艮下巽，故「巽而止，蠱」也。

「蠱，元亨」，而天下治也。

荀爽曰：蠱者，巽也。巽歸合震，故「元亨」也。蠱者，事也。「備物致用」，故「天下治也」。

「利涉大川」，往有事也。

《九家易》曰：陽往據陰，陰來承陽，故「有事也」。此卦泰。❶乾天有河，坤地有水。二爻升降，出入乾坤，「利涉大川」也。陽往求五，陰來求二，未得正位，戎事不息，故「有事」。

「先甲三日，後甲三日」，終則有始，天行也。

虞翻曰：謂初變成乾，乾爲甲。至二成离，离爲日。謂乾三爻在前，故「先甲三日」，賁時也。變三至四體離，至五成乾。乾三爻在後，故「後甲三日」，无妄時也。易出震消息，歷乾坤象。乾爲始，坤爲終，故「終則有始」。乾爲天，震爲行，故「天行」也。

《象》曰：山下有風，蠱。

何妥曰：山者高而静，風者宣而疾。有似君處上而安静，臣在下而行令也。

君子以振民育德。

虞翻曰：「君子」謂泰乾也。坤爲民，初上撫坤，故「振民」。乾稱德，體大畜須養，故以「育德」也。

初六，幹父之蠱，有子考，无咎，厲，終吉。

虞翻曰：幹，正；蠱，事也。泰乾爲父，坤爲事，故「幹父之蠱」。初上易位，艮爲子，父死大過稱考，故「有子考」。變而得正，故「无咎，厲，終吉」也。

❶「泰」上，照曠閣本有「本」字。

案：位陽令首，父之事也。爻陰柔順，子之質也。

《象》曰：「幹父之蠱」，意承考也。

王弼曰：幹事之首，時有損益，不可盡承，故「意承」而已也。

九二，幹母之蠱，不可貞。《象》曰：「幹母之蠱」，得中道也。

虞翻曰：應在五，泰坤爲母，故「幹母之蠱」。失位，故「不可貞」。變而得正，故貞而「得中道也」。　案：位陰居內，母之象也。

九三，幹父之蠱，小有悔，无大咎。《象》曰：「幹父之蠱」，終无咎也。

王弼曰：以剛幹事而无其應，故「有悔」也。履得其位，以正幹父，雖「小有悔」，終「无大咎」矣。　案：爻位俱陽，父之事。

六四，裕父之蠱，往見吝。

虞翻曰：裕，不能爭也，孔子曰「父有爭子，則身不陷於不義」。四陰體大過「本末弱」，故「裕父之蠱」。兑爲見，變而失正，故「往見吝」。《象》曰「往未得」，是其義也。

《象》曰：「裕父之蠱」，往未得也。

虞翻曰：往失位，折鼎足，故「未得」。

六五，幹父之蠱，用譽。

荀爽曰：體和應中，承陽有實。用斯幹事，榮譽之道也。

《象》曰：「幹父用譽」，承以德也。

虞翻曰：「譽」謂二也。二五失位，變而得正，故「用譽」。變二使承五，故「承以德」。二，乾爻，故稱「德」矣。

上九，不事王侯，

虞翻曰：泰乾爲王，坤爲事。應在於三，震爲侯。坤象不見，故「不事王侯」。

高尚其事。

虞翻曰：謂五已變，巽爲高，艮陽升在坤上，故「高尚其事」。

《象》曰：「不事王侯」，志可則也。

荀爽曰：年老事終，不當其位，體艮爲止，故「不事王侯」。據上臨下，重陰累實，故「志可則」。

《序卦》曰：有事而後可大，故受之以臨。臨者，大也。

崔憬曰：有「蠱元亨」，則可大之業成，故曰「有事然後可大」也。

䷒ 兑下坤上 臨，元亨利貞。

虞翻曰：陽息至二，與遯旁通。剛浸而長，乾來交坤，動則成乾，故「元亨利貞」。

至于八月有凶。

虞翻曰：與遯旁通。臨消於遯，六月卦也，於周爲八月。遯弑君父，故「至于八月有凶」。荀公以兑爲八月。兑於周爲十月，言八月，失之甚矣。○鄭玄曰：臨，大也。陽氣自此浸而長。大陽浸長矣，而有四德，齊功於乾，盛之極也。人之情盛則奢淫，奢淫則將亡，故戒以凶。臨卦斗建丑而用事，殷之正月也。當文王之時，紂爲无道，故於是卦爲殷家著興衰之戒，以見周改殷正之數云。臨自周二月用事，訖其七月至八月而遯卦受之。此終而復始，王命然矣。

《彖》曰：臨，剛浸而長。

虞翻曰：「剛」謂二也。兑爲水澤，自下浸上，故「浸而長」也。

説而順，剛中而應。大「亨」以正，天之道也。

虞翻曰：説，兑；順，坤也。「剛中」謂二也。四陰皆應之，故曰「而應」。「大亨以正」，謂三動成乾，天得正爲泰。

天地交通，故「亨以正，天之道也」。「至于八月有凶」，消不久也。

蜀才曰：此本坤卦。剛長而柔消，故「大亨利正」也。案：臨十二月卦也。自建丑之月至建申之月，凡歷八月，則成否也。否則天地不交，萬物不通，是「至于八月有凶」，斯之謂也。

《象》曰：澤上有地，臨。

荀爽曰：澤卑地高，高下相臨之象也。

君子以教思无窮，容保民无疆。

虞翻曰：「君子」謂二也。震爲言，兑口「講習」，「學以聚之，問以辯之」。坤爲思，剛浸長，故「以教思无窮」。容，寬也。二「寬以居之，仁以行之」。坤爲容，爲民，故「保民无疆」矣。

初九，咸臨，貞吉。

虞翻曰：咸，感也。得正應四，故「貞吉」也。

《象》曰：「咸臨貞吉」，志行正也。

荀爽曰：陽始咸升，以剛臨柔，得其正位而居，是吉，故曰「志行正」。

九二，咸臨，吉，无不利。

虞翻曰：得中多譽，兼有四陰。體復初「元吉」，故「无不利」。

《象》曰：「咸臨，吉，无不利」，未順命也。

荀爽曰：陽感至二，當升居五。羣陰相承，故「无不利」也。陽當居五，陰當順從，今尚在二，故曰「未順命也」。

六三，甘臨，无攸利。既憂之，无咎。《象》曰：「甘臨」，位不當也。「既憂之」，咎不長也。

虞翻曰：兑爲口，坤爲土。土爰稼穡作甘，兑口銜坤，故曰「甘臨」。失位乘陽，故「无攸利」。言三失位无應，故「憂之」。動而成泰，故「咎不可長也」。

六四，至臨，无咎。

虞翻曰：至，下也。謂下至初應，當位有實，故「无咎」。

《象》曰：「至臨无咎」，位當也。

荀爽曰：「四與二同功」，欲升二至五，已得承順之，故曰「至臨」也。陽雖未乘，處位居正，故得「无咎」，是「位當」也。

六五，知臨，大君之宜，吉。《象》曰：「大君之宜」，行中之謂也。

荀爽曰：五者，帝位。「大君」謂二也。宜升上居五位，吉，故曰「知臨，大君之宜」也。二者處中，行升居五。五亦處中，故「行中之謂也」。

上六，敦臨，吉，无咎。

荀爽曰：上應於三，欲因三升二。過應於陽，敦厚之意，故曰「敦臨，吉，无咎」。

《象》曰：「敦臨」之「吉」，志在內也。

《九家易》曰：志在升二也。陰以陽爲主，故「志在內也」。

《序卦》曰：物大然後可觀也，故受之以觀。

崔憬曰：言德業大者可以觀政於人，故「受之以觀」也。

䷓ 坤下巽上 觀，盥而不薦，有孚顒若。

鄭玄曰：坤爲地，爲衆。巽爲木，爲風。九五，天子之爻。互體有艮，艮爲鬼門，又爲宮闕。地上有木而爲鬼門宮闕者，天子宗廟之象也。○王弼曰：王道之可觀者，莫盛乎宗廟。宗廟之可觀者，莫盛乎盥也。至薦簡略，不足復觀，故「觀，盥而不薦」也。○馬融曰：盥者，進爵灌地以降神也。此是祭祀盛時，及神降薦牲，其禮簡略，不足觀也。「國之大事，唯祀與戎」，王道可觀，在於祭祀。祭祀之盛，莫過初盥降神，故孔子曰「禘自既灌而往者，吾不欲觀之矣」。此言及薦簡略，則不足觀也。以下觀上，見其至盛之禮，萬民信敬，故云「有孚顒若」。孚，信；顒，敬也。案：鬼神害盈，禍淫福善。若人君脩德，至誠感神，則「黍稷非馨，明德惟馨」，故「觀盥而不觀薦」，饗其誠信者也。斯即「東鄰殺牛，不如西鄰之禴祭，實受其福」，是其義也。

《彖》曰：大觀在上。

蜀才曰：此本乾卦。案：柔小浸長，剛大在上，其德可觀，故曰「大觀在上」也。

順而巽，中正以觀天下。

虞翻曰：謂陽息臨二，「直方大」。「臨者，大也」，在觀上，故稱「大觀」。順，坤也。「中正」謂五。五以天神道觀示天下，咸服其化，賓於王庭。

「觀盥而不薦有孚顒若」，下觀而化也。

虞翻曰：觀，反臨也。以五陽觀示坤民，故稱「觀」。盥，沃盥；薦，羞牲也。孚，信，謂五。顒顒，君德有威容貌。若，順也。坎爲水，坤爲器。艮手臨坤坎水，沃之盥之象也。故「觀盥而不薦」，孔子曰「禘自既灌，吾不欲觀之矣」。巽爲進退。容止可觀，進退可度，則下觀其德而順其化。上之三，五在坎中，故「有孚顒若，下觀而化」。《詩》曰「顒顒卬卬，如珪如璋」，君德之義也。

觀天之神道，而四時不忒。

虞翻曰：忒，差也。「神道」謂五。臨震兑爲春秋。三上易位，坎冬离夏，日月象正，故「四時不忒」。

聖人神道設教，而天下服矣。今本「聖人」下有「以」字。

虞翻曰：「聖人」謂乾。退藏於密而齊於

巽，以神明其德教，故「聖人設教」，坤民順從「而天下服矣」。

《象》曰：風行地上，觀。先王以省方，觀民設教。

《九家易》曰：「先王」謂五。應天順民，受命之王也。風行地上，草木必偃。枯槁朽腐，獨不從風，謂應外之爻。天地氣絶，陰陽所去，象不化之民，五刑所加。故以省察四方，觀視民俗而設其教也。言先王德化，光被四表。有不賓之民，不從法令，以五刑加之，以齊德教也。

初六，童觀，小人无咎，君子吝。

虞翻曰：艮爲童，陰小人，陽君子。初位賤，以小人承君子，故「无咎」。陽伏陰下，故「君子吝」矣。

《象》曰：「初六童觀」，「小人」道也。

王弼曰：失位處下，最遠朝美，无所鑒見，故曰「童觀」。處大觀之時而童觀，趣順而已。小人爲之，无可咎責；君子爲之，鄙吝之道。

六二，闚觀，利女貞。

虞翻曰：臨兑爲女，竊觀稱闚。兑女反成巽，巽四五得正，故「利女貞」。艮爲宫室，坤爲闔户。小人而應五，故「闚觀」「女貞」，利不淫視也。

《象》曰：「闚觀」「女貞」，亦可醜也。

侯果曰：得位居中，上應於五。闚觀朝美，不能大觀。處大觀之時而爲闚觀，女正則利，君子則醜也。案：六二离爻，离爲目，又爲中女。外互體艮，艮爲門。闚女目近門，闚觀之象也。

六三，觀我生，進退。

虞翻曰：坤爲我，臨震爲生。生謂坤生民也。巽爲進退，故「觀我生進退」。臨震進之五得正，居中，故《象》曰「未失道」。

《象》曰：「觀我生進退」，未失道也。

荀爽曰：「我」謂五也。生者，教化生也。三欲進觀於五，四既在前，而三故退，「未失道也」。

六四，觀國之光，利用賓于王。

虞翻曰：坤爲國。臨陽至二，「天下文明」。反上成觀，進顯天位，故「觀國之光」。「王」謂五陽。陽尊賓坤，坤爲用，爲臣。四在王庭，賓事於五，故「利用賓于王」矣。《詩》曰「莫敢不來賓，莫敢不來王」，是其義也。

《象》曰：「觀國之光」，尚賓也。

崔憬曰：得位比尊，承於王者。職在搜揚國俊，賓薦王庭，故以進賢爲「尚賓」也。

九五，觀我生，君子无咎。

虞翻曰：我，身也，謂「我生」。「生」謂生民。震生象反，坤爲死喪。嫌非生民，故不言民。陽爲君子，在臨二失位，之五得道處中，故「君子无咎」矣。

《象》曰：「觀我生」，觀民也。

王弼曰：「觀我生」，自觀其道也。爲衆觀之主，當宣文化，光于四表。上之化下，猶風之靡草。「百姓有過，在予一人」。君子風著，己乃无咎。欲察己道，當觀民也。○虞翻曰：坤爲民，謂三也。坤體成，故「觀民也」。

上九，觀其生，君子无咎。

虞翻曰：應在三。三體臨震，故「觀其生」。「君子」謂三。之三得正，故「无咎」矣。

《象》曰：「觀其生」，志未平也。

王弼曰：「觀其生」，爲人所觀也。最處上極，天下所觀者也。處天下所觀之地，其志未爲平易，不可不慎，故君子德見，乃得「无咎」。「生」猶動出也。○虞翻曰：坎爲志，爲平。上來之三，故

「志未平」矣。

《序卦》曰：可觀而有所合，故受之以噬嗑。嗑者，合也。

崔憬曰：言可觀政於人則有所合於刑矣，故曰「可觀而有所合」。

䷔ 震下離上 噬嗑，亨，利用獄。

虞翻曰：否五之坤初，坤初之五。剛柔交，故「亨」也。坎爲獄，艮爲手，离爲明。四以不正而係於獄，上當之三，蔽四成豐，「折獄致刑」，故「利用獄」。坤爲用也。案：「頤中有物曰噬嗑」，謂九四也。四互坎體，坎爲法律，又爲刑獄。四在頤中，齧而後亨，故「利用獄」也。

《象》曰：頤中有物，曰噬嗑。

虞翻曰：「物」謂四，則所噬乾脯也。頤中无物則口不噬，故先舉「頤中有物曰噬嗑」也。

噬嗑而「亨」。

崔憬曰：物在頤中，隔其上下。因齧而合，乃得其亨焉。以喻人於上下之間有亂羣者，當用刑去之，故言「利用獄」。

剛柔分，動而明，雷電合而章。

盧氏曰：此本否卦。乾之九五分降坤初，坤之初六分升乾五，是「剛柔分」也。分則雷動於下，電照於上，合成天威，故曰「雷電合而成章」也。

柔得中而上行，雖不當位，「利用獄」也。

侯果曰：坤之初六上升乾五，是「柔得中而上行」。雖則失位，文明以中，斷制枉直，不失情理，故「利用獄」。

《象》曰：雷電，噬嗑。

宋衷曰：雷動而威，電動而明，二者合而其道章也。用刑之道，威明相兼。若威而不明，恐致淫濫；明而无威，不能伏物，故須雷電並合而噬嗑備。

先王以明罰勅法。

侯果曰：雷所以動物，電所以照物。雷電震照則萬物不能懷邪，故先王則之，「明罰勅法」，以示萬物，欲萬方一心也。

初九，屨校滅趾，无咎。

虞翻曰：屨，貫趾足也。震爲足，坎爲校。震没坎下，故「屨校滅趾」。初位得正，故「无咎」。○干寶曰：趾，足也。屨校，貫械也。初居剛躁之家，體貪狼之性，以震掩巽，强暴之男也。行侵陵之罪，以陷屨校之刑，故曰「屨校滅趾」。得位於初，顧震知懼，小懲大戒，以免刑戮，故曰「无咎」矣。

《象》曰：「屨校滅趾」，不行也。

虞翻曰：否坤小人。以陰消陽，「其亡其亡」。今五變滅初，故坤殺不行也。○干寶曰：不敢遂行强也。

六二，噬膚滅鼻，无咎。

虞翻曰：噬，食也。艮爲膚，爲鼻。鼻没水坎中，隱藏不見，故「噬膚滅鼻」。乘剛又得正多譽，故无咎。

《象》曰：「噬膚滅鼻」，乘剛也。

侯果曰：居中履正，用刑者也。二互體艮，艮爲鼻，又爲黔喙，噬膚滅鼻之象也。乘剛，噬必深。噬過其分，故「滅鼻」也。刑刻雖峻，得所疾也。雖則滅鼻，而「无咎」矣。

六三，噬昔肉，遇毒。小吝，无咎。

虞翻曰：三在膚裏，故稱「肉」。离日熯之爲「昔」，坎爲毒，故「噬昔肉遇毒」。「毒」謂矢毒也。失位承四，故「小吝」。與上易位，「利用獄」成豐，故「无咎」也。

《象》曰：「遇毒」，位不當也。

荀爽曰：「昔肉」謂四也。三以不正噬取

巽家，法當遇罪，故曰「遇毒」。爲艮所止，所欲不得，故「小吝」也。所欲不得則免於罪，故「无咎」矣。

九四，噬乾胏，得金矢。利艱貞，吉。《象》曰：「利艱貞吉」，未光也。

陸績曰：肉有骨謂之胏。离爲乾肉，又爲兵矢。失位用刑，物亦不服，若噬有骨之乾胏也。金矢者，取其剛直也。噬胏雖復艱難，終得信其剛直。雖獲正吉，未爲光大也。

六五，噬乾肉，得黄金，貞厲，无咎。

虞翻曰：陰稱肉。位當离，日中烈，故「乾肉」也。乾金黄，故「得黄金」。貞，正；厲，危也。變而得正，故「无咎」。○王弼曰：乾肉，堅也。黄，中也。金，剛也。以陰處陽，以柔承剛，以噬於物，物亦不服，故曰「噬乾肉」也。然處得尊位而居於中，能行其戮者也。履不正而能行其戮，剛勝者也。噬雖不服，得中而勝，故曰「噬乾肉，得黄金」也。已雖不正而刑戮得當，故雖「厲」而「无咎」也。

《象》曰：「貞厲无咎」，得當也。

荀爽曰：謂陰來正居是而厲陽也。以陰厲陽，正居其處而「无咎」者，以從下明上，不失其中，所言得當。

上九，何校滅耳，凶。

荀爽曰：爲五所何，故曰「何校」。據五應三，欲盡滅坎。三體坎爲耳，故曰「滅耳凶」。上以不正侵欲无已，奪取異家。「惡積而不可弇，罪大而不可解」，故宜「凶」矣。○鄭玄曰：离爲槁木，坎爲耳。木在耳上，「何校滅耳」之象也。

《象》曰：「何校滅耳」，聰不明也。

《九家易》曰：當據离坎以爲聰明。坎既不正，今欲滅之，故曰「聰不明」也。

《序卦》曰：物不可以苟合而已，故受之以賁。賁者，飾也。

崔憬曰：言物不可苟合於刑，當須以文飾之，故「受之以賁」。

䷕ 离下艮上 賁，亨。

虞翻曰：泰上之乾二，乾二之坤上。柔來文剛，陰陽交，故「亨」也。

小利有攸往。

虞翻曰：「小」謂五。五失正，動得位體离。以剛文柔，故「小利有攸往」。○鄭玄曰：賁，文飾也。离爲日，天文也。艮爲石，地文也。天文在下，地文在上，天地二文，相飾成賁者也。猶人君以剛柔仁義之道飾成其德也。剛柔雜，仁義合，然後嘉會禮通，故「亨」也。卦互體坎艮，艮止於上，坎險於下，夾震在中，故不利大行，小有所之則可矣。

《彖》曰：「賁亨」，柔來而文剛，故「亨」。分剛上而文柔，故「小利有攸往」。

荀爽曰：此本泰卦。謂陰從上來，居乾之中。文飾剛道，交於中和，故「亨」也。分乾之二，居坤之上。上飾柔道，兼據二陰，故「小利有攸往」矣。

天文也；

虞翻曰：謂五。利變之正，成巽體离。艮爲星，离日，坎月，巽爲高。五天位，离爲文明，日月星辰高麗於上，故稱天之文也。

文明以止，人文也。

虞翻曰：「人」謂三。乾爲人。文明，离；止，艮也。震動离明，五變據四。二五分則止文三，故以三爲人文也。

觀乎天文，以察時變；

虞翻曰：日月星辰爲天文也。泰震春，兑秋，賁坎冬，离夏。巽爲進退。日月星辰進退盈縮謂朓側朒也。歷象在天成變，故「以察時變」矣。

觀乎人文，以化成天下。

虞翻曰：泰乾爲人，五上動體既濟。賁离象「重明麗正」，故「以化成天下」也。○干寶曰：四時之變，縣乎日月。聖人之化，成乎文章。觀日月而要其會通，觀文明而化成天下。

《象》曰：山下有火，賁。

王廙曰：山下有火，文相照也。夫山之爲體，層峰峻嶺，峭嶮參差，直置其形，已如彫飾，復加火照，彌見文章，賁之象也。

君子以明庶政，无敢折獄。

虞翻曰：「君子」謂乾。离爲明，坤爲庶政，故「明庶政」。坎爲獄，三在獄，得正，故「无敢折獄」。噬嗑四不正，故「利用獄」也。

初九，賁其趾，

虞翻曰：應在震，震爲足，故「賁其趾」也。

舍車而徒。

虞翻曰：應在艮，艮爲舍，坎爲車。徒，步行也。位在下，故「舍車而徒」。

《象》曰：「舍車而徒」，義弗乘也。

崔憬曰：剛柔相交以成飾義者也。今近四，棄於二比，故曰「舍車」。車，士大夫所乘，謂二也。四乘於剛，艮止其應，初全其義，故曰「而徒」。徒，塵賤之事也。自飾其行，故曰「賁其趾」。「趾」謂初也。○王肅曰：在下，故稱趾。既舍其車，又飾其趾，是徒步也。

六二，賁其須。《象》曰：「賁其須」，與上興也。

侯果曰：自三至上，有頤之象也。二在頤下，須之象也。上无其應，三亦无應。若能上承於三，與之同德，雖俱无應，可相與而興起也。

九三，賁如濡如，永貞吉。《象》曰：「永貞」之「吉」，終莫之陵也。

盧氏曰：有离之文以自飾，故曰「賁如」也。有坎之水以自潤，故曰「濡如」也。體剛履正，故「永貞吉」。與二同德，故「終莫之陵」也。

六四，賁如皤如，白馬翰如，匪寇婚媾。

王弼曰：有應在初，三爲寇難，二志相感，不獲交通。欲静則失初之應，欲進則懼三之難，故或飾或素，内懷疑懼。鮮絜其馬，翰如以待。雖履正位，未果其志。匪緣寇隔，乃爲婚媾，則「終无尤」也。○陸績曰：震爲馬，爲白，故曰「白馬翰如」。案：皤亦白素之貌也。

《象》曰：「六四」，當位疑也。

案：坎爲盜，故「疑」。當位乘三，悖禮難飾。應初遠陽，故曰「當位疑也」。

「匪寇婚媾」，終无尤也。

崔憬曰：以其守正待應，故「終无尤也」。

六五，賁于丘園，束帛戔戔，吝。終吉。

虞翻曰：艮爲山，五半山，故稱「丘」。木果曰園，故「賁于丘園」也。六五失正，動之成巽。巽爲帛，爲繩。艮手持，故「束帛」。以艮斷巽，故「戔戔」。失位无應，故「吝」。變而得正，故「終吉」矣。

《象》曰：「六五」之「吉」，有喜也。

荀爽曰：艮山、震林，失其正位。在山林之間，賁飾丘陵，以爲園圃，隱士之象也。五爲王位，體中履和，勤賢之主，尊道之君也。故曰「賁于丘園，束帛戔戔」。君臣失正，故「吝」。能以中和，飾上成功，故「終吉」而「有喜」也。○虞翻曰：五變之陽，故「有喜」。凡言喜慶，皆陽爻。「束帛戔戔」，委積之貌。

案：六五离爻，离爲中女，午爲蠶絲，束帛之象。

上九，白賁，无咎。

虞翻曰：在巽上，故曰「白賁」。乘五陰，變而得位，故「无咎」矣。

《象》曰：「白賁无咎」，上得志也。

干寶曰：白，素也。延山林之人，采素士之言，以飾其政，故「上得志也」。◯虞翻曰：上之正得位，體成既濟，故曰「得志」。坎爲志也。

《序卦》曰：致飾然後通則盡矣，故受之以剥。剥者，剥也。

崔憬曰：以文致飾則上下情通，故曰「致飾然後通」也。文者致理，極而无救則盡矣。盡猶剥也。

䷖ 坤下艮上 剥，不利有攸往。

虞翻曰：陰消乾也，與夬旁通。以「柔變剛」，「小人道長」，「子弑其父，臣弑其君」，故「不利有攸往」也。

《彖》曰：「剥」，剥也。

盧氏曰：此本乾卦。羣陰剥陽，故曰爲「剥」也。❶

柔變剛也。

荀爽曰：謂陰外變五。五者至尊，爲陰所變，故曰「剥」也。

「不利有攸往」，小人長也。

鄭玄曰：陰氣侵陽，上至於五，萬物零落，故謂之「剥」也。五陰一陽，小人極盛，君子不可有所之，故「不利有攸往」也。

順而止之，觀象也。

虞翻曰：坤順艮止，謂五消觀成剥，故「觀象也」。

❶「曰」，照曠閣本作「名」。

君子尚消息盈虛，天行也。

虞翻曰：乾爲君子。乾息爲盈，坤消爲虛，故「君子尚消息盈虛，天行也」。則「出入無疾，反復其道」。《易》虧巽消艮，出震息兑，盈乾虛坤，故於是見之耳。

《象》曰：山附於地，剥。

陸績曰：艮爲山，坤爲地。山附於地，謂高附於卑，貴附於賤，君不能制臣也。

上以厚下安宅。

虞翻曰：上，君也。宅，居也。山高絶於地，今附地者，明被剥矣，❶屬地時也。君當厚錫於下，賢當卑降於愚，然後得安其居。

初六，剥牀以足，蔑貞凶。

虞翻曰：此卦坤變乾也。動初成巽，巽木爲牀，復震在下爲足，故「剥牀以足」。蔑，无；貞，正也。失位无應，故「蔑貞凶」。震在陰下，《象》曰「以滅下也」。

《象》曰：「剥牀以足」，以滅下也。

盧氏曰：蔑，滅也。坤所以載物，牀所以安人。在下，故稱足。先從下剥，漸及於上，則君政崩滅，故曰「以滅下也」。

六二，剥牀以辨，蔑貞凶。

虞翻曰：指間稱辨。剥，剥二成艮。艮爲指，二在指間，故「剥牀以辨」。无應在剥，故「蔑貞凶」也。

《象》曰：「剥牀以辨」，未有與也。

鄭玄曰：足上稱辨。謂近膝之下，詘則相近，信則相遠，故謂之辨。辨，分也。○崔憬曰：今以牀言之，則辨當在第足之間，是牀梐也。「未有與」者，言至三則應，故二「未有與」也。

六三，剥之无咎。❷《象》曰：「剥之无咎」，

❶「被」，原作「波」，今據四庫本、照曠閣本改。

❷「之」，原脱，今據四庫本、照曠閣本補。

失上下也。

荀爽曰：　衆皆剥陽，三獨應上，无剥害意，是以「无咎」，《象》曰「失上下也」。

六四，剥牀以膚，凶。

虞翻曰：　辨上稱膚。艮爲膚。以陰變陽，至四乾毁，故「剥牀以膚」。「臣弑君，子弑父」，故「凶」矣。○王肅曰：在下而安人者，牀也。在上而處牀者，人也。坤以象牀，艮以象人。牀剥盡以及人身，爲敗滋深，害莫甚焉，故曰「剥牀以膚凶」也。

《象》曰：「剥牀以膚」，切近災也。

崔憬曰：　牀之膚謂薦席，若獸之有皮毛也。牀以剥盡，次及其膚，剥以大臣之象，言近身與君也。

六五，貫魚，以宫人寵，无不利。

虞翻曰：　剥消觀五。巽爲魚，爲繩。艮手持繩貫巽，故「貫魚」也。艮爲宫室，人謂乾五。以陰代陽，五貫乾爲寵人，陰得麗之，故「以宫人寵」。動得正成觀，故「无不利」也。○何妥曰：　夫剥之爲卦，下比五陰，駢頭相次，似貫魚也。魚爲陰物，以喻衆陰也。夫「宫人」者，后夫人嬪妾。各有次序，不相瀆亂。此則貴賤有章，寵御有序。六五既爲衆陰之主，能有貫魚之次第，故得「无不利」矣。

《象》曰：「以宫人寵」，終无尤也。

崔憬曰：　魚與宫人皆陰類，以比小人焉。魚大小一貫，若后夫人嬪婦御女，小大雖殊，寵御則一，故「終无尤也」。

上九，碩果不食，君子德車，小人剥廬。

虞翻曰：　艮爲碩果。謂三已復位，有頤象。頤中无物，故「不食」也。夬乾爲君子，爲德。坤爲車，爲民。乾在坤，故以德爲車，小人謂坤，艮爲廬。上變滅艮，坤陰迷亂，故「小人剥廬」也。

《象》曰：「君子德車」，民所載也。「小人剥廬」，終不可用也。

侯果曰：艮爲果，爲廬。坤爲輿。處剥之上，有剛直之德，羣小人不能傷害也，故果至碩大，不被剥食矣。君子居此，萬姓賴安，若得乘其車輿也。小人處之，則庶方无控，被剥其廬舍，故曰「剥廬，終不可用」矣。

易傳卷第五

易傳卷第六

唐資州李鼎祚集解

《序卦》曰：物不可以終盡剥，窮上反下，故受之以復也。

崔憬曰：夫易窮則有變，物極則反於初，故剥之爲道，不可終盡，而受之於復也。

䷗ 震下坤上 復，亨。

何妥曰：復者，歸本之名。羣陰剥陽，至於幾盡，一陽來下，故稱反復。陽氣復反而得交通，故云「復亨」也。

出入无疾，朋來无咎。

虞翻曰：謂出震成乾，入巽成坤。坎爲疾。十二消息不見坎象，故「出入无疾」。兑爲朋。在内稱來，五陰從初，初陽正，息而成兑，故「朋來无咎」矣。

反復其道，七日來復，

案：《易軌》一歲十二月，三百六十五日四分日之一，以坎震离兑四方正卦，卦别六爻，爻生一氣。其餘六十卦三百六十爻，爻主一日，當周天之數，餘五日四分日之一，以通閏餘者也。剥卦陽氣盡於九月之終。至十月末，純坤用事。坤卦將盡則復陽來隔，坤之一卦六爻爲六日，復來成震，一陽爻生爲七日，故言「反復其道，七日來復」，是其義也。天道玄邈，理絶希慕，先儒已論。雖各指於日月，後學尋討，猶未測其端倪。❶今舉約文，略陳梗概，以候來悊，如積薪者也。

❶「測」，原誤作「側」，今據四庫本、照曠閣本改。

利有攸往。

虞翻曰：陽息臨成乾，小人道消，君子道長，故「利有攸往」矣。

《彖》曰：「復亨」，

虞翻曰：陽息坤，與姤旁通。剛反交初，故「亨」。

剛反動而以順行，

虞翻曰：剛從艮入，坤從反震，故曰「反動」。坤順震行，故「而以順行」。陽不從上來反初，故不言剛自外來，是以明「不遠之復」，入坤出震義也。

是以「出入无疾，朋來无咎」。

侯果曰：陽上出，君子道長也。陰下入，小人道消也。動而以行，故「出入无疾，朋來无咎」矣。

「反復其道，七日來復」，天行也。

虞翻曰：謂乾成坤，反出於震而來復。陽爲道，故「復其道」。剛爲晝，日消乾六爻爲六日，剛來反初，故「七日來復，天行也」。○侯果曰：五月天行至午，陽復而陰升也。十一月天行至子，陰復而陽升也。天地運往，陰陽升復，凡歷七月，故曰「七日來復」。此天之運行也。《豳詩》曰：「一之日觱發，二之日栗烈。」「一之日」，周之正月也。「二之日」，周之二月也。則古人呼月爲日明矣。

「利有攸往」，剛長也。

荀爽曰：利往居五，剛道浸長也。

復，其見天地之心乎！

虞翻曰：坤爲復。謂三復位時离爲見，坎爲心。陽息臨成泰，乾天坤地，故「見天地之心」也。○荀爽曰：復者，冬至之卦。陽起初九，爲天地心。萬物所始，吉凶之先，故曰「見天地之心」矣。

《象》曰：雷在地中，復。先王以至日閉

關，商旅不行，后不省方。

虞翻曰：「先王」謂乾初。至日，冬至之日。坤闔爲閉關，巽爲商旅，爲近利市三倍。姤巽伏初，故「商旅不行」。《姤・象》曰「后以施命誥四方」，今隱復下，故「后不省方」。復爲陽始，姤則陰始。天地之始，陰陽之首，已言先王，又更言后。后，君也。六十四卦，唯此重耳。○宋衷曰：商旅不行，自天子至公侯，不省四方之事。將以輔遂陽體，成致君道也。制之者，王者之事。奉之者，爲君之業也。故上言「先王」，而下言「后」也。

初九，不遠復，无祗悔，元吉。

崔憬曰：從坤反震而變此爻，「不遠復」也。復而有應，故獲「元吉」也。

《象》曰：「不遠」之「復」，以脩身也。

侯果曰：祇，大也。往被陰剥，所以有悔。覺非遠復，故无大咎。以此脩身，顔子之分矣。

六二，休復，吉。《象》曰：「休復」之「吉」，以下仁也。

王弼曰：得位居中，比初之上而附順之，下仁之謂也。既處中位，親仁善鄰，復之休也。

六三，頻復，厲，无咎。

虞翻曰：頻，蹙也。三失位，故「頻復，厲」。動而之正，故「无咎」也。

《象》曰：「頻復」之「厲」，義「无咎」也。

侯果曰：處震之極，以陰居陽，懼其將危，頻蹙而復，履危反道，義亦无咎也。

六四，中行獨復。《象》曰：「中行獨復」，以從道也。

虞翻曰：「中」謂初，震爲行。初一陽爻，故稱「獨」。四得正應初，故曰「中行獨復，以從道也」。俗説以四位在五陰之中而獨應復，非也。四在外體，又非內象，不在二五，何得稱「中行」耳？

六五，敦復，无悔。《象》曰：「敦復无悔」，中以自考也。

侯果曰：坤爲厚載，故曰「敦復」。體柔居剛，无應失位，所以有悔。能自考省，動不失中，故曰「无悔」矣。

上六，迷復，凶，有災眚。

虞翻曰：坤冥爲迷。高而无應，故「凶」。五變正時，坎爲災眚，故「有災眚」也。

用行師，終有大敗，以其國君凶。

虞翻曰：三復位時而體師象，故「用行師」。陰逆不順，坤爲死喪，坎流血，故「終有大敗」。姤乾爲君，滅藏於坤，坤爲異邦，故「國君凶」矣。○荀爽曰：坤爲衆，故「用行師」也。謂上行師而距於初，陽息上升，必消羣陰，故「終有大敗」。「國君」謂初也。受命復道，當從下升。今上六行師，王誅必加，故「以其國君凶」也。

至于十年不克征。

虞翻曰：坤爲至，爲十年。陰逆坎臨，故「不克征」。謂五變設險，故帥師敗，喪君而无征也。○何妥曰：理國之道，須進善納諫。迷而不復，安可牧民？以此行師，必敗績矣。敗乃思復，失道已遠。雖復十年乃征，无所克矣。

案：坤爲先迷，故曰「迷復」。坤又爲師象，故曰「行師」。坤數十，「十年」之象也。

《象》曰：「迷復」之「凶」，反君道也。

虞翻曰：姤乾爲君，坤陰滅之。「以國君凶」，故曰「反君道也」。

《序卦》曰：復則不妄矣，故受之以无妄。

崔憬曰：物復其本則爲成實，故言復

則无妄矣。

䷘ 震下乾上 无妄，

何妥曰：乾上震下，天威下行，物皆絜齊，不敢虚妄也。

元亨，利貞。

虞翻曰：遯上之初，此所謂四陽二陰，非大壯則遯來也。剛來交初，體乾，故「元亨」。三四失位，故「利貞」也。

其匪正有眚，不利有攸往。

虞翻曰：「非正」謂上也。四已之正，上動成坎，故「有眚」。變而逆乘，天命不右，故「不利有攸往」矣。

《彖》曰：无妄，剛自外來而爲主於内，

蜀才曰：此本遯卦。案：剛自上降，爲主於初，故「動而健，剛中而應」也。於是乎邪妄之道消，大通以正矣。无妄大亨，乃天道恒命也。

動而健，剛中而應。大「亨」以正，天之命也。「其匪正有眚，不利有攸往」。

虞翻曰：動，震也。「健」、「大亨」謂乾。「剛中」謂五而應二。「大亨以正」，變四承五。乾爲天，巽爲命，故曰「大亨以正，天之命也」。

无妄之往，何之矣。

虞翻曰：謂四已變，上動體屯。坎爲泣血漣如，故「何之矣」。

天命不右，行矣哉！

虞翻曰：天，五也。巽爲命。右，助也。四已變成坤，天道助順，上動逆乘巽命，故「天命不右，行矣哉」，言不可行也。馬君云「天命不右行」，非矣。

《象》曰：天下雷行，物與无妄。

《九家易》曰：天下雷行，陽氣普徧，無物不與，故曰「物與」也。物受之以生，无有災妄，故曰「物與无妄」也。○虞翻曰：「與」謂舉。妄，亡也。謂「雷以動之」，震爲反生，萬物出震，「无妄」者也，故曰「物與无妄」。《序卦》曰「復則不妄矣，故受之以无妄」，而京氏及俗儒以爲「大旱之卦，萬物皆死，无所復望」，失之遠矣。有无妄然後可畜，不死明矣。若物皆死，將何畜聚，以此疑也。

先王以茂對時育萬物。

虞翻曰：「先王」謂乾。乾盈爲茂，艮爲對時。體頤養象，萬物出震，故「以茂對時育萬物」。言物皆死，違此甚矣。◯侯果曰：雷震天下，物不敢妄。威震驚洽，无物不與，故先王以茂養萬物，乃對時而育矣。時泰則威之以无妄，時否則利之以嘉遯，是對時而化育也。

初九，无妄，往吉。

虞翻曰：謂應四也。四失位，故命變之正。四變得位，承五，應初，故「往吉」。在外稱「往」也。

《象》曰：「无妄」之「往」，得志也。

虞翻曰：四變應初，夫妻體正，故「往得志」矣。

六二，不耕穫，不菑畬，則利有攸往。

虞翻曰：有益耕象，无坤田，故不耨。震爲禾稼，艮爲手。禾在手中，故稱「穫」。田在初，一歲曰菑。在二，二歲曰畬。初爻非坤，故不菑而畬也。得位應五，利四變之益則坤體成，有耒耨之利，故「利有攸往」。往應五也。

《象》曰：「不耕穫」，未富也。

虞翻曰：四動坤虛，故「未富也」。

六三，无妄之災，或繫之牛。行人之得，邑人之災。《象》曰：行人得牛，「邑人災」也。

虞翻曰：上動體坎，故稱「災」。四動之正，坤爲牛，艮爲鼻、爲止，巽爲桑、爲繩。繫牛鼻而止桑下，故「或繫之牛」

也。乾爲行人，坤爲邑人，乾四據三，故「行人之得」。三係於四，故「邑人之災」。或説以四變則牛應初，震坤爲死喪，故曰「行人得牛，邑人災也」。

九四，可貞，无咎。

虞翻曰：動則正，故「可貞」。承五應初，故「无咎」也。

《象》曰：「可貞无咎」，固有之也。

虞翻曰：動陰承陽，故「固有之也」。

九五，无妄之疾，勿藥有喜。

虞翻曰：四已之正，上動體坎，坎爲疾，故曰「无妄之疾」也。巽爲木，艮爲石，故稱「藥」。坎爲多眚，藥不可試，故「勿藥有喜」。「康子饋藥，丘未達，故不嘗」，此之謂也。

《象》曰：「无妄」之「藥」，不可試也。

侯果曰：位正居尊，爲无妄貴主。「百姓有過，在予一人」，三四妄處，五乃憂疾，非乖攝則藥不可試，若下皆不妄則不治自愈，故曰「勿藥有喜」也。

上九，无妄，行有眚，无攸利。

虞翻曰：動而成坎，故「行有眚」。乘剛逆命，故「无攸利」。「天命不右，行矣哉」。

《象》曰：「无妄」之「行」，窮之災也。

崔憬曰：居无妄之中，有妄者也。妄而應三，上下非正，窮而反妄，故爲「災」也。

《序卦》曰：有无妄然後可畜，故受之以大畜。

崔憬曰：有誠實則可以中心藏之，故言「有无妄然後可畜」也。

䷙ 乾下艮上 大畜，利貞。

虞翻曰：大壯初之上，其德剛上也。與萃旁通。二五失位，故「利貞」。此萃五之復二成臨。臨者，大也。至上有頤養之象，故名「大畜」也。

不家食，吉，利涉大川。

虞翻曰：二稱家。謂二五易位成家人，家人體噬嗑食，故「利涉大川，應乎天也」。

《彖》曰：大畜，剛健篤實，輝光日新。

虞翻曰：「剛健」謂乾，「篤實」謂艮。二已之五，「利涉大川」。互體离坎，离爲日，故「輝光日新」也。

其德剛上而尚賢。

蜀才曰：此本大壯卦。案：剛自初升，爲主於外，剛陽居上，尊尚賢也。

能健止，大正也。

虞翻曰：健，乾；止，艮也。二五易位，故「大正」。舊讀言「能止健」，誤也。

「不家食吉」，養賢也。

虞翻曰：二五易位成家人，今體頤養象，故「不家食吉，養賢也」。案：乾爲賢人，艮爲宮闕也。令賢人居於闕下，「不家食」之象。

「利涉大川」，應乎天也。

京房曰：謂二變五體坎，故「利涉大川」。五，天位，故曰「應乎天」。

《象》曰：天在山中，大畜。

向秀曰：止莫若山，大莫若天。天在山中，大畜之象。天爲大器，山則極止。能止大器，故名「大畜」也。

君子以多志前言往行，以畜其德。

虞翻曰：「君子」謂乾。乾爲言，震爲行，坎爲志。「乾知大始」，震在乾前，故「志前言往行」。有頤養象，故「以畜其德」矣。

初九，有厲，利已。

王弼曰：四乃畜己，未可犯也。進則災危，有厲則止，故能「利已」。

《象》曰：「有厲利已」，不犯災也。

虞翻曰：謂二變正，四體坎，故稱「災」也。

九二，輿説腹。

虞翻曰：萃坤爲車，爲腹。坤消乾成，故車説腹。「腹」或作「輹」也。

《象》曰：「輿説腹」，中无尤也。

盧氏曰：乾爲輿。案：輹，車之鉤心，夾軸之物。處失其正，上應於五。五居畜盛，止不我升，故且説輹。停留待時而進退得正，故「无尤也」。

九三，良馬逐，利艱貞，吉。日閑輿衛，

虞翻曰：乾爲良馬，震爲驚走，故稱「逐」也。謂二已變，三在坎中，故「利艱貞吉」。离爲日，二至五體師象。坎爲閑習，坤爲車輿，乾人在上，震爲驚衛，講武閑兵，故曰「日閑輿衛」也。

利有攸往。《象》曰：「利有攸往」，上合志也。

虞翻曰：謂上應也。五已變正，上動成坎。坎爲志，故「利有攸往」，與上合志也。

六四，童牛之告，元吉。

虞翻曰：艮爲童，五已之正。萃坤爲牛。「告」謂以木楅其角。大畜畜物之家，惡其觸害。艮爲手，爲小木，巽爲繩。繩縛小木，横著牛角，故曰「童牛之告」。得位承五，故「元吉」而「喜」。「喜」謂五也。

《象》曰：「六四」「元吉」，有喜也。

侯果曰：坤爲輿，故有牛矣。牿，楅也。以木爲之，横施於角，止其觗之威也。初欲上進而四牿之，角既被牿，則不能觸四，是四童初之角也。四能牿初，與无角同，所以「元吉」而「有喜」矣。童牛，无角之牛也。《封人職》曰「設其榀衡」，注云「榀設於角，衡設於鼻」，止其觝觸也。

六五，豶豕之牙，吉。

虞翻曰：二變時坎爲豕。劇豕稱豶，令不害物。三至上體頤象，五變之剛，巽爲白，震爲出。剛曰從頤中出，牙之象也。動而得位，「豶豕之牙吉」。

《象》曰：「六五」之「吉」，有慶也。

虞翻曰：五變得正，故「有慶也」。○崔憬曰：《説文》「豶，劇豕」，今俗猶呼劇豬是也。然以豕本剛突，劇乃性和，雖有其牙，不足害物，是制於人也。以喻九二之剛健失位，若豕之劇，不足畏也。而六五應止之易，故「吉有慶」矣。

案：九二坎爻，坎爲豕也。以陽居陰而失其位，若豕被劇之象也。

上九，何天之衢，亨。

虞翻曰：何，當也。衢，四交道。乾爲天，震艮爲道。以震交艮，故「何天之衢」。「亨」，上變坎爲「亨」也。○王弼曰：處畜之極，畜極則亨。何，辭也。猶云何畜。乃天之衢亨，道大行也。

《象》曰：「何天之衢」，道大行也。

虞翻曰：謂上據二陰，乾爲天道，震爲行，故「道大行」矣。

《序卦》曰：物畜然後可養，故受之以頤。頤者，養也。

崔憬曰：「大畜剛健，輝光日新」，可以觀其所養，故言「物畜然後可養」。

䷚ 震下艮上 頤，貞吉。

虞翻曰：晉四之初，與大過旁通。養正則吉。謂三之正，五上易位，故「頤貞吉」。反復不衰，與乾、坤、坎、离、大過、小過、中孚同義，故不從臨觀四陰二陽之例。或以臨二之上，兑爲口，故有「口實」也。

觀頤，

虞翻曰：　离爲目，故「觀頤」，「觀其所養也」。

自求口實。

虞翻曰：　或以大過兑爲口，或以臨兑爲口，坤爲自，艮爲求。口實，頤中物，謂其自養。○鄭玄曰：　頤者，口車輔之名也。震動於下，艮止於上，口車動而上因輔嚼物以養人，故謂之頤。頤，養也。能行養則其幹事，故「吉」矣。二五离爻，皆得中。离爲目，觀象也。觀頤，觀其養賢與不肖也。頤中有物曰「口實」。自二至五有二坤，坤載養物，而人所食之物皆存焉。觀其求可食之物，則貪廉之情可別也。

《彖》曰：　頤「貞吉」，養正則吉也。

姚信曰：　以陽養陰，動於下，止於上，各得其正則「吉」也。○宋衷曰：　頤者，所由飲食自養也。君子「割不正不食」，況非其食乎？　是故所養必得賢明，自求口實必得體宜，是謂「養正」也。

「觀頤」，觀其所養也。

侯果曰：　王者所養，養賢則吉也。

「自求口實」，觀其自養也。

侯果曰：　此本觀卦。初六升五，九五降初，則成頤也。是「自求口實，觀其自養」。　案：「口實」謂頤口中也。實事可言，震聲也。實物可食，艮其成也。

天地養萬物，

翟玄曰：　天，上；　地，初也。萬物，衆陰也。天地以元氣養萬物，聖人以正道養賢及萬民，此其聖也。

聖人養賢以及萬民。

虞翻曰：　乾爲聖人，艮爲賢人，頤下養上，故「聖人養賢」。坤陰爲民，皆在震上，「以貴下賤，大得民」，故「以及萬民」。

頤之時大矣哉！

天地養物，聖人養賢以及萬民。人非頤不生，故「大矣」。

《象》曰：山下有雷，頤。

劉表曰：山止於上，雷動於下，頤之象也。

君子以慎言語，節飲食。

荀爽曰：雷爲號令，今在山中閉藏，故「慎言語」。雷動於上，以陽食陰，艮以止之，故「節飲食」也。「言出乎身，加乎民」，故「慎言語」，所以養人也。飲食不節，殘賊羣生，故「節飲食」以養物。

初九，舍爾靈龜，觀我朵頤，凶。

虞翻曰：晉离爲龜，四之初，故「舍爾靈龜」。坤爲我，震爲動。謂四失离入坤，遠應多懼，故「凶」矣。

《象》曰：「觀我朵頤」，亦不足貴也。

侯果曰：初本五也。五互體艮，艮爲山。龜自五降初則爲頤矣。是舍爾靈龜之德，來觀朵頤之饌，貪禄致凶。故不足貴。案：朵，頤垂下動之貌也。

六二，顛頤，拂經于丘頤，征凶。

王肅曰：養下曰「顛」。拂，違也。經，常也。丘，小山，謂六五也。二宜應五，反下養初，豈非顛頤，違常於五也？故曰「拂經于丘」矣。拂丘雖阻常理，養下故謂養賢。上既无應，征必凶矣，故曰「征凶」。

《象》曰：「六二」「征凶」，行失類也。

侯果曰：正則失養之類。

六三，拂頤，貞凶。十年勿用，无攸利。

虞翻曰：三失位，體剥，不正相應，弑父弑君，故「貞凶」。坤爲十年，動无所應，故「十年勿用，无攸利」也。

《象》曰：「十年勿用」，道大悖也。

虞翻曰：弑父弑君，故「大悖也」。

六四，顛頤，吉。虎視眈眈，其欲逐逐，无咎。

王弼曰：履得其位而應於初，以上養下，得頤之義，故曰「顛頤吉」。下交近瀆則咎矣，故「虎視眈眈」。威而不猛，故「其欲逐逐」而尚敦實。脩此二者，乃得全其吉而无咎矣。觀其自養則養正，察其所養則養賢，頤爻之貴，斯爲盛矣。

《象》曰：「顛頤」之「吉」，上施光也。

虞翻曰：晉四之初。謂三已變，故「顛頤」。與屯四乘坎馬同義。坤爲虎，离爲目。「眈眈」，下視貌。「逐逐」，心煩貌。坤爲吝嗇，坎水爲欲，故「其欲逐逐」。得位應初，故「无咎」。謂上已反三成离，故「上施光也」。

六五，拂經，居貞吉，不可涉大川。

虞翻曰：失位，故「拂經」。无應順上，故「居貞吉」。艮爲居也。涉上成坎，乘陽无應，故「不可涉大川」矣。

《象》曰：「居貞」之「吉」，順以從上也。

王弼曰：以陰居陽，拂頤之義也。无應於下而比於上，❶故宜居貞，順而從上則吉。

上九，由頤，厲吉。

虞翻曰：由，自從也。體剥居上，衆陰順承，故「由頤」。失位，故「厲」。以坤艮自輔，故「吉」也。

利涉大川。《象》曰：「由頤厲吉」，大有慶也。

虞翻曰：失位，故「厲」。之五得正成坎，坎爲大川，故「利涉大川」。變陽得位，故「大有慶也」。

❶「比」，原誤作「此」，今據四庫本、照曠閣本改。

《序卦》曰：不養則不可動，故受之以大過。

崔憬曰：養則可動，動則過厚，故受之以大過也。

䷛ 巽下兑上 大過，棟橈。

虞翻曰：大壯五之初，或兑三之初。「棟橈」謂三。巽爲長木稱棟，初上陰柔本末弱，故「棟橈」也。

利有攸往，亨。

虞翻曰：謂二也。「剛過而中」，失位无應，利變應五。之外稱往，故「利有攸往乃亨」也。

《彖》曰：大過，大者，過也。

虞翻曰：陽稱大，謂二也。二失位，故「大者過也」。

「棟橈」，本末弱也。

向秀曰：棟橈則屋壞，主弱則國荒。所以橈，由於初上兩陰爻也。初爲善始，末是令終。始終皆弱，所以「棟橈」。○王弼曰：初爲本而上爲末也。○侯果曰：本，君也。末，臣也。君臣俱弱，「棟橈」者也。

剛過而中，巽而説行。「利有攸往」乃「亨」。

虞翻曰：「剛過而中」謂二。説，兑也，故「利有攸往」。大壯震五之初，故「亨」。與遯二同義。

大過之時大矣哉！

虞翻曰：「國之大事，在祀與戎」。藉用白茅，女妻有子，繼世承祀，故「大矣哉」。

《象》曰：澤滅木，大過。

案：兑，澤也。巽，木漫也。凡木生近水者，楊也。遇澤太過，木則漫滅焉。二五「枯楊」，是其義。

君子以獨立不懼，遯世无悶。

虞翻曰：「君子」謂乾。初陽伏巽中，體復一爻，潛龍之德，故稱「獨立不懼」。「憂則違之」，乾初同義，故「遯世无悶」也。

初六，藉用白茅，无咎。

虞翻曰：位在下稱「藉」，巽柔白爲「茅」，故「藉用白茅」。失位，咎也。承二過四應五士夫，故「无咎」矣。

《象》曰：「藉用白茅」，柔在下也。

侯果曰：以柔處下，履非其正，咎也。苟能絜誠，肅恭不怠，雖置羞於地，可以薦奉，況藉用白茅，重慎之至，何咎之有矣。

九二，枯楊生稊，老夫得其女妻，无不利。

虞翻曰：稊，穉也。楊葉未舒稱稊。巽爲楊，乾爲老。老楊，故「枯」。楊在二也，十二月時，周之二月。兑爲雨澤。枯楊得澤，復生稊。二體乾老，故稱「老夫」。「女妻」謂上兑。兑爲少女，故曰「女妻」。大過之家，過以相與。「老夫得其女妻」，故「无不利」。

《象》曰：「老夫女妻」，過以相與也。

虞翻曰：謂二過初與五，五過上與二。獨大過之爻得過其應，故「過以相與也」。

九三，棟橈，凶。《象》曰：「棟橈」之「凶」，不可以有輔也。

虞翻曰：本末弱，故「橈」。輔之益橈，故「不可以有輔」。陽以陰爲輔也。

九四，棟隆，吉。有它吝。

虞翻曰：隆，上也。應在於初，已與五，意在於上，故「棟隆吉」。失位，動入險而陷於井，故「有它吝」。

《象》曰：「棟隆」之「吉」，不橈乎下也。

虞翻曰：乾爲動直，遠初近上，故不橈下也。

九五，枯楊生華，老婦得其士夫，无咎无譽。

虞翻曰：陽在五也。夬，三月時，周之五月。枯楊得澤，故「生華」矣。「老婦」謂初。巽爲婦，乾爲老，故稱「老婦」也。「士夫」謂五。大壯震爲夫，兑爲少，故稱「士夫」。五過二使應上，二過五使取初。五得位故「无咎」。陰在二「多譽」，今退伏初，故「无譽」。體姤淫女，故過以相與，使應少夫，《象》曰「亦可醜也」。舊説以初爲女妻，上爲老婦，誤矣。馬君亦然。荀公以初陰失正當變，數六，爲「女妻」。二陽失正，數九，爲「老夫」。以五陽得正位不變，數七，爲「士夫」。上陰得正，數八，爲「老婦」。此何異俗説也！悲夫學之難，而以初本爲小，反以上末爲老，後之達者，詳其義焉。

《象》曰：「枯楊生華」，何可久也。「老婦」「士夫」，亦可醜也。

虞翻曰：乾爲久。枯而生華，故不可久也。婦體姤淫，故「可醜也」。

上六，過涉滅頂，凶，无咎。

虞翻曰：大壯震爲足，兑爲水澤。震足没水，故「過涉」也。頂，首也。乾爲頂。頂没兑水中，故「滅頂凶」。乘剛，咎也。得位，故「无咎」。與「滅耳」同義也。

《象》曰：「過涉」之「凶」，不可咎也。

《九家易》曰：君子以禮義爲法，小人以畏慎爲宜。至於大過之世，不復遵常，故君子犯義，小人犯刑，而家家有誅絶之罪，不可咎也。大過之世，君子遜遯，不行禮義，謂當不義則争之，若比干諫而死是也。桀紂之民，可比屋而誅，上化致然，亦不可咎。曾子曰「上失其道，民散久矣，如得其情，則哀矜而勿喜」，是其義也。

《序卦》曰：物不可以終過，故受之以坎。坎者，陷也。

崔憬曰：大過不可以極，極則過涉滅頂，故曰「物不可以終過，故受之以坎」也。

䷜ 坎下坎上 習坎，有孚，

虞翻曰：乾二五之坤，與离旁通。于爻，觀上之二。習，常也。孚，信。謂二五。水行往來，「朝宗于海」，不失其時，如月行天，故習坎爲孚也。

維心亨，

虞翻曰：坎爲心。乾二五旁行流坤，陰陽會合，故「亨」也。

行有尚。

虞翻曰：「行」謂二，「尚」謂五也。二體震爲行，動得正應五，故「行有尚，往有功」也。

《彖》曰：習坎，重險也。

虞翻曰：兩象也。天險，地險，故曰「重險也」。

水流而不盈，

荀爽曰：陽動陰中，故「流」。陽陷陰中，故「不盈」也。○陸績曰：水性趨下，不盈溢崖岸也。月者，水精。月在天，滿則虧，不盈溢之義也。

行險而不失其信。

荀爽曰：謂陽來爲險而不失中。中稱信也。○虞翻曰：「信」謂二也。震爲行。水性有常，消息與月相應，故「不失其信」矣。

「維心亨」，乃以剛中也。

侯果曰：二五剛而居中，則「心亨」也。

「行有尚」，往有功也。

虞翻曰：「功」謂五。二動應五，故「往有

功也」。

天險，不可升也；

虞翻曰： 謂五。在天位，五從乾來，體屯難，故「天險不可升也」。

地險，山川丘陵也。

虞翻曰： 坤爲地。乾二之坤，故曰「地險」。艮爲山，坎爲川。半山稱丘，丘下稱陵，故曰「地險，山川丘陵也」。

王公設險，以守其邦。

虞翻曰： 王公，大人。謂乾五。坤爲邦。乾二之坤成坎險，震爲守，有屯難象，故「王公設險以守其邦」。《离》言「王用出征，以正邦」是也。 案： 九五，王也。六三，三公也。艮爲山城，坎爲水也。「王公設險」之象也。

險之時用大矣哉！

王肅曰： 守險以德，據險以時，成功大矣。

《象》曰： 水洊至，習坎。君子以常德行，習教事。

陸績曰： 洊，再；習，重也。水再至而溢通流，不舍晝夜。重重習相隨以爲常，有似於習。故君子象之以常習教事，如水不息也。○虞翻曰：「君子」謂乾。五在乾稱大人，在坎爲君子。坎爲習，爲常。乾爲德，震爲行，巽爲教令，坤爲事，故「以常德行，習教事」也。

初六，習坎，入于坎窞，凶。

干寶曰： 窞，坎之深者也。江河淮濟，百川之流行乎地中，水之正也。及其爲災，則泛溢平地而入于坎窞，是水失其道也。刑獄之用，必當于理，刑之正也。及其不平，則枉濫无辜，是法失其道也。故曰「入于坎窞凶」矣。

《象》曰：「習坎入坎」，失道凶也。

虞翻曰： 習，積也。位下，故「習」。坎

爲入，坎中小穴稱窞。上无其應，初二失正，故曰「失道凶」矣。

九二，坎有險，求小得。

虞翻曰：陽陷陰中，故「有險」。據陰有實，故「求小得」也。

《象》曰：「求小得」，未出中也。

荀爽曰：處中而比初三，未足爲援。雖求小得，未出於險中。

六三，來之坎坎，險且枕。入于坎窞，勿用。

虞翻曰：坎在内稱來。在坎終坎，故「來之坎坎」。枕，止也。艮爲止。三失位乘二，則險承五隔四，故「險且枕，入于坎窞」。體師三輿，故「勿用」。

《象》曰：「來之坎坎」，終无功也。

干寶曰：坎，十一月卦也。又失其位，喻殷之執法者失中之象也。「來之坎」者，斥周人觀釁於殷也。枕，安也。「險且枕」者，言安忍以暴政加民，而无哀矜之心。淫刑濫罰，百姓无所措手足，故曰「來之坎坎，終无功也」。

六四，尊酒簋，貳用缶。

虞翻曰：震主祭器，故有尊簋。坎爲酒。簋，黍稷器。三至五有頤口象，震獻在中，故爲「簋」。坎爲木，震爲足。坎酒在上，尊酒之象。貳，副也。坤爲缶，禮有副尊，故「貳用缶」耳。

内約自牖，終无咎。

虞翻曰：坎爲内也。四陰小，故約。艮爲牖。坤爲户，艮小光，照户，牖之象。貳用缶，故「内約自牖」。得位承五，故「无咎」。○崔憬曰：於重險之時，居多懼之地。近三而得位，比五而承陽。脩其絜誠，進其忠信，則雖祭祀省薄，「明德惟馨」，故曰「尊酒簋，貳用缶」。「内約」，文王於紂時行此道。從羑里内約，卒免於難，故曰「自牖，終无咎」也。

《象》曰：「尊酒簋」，剛柔際也。

虞翻曰：　乾剛坤柔，震爲交，故曰「剛柔際也」。

九五，坎不盈，禔既平，无咎。

虞翻曰：　盈，溢也。艮爲止。謂「水流而不盈」。坎爲平。禔，安也。艮止坤安，故「禔既平」。得位正中，故「无咎」。

《象》曰：「坎不盈」，中未光大也。

虞翻曰：　體屯五中，故「未光大也」。

上六，係用徽纆，寘于叢棘，三歲不得，凶。

虞翻曰：　徽纆，黑索也。觀巽爲繩，艮爲手。上變入坎，故「係用徽纆」。寘，置也。坎多心，故「叢棘」。獄外種九棘，故稱「叢棘」。二變則五體剥，剥傷坤殺，故「寘于叢棘」也。「不得」謂不得出獄。艮止，坎獄。乾爲歲，五從乾來，三非其應，故曰「三歲不得凶」矣。

《象》曰：「上六」失道，凶「三歲」也。

案：《九家易》曰：　坎爲叢棘，又爲法律。《周禮》王之外朝，左九棘，右九棘，面三槐。司寇公卿議獄于其下。害人者加明刑，任之以事。上罪三年而舍，❶中罪二年而舍，下罪一年而舍也。

案：　坎於木堅而多心，「叢棘」之象也。坎下巽爻，巽爲繩直，「係用徽纆」也。馬融云「徽纆，索也」，劉表云「三股爲徽，兩股爲纆」，皆索名，以繫縛其罪人矣。

《序卦》曰：　陷必有所麗，故受之以离。离者，麗也。

崔憬曰：　物極則反。坎雖陷於地，必

❶「而」，原無，今據四庫本、照曠閣本補。

有所麗於天，而「受之以离」也。

䷝ 离下离上 离，利貞，亨。

虞翻曰： 坤二五之乾，與坎旁通。于爻，遯初之五，柔麗中正，故「利貞亨」。

畜牝牛，吉。

虞翻曰： 畜，養也。坤爲牝牛，乾二五之坤成坎，體頤養象，故「畜牝牛吉」。俗説皆以离爲牝牛，失之矣。

《彖》曰： 离，麗也。

荀爽曰： 陰麗於陽，相附麗也。亦爲別離，以陰隔陽也。离者，火也，託於木，是其附麗也。煙燄飛升，炭灰降滯，是其別離也。

日月麗乎天，

虞翻曰： 乾五之坤成坎，爲月。离爲日。「日月麗天」也。

百穀草木麗乎地。

虞翻曰： 震爲百穀，巽爲草木，坤爲地。乾二五之坤成坎震體屯。屯者，盈也。「盈天地之間者唯萬物」，萬物出震，故「百穀草木麗乎地」。

重明以麗乎正，乃化成天下。

虞翻曰： 兩象，故重明。「正」謂五陽。陽變之坤來化乾，以成萬物。謂离日化成天下也。

柔麗乎中正，故「亨」。

虞翻曰：「柔」謂五陰，「中正」謂五伏陽。出在坤中，「畜牝牛」，故「中正」而「亨」也。

是以「畜牝牛吉」也。

荀爽曰： 牛者，土也。生土於火。离者，陰卦。牝者，陰性。故曰「畜牝牛吉」矣。

《象》曰： 明兩作，离。

虞翻曰：「兩」謂日與月也。乾五之坤成坎，坤二之乾成离。离坎，日月之象。

故「明兩作离」。作，成也。日月在天，動成萬物，故稱「作」矣。或以日與火爲「明兩作」也。

大人以繼明照于四方。

虞翻曰：陽氣稱大人，則乾五「大人」也。乾二五之光，繼日之明。坤爲方。二五之坤，震東兑西，离南坎北，故曰「照于四方」。

初九，履錯然，敬之，无咎。

荀爽曰：火性炎上，故初欲履錯於二，二爲三所據，故「敬之」則「无咎」矣。

《象》曰：「履錯」之「敬」，以辟「咎」也。

王弼曰：錯然，敬慎之貌也。處离之始，將進其盛，故宜慎所履，以敬爲務，辟其咎也。

六二，黄离，元吉。《象》曰：「黄离元吉」，得中道也。

侯果曰：此本坤爻，故云「黄离」。來得中道，所以「元吉」也。

九三，日昃之离，

荀爽曰：初爲日出，二爲日中，三爲日昃，以喻君道衰也。

不鼓缶而歌，則大耋之差，凶。

《九家易》曰：鼓缶者以目下視。离爲大腹，瓦缶之象，謂不取二也。歌者口仰向上，謂兑爲口而向上取五也。日昃者，向下也。今不取二而上取五，則上九耋之。陽稱大也。嗟者，謂上被三奪，五憂嗟窮凶也。火性炎上，故三欲取五也。

《象》曰：「日昃之离」，何可久也。

《九家易》曰：日昃當降，何可久長。三當據二，以爲鼓缶。而今與四同取於五，故曰「不鼓缶而歌」也。

九四，焱如，其來如，焚如，死如，棄如。今本「焱」訛「突」。

荀爽曰：陽升居五，光炎宣揚，故「焏如」也。陰退居四，灰炭降墜，故「其來如」也。陰以不正，居尊乘陽，歷盡數終，天命所誅。位喪民畔，下离所害，故「焚如」也。以离入坎，故「死如」也。火息灰損，故「棄如」也。

《象》曰：「焏如其來如」，无所容也。

《九家易》曰：在五見奪，在四見棄，故「无所容也」。

六五，出涕沱若，

荀爽曰：六五陰柔，退居於四，出离爲坎，故「出涕沱若」而下，❶以順陰陽也。

戚嗟若，吉。

虞翻曰：坎爲心，震爲聲，兑爲口，故「戚嗟若」。動而得正，尊麗陽，故「吉」也。

《象》曰：「六五」之「吉」，離王公也。

《九家易》曰：戚嗟順陽，附麗於五，故曰「離王公也」。陽當居五，陰退還四。五當爲王，三則三公也。四處其中，附上下矣。

上九，王用出征，有嘉折首，獲匪其醜，无咎。

虞翻曰：「王」謂乾。乾二五之坤成坎，體師象，震爲出，故「王用出征」。「首」謂坤二來折乾，故「有嘉折首」。醜，類也。乾征得坤陰類，乾陽物，故「獲非其醜无咎」矣。

《象》曰：「王用出征」，以正邦也。

虞翻曰：乾五出征坤，故「正邦也」。

易傳卷第六

❶「若」，原作「嗟」，今據四庫本、照曠閣本改。

易傳卷第七

唐資州李鼎祚集解

《序卦》曰：有天地然後有萬物，有萬物然後有男女，有男女然後有夫婦，有夫婦然後有父子，有父子然後有君臣，有君臣然後有上下，有上下然後禮義有所錯。

韓康伯曰：言咸卦之義也。咸「柔上而剛下」，「感應以相與」，夫婦之象莫美乎斯，人倫之道莫大夫婦，故夫子慇懃深述其義，以崇人倫之始，而不係之离也。先儒以乾至离爲上經，天道也；咸至未濟爲下經，人事也。夫《易》六畫成卦，三材必備，錯綜天人，以效變化，豈有天道人事偏於上下哉。斯蓋守文而不求義，失之遠矣。

䷞ 艮下兑上 咸，亨，利貞，取女吉。

虞翻曰：咸，感也。坤三之上成女，乾上之三成男。乾坤氣交以相與，「止而說，男下女」，故「通，利貞，取女吉」。○鄭玄曰：咸，感也。艮爲山，兑爲澤。山氣下，澤氣上，二氣通而相應，以生萬物，故曰「咸」也。其於人也，嘉會禮通，和順於義，幹事能正。三十之男，有此三德，以下二十之女。正而相親説，取之則吉也。

《彖》曰：咸，感也。柔上而剛下，二氣感應以相與。

蜀才曰：此本否卦。案：六三升上，上九降三，是「柔上而剛下」，二氣交感以相與」也。

止而說，男下女，是以「亨利貞取女吉」也。

王肅曰：山澤以氣通，男女以禮感。

男而下女，初婚之所以爲禮也。通義正取，女之所以爲吉也。

天地感而萬物化生，

荀爽曰：乾下感坤，故「萬物化生」於山澤。○陸績曰：天地因山澤孔竅以通其氣，化生萬物也。

聖人感人心而天下和平。

虞翻曰：乾爲聖人。初四易位成既濟，坎爲心，爲平，故「聖人感人心而天下和平」。此「保合太和」，「品物流形」也。

觀其所感，而天地萬物之情可見矣！

虞翻曰：謂四之初，以离日見天，坎月見地，縣象著明，萬物見离，故「天地萬物之情可見」也。

《象》曰：山上有澤，咸。

崔憬曰：山高而降，澤下而升，山澤通氣，咸之象也。

君子以虚受人。

虞翻曰：「君子」謂否乾。乾爲人，坤爲虚。謂坤虚三受上，故「以虚受人」。艮山在地下爲謙，在澤下爲虚。

初六，咸其拇。《象》曰：「咸其拇」，志在外也。

虞翻曰：拇，足大指也。艮爲指，坤爲母，故「咸其拇」。失位遠應，之四得正，故「志在外」。謂四也。

六二，咸其腓，凶。居吉。《象》曰：雖「凶，居吉」，順不害也。

崔憬曰：腓，脚膊，次於母上，二之象也。得位居中，於五有應。若感應相與，失艮止之禮，故「凶」。居而承比於三，順止而隨於當禮，故「吉」也。

九三，咸其股，執其隨，往吝。❶

❶「吝」，原作「咎」，今據四庫本、照曠閣本改。

崔憬曰：股，胜而次於腓上，三之象也。剛而得中，雖欲感上以居艮極，止而不前。二隨於己，志在所隨，故「執其隨」，下比二也。而遂感上，則失其正義，故「往吝」窮也。

《象》曰：「咸其股」，亦不處也。志在「隨」人，所執下也。

虞翻曰：巽爲股，謂二也。巽爲隨，艮爲手，故稱「執」。三應於上，初四已變，歷險，故「往吝」。巽爲處女也，男已下女，以艮陽入兑陰，故「不處也」。凡士與女未用皆稱處矣。志在於二，故「所執下也」。

九四，貞吉，悔亡。憧憧往來，朋從爾思。

虞翻曰：失位，悔也。應初，動得正，故「貞吉」而「悔亡」矣。「憧憧」，懷思慮也。之内爲來，之外爲往。欲感上隔五，感初隔三，故「憧憧往來」矣。兑爲朋，少女也。艮初變之四，坎心爲思，故曰「朋從爾思」也。

《象》曰：「貞吉悔亡」，未感害也。

虞翻曰：坤爲害也。今未感坤初，體遯弑父，故曰「未感害也」。

「憧憧往來」，未光大也。

虞翻曰：未動之离，故「未光大也」。

九五，咸其脢，无悔。

虞翻曰：脢，夾脊肉也。謂四已變，坎爲脊，故「咸其脢」。得正，故「无悔」。

《象》曰：「咸其脢」，志末也。

案：末，猶上也。四感於初，三隨其二，五比於上，故「咸其脢」。「志末」者，謂五志感於上也。

上六，咸其輔，頰舌。

虞翻曰：耳目之間稱輔頰。四變爲目，坎爲耳，兑爲口舌，故曰「咸其輔頰舌」。

《象》曰：「咸其輔頰舌」，媵口説也。

虞翻曰： 媵，送也。不得之三，「山澤通氣」，故「媵口説也」。

《序卦》曰： 夫婦之道不可不久也，故受之以恒。恒者，久也。

鄭玄曰： 言夫婦當有終身之義。夫婦之道，謂咸者也。

䷟ 巽下震上 恒，亨，无咎，利貞。

虞翻曰： 恒，久也。與益旁通。乾初之坤四，「剛柔皆應」，故「通无咎利貞」矣。○鄭玄曰： 恒，久也。巽爲風，震爲雷。雷風相須而養物，猶長女承長男，夫婦同心而成家，久長之道也。夫婦以嘉會禮通，故「无咎」。其能和順幹事，所行而善矣。

利有攸往。

虞翻曰： 初利往之四，終變成益，則初四二五皆得其正，「終則有始」，故「利有攸往」也。

《彖》曰： 恒，久也。剛上而柔下，

王弼曰： 剛尊柔卑，得其序也。

雷風相與，巽而動，

蜀才曰： 此本泰卦。案： 六四降初，初九升四，是「剛上而柔下」也。分乾與坤，雷也。分坤與乾，風也。是「雷風相與，巽而動」也。

剛柔皆應，恒。

《九家易》曰： 初四、二五，雖不正而剛柔皆應，故「通无咎」矣。

恒「亨，无咎，利貞」，久於其道也。

荀爽曰： 恒，震世也。巽來乘之，陰陽合會，故「通无咎」。長男在上，長女在下，夫婦道正，故「利貞久於其道」也。

天地之道，恒久而不已也。

虞翻曰： 泰乾坤爲天地，謂終則復始，

「有親則可久」也。「利有攸往」，終則有始也。

荀爽曰：謂乾氣下終，始復升上居四也。坤氣上終，始復降下居初者也。

日月得天而能久照，

虞翻曰：動初成乾爲天，至二离爲日，至三坎爲月，故「日月得天而能久照」也。

四時變化而能久成，

虞翻曰：春夏爲變，秋冬爲化。變至二离夏至，三兑秋至，四震春至，五坎冬至，故「四時變化而能久成」。謂乾坤成物也。

聖人久於其道，而天下化成。

虞翻曰：「聖人」謂乾。乾爲道，初二已正，四五復位，成既濟定。「乾道變化，各正性命」，有兩离象，「重明麗正」，故「化成天下」。

觀其所恒，而天地萬物之情可見矣！

虞翻曰：以离日照乾，坎月照坤，萬物出震，故「天地萬物之情可見矣」。與咸同義也。

《象》曰：雷風，恒。

宋衷曰：「雷以動之，風以散之」，二者常相薄而爲萬物用，故君子象之以立身守節而不易道也。

君子以立不易方。

虞翻曰：「君子」謂乾三也。乾爲易，爲立。坤爲方。乾初之坤四，三正不動，故「立不易方」也。

初六，浚恒，貞凶，无攸利。

侯果曰：浚，深；恒，久也。初本六四，自四居初，始求深厚之位者也。位既非正，求乃涉邪，以此爲正，凶之道也。故曰「浚恒貞凶无攸利」矣。

《象》曰：「浚恒」之「凶」，始求深也。

虞翻曰：浚，深也。初下稱浚，故曰「浚恒」。乾初爲淵，故深矣。失位，變之正，乾爲始，故曰「始求深也」。

九二，悔亡。

虞翻曰：失位，「悔」也。動而得正，處中多譽，故「悔亡」也。

《象》曰：「九二悔亡」，能久中也。

荀爽曰：乾爲久也。能久行中和，以陽據陰，故曰「能久中也」。

九三，不恒其德，或承之羞，貞吝。

荀爽曰：與初同象，欲據初隔二。與五爲兑，欲説之隔四。意无所定，故「不恒其德」。與上相應，欲往承之，爲陰所乘，故「或承之羞」也。「貞吝」者，謂正居其所，不與陰通也。无居自容，故「貞吝」矣。

《象》曰：「不恒其德」，无所容也。

《九家易》曰：言三取初隔二，應上見乘，是「无所容」。无居自容，故「貞吝」。

九四，田无禽。《象》曰：久非其位，安得「禽」也。

虞翻曰：「田」謂二也。地上稱田。「无禽」謂五也。九四失位，利二上之五，已變承之，故曰「田无禽」。言二五皆非其位，故《象》曰「久非其位安得禽」也。

六五，恒其德，貞婦人吉，夫子凶。

虞翻曰：動正成乾，故「恒其德」。「婦人」謂初。巽爲婦，終變成益，震四復初，婦得歸陽，從一而終，故「貞婦人吉」也。震，乾之子，而爲巽夫，故曰「夫子」。終變成益，震四從巽，死於坤中，故「夫子凶」也。

《象》曰：「婦人貞吉」，從一而終也。

虞翻曰：一謂初。終變成益，以巽應初震，故「從一而終」也。

「夫子」制義，從婦「凶」也。

虞翻曰：震没從巽入坤，故「從婦凶」矣。

上六，震恒，凶。《象》曰：「震恒」在上，大无功也。

虞翻曰：在震上，故「震恒」。五動乘陽，故「凶」。終在益上，五遠應，故「无功」也。

《序卦》曰：物不可以久居其所，故受之以遯。

韓康伯曰：夫婦之道，以恒爲貴。而物之所居，不可以恒，宜與世升降，有時而遯者也。

䷠ 艮下乾上 遯，亨，

虞翻曰：陰消姤二也。艮爲山，巽爲入，乾爲遠。遠山入藏，故「遯」。以陰消陽，子弑其父，小人道長，避之乃通，故「遯」而「通」則「當位而應，與時行也」。

小利貞。

虞翻曰：小，陰，謂二。得位浸長，以柔變剛，故「小利貞」。○鄭玄曰：遯，逃去之名也。艮爲門闕，乾有健德，互體有巽，巽爲進退。君子出門，行有進退，逃去之象。二五得位而有應，是用正道得禮見召聘。始任他國，當尚謙謙，小其和順之道，居小官，幹小事。其進以漸，則遠妒忌之害。昔陳敬仲奔齊辭卿是也。

《象》曰：遯「亨」，遯而亨也。

侯果曰：此本乾卦。陰長剛殞，君子遯避，遯則通也。

剛當位而應，與時行也。

虞翻曰：「剛」謂五而應二。艮爲時，故「與時行」矣。

「小利貞」，浸而長也。

荀爽曰：陰稱小。浸而長則將消陽，

故利正。居二，與五相應也。

遯之時義大矣哉！

陸績曰：謂陽氣退，陰氣將害，隨時遯避，其「義大矣哉」。○宋衷曰：太公遯殷，四皓遯秦之時也。

《象》曰：天下有山，遯。

崔憬曰：天喻君子，山比小人。小人浸長，若山之侵天；君子遯避，若天之遠山，故言「天下有山遯」也。

君子以遠小人，不惡而嚴。

虞翻曰：「君子」謂乾。乾爲遠，爲嚴。「小人」謂陰。坤爲惡，爲小人，故「以遠小人不惡而嚴」也。○侯果曰：羣小浸盛，剛德殞削，故君子避之，高尚林野。但矜嚴於外，亦不憎惡於内，所謂「吾家耄遜於荒」也。

初六，遯尾，厲，勿用有攸往。

陸績曰：陰氣已至於二，而初在其後，故曰「遯尾」也。避難當在前而在後，故「厲」。往則與災難會，故「勿用有攸往」。

《象》曰：「遯尾」之「厲」，不往何災也。

虞翻曰：艮爲尾也。初失位，動而得正，故「遯尾厲」。之應成坎爲災。在艮宜静，若不往於四則无災矣。

六二，執之用黄牛之革，莫之勝説。

虞翻曰：艮爲手稱執，否坤爲黄牛，艮爲皮。四變之初則坎水濡皮，离日乾之，故「執之用黄牛之革」。莫，无也。勝，能；説，解也。乾爲堅剛，巽爲繩，艮爲手。持革縛三在坎中，故「莫之勝説」也。

《象》曰：「執用黄牛」，固志也。

侯果曰：六二离爻，离爲黄牛。體艮履正，上應貴主，志在輔時。不隨物遯，獨守中直，堅如革束。執此之志，莫之勝説。殷之父師，當此爻矣。

九三，係遯，有疾厲，畜臣妾吉。

虞翻曰：厲，危也。巽繩爲係。四變三體坎，坎爲疾。故「有疾厲」。遯陰剥陽，三消成坤。與上易位，坤爲臣，兑爲妾，上來之三，據坤應兑，故「畜臣妾吉」也。

《象》曰：「係遯」之「厲」，有疾憊也。

王肅曰：三上係于二而獲遯，故曰「係遯」。病此係執而獲危懼，故曰「有疾憊也」。此於六二畜臣妾之象，足以畜其臣妾，不可施爲大事也。

「畜臣妾吉」，不可大事也。

虞翻曰：三動入坤，坤爲事，故「不可大事也」。○荀爽曰：「大事」謂與五同任天下之政。潛遯之世，但可居家畜養臣妾，不可治國之大事。

九四，好遯，君子吉，小人否。

虞翻曰：否乾爲好，爲君子。陰稱小人。動之初，故「君子吉」。陰在四多懼，故「小人否」。得位承五，故无凶咎矣。

《象》曰：君子好遯，小人否也。

侯果曰：不處其位而遯於外，好遯者也。然有應在初，情未能棄，君子剛斷，故能舍之，小人係戀，必不能矣。故「君子吉，小人凶」矣。

九五，嘉遯，貞吉。

虞翻曰：乾爲嘉，剛當位應二，故「貞吉」。謂三已變，上來之三成坎，《象》曰「以正志也」。

《象》曰：「嘉遯貞吉」，以正志也。

侯果曰：時否德剛，雖遯中正，嘉遯者也，故曰「貞吉」。遯而得正，則羣小應命，所謂紐以紊之剛，正羣小之志，則殷之高宗當此爻矣。

上九，肥遯，无不利。

虞翻曰：乾盈爲肥，二不及上，故「肥遯无不利」，《象》曰「无所疑也」。

《象》曰：「肥遯无不利」，无所疑也。

侯果曰：最處外極，无應於内。心无疑戀，超世高舉。「果行育德」，安時无悶，遯之肥也，故曰「肥遯无不利」，則潁濱巢許當此爻矣。

《序卦》曰：物不可以終遯，故受之以大壯。

韓康伯曰：遯，「君子以遠小人」。遯而後通，何可終耶。陽盛陰消，君子道勝也。

䷡ 乾下震上 大壯，利貞。

虞翻曰：陽息泰也。壯，傷也。「大」謂四。失位，爲陰所乘，兑爲毁折傷。與五易位乃得正，故「利貞」也。

《彖》曰：大壯，大者壯也。

侯果曰：此卦本坤。陰柔消弱，剛大長壯，故曰「大壯」也。

剛以動，故壯。

荀爽曰：乾剛震動，陽從下升，陽氣大動，故「壯」也。

大壯利貞，大者正也。

虞翻曰：謂四進之五乃得正，故「大者正也」。

正大而天地之情可見矣！

虞翻曰：「正大」謂四。之五成需，以离日見天，坎月見地，故「天地之情可見」也矣。

《象》曰：雷在天上，大壯。

崔憬曰：乾下震上，故曰「雷在天上」。一曰雷陽氣也，陽至於上卦，能助於天威，「大壯」之象也。

君子以非禮弗履。

陸績曰：天尊雷卑，君子見卑乘尊，終必消除，故《象》以爲戒，非禮不履。

初九，壯于趾，征凶，有孚。

虞翻曰：「趾」謂四。征，行也。震足爲趾，爲征。初得位，四不征之五，故「凶」。坎爲「孚」。謂四上之五成坎，己得應四，故「有孚」。

《象》曰：「壯于趾」，其「孚」窮也。

虞翻曰：應在乾終，故「其孚窮也」。

九二，貞吉。《象》曰：「九二貞吉」，以中也。

虞翻曰：變得位，故「貞吉」。動體离，故「以中也」。

九三，小人用壯，君子用罔，貞厲。

虞翻曰：應在震也。三陽君子，「小人」謂上。上逆，故「用壯」。謂二已變离。离爲罔，三乘二，故「君子用罔」。體乾「夕惕」，故「貞厲」也。

羝羊觸藩，羸其角。

荀爽曰：「三與五同功」爲兑，故曰「羊」。終始陽位，故曰「羝藩」，謂四也。三欲觸四而危之，四反羸其角。「角」謂五也。

《象》曰：「小人用壯，君子罔」也。

侯果曰：「藩」謂四也。九四體震爲竹葦，故稱「藩」也。三互乾兑，乾壯兑羊，故曰「羝羊」。四藩未決，三宜勿往。用壯觸藩，求應於上，故角被拘羸矣。

案：自三至五，體兑爲羊。四既是藩，五爲羊角，即「羝羊觸藩羸其角」之象也。

九四，貞吉，悔亡。藩決不羸，壯于大轝之腹。《象》曰：「藩決不羸」，尚往也。

虞翻曰：失位，悔也。之正得中，故「貞吉」而「悔亡」矣。體夬象，故「藩決」。震四上處五則藩毁壞，故「藩決不羸」。坤爲大轝，爲腹。四之五折坤，故「壯于大轝之腹」。而《象》曰「尚往」者，謂上之五。

六五，喪羊于易，无悔。

虞翻曰：四動成泰，坤爲喪也。乾爲易，四上之五，兑還屬乾，故「喪羊于易」。動各得正而處中和，故「无悔」矣。

《象》曰：「喪羊于易」，位不當也。

案：謂四五陰陽失正。陰陽失正，故曰「位不當也」。

上六，羝羊觸藩，不能退，不能遂，无攸利，艱則吉。

虞翻曰：應在三，故「羝羊觸藩」。遂，進也。謂四已之五體坎，上能變之巽，巽爲進退，故「不能退，不能遂」。退則失位，上則乘剛，故「无攸利」。坎爲艱，得位應三利上，故「艱則吉」。

《象》曰：「不能退，不能遂」，不詳也。

虞翻曰：乾善爲詳，不得三應，故「不詳也」。

「艱則吉」，咎不長也。

虞翻曰：巽爲長。動失位爲咎，不變之巽，故「咎不長也」。

《序卦》曰：物不可以終壯，故受之以晉。晉者，進也。

崔憬曰：不可以終壯於陽盛，自取觸藩。當宜柔進而上行，受兹錫馬。

䷢ 坤下离上 晉，康侯用錫馬蕃庶，晝日三接。

虞翻曰：觀四之五。晉，進也。坤爲康。康，安也。初動體屯，震爲侯，故曰「康侯」。震爲馬，坤爲用，故「用錫馬」。艮爲多，坤爲衆，故「繁庶」。离日在上，故「晝日」。三陰在下，故「三接」矣。

《象》曰：晉，進也。明出地上，順而麗乎大明。

崔憬曰：渾天之義，日從地出而升于天，故曰「明出地上」。坤，臣道也。日，君德也。臣以功進，君以恩接，是以「順而麗乎大明」。雖一卦名晉而五爻爲主，故言「柔進而上行」也。

柔進而上行，

蜀才曰：此本觀卦。案：九五降四，六四進五，是「柔進」。

是以「康侯用錫馬蕃庶，

荀爽曰：陰進居五，處用事之位，陽中之陰，「侯」之象也。陰性安静，故曰「康侯」。「馬」謂四也。五以下羣陰錫四也。坤爲衆，故曰「蕃庶」矣。

晝日三接」也。

侯果曰：康，美也。四爲諸侯，五爲天子，坤爲衆，坎爲馬。天子至明於上，公侯謙順於下，美其治物有功，故「蕃錫車馬，一晝三覿也」。《采菽》刺幽王侮諸侯詩曰「雖无與之，路車乘馬」，《大行人職》曰「諸公三饗三問三勞，諸侯三饗再問再勞，子男三饗一問一勞」，即天子三接諸侯之禮也。

《象》曰：明出地上，晉。君子以自照明德。

鄭玄曰：地雖生萬物，日出於上，其功乃著，故君子法之而以明自照其德。○虞翻曰：「君子」謂觀乾。乾爲德，坤爲自，离爲明。乾五動，以离日自照，故「以自照明德」也。

初六，晉如，摧如，貞吉。罔孚，裕无咎。

虞翻曰：晉，進；摧，憂愁也。應在四，故「晉如」。失位，故「摧如」。動得位，故「貞吉」。應离爲罔，四坎稱孚，坤弱爲裕。欲四之五成巽，初受其命，故「无咎」也。

《象》曰：「晉如摧如」，獨行正也。

虞翻曰：初動震爲行。初一稱「獨」也。

「裕无咎」，未受命也。

虞翻曰：五未之巽，故「未受命也」。

六二，晉如，愁如，貞吉。

虞翻曰：謂二應在坎上，故「愁如」。得位處中，故「貞吉」也。

受茲介福，于其王母。

虞翻曰：乾爲介福，艮爲手，坤爲虚，故稱「受」。介，大也。謂五已正中，乾爲王，坤爲母，故「受茲介福，于其王母」。

《象》曰：「受茲介福」，以中正也。

《九家易》曰：五動得正中，故二受大福矣。「大福」謂馬與蕃庶之物是也。

六三，衆允，悔亡。

虞翻曰：坤爲衆。允，信也。土性信，故「衆允」。三失正，與上易位則悔亡，故《象》曰「上行」也。此則成小過。小過，故有飛鳥之象焉。臼杵之利，見碩鼠出入坎穴，蓋取諸此也。

《象》曰：「衆允」之志，上行也。

虞翻曰：坎爲志，三之上成震，故曰「上行也」。

九四，晉如碩鼠，貞厲。

《九家易》曰：「碩鼠」喻貪，謂四也。體离欲升，體坎欲降。游不度瀆，不出坎也。飛不上屋，不至上也。緣不極木，不出离也。穴不掩身，五坤薄也。走不先足，外震在下也。五伎皆劣，四爻當之，故曰「晉如碩鼠」也。

《象》曰：「碩鼠貞厲」，位不當也。

翟玄曰：碩鼠晝伏夜行，貪猥无已。謂雖進承五，然潛據下陰，久居不正之地，故有危厲也。

六五，悔亡，矢得勿恤。往吉，无不利。

荀爽曰：五從坤動而來爲离。离者，

射出，故曰「矢得」。陰居尊位，故「有悔」也。以中盛明，光照四海，故「悔亡」「勿恤」，「吉无不利」也。

《象》曰：「矢得勿恤」，往有慶也。

虞翻曰：動之乾，乾爲慶也。「矢」，古「誓」字。誓，信也。勿，无；卹，憂也。五變得正，坎象不見，故「誓得勿卹，往有慶也」。

上九，晉其角，

虞翻曰：五已變之乾爲首，位在首上稱角，故「晉其角」也。

惟用伐邑。厲吉，无咎，貞吝。

虞翻曰：坤爲邑，動成震而體師象，坎爲心，故「惟用伐邑」。得位乘五，故「厲吉无咎」而「貞吝」矣。

《象》曰：「惟用伐邑」，道未光也。

荀爽曰：陽雖在上，動入冥豫，故「道未光也」。

《序卦》曰：進必有所傷，故受之以明夷。夷者，傷也。

《九家易》曰：日在坤下，其明傷也。言進極當降，復入于地，故曰「明夷」也。

䷣ 离下坤上 明夷，

虞翻曰：夷，傷也。臨二之三而反晉也。明入地中，故傷矣。

利艱貞。

虞翻曰：謂五也。五失位，變出成坎爲艱，故「利艱貞」矣。○鄭玄曰：夷，傷也。日出地上，其明乃光，至其入地，明則傷矣，故謂之「明夷」。日之明傷，猶聖人君子有明德而遭亂世，抑在下位，則宜自艱，无幹事政，以避小人之害也。

《象》曰：明入地中，明夷。

蜀才曰：此本臨卦也。案：夷，滅也。九二升三，六三降二，明入地中也。

明入地中則明滅也。

內文明而外柔順，以蒙大難，

荀爽曰：明在地下，爲坤所蔽，「大難」之象。大難，文王君臣相事，故言「大難」也。

文王以之。

虞翻曰：以，用也。三喻文王，「大難」謂坤。坤爲弑父，迷亂荒淫，若紂殺比干。三幽坎中，象文王之拘羑里。震爲諸侯，喻從文王者。紂懼出之，故「以蒙大難」，得身全矣。

「利艱貞」，晦其明也。內難而能正其志，箕子以之。

虞翻曰：箕子，紂諸父，故稱「內難」。五乾天位，今化爲坤，箕子之象。坤爲晦，箕子正之，出五成坎，體离重明麗正，坎爲志，故「正其志，箕子以之」，而紂奴之矣。

《象》曰：明入地中，明夷。君子以莅衆，用晦而明。

虞翻曰：而，如也。「君子」謂三。體師象，以坎莅坤，坤爲衆、爲晦，离爲明，故「用晦如明」也。

初九，明夷于飛，垂其翼。君子于行，三日不食。

荀爽曰：火性炎上，离爲飛鳥，故曰「于飛」。爲坎所抑，故曰「垂其翼」。陽爲君子，三者陽德成也。日以喻君。不食者，不得食君禄也。陽未居五，陰暗在上，初有明德，耻食其禄，故曰「君子于行，三日不食」也。

有攸往，主人有言。

《九家易》曰：四者初應，衆陰在上，爲「主人」也。初欲上居五，則衆陰有言。「言」謂震也。四五體震爲雷聲，故曰「有攸往，主人有言」也。

《象》曰：「君子于行」，義不食也。

荀爽曰： 暗昧在上，有明德者義不食禄也。

六二，明夷于左股，用拯馬壯，吉。

《九家易》曰：「左股」謂初。爲二所夷也。离爲飛鳥，蓋取小過之義。鳥飛舒翼而行夷者，傷也。今初傷垂翼在下，故曰「明夷于左股」矣。九三體坎，坎爲馬也。二應與五，「三與五同功」，二以中和應天。應天合衆，欲升上三以壯於五，故曰「用拯馬壯吉」。 案： 初爲足，二居足上，股也。二互體坎，坎主左方，左股之象也。

《象》曰：「六二」之「吉」，順以則也。

《九家易》曰： 二欲上三居五爲天子。坎爲法律，君有法則衆陰當順從之矣。

九三，明夷于南狩，得其大首，不可疾貞。

《九家易》曰： 歲終田獵名曰狩也。 南者，九五大陽之位，故稱「南」也。暗昧道終，三可升上而獵於五，得據大陽首位，故曰「明夷于南狩，得其大首」。自暗復明，當以漸次，不可卒正，故曰「不可疾貞」也。

《象》曰：「南狩」之志，乃大得也。

案： 冬獵曰狩也。三互离坎，离南坎北，北主於冬，故曰「南狩」。五居暗主，三處明終，履正順時，拯難興衰者也。以臣伐君，故假言狩。既獲五上之大首，而三志乃大得也。

六四，入于左腹，獲明夷之心，于出門庭。

荀爽曰： 陽稱左，謂九三也。「腹」者謂五居坤，坤爲腹也。四得位比三，應於順首，欲上三居五，以陽爲腹心也。故曰「入于左腹，獲明夷之心」，言三當出門庭，升五君位。○干寶曰： 一爲室，二爲户，三爲庭，四爲門，故曰「于出門庭」矣。

《象》曰：「入于左腹」，獲心意也。

《九家易》曰：四欲上三，居五爲坎，坎爲心。四以坤爻爲腹，故曰「入于左腹，獲心意也」。

六五，箕子之明夷，利貞。

馬融曰：箕子，紂之諸父，明於天道洪範之九疇，德可以王，故以當五。知紂之惡，無可奈何，同姓恩深，不忍棄去，被髮佯狂，以明爲暗，故曰「箕子之明夷」。卒以全身，爲武王師，名傳無窮，故曰「利貞」矣。

《象》曰：「箕子」之「貞」，明不可息也。

侯果曰：體柔履中，内明外暗，羣陰共掩以夷其明。然以正爲明而不可息，以爻取象，箕子當之，故曰「箕子之貞，明不可息也」。

上六，不明晦，初登于天，後入于地。

虞翻曰：應在三，离滅坤下，故「不明晦」。晉時在上麗乾，故「登于天，照四國」。今反在下，故「後入于地」，失其則。

《象》曰：「初登于天」，照四國也。「後入于地」，失則也。

侯果曰：最遠于陽，故曰「不明晦」也。「初登于天」，謂「明出地上」，下照于坤。坤爲衆國，故曰「照于四國」也。喻陽之初興也。「後入于地」，謂明入地中，晝變爲夜，暗晦之甚，故曰「失則」也。况紂之亂世也。此之二象，言晉與明夷，往復不已，故見暗則伐取之，亂則治取之，聖人因象設試也。

易傳卷第七

易傳卷第八

唐資州李鼎祚集解

《序卦》曰：傷於外者必反於家，故受之以家人。

韓康伯曰：傷於外者必反諸内也。

䷤ 离下巽上 家人，利女貞。

虞翻曰：遯初之四也。「女」謂离巽。二四得正，故「利女貞」也。○馬融曰：家人以女爲奧主。長女、中女各得其正，故特曰「利女貞」矣。

《彖》曰：家人，女正位乎内，男正位乎外。

王弼曰：謂二五也。家人之義，以内爲本者也，故先説女矣。

男女正，天地之大義也。

虞翻曰：遯乾爲天，三動坤爲地。男得天正於五，女得地正於二，故「天地之大義也」。

家人有嚴君焉，父母之謂也。

荀爽曰：离巽之中有乾坤，故曰「父母之謂也」。○王肅曰：凡男女所以能各得其正者，由家人有嚴君也。家人有嚴君，故父子夫婦各得其正，家家咸正而天下之治大定矣。案：二五相應，爲卦之主。五陽在外，二陰在内，父母之謂也。

父父子子，兄兄弟弟，

虞翻曰：遯乾爲父，艮爲子，三五位正，故「父父子子」。三動時震爲兄，艮爲弟，初位正，故「兄兄弟弟」。

夫夫婦婦，

虞翻曰：三動時震爲夫，巽四爲婦，初

四位正，故「夫夫婦婦」也。

而家道正。正家而天下定矣。

荀爽曰：「父」謂五，「子」謂四，「兄」謂三，「弟」謂初，「夫」謂五，「婦」謂二也。各得其正，故「天下定矣」。○陸績曰：聖人教先從家始，家正而天下化之，「脩己以安百姓」者也。

《象》曰：風自火出，家人。

馬融曰：木生火，火以木爲家，故曰「家人」。火生於木，得風而盛，猶夫婦之道，相須而成。

君子以言有物而行有恒。

荀爽曰：風火相與，必附於物。物大火大，物小火小。君子之言，必因其位，位大言大，位小言小，「不在其位，不謀其政」，故「言有物」也。大暑爍金，火不增其烈；大寒凝冰，火不損其熱，故曰「行有恒」矣。

初九，閑有家，悔亡。《象》曰：「閑有家」，志未變也。

荀爽曰：初在潛位，未干國政，閑習家事而已。未得治官，故「悔」。居家理治，可移於官，守之以正，故「悔亡」，而未變從國之事，故曰「志未變也」。

六二，无攸遂，在中饋，貞吉。

荀爽曰：六二處和得正，得正有應，有應有實，陰道之至美者也。坤道順從，故无所得遂。供肴中饋，酒食是議，故曰「中饋」。居中守正，永貞其志則吉，故曰「貞吉」也。

《象》曰：「六二」之「吉」，順以巽也。

《九家易》曰：謂二居貞，巽順於五則吉矣。

九三，家人嗃嗃，悔厲，吉。婦子嘻嘻，終吝。

王弼曰：以陽居陽，剛嚴者也。處下

體之極，爲一家之長。行與其慢也，寧過乎恭；家與其瀆也，寧過乎嚴。是以家雖嗃嗃，悔厲猶得吉也。「婦子嘻嘻」，失家節也。○侯果曰：嗃嗃，嚴也。嘻嘻，笑也。

《象》曰：「家人嗃嗃」，未失也。「婦子嘻嘻」，失家節也。

《九家易》曰：别體異家，陰陽相據，喜樂過節也。「别體異家」謂三五也。「陰陽相據」，三五各相據陰，故言「婦子」也。

六四，富家大吉。《象》曰：「富家大吉」，順在位也。

虞翻曰：三變體艮，艮爲篤實，坤爲大業。得位應初，順五乘三，比據三陽，故曰「富家大吉，順在位也」。謂順於五矣。

九五，王假有家，勿恤，吉。

陸績曰：假，大也。五得尊位，據四應二，以天下爲家，故曰「王大有家」。天下正之，故无所憂則吉。

《象》曰：「王假有家」，交相愛也。

虞翻曰：乾爲愛也。二稱家，三動成震，五得交二，初得交四，故「交相愛」。震爲交也。

上九，有孚威如，終吉。

虞翻曰：謂三已變，與上易位成坎，坎爲孚，故「有孚」。乾爲威如。自上之坤，故「威如」。易則得位，故「終吉」也。

《象》曰：「威如」之「吉」，反身之謂也。

虞翻曰：謂三動坤爲身，上之三成既濟定，故「反身之謂」。此「家道正，正家而天下定矣」。

《序卦》曰：家道窮必乖，故受之以睽。睽者，乖也。

崔憬曰：　婦子嘻嘻，過在失節。失節則窮，窮則乖，故曰「家道窮必乖」。

䷥ 兑下离上 睽，小事吉。

虞翻曰：　大壯上之三，在《繫》蓋取无妄二之五也。「小」謂五，陰稱小。得中應剛，故「吉」。○鄭玄曰：　睽，乖也。火欲上，澤欲下，猶人同居而異志也，故謂之睽。二五相應，君陰臣陽，君而應臣，故「小事吉」。

《彖》曰：　睽，火動而上，澤動而下。

虞翻曰：　离火炎上，澤水潤下也。

二女同居，其志不同行。

虞翻曰：　二女，离兑也。坎爲志，离上兑下。无妄震爲行，巽爲同，艮爲居。二五易位，震巽象壞，故「二女同居，其志不同行」也。

説而麗乎明，柔進而上行，得中而應乎剛，

虞翻曰：　説，兑；　麗，离也。「明」謂乾，當言大明，以麗於晉。「柔」謂五。无妄巽爲進，從二之五，故「上行」。「剛」謂應乾五伏陽，非應二也，與鼎五同義也。

是以「小事吉」。

荀爽曰：　小事者，臣事也。百官異體，四民殊業，故「睽而不同」。剛者，君也。柔得其中而進於君，故言「小事吉」也。

天地睽而其事同也，

王肅曰：　高卑雖異，同育萬物。○虞翻曰：　五動乾爲天，四動坤爲地，故「天地睽」。坤爲事也。五動體同人，故「事同」矣。

男女睽而其志通也，

侯果曰：　出處雖殊，情通志合。○虞翻曰：　四動艮爲男，兑爲女，故「男女睽」。坎爲志，爲通，故「其志通」也。

萬物睽而其事類也。

崔憬曰：萬物雖睽於形色，而生性事類言亦同也。○虞翻曰：四動萬物出乎震，區以别矣，故「萬物睽」。坤爲事，爲類，故「其事類也」。

睽之時用大矣哉！

《九家易》曰：乖离之卦，於義不大，而天地事同，共生萬物，故曰「用大」。○盧氏曰：不言「義」而言「用」者，明用睽之義至大矣。

《象》曰：上火下澤，睽。

荀爽曰：火性炎上，澤性潤下，故曰「睽」也。

君子以同而異。

荀爽曰：大歸雖同，小事當異。百官殊職，四民異業，文武並用，威德相反，共歸於治，故曰「君子以同而異」也。

初九，悔亡，喪馬勿逐，自復。見惡人，无咎。《象》曰：「見惡人」，以避咎也。

虞翻曰：无應，悔也。四動得位，故「悔亡」。應在于坎，坎爲馬。四而失位，之正入坤，坤爲喪，坎象不見，故「喪馬」。震爲逐，艮爲止，故「勿逐」。坤爲自，二至五體復象，故「自復」。四動震馬來，故「勿逐自復」也。离爲見，「惡人」謂四，動入坤，初四復正，故「見惡人以避咎」矣。

九二，遇主于巷，无咎。

虞翻曰：二動體震。震爲主，爲大塗。艮爲徑路。大道而有徑路，故稱「巷」。變而得正，故「无咎」而「未失道也」。

《象》曰：「遇主于巷」，未失道也。

虞翻曰：動得正，故「未失道」。○崔憬曰：處睽之時，與五有應。男女雖隔，其志終通。而三比焉，近不相得。遇者，不期而會主者。三爲下卦之主。巷者，出門近遇之象。言二遇三，明非背五，未爲失道也。

六三，見輿曳，其牛掣。

虞翻曰：离爲見，坎爲車，爲曳，故「見輿曳」。四動坤爲牛，爲類。牛角一低一仰，故稱「掣」。离上而坎下，「其牛掣」也。

其人天且劓，无初有終。

虞翻曰：其人謂四惡人也。黥額爲天，割鼻爲劓。无妄乾爲天。震二之乾五，以陰墨其天。乾五之震二，毀艮割其鼻也。兑爲刑人，故「其人天且劓」。失位，動得正成乾，故「无初有終」。

《象》曰「遇剛」，是其義也。

《象》曰：「見輿曳」，位不當也。「无初有終」，遇剛也。

虞翻曰：動正成乾，故「遇剛」。

九四，睽孤，遇元夫。交孚，厲，无咎。

虞翻曰：孤，顧也。在兩陰間，睽五顧三，故曰「睽孤」。震爲元夫。謂二已變，動而應震，故「遇元夫」也。震爲交，坎爲孚，動而得正，故「交孚厲无咎」矣。

《象》曰：「交孚无咎」，志行也。

虞翻曰：坎動成震，故「志行」也。

六五，悔亡，厥宗噬膚，往何咎。

虞翻曰：往得位，悔亡也。動而之乾，乾爲宗。二體噬嗑，故曰「噬」。四變時艮爲膚，故曰「厥宗噬膚」也。變得正成乾，乾爲慶，故往无咎而有慶矣。

《象》曰：「厥宗噬膚」，往有慶也。

王弼曰：非位，悔也。有應，故「悔亡」。「厥宗」謂二也。噬膚者，齧柔也。三雖比二，二之所噬非妨己應者也。以斯而往，何咎之有？往必見合，故「有慶也」。案：二兑爲口，五爻陰柔，「噬膚」之象也。

上九，睽孤，見豕負塗，載鬼一車。

虞翻曰：睽三顧五，故曰「睽孤」也。离爲見，坎爲豕，爲雨。四變時坤爲土。土得雨爲泥塗，四動艮爲背。豕背有泥，故「見豕負塗」矣。坤爲鬼，坎爲車。變在坎上，故「載鬼一車」也。

先張之弧，後説之壺。

虞翻曰：謂五已變，乾爲先。應在三，坎爲弧。离爲矢，張弓之象也。故「先張之弧」。四動震爲後。説，猶置也。兑爲口，离爲大腹，坤爲器。大腹有口，坎酒在中，「壺」之象也。之應歷險以與兑，故「後説之壺」矣。

匪寇婚媾，往遇雨則吉。

虞翻曰：匪，非。坎爲寇。之三歷坎，故「匪寇」。陰陽相應，故「婚媾」。三在坎下，故「遇雨」。與上易位，坎象不見，各得其正，故「則吉」也。

《象》曰：「遇雨」之「吉」，羣疑亡也。

虞翻曰：物三稱羣。坎爲疑。三變坎敗，故「羣疑亡」矣。

《序卦》曰：乖必有難，故受之以蹇。蹇者，難也。

崔憬曰：二女同居，其志乖而難生，故曰乖必有難也。

䷦ 艮下坎上 蹇，利西南，

虞翻曰：觀上反三也。坤，西南卦。五在坤中，坎爲月。月生西南，故「利西南」。「往得中」謂「西南得朋」也。

不利東北，

虞翻曰：謂三也。艮，東北之卦。月消於艮，喪乙滅癸，故「不利東北，其道窮也」，則「東北喪朋」矣。

利見大人，

虞翻曰：离爲見，「大人」謂五。二得位應五，故「利見大人，往有功也」。

貞吉。

虞翻曰：謂五「當位」「正邦」，故「貞吉」也。

《彖》曰：蹇，難也，險在前也。見險而能止，知矣哉！

虞翻曰：离見坎險，艮爲止，觀乾爲知，故「知矣哉」。

「蹇利西南」，往得中也。

荀爽曰：「西南」謂坤。升二往居坤五，故「得中也」。

「不利東北」，其道窮也。

荀爽曰：東北，艮也。艮在坎下，見險而止，故「其道窮也」。

「利見大人」，往有功也。

虞翻曰：「大人」謂五。二往應五，「五多功」，故「往有功也」。

當位「貞吉」，以正邦也。

荀爽曰：謂五當尊位正。居是，羣陰順從，故能正邦國。

蹇之時用大矣哉！

虞翻曰：謂坎月生西南而終東北。震象出庚，兑象見丁，乾象盈甲，巽象退辛，艮象消丙，坤象窮乙，喪滅於癸。終則復始，以生萬物，故「用大矣」。

《象》曰：山上有水，蹇。

崔憬曰：山上至險，加之以水，蹇之象也。

君子以反身脩德。

虞翻曰：「君子」謂觀乾。坤爲身，觀上反三，故「反身」。陽在三，「進德脩業」，故「以反身脩德」。孔子曰「德之不脩，是吾憂也」。

初六，往蹇，來譽。

虞翻曰：「譽」謂二，「二多譽」也。失位應陰，往歷坎險，故「往蹇」。變而得位，以陽承二，故來而譽矣。

《象》曰：「往蹇來譽」，宜待時也。

虞翻曰：艮爲時。謂變之正以待四也。

六二，王臣蹇蹇，匪躬之故。

虞翻曰：觀乾爲王，坤爲臣、爲躬，坎爲蹇也。之應涉坤，二五俱坎，故「王臣蹇蹇」。觀上之三，折坤之體，臣道得正，故「匪躬之故」，《象》曰「終无尤也」。

《象》曰：「王臣蹇蹇」，終无尤也。

侯果曰：處艮之二，上應於五。五在坎中，險而又險。志在匡弼，匪惜其躬，故曰「王臣蹇蹇，匪躬之故」。輔臣以此，終无尤也。

九三，往蹇，來反。

虞翻曰：應正歷險，故「往蹇」。反身據二，故「來反」也。

《象》曰：「往蹇來反」，内喜之也。

虞翻曰：「内」謂二陰也。

六四，往蹇，來連。

虞翻曰：連，輦；蹇，難也。在兩坎間，進則无應，故「往蹇」。退初介三，故「來連」也。

《象》曰：「往蹇來連」，當位實也。

荀爽曰：蹇難之世，不安其所。欲往之三，不得承陽，故曰「往蹇」也。來還承五，則與至尊相連，故曰「來連」也。處正承陽，故曰「當位實也」。

九五，大蹇，朋來。

虞翻曰：當位正邦，故「大蹇」。睽兑爲朋，故「朋來」也。

《象》曰：「大蹇朋來」，以中節也。

干寶曰：在險之中而當王位，故曰「大蹇」。此蓋以託文王爲紂所囚也。承上、據四、應二，衆陰並至，此蓋以託四臣能以權智相救也，故曰「以中節也」。

上六，往蹇來碩，吉，利見大人。

虞翻曰：陰在險上，變失位，故「往蹇」。「碩」謂三。艮爲碩。退來之三，故「來碩」。得位有應，故「吉」也。离爲見，「大人」謂五，故「利見大人」矣。

《象》曰：「往蹇來碩」，志在内也。「利見大人」，以從貴也。

侯果曰：處蹇之極，體猶在坎，水无所之，故曰「往蹇」。來而復位，下應於三，三德碩大，故曰「來碩」。三爲内主，五爲大人。若志在内，心附於五，則「利見大人」也。案：三互體离，离爲明目，五爲大人，「利見大人」之象也。

《序卦》曰：物不可以終難，故受之以解。解者，緩也。

崔憬曰：蹇終則「來碩吉，利見大人」，故言「物不可以終難，故受之以解」。

䷧ 坎下震上 解，利西南。

虞翻曰：臨初之四。坤西南卦，初之四得坤衆，故「利西南，往得衆也」。

无所往，其來復吉。

虞翻曰：謂四本從初之四，失位於外而无所應，故「無所往」。宜來反初，復得正位，故「其來復吉」也。二往之五，四來之初成屯體復象，故稱「來復吉」矣。

有攸往，夙吉。

虞翻曰：謂二也。夙，早也。离爲日，爲甲。日出甲上，故早也。九二失正，早往之五則吉，故「有攸往夙吉，往有功也」。

《象》曰：解，險以動，動而免乎險，解。

虞翻曰：險，坎。動，震。解二月，「雷以動之，雨以潤之」，物咸孚甲，萬物生震。震出險上，故「免乎險」也。

「解利西南」，往得衆也。

荀爽曰：乾動之坤而得衆。西南，衆之象也。

「无所往，

荀爽曰：陰處尊位，陽无所往也。

其來復吉」，乃得中也。

荀爽曰：來復居二，處中成險，故曰「復吉」也。

「有攸往夙吉」，往有功也。

荀爽曰：五位无君，二陽又卑，往居之者則吉。據五解難，故「有功也」。

天地解而雷雨作，

荀爽曰：謂乾坤交通，動而成解卦。坎下震上，故「雷雨作」也。

雷雨作而百果草木皆甲宅。今本「宅」作「坼」，從古文「宅」而訛。

荀爽曰：解者，震世也。仲春之月，草木萌牙，「雷以動之，雨以潤之，日以烜之」，故「甲宅」也。

解之時大矣哉！

王弼曰：无所而不釋也。難解之時，非治難時也，故不言「用」也。體盡於解之名，无有幽隱，故不曰「義」也。

《象》曰：雷雨作，解。君子以赦過宥罪。

虞翻曰：「君子」謂三伏陽，出成大過。坎爲罪。入則大過象壞，故「以赦過」。二四失位，皆在坎獄中。三出體乾，兩坎不見，震喜兑説，罪人皆出，故以「宥罪」。謂三入則赦過，出則宥罪，「公用射隼以解悖」，是其義也。

初六，无咎。

虞翻曰：與四易位，體震得正，故「无咎」也。

《象》曰：剛柔之際，義「无咎」也。

虞翻曰：體屯初震，「剛柔始交」，故「无咎」也。

九二，田獲三狐，得黄矢，貞吉。

虞翻曰：二稱田。田，獵也。變之正艮爲狐，坎爲弓，离爲黄矢。矢貫狐體，二之五歷三爻，故「田獲三狐，得黄矢」。之正得中，故「貞吉」。

《象》曰：「九二」「貞吉」，得中道也。

虞翻曰：動得正，故「得中道」。

六三，負且乘，

虞翻曰：負，倍也。二變時艮爲背。謂三以四艮倍五也。五來寇三時，坤爲車。三在坤上，故「負且乘」。「小人而乘君子之器」，故《象》曰「亦可醜也」。

致寇至，貞吝。

虞翻曰：五之二成坎，坎爲寇盜。上位慢五，下暴於二，「慢藏悔盜」，故「致寇至貞吝」，《象》曰「自我致戎，又誰咎也」。

《象》曰：「負且乘」，亦可醜也。自我致戎，又誰咎也。

虞翻曰：臨坤爲醜也。坤爲自我，以离兵伐三，故轉寇爲戎。艮手招盜，故「誰咎也」。

九四，解而母，朋至斯孚。

虞翻曰：二動時艮爲指，四變之坤爲母，故「解而母」。臨兑爲朋，坎爲孚，四陽從初，故「朋至斯孚」矣。

《象》曰：「解而母」，未當位也。

王弼曰：失位不正而比於三，故三得附之爲其拇也。三爲之拇則失初之應，故「解其拇」然後「朋至斯孚」而信矣。

案：九四體震，震爲足。三在足下，拇之象。

六五，君子惟有解，吉。有孚于小人。

虞翻曰：「君子」謂二。之五得正成坎，坎爲心，故「君子惟有解吉」。「小人」謂五。陰爲小人。君子升位則小人退在二，故「有孚于小人」。坎爲孚也。

《象》曰：「君子有解」，「小人」退也。

虞翻曰：二陽上之五，五陰小人退之二也。

上六，公用射隼于高庸之上，獲之，无不利。

虞翻曰：上應在三公，謂三伏陽也。离爲隼。三失位，動出成乾貫隼，入大過死象，故「公用射隼于高庸之上，獲之无不利」也。案：二變時體艮，艮爲山，爲宫闕。三在山半，「高墉」之象也。

《象》曰：「公用射隼」，以解悖也。

虞翻曰：坎爲悖。三出成乾而坎象壞，故「解悖」也。◯《九家易》曰：隼，鷙鳥也。今捕食雀者，其性疾害，喻暴君也。陰盜陽位，萬事悖亂，今射去之，故曰「以解悖也」。

《序卦》曰：緩必有所失，故受之以損。

崔憬曰：宥罪緩死，失之於僥倖，有損於政刑，故言「緩必有所失，故受之以損」者也。

䷨ 兑下艮上 損，

鄭玄曰：艮爲山，兑爲澤，互體坤，坤爲地。山在地上，澤在地下。澤以自損，增山之高也。猶諸侯損其國之富以貢獻於天子，故謂之「損」矣。

有孚，元吉，无咎。可貞，利有攸往。

虞翻曰：泰初之上，「損下益上」以據二陰，故「有孚元吉无咎」。艮男居上，兑女在下，男女位正，故「可貞利有攸往」矣。

曷之用，二簋可用享。

崔憬曰：曷，何也。言其道上行，將何所用。可用二簋而享也。以喻「損下益上」，惟在乎心，何必竭於不足而補有餘者也。

《象》曰：損，損下益上，其道上行。

蜀才曰：此本泰卦。案：坤之上九，下處乾三。乾之九三，上升坤六，「損下益上」者也。陽德上行，故曰「其道上行」矣。

損而「有孚，

荀爽曰：謂損乾之三居上孚二陰也。

元吉，无咎。

荀爽曰：居上據陰，故「元吉无咎」。以未得位，嫌於咎也。

可貞，

荀爽曰：少男在上，少女雖年尚幼，必當相承，故曰「可貞」。

利有攸往，

荀爽曰：謂陽利往居上。損者，損下益上，故利往居上。

曷之用，二簋可用享」。

荀爽曰：「二簋」謂上體二陰也。上爲宗廟。簋者，宗廟之器，故可享獻也。

二簋應有時，

虞翻曰：「時」謂春秋也。損二之五。震二月，益正月，春也。損七月，兑八月，秋也。謂春秋祭祀，以時思之。艮爲時，震爲應，故「應有時」也。

損剛益柔有時。

虞翻曰：謂冬夏也。二五已易成益。坤爲柔。謂損益上之三成既濟。坎冬离夏，故「損剛益柔有時」。

損益盈虚，與時偕行。

虞翻曰：乾爲盈，坤爲虚。損剛益柔，故「損益盈虚」。謂泰初之上，損二之五，益上之三，變通趨時，故「與時偕行」。

《象》曰：山下有澤，損。君子以徵忿窒欲。

虞翻曰：「君子」泰乾。乾陽剛武爲忿，

坤陰吝嗇爲欲，損乾之初成兑説，故「徵忿」。初上據坤艮爲山，故「窒欲」也。

初九，祀事遄往，无咎，酌損之。

虞翻曰：祀，祭祀。坤爲事，謂二也。遄，速；酌，取也。二失正，初利二速往合志於五，得正无咎，己得之應，故「遄往无咎，酌損之」，《象》曰「上合志也」。「祀」，舊作「巳」也。

《象》曰：「祀事遄往」，上合志也。

虞翻曰：終成既濟，謂二上合志於五也。

九二，利貞，征凶，弗損益之。

虞翻曰：失位，當之正，故「利貞」。征，行也。震爲征，失正毁折，故不征之五則凶。二之五成益，小損大益，故「弗損益之」矣。

《象》曰：「九二利貞」，中以爲志也。

虞翻曰：動體离中，故「爲志也」。

六三，三人行，則損一人。

虞翻曰：泰乾三爻爲三人，震爲行，故「三人行」。損初之上，故「則損一人」。

一人行，則得其友。

虞翻曰：一人謂泰初之上，「損剛益柔」，故「一人行」。兑爲友，初之上據坤應兑，故「則得其友」。言致一也。

《象》曰：「一人行」，「三」則疑也。

虞翻曰：坎爲疑。上益三成坎，故「三則疑」。○荀爽曰：一陽在上則教令行，三陽在下則民衆疑也。

六四，損其疾，使遄有喜，无咎。

虞翻曰：「四」謂二也。四得位，遠應初。二疾上五，已得承之，謂二之五，三上復坎爲疾也。陽在五稱喜，故「損其疾，使遄有喜」。二上體觀，得正承五，故「无咎」矣。

《象》曰：「損其疾」，亦可喜也。

蜀才曰：四當承上而有初應，必上之所疑矣。初，四之疾也。宜損去其初，使上遄喜。○虞翻曰：二上之五體大觀象，故「可喜也」。

六五，或益之十朋之龜，弗克違，元吉。

虞翻曰：謂二五已變成益，故「或益之」。坤數十，兑爲朋。三上失位，三動离爲龜，「十」謂神、靈、攝、寶、文、筮、山、澤、水、火之龜也，故「十朋之龜」。三上易位成既濟，故「弗克違元吉」矣。

《象》曰：「六五」「元吉」，自上右也。

侯果曰：内柔外剛，龜之象也。又體兑艮，互有坤震。兑爲澤龜，艮爲山龜，坤爲地龜，震爲木龜，坤數又十，故曰「十朋」。朋，類也。六五處尊，損己奉上，人謀允叶，龜墨不違，故能延上九之右而來十朋之益，所以大吉也。○崔憬曰：「或之者，疑之也」，故用元龜。價直二十大貝，龜之最神貴者以決之，不能違其益之義，故獲「元吉」。雙貝曰「朋」也。

上九，弗損益之，无咎，貞吉。

虞翻曰：損上益三也。上失正，之三得位，故「弗損益之，无咎貞吉」。動成既濟，故「大得志」。

利有攸往，得臣无家。

虞翻曰：謂三往之上，故「利有攸往」。二五已動成益坤，爲臣，三變據坤成家人，故曰「得臣」。動而應三成既濟則家人壞，故曰「无家」。○王肅曰：處損之極，損極則益，故曰「不損益之」。非无咎也，爲下所益，故「无咎」。據五應三，三陰上附，外内相應，上下交接，正之吉也，故「利有攸往」矣。剛陽居上，羣下共臣，故曰「得臣」矣。得臣則萬方一軌，故「无家」也。

《象》曰：「弗損益之」，大得志也。

虞翻曰： 謂二五已變，上下益三成既濟定，离坎體正，故「大得志」。

《序卦》曰： 損而不已必益，故受之以益。

崔憬曰： 損終則「弗損益之」，故言「損而不已必益」也。

䷩ 震下巽上 益，利有攸往，

虞翻曰： 否上之初也。「損上益下，其道大光」，二利往坎應五，故「利有攸往，中正有慶」也。

利涉大川。

虞翻曰： 謂三失正，動成坎體涣。坎爲大川，故「利涉大川」。涣，舟檝象，「木道乃行」也。○鄭玄曰： 陰陽之義，陽稱爲君，陰稱爲臣。今震一陽二陰，臣多於君矣。而四體巽，之不應初，是天子損其所有以下諸侯也。人君之道，以益下爲德，故謂之益也。震爲雷，巽爲風。雷動風行，二者相成，猶人君出教令，臣奉行之，故「利有攸往」。坎爲大川，故「利涉大川」矣。

《象》曰： 益，損上益下，

蜀才曰： 此本否卦。 案： 乾之上九，下處坤初； 坤之初六，上升乾四，「損上益下」者也。

民説无疆。

虞翻曰： 上之初，坤爲无疆，震爲喜笑。「以貴下賤大得民」，故「説无疆」矣。

自上下下，其道大光。

虞翻曰： 乾爲大明，以乾照坤，故「其道大光」。或以上之三，离爲大光矣。

「利有攸往」，中正有慶。

虞翻曰：「中正」謂五而二應之，乾爲慶也。

「利涉大川」，木道乃行。

虞翻曰：謂三動成渙。渙，舟檝象。巽木得水，故「木道乃行」也。

益動而巽，日進无疆。

虞翻曰：震三動爲离，离爲日，巽爲進，坤爲疆。日與巽俱進，故「日進无疆」也。

天施地生，其益无方。

虞翻曰：乾下之坤，震爲出生，萬物出震，故「天施地生」。陽在坤初爲无方，「日進无疆」，故「其益无方」也。

凡益之道，與時偕行。

虞翻曰：上來益三，四時象正。艮爲時，震爲行，與損同義，故「與時偕行」也。

《象》曰：風雷，益。君子以見善則遷，有過則改。

虞翻曰：「君子」謂乾也。上之三，离爲見，乾爲善，坤爲過。坤三進之乾四，故「見善則遷」。乾上之坤初，改坤之過，體復象，「復以自知」，故「有過則改」也。

初九，利用爲大作，元吉，无咎。

虞翻曰：「大作」謂耕播，「耒耨之利」，蓋取諸此也。坤爲用，乾爲大，震爲作，故「利用爲大作」。體復，初得正，「朋來无咎」，故「元吉无咎」。震，三月卦，「日中星鳥」，「敬授民時」，故以耕播也。

《象》曰：「元吉无咎」，下不厚事也。

侯果曰：「大作」謂耕植也。處益之始，居震之初。震爲稼穡，又爲大作。益之大者，莫大耕植，故初九之利，利爲大作。若能不厚勞於下民，不奪時於農畯，則大吉无咎矣。

六二，或益之十朋之龜，弗克違，永貞吉。

虞翻曰：謂上從外來益三，故「或益之」。二得正遠應，利三之正，己得承之。坤數十，損兑爲朋，謂三變离爲龜，故「十朋之龜」。坤爲永，上之三得正，故「永貞吉」。

王用享于帝，吉。

虞翻曰：震稱帝，王謂五。否乾爲王，體觀象，艮爲宗廟。三變折坤牛，體噬嗑食，故「王用享于帝」。得位，故「吉」。○干寶曰：聖王先成其民而後致力于神，故「王用享于帝」。在巽之宮，處震之象，是則蒼精之帝同始祖矣。

《象》曰：「或益之」，自外來也。

虞翻曰：乾上稱外，來益三也。

六三，益之用凶事，无咎。

虞翻曰：坤爲事。三多凶，上來益三得正，故「益用凶事无咎」。

有孚中行，告公用圭。

虞翻曰：「公」謂三伏陽也。三動體坎，故「有孚」。震爲「中行」，爲「告」。位在中，故曰「中行」。三公位。乾爲圭，乾之三，故「告公用圭」。圭，桓圭也。○《九家易》曰：天子以尺二寸玄圭事天，以九寸事地也。上公執桓圭九寸，諸侯執信圭七寸，諸伯執躬圭七寸，諸子執穀璧五寸，諸男執蒲璧五寸，五等諸侯，各執之以朝見天子也。

《象》曰：「益用凶事」，固有之矣。

虞翻曰：三上失正當變，是「固有之」。○干寶曰：「固有」如桓文之徒，罪近篡弑，功實濟世。六三失位而體姦邪，處震之動，懷巽之權，是矯命之士，争奪之臣，桓文之爻也，故曰「益之用凶事」。在益之家而居坤中，能保社稷，愛撫人民，故曰「无咎」。既乃中行近仁，故曰「有孚中行」。然後俯列盟會，仰致錫命，故曰「告公用圭」。

六四，中行，告公從，

虞翻曰：「中行」謂震。位在中，震爲行，爲從，故曰「中行」。「公」謂三。三上失位，四利三之正，已得以爲實，故曰「告公從」矣。

利用爲依遷邦。

虞翻曰：坤爲邦。遷，徙也。三動坤徙，故「利用爲依遷邦」也。

《象》曰：「告公從」，以益志也。

虞翻曰：坎爲志，三之上有兩坎象，故「以益志也」。○崔憬曰：益其勤王之志也。居益之時，履當其位，與五近比，而四上公得藩屏之寄，爲依從之國。若周平王之東遷，晉鄭是從也。五爲天子，益其忠志以勑之，故言「中行，告公從，利用爲依遷國」矣。

九五，有孚惠心，勿問，元吉。

虞翻曰：謂三上也。震爲問。三上易位，三五體坎，已成既濟，坎爲心，故「有孚惠心，勿問元吉」，《象》曰「勿問之矣」。

有孚惠我德。

虞翻曰：坤爲我，乾爲德。三之上體坎爲孚，故「惠我德」，《象》曰「大得志」。

《象》曰：「有孚惠心」，勿問之矣。「惠我德」，大得志也。

崔憬曰：居中履尊，當位有應。而損上之時，自一以損己爲念。雖有孚于國，惠心及下，終不言以彰己功。故曰「有孚惠心勿問」。問猶言也。如是則獲「元吉」且爲下所信而懷己德，故曰「有孚惠我德」。君雖不言，人惠其德，則我「大得志也」。

上九，莫益之，

虞翻曰：莫，无也。自非上，无益初者，唯上當无應，故「莫益之」矣。

或擊之，

虞翻曰：謂上不益初，則以剥滅乾，艮爲手，故「或擊之」。

立心勿恒，凶。

虞翻曰：上體巽，爲進退，故「勿恒」。動成坎心，以陰乘陽，故，「立心勿恒凶」矣。

《象》曰：「莫益之」，偏辭也。

虞翻曰：偏，周帀也。三體剛凶，故至上應乃益之矣。

「或擊之」，自外來也。

虞翻曰：「外」謂上。上來之三，故曰「自外來也」。

易傳卷第八

易傳卷第九

唐資州李鼎祚集解

《序卦》曰：益而不已必決，故受之以夬。夬者，決也。

韓康伯曰：益而不已則盈，故必決矣。

䷪ 乾下兑上 夬，揚于王庭，

虞翻曰：陽決陰，息卦也。剛決柔，與剥旁通。乾爲揚、爲王，剥艮爲庭，故「揚于王庭」矣。○鄭玄曰：夬，決也。陽氣浸長至於五。五，尊位也，而陰先之，是猶聖人積德，説天下以漸，消去小人，至於受命爲天子，故謂之決。揚，越也。五互體乾，乾爲君，又居尊位，王庭之象也。陰爻越其上，小人乘君子，罪惡上聞於聖人之朝，故曰「夬揚于王庭」也。

孚號有厲，

虞翻曰：陽在二五稱孚。「孚」謂五也。二失位，動體巽，巽爲號，离爲光。不變則危，故「孚號有厲，其危乃光也」。

告自邑，不利即戎。

虞翻曰：陽息動復，剛長成夬。震爲告，坤爲自邑。夬從復升，坤逆在上，民衆消滅。二變時离爲戎，故「不利即戎，所尚乃窮也」。

利有攸往。

虞翻曰：陽息陰消，「君子道長」，故「利有攸往，剛長乃終」。

《彖》曰：夬，決也，剛決柔也。

虞翻曰：乾決坤也。

健而説，決而和。

虞翻曰：健，乾；説，兑也。以乾陽

獲陰之和，故「決而和」也。

「揚于王庭」，柔乘五剛也。

王弼曰：剛德浸長，一柔爲逆，衆所同誅而无忌者也，故可「揚于王庭」。

「孚號有厲」，其危乃光也。

荀爽曰：信其號令於下，衆陽危去上六，陽乃光明也。◯干寶曰：夬九五則「飛龍在天」之爻也。應天順民以發號令，故曰「孚號」。以剛決柔，以臣伐君，君子危之，故曰「有厲」。德大即心小，功高而意下，故曰「其危乃光也」。

「告自邑，

翟玄曰：坤稱邑也。◯干寶曰：殷民告周以紂无道。

不利即戎」，所尚乃窮也。

荀爽曰：不利即尚兵戎，而與陽争必困窮。

「利有攸往」，剛長乃終也。

虞翻曰：乾體大成以決小人，終乾之剛，故乃以終也。

《象》曰：澤上於天，夬。

陸績曰：水氣上天，決降成雨，故曰「夬」。

君子以施禄及下，居德則忌。

虞翻曰：「君子」謂乾。乾爲施禄，「下」謂剥坤。坤爲衆臣，以乾應坤，故「施禄及下」。乾爲德，艮爲居，故「居德則忌」。陽極陰生，謂陽忌陰。

初九，壯于前趾，往不勝，爲咎。

虞翻曰：夬變大壯。大壯震爲趾，位在前，故「壯于前」。剛以應剛，不能克之，往如失位，故「往不勝爲咎」。

《象》曰：「不勝」而「往」，咎也。

虞翻曰：往失位應陽，故「咎」矣。

九二，惕號，莫夜有戎，勿恤。

虞翻曰：惕，懼也。二失位，故「惕」。

變成巽，故「號」。剥坤爲莫夜。二動成离，离爲戎，變而得正，故「有戎」。四變成坎，坎爲憂，坎又得正，故「勿恤」。謂成既濟定也。

《象》曰：「有戎勿恤」，得中道也。

虞翻曰：動得正應五，故「得中道」。

九三，壯于頄，有凶。

翟玄曰：頄，面也。謂上處乾首之前稱頄。頄，頬間骨。三往壯上，故「有凶」也。

君子夬夬，獨行遇雨。

荀爽曰：九三體乾，乾爲君子。三五同功，二爻俱欲決上，故曰「君子夬夬」也。「獨行」謂一爻獨上，與陰相應，爲陰所施，故「遇雨」也。

若濡有愠，无咎。

荀爽曰：雖爲陰所濡，能愠不説，得「无咎」也。

《象》曰：「君子夬夬」，終无咎也。

王弼曰：頄，面顴也，謂上六矣。最處體上，故曰「頄」也。剥之六三，以應陽爲善。夫剛長則君子道興，陰盛則小人道長。然則處陰長而助陽則善，處剛長而助柔則凶矣。而三獨應上助小人，是以凶也。君子處之，必能棄夫情累，決之不疑，故曰「夬夬」也。若不與陽爲羣而獨行殊志，應於小人，則受其困焉，「遇雨若濡有愠」而終无所咎也。

九四，臀无膚，其行次且。

虞翻曰：二四已變，坎爲臀，剥艮爲膚，毁滅不見，故「臀无膚」。大壯震爲行，坎爲破，爲曳，故「其行次且」。

牽羊悔亡，聞言不信。

虞翻曰：兑爲羊，二變巽爲繩，剥艮手持繩，故「牽羊」。謂四之正，得位承五，故「悔亡」。震爲言，坎爲耳，震坎象不正，故「聞言不信」也。

象曰：「其行次且」，位不當也。「聞言不信」，聰不明也。

虞翻曰：坎，耳。离，目。折入於兑，故「聰不明」矣。案：兑爲羊，四五體兑故也。凡卦，初爲足，二爲腓，三爲股，四爲臀。當陰柔，今反剛陽，故曰「臀无膚」。九四震爻，震爲足。足既不正，故「行趑趄」矣。

九五，莧陸夬夬，

荀爽曰：「莧」謂五，「陸」謂三。兩爻決上，故曰「夬夬」也。莧者，葉柔而根堅且赤，以言陰在上六也。陸亦取葉柔根堅也。去陰遠，故言「陸」。言差堅於莧。莧根小，陸根大。五體兑柔居上，「莧」也。三體乾剛在下，根深，故謂之「陸」也。

中行无咎。

虞翻曰：莧，説也。「莧」讀「夫子莧爾而笑」之「莧」。陸，和睦也。震爲笑言，五得正位，兑爲説，故「莧陸夬夬」。大壯震爲行，五在上中，動而得正，故「中行无咎」。舊讀言「莧陸」，字之誤也。馬君、荀氏皆從俗言「莧陸」，非也。

《象》曰：「中行无咎」，中未光也。

虞翻曰：在坎陰中，故「未光也」。○王弼曰：莧，草之柔脆者也，夬之至易，故曰「夬夬」也。夬之爲義，以剛決柔，以君子除小人也。而五處尊位，最比小人，躬自決者也。夫以至尊而敵於至賤，雖其克勝，未足多也。處中而行，足以免咎而已，未爲光益也。

上六，无號，終有凶。

虞翻曰：應在於三。三動時體巽，巽爲號令。四已變坎，之應歷險，巽象不見，故「无號」。位極乘陽，故「終有凶」矣。

《象》曰：「无號」之「凶」，終不可長也。

虞翻曰：陰道消滅，故「不可長也」。

《序卦》曰：決必有遇，故受之以姤。姤者，遇也。

崔憬曰：「君子夬夬，獨行遇雨」，故言「決必有遇」也。

䷫ 巽下乾上 姤，女壯，

虞翻曰：消卦也，與復旁通。巽，長女。女壯，傷也。陰傷陽，柔消剛，故「女壯」也。

勿用取女。

虞翻曰：陰息剥陽，以柔變剛，故「勿用取女，不可與長也」。

《彖》曰：姤，遇也，柔遇剛也。「勿用取女」，

鄭玄曰：姤，遇也。一陰承五陽，一女當五男，苟相遇耳。非禮之正，故謂之「姤女壯」。如是壯健以淫，故不可娶。婦人以婉娩爲其德也。

不可與長也。

王肅曰：女不可取，以其不正，不可與長久也。

天地相遇，品物咸章也。

荀爽曰：謂乾成於巽而舍於离，坤出於离，與乾相遇，南方夏位，萬物章明也。○《九家易》曰：謂陽起子，運行至四月，六爻成乾。巽位在巳，故言乾成於巽。既成，轉舍於离，萬物皆盛大。坤從离出，與乾相遇，故言「天地遇」也。

剛遇中正，天下大行也。

翟玄曰：「剛」謂九五。遇中處正，教化大行於天下也。

姤之時義大矣哉！

陸績曰：天地相遇，萬物亦然，故其義

大也。

《象》曰：天下有風，姤。

翟玄曰：天下有風，風无不周布，故君以施令，告化四方之民矣。

后以施命誥四方。

虞翻曰：后，繼體之君。姤陰在下，故稱「后」。與泰稱后同義也。乾爲施，巽爲命，爲誥。復震二月東方，姤五月南方，巽八月西方，復十一月北方，皆總在初，故以「誥四方」也。孔子「行夏之時」，經用周家之月。夫子傳《彖》、《象》以下，皆用夏家月，是故復爲十一月，姤爲五月矣。

初六，繫于金柅，貞吉。

虞翻曰：「柅」謂二也。巽爲繩，故繫柅。乾爲金。巽木入金，柅之象也。初四失正，易位乃吉，故「貞吉」矣。

有攸往，見凶。

《九家易》曰：絲繫於柅，猶女繫於男，故以喻初宜繫二也。若能專心順二則吉，故曰「貞吉」。今既爲二所據，不可往應四，往則有凶，故曰「有攸往見凶」也。

羸豕，孚，蹢躅。

虞翻曰：以陰消陽，「往」謂成坤。遯子弑父，否臣弑君，夬時三動离爲見，故「有攸往見凶」矣。三夬之四，在夬動而體坎，坎爲豕、爲孚，巽繩操之，故稱「羸」也。巽爲舞、爲進退，操而舞，故「羸豕孚蹢躅」，以喻姤女望於五陽，如豕蹢躅也。○宋衷曰：羸，大索，所以繫豕者也。巽爲股，又爲進退。股而進退則蹢躅也。初應於四，爲二所據，不得從應，故不安矣。體巽爲風，動摇之貌也。

《象》曰：「繫于金柅」，柔道牽也。

虞翻曰：陰道柔，巽爲繩，牽於二也。

九二，包有魚，无咎。不利賓。

虞翻曰：巽爲白茅，在中稱包，《詩》云「白茅包之」。「魚」謂初陰，巽爲魚。二雖失位，陰陽相承，故「包有魚无咎」。二「賓」謂四。乾尊稱賓。二據四應，故「不利賓」。或以包爲庖厨也。

《象》曰：「包有魚」，義不及賓也。

王弼曰：初陰而窮下，故稱「魚」也。不正之陰，處遇之始，不能逆近者也。初自樂來應己之厨，非爲犯應，故「无咎」也。擅人之物，以爲己惠，義所不爲，故「不及賓」。

九三，臀无膚，其行次且。厲，无大咎。

虞翻曰：夬時動之坎爲臀，艮爲膚。二折艮體，故「臀无膚」。復震爲行，其象不正，故「其行次且」。三得正位，雖則危厲，故无大咎矣。案：巽爲股，三居上臀也。爻非柔，「无膚」「行趑趄」也。

《象》曰：「其行趑且」，行未牽也。

虞翻曰：在夬失位，故牽羊。在姤得正，故「未牽」也。

九四，包无魚，起凶。

王弼曰：二有其魚，四故失之也。无民而動，失應而作，是以凶矣。

《象》曰：「无魚」之「凶」，遠民也。

崔憬曰：雖與初應，而失其位。二有其魚而賓不及。若起於競，涉遠必難，終不遂心，故曰「无魚之凶遠民也」。謂初六矣。

九五，以杞苞瓜，含章。

虞翻曰：杞，杞柳，木名也。巽爲杞、爲苞，乾圓稱瓜，故「以杞苞瓜」矣。「含章」謂五也。五欲使初四易位，以陰含陽，己得乘之，故曰「含章」。初之四體兑口，故稱「含」也。◯干寶曰：初二體巽爲草木，二又爲田。田中之果柔而蔓者，瓜之象也。

有隕自天。

虞翻曰：隕，落也。乾爲天。謂四隕之初，初上承五，故「有隕自天」矣。

《象》曰：「九五含章」，中正也。「有隕自天」，志不舍命也。

虞翻曰：巽爲命也。欲初之四承己，故「不舍命」矣。

上九，姤其角，吝，无咎。

虞翻曰：乾爲首。位在首上，故稱角。動而得正，故「无咎」。

《象》曰：「姤其角」，上窮「吝」也。

王弼曰：進之於極，无所復遇，遇角而已，故曰「姤其角」也。進而无遇，獨恨而已。不與物牽，故曰「上窮吝也」。

《序卦》曰：物相遇而後聚，故受之以萃。萃者，聚也。

崔憬曰：「天地相遇，品物咸章」，故言物相遇而後聚。

䷬ 坤下兑上 萃，王假有廟。

虞翻曰：觀上之四也。觀乾爲王。假，至也。艮爲廟。體觀亨祀。上之四，故「假有廟，致孝享」矣。

利見大人，亨，利貞。

虞翻曰：「大人」謂五。三四失位，利之正，變成离，离爲見，故「利見大人，亨，利貞，聚以正也」。

用大牲，吉，利有攸往。

虞翻曰：坤爲牛，故曰「大牲」。四之三，折坤得正，故「用大牲吉」。三往之四，故「利有攸往，順天命也」。○鄭玄曰：萃，聚也。坤爲順，兑爲說。臣下以順道承事其君，說德居上待之。上下相應，有事而和通，故曰「萃亨」也。假，至也。互有艮巽，巽爲木，艮爲闕。木在闕上，宫室之象也。四本震爻，震爲長子。五本坎爻，坎爲隱伏。居尊而隱伏，鬼神之象。長子入闕，升堂祭祖，禰之禮也，故曰「王假有廟」。二本离爻也。离爲目，居正應五，故「利見大人」矣。大牲，牛也。言大人有嘉會時可幹事，必殺牛而盟。既盟則可以往，故曰「利往」。案：坤爲牛。巽木下剋坤上，殺牛之象也。

《彖》曰：萃，聚也。順以説，剛中而應，故聚也。

荀爽曰：謂五以剛居中，羣陰順説而從之，故能聚衆也。

「王假有廟」，

陸績曰：王，五；廟，上也。王者聚百物以祭其先，諸侯助祭于廟中。假，大也。言五親奉上矣。

致孝享也。

虞翻曰：享，享祀也。五至初有觀象，謂「享」。坤牛，故「致孝享」矣。

「利見大人亨」，聚以正也。

虞翻曰：坤爲聚。坤三之四，故「聚以正也」。

「利貞，

《九家易》曰：五以正聚陽，故曰「利貞」。

用大牲吉，利有攸往」，順天命也。

虞翻曰：坤爲順，巽爲命。三往之四，故「順天命也」。

觀其所聚，而天地萬物之情可見矣！

虞翻曰：三四易位成离坎。坎月离日，日以見天，月以見地，故「天地之情可見矣」。與大壯、咸、恒同義也。

《象》曰：澤上於地，萃。

荀爽曰：澤者，卑下。流潦歸之，萬物

生焉，故謂之「萃」也。

君子以除戎器，戒不虞。

虞翻曰：「君子」謂五。除，脩；戎，兵也。《詩》曰「脩爾車馬，弓矢戎兵」。陽在三，四爲脩，坤爲器。三四之正，离爲戎兵，甲胄，飛矢。坎爲弓弧，巽爲繩，艮爲石。謂敹甲胄鍛厲矛矢，故「除戎器」也。坎爲寇，坤爲亂，故「戒不虞」也。

初六，有孚，不終，乃亂乃萃。

虞翻曰：「孚」謂五也。初四易位，五坎中，故「有孚」。失正當變，坤爲終，故「不終」。萃，聚也。坤爲亂，爲聚，故「乃亂乃萃」。失位不變則相聚爲亂，故《象》曰「其志亂也」。

若號，一握爲笑。勿恤，往无咎。

虞翻曰：巽爲號，艮爲手，初稱一，故「一握」。初動成震，震爲笑。四動成坎，坎爲恤。故「若號，一握爲笑，勿恤」。初之四得正，故「往无咎」矣。

《象》曰：「乃亂乃萃」，其志亂也。

虞翻曰：坎爲志。初不之四，故「其志亂也」。

六二，引吉，无咎。

虞翻曰：應巽爲繩，艮爲手，故「引吉」。得正應五，故「无咎」。利引四之初使避己，己得之五也。

孚乃利用禴。

虞翻曰：「孚」謂五。禴，夏祭也。體觀象，故「利用禴」。四之三，故「用大牲」。离爲夏，故「禴祭」。《詩》曰「禴祭烝嘗」，是其義。

《象》曰：「引吉无咎」，中未變也。

虞翻曰：二得正，故「不變」也。○王弼曰：居萃之時，體柔當位。處坤之中，己獨履正。與衆相殊，異操而聚。

「民之多僻」，獨正者危。未能變體以遠於害，故必待五引，然後乃吉而无咎。禴，殷春祭名，四時之祭省者也。居聚之時，處於中正而行以忠信，可以省薄於鬼神矣。

六三，萃如嗟如，无攸利，往无咎，小吝。

虞翻曰：坤爲聚，故「萃如」；巽爲號，故「嗟如」；失正，故「无攸利」；動得位，故「往无咎」。「小吝」謂往之四。

《象》曰：「往无咎」，上巽也。

虞翻曰：動之四，故「上巽」。

九四，大吉，无咎。《象》曰「大吉无咎」，位不當也。

虞翻曰：以陽居陰，故「位不當」。動而得正，承五應初，故「大吉」而「无咎」矣。

九五，萃有位，无咎，匪孚。元永貞，悔亡。

虞翻曰：得位居中，故「有位无咎」。「匪孚」，謂四也。四變之正則五體皆正，故「元永貞」。與比象同義。四動之初，故「悔亡」。

《象》曰：「萃有位」，志未光也。

虞翻曰：陽在坎中，故「志未光」，與屯五同義。

上六，齎資涕洟，无咎。

虞翻曰：齎，持；資，賻也。貨財喪稱賻，自目曰涕，自鼻稱洟。坤爲財，巽爲進，故「齎資」也。三之四體离坎，艮爲鼻。涕淚流鼻目，故「涕洟」。得位應三，故「无咎」。上體大過死象，故有「齎資涕洟」之哀。

《象》曰：「齎資涕洟」，未安上也。

虞翻曰：乘剛遠應，故「未安上也」。○荀爽曰：此本否卦。上九陽爻，見滅遷移，以喻夏桀殷紂，以上六陰爻代之。若夏之後封東婁公於杞，殷之後封微子於宋。去其骨肉，臣服異姓，受人封土，未安居位，故曰「齎資涕洟，未安上也」。

《序卦》曰：聚而上者謂之升，故受之以升也。

崔憬曰：用大牲而致孝享，故順天子而升爲王矣，故言「聚而上者謂之升也」。

䷭ 巽下坤上 升，

鄭玄曰：升，上也。坤地巽木，木生地中，日長而上。猶聖人在諸侯之中，明德日益高大也，故謂之升。升，進益之象矣。

元亨，

虞翻曰：臨初之三，又有巽象。「剛中而應」，故「元亨」也。

用見大人，勿恤。

虞翻曰：謂二當之五爲大人，离爲見，坎爲恤。二之五得正，故「用見大人勿恤，有慶也」。

南征吉。

虞翻曰：离，南方卦。二之五成离，故「南征吉，志行也」。

《彖》曰：柔以時升，

虞翻曰：「柔」謂坤五也，「升」謂二。坤邑无君，二當升五虚。震兑爲春秋，二升坎离爲冬夏，四時象正，故「柔以時升」也。

巽而順，剛中而應，是以大亨。

荀爽曰：謂二以剛居中而來應五，故能「大亨」，上居尊位也。

「用見大人勿恤」，有慶也。

荀爽曰：大人，天子。謂升居五見爲「大人」。羣陰有主，无所復憂而「有慶」也。

「南征吉」，志行也。

虞翻曰：　二之五，坎爲志，震爲行。

《象》曰：　地中生木，升。

荀爽曰：「地」謂坤，「木」謂巽。　地中生木，以微至著，升之象也。

君子以慎德，積小以成高大。

虞翻曰：「君子」謂三，「小」謂陽息復時，復小爲「德之本」。　至二成臨。　臨者，大也。　臨初之三，巽爲高，二之五艮爲慎，坤爲積，故「慎德積小成高大」。

初六，允升，大吉。

荀爽曰：　謂一體相隨，允然俱升。　初欲與巽一體升居坤上。　位尊得正，故「大吉」也。

《象》曰：「允升大吉」，上合志也。

《九家易》曰：　謂初失正，乃與二陽允然合志，俱升五位，「上合志」也。

九二，孚乃利用禴，无咎。

虞翻曰：　禴，夏祭也。「孚」謂二之五成坎爲孚。　离爲夏，故「乃利用禴无咎」矣。

《象》曰：「九二」之「孚」，有喜也。

虞翻曰：　升五得位，故「有喜」。○干寶曰：　剛中而應，故「孚」也。　又言「乃利用禴」，於春時也。　非時而祭曰禴。　然則文王儉以恤民，四時之祭皆以禴禮神。　享德與信，不求備也，故《既濟》九五曰「東鄰殺牛，不如西鄰之禴祭，實受其福」。　九五坎，坎爲豕。　然則禴祭以豕而已，不奢盈於禮，故曰「有喜」矣。

九三，升虚邑。

荀爽曰：　坤稱邑也。　五虚无君，利二上居之，故曰「升虚邑，无所疑也」。

《象》曰：「升虚邑」，无所疑也。

虞翻曰：　坎爲疑。　上得中，故「无所疑

也」。

六四，王用享于岐山，吉，无咎。

荀爽曰： 此本升卦也。巽升坤上，據三成艮。巽爲岐，艮爲山，「王」謂五也。通有兩體，位正衆服，故「吉」也。四能與衆陰退避當升者，故「无咎」也。

《象》曰：「王用享于岐山」，順事也。

崔憬曰： 爲順之初，在升當位。近比於五，乘剛於三。宜以進德，不可脩守。此象太王爲狄所逼，徙居岐山之下。一年成邑，二年成都，三年五倍其初，通而王矣，故曰「王用享于岐山」。以其用通，避於狄難，順於時事，故「吉无咎」。

六五，貞吉，升階。

虞翻曰： 二之五，故「貞吉」。巽爲高，坤爲土，震升高，故「升階」也。

《象》曰：「貞吉升階」，大得志也。

荀爽曰： 陰正居中，爲陽作階。使升居五，己下降二，與陽相應，故「吉」而「得志」。

上六，冥升，利于不息之貞。

荀爽曰： 坤性暗昧，今升在上，故曰「冥升」也。陰用事爲消，陽用事爲息。陰正在上，陽道不息，陰之所利，故曰「利于不息之貞」。

《象》曰：「冥升」在上，消不富也。

荀爽曰： 陰升失實，故「消不富也」。

《序卦》曰： 升而不已必困，故受之以困。

崔憬曰： 冥升在上，以消不富則窮，故言「升而不已必困」也。

䷮ 坎下兑上 困，亨。

鄭玄曰： 坎爲月，互體离，离爲日。兑爲暗昧，日所入也。今上弇日月之明，猶君子處亂代，爲小人所不容，故謂之「困」也。君子雖困，居險能説，是以

「通」而「无咎」也。○虞翻曰：　否二之上，乾坤交，故「通」也。

貞大人吉，无咎。

虞翻曰：「貞大人吉」謂五也。在困无應宜静，則「无咎」，故「貞大人吉无咎」。

有言不信。

虞翻曰：　震爲言，折入兑，故「有言不信，尚口乃窮」。

《彖》曰：　困，剛弇也。

荀爽曰：　謂二五爲陰所弇也。

險以説，

荀爽曰：　此本否卦。陽降爲「險」，陰升爲「説」也。

困而不失其所，亨。其唯君子乎！

荀爽曰：　謂二雖弇陰陷險，猶不失中，與正陰合，故「通」也。喻君子雖陷險中，不失中和之行也。

「貞大人吉」，以剛中也。

荀爽曰：　謂五雖弇於陰，近无所據，遠无所應，體剛得中，正居五位，則「吉无咎」也。

「有言不信」，尚口乃窮也。

虞翻曰：　兑爲口，上變口滅，故「尚口乃窮」。○荀爽曰：　陰從二升上六成兑爲「有言」，失中爲「不信」，動而乘陽，故曰「尚口乃窮也」。

《象》曰：　澤无水，困。

王弼曰：　澤无水則水在澤下也。水在澤下，困之象也。處困而屈其志者，小人也。君子固窮，道可忘乎？

君子以致命遂志。

虞翻曰：「君子」謂三伏陽也。否坤爲致，巽爲命，坎爲志。三入陰中，故「致命遂志」也。

初六，臀困于株木，

《九家易》曰：「臀」謂四。株木，三也。

三體爲木。澤中无水，兑金傷木，故枯爲株也。初者四應，欲進之四。四困于三，故曰「臀困于株木」。○干寶曰：兑爲孔穴，坎爲隱伏。隱伏在下而漏孔穴，臀之象也。

入于幽谷，三歲不覿。

《九家易》曰：幽谷，二也。此本否卦。謂陽來入坎，與初同體，故曰「入幽谷」。三者陽數。謂陽陷險中，爲陰所弇，終不得見，故曰「三歲不覿」也。

《象》曰：「入于幽谷」，幽不明也。

荀爽曰：爲陰所弇，故「不明」。

九二，困于酒食，朱紱方來。

案：二本陰位，中饋之職。坎爲酒食，上爲宗廟。今二陰升上則酒食入廟，故「困于酒食」也。上九降二，故「朱紱方來」。朱紱，宗廟之服。乾爲大赤，朱紱之象也。

利用亨祀，征凶。无咎。

荀爽曰：二升在廟，五親奉之，故「利用亨祀」。陰動而上，失中乘陽。陽下而陷，爲陰所弇，故曰「征凶」。陽降來二，雖位不正，得中有實。陰雖去中，上得居正而皆免咎，故曰「无咎」也。

《象》曰：「困于酒食」，中有慶也。

翟玄曰：陽從上來，居中得位，富有二陰，故「中有慶也」。

六三，困于石，據于蒺蔾，

虞翻曰：二變正時，三在艮山下，故「困于石」。蒺蔾，木名。坎爲蒺蔾。二變艮手據坎，故「據蒺蔾」者也。

入于其宮，不見其妻，凶。

虞翻曰：巽爲入，二動艮爲宮，兑爲妻，謂上无應也。三在陰下，离象毀壞，隱在坤中，死其將至，故「不見其妻凶」也。

《象》曰：「據于蒺蔾」，乘剛也。

案：三居坎上。坎爲蒺棘而木多心，蒺蔾之象。

「入于其宮不見其妻」，不詳也。

《九家易》曰：此本否卦。二四同功爲艮，艮爲門闕，宮之象也。六三居困而位不正，上困於民，内无仁恩，親戚叛逆，誅將加身。入宮无妻，非常之困，故曰「不詳也」。

九四，來荼荼，困于金轝，吝，有終。

虞翻曰：來，欲之初。荼荼，舒遲也。見險，故「來荼荼」。否乾爲金，坤爲轝。之應歷險，故「困于金轝」。易位得正，故「吝有終」矣。

《象》曰：「來荼荼」，志在下也。

王弼曰：「下」謂初。

雖不當位，有與也。

崔憬曰：位雖不當，故「吝」也。有與於援，故「有終」也。

九五，劓刖，困于赤紱，

虞翻曰：割鼻曰「劓」，斷足曰「刖」。四動時震爲足，艮爲鼻，离爲兵，兑爲刑，故「劓刖」也。「赤紱」謂二。否乾爲朱，故「赤」。坤爲紱。二未變應五，故「困于赤紱」也。

乃徐有説，

虞翻曰：兑爲説，坤爲徐。二動應己，故「乃徐有説」也。

利用祭祀。

崔憬曰：劓刖，刑之小者也。於困之時，不崇柔德，以剛遇剛，雖行其小刑而失其大柄，故言「劓刖」也。赤紱，天子祭服之飾。所以稱困者，被奪其政，唯得祭祀。若《春秋傳》曰「政由甯氏，祭則寡人」，故曰「困于赤紱」。居中以直，在困思通。初雖暫窮，終則必喜，故曰

「乃徐有説」。所以險而能説，窮而能通者，在「困于赤紱」乎！故曰「利用祭祀」也。案：五應在二，二互體离。离爲文明，赤紱之象也。

《象》曰：「劓刖」，志未得也。

陸績曰：无據无應，故「志未得」也。二言「朱紱」，此言「赤紱」，二言「享祀」，此言「祭祀」，傳互言耳，无他義也。謂二困五，三困四，五初困上，斯乃迭困之義也。

「乃徐有説」，以中直也。

崔憬曰：以其居中當位，故「有説」。

「利用祭祀」，受福也。

荀爽曰：謂五爻合同，據國當位而主祭祀，故「受福也」。

上六，困于葛藟，于臲卼。

虞翻曰：巽爲草莽，稱葛藟，謂三也。兑爲刑人，故「困于葛藟，于臲卼」也。

曰動悔有悔，征吉。

虞翻曰：乘陽，故「動悔」。變而失正，故「有悔」。三已變正，己得應之，故「征吉」也。

《象》曰：「困于葛藟」，未當也。

虞翻曰：謂三未變當位應上故也。

「動悔有悔」，吉行也。

虞翻曰：「行」謂三。變乃得當位之應，故「吉行」者也。

易傳卷第九

易傳卷第十

唐資州李鼎祚集解

《序卦》曰：困乎上必反下，故受之以井。

崔憬曰：困極于劓刖，則反下以求安，故言「困乎上必反下」也。

䷯ 巽下坎上 井，

鄭玄曰：坎，水也。巽，木桔槔也。互體离兑。离外堅中虚，瓶也。兑爲暗澤，泉口也。言桔槔引瓶，下入泉口，汲水而出井之象也。井以汲人，水无空竭，猶人君以政教養天下，惠澤无窮也。

改邑不改井，

虞翻曰：泰初之五也。坤爲邑，乾初之五折坤，故「改邑」。初爲舊井，四應甃之，故「不改井」。

无喪，无得，往來井井。

虞翻曰：无喪，泰初之五，坤象毁壞，故「无喪」。五來之初，失位无應，故「无得」。坎爲通，故「往來井井」。「往」謂之五，「來」謂之初也。

汔至，亦未繘井。

虞翻曰：巽繩爲繘。汔，幾也，謂二也。幾至初改，未繘井，「未有功也」。

羸其瓶，凶。

虞翻曰：羸，鉤羅也。艮爲手，巽爲繘，离爲瓶。手繘折其中，故「羸其瓶」。體兑毁缺，瓶缺漏，故「凶」矣。〇干寶曰：水，殷德也。木，周德也。夫井，「德之地也」，所以養民性命而清絜之主者也。自震化行至於五世，改殷紂比屋之亂俗，而不易成湯昭假之法度也。故曰「改邑不改井」。二代之制，各因時宜。損益雖異，括囊則同，故曰「无喪无得，往來井井」也。當殷之末，井道之窮，故曰「汔至」。周德雖興，未及革正，故曰「亦未繘井」。井泥爲穢，百姓無聊。比者之間，交受塗炭，故曰「羸其瓶凶」矣。

《象》曰：巽乎水而上水，井，

荀爽曰：「巽乎水」謂陰，下爲巽也。而「上水」謂陽，上爲坎也。木入水出，井之象也。

井養而不窮也。

虞翻曰：兑口飲水，坎爲通，「往來井井」，故「養不窮也」。

「改邑不改井」，乃以剛中也。

荀爽曰：剛得中，故爲「改邑」。柔不得中，故爲「不改井」也。

「无喪无得，

荀爽曰：陰來居初有實爲「无喪」，失中爲「无得」也。

往來井井，

荀爽曰：此本泰卦。陽往居五得坎爲井，陰來在下亦爲井，故曰「往來井井」也。

汔至亦未繘」，

荀爽曰：汔至者，陰來居初，下至汔竟也。繘者，所以出水，通井道也。今乃在初，未得應五，故「未繘」也。繘者，綆汲之具也。

未有功也。

虞翻曰：謂二未變應五，故「未有功也」。

「井羸其瓶」，是以凶也。

荀爽曰：「井」謂二，「瓶」謂初。初欲應五，今爲二所拘羸，故「凶也」。○孔穎達曰：計覆一瓶之水，何足言凶。但此喻人德行不恒，不能善始令終，故就人言之凶也。

《象》曰：木上有水，井。

王弼曰：木上有水，上水之象也。水以養而不窮也。

君子以勞民勸相。

虞翻曰：「君子」謂泰乾也。坤爲民，初上成坎爲勸，故「勞民勸相」。相，助也。謂以陽助坤矣。

初六，井泥不食，舊井无禽。

干寶曰：在井之下，體本土爻，故曰「泥」也。井而爲泥則不可食，故曰「不食」。此託紂之穢政，不可以養民也。「舊井」謂「殷之未喪師」也。亦皆清絜，无水禽之穢，又況泥土乎！故「舊井无禽」矣。

《象》曰：「井泥不食」，下也。「舊井无禽」，時舍也。

虞翻曰：食，用也。初下稱「泥」，巽爲木果，无噬嗑食象。下而多泥，故「不食」也。乾爲舊，位在陰下，故「舊井无禽」。「時舍也」謂時舍於初，非其位也。與乾二同義。○崔憬曰：處井之下，无應於上，則是所用之井不汲，以其多塗。久廢之井不獲，以其時舍，故曰「井泥不食，舊井无禽」。「禽」，古「擒」字。「禽」猶「獲」也。

九二，井谷射鮒，甕敝漏。

虞翻曰：巽爲谷，爲鮒。鮒，小鮮也。离爲甕。甕瓶毀缺，「羸其瓶凶」，故「甕敝漏」也。

《象》曰：「井谷射鮒」，无與也。

崔憬曰：唯得於鮒，无與於人也。井之爲道，上汲者也。今與五非應，與初比，則是若谷水不注，唯及於魚，故曰「井谷射鮒」也。「甕敝漏」者，取其水下注不汲之義也。案：魚，陰蟲也。

初處井下，體又陰爻，魚之象也。

九三，井渫不食，爲我心惻。

荀爽曰： 渫，去穢濁，清絜之意也。三者得正，故曰「井渫」。不得據陰，喻不得用，故曰「不食」。道既不行，故「我心惻」。

可用汲，王明，並受其福。

荀爽曰： 謂五可用汲三，則王道明而天下並受其福。

《象》曰：「井渫不食」，行「惻」也。求「王明」，「受福」也。

干寶曰： 此託殷之公侯，時有賢者，獨守成湯之法度而不見任，謂微箕之倫也。故曰「井渫不食，爲我心惻」。惻，傷悼也。民乃外附，故曰「可用汲」。周德來被，故曰「王明」。王得其民，民得其王，故曰「求王明，受福也」。

六四，井甃，无咎。

荀爽曰： 坎性下降，嫌於從三。能自脩正，以甃輔五，故「无咎」也。

《象》曰：「井甃无咎」，脩井也。

虞翻曰： 脩，治也。以瓦甓壘井稱「甃」。坤爲土，初之五成离。离火燒土爲瓦治象，故曰「井甃无咎，脩井也」。

九五，井洌，寒泉食。

虞翻曰： 泉自下出稱「井」。周七月，夏之五月。陰氣在下，二已變坎十一月爲寒泉，初二已變體噬嗑食，故「洌寒泉食」矣。

《象》曰：「寒泉」之「食」，中正也。

崔憬曰： 洌，清絜也。居中得正而比於上，則是井渫水清。既寒且絜，汲上可食於人者也。

上六，井收勿幕，有孚，元吉。干本「勿」爲「罔」。

虞翻曰： 幕，蓋也。「收」謂以轆轤收

繘也。坎爲車，應巽繩爲繘，故「井收勿幕」。「有孚」謂五坎。坎爲孚，故「元吉」也。

《象》曰：「元吉」在上，大成也。

虞翻曰：謂初二已變，成既濟定，故「大成也」。○干寶曰：處井上位，在瓶之水也，故曰「井收」。幕，覆也。井以養生，政以養德。无覆水泉而不惠民，无藴典禮而不興教，故曰「井收冈幕」。冈幕則教信於民，民服教則大化成也。

《序卦》曰：井道不可不革也，故受之以革。

韓康伯曰：井久則濁穢，宜革易其故也。

䷰ 离下兑上 革，

鄭玄曰：革，改也。水火相息而更用事，猶王者受命，改正朔，易服色，故謂之革也。

已日乃孚，元亨利貞，悔亡。

虞翻曰：遯上之初，與蒙旁通。「悔亡」謂四也。四失正，動得位，故「悔亡」。离爲日，「孚」謂坎。四動體离，五在坎中，故「已日乃孚」。已成既濟，「乾道變化，各正性命，保合太和，乃利貞」，故「元亨利貞悔亡」矣。與乾彖同義也。

《彖》曰：革，水火相息。

虞翻曰：息，長也。离爲火，兑爲水。《繫》曰「潤之以風雨」，風巽雨兑也。四革之正坎見，故獨於此稱水也。

二女同居，其志不相得曰革。

虞翻曰：二女离兑，體同人象。蒙艮爲居，故「二女同居」。四變體兩坎象，二女有志。离火志上，兑水志下，故「其志不相得」。坎爲志也。

「巳日乃孚」，革而信之。

干寶曰：　天命已至之日也。乃孚，大信著也。武王陳兵孟津之上，諸侯不期而會者八百國，皆曰「紂可伐矣」。武王曰：「爾未知天命，未可也。」還歸二年，紂殺比干，囚箕子，爾乃伐之，所謂「巳日乃孚，革而信」也。

文明以説，大「亨」以正。革而當，其「悔」乃「亡」。

虞翻曰：「文明」謂离。説，兑也。「大亨」謂乾。四動成既濟定，故「大亨以正」，革而當位，故「悔乃亡」也。

天地革而四時成，

虞翻曰：　謂五位成乾爲天，蒙坤爲地。震春兑秋。四之正，坎冬离夏，則四時具。坤革而成乾，故「天地革而四時成」也。

湯武革命，順乎天而應乎人。

虞翻曰：「湯武」謂乾，乾爲聖人。「天」謂五，「人」謂三。四動順五應三，故「順天應人」。巽爲命也。

革之時大矣哉！

干寶曰：　革天地，成四時。誅二叔，除民害。天下定，武功成。故「大矣哉」也。

《象》曰：　澤中有火，革。

崔憬曰：「火就燥」，澤資溼，二物不相得，終宜易之，故曰「澤中有火革」也。

君子以治歷明時。

虞翻曰：「君子」，遯乾也。歷象，謂日月星辰也。离爲明，坎爲月，离爲日，蒙艮爲星。四動成坎，离日月得正，天地革而四時成，故「君子以治歷明時」也。

初九，鞏用黄牛之革。

干寶曰：　鞏，固也。离爲牝牛。离爻本坤，黄牛之象也。在革之初而无應，據未可以動，故曰「鞏用黄牛之革」。此喻文王雖有聖德，天下歸周，三分有二而服事殷，其義也。

《象》曰：「鞏用黄牛」，不可以有爲也。

虞翻曰：得位无應，動而必凶，故「不可以有爲也」。

六二，已日乃革之，征吉，无咎。

荀爽曰：日以喻君也。謂五已居位爲君，二乃革，意去三應五，故曰「已日乃革之」。上行應五，去卑事尊，故曰「征吉无咎」也。

《象》曰：「已日革之」，行有嘉也。

崔憬曰：得位以正，居中有應。則是湯武行善，桀紂行惡，各終其日，然後革之，故曰「已日乃革之，行此有嘉」。○虞翻曰：「嘉」謂五。乾爲嘉，四動承五，故「行有嘉」矣。

九三，征凶，貞厲。

荀爽曰：三應於上，欲往應之，爲陰所乘，故曰「征凶」。若正居三而據二陰，則五來危之，故曰「貞厲」也。

革言三就，有孚。

翟玄曰：言三就上二陽，乾得共有，信據於二陰，故曰「革言三就，有孚」於二矣。

《象》曰：「革言三就」，又何之矣。

崔憬曰：雖得位以正，而未可頓革，故以言就之。夫「安者，有其危」也，故受命之君，雖誅元惡，未改其命者，以即行改命，習俗不安，故曰「征凶」。猶以正自危，故曰「貞厲」。是以武王克紂，不即行周命，乃反商政，一就也；釋箕子囚，封比干墓，式商容閭，二就也；散鹿臺之財，發鉅橋之粟，大賚於四海，三就也。故曰「革言三就」。○虞翻曰：四動成既濟定，故「又何之矣」。

九四，悔亡，有孚，改命吉。

虞翻曰：革而當，其悔乃亡。「孚」謂五也。巽爲命。四動五坎改巽，故「改命吉」。四乾爲君，進退无恒。在离焚棄，體大過死，傳以比桀紂。湯武革命，順天應人，故「改命吉」也。

《象》曰：「改命」之「吉」，信志也。

虞翻曰：四動成坎，故「信志也」。○干寶曰：爻入上象，喻紂之郊也。以逆取而四海順之，動凶器而前歌後舞，故曰「悔亡」也。中流而白魚入舟，天命信矣。故曰「有孚」。甲子夜，陣雨甚至，水德賓服之祥也。故曰「改命之吉，信志也」。

九五，大人虎變，未占有孚。

虞翻曰：乾爲大人，謂五也。蒙坤爲虎變。傳論湯武以坤臣爲君。占，視也。离爲占。四未之正，五未在坎，故「未占有孚」也。○馬融曰：大人虎變。虎變威德，折衝萬里，望風而信。以喻舜舞干羽而有苗自服。周公脩文德，越裳獻雉，故曰「未占有孚」矣。

《象》曰：「大人虎變」，其文炳也。

宋衷曰：陽稱大。五以陽居中，故曰「大人」。兑爲白虎，九者變爻，故曰「大人虎變，其文炳也」。○虞翻曰：乾爲大明，四動成离，故「其文炳也」。

上六，君子豹變，

虞翻曰：蒙艮爲君子，爲豹。從乾而更，故「君子豹變」也。

小人革面，征凶，居貞吉。

虞翻曰：陰稱小人也。「面」謂四。革爲离，以順承五，故「小人革面」。乘陽失正，故「征凶」。得位，故「居貞吉」。蒙艮爲居也。

《象》曰：「君子豹變」，其文蔚也。

陸績曰：兑之陽爻稱虎，陰爻稱豹。

豹，虎類而小者也。君子小於大人，故曰「豹變其文蔚也」。○虞翻曰：蔚，蔇也。兑小，故「其文蔚也」。

「小人革面」，順以從君也。

虞翻曰：乾君，謂五也。四變順五，故「順以從君也」。○干寶曰：君子大賢，次聖之人。謂若大公周召之徒也。豹，虎之屬；蔚，炳之次也。君聖臣賢，殷之頑民，皆改志從化，故曰「小人革面」。天下既定，必倒載干戈，包之以虎皮。將卒之士，使爲諸侯，故曰「征凶，居貞吉」。得正有應，君子之象也。

案：兑爲口，乾爲首。今口在首上，面之象也。乾爲大人虎變也，兑爲小人革面也。

《序卦》曰：革物者莫若鼎，故受之以鼎。

韓康伯曰：「革去故」，「鼎取新」。以去故，則宜制器立法，以治新也。鼎所和齊生物，成新之器也，故取象焉。

䷱ 巽下离上 鼎，

鄭玄曰：鼎，象也。卦有水火之用。互體乾兑。乾爲金，兑爲澤。澤鍾金而含水，爨以木火，鼎亨孰物之象。鼎亨孰以養人，猶聖君興仁義之道以教天下也，故謂之鼎矣。

元吉，亨。

虞翻曰：大壯上之初，與屯旁通。天地交，柔進上行，得中應乾五剛，故「元吉亨」也。

《彖》曰：鼎，象也。以木巽火，亨飪也。

荀爽曰：震入离下，中有乾象。木火在外，金在其內，鼎鑊亨飪之象也。○虞翻曰：六十四卦，皆觀《繫辭》而獨於鼎言象，何也？「象事知器」，故獨言象也。○《九家易》曰：鼎言象者，卦也。木火互有乾兑，乾金兑澤。澤者水也，爨以木火，是鼎鑊亨飪之象。亦象三公之位，上則調和陰陽，下而撫毓百姓。鼎能孰物養人，故云「象也」。牛鼎受一斛，天子飾以黄金，諸侯白金。三足以象三台，足上皆作鼻目爲飾也。羊鼎五斗，天子飾以黄金，諸侯白金，大夫以銅。豕鼎三斗，天子飾以黄金，諸侯白金，大夫銅，士鐵。三鼎形同，亨飪煮肉。上离陰爻爲肉也。

聖人亨以享上帝，而大亨以養聖賢。

虞翻曰：「聖人」謂乾。初四易位體大畜。震爲帝，在乾天上，故曰「上帝」。體頤象，三動噬嗑食，故「以享上帝」也。「大亨」謂「天地養萬物，聖人養賢以及萬民」。賢之能者稱聖人矣。

巽而耳目聰明，

虞翻曰：謂三也。三在巽上，動成坎离。有兩坎兩离象，乃稱聰明。「日月相推而明生焉」，故「巽而耳目聰明」。「眇而視，不足以有明」，「聞言不信，聰不明」，皆有一离一坎象故也。

柔進而上行，得中而應乎剛，是以「元亨」。

虞翻曰：「柔」謂五。得上中，應乾五剛。巽爲進，震爲行。非謂應二剛，與睽五同義也。

《象》曰：木上有火，鼎。

荀爽曰：木火相因，金在其間。調和五味，所以養人，鼎之象也。

君子以正位凝命。

虞翻曰：君子謂三也。鼎五爻失正，獨三得位，故「以正位」。凝，成也。體姤，謂陰始凝初，巽爲命，故「君子以正位凝命」也。

初六，鼎顛趾，

虞翻曰：趾，足也。應在四，大壯震爲

足，折入大過。「大過，顛也」，故「鼎顛趾」也。

利出否，得妾以其子，无咎。

虞翻曰：初陰在下，故「否」。利出之四，故曰「利出」。兑爲妾。四變得正成震，震爲長子，繼世守宗廟而爲祭主，故「得妾以其子无咎」矣。

《象》曰：「鼎顛趾」，未悖也。

荀爽曰：以陰承陽，故「未悖也」。

「利出否」，以從貴也。

虞翻曰：出初之四，承乾五，故「以從貴也」。

九二，鼎有實，我仇有疾，不我能即，吉。

虞翻曰：二爲實，故「鼎有實」也。坤爲我，謂四也。二據四婦，故「相與爲仇」。謂三變時四體坎，坎爲疾，故「我仇有疾」。四之二歷險，二動得正，故「不我能即吉」。

《象》曰：「鼎有實」，慎所之也。

虞翻曰：二變之正，艮爲慎。

「我仇有疾」，終无尤也。

虞翻曰：「不我能即吉」，故「終无尤也」。

九三，鼎耳革，其行塞，雉膏不食。

虞翻曰：動成兩坎，坎爲耳而革在乾，故「鼎耳革」。初四變時震爲行。鼎以耳行。伏坎震，折而入乾，故「其行塞」。离爲雉，坎爲膏。初四已變，三動體頤。頤中无物，离象不見，故「雉膏不食」。

方雨，虧悔，終吉。

虞翻曰：謂四已變，三動成坤。坤爲方，坎爲雨，故曰「方雨」。三動虧乾而失位，悔也。終復之正，故「方雨虧悔終吉」也。

《象》曰：「鼎耳革」，失其義也。

虞翻曰：鼎以耳行，耳革行塞，故「失其義也」。

九四，鼎折足，覆公餗，其刑渥，凶。今本「刑」作「形」。

虞翻曰：謂四變時震爲足。足折入兑，故「鼎折足」。兑爲刑。渥，大刑也。鼎足折則公餗覆，言不勝任。象入大過死，凶。故「鼎足折，覆公餗，其刑渥，凶」。○《九家易》曰：鼎者，三足一體，猶三公承天子也。三公謂調陰陽，鼎謂調五味。足折餗覆，猶三公不勝其任，傾敗天子之美，故曰「覆餗」也。案：餗者，雉膏之屬。公者，四爲諸侯，上公之位，故曰「公餗」。

《象》曰：「覆公餗」，信如何也。

《九家易》曰：渥者，厚大，言罪重也。既覆公餗，信有大罪，刑罰當加，无可如何也。

六五，鼎黄耳，金鉉，利貞。

虞翻曰：离爲黄，三變坎爲耳，故「鼎黄耳」。「鉉」謂三，貫鼎兩耳。乾爲金，故「金鉉」動而得正，故「利貞」。○干寶曰：凡舉鼎者，鉉也。尚三公者，王也。金喻可貴，中之美也，故曰「金鉉」。鉉鼎得其物，施令得其道，故曰「利貞」也。

《象》曰：「鼎黄耳」，中以爲實也。

陸績曰：得中承陽，故曰「中以爲實」。○宋衷曰：五當耳，中色黄，故曰「鼎黄耳」。兑爲金，又正秋，故曰金鉉。公侯謂五也。上尊故玉，下卑故金。金和良可柔屈，喻諸侯順天子。

上九，鼎玉鉉，大吉，无不利。

虞翻曰：「鉉」謂三。乾爲玉，鉉體《大有》上九「自天右之」。位貴據五，三動承上，故「大吉无不利」。謂三虧悔應上成未濟，雖不當位，六位相應，故「剛柔節」。《象》曰「巽耳目聰明」，爲此九三發也。○干寶曰：玉又貴於金者。凡亨飪之事，自鑊升於鼎，載於俎。自俎入於口，馨香上達，動而彌貴，故鼎之義上爻愈吉也。鼎主亨飪，不失其和。金玉鉉之，不失其所。公卿仁賢，天王聖明之象也。君臣相臨，剛柔得節，故曰「吉无不利」也。

《象》曰：「玉鉉」在「上」，剛柔節也。

宋衷曰：以金承玉，君臣之節。上體乾爲玉，故曰「玉鉉」。雖非其位，陰陽相承，剛柔之節也。

《序卦》曰：主器者莫若長子，故受之以震。震者，動也。

崔憬曰：鼎所以亨飪，享於上帝。主此器者莫若冢適，以爲其祭主也，故言「主器者莫若長子」也。

䷲ 震下震上 震，亨。

鄭玄曰：震爲雷。雷，動物之氣也。雷之發聲，猶人君出政教以動中國之人也，故謂之「震」。人君有善聲教，則嘉會之禮通矣。

震來虩虩，

虞翻曰：臨二之四，天地交，故「通」。「虩虩」謂四也。來應初。初命四變而來應己，四失位多懼，故「虩虩」。之內曰「來」也。

笑言啞啞，

虞翻曰：啞啞，笑且言，謂初也。得正有則，故「笑言啞啞，後有則也」。

震驚百里，不喪匕鬯。

虞翻曰：謂陽。從臨二陰爲百二十，舉其大數，故當「震百里」也。坎爲棘匕，上震爲鬯，坤爲喪。二上之坤成震，體坎得其匕鬯，故「不喪匕鬯」也。○鄭玄曰：雷發聲，聞於百里，古者諸侯之象。諸侯出教令，能警戒其國内，則守其宗廟社稷，爲之祭主，不亡匕與鬯也。人君於祭之禮，匕牲體薦鬯而已，其餘不親也。升牢於俎，君匕之，臣載之。鬯，秬酒，芬芳脩鬯，因名焉。

《象》曰：「震，亨，震來虩虩」，恐致福也。

虞翻曰：懼變承五應初，故「恐致福也」。

「笑言啞啞」，後有則也。

虞翻曰：則，法也。坎爲則也。

「震驚百里」，驚遠而懼邇也。

虞翻曰：「遠」謂四，「近」謂初。震爲百。謂四出驚遠，初應懼近也。

出可以守宗廟社稷，以爲祭主也。

虞翻曰：爲五出之正。震爲守，艮爲宗廟社稷。長子主祭器，故以爲祭主也。○干寶曰：周木德，震之正象也。爲殷諸侯，殷諸侯之制，其地百里。是以文王小心翼翼，昭事上帝，聿懷多福，厥德不回，以受方國，故以百里而臣諸侯也。爲諸侯，故主社稷。爲長子而爲祭主也。祭禮薦陳甚多，而經獨言不喪匕鬯者，匕牲體，薦鬯酒，人君所自親也。

《象》曰：洊雷，震。君子以恐懼脩省。

虞翻曰：「君子」謂臨二。二出之坤四體以脩身。坤爲身，二之四以陽照坤，故以「恐懼脩省」。《老子》曰「脩之身，德乃真」也。

初九，震來虩虩，後笑言啞啞，吉。

虞翻曰：「虩虩」謂四也。初位在下，故「後笑言啞啞」。得位，故「吉」也。○干寶曰：得震之正，首震之象者。「震來虩虩」，羑里之厄也。「笑言啞啞」，後受方國也。

《象》曰：「震來虩虩」，恐致福也。

虞翻曰：陽稱福。

「笑言啞啞」，後有則也。

虞翻曰：得正，故有則也。

六二，震來厲，億喪貝。躋于九陵，勿逐，七日得。

虞翻曰：厲，危也。乘剛，故「厲」。億，惜辭也。坤爲喪，三動离爲蠃蚌，故稱「貝」。在艮山下，故稱「陵」。震爲足，足乘初九，故「躋于九陵」。震爲逐。謂四已體復象，故「喪貝」「勿逐」。三動時离爲日，震數七，故「七日得」者也。

《象》曰：「震來厲」，乘剛也。

干寶曰：六二木爻，震之身也。得位无應而以乘剛爲危。此託文王積德累功以被囚爲禍也，故曰「震來厲」。億，歎辭也。貝，寶貨也。産乎東方，行乎大塗也。此以喻紂拘文王，閎夭之徒乃於江淮之浦，求盈箱之貝，而以賂紂也，故曰「億喪貝」。貝，水物而方升于九陵。今雖喪之，猶外府也，故曰「勿逐七日得」。「七日得」者，七年之日也，故《書》曰「誕保文武受命，惟七年」是也。

六三，震蘇蘇，震行无眚。《象》曰：「震蘇蘇」，位不當也。

虞翻曰：死而復生稱蘇。三死坤中，動出得正，震爲生，故「蘇蘇」。坎爲眚。三出得正，坎象不見，故「无眚」。《春秋傳》曰「晉獲秦諜，六日而蘇」也。

九四，震遂泥。

虞翻曰：坤土得雨爲泥，位在坎中，故「遂泥」也。

《象》曰：「震遂泥」，未光也。

虞翻曰：在坎陰中，與屯五同義，故「未光也」。

六五，震往來，厲。

虞翻曰：「往」謂乘陽，「來」謂應陰。失

位乘剛，故「往來厲」也。

億无喪，有事。

虞翻曰：坤爲喪也。「事」謂祭祀之事。出而體隨，王享于西山，則可以守宗廟社稷，爲祭主，故「无喪有事」也。

《象》曰：「震往來厲」，危行也。

虞翻曰：乘剛山頂，故「危行也」。

其事在中，大「无喪」也。

虞翻曰：動出得正，故「无喪」。

上六，震索索，視矍矍，

虞翻曰：「上」謂四也。欲之三隔坎，故「震索索」。三已動，應在离，故「矍矍」者也。

征凶。震不于其躬，于其鄰，无咎。婚媾有言。

虞翻曰：上得位，震爲征，故「征凶」。四變時坤爲躬。「鄰」謂五也。四上之五，震東兌西，故稱「鄰」。之五得正，故「不于其躬于其鄰」。「无咎」謂三已變，上應三。震爲言，故「婚媾有言」。

《象》曰：「震索索」，中未得也。

虞翻曰：四未之五，故「中未得也」。

雖「凶」「无咎」，畏鄰戒也。

虞翻曰：謂五正位，已乘之逆，「畏鄰戒也」。

《序卦》曰：物不可以終動，止之，故受之以艮。艮者，止也。

崔憬曰：震極則「征凶，婚媾有言」，當須止之，故言「物不可以終動，止之」矣。

䷳ 艮下艮上 艮其背，

鄭玄曰：艮爲山，山立峙，各於其所，无相順之時。猶君在上，臣在下，恩敬不相與通，故謂之艮也。

不獲其身，行其庭，不見其人，无咎。

虞翻曰：觀五之三也。艮爲多節，故

稱背。觀坤爲身，觀五之三折坤爲背，故「艮其背」。坤象不見，故「不獲其身」。震爲行人，艮爲庭，坎爲隱伏，故「行其庭，不見其人」。三得正，故「无咎」。案：艮爲門闕，今純艮，重其門闕。兩門之間，庭中之象也。

《象》曰：艮，止也。

虞翻曰：位窮於上，故「止也」。

時止則止，時行則行，

虞翻曰：「時止」謂上陽窮止，故止。「時行」謂三體處震爲行也。

動静不失其時，其道光明。

虞翻曰：「動」謂三，「静」謂上。艮止則止，震行則行，故「不失時」。五動成离，故「其道光明」。

艮其止，止其所也。

虞翻曰：謂兩象各止其所。

上下敵應，不相與也。

虞翻曰：艮其背，背也。兩象相背，故「不相與也」。

是以「不獲其身，行其庭，不見其人，无咎」也。

案：其義已見繇辭也。

《象》曰：兼山，艮。君子以思不出其位。

虞翻曰：「君子」謂三也。三君子位，震爲出，坎爲隱伏，爲思，故「以思不出其位」也。

初六，艮其趾，无咎。利永貞。

虞翻曰：震爲趾，故「艮其趾」矣。失位，變得正，故「无咎」「永貞」也。

《象》曰：「艮其趾」，未失正也。

虞翻曰：動而得正，故「未失正也」。

六二，艮其腓，不拯其隨，其心不快。

虞翻曰：巽長爲股，艮小爲腓。拯，取也。隨謂下二陰，艮爲止，震爲動，故「不拯其隨」。坎爲心，故「其心不快」。

《象》曰：「不拯其隨」，未違聽也。

虞翻曰：坎爲耳，故「未違聽也」。

九三，艮其限，裂其夤，厲閽心。

虞翻曰：限，腰帶處也。坎爲要，五來之三，故「艮其限」。夤，脊肉。艮爲背，坎爲脊，艮爲手。震起艮止，故「裂其夤」。坎爲心。厲，危也。艮爲閽。閽，守門人。坎盜動門，故「厲閽心」。古「閽」作「熏」字。馬因言「熏灼其心」，未聞易道以坎水熏灼人也。荀氏以「熏」爲「勳」，讀作「動」，❶皆非也。

《象》曰：「艮其限」，危「閽心」也。

虞翻曰：坎爲心，坎盜動門，故「危閽心也」。

六四，艮其身，无咎。

虞翻曰：身，腹也。觀坤爲身，故「艮其身」。得位承五，故「无咎」。或謂妊身也。五動則四體离婦，离爲大腹，孕之象也，故「艮其身」。得正承五而受陽施，故「无咎」。《詩》曰「大任有身，生此文王」也。

《象》曰：「艮其身」，止諸躳也。

虞翻曰：艮爲止。五動乘四則妊身，故「止諸躳也」。

六五，艮其輔，言有孚，悔亡。

虞翻曰：輔，面頰骨，上頰車者也。三至上體頤象，艮爲止，在坎車上，故「艮其輔」。謂輔車相依。震爲言。五失位，悔也。動得正，故「言有孚悔亡」也。

《象》曰：「艮其輔」，以中正也。

虞翻曰：五動之中，故「以正中也」。

上九，敦艮，吉。

❶「讀作動」，四庫本、照曠閣本作「或誤作動」。

虞翻曰：无應静止，下據二陰，故「敦艮吉」也。

《象》曰：「敦艮」之「吉」，以厚終也。

虞翻曰：坤爲厚，陽上據坤，故「以厚終也」。

易傳卷第十

易傳卷第十一

唐資州李鼎祚集解

《序卦》曰：物不可以終止，故受之以漸。漸者，進也。

崔憬曰：終止雖獲「敦艮」，時行須漸進行，故曰「物不可終止，故受之以漸，漸者進也」。

䷴ 艮下巽上 漸，女歸吉，利貞。

虞翻曰：否三之四。「女」謂四。歸，嫁也。坤三之四承五，「進得位，往有功」。反成歸妹，兑女歸吉。初上失位，故「利貞」，「可以正邦」也。

《象》曰：漸之進也，「女歸吉」也。

虞翻曰：三進四得位，陰陽體正，故「吉也」。

進得位，往有功也。

虞翻曰：「功」謂五。四進承五，故「往有功」。巽爲進也。

進以正，可以正邦也。其位，剛得中也。

虞翻曰：謂初已變爲家人。四進已正而上不正，三動成坤爲邦，上來反三，故「進以正，可以正邦」。其位剛得中」，與家人道正同義。三在外體之中，故稱「得中」。《乾·文言》曰「中不在人」，謂三也。此可謂上變既濟定者也。

止而巽，動不窮也。

虞翻曰：止，艮也。三變震爲動。上之三據坤，動震成坎，坎爲通，故「動不窮」，「往來不窮謂之通」。

《象》曰：山上有木，漸。君子以居賢德善俗。

虞翻曰：「君子」謂否乾。乾爲賢德，坤

陰小人柔弱爲俗。乾四之坤爲艮，爲居。以陽善陰，故「以居賢德善俗」也。

初六，鴻漸于干，小子厲。有言，无咎。

虞翻曰：鴻，大鴈也。离五，鴻。漸，進也。小水從山流下稱干，艮爲山，爲小徑。坎水流下山，故「鴻漸于干」也。艮爲小子。初失位，故「厲」。變得正，三動受上成震，震爲言，故「小子厲有言无咎」也。

《象》曰：「小子」之「厲」，義「无咎」也。

虞翻曰：動而得正，故「義无咎也」。

六二，鴻漸于磐，飲食衎衎，吉。

虞翻曰：艮爲山石，坎爲聚。聚石稱磐。初已之正，體噬嗑食。坎水陽物，並在頤中，故「飲食衎衎」。得正應五，故「吉」。

《象》曰：「飲食衎衎」，不素飽也。

虞翻曰：素，空也。承三應五，故「不素飽」。

九三，鴻漸于陸，

虞翻曰：高平稱陸。謂初已變，坎水爲平，三動之坤，故「鴻漸于陸」。

夫征不復，

虞翻曰：謂初已之正，三動成震。震爲征，爲夫，而體復象。坎陽死坤中，坎象不見，故「夫征不復」也。

婦孕不育，凶。

虞翻曰：孕，妊娠也。育，生也。巽爲婦，离爲孕。三動成坤，离毀失位，故「婦孕不育凶」。

利用禦寇。

虞翻曰：禦，當也。坤爲用，巽爲高，艮爲山，离爲戈兵甲胄，坎爲寇。自上禦下，三動坤順，坎象不見，故「利用禦寇，順相保」。保，大也。

《象》曰：「夫征不復」，離羣醜也。

虞翻曰：坤三爻爲醜，物三稱羣也。

「婦孕不育」，失其道也。

虞翻曰：三動离毁，陽隕坤中，故「失其道也」。

「利用禦寇」，順相保也。

虞翻曰：二動坤順，坎象不見，故以「順相保也」。

六四，鴻漸于木，或得其桷，无咎。

虞翻曰：巽爲木。桷，椽也，方者謂之桷。巽爲交，爲長木。艮爲小木，坎爲脊，离爲麗。小木麗長木，巽繩束之，象脊之形，椽桷象也，故「或得其桷」。得位順五，故「无咎」。四已承五，又顧得三，故「或得其桷」也矣。

《象》曰：「或得其桷」，順以巽也。

虞翻曰：坤爲順，以巽順五。案：四居巽木，爻陰位正，直桷之象也。自二至五體有离坎。离爲飛鳥而居坎水，鴻之象也。鴻隨陽鳥，喻女從夫。卦明漸義，爻皆稱焉。

九五，鴻漸于陵，婦三歲不孕。

虞翻曰：陵，丘。「婦」謂四也。三動受上時而四體半艮山，故稱「陵」。巽爲婦，离爲孕，坎爲歲。三動离壞，故「婦三歲不孕」。

終莫之勝，吉。

虞翻曰：莫，无；勝，陵也。得正居中，故「莫之勝吉」。上終變之三成既濟定，坎爲心，故《象》曰「得所願也」。

《象》曰：「終莫之勝吉」，得所願也。

虞翻曰：上之三，既濟定，故「得所願也」。

上九，鴻漸于陸，

虞翻曰：「陸」謂三也。三坎爲平，變而成坤，故稱「陸」也。

其羽可用爲儀，吉。

虞翻曰：謂三變受成既濟，與家人象同義。上之三得正，离爲鳥，故「其羽可用爲儀吉」。三動失位，坤爲亂，乾四止坤。《象》曰「不可亂」，《彖》曰「進以正邦」，爲此爻發也。三已得位，又變受上，權也。孔子曰「可與適道，未可與權」，宜无怪焉。

《象》曰：「其羽可用爲儀吉」，不可亂也。

虞翻曰：坤爲亂。上來正坤，六爻得位成既濟定，故「不可亂也」。○干寶曰：處漸高位，斷漸之進，順艮之言，謹巽之全，履坎之通，據离之耀。婦德既終，母教又明，有德而可受，有儀而可象，故曰「其羽可以爲儀，不可亂也」。

《序卦》曰：進必有所歸，故受之以歸妹。

崔憬曰：「鴻漸于磐，飲食衎衎」，言六比三，女漸歸夫之象也，故云「進必有所歸」也。

䷵ 兑下震上 歸妹，

虞翻曰：歸，嫁也。兑爲妹。泰三之四，坎月离日，俱歸妹象。「陰陽之義配日月」，「則天地交而萬物通」，故以嫁娶也。

征凶，

虞翻曰：謂四也。震爲征，三之四不當位，故「征凶」也。

无攸利。

虞翻曰：謂三也。四之三，失正无應，以柔乘剛，故「无攸利」也。

《彖》曰：歸妹，天地之大義也。

虞翻曰：乾天坤地。三之四，天地交，以离日坎月戰陰陽。「陰陽之義配日月」則萬物興，故「天地之大義」。乾主壬，坤主癸，日月會北。震爲玄黃，「天地之雜」。震東兑西，离南坎北。六十四卦，此象最備四時正卦，故「天地之大義也」。

天地不交而萬物不興，

虞翻曰：乾三之坤四。震爲興，天地以离坎交陰陽，故「天地不交則萬物不興」矣。○王肅曰：男女交而後人民蕃，天地交然後萬物興，故歸妹以及天地交之義也。

歸妹，人之終始也。

虞翻曰：人始生乾而終於坤，故「人之終始」。《雜卦》曰「歸妹女之終」，謂陰終坤癸，則乾始震庚也。○干寶曰：歸妹者，衰落之女也。父既没矣，兄主其禮，子續父業，人道所以相終始也。

説以動，所歸妹也。

虞翻曰：説，兑；動，震也。謂震嫁兑，所歸必妹也。

「征凶」，位不當也。

崔憬曰：中四爻皆失位，以象歸妹非正嫡，故「征凶」也。

「无攸利」，柔乘剛也。

王肅曰：以征則有不正之凶，以處則有乘剛之進也，❶故无所利矣。

《象》曰：澤上有雷，歸妹。

干寶曰：雷薄於澤，八月九月將藏之時也。君子象之，故不敢恃當今之虞而慮將來禍也。

君子以永終知敝。

虞翻曰：「君子」謂乾也。坤爲永終，爲敝。乾爲知。三之四爲永終，四之三兑爲毁折，故「以永終知敝」。○崔憬曰：歸妹，人之始終也。始則征凶，終則无攸利，故「君子以永終知敝」爲戒者也。

初九，歸妹以娣，跛能履，征吉。

❶「進」，照曠閣本作「逆」。

虞翻曰：震爲兄，故嫁妹，謂三也。初在三下，動而應四，故稱「娣」。履，禮也。初九應變成坎，坎爲曳，故「跛而履」。應在震爲征，初爲娣，變爲陰，故「征吉」也。

《象》曰：「歸妹以娣」，以恒也。「跛能履吉」，相承也。

虞翻曰：陽得正，故「以恒」。恒動初承二，故「吉相承也」。

九二，眇而視，利幽人之貞。

虞翻曰：視，應五也。震上兑下，离目不正，故「眇而視」。「幽人」謂二。初動二在坎中，故稱「幽人」。變得正，震喜兑説，故「利幽人之貞」。與履二同義也。

《象》曰：「利幽人之貞」，未變常也。

虞翻曰：常，恒也。乘初，未之五，故「未變常」矣。

六三，歸妹以須，反歸以娣。

虞翻曰：須，需也。初至五體需象，故「歸妹以須」。「娣」謂初也。震爲反，反馬歸也。❶三失位，四反得正，兑進在四，見初進之。初在兑後，故「反歸以娣」。

《象》曰：「歸妹以須」，位未當也。

虞翻曰：三未變之陽，故「位未當」。

九四，歸妹愆期，遲歸有時。

虞翻曰：愆，過也。謂二變，三動之正體大過象。坎月离日爲期，三變日月不見，故「愆期」。坎爲曳，震爲行。行曳，故「遲」也。「歸」謂反三。震春兑秋，坎冬离夏，四時體正，故「歸有時」也。

《象》曰：「愆期」之志，有待而行也。

虞翻曰：待男行矣。

❶「馬」，四庫本作「爲」。

六五，帝乙歸妹，其君之袂，不如其娣之袂良。

虞翻曰：三四已正，震爲帝，坤爲乙，故曰「帝乙」。泰乾爲良，爲君。乾在下爲小君，則妹也。袂口，袂之飾也。兑爲口，乾爲衣，故稱「袂」。謂三失位无應。娣袂謂二，得中應五，三動成乾爲良，故「其君之袂，不如其娣之袂良」，故月幾望，吉。

《象》曰「以貴行也」矣。

虞翻曰：幾，其也。坎月离日，兑西震東，日月象對，故曰「幾望」。二之五，四復三得正，故「吉」也。與《小畜》、《中孚》「月幾望」同義也。

《象》曰：「帝乙歸妹」，「不如其娣之袂良」也。

虞翻曰：三四復正，乾爲良。

其位在中，以貴行也。

虞翻曰：三四復，二之五成既濟，五貴，故「以貴行也」。

上六，女承筐无實，

虞翻曰：「女」謂應三，兑也。自下受上稱承，震爲筐。以陰應陰，三四復位，坤爲虚，故「无實」，《象》曰「承虚筐也」。

士刲羊无血，无攸利。

虞翻曰：刲，刺也。震爲士，兑爲羊，离爲刀，故「士刲羊」。三四復位成泰，坎象不見，故「无血」。三柔承剛，故「无攸利」也。

《象》曰：「上六」「无實」，承虚筐也。

虞翻曰：泰坤爲虚，故「承虚筐也」。

《序卦》曰：得其所歸者必大，故受之以豐。豐者，大也。

崔憬曰：歸妹者，姪娣媵，國三人，凡九女，爲大援，故言「得其所歸者必大」也。

䷶ 離下震上 豐，亨。

虞翻曰：此卦三陰三陽之例，當從泰二之四，而豐三從噬嗑上來之三，折四於坎獄中而成豐，故「君子以折獄致刑」。陰陽交，故「通」。《噬嗑》所謂「利用獄」者，此卦之謂也。

王假之，

虞翻曰：乾爲王。假，至也。謂四宜上至五，動之正成乾，故「王假之尚大也」。

勿憂，宜日中。

虞翻曰：五動之正，則四變成离。离，日中，當五。在坎中，坎爲憂，故「勿憂，宜日中」。體兩离象，照天下也。「日中則昃，月盈則食。天地盈虚，與時消息」。○干寶曰：豐坎宫陰世在五。以其宜中而憂其側也。坎爲夜，离爲晝。以离變坎，至於天位，日中之象也。殷，水德。坎象晝敗而离居之，周伐殷居王位之象也。聖人德大而心小，既居天位，而戒懼不怠。「勿憂」者，勸勉之言也。猶《詩》曰「上帝臨爾，无貳爾心」，言周德當天人之心，宜居王位，故「宜日中」。

《彖》曰：豐，大也。明以動，故豐。

崔憬曰：离下震上，「明以動」之象。明則見微，動則成務，故能「大」矣。

「王假之」，尚大也。

姚信曰：四體震王。假，大也。四上之五，得其盛位，謂之「大」。

「勿憂，宜日中」，

《九家易》曰：震動而上，故「勿憂」也。日者，君。中者，五。君宜居五也。謂陰處五日中之位，當傾昃矣。

宜照天下也。

虞翻曰：五動成乾，乾爲天。四動成兩离，重明麗正，故「宜照天下」，謂「化成天下」也。

日中則昃，

荀爽曰：豐者至盛，故「日中」。下居四，「日昃」之象也。

月盈則食。

虞翻曰：月之行，生震見兑，盈於乾甲。五動成乾，故「月盈」。四變體噬嗑食，故「則食」。此「豐其屋，蔀其家」也。

天地盈虚，與時消息，而況於人乎？況於鬼神乎？

虞翻曰：五息成乾爲盈，四消入坤爲虚，故「天地盈虚」也。豐之既濟，四時象具。乾爲神人，坤爲鬼。鬼神與人，亦隨時消息，謂「人謀鬼謀，百姓與能」，與時消息。

《象》曰：雷電皆至，豐。

荀爽曰：豐者，陰據不正，奪陽之位，而行以豐，故「折獄致刑」，以討除之也。

君子以折獄致刑。

虞翻曰：「君子」謂三。噬嗑四失正，繫在坎獄中，故上之三折四，入大過死象，故「以折獄致刑」。兑折爲刑。賁三得正，故「无敢折獄」也。

初九，遇其配主，

虞翻曰：妃，嬪，謂四也。四失位，在震爲主。五動體姤遇，故「遇其配主」也。

雖旬无咎，往有尚。

虞翻曰：謂四失位，變成坤，應初。坤數十。四上而之五成离，离爲日。

《象》曰：「雖旬无咎」，過旬災也。

虞翻曰：體大過，故「過旬災」。四上之五，坎爲災也。

六二，豐其蔀，日中見斗，往得疑疾。

虞翻曰：日蔽雲中稱蔀。蔀，小，謂四也。二利四之五，故「豐其蔀」。噬嗑离爲見，象在上爲日中。艮爲斗。斗，七星也。噬嗑艮爲星，爲止。坎爲北，中巽爲高。舞星止於中而舞者，北斗之象也。离上之三，隱坎雲下，故「日中見斗」。四往之五，得正成坎。坎爲疑疾，故「往得疑疾」也。

有孚發若，吉。

虞翻曰：坎爲孚。四發之五成坎孚，動而得位，故「有孚發若吉」也。

《象》曰：「有孚發若」，信以發志也。

虞翻曰：四發之五，坎爲志也。◯《九家易》曰：信著於五，然後乃可發其順志。

九三，豐其沛，日中見沬。

虞翻曰：日在雲下稱沛。沛，不明也。沬，小星也。噬嗑离爲日，艮爲沬，故「日中見沬」。上之三，日入坎雲下，故「見沬」也。◯《九家易》曰：大暗謂之沛。沬，斗杓後小星也。

折其右肱，无咎。

虞翻曰：兑爲折，爲右。噬嗑艮爲肱。上來之三，折艮入兑，故「折其右肱」。之三得正，故「无咎」也。

《象》曰：「豐其沛」，不可大事也。

虞翻曰：利四之陰，故「不可大事」。

「折其右肱」，終不可用也。

虞翻曰：四死大過，故「終不可用」。

九四，豐其蔀，

虞翻曰：蔀，蔽也。噬嗑离日之坎雲中，故「豐其蔀」，《象》曰「位不當也」。

日中見斗，

虞翻曰：噬嗑日在上爲中，上之三爲巽，巽爲入。日入坎雲下，幽伏不明，故「日中見斗」。《象》曰「幽不明」，是其義也。

遇其夷主，吉。

虞翻曰：震爲主。四行之正成明夷，則三體震爲夷主，故「遇其夷主吉」也。

案：四處上卦之下，以陽居陰，履非其位而比於五，故曰「遇」也。夷者，傷也。主者，五也。謂四不期相遇而能上行傷五則吉，故曰「遇其夷主，吉行也」。

《象》曰：「豐其蔀」，位不當也。「日中見斗」，幽不明也。

虞翻曰：离上變入坎雲下，故「幽不明」。坎，幽也。

「遇其夷主」，吉行也。

虞翻曰：動體明夷，震爲行，故曰「吉行」。

六五，來章，有慶譽，吉。

虞翻曰：在内稱來。章，顯也。「慶」謂五，陽出稱慶也。「譽」謂二，「二多譽」。五發得正則來應二，故「來章有慶譽吉」也。

《象》曰：「六五」之「吉」，有慶也。

虞翻曰：動而成乾，乾爲慶。

上六，豐其屋，蔀其家。

虞翻曰：豐，大；蔀，小也。三至上體大壯屋象，故「豐其屋」。謂四五已變，上動成家人。大屋見則家人壞，故「蔀其家」。與泰二同義。故《象》曰「天降祥明」，以大壯爲屋象故也。

闚其户，闃其无人。三歲不覿，凶。

虞翻曰：謂從外闚三應。闃，空也。四動時，坤爲闔。户闔，故「闚其户」。坤爲空虛，三隱伏坎中，故「闃其無人」，《象》曰「自藏也」。四五易位，噬嗑离目爲闚。闚人者，言皆不見。坎爲三歲，坤冥在上，离象不見，故「三歲不覿凶」。

○干寶曰：在豐之家，居乾之位，乾爲

屋宇，故曰「豐其屋」。此蓋記紂之侈造，爲瑢室玉臺也。蔀其家者，以記紂多傾國之女也。社稷既亡，宫室虚曠，故曰「闚其户，闃其无人」。闃，無人貌也。三者，天地人之數也。凡國於天地有興亡焉，故王者之亡其家也，必天示其祥，地出其妖，人反其常。非斯三者，亦弗之亡也。故曰「三歲不覿，凶」。然則瑢室之成，三年而後亡國矣。　案：上應於三，三互离。巽爲户，离爲目。目而近户，闚之象也。既屋豐家蔀，若闚地户，闃寂无人。震木數三，故「三歲」致凶於災。

《象》曰：「豐其屋」，天降祥也。

孟喜曰：天降下惡祥也。

「闚其户，闃其无人」，自藏也。

虞翻曰：謂三隱伏坎中，故「自藏」者也。

《序卦》曰：窮大者必失其居，故受之以旅。

崔憬曰：諺云「作者不居」，況窮大甚而能久處乎？故必獲罪去邦，羈旅於外矣。

䷷ 艮下离上　旅，小亨。旅，貞吉。

虞翻曰：賁初之四，否三之五，非乾坤往來也。與噬嗑之豐同義。「小」謂柔。得貴位而順剛，麗乎大明，故「旅小亨，旅貞吉」。再言「旅」者，謂四凶惡，進退无恒，無所容處，故再言旅惡而愍之。

《彖》曰：「旅，小亨」，

姚信曰：此本否卦。三五交易，去其本體，故曰客旅。○荀爽曰：謂陰升居五，與陽通者也。

柔得中乎外而順乎剛，止而麗乎明，是以「小亨旅貞吉」也。

蜀才曰：否三升五，柔得中於外，上順於剛。九五降三，降不失正。止而麗乎明，所以「小亨旅貞吉」也。

旅之時義大矣哉！

虞翻曰：以离日麗天，「縣象著明，莫大日月」，故「義大」也。○王弼曰：旅者，物失其所居之時也。物失所居，則咸願有附，豈非智者有爲之時？故曰「旅之時義大矣哉」。

《象》曰：山上有火，旅。

侯果曰：火在山上，勢非長久，旅之象也。

君子以明慎用刑，而不留獄。

虞翻曰：「君子」謂三。离爲明，艮爲慎，兑爲刑，坎爲獄。賁初之四，獄象不見，故「以明慎用刑，而不留獄」，與豐「折獄」同義者也。

初六，旅瑣瑣，斯其所取災。

陸績曰：瑣瑣，小也。艮爲小石，故曰「旅瑣瑣」也。履非其正，應离之始。离爲火，艮爲山以應火，災焚自取也，故曰「斯其所取災」也。

《象》曰：「旅瑣瑣」，志窮災也。

虞翻曰：瑣瑣，最蔽之貌也。失位遠應，之正介坎。坎爲災眚，艮手爲取。謂三動應坎，坎爲志，坤稱窮，故曰「志窮災也」。

六二，旅即次，懷其資，得僮僕貞。

《九家易》曰：即，就；次，舍；資，財也。以陰居二，即就其舍，故「旅即次」。承陽有實，故「懷其資」。初者卑賤，二得履之，故「得僮僕」。處和、得位、正居，是故曰「得僮僕貞」矣。

《象》曰：「得僮僕貞」，終无尤也。

虞翻曰：艮爲僮僕，得正承三，故「得僮僕貞」而「終无尤也」。案：六二履正體艮，艮爲閽寺，「僮僕貞」之象也。

九三，旅焚其次，喪其僮僕，貞厲。

虞翻曰：离爲火，艮爲僮僕。三動艮壞，故「焚其次」。坤爲喪，三動艮滅入坤，故「喪其僮僕」。動而失正，故「貞厲」矣。

《象》曰：「旅焚其次」，亦以傷矣。

虞翻曰：三動體剥，故「傷」也。

以旅與下，其義「喪」也。

虞翻曰：三變成坤，坤爲下、爲喪，故「其義喪也」。

九四，旅于處，得其資斧，我心不快。

虞翻曰：巽爲處。四焚棄惡人，失位遠應，故「旅于處」，言无所從也。离爲資斧，故「得其資斧」。三動四坎爲心，其位未至，故「我心不快」也。

《象》曰：「旅于處」，未得位也。「得其資斧」，心未快也。

王弼曰：斧所以斫除荆棘以安其舍者也。雖處上體之下，不先於物，然而不得其位，不獲平坦之地者也。客子所處，不得其次而得其資斧之地，故「其心不快」。案：九四失位而居艮上。艮爲山，山非平坦之地也。四體兑巽，巽爲木，兑爲金。木貫於金即資斧，斫除荆棘之象者也。

六五，射雉，一矢亡。

虞翻曰：三變坎爲弓，离爲矢，故「射雉」。五變乾體，矢動雉飛，雉象不見，故「一矢亡」矣。

終以譽命。

虞翻曰：「譽」謂二，巽爲命。五終變成乾，則二來應己，故「終以譽命」。

《象》曰：「終以譽命」，上逮也。

虞翻曰：逮，及也。謂二上及也。○干寶曰：离爲雉，爲矢。巽爲木，爲進退。艮爲手，兑爲決。有木在手，進退其體，矢決於外，射之象也。一陰升乾，故曰「一矢」。履非其位，下又无應，雖復射雉，終亦失之，故曰「一矢亡」也。一矢亡者，喻有損而小也。此記禄父爲王者後，雖小叛擾，終逮安周室，故曰「終以譽命」矣。

上九，鳥焚其巢，旅人先笑後號咷。

虞翻曰： 离爲鳥，爲火。巽爲木，爲高。四失位，變震爲筐，巢之象也。今巢象不見，故「鳥焚其巢」。震爲笑。震在前，故「先笑」。應在巽，巽爲號咷。巽象在後，故「後號咷」。

喪牛于易，凶。

虞翻曰： 謂三動時坤爲牛，五動成乾，乾爲易。上失三，五動應二，故「喪牛于易」。失位无應，故「凶」也。五動成遯，六二「執之用黄牛之革」，則旅家所喪牛也。

《象》曰： 以「旅」在「上」，其義「焚」也。

虞翻曰： 離火焚巢，故「其義焚也」。

喪牛之凶，❶終莫之聞也。

虞翻曰： 坎耳入兑，故「終莫之聞」。○侯果曰： 离爲鳥，爲火。巽爲木，爲風。鳥居木上，巢之象也。旅而贍資，物之所惡也。喪牛甚易，求之也難。雖有智者，莫之吉也。

《序卦》曰： 旅无所容，故受之以巽。巽者，入也。

崔憬曰： 旅寄於外而无所容，則必入矣，故曰「旅无所容」，「受之以巽」。

䷸ 巽下巽上 巽，小亨，利有攸往，利見大人。

虞翻曰： 遯二之四，柔得位而順五剛，故「小亨」也。「大人」謂五。离目爲見，二失位利正往應五，故「利有攸往，利見大人」矣。

❶「喪牛之凶」，四庫本、照曠閣本作喪牛于易。

《象》曰：重巽以申命，

陸績曰：巽爲命令。重命令者，欲丁寧也。

剛巽乎中正而志行，

陸績曰：二得中，五得正，體兩巽，故曰「剛巽乎中正」也。皆據陰，故「志行」也。○虞翻曰：「剛中正」謂五也。二失位，動成坎。坎爲志，終變成震，震爲行也。

柔皆順乎剛，是以「小亨，

陸績曰：陰爲卦主，故「小亨」。

利有攸往，利見大人。」

案：其義已見繇辭。

《象》曰：隨風，巽。君子以申命行事。

虞翻曰：「君子」謂遯乾也。巽爲命，重象，故「申命」。變至三，坤爲事，震爲行，故「行事」也。○荀爽曰：巽爲號令，兩巽相隨，故「申命」也。法教百端，令行爲上，貴其必從，故曰「行事」也。

初六，進退，利武人之貞。

虞翻曰：巽爲進退，乾爲武人。初失位，利之正爲乾，故「利武人之貞」矣。

《象》曰：「進退」，志疑也。

荀爽曰：風性動，進退，欲承五，爲二所據，故「志以疑也」。

「利武人之貞」，志治也。

虞翻曰：動而成乾，乾爲大明，故「志治」。「乾元用九，天下治」，是其義也。

九二，巽在牀下，

宋衷曰：巽爲木，二陽在上，初陰在下，牀之象也。二无應於上，退而據初，心在於下，故曰「巽在牀下」也。○荀爽曰：「牀下」以喻近也。二者，軍帥。三者，號令。故言「牀下」，以明將之所專，不過軍中事也。

用史巫紛若，吉，无咎。

荀爽曰：史以書動，巫以告廟。紛，

變；若，順也。謂二以陽應陽，君所不臣，軍帥之象。征伐既畢，書勳告廟，當變而順五則吉，故曰「用史巫紛若吉无咎」矣。

《象》曰：「紛若」之「吉」，得中也。

荀爽曰：謂二以處中和，故能變。

九三，頻巽，吝。

虞翻曰：頻，頞也。謂二已變，三體坎艮，坎爲憂，艮爲鼻，故「頻巽」。无應在險，故「吝」也。

《象》曰：「頻巽」之「吝」，志窮也。

荀爽曰：乘陽无據，爲陰所乘，號令不行，故「志窮也」。

六四，悔亡，田獲三品。

虞翻曰：「田」謂二也。地中稱田。失位无應，悔也。欲二之初，已得應之，故「悔亡」。二動得正，處中應五。五多功，故《象》曰「有功」也。二動艮爲手，故稱「獲」。謂艮爲狼，坎爲豕。艮二之初，离爲雉，故「獲三品」矣。○翟玄曰：「田獲三品」，下三爻也。謂初巽爲雞，二兑爲羊，三离雉也。案：《穀梁傳》曰「春獵曰田，夏曰苗，秋曰蒐，冬曰狩」，田獲三品，「一爲乾豆，二爲賓客，三爲充君之庖」，注云「上殺中心，乾之爲豆實。次殺中髀骼，以供賓客。下殺中腹，充君之庖。厨尊神敬客之義也」。

《象》曰：「田獲三品」，有功也。

王弼曰：得位承五而依尊履正，以斯行命，必能獲强暴，遠不仁者也。獲而有益，莫若三品，故曰「有功也」。

九五，貞吉，悔亡，无不利。无初有終。

虞翻曰：得位處中，故「貞吉悔亡无不利」也。震巽相薄，雷風无形，當變之震矣。巽究爲躁卦，故「无初有終」也。

先庚三日，後庚三日，吉。

虞翻曰：震庚也。謂變初至二成离，至三成震。震主庚，离爲日。震三爻在前，故「先庚三日」，謂益時也。動四至五成离，終上成震。震爻在後，故「後庚三日」也。巽初失正，終變成震。得位，故「无初有終吉」。震究爲蕃鮮白，甲巽白。❶巽究爲躁卦，躁卦謂震也。與蠱「先甲三日，後甲三日」同義。五動成蠱，乾成于甲，震成于庚。陰陽，天地之始終，故經舉甲庚于蠱彖、巽五也。

《象》曰：「九五」之「吉」，位正中也。

虞翻曰：居中得正，故「吉」也。

上九，巽在牀下，

虞翻曰：「牀下」爲初也。窮上反下成震，故「巽在牀下」，《象》曰「上窮也」，明當變窮上而復初者也。○《九家易》曰：上爲宗廟。禮封賞出軍，皆先告廟，然後受行。三軍之命，將之所專，故曰「巽在牀下」也。

喪其資斧，貞凶。

虞翻曰：變至三時，離毁入坤。坤爲喪，巽爲齊，离爲斧，故「喪其齊斧」。三變失位，故「貞凶」。○荀爽曰：軍罷師旋，亦告於廟，還斧於君，故「喪資齊」。正如其故，不執臣節則凶，故曰「喪其資斧貞凶」。

《象》曰：「巽在牀下」，上窮也。

虞翻曰：陽窮上反下，故曰「上窮也」。

「喪其齊斧」，正乎「凶」也。

虞翻曰：上應於三，三動失正，故曰「正乎凶也」。

《序卦》曰：入而後説之，故受之以兑。兑者，説也。

❶「甲巽白」，四庫本、照曠閣本作「謂巽也」。

崔憬曰：巽以申命行事，入於刑者也。入刑而後説之，所謂「人忘其勞死」也。

䷹ 兑下兑上 兑，亨，利貞。

虞翻曰：大壯五之三也。剛中而柔外，二失正，動應五承三，故「亨利貞」也。

《彖》曰：兑，説也。

虞翻曰：兑口，故「説也」。

剛中而柔外，説以利貞，

虞翻曰：「剛中」謂二五，「柔外」謂三上也。二三四利之正，故「説以利貞」也。

是以順乎天而應乎人。

虞翻曰：大壯乾爲天，謂五也。「人」謂三矣。二變順五承三，故「順乎天應乎人」。坤爲順也。

説以先民，民忘其勞。

虞翻曰：謂二四已變成屯。故爲勞，震喜，兑説，坤爲民，坎爲心。民心喜説，有順比象，故「忘其勞」也。

説以犯難，民忘其死。

虞翻曰：體屯，故「難」也。三至上體大過死，變成屯，「民説無疆」，故「民忘其死」。坎心爲忘，或以坤爲死也。

説之大，民勸矣哉！

虞翻曰：體比順象，故勞而不怨。震爲喜笑，故人勸也。

《象》曰：麗澤，兑。君子以朋友講習。

虞翻曰：君子，大壯乾也。陽息見兑，「學以聚之，問以辯之」。兑二陽同類爲朋，伏艮爲友，坎爲習，震爲講，兑兩口對，故「朋友講習」也。

初九，和兑，吉。

虞翻曰：得位，四變應己，故「和兑吉」矣。

《象》曰：「和兑」之「吉」，行未疑也。

虞翻曰：四變應初，震爲行，坎爲疑，

故「行未疑」。

九二，孚兑，吉，悔亡。

虞翻曰：「孚」謂五也。四已變，五在坎中稱「孚」，二動得位應之，故「孚兑吉悔亡」矣。

《象》曰：「孚兑」之「吉」，信志也。

虞翻曰： 二變應五，謂四已變，坎爲志，故「信志也」。

六三，來兑，凶。

虞翻曰： 從大壯來，失位，故「來兑凶」矣。

《象》曰：「來兑」之「凶」，位不當也。

案： 以陰居陽，故「位不當」。諂邪求悦，所以必凶。

九四，商兑，未寧，介疾有喜。

虞翻曰： 巽爲近利市三倍，故稱「商兑」。變之坎，水性流，震爲行，謂二已變，體比象，故「未寧」。與比「不寧方來」同義也。坎爲疾，故「介疾」。得位承五，故「有喜」。

《象》曰：「九四」之「喜」，有慶也。

虞翻曰： 陽爲慶，謂五也。

九五，孚于剥，有厲。

虞翻曰：「孚」謂五也。二四變體剥象，故「孚于剥」。在坎未光，「有厲」也。

《象》曰：「孚于剥」，位正當也。

案： 以陽居尊位，應二比四，孚剥有厲，「位正當也」。

上六，引兑。

虞翻曰： 无應乘陽，動而之巽爲繩，艮爲手。應在三，三未之正，故「引兑」也。

《象》曰：「上六引兑」，未光也。

虞翻曰： 二四已變而體屯，上三未爲离故「未光也」。

易傳卷第十一

易傳卷第十二

唐資州李鼎祚集解

《序卦》曰：説而後散之，故受之以涣。涣者，離也。

崔憬曰：人説忘其勞死，而後可散之以征役，離之以家邦，故曰「説而後散之，故受之涣。涣者，離也」。

䷺坎下巽上 涣，亨，

虞翻曰：否四之二成坎巽，天地交，故「亨」也。

王假有廟，

虞翻曰：乾爲王。假，至也。否體觀艮爲宗廟。乾四之坤二，故「王假有廟，王乃在中也」。

利涉大川，利貞。

虞翻曰：坎爲大川，涣舟楫象，故「涉大川，乘木有功」。二失正，變應五，故「利貞」也。

《彖》曰：涣「亨」，剛來而不窮，柔得位乎外而上同。

盧氏曰：此本否卦。乾之九四來居坤中，剛來成坎，水流而不窮也。坤之六二上升乾四，「柔得位乎外」，上承貴王與上同也。

「王假有廟」，王乃在中也。

荀爽曰：謂陽來居二，在坤之中爲立廟。假，大也。言受命之王，居五大位上體之中，上享天帝，下立宗廟也。

「利涉大川」，乘木有功也。

虞翻曰：巽爲木，坎爲水，故「乘木有功也」。

《象》曰：風行水上，涣。先王以享于帝

立廟。

荀爽曰：謂受命之王，收集散民，上享天帝，下立宗廟也。陰上至四承五爲享帝，陽下至二爲立廟也。离日上爲宗廟而謂天帝。宗廟之神所配食者，王者所奉，故繼於上。至於宗廟，其實在地。地者，陰中之陽，有似廟中之神。○虞翻曰：否乾爲先王。享，祭也。震爲帝，爲祭。艮爲廟。四之二殺坤大牲，故以享帝立廟，謂成既濟，有噬嗑食象故也。

初六，用拯馬壯，吉，悔亡。

虞翻曰：坎爲馬。初失正，動體大壯得位，故「拯馬壯吉，悔亡」之矣。

《象》曰：「初六」之「吉」，順也。

虞翻曰：承二，故「順也」。

九二，渙奔其机，悔亡。

虞翻曰：震爲奔，坎爲棘，爲矯輮，震爲足。輮棘有足，艮肱據之，憑机之象也。渙宗廟中，故設机。二失位，變得正，故「渙奔其机悔亡」也。

《象》曰：「渙奔其机」，得願也。

虞翻曰：動而得位，故「得願也」。

六三，渙其躬，无悔。

荀爽曰：體中曰躬。謂渙三使承上，爲「志在外」，故「无悔」。

《象》曰：「渙其躬」，志在外也。

王弼曰：渙之爲義，内險而外安者也。散躬志外，不固所守，與剛合志，故得无咎。

六四，渙其羣，元吉。

虞翻曰：謂二已變成坤。坤三爻稱羣，得位順五，故「元吉」也。

渙有丘，匪夷所思。

虞翻曰：位半艮山，故稱丘。匪，非也。「夷」謂震四。應在初，三變坎爲思，故「匪夷所思」也。○盧氏曰：自二居四，離其羣侶，「渙其羣」也。得位承尊，故「元吉」也。互體有艮，艮爲山丘。渙羣雖則光大，有丘則非平易，故有「匪夷」之「思」也。

《象》曰：「渙其羣，元吉」，光大也。

虞翻曰：謂三已變成离，故四「光大也」。

九五，渙汗其大號。

《九家易》曰：謂五建二爲諸侯，使下君國，故宣布號令，百姓被澤，若汗之出身，不還反也。此本否卦。體乾爲首，來下處二成坎水，汗之象也。陽稱大，故曰「渙汗其大號」也。

渙王居，无咎。

荀爽曰：布其德教，王居其所，故「无咎」矣。

《象》曰：「王居无咎」，正位也。

虞翻曰：五爲王，艮爲居。正位居五，四陰順命，故「王居无咎，正位也」。

上九，渙其血去逖出，无咎。

虞翻曰：應在三，坎爲血，爲逖。逖，憂也。二變爲觀，坎象不見，故「其血去逖出，无咎」。

《象》曰：「渙其血」，遠害也。

虞翻曰：乾爲遠，坤爲害，體遯上，故「遠害也」。

《序卦》曰：物不可以終離，故受之以節。

崔憬曰：離散之道，不可終行，當宜節止之，故言「物不可以終離，受之以節」。

䷻ 兑下坎上 節，亨，

虞翻曰：泰三之五，天地交也。五當位以節，中正以通，故「節亨」也。

苦節不可貞。

虞翻曰：謂上也。應在三，三變成离

火，「炎上作苦」。位在火上，故「苦節」。雖得位，乘陽，故「不可貞」。

《象》曰：節，「亨」，剛柔分而剛得中。

盧氏曰：此本泰卦。分乾九三升坤五，分坤六五下處乾三，是「剛柔分而剛得中」也。

「苦節不可貞」，其道窮也。

虞翻曰：位極於上，乘陽，故「窮也」。

説以行險，

虞翻曰：兑，説；坎，險；震爲行，故「説以行險」也。

當位以節，中正以通。

虞翻曰：中正謂五，坎爲通也。

天地節而四時成。

虞翻曰：泰乾天坤地，震春兑秋，坎冬，三動离爲夏，故「天地節而四時成」也。

節以制度，不傷財，不害民。

虞翻曰：艮手稱制，坤數十爲度。坤又爲害，爲民，爲財。二動體剥，剥爲傷。三出復位成既濟定，坤剥不見，故「節以制度，不傷財，不害民」。

《象》曰：澤上有水，節。

侯果曰：澤上有水，以堤防爲節。

君子以制數度，議德行。

虞翻曰：「君子」，泰乾也。艮止爲制，坤爲度，震爲議，爲行，乾爲德，故「以制數度，議德行」。乾三之五爲「制數度」，坤五之乾爲「議德行」也。

初九，不出户庭，无咎。

虞翻曰：泰坤爲户，艮爲庭，震爲出。初得位應四，故「不出户庭无咎」矣。

《象》曰：「不出户庭」，知通塞也。

虞翻曰：坎爲通，二變坤土壅初爲塞。

○崔憬曰：爲節之始，有應於四。四爲坎險，不通之象。以節崇塞，雖不通，可謂「知通塞」矣。户庭，室庭也。慎密守節，故「不出」焉而「无咎」也。　案：初九應四，四互坎艮。艮爲門闕，四居艮中，是爲内户，户庭之象也。

九二，不出門庭，凶。

虞翻曰：　變而之坤，艮爲門庭。二失位，不變出門應五則凶，故言「不出門庭凶」矣。

《象》曰：「不出門庭凶」，失時極也。

虞翻曰：　極，中也。未變之正，失時極矣。

六三，不節若，則嗟若，无咎。

虞翻曰：　三，節家君子也。失位，故「節若」。嗟，哀號聲。震爲音聲，爲出。三動得正而體离坎，涕流出目，故則「嗟若」。得位乘二，故「无咎」也。

《象》曰：「不節」之「嗟」，又誰「咎」也。

王弼曰：　若，辭也。以陰處陽，以柔乘剛，違節之道以至哀嗟。自己所至，无所怨咎，故曰「又誰咎」矣。

六四，安節，亨。

虞翻曰：　二已變，艮止坤安，得正承五，有應於初，故「安節亨」。

《象》曰：「安節」之「亨」，承上道也。

《九家易》曰：　言四得正奉五，上通於君，故曰「承上道也」。

九五，甘節，吉，往有尚。

虞翻曰：　得正居中，坎爲美，故「甘節吉」。「往」謂二。二失正，變往應五，故「往有尚」也。

《象》曰：「甘節」之「吉」，居位中也。

虞翻曰：　艮爲居，五爲中，故「居位中也」。

上六，苦節，貞凶，悔亡。

虞翻曰：　二三變在兩离火，「炎上作苦」，故「苦節」。乘陽，故「貞凶」。得位，故「悔亡」。○干寶曰：《象》稱「苦節不可貞」，在此爻也。禀險伏之教，懷貪狼之志，以苦節之性而遇甘節之主，必受其誅。華士少正卯之爻也，故曰「貞凶」。苦節既凶，甘節志得，故曰「悔亡」。

《象》曰：「苦節貞凶」，其道窮也。

荀爽曰：乘陽於上，无應於下，故「其道窮也」。

《序卦》曰：節而信之，故受之以中孚。

崔憬曰：「節以制度，不傷財，不害民」，則人信之，故言「節而信之，故受之中孚」也。

䷼ 兌下巽上 中孚，

虞翻曰：訟四之初也。坎孚象在中，謂二也，故稱「中孚」。此當從四陽二陰之例。遯陰未及三，而大壯陽已至四，故從訟來。二在訟時體离爲鶴，在坎陰中，有「鳴鶴在陰」之義也。

豚魚吉。

案：坎爲豕。訟四降初折坎稱豚，初陰升四體巽爲魚。中，二；孚，信也。謂二變應五，化坤成邦，故「信及豚魚吉」矣。○虞氏以三至上體遯，便以豚魚爲遯魚。雖生曲象之異見，乃失化邦之中信也。

利涉大川，

虞翻曰：坎爲大川。謂二已化邦，三利出涉坎，得正體渙。渙舟楫象，故「利涉大川，乘木舟虛也」。

利貞。

虞翻曰：謂二利之正而應五也。「中孚以利貞，乃應於天也」。

《彖》曰：中孚柔在內而剛得中。說而巽，孚。

王肅曰：三四在内，二五得中。兑説而巽順，故「孚」也。

乃化邦也。

虞翻曰：二化應五成坤。坤爲邦，故「化邦也」。

「豚魚吉」，信及豚魚也。

荀爽曰：豚魚謂四三也。艮爲山陸，豚所處。三爲兑澤，魚所在。豚者卑賤，魚者幽隱。中信之道，皆及之矣。

「利涉大川」，乘木舟虚也。

王肅曰：中孚之象，外實内虚，有似可乘虚木之舟也。

中孚以「利貞」，乃應乎天也。

虞翻曰：訟乾爲天，二動應乾，故「乃應乎天也」。

《象》曰：澤上有風，中孚。

崔憬曰：流風令於上，布澤惠於下，中孚之象也。

君子以議獄緩死。

虞翻曰：「君子」謂乾也。訟坎爲獄，震爲議、爲緩，坤爲死。乾四之初，則二出坎獄。兑説震喜，坎獄不見，故「議獄緩死」也。

初九，虞吉，有它不燕。

荀爽曰：虞，安也。初應於四，宜自安虞，无意於四則吉，故曰「虞吉」也。四者乘五，❶有它意於四則不安，故曰「有它不燕」也。

《象》曰：「初九虞吉」，志未變也。

荀爽曰：初位潛藏，未得變而應四也。

九二，鳴鶴在陰，其子和之。我有好爵，吾與爾靡之。

虞翻曰：靡，共也。震爲鳴，訟离爲鶴。坎爲陰夜，鶴知夜半，故「鳴鶴在

❶「乘」，照曠閣本作「承」。

陰」。二動成坤體益，五艮爲子。震巽同聲者相應，故「其子和之」。坤爲身，故稱「我」。「吾」謂五也。离爲爵。爵，位也。坤爲邦國。五在艮，閽寺庭闕之象，故稱「好爵」。五利二變之正應，以故「吾與爾靡之」矣。

《象》曰：「其子和之」，中心願也。

虞翻曰：坎爲心，動得正應五，故「中心願也」。

六三，得敵，或鼓或罷，或泣或歌。

荀爽曰：三四俱陰，故稱「得」也。四得位有位，故「鼓」而「歌」。三失位無實，故「罷」而「泣」之也。

《象》曰：「或鼓或罷」，位不當也。

王弼曰：三四俱陰，金木異性，❶「敵」之謂也。以陰居陽，自彊而進。進而閡敵，故「或鼓」也。四履正位，非己敵所克，故「或罷」也。不勝而退，懼見侵陵，故「或泣」也。四履謙巽，不報讎敵，故「或歌」也。歌泣无恒，「位不當也」。

六四，月幾望，馬匹亡，无咎。

虞翻曰：訟坎爲月，离爲日。兑西震東。月在兑二，离在震三。日月象對，故「月幾望」。乾坎兩馬匹。初四易位，震爲奔走，體遯山中，乾坎不見，故「馬匹亡」。初、四易位，故「无咎」矣。

《象》曰：「馬匹亡」，絶類上也。

虞翻曰：訟初之四，體與上絶，故「絶類上也」。

九五，有孚攣如，无咎。

虞翻曰：孚，信也。謂二在坎爲孚。巽繩艮手，故「攣」。二使化爲邦，得正應己，故「无咎」也。

《象》曰：「有孚攣如」，位正當也。

❶「木」，原作「水」，今據照曠閣本改。

案：以陽居五，有信攣二使變，己是「位正當也」。

上九，翰音登于天，貞凶。

虞翻曰：巽爲雞。應在震，震爲音。翰，高也。巽爲高，乾爲天，故「翰音登于天」。失位，故「貞凶」。禮薦牲雞稱「翰音」也。

《象》曰：「翰音登于天」，何可長也。

侯果曰：窮上失位，信不由中。以此申命，有聲無實。中實内喪，虚華外揚，是「翰音登天」也。巽爲雞，雞曰翰音。虚音登天，何可久也。

《序卦》曰：有其信者必行之，故受之以小過。

韓康伯曰：守其信者，則失「貞而不諒」之道，而以信爲過也，故曰「小過」。

䷽ 艮下震上 小過，亨，利貞。

虞翻曰：晉上之三，當從四陰二陽臨觀之例。臨陽未至三而觀四已消也，又有飛鳥之象，故知從晉來。杵臼之利，蓋取諸此。柔得中而應乾剛，故「亨」。五失正，故「利貞」。「過以利貞，與時行也」。

可小事，

虞翻曰：「小」謂五，晉坤爲事。柔得中，故「可小事」也。

不可大事。

虞翻曰：大事，四。剛失位而不中，故「不可大事」也。

飛鳥遺之音，不宜上宜下，大吉。

虞翻曰：离爲飛鳥，震爲音，艮爲止。晉上之三，离去震在，鳥飛而音止，故「飛鳥遺之音」。上陰乘陽，故「不宜上」。下陰順陽，故「宜下大吉」。俗説或以卦象二陽在内，四陰在外，有似飛鳥之象，妄矣。

《彖》曰：小過。小者過而亨也。過以「利貞」，與時行也。

荀爽曰：陰稱小。謂四應初，過二而去。三應上，過五而去。五處中，見過不見應，故曰「小者過而亨也」。

柔得中，是以「小事吉」也。

虞翻曰：謂五也。陰稱小，故「小事吉也」。

剛失位而不中，是以「不可大事」也。

虞翻曰：謂四也。陽稱大，故「不可大事也」。

有「飛鳥」之象焉，「飛鳥遺之音，

宋衷曰：二陽在内，上下各陰，有似飛鳥舒翮之象，故曰「飛鳥」。震爲聲音，飛而且鳴，鳥去而音止，故曰「遺之音」也。

不宜上宜下，大吉」，上逆而下順也。

王肅曰：四五失位，故曰「上逆」。二三得正，故曰「下順」也。

《象》曰：山上有雷，小過。

侯果曰：山大而雷小，山上有雷，小過於大，故曰「小過」。

君子以行過乎恭，

虞翻曰：「君子」謂三也。上貴三賤。晉上之三，震爲行，故「行過乎恭」。謂三「致恭以順存其位」，與謙三同義。

喪過乎哀，

虞翻曰：晉坤爲喪，离爲目，艮爲鼻，坎爲涕洟，震爲出。涕洟出鼻目，體大過，遭死喪，「過乎哀」也。

用過乎儉，

虞翻曰：坤，爲財用，爲吝嗇，艮爲止，兑爲小。小用止，「密雲不雨」，故「用過乎儉」也。

初六，飛鳥以凶。

虞翻曰：應四，离爲「飛鳥」。上之三，

則四折入大過死，故「飛鳥以凶」。

《象》曰：「飛鳥以凶」，不可如何也。

虞翻曰：　四死大過，故「不可如何也」。

六二，過其祖，遇其妣。

虞翻曰：「祖」謂祖母，初也。母死稱妣，謂三。坤爲喪，爲母，折入大過死，故稱「祖」也。妣二過初，故「過其祖」。五變三體姤遇，故「遇妣」也。

不及其君，遇其臣，无咎。

虞翻曰：　五動爲君，晉坤爲臣。二之五隔三，艮爲止，故「不及其君」。止如承三得正，體姤遇象，故「遇其臣无咎」也。

《象》曰：「不及其君」，「臣」不可過也。

虞翻曰：　體大過下，止舍，巽下，故「不可過」。與隨三同義。

九三，弗過防之，從或戕之，凶。

虞翻曰：　防，防四也。失位，從或而欲折之初。戕，殺也。离爲戈兵，三從离上入坤，折四，死大過中，故「從或戕之凶」也。

《象》曰：「從或戕之」，「凶」如何也。

虞翻曰：　三來戕四，故「凶如何也」。

九四，无咎，弗過遇之，

《九家易》曰：　以陽居陰，「行過乎恭」。今雖失位，進則遇五，故「无咎」也。四體震動。位既不正，當動上居五，不復過五，故曰「弗過遇之」矣。

往厲必戒，勿用永貞。

荀爽曰：　四往危五，戒備於三，故曰「往厲必戒」也。勿長居四，當動上五，故「用永貞」。

《象》曰：「弗過遇之」，位不當也。「往厲必戒」，終不可長也。

虞翻曰：　體否上傾，故「終不可長」矣。

六五，密雲不雨，自我西郊。

虞翻曰：密，小也。晉坎在天爲雲，墜地成雨。上來之三，折坎入兑。小爲密，坤爲自我，兑爲西，五動乾爲郊，故「密雲不雨，自我西郊」也。

公弋取彼在穴。

虞翻曰：「公」謂三也。弋，矰繳射也。坎爲弓彈，离爲鳥矢。弋，無矢也。巽繩連鳥，弋人鳥之象。艮爲手，二爲穴。手入穴中，故「公弋取彼在穴」也。

《象》曰：「密雲不雨」，已上也。

虞翻曰：謂三坎水已之上六，故「已上也」。

上六，弗遇過之，飛鳥離之，凶，是謂災眚。

虞翻曰：謂四已變之坤，上得之三，故「弗遇過之」。离爲飛鳥，公弋得之，鳥下入艮手而死，故「飛鳥離之，凶」。晉坎爲災眚，故「是謂災眚」矣。

《象》曰：「弗遇過之」，已亢也。

虞翻曰：飛下稱亢。晉上之三，「已亢也」。

《序卦》曰：有過物者必濟，故受之以既濟。

韓康伯曰：「行過乎恭，禮過乎儉」，可以矯世厲俗，有所濟也。

䷾ 离下坎上 既濟，亨，小利貞。

虞翻曰：泰五之二。「小」謂二也。柔得中，故「亨小」。六爻得位，「各正性命，保合大和」，故「利貞」矣。

初吉，

虞翻曰：初，始也。謂泰乾。「乾知大始」，故稱「初」。坤五之乾二，得正處中，故「初吉，柔得中也」。

終亂。

虞翻曰：泰坤稱亂，二上之五，終止於泰，則反成否。「子弑其父，臣弑其君」，天下无邦，終窮成坤，故「亂，其道窮」。

《象》曰：既濟，「亨」。小者，亨也。

荀爽曰：天地既交，陽升陰降，故「小者亨也」。

利貞，剛柔正而位當也。

侯果曰：此本泰卦。六五降二，九二升五，是「剛柔正」，「當位也」。

「初吉」，柔得中也。

虞翻曰：「中」謂二。

「終」止則「亂」，其道窮也。

虞翻曰：反否終坤，故「其道窮也」。○侯果曰：剛得正，柔得中，故「初吉」也。正有終極，濟有息止，止則窮亂，故曰「終止則亂，其道窮也」。一曰殷亡周興之卦也。成湯應天，「初吉」也，商辛毒痡，「終止」也。由止，故物亂而窮也。物不可窮，窮則復始，周受其未濟而興焉。《乾鑿度》曰：「既濟未濟者，所以明戒慎，全王道也。」

《象》曰：水在火上，既濟。君子以思患而豫防之。

荀爽曰：六爻既正，必當復亂，故君子象之，「思患而豫防之」，治不忘亂也。

初九，曳其輪，濡其尾，无咎。《象》曰：「曳其輪」，義「无咎」也。

宋衷曰：离者，兩陽一陰。陰方陽圓，輿輪之象也。其一在坎中，以火入水必敗，故曰「曳其輪」也。初在後稱尾。尾濡曳，咎也。得正有應，於義可以危而无咎矣。

六二，婦喪其茀，勿逐，七日得。

虞翻曰：离爲婦，泰坤爲喪。髴，髮，謂鬒髮也。一名婦人之首飾。坎爲玄雲，故稱「髮」。《詩》曰：「鬒髮如雲」。乾爲首，坎爲美。五取乾二之坤爲坎，坎爲盜，故「婦喪其髴」。泰震爲七，故

「勿逐，七日得」。與睽「喪馬勿逐」同義。「髴」或作「茀」。俗説以髴爲婦人蔽膝之茀，非也。

《象》曰：「七日得」，以中道也。

王肅曰：體柔應五，履順承剛，婦人之義也。髴，首飾。坎爲盜，离爲婦。喪其茀鄰於盜也。勿逐自得，履中道也。二五相應，故「七日得」也。

九三，高宗伐鬼方，三年克之，小人勿用。

虞翻曰：高宗，殷王武丁。鬼方，國名。乾爲高宗，坤爲鬼方。乾二之坤五，故「高宗伐鬼方」。坤爲年，位在三，故「三年」。坤爲小人。二上克五，故「三年克之，小人勿用」。《象》曰「憊也」。○干寶曰：高宗，殷中興之君。鬼，北方國也。高宗嘗伐鬼方，三年而後克之。离爲戈兵，故稱「伐」。坎當北方，故稱「鬼」。在既濟之家而述先代之功，以明周因於殷，有所弗革也。

《象》曰：「三年克之」，憊也。

侯果曰：伐鬼方者，興衰除闇之征也。上六闇極，九三征之。三舉方及，故曰「三年克之」。興役動衆，聖猶疲憊，則非小人能爲，故曰「小人勿用」。○虞翻曰：坎爲勞，故「憊也」。

六四，繻有衣袽，終日戒。

虞翻曰：乾爲衣，故稱「繻」。袽，敗衣也。乾二之五，衣象裂壞，故「繻有衣袽」。离爲日，坎爲盜。在兩坎間，故「終日戒」。謂伐鬼方，三年乃克。旅人勩勞，衣服皆敗，鬼方之民，猶或寇竊，故「終日戒」也。

《象》曰：「終日戒」，有所疑也。

盧氏曰：繻者，布帛端末之織也。袽者，殘幣，帛可拂拭器物也。繻有爲衣袽之道也。四處明闇之際，貴賤无恒，猶或爲衣或爲袽也。履多懼之地，上承帝主，故終日戒慎，有所疑懼也。

九五，東鄰殺牛，不如西鄰之禴祭，實受其福。

虞翻曰：泰震爲東，兑爲西，坤爲牛。震動五殺坤，故「東鄰殺牛」。在坎多眚，爲陰所乘，故「不如西鄰之禴祭」。禴，夏祭也。离爲夏，兑動二體，离明得正，承五順三，故「實受其福，吉大來也」。

《象》曰：「東鄰殺牛」，「不如西鄰」之時也。

崔憬曰：居中當位，於既濟之時，則當是周受命之日也。五坎爲月。月出西方，「西鄰」之謂也。二應在离，离爲日。日出東方，「東鄰」之謂也。离又爲牛，坎水克离火，「東鄰殺牛」之象。禴，殷，春祭之名。案《尚書》克殷之歲，「厥四月，哉生明，王來自商，至于豐。丁未，祀于周廟」。四月，殷之三月，春也。則明西鄰之禴祭，得其時而受祉福也。

「實受其福」，吉大來也。

盧氏曰：明鬼享德不享味也，故德厚者「吉大來也」。

上六，濡其首，厲。

虞翻曰：乾爲首，五從二上，在坎中，故「濡其首，厲」。位極乘陽，故「何可久」。

《象》曰：「濡其首厲」，何可久也。

荀爽曰：居上濡五，處高居盛，必當復危，故「何久也」。❶

《序卦》曰：物不可窮也，故受之以未濟，終焉。

崔憬曰：夫易之爲道，窮則變，變則

❶「何」下，照曠閣本有「可」字。

通。而以未濟終者，亦物不可窮也。

䷿ 坎下离上 未濟，亨。

虞翻曰：否二之五也。柔得中，天地交，故「亨」。濟，成也。六爻皆錯，故稱「未濟」也。

小狐汔濟，

虞翻曰：否艮爲小狐，汔，幾也。濟，濟渡。狐濟幾度而濡其尾，「未出中也」。

濡其尾，无攸利。

虞翻曰：艮爲尾。狐，獸之長尾者也。「尾」謂二，在坎水中，故「濡其尾」。失位，故「无攸利，不續終也」。○干寶曰：坎爲狐。《説文》曰：「汔，涸也。」案：剛柔失正，故「未濟」也。五居中應剛，故「亨」也。小狐力弱，汔乃可濟。水既未涸，而乃濟之，故尾濡而无所利也。

《彖》曰：未濟，「亨」，柔得中也。

荀爽曰：柔上居五，與陽合同，故「亨」也。

「小狐汔濟」，未出中也。

虞翻曰：謂二未變，在坎中也。○干寶曰：狐，野獸之妖者，以喻禄父。「中」謂二也，困而猶處中故也。此以記紂雖亡國，禄父猶得封矣。

「濡其尾，无攸利」，不續終也。

虞翻曰：否陰消陽，至剥終坤，「終止則亂，其道窮也」。乾五之二，坤殺不行，故「不續終也」。○干寶曰：言禄父不能敬奉天命，以續既終之禮，謂叛而被誅也。

雖不當位，剛柔應也。

荀爽曰：雖剛柔相應而不以正，由未能濟也。○干寶曰：六爻皆相應，故微子更得爲客也。

《象》曰：火在水上，未濟。

侯果曰：火性炎上，水性潤下。雖復

同體，功不相成，所以未濟也。故君子慎辨物宜，居之以道，令其功用相得，則物咸濟矣。

君子以慎辨物居方。

虞翻曰：君子，否乾也。艮爲慎。辨，辨别也。「物」謂「乾陽物也，坤陰物也」。❶艮爲居，坤爲方，乾别五以居坤二，故「以慎辨物居方」也。

初六，濡其尾，吝。

虞翻曰：應在四，故「濡其尾」。失位，故「吝」。

《象》曰：「濡其尾」，亦不知極也。

案：四在五後，故稱「尾」。極，中也。謂四居坎中，以濡其尾，是不知極也。

九二，曳其輪，貞吉。

姚信曰：坎爲曳，爲輪。兩陰夾陽，輪之象也。二應於五而隔於四，止而據初，故「曳其輪」。處中而行，故曰「貞吉」。〇干寶曰：坎爲輪，離爲牛。牛曳輪上以承五命，猶東蕃之諸侯，共攻三監，以康周道，故曰「貞吉」也。

《象》曰：「九二貞吉」，中以行正也。

虞翻曰：謂初已正，二動成震，故「行正」。

六三，未濟，征凶。利涉大川。

荀爽曰：未濟者，未成也。女在外，男在内，婚姻未成，征上從四則凶。利下從坎，故「利涉大川」矣。

《象》曰：「未濟征凶」，位不當也。

干寶曰：「吉凶者，言乎其失得也」，祿父反叛，管蔡與亂。兵連三年，誅及骨肉，故曰「未濟征凶」。平克四國，以濟大難，故曰「利涉大川」，坎也。以六居三，不當其位，猶周公以臣而君，故流言作矣。

九四，貞吉，悔亡。

❶「物」，原脱，今據照曠閣本補。

虞翻曰：動正得位，故「吉」而「悔亡」矣。

震用伐鬼方，三年有賞于大邦。

虞翻曰：變之震，體師。坤爲鬼方，故「震用伐鬼方」。坤爲年，爲大邦。陽稱賞，四在坤中，體既濟，离三，故「三年有賞于大邦」。

《象》曰：「貞吉悔亡」，志行也。

案：坎爲志，震爲行。四坎變震，故「志行也」。

六五，貞吉，无悔。

虞翻曰：之正則吉，故「貞吉无悔」。

君子之光，有孚吉。

虞翻曰：動之乾，离爲光，故「君子之光」也。「孚」謂二。二變應，已得有之，故「有孚吉」。坎稱「孚」也。○干寶曰：以六居五，周公攝政之象也，故曰「貞吉无悔」。制禮作樂，復子明辟，天下乃明其道，乃信其誠，故「君子之光，有孚吉」矣。

《象》曰：「君子之光」，其暉「吉」也。

虞翻曰：動之正，乾爲大明，故「其暉吉也」。

上九，有孚于飲酒，无咎。濡其首，有孚失是。

虞翻曰：坎爲孚，謂四也。上之三介四，故「有孚」。飲酒流頤中，故「有孚於飲酒」。終變之正，故「无咎」。乾爲首，五動首在酒中，失位，故「濡其首」矣。孚，信；是，正也。六位失正，故「有孚失是」。謂若殷紂沈湎於酒，以失天下也。

《象》曰：「飲酒濡首」，亦不知節也。

虞翻曰：節，止也。艮爲節，飲酒濡首，故「不知節」矣。

易傳卷第十二

易傳卷第十三

唐資州李鼎祚集解

周易繫辭上

天尊地卑，乾坤定矣。

虞翻曰：天貴故尊，地賤故卑。「定」謂成列。○荀爽曰：謂否卦也。否七月，萬物已成，乾坤各得其位。定矣。

卑高以陳，貴賤位矣。

虞翻曰：乾高貴五，坤卑賤二，「列貴賤者存乎位」也。○荀爽曰：謂泰卦也。○侯果曰：天地卑高，義既陳矣；萬物貴賤，位宜差矣。

動靜有常，剛柔斷矣。

虞翻曰：斷，分也。乾剛常動，坤柔常靜。「分陰分陽，迭用柔剛」。

方以類聚，

《九家易》曰：謂姤卦，陽爻聚於午也。方，道也。謂陽道施生，萬物各聚其所也。

物以羣分，

《九家易》曰：謂復卦，陰爻羣於子也。陰主成物，故曰「物」也。至於萬物一成，分散天下也，以周人用，故曰「物以羣分」也。

吉凶生矣。

虞翻曰：物三稱羣，坤方道靜，故「以類聚」。乾物動行，故「以羣分」。乾生故吉，坤殺故凶，則「吉凶生矣」。

在天成象，在地成形，變化見矣。

虞翻曰：謂日月在天成八卦。震象出庚，兑象見丁，乾象盈甲，巽象伏辛，艮象消丙，坤象喪乙，坎象流戊，离象就己，故「在天成象」也。「在地成形」謂震竹、巽木、坎水、离火、艮山、兑澤、乾金、坤土。在天爲變，在地爲化，「剛柔相推而生變化」矣。

是故剛柔相摩，八卦相蕩。

虞翻曰：旋轉稱摩，薄也。乾以二五摩坤，成震坎艮。坤以二五摩乾，成巽离兑。故「剛柔相摩，則八卦相蕩」也。

鼓之以雷霆，潤之以風雨。

虞翻曰：鼓，動；潤，澤也。雷，震；霆，艮；風，巽；雨，兑也。

日月運行，一寒一暑。

虞翻曰：日离月坎，寒乾暑坤也。運行往來；「日月相推而明生焉，寒暑相推而歲成焉」，故「一寒一暑」也。

乾道成男，坤道成女。

荀爽曰：「男」謂乾初適坤爲震，二適坤爲坎，三適坤爲艮，以成三男也。「女」謂坤初適乾爲巽，二適乾爲离，三適乾爲兑，以成三女也。

乾知大始，

《九家易》曰：「始」爲乾。稟元氣，「萬物資始」也。

坤化成物。今本「化」爲「作」。

荀爽曰：「物」謂坤。任育體，「萬物資生」。

乾以易知，坤以簡能。

虞翻曰：陽見稱易，陰藏爲簡。簡，閱也。乾息昭物，天下文明，故「以易知」。坤閱藏物，故「以簡能」矣。

易則易知，簡則易從。

虞翻曰：乾「縣象著明」，故「易知」。坤陰陽動闢，故「易從」。「不習无不利，地道光也」。

易知則有親，易從則有功。

虞翻曰： 陽道成乾爲父，震坎艮爲子。「本乎天者親上」，故「易知則有親」。以陽從陰，至五「多功」，故「易從則有功」矣。○蜀才曰： 以其易知，故物親而附之。以其易從，故物法而有功也。

有親則可久，有功則可大。

荀爽曰： 陰陽相親，雜而不厭，故「可久」也。萬物生息，種類繁滋，故「可大」也。

可久則賢人之德，可大則賢人之業。

姚信曰： 賢人，乾坤也。言乾以日新爲德，坤以富有爲業也。

易簡而天下之理得矣，

虞翻曰： 易爲乾息，簡爲坤消。乾坤變通，窮理以盡性，故「天下之理得矣」。

天下之理得，而易成位乎其中矣。今本脱「易」字。

荀爽曰： 陽位成於五，五爲上中。陰位成於二，二爲下中。故「易成位乎其中」也。

聖人設卦，

案： 聖人謂伏羲也。始作八卦，重爲六十四卦矣。

觀象，繫辭焉，

案： 文王觀六十四卦，三百八十四爻之象，系屬其辭。

而明吉凶。

荀爽曰： 因得明「吉」，因失明「凶」也。

剛柔相推而生變化。

虞翻曰： 剛推柔生變，柔推剛生化也。

是故吉凶者，失得之象也；

虞翻曰： 吉則象「得」，凶則象「失」也。

悔吝者，憂虞之象也；

荀爽曰： 憂虞，小疵，故「悔吝」也。○虞翻曰： 悔則象「憂」，吝則象「虞」也。○干寶曰： 悔亡則「虞」，有小吝則

「憂」。憂虞未至於失得，悔吝不入於吉凶。事有小大，故辭有急緩，各象其意也。

變化者，進退之象也；

荀爽曰：春夏爲變，秋冬爲化。息卦爲進，消卦爲退也。

剛柔者，晝夜之象也；

荀爽曰：剛謂乾，柔謂坤。乾爲晝，坤爲夜。晝以喻君，夜以喻臣也。

六爻之動，

陸績曰：天有陰陽二氣，地有剛柔二性，人有仁義二行。六爻之動，法乎此也。

三極之道也。

陸績曰：此三才極至之道也。初四下極，二五中極，三上上極也。

是故君子所居而安者，易之象也。

虞翻曰：「君子」謂文王，「象」謂乾二之坤成坎月离日。日月爲象，「君子黄中通理，正位居體」，故「居而安者，易之象也」。舊讀「象」誤作「厚」或作「序」，非也。

所變而翫者，爻之辭也。

虞翻曰：「爻者，言乎變者也」，謂乾五之坤，坤五動則觀其變。舊作「樂」，字之誤。

是故君子居則觀其象而翫其辭，

虞翻曰：翫，弄也。謂乾五動成大有，以离之目，觀天之象。兑口，翫習所繫之辭，故「翫其辭」。

動則觀其變而翫其占，

虞翻曰：謂觀爻動也。「以動者尚其變」，「占事知來」，故「翫其占」。

是以「自天右之，吉无不利」。

虞翻曰：謂乾五變之坤成大有，有天地日月之象。文王則庖犧，亦與天地合德，日月合明。天道助順，人道助信。履信思順，故「自天右之，吉无不利」也。

彖者，言乎象者也。

虞翻曰：「在天成象」，「八卦以象告」，彖説三才，故「言乎象也」。

爻者，言乎變者也。

虞翻曰：爻有六畫，「所變而玩者，爻之辭也」。謂九六變化，故「言乎變者也」。

吉凶者，言乎其失得也。

虞翻曰：得正言「吉」，失位言「凶」也。

悔吝者，言乎其小疵也。

崔憬曰：《繫辭》著悔吝之言，則異凶咎。有其小病，比於凶咎，若疾病之與小疵。

无咎者，善補過也。

虞翻曰：失位爲咎悔，變而之正，故「善補過」。孔子曰「退思補過」者也。

是故列貴賤者存乎位，

侯果曰：二五爲功譽位，三四爲凶懼位。凡爻得位則貴，失位則賤，故曰「列貴賤者存乎位」矣。

齊大小者存乎卦，

王肅曰：「齊」猶正也。陽卦大，陰卦小。卦列則小大分，故曰「齊小大者存乎卦」也。

辯吉凶者存乎辭，

韓康伯曰：辭，爻辭也，即「爻者言乎變也」。言象所以明小大，言變所以明吉凶，故大小之義存乎卦，吉凶之狀見乎爻。至於悔吝无咎，其例一也。吉凶、悔吝、小疵、无咎，皆生乎變。事有小大，故下歷言五者之差也。

憂悔吝者存乎介，

虞翻曰：介，纖也。「介如石焉，斷可識」也，故「存乎介」。謂識小疵。

震无咎者存乎悔。

虞翻曰：震，動也。「有不善未嘗不知之，知之未嘗復行」，「无咎者善補過」，故「存乎悔」也。

是故卦有小大，辭有險易。辭也者，各指其所之。

虞翻曰：陽易指天，陰險指地，「聖人之情見乎辭」，故「指所之」。

易與天地準，故能彌綸天下之道。今本「天下」爲「天地」。

虞翻曰：準，同也。彌，大。綸，絡。謂易在天下，包絡萬物，「以言乎天地之間則備矣」，故「與天地準」也。

仰以觀於天文，俯以察於地理，

荀爽曰：謂陰升之陽則成天之文也，陽降之陰則成地之理也。

是故知幽明之故。

荀爽曰：「幽」謂天上地下不可得覩者也。謂否卦變成未濟也。「明」謂天地之間萬物陳列著於耳目者，謂泰卦變成既濟也。

原始及終，故知死生之説。今本「及」作「反」。

《九家易》曰：陰陽交合，物之始也。陰陽分離，物之終也。合則生，離則死，故「原始及終，故知死生之説」矣。交，泰時，春也。分離，否時，秋也。

精氣爲物，遊魂爲變，

虞翻曰：魂，陽物，謂乾神也。「變」謂坤鬼。乾「純粹精」，故主爲物。乾流坤體，變成萬物，故「遊魂爲變」也。

是故知鬼神之情狀。與天地相似，故不違。

虞翻曰：乾神似天，坤鬼似地。聖人與天地合德，鬼神合吉凶，故「不違」。○鄭玄曰：「精氣」謂七八也，「遊魂」謂九六也。七八木火之數也，九六金水之數。木火用事而物生，故曰「精氣爲物」。金水用事而物變，故曰「遊魂爲變」。精氣謂之神，遊魂謂之鬼。木火生物，金水終物。二物變化，其情與天地相似，故無所差違之也。

知周乎萬物，

荀爽曰：二篇之册，萬有一千五百二十，當萬物之數，故曰「知周乎萬物」也。

而道濟天下，故不過。

《九家易》曰：言乾坤道濟成天下而不過也。○王凱沖曰：知周道濟，洪纖不遺，亦不過差也。

旁行而不流，

《九家易》曰：旁行周合六十四卦，月主五卦，爻主一日，歲既周而復始也。○侯果曰：應變旁行，周被萬物，而不流淫也。

樂天知命，故不憂。

荀爽曰：坤建於亥，乾立於巳。陰陽孤絶，其法宜憂。坤下有伏乾爲「樂天」，乾下有伏巽爲「知命」。陰陽合居，故「不憂」。

安土敦乎仁，故能愛。

荀爽曰：「安土」謂否卦。乾坤相據。故「安土」。「敦仁」謂泰卦。天氣下降以生萬物，故「敦仁」。生息萬物，故謂之愛也。

範圍天地之化而不過，

《九家易》曰：範者，法也。圍者，周也。言乾坤消息，法周天地而不過於十二辰也。辰，日月所會之宿，謂諏訾，降婁，大梁，實沈，鶉首，鶉火，鶉尾，壽星，大火，析木，星紀，玄枵之屬是也。

曲成萬物而不遺。

荀爽曰：謂二篇之册，曲成萬物，无遺失也。○侯果曰：言陰陽二氣，委曲成物，不遺微細也。

通乎晝夜之道而知，

荀爽曰：　晝者謂乾，夜者坤也。通於乾坤之道，無所不知矣。

故神无方而易无體。

干寶曰：　否泰盈虚者，神也。變而周流者，易也。言神之鼓萬物無常方，易之應變化無定體也。

一陰一陽之謂道，

韓康伯曰：　道者何？无之稱也。无不通也，无不由也，況之曰道。寂然无體，不可爲象。必有之用極而无之功顯，故至乎「神无方而易无體」而道可見矣。故窮以盡神，因神以明道。陰陽雖殊，無一以待之。在陰爲無陰，陰以之生；　在陽爲無陽，陽以之成，故曰「一陰一陽」也。

繼之者善也，成之者性也。

虞翻曰：　繼，統也。謂乾能統天生物，坤合乾性，養化成之，故「繼之者善，成之者性也」。

仁者見之謂之仁，知者見之謂之知。

侯果曰：　仁者見道，謂道有仁；　知者見道，謂道有知也。

百姓日用而不知，

侯果曰：　用道以濟，然不知其力。

故君子之道尟矣。

韓康伯曰：　君子體道以爲用，仁知則滯於所見，百姓日用而不知體斯道者，不亦鮮矣乎！故常無欲以觀妙，可以語至而言極矣。

顯諸仁，藏諸用，

王凱沖曰：　萬物皆成，仁功著也。不見所爲，藏諸用也。

鼓萬物而不與聖人同憂，

侯果曰：　聖人成務，不能無心，故有憂。神道鼓物，寂然無情，故無憂也。

盛德大業至矣哉！

荀爽曰：盛德者天，大業者地也。

富有之謂大業，日新之謂盛德，

王凱沖曰：物無不備，故曰「富有」。變化不息，故曰「日新」。

生生之謂易。

荀爽曰：陰陽相易，轉相生也。

成象之謂乾，

案：「道生一，一生二，二生三。」三才既備，以成乾象也。

爻法之謂坤，❶

案：「爻」猶效也，效乾三天之法，而兩地成坤之象卦也。

極數知來之謂占，

孔穎達曰：謂窮極蓍策之數，逆知將來之事，占其吉凶也。

通變之謂事，

虞翻曰：「事」謂變通趨時，以盡利天下之民，謂之事業也。

陰陽不測之謂神。

韓康伯曰：神也者，變化之極，「妙萬物而爲言」，不可以形詰者也，故「陰陽不測」。嘗試論之曰：原夫兩儀之運，萬物之動，豈有使之然哉！莫不獨化於太虛，欻爾而自造矣。造之非我，理自玄應。化之無主，數自冥運。故不知所以然而況之神矣。是以明兩儀以太極爲始，言變化而稱乎神也。夫唯天之所爲者，窮理體化，坐忘遺照。至虛而善應，則以道爲稱。不思玄覽，則以神爲名。蓋資道而同乎道，由神而冥於神者也。

夫易廣矣，大矣，

虞翻曰：乾象動直，故「大」。坤形動

❶「爻」，四庫本、照曠閣本作「效」。

闢，故「廣」也。

以言乎遠則不禦，

虞翻曰： 禦，止也。「遠」謂乾。天高不禦也。

以言乎邇則静而正，

虞翻曰：「邇」謂坤。「坤至静而德方」，故「正」也。

以言乎天地之間則備矣。

虞翻曰： 謂易「廣大悉備」，有天地人道焉，故稱「備」也。

夫乾，其静也專，其動也直，是以大生焉。

宋衷曰： 乾静不用事則清静專一，含養萬物矣。動而用事則直道而行，導出萬物矣。一專一直，動静有時，而物無夭瘁，是以「大生」也。

夫坤，其静也翕，其動也闢，是以廣生焉。

宋衷曰： 翕猶閉也。坤静不用事，閉藏微伏，應育萬物矣。動而用事則開闢羣蟄，敬導沈滯矣。一翕一闢，動静不失時而物無災害，是以「廣生」也。

廣大配天地，

荀爽曰： 陰廣陽大配天地。

變通配四時，

虞翻曰：「變通」趨時，謂十二月消息也。泰、大壯、夬配春；乾、姤、遯配夏；否、觀、剥配秋；坤、復、臨配冬。謂十二月消息，相變通而周於四時也。

陰陽之義配日月，

荀爽曰： 謂乾舍於离，配日而居；坤舍於坎，配月而居之義是也。

易簡之善配至德。

荀爽曰： 乾德至健，坤德至順。乾坤簡易相配於天地，故「易簡之善配至德」。

子曰：「易，其至矣乎！

崔憬曰： 夫言「子曰」，皆是語之別端，

此更美易之至極也。

夫易，聖人所以崇德而廣業也。

虞翻曰：崇德效乾，廣業法坤也。

知崇體卑，崇效天，卑法地。今本「體」爲「禮」。

虞翻曰：「知」謂乾，效天「崇」。「體」謂坤，法地卑也。

天地設位，而易行乎其中矣。

虞翻曰：「位」謂六畫之位。乾坤各三爻，故「天地設位」。易出乾入坤，上下無常，周流六虛，故「易行乎其中」也。

成性存存，道義之門。

虞翻曰：「知終終之，可與存義也。」乾爲道門，坤爲義門。「成性」謂「成之者性也」。陽在道門，陰在義門，「其易之門邪」。

聖人有以見天下之賾，而擬諸其形容，

虞翻曰：乾稱「聖人」，謂庖犧也。「賾」謂初。自上議下稱「擬」。「形容」謂陰，「在地成形」者也。

象其物宜，是故謂之象。

虞翻曰：「物宜」謂陽。「遠取諸物」，「在天成象」，故「象其物宜」。「象」謂三才八卦在天也，庖犧重爲六畫也。

聖人有以見天下之動，

虞翻曰：重言聖人，謂文王也。「動」謂六爻矣。

而觀其會通，

荀爽曰：謂三百八十四爻，陰陽動移，各有所會，各有所通。○張璠曰：會者，陰陽合會，若蒙九二也。通者，乾坤交通，既濟是也。

以行其典禮，繫辭焉以斷其吉凶，

孔穎達曰：既觀其會通而行其典禮，以定一爻之通變，而有三百八十四，於此爻下繫屬文辭，以斷其吉凶。若會通典禮，得則爲吉也。若會通典禮，失則爲凶矣。

是故謂之爻。

孔穎達曰：　謂此會通之事而爲爻也。爻者，效也，效諸物之變通，故上章云「爻者言乎變」也。

言天下之至嘖而不可惡也，

虞翻曰：　至嘖无情，陰陽會通，品物流宕，以乾簡坤易之至也。「元善之長」，故「不可惡也」。

言天下之至動而不可亂也。

虞翻曰：　以陽動陰，萬物以生，故「不可亂」。「六二之動，直以方」。「動」舊誤作「嘖」也。

擬之而後言，議之而後動，

虞翻曰：　以陽擬坤而成震，震爲言，議爲後動，故「擬之而後言，議之而後動」。「安其身而後動」，謂當時也矣。

擬議以成其變化。

虞翻曰：　議天成變，擬地成化。「天施地生，其益無方」也。

「鳴鶴在陰，其子和之。我有好爵，吾與爾靡之。」

孔穎達曰：　上略明擬議而動，故引鶴鳴在陰，取同類相應以證之。此《中孚》九二爻辭也。

子曰：「君子居其室，出其言善，

虞翻曰：「君子」謂初也。二變五來應之，艮爲居，初在艮内，故「居其室」。震爲出言，訟乾爲善，故「出言善」。此亦成益卦也。

則千里之外應之，況其邇者乎！

虞翻曰：　謂二變則五來應之，體益卦。坤數十，震爲百里，十之千里也。「外」謂震巽同聲。同聲者相應，故「千里之外應之」。「邇」謂坤，坤爲順。二變順初，故「況其邇者乎」。此「信及遯魚」者也。

居其室，出其言不善，

虞翻曰：謂初陽動入陰成坤，坤爲不善也。

則千里之外違之，况其邇者乎！

虞翻曰：謂初變體剥，弑父弑君。二陽「肥遯」，則坤違之而承於五，故「千里之外違之，况其邇者乎」。

言出乎身，加乎民。

虞翻曰：震爲出、爲言，坤爲身、爲民也。

行發乎邇，見乎遠。

虞翻曰：震爲行，坤爲邇，乾爲遠，兑爲見。謂二發應五，則千里之外，故行發邇見遠也。

言行，君子之樞機。樞機之發，榮辱之主也。

荀爽曰：艮爲門，故曰「樞」。震爲動，故曰「機」也。◯翟玄曰：樞主開閉，機主發動。開閉有明暗，發動有中否，主於榮辱也。

言行，君子之所以動天地也，可不慎乎！」

虞翻曰：二已變成益，巽四以風動天，震初以雷動地。中孚十一月，雷動地中。艮爲慎，故「可不慎乎」。

「同人先號咷而後笑。」

侯果曰：《同人》九五爻辭也。言九五與六二初未好合，故「先號咷」。而後得同心，故「笑」也。引者喻擬議於事，未有不應也。

子曰：「君子之道，或出或處，或默或語，

虞翻曰：乾爲道，故稱「君子」也。同人反師，震爲出、爲語，坤爲默，巽爲處，故「或出或處，或默或語」也。

二人同心，其利斷金。

虞翻曰：「二人」謂夫婦。師震爲夫，巽爲婦。坎爲心，巽爲同。六二震巽俱，體師坎，故「二人同心」。巽爲利，乾爲金。以离斷金，故「其利斷金」。謂夫出婦處，婦默夫語，故「同心」也。

同心之言，其臭如蘭。」

虞翻曰：臭，氣也。蘭，香草。震爲言，巽爲蘭，離日燥之，故「其臭如蘭」也。案：六三互巽，巽爲臭也。斷金之言，良藥苦口，故「香若蘭」矣。

「初六，藉用白茅，无咎。」

孔穎達曰：欲求外物來應，必須擬議謹慎，則物來應之，故引《大過》初六「藉用白茅无咎」之事，以證謹慎之理也。○虞翻曰：「其初難知」，陰又失正，故獨舉初六。

子曰：「苟錯諸地而可矣，藉之用茅，何咎之有？慎之至也。

虞翻曰：苟，或；錯，置也。頤坤爲地，故「苟錯諸地」。今藉以茅，故「无咎」也。

夫茅之爲物薄，

虞翻曰：陰道柔賤，故「薄」也。

而用可重也。

虞翻曰：香絜可貴，故「可重」也。

慎斯術也以往，其無所失矣。」

侯果曰：言初六柔而在下，苟能恭慎誠絜，雖置羞於地，神亦享矣。此章明但能重慎卑退，則悔吝無從而生。術，道者也。

「勞謙，君子有終，吉。」

孔穎達曰：欲求外物之應，非唯謹慎，又須謙以下人，故引《謙卦》九三爻辭以證之矣。

子曰：「勞而不伐，有功而不德，厚之至也。

虞翻曰：坎爲勞，「五多功」，乾爲德，德言至。以上之貴下居三賤，故「勞而不伐，有功而不德」。艮爲厚，坤爲至，故「厚之至也」。

語以其功下人者也。

虞翻曰：震爲語，「五多功」，下居三，故「以其功下人者也」。

德言盛，禮言恭。

虞翻曰：謙旁通履。乾爲盛德，坤爲禮。「天道虧盈而益謙」，三從上來，同之盛德，故「恭」。震爲言，故「德言盛，禮言恭」

謙也者，致恭以存其位者也。」

虞翻曰：坎爲勞，故能恭。三得位，故「以存其位者也」。

「亢龍有悔」。

孔穎達曰：上既以謙得保安，此明無謙則有悔，故引《乾》之上九「亢龍有悔」，證驕亢不謙之義也。

子曰：「貴而无位，

虞翻曰：天尊，故「貴」。以陽居陰，故「无位」。

高而无民，

虞翻曰：在上，故「高」。无陰，故「无民」也。

賢人在下位，

虞翻曰：乾稱賢人，「下位」謂初也。「遯世無悶」，故「賢人在下位」而不憂也。

而無輔，是以動而有悔也。」

虞翻曰：謂上无民，故「无輔」。乾盈動傾，故「有悔」。文王居三，紂亢極上，故以爲誡也。

「不出户庭，无咎。」

孔穎達曰：又明擬議之道，非但謙而不驕，又當謹慎周密，故引《節》初周密之事以明之也。

子曰：「亂之所生也，則言語以爲階。

虞翻曰：節本泰卦。坤爲亂，震爲生、

爲言語，坤稱階，故「亂之所生，則言語以爲階」也。

君不密則失臣，臣不密則失身，

虞翻曰：泰乾爲君，坤爲臣、爲閉，故稱「密」。乾三之坤五，君臣毁賊，故「君不密則失臣」。坤五之乾三，坤體毁壞，故「臣不密則失身」。坤爲身也。

幾事不密則害成，

虞翻曰：幾，初也。謂二已變成坤，坤爲事，故「幾事不密」。初利居貞，不密初動則體剥，「子弑其父，臣弑其君」，故「害成」。

是以君子慎密而不出也。」

虞翻曰：「君子」謂初。二動坤爲密，故「君子慎密」。體《屯》「盤桓利居貞」，故「不出」也。

子曰：「爲《易》者，❶其知盜乎！

虞翻曰：「爲《易》者」謂文王。否上之二成困。三暴慢，以陰乘陽。二變入宮爲萃，五之二奪之成解。坎爲盜，故「爲《易》者其知盜乎」。

《易》曰：『負且乘，致寇至。』

孔穎達曰：此又明擬議之道，當量身而行，不可以小處大，以賤貪貴，故引《解》六三爻辭以明之矣。

負也者，小人之事也。

虞翻曰：陰稱小人，坤爲事。以賤倍貴，違禮悖義，故「小人之事也」。

乘也者，君子之器也。

虞翻曰：「君子」謂五。器，坤也。坤爲大車，故「乘，君子之器也」。

小人而乘君子之器，盜思奪之矣。

虞翻曰：「小人」謂三。既違禮倍五。復乘其車。五來之二成坎，坎爲盜，「思奪

❶「爲」，四庫本、照曠閣本作「作」。

之矣」。「爲《易》者，知盜乎」，此之謂也。

上慢下暴，盜思伐之矣。

虞翻曰：三倍五，上慢乾君而乘其器，下暴於二，二藏於坤。五來寇二，以離戈兵，故稱「伐之」。坎爲暴也。

慢藏誨盜，野容誨淫。今本「野」爲「冶」。

虞翻曰：坎心爲悔，坤爲藏，兑爲見。藏不見，故「慢藏」。三動成乾爲野，坎水爲淫。二變藏坤則五來奪之，故「慢藏悔盜，野容悔淫」。

《易》曰『負且乘，致寇至』，盜之招也。」

虞翻曰：五來奪，三以離兵伐之，故變寇言戎，以成二惡。二藏坤時，艮手招盜，故「盜之招」。

易傳卷第十三

易傳卷第十四

唐資州李鼎祚集解

周易繫辭上

大衍之數五十，其用四十有九。

干寶曰：衍，合也。○崔憬曰：案《説卦》云「昔者聖人之作《易》也，幽贊於神明而生蓍，參天兩地而倚數」，既言蓍數，則是説大衍之數也。明倚數之法，當參天兩地。參天者，謂從三始，順數而至五、七、九，不取於一也。兩地者，謂從二起，逆數而至十、八、六，不取於四也。此因天地致上以配八卦而取其數也。艮爲少陽，其數三；坎爲中陽，其數五；震爲長陽，其數七；乾爲老陽，其數九。兑爲少陰，其數二；离爲中陰，其數十；巽爲長陰，其數八；坤爲老陰，其數六。八卦之數，總有五十，故云「大衍之數五十」也。不取天數一、地數四者，此數八卦之外，大衍所不管也。其用四十有九者，法長陽七七之數也。六十四卦，既法長陰八八之數，故四十九蓍則法長陽七七之數焉。蓍圓而神，象天；卦方而智，象地。陰陽之別也。舍一不用者，以象太極，虚而不用也。且天地各得其數，以守其位，故太一亦爲一數而守其位也。王輔嗣云「演天地之數所賴者五十，其用四十有九，其一不用也。不用而用以之通，非數而數以之成，即易之太極也。四十有九，數之極者」，但言所賴五十，不釋其所從來，則是億度而言，非有實據。其一不用，將爲法象太極，理縱可通，以爲非數而成，義則未允。何則？不可以有對無，五稱五十也。孔疏釋賴「五十」以爲「萬物之策，凡有萬一千五百二十，其用此策，大推演天地之數，唯用五十策也」。❶又釋「其用四十九，則有其一不用」，以爲「策中其所揲蓍者，唯四十有九。其一不用，以其虛无，非所用也，故不數矣」。又引顧歡同王弼所説，而顧歡云「立此五十數以數神，神雖非數而著，故虛其一數，以明不可言」之義也。○案：崔氏《探玄》病諸先達，及乎自料未免小疵。既將八卦陰陽以配五十之數，餘其天一地四無所稟承，而云「八卦之外，在衍之所不管」者，斯乃談何容易哉？且聖人之言，連環可解。約文申義，須窮指歸，即此章云「天數五，地數五，五位相得而各有合。天數二十有五，地數三十，凡天地之數五十有五，此所以成變化而行鬼神」，是結大衍之前義也。既云「五位相得而各有合」，即將五合之數配屬五行也，故云大衍之數五十也。「其用四十有九」者，更減一以并五，備設六爻之位。蓍卦兩兼，終極天地，五十五之數也。自然窮理盡性，神妙無方，藏往知來，以前民用，斯之謂矣。

分爲二以象兩，

崔憬曰：四十九數，合而未分，是象太極也。今分而爲二，以象兩儀矣。

掛一以象三，

孔穎達曰：就兩儀之中，分掛其一於最小指間而配兩儀，以象三才。

揲之以四以象四時，

❶「五十策」之「策」，原作「册」，與上文用「策」義指全同，今據四庫本、照曠閣本改。以下凡此，逕改。

崔憬曰：分揲其蓍，皆以四爲數。一策一時，故四策以象四時也。

歸奇於扐以象閏。

虞翻曰：奇，所掛一策。扐，所揲之餘。不一則二，不三則四也。取奇以歸扐，扐并合掛左手之小指爲一扐，則以閏月定四時成歲，故「歸奇於扐以象閏」者也。

五歲再閏，故再扐而後掛。

虞翻曰：謂已一扐，復分掛如初揲之，歸奇於初扐，并掛左手次小指間爲再扐，則再閏也。又分扐揲之如初而掛左手第三指間，成一變，則布掛之一爻。謂已二扐又加一爲三，并重合前二扐爲五歲，故「五歲再閏，再扐而後掛」。此「參五以變」。據此爲三扐。不言三閏者，閏歲餘十日，五歲閏六十日盡矣。後扐閏餘分，不得言三扐二閏，故從言「再扐而後掛」者也。

天數五，地數五，

虞翻曰：「天數五」謂一、三、五、七、九，「地數五」謂二、四、六、八、十也。

五位相得而各有合。

虞翻曰：「五位」謂五行之位。甲乾乙坤，相得合木，謂「天地定位」也；丙艮丁兑，相得合火，「山澤通氣」也；戊坎己离，相得合土，「水火相逮」也；庚震辛巽，相得合金，「雷風相薄」也。天壬地癸，相得合水，言陰陽相薄而戰於乾。故「五位相得而各有合」。或以一六合水，二七合火，三八合木，四九合金，五十合土也。

天數二十有五，

虞翻曰：一、三、五、七、九，故「二十五」也。

地數三十，

虞翻曰：二、四、六、八、十，故「三十」也。

凡天地之數五十有五。

虞翻曰：天二十五，地三十，故「五十有五」。天地數見於此，故大衍之數略其奇五而言「五十」也。

此所以成變化而行鬼神也。

荀爽曰：在天爲變，在地爲化；在地爲鬼，在天爲神。◯姚信曰：此天地之數五十有五，分爲爻者，故能成就乾坤之變化，能知鬼神之所爲也。◯侯果曰：夫通變化，行鬼神，莫近於數，故老聃謂子曰「汝何求道」，對曰「吾求諸數」。明數之妙，通於鬼神矣。

乾之策二百一十有六，

荀爽曰：陽爻之策，三十有六。乾六爻皆陽，三六一百八十，六六三十六，合二百一十有六也。陽爻九，合四時，四九三十六，是其義也。

坤之策百四十有四，

荀爽曰：陰爻之策，二十有四。坤六爻皆陰，二六一百二十，四六二十四，合一百四十有四也。陰爻六，合二十四氣，四六二百四十也。

凡三百有六十，當期之日。

陸績曰：日月十二交會，積三百五十四日有奇爲一會。今云「三百六十當期」，則入十三月六日也。十二月爲一期，故云「當期之日」也。

二篇之策，萬有一千五百二十，當萬物之數也。

侯果曰：「二篇」謂上下《經》也，共六十四卦，合三百八十四爻。陰陽各半，則陽爻一百九十二，每爻三十六策，合六千九百一十二策。陰爻亦一百九十二，每爻二十四策，合四千六百八策。則二篇之策，合萬一千五百二十，當萬物之數也。

是故四營而成易，

荀爽曰：營者，謂七八九六也。○陸績曰：「分而爲二以象兩」，一營也；「掛一以象三」，二營也；「揲之以四以象四時」，三營也；「歸奇於扐以象閏」，四營也。謂四度營爲方成《易》之一爻者也。

十有八變而成卦，

荀爽曰：二揲策掛左手一指間，三指間滿而成一爻。又六爻三六十八，故「十有八變而成卦」也。

八卦而小成。

侯果曰：謂三畫成天地雷風日月山澤之象。此八卦未盡萬物情理，故曰「小成」也。

引而信之，觸類而長之，

虞翻曰：「引」謂庖犧引信三才，兼而兩之以六畫。觸，動也。謂六畫以成六十四卦，故「引而信之，觸類而長之」。「其取類也大」，則「發揮剛柔而生爻」也。

天下之能事畢矣。

虞翻曰：謂乾以簡能，「能説諸心，能研諸侯之慮」，故「能事畢」。

顯道神德行，

虞翻曰：顯道神德行，乾二五之坤成离日坎月，日月在天，運行照物，故「顯道神德行」，「默而成，不言而信，存於德行」者也。

是故可與酬酢，可與右神矣。

《九家易》曰：陽往爲酬，陰來爲酢。陰陽相配謂之右神也。孔子言「大衍」以下至於「能事畢矣」，此足以顯明易道，又神易德行，可與經義相斟酌也。故喻以賓主酬酢之禮，所以助前聖發見於神祕矣。《禮·飲酒》主人酌賓爲獻，賓酬主人爲酢，主人飲之又酌賓爲酬也。先舉爲酢，答報爲酬。酬取其報以象陽唱陰和，變化相配，是助天地明其鬼神者也。

子曰：「知變化之道者，其知神之所爲乎？

虞翻曰：　在陽稱變，乾二之坤。在陰稱化，坤五之乾。「陰陽不測之謂神」，知變化之道者，故知神之所爲。諸儒皆上「子曰」爲章首，而荀、馬又從之，甚非者矣。

易有聖人之道四焉：

崔憬曰：　聖人德合天地，智周萬物，故能用此易道。大略有四，謂尚辭、尚變、尚象、尚占也。

以言者尚其辭；

虞翻曰：「聖人之情見於辭」，「《繫辭》焉以盡言」也。

以動者尚其變；

陸績曰：「變」謂爻之變化，當「議之而後動」矣。

以制器者尚其象；

荀爽曰：「結繩爲網罟，蓋取諸离」，此類是也。

以卜筮者尚其占。

虞翻曰：　乾蓍稱筮，動离爲龜。龜稱卜，動則翫其占，故「尚其占」者也。

是故君子將有爲也，將有行也，問焉而以言，

虞翻曰：「有爲」謂「建侯」，「有行」謂「行師」也。乾二五之坤成震，有師象。震爲行，爲言問，故「有爲」「有行」。凡應九筮之法則筮之，謂問於蓍龜以言其吉凶。「爻象動内，吉凶見外」，「蓍德圓神，卦德方智」，故史擬神智以斷吉凶也。

其受命也如嚮，

虞翻曰：言神「不疾而速，不行而至」，不言善應。乾二五之坤成震巽。巽爲命，震爲嚮，故「受命」。「同聲相應」，故「如嚮」也。

无有遠近幽深，遂知來物，

虞翻曰：「遠」謂天，「近」謂地，「陰」謂幽，「深」謂陽來，「物」謂乾神。「神以知來」，「感而遂通」，謂「幽贊神明而生蓍」也。

非天下之至精，孰能與於此！❶

虞翻曰：至精謂乾，「純粹精也」。

參五以變，錯綜其數，

虞翻曰：逆上稱錯。綜，理也。謂「五歲再閏，再扐而後掛」，以成一爻之變，而倚六畫之數。卦從下升，故「錯綜其數」，則「三天兩地而倚數」者也。

通其變，遂成天地之文；

虞翻曰：「變而通之」，「觀變陰陽始立卦」，乾坤相親，故「成天地之文」，「物相雜，故曰文」。

極其數，遂定天下之象。

虞翻曰：數，六畫之數。「六爻之動，三極之道」，故定天下吉凶之象也。

非天下之至變，其孰能與於此！

虞翻曰：謂「參五以變」，故能成六爻之義。「六爻之義易以貢」也。❷

易无思也，无爲也，

虞翻曰：「天下何思何慮」，「同歸而殊塗，一致而百慮」，故无所爲，謂「其静也專」。

寂然不動，

虞翻曰：謂隱藏坤初，機息矣。專，故「不動」者也。

感而遂通天下之故。

虞翻曰：感，動也。以陽變陰，通天下

❶「孰」上，四庫本、照曠閣本有「其」字。

❷「貢」，原作「工」，今據四庫本、照曠閣本改。

之故，謂「發揮剛柔而生爻」者也。

非天下之至神，其孰能與於此！

虞翻曰：「至神」謂易隱初入微，「知幾其神乎」。○韓康伯曰：　非忘象者則无以制象，非遺數者則无以極數。至精者无籌策而不可亂，至變者體一而无不周，至神者寂然而无不應。斯蓋功用之母，象數所由立，故曰非至精、至變、至神則不能與於此也。

夫易，聖人之所以極深而研幾也。

荀爽曰：　謂伏羲畫卦，窮極易幽深；文王《繫辭》，研盡易幾微者也。

唯深也，故能通天下之志；

虞翻曰：「深」謂「幽贊神明」，「无有遠近幽深，遂知來物」，故「通天下之志」。謂蓍也。

唯幾也，故能成天下之務；

虞翻曰：　務，事也。謂易研幾開物，故「成天下之務」。謂卦者也。

唯神也，故不疾而速，不行而至。

虞翻曰：「神」謂易也，謂日月斗在天，日行一度，月行十三度，從天西轉，故「不疾而速」。星「寂然不動」，隨天右周，「感而遂通」，故「不行而至」者也。

子曰「易有聖人之道四焉」者，此之謂也。

侯果曰：　言易唯深唯神，蘊此四道，因聖人以章，故曰「聖人之道」矣。

天一，

水甲。

地二；

火乙。

天三，

木丙。

地四；

金丁。

天五，

土戊。

地六；

水己。

天七，

火庚。

地八；

木辛。

天九，

金壬。

地十。

土癸。〇此則大衍之數五十有五，蓍龜所從生，「聖人以通神明之德，以類萬物之情」。此上虞翻義也。

子曰：「夫《易》何爲而作也？

虞翻曰：問《易》何爲取天地之數也。

夫易開物成務，

陸績曰：「開物」謂庖犧引信八卦，重以爲六十四，觸長爻策，至於萬一千五百二十，以當萬物之數，故曰「開物」。聖人觀象而制網罟耒耜之屬，以成天下之務，故曰「成務」也。

冒天下之道，如斯而已者也」。

虞翻曰：以陽闢坤謂之「開物」，以陰翕乾謂之「成務」。冒，觸也。「觸類而長之」，如此也。

是故聖人以通天下之志，

《九家易》曰：凡言「是故」者，承上之辭也。謂「以動者尚其變」，「變而通之」，「以通天下之志」也。

以定天下之業，

《九家易》曰：謂「以制器者尚其象」也。凡事業之未立，以易道決之，故言「以定天下之業」。

以斷天下之疑。

《九家易》曰：謂「卜筮者尚其占」也。「占事知來」，故「定天下之疑」。

是故蓍之德圓而神，卦之德方以知，

崔憬曰：　蓍之數七七四十九，象陽圓。其爲用也，變通不定，因之以知來物，是「蓍之德圓而神」也。卦之數八八六十四，象陰方。其爲用也，爻位有分，因之以藏往知事，是「卦之德方以知」也。

六爻之義易以貢。

韓康伯曰：　貢，告也。六爻之變易以告吉凶也。

聖人以此先心，「先」，韓康伯讀爲「洗」。

韓康伯曰：　洗濯萬物之心者也。

退藏於密，

陸績曰：　受蓍龜之報應，決而藏之於心也。

吉凶與民同患。

虞翻曰：「聖人」謂庖犧。以蓍神知來，故以先心。陽動入巽，巽爲退，伏坤爲閉户，故「藏密」。謂齊於巽，「以神明其德」。陽吉陰凶，坤爲民，故「吉凶與民同患」。謂「作《易》者其有憂患」也。

神以知來，知以藏往。

虞翻曰：　乾神知來，坤知藏往。「來」謂「先心」，「往」謂「藏密」也。

其孰能與於此哉？

虞翻曰：　誰乎能爲此哉？謂古之聰明睿知之君也。

古之聰明睿知神武而不殺者夫！

虞翻曰：　謂大人也。庖犧在乾五，動而之坤，與天地合聰明。在坎則聰，在离則明。「神武」謂乾，「睿知」謂坤。乾坤坎离，反復不衰，故而「不殺者夫」。

是以明於天之道，而察於民之故，

虞翻曰：　乾五之坤，以离日照天，故「明天之道」。以坎月照坤，故「察民之故」。坤爲民。

是興神物，以前民用。

陸績曰：神物，蓍也。聖人興蓍以別吉凶，先民而用之，民皆從焉，故曰「以前民用」也。

聖人以此齊戒，

韓康伯曰：洗心曰「齋」，防患曰「戒」。

以神明其德夫！

陸績曰：聖人以蓍能逆知吉凶，除害就利，清絜其身，故曰，「以此齊戒」也。吉而後行，舉不違失，其德富盛，見稱神明，故曰「神明其德」也。

是故闔户謂之坤，

虞翻曰：闔，閉翕也。謂從巽之坤，坤柔象夜，故以「閉户」者也。

闢户謂之乾。

虞翻曰：闢，開也。謂從震之乾，乾剛象晝，故以「開户」也。

一闔一闢謂之變，

虞翻曰：陽變闔陰，陰變闢陽，「剛柔相推而生變化」也。

往來不窮謂之通。

荀爽曰：謂一冬一夏，陰陽相變易也。十二消息，陰陽往來无窮已，故「通」也。

見乃謂之象，形乃謂之器，

荀爽曰：謂日月星辰，光見在天而成象也。萬物生長，「在地成形」，可以爲器用者也。

制而用之謂之法。

荀爽曰：謂觀象於天，觀形於地，制而用之，可以爲法。

利用出入，民咸用之謂之神。

陸績曰：聖人制器以周民用，用之不遺，故曰「利用出入」也。民皆用之而不知所由來，故「謂之神」也。

是故易有太極，是生兩儀，

干寶曰：發初言「是故」，總衆篇之義

也。◯虞翻曰：太極，太一也。分爲天地，故「生兩儀」也。

兩儀生四象，

虞翻曰：四象，四時也。「兩儀」謂乾坤也。乾二五之坤成坎离震兑，震春，兑秋，坎冬，离夏，故「兩儀生四象」。歸妹卦備，故彖獨稱天地之大義也。

四象生八卦，

虞翻曰：乾二五之坤則生震坎艮，坤二五之乾則生巽离兑，故「四象生八卦」。乾坤生春，艮兑生夏，震巽生秋，坎离生冬者也。

八卦定吉凶，

虞翻曰：陽生則吉，陰生則凶。謂「方以類聚，物以羣分，吉凶生矣」，已言於上，故不言生而獨言「定吉凶」也。

吉凶生大業。

荀爽曰：一消一息，萬物豐殖，「富有之謂大業」。

是故法象莫大乎天地，

翟玄曰：見象立法，莫過天地也。

變通莫大乎四時，

荀爽曰：四時相變，終而復始也。

縣象著明莫大乎日月，

虞翻曰：謂日月縣天成八卦象。三日暮，震象出庚；八日，兑象見丁；十五日，乾象盈甲；十七日旦，巽象退辛；二十三日，艮象消丙；三十日，坤象滅乙；晦夕朔旦，坎象流戊；日中則离，离象就己。戊己土位，象見於中。「日月相推而明生焉」，故「縣象著明莫大乎日月」者也。

崇高莫大乎富貴。

虞翻曰：謂乾正位於五。五貴坤富，以乾通坤，故高大富貴也。

備物致用，立成器以爲天下利，莫大乎

聖人。

虞翻曰：神農、黄帝、堯、舜也。民多否閉，取乾之坤謂之「備物」，以坤之乾謂之「致用」。乾爲物，坤爲器用。否四之初，耕稼之利。否五之初，市井之利。否四之二，舟楫之利。否上之初，牛馬之利。謂十二「蓋取」「以利天下」，❶「通其變，使民不倦，神而化之，使民宜之」，「聖人作而萬物覩」，故「莫大乎聖人」者也。

探嘖索隱，鉤深致遠，以定天下之吉凶，成天下之娓娓者，莫善乎蓍龜。「娓娓」今作「亹亹」。

虞翻曰：探，取；嘖，初也。初隱未見，故「探嘖索隱」，則「幽贊神明而生蓍」。初深，故曰「鉤深致遠」，謂乾。乾爲蓍，乾五之坤，大有离爲龜。乾生知吉，坤殺知凶，故「定天下之吉凶」「莫善於蓍龜」也。○侯果曰：亹，勉也。夫幽隱深遠之情，吉凶未兆之事物，皆勉勉然願知之，然不能也。及蓍成卦，龜成兆也，雖神道之幽密，未然之吉凶，坐可觀也。是蓍龜成天下勉勉之聖也。

是故天生神物，聖人則之；

孔穎達曰：謂生蓍龜，聖人法則之，以爲卜筮者也。

天地變化，聖人效之；

陸績曰：天有晝夜四時變化之道，聖人設三百八十四爻以效之矣。

天垂象，見吉凶，聖人象之；

荀爽曰：謂「在旋機玉衡，以齊七政」也。○宋衷曰：天垂陰陽之象，以見吉凶。謂日月薄蝕，五星亂行，聖人象

❶「二」，據四庫本、照曠閣本作「三」。

之，亦著九六爻位得失，示人所以有吉凶之占也。

河出圖，洛出書，聖人則之。

鄭玄曰：《春秋緯》云「河以通乾出天苞，洛以流坤吐地符」，河龍圖發，洛龜書感。❶河圖有九篇，洛書有六篇也。○孔安國曰：河圖則八卦也，洛書則九疇也。○侯果曰：聖人法河圖、洛書制歷象以示天下也。

易有四象，所以示也；

侯果曰：「四象」謂上神物也，變化也，垂象也，圖書也。四者治人之洪範。易有此象，所以示人也。

《繫辭》焉，所以告也；

虞翻曰：謂《繫》、《彖》、《象》之辭，「八卦以象告」也。

定之以吉凶，所以斷也。

虞翻曰：「《繫辭》焉以斷其吉凶」，「八卦定吉凶」，「以斷天下之疑」也。

《易》曰：「自天右之，吉无不利。」

侯果曰：此引《大有》上九辭以證之義也。《大有》上九「履信思順」，「自天右之」。言人能依四象所示，《繫辭》所告，又能思順，則天及人皆共右之，「吉无不利」者也。

子曰：「右者，助也。

虞翻曰：大有兑爲口，口助稱「右」。

天之所助者，順也；

虞翻曰：大有五以陰順上，故爲「天所助者順也」。

人之所助者，信也。

虞翻曰：「信」謂二也。乾爲人，爲信，「庸言之信」也。

履信思乎順，有以尚賢也，

❶ 「感」，四庫本、照曠閣本作「成」。

虞翻曰：大有五應二而順上，故「履信思順」。比坤爲順，坎爲思。乾爲賢人，坤伏乾下，故「有以尚賢」者也。

是以『自天右之，吉无不利』也。」

崔憬曰：言上九履五「厥孚」，履人事以信也。比五而不應三，思天道之順也。崇四「匪彭」，「明辯」於五，「又以尚賢也」。以「自天右之，吉无不利」，重引《易》文以證成其義。

子曰：「書不盡言，言不盡意。」

虞翻曰：謂書《易》之動，九六之變，不足以盡易之所言，言之則不足以盡庖犧之意也。

然則聖人之意，其不可見乎？

侯果曰：設疑而問也。欲明立象可以盡聖人言意也。

子曰：「聖人立象以盡意，

崔憬曰：言伏羲仰觀俯察而立八卦之象，以盡其意。

設卦以盡情僞，

崔憬曰：「設卦」謂「因而重之」爲六十四卦之情僞盡在其中矣。

《繫辭》焉以盡其言，

崔憬曰：文王作卦爻之辭，以繫伏羲立卦之象。象既盡意，故辭以盡言也。

變而通之以盡利，

陸績曰：變三百八十四爻，使相交通，以盡天下之利。

鼓之舞之以盡神。」

虞翻曰：神，易也。陽息震爲鼓，陰消巽爲舞，故「鼓之舞之以盡神」。○荀爽曰：鼓者，動也。舞者，行也。謂三百八十四爻，動行相反其卦，所以盡易之神也。

乾坤，其易之緼邪？

虞翻曰：緼，藏也。易麗乾藏坤，故

「爲易之緼」也。

乾坤成列，而易立乎其中矣。

侯果曰： 緼，淵隩也。六子因之而生，故云「立乎其中矣」。

乾坤毁，則无以見易，

荀爽曰： 毁乾坤之體，則无以見陰陽之交易也。

易不可見，則乾坤或幾乎息矣。

侯果曰： 乾坤者，動用之物也。物既動用，則不能无毁息矣。天動極復静，静極復動。雖天地至此，不違變化也。

是故形而上者謂之道，形而下者謂之器。

崔憬曰： 此結上文，兼明易之形器變通之事業也。凡天地萬物，皆有形質。就形質之中，有體有用。體者即形質也，用者即形質上之妙用也。言有妙理之用，以扶其體，則是道也。其體比用，若器之於物，則是體爲形之下，謂之爲器也。假令天地圓蓋方軫爲體爲器，以萬物資始資生爲用爲道。動物以形軀爲體爲器，以靈識爲用爲道。植物以枝幹爲器爲體，以生性爲道爲用。

化而財之謂之變，

翟玄曰： 化變剛柔而財之，故「謂之變」也。

推而行之謂之通，

翟玄曰： 推行陰陽，故「謂之通」也。

舉而措之天下之民，謂之事業。

陸績曰： 變通盡利，觀象制器，舉而措之於天下，民咸用之，以爲事業。◯《九家易》曰： 謂聖人畫卦，爲萬民事業之象，故天下之民尊之得爲事業矣。

是故夫象，聖人有以見天下之賾，

崔憬曰： 此重明易之緼，更引《易》象

及辭以釋之。言伏羲見天下之深嘖，即易之緼者也。

而擬諸其形容，象其物宜，是故謂之象。

陸績曰：此明説立象盡圭，❶設卦盡情僞之意也。

聖人有以見天下之動，而觀其會通，以行其典禮，

侯果曰：典禮有時而用，有時而去，故曰「觀其會通」也。

《繫辭》焉以斷其吉凶，是故謂之爻。

崔憬曰：言文王見天下之動，所以繫象而爲其辭，謂之爲爻。

極天下之嘖者存乎卦，

陸績曰：言卦象極盡天下之深情也。

鼓天下之動者存乎辭，

宋衷曰：欲知天下之動者，在於六爻之辭也。

化而財之存乎變，推而行之存乎通，

崔憬曰：言易道陳陰陽變化之事，而裁成之存乎其變。推理達本而行之，在乎其通。

神而明之，存乎其人，

荀爽曰：「苟非其人，道不虛行」也。◯崔憬曰：言易神无不通，明无不照。能達此理者，存乎其人。謂文王，述《易》之聖人。

默而成，不言而信，存乎德行。今本「默而成之」。

《九家易》曰：「默而成」謂陰陽相處也。「不言而信」謂陰陽相應也。德者有實，行者相應也。◯崔憬曰：言伏羲成六十四卦，不有言述而以卦象明之而人信之，在乎合天地之德，聖人之行也。

易傳卷第十四

❶「圭」，四庫本、照曠閣本作「意」。

易傳卷第十五

唐資州李鼎祚集解

周易繫辭下

八卦成列，象在其中矣。

虞翻曰：「象」謂三才，成八卦之象。乾坤列東，艮兑列南，震巽列西，坎离在中，故「八卦成列」，則「象在其中」。「天垂象，見吉凶，聖人象之」是也。

因而重之，爻在其中矣。

虞翻曰：謂參重三才爲六爻，「發揮剛柔」，則「爻在其中」。六畫稱爻，「六爻之動，三極之道也」。

剛柔相推，變在其中矣。

虞翻曰：謂十二消息，九六相變，剛柔相推而生變化，故「變在其中矣」。

《繫辭》焉而命之，動在其中矣。

虞翻曰：謂《繫》、《彖》、《象》九六之辭，故「動在其中」，「鼓天下之動者存乎辭」者也。

吉凶悔吝者，生乎動者也；

虞翻曰：「動」謂爻也。「爻者，效天下之動者也」，爻象動内，吉凶見外。「吉凶生而悔吝著」，故「生乎動」也。

剛柔者，立本者也；

虞翻曰：「乾剛坤柔」，爲六子父母。乾天稱父，坤地稱母，本天親上，本地親下，故「立本者也」。

變通者，趣時者也；

虞翻曰：「變通配四時」，故「趣時者也」。

吉凶者，貞勝者也；

虞翻曰：貞，正也。勝，滅也。陽生則

吉，陰消則凶者也。

天地之道，貞觀者也；

陸績曰：言天地正，可以觀瞻爲道也。

日月之道，貞明者也；

荀爽曰：离爲日。日中之時，正當离位，然後明也。月者，坎也。坎正位衝离，衝爲十五日。月當日衝，正值坎位，亦大圓明，故曰「日月之道，貞明者也」。言日月正當其位乃大明也。○陸績曰：言日月正，以明照爲道矣。

天下之動，貞夫一者也。

虞翻曰：一謂乾元。萬物之動，各資天一陽氣以生，故「天下之動，貞夫一者也」。

夫乾，確然示人易矣；

虞翻曰：陽在初弗用，確然无爲，潛龍時也。「不易世，不成名」，故「示人易」者也。

夫坤，隤然示人簡矣。

虞翻曰：隤，安；簡，閱也。「坤以簡能」，閱内萬物，故「示人簡」者也。

爻也者，效此者也；

虞翻曰：「效法之謂坤」，謂效三才以爲六畫。

象也者，象此者也。

虞翻曰：「成象之謂乾」，謂聖人則天之象分爲三才也。

爻象動乎内，吉凶見乎外，

虞翻曰：内，初；外，上也。陽象動内則吉見外，陰爻動内則凶見外也。

功業見乎變，

荀爽曰：陰陽相變，功業乃成者也。

聖人之情見乎辭。

崔憬曰：言文王作卦爻之辭，所以明聖人之情，陳於易象。

天地之大德曰生，

孔穎達曰：自此以下，欲明聖人同天地之德，廣生萬物之意也。言天地之盛德，常生萬物而不有，生是其大德也。

聖人之大寶曰位。

崔憬曰：言聖人行易之道，當須法天地之大德，寶萬乘之天位。謂以道濟天下爲寶，而不有位，是其大寶也。

何以守位曰仁，

宋衷曰：守位當得士大夫公侯，有其仁賢，兼濟天下。

何以聚人曰財。

陸績曰：人非財不聚，故聖人觀象制器，備物盡利，以業萬民而聚之也。蓋取聚人之本矣。

理財正辭，禁民爲非曰義。

荀爽曰：尊卑貴賤，衣食有差，謂之「理財」。名實相應，萬事得正，爲之「正辭」。咸得其宜，故謂之義也。○崔憬曰：夫財貨，人所貪愛，不以義理之，則必有敗也。言辭，人之樞要，不以義正之，則必有辱也。百姓有非，不以義禁之，則必不改也。此三者皆資於義。以此行之，得其宜也，故知仁義與財，聖人寶位之所要也。

古者庖犧氏之王天下也，

虞翻曰：庖犧，太昊氏。以木德王天下，位乎乾五。五動見离，离生于木，故知火化。炮啖犧牲，號庖犧氏也。

仰則觀象於天，

荀爽曰：震巽爲雷風，离坎爲日月也。

俯則觀法於地，

《九家易》曰：艮兑爲山澤也。地有水火五行八卦之形者也。

觀鳥獸之文，

荀爽曰：「乾爲馬，坤爲牛，震爲龍，巽爲雞」之屬是也。○陸績曰：謂朱鳥、白虎、蒼龍、玄武，四方二十八宿經緯之文。

與地之宜，

《九家易》曰：謂四方四維八卦之位，山澤高卑，五土之宜也。

近取諸身，

荀爽曰：「乾爲首，坤爲腹，震爲足，巽爲股」也。

遠取諸物，

荀爽曰：乾爲金玉，坤爲布釜之類是也。

於是始作八卦，

虞翻曰：謂庖犧觀鳥獸之文，則天八卦效之。「易有太極，是生兩儀，兩儀生四象，四象生八卦」，八卦乃四象所生，非庖犧之所造也。故曰「象者，象此者也」，則大人造爻象以象天，卦可知也。而讀《易》者咸以爲庖犧之時，天未有八卦，恐失之矣。「天垂象，示吉凶，聖人象之」，則天已有八卦之象。

以通神明之德，

荀爽曰：乾坤爲天地，离坎爲日月，巽震爲雷風，艮兑爲山澤，此皆神明之德也。

以類萬物之情。

《九家易》曰：六十四卦，凡有萬一千五百二十策。策類一物，故曰「類萬物之情」。以此，庖犧重爲六十四卦明矣。

作結繩而爲罟，❶以田以魚，蓋取諸离。

虞翻曰：离爲目，❷巽爲繩。目之重者唯罟，故「結繩爲罟」。坤二五之乾成离，巽爲魚，坤二稱田。以罟取獸曰田，故「取諸离」也。

庖犧氏没，神農氏作。

❶「罟」上，四庫本有「網」字。

❷「目」，原作「日」，今據四庫本、照曠閣本改。

虞翻曰：没，終；作，起也。神農以火德繼庖犧王。火生土，故知土則利民播種，號神農氏也。

斲木爲耜，揉木爲耒。耒耨之利，以教天下，蓋取諸益。

虞翻曰：否四之初也。巽爲木、爲入，艮爲手，乾爲金。手持金以入木，故「斲木爲耜」。耜止所踰，因名曰耜。艮爲小木，手以橈之，故「揉木爲耒」。耒耜，耔器也。巽爲號令，乾爲天，故「以教天下」。坤爲田，巽爲股，進退。震足動耜，艮手持耒，進退田中，耕之象也。益萬物者莫若雷風，故法風雷而作耒耜。

日中爲市，致天下之民，聚天下之貨，交易而退，各得其所，蓋取諸噬嗑。

虞翻曰：否五之初也。离象正上，故稱「日中」也。震爲足，艮爲徑路，震又爲大塗，否乾爲天，坤爲民，故「致天下之民」象也。坎水艮山，羣珍所出，「聚天下貨」之象也。震升坎降，交易而退，各得其所。「噬嗑，食也」，市井交易，飲食之道，故取諸此也。

神農氏没，黄帝、堯、舜氏作。通其變，使民不倦，

虞翻曰：「變而通之以盡利」，謂作舟楫服牛乘馬之類，故「使民不倦」也。

神而化之，使民宜之。

虞翻曰：「神」謂乾。乾動之坤，化成萬物，以利天下。坤爲民也，「象其物宜」，故「使民宜之」也。

易窮則變，變則通，通則久。是以「自天右之，吉无不利」也。

陸績曰：陰窮則變爲陽，陽窮則變爲陰，天之道也。庖犧作網罟，教民取禽獸以充民食。民衆獸少，其道窮則神農教播殖以變之，此窮變之大要也。窮則

變，變則通，與天終始，故可久。民得其用，故无所不利也。

黄帝、堯、舜垂衣裳而天下治，蓋取諸乾坤。

《九家易》曰：黄帝以上，羽皮革木以禦寒暑。至乎黄帝，始制衣裳，垂示天下。衣取象乾，居上覆物。裳取象坤，在下含物也。○虞翻曰：乾爲治，在上爲衣，坤下爲裳。乾坤，萬物之緼，故以象衣裳。乾爲明君，坤爲順臣。「百官以治，萬民以察」，故「天下治」，蓋取諸此也。

挎木爲舟，掞木爲楫。舟楫之利，以濟不通。致遠，以利天下，蓋取諸涣。

《九家易》曰：木在水上，流行若風，舟楫之象也。此本否卦，九四之二。挎，除也。巽爲長、爲木，艮爲手，乾爲金。艮手持金，故「挎木爲舟，掞木爲楫」也。乾爲遠天，故「濟不通，致遠以利天下」矣。法涣而作舟楫，蓋取斯義也。

服牛乘馬，引重致遠，以利天下，蓋取諸隨。

虞翻曰：否上之初也。否乾爲馬、爲遠，坤爲牛、爲重。坤初之上爲「引重」，乾上之初爲「致遠」。艮爲背，巽爲股，在馬上，故「乘馬」。巽爲繩，繩束縛物在牛背上，故「服牛」。出否之隨，「引重致遠，以利天下」，故取諸隨。

重門擊欜，以待虣客，

干寶曰：卒虣之客，爲奸寇也。

蓋取諸豫。

《九家易》曰：下有艮象。從外示之，震復爲艮。兩艮對合，「重門」之象也。欜者，兩木相擊以行夜也。艮爲手，爲小木，又爲上持。震爲足，又爲木，爲行。坤爲夜。即手持二木，夜行擊欜之象也。坎爲盜。虣，水虣長无常，故「以待虣客」。既有不虞之備，故「取諸豫」矣。

斷木爲杵，闕地爲臼。臼杵之利，萬民以濟，蓋取諸小過。

虞翻曰：晉上之三也。艮爲小木。上來之三斷艮，故「斷木爲杵」。坤爲地，艮手持木以闕坤三，故「闕地爲臼」。艮止於下，臼之象也。震動而上，杵之象也。震出巽入，艮手持杵出入臼中，舂之象也。故取諸小過。本无乾象，故不言以利天下也。

弦木爲弧，剡木爲矢。弧矢之利，以威天下，蓋取諸睽。

虞翻曰：无妄五之二也。巽爲繩、爲木，坎爲弧，离爲矢，故「弦木爲弧」。乾爲金，艮爲小木。五之二，以金剡艮，故「剡木爲矢」。乾爲威。五之二，故「以威天下」。弓發矢應而坎雨集，故「取諸睽」也。

上古穴居而野處，後世聖人易之以宫室。上棟下宇，以待風雨，蓋取諸大壯。

虞翻曰：无妄兩象易也。无妄乾在上，故稱「上古」。艮爲穴居，乾爲野，巽爲處。无妄乾人在路，故「穴居野處」。震爲後世，乾爲聖人。「後世聖人」謂黄帝也。艮爲宫室，變成大壯，乾人入宫，故「易以宫室」。艮爲待，巽爲風，兑爲雨，乾爲高，巽爲長木，反在上爲棟，震陽動起，故「上棟下宇」，謂屋邊也。兑澤動下爲下宇。无妄之大壯，巽風不見，兑雨隔震，與乾絶體，故「上棟下宇，以待風雨，蓋取諸大壯」者也。

古之葬者，厚衣之以薪，葬之中野，不封不樹，喪期无數。後世聖人易之以棺椁，蓋取諸大過。

虞翻曰：中孚上下易象也。❶本无乾象，故不言上古。大過乾在中，故但言「古」者。巽爲薪，艮爲厚，乾爲衣、爲野。乾象在中，故「厚衣之以薪，葬之中野」。穿土稱「封」。「封」，古「窆」字也。聚土爲樹。中孚无坤坎象，故「不封不樹」。坤爲喪。「期」謂從斬衰至緦麻日月之期數。无坎离日月坤象，故「喪期无數」。巽爲木，爲入處。兑爲口，乾爲人。木而有口，乾人入處棺斂之象。中孚艮爲山丘。巽木在裹，棺藏山陵，椁之象也，故「取諸大過」。

上古結繩而治，後世聖人易之以書契。百官以治，萬民以察，蓋取諸夬。

《九家易》曰：古者无文字，其有約誓之事，事大大其繩，事小小其繩。結之多少，隨物衆寡，各執以相考，亦足以相治也。夬本坤世，下有伏坤，「書」之象也。上又見乾，「契」之象也。以乾照坤，「察」之象也。夬者，決也。取百官以書治職萬民，以契明其事。契，刻也。大壯進而成夬，金決竹木爲書契象，故法夬而作書契矣。○虞翻曰：履上下象易也。乾象在上，故復言「上古」。巽爲繩，离爲罟，乾爲治，故「結繩以治」。「後世聖人」，謂黄帝、堯、舜也。夬旁通剥。剥坤爲書，兑爲契，故「易之以書契」。乾爲百，剥艮爲官，坤爲衆臣、爲萬民、爲迷暗，乾爲治。夬反剥，以乾照坤，故「百官以治，萬民以察」，故「取諸夬」。大壯、大過、夬，此三「蓋取」直兩象上下相易，故俱言「易之」。大壯本无妄，夬本履卦，乾象俱在上，故言「上古」。中孚本无乾象，大過乾不在上，故

❶「易象」二字，四庫本、照曠閣本互乙。

但言「古」者。大過亦言「後世聖人易之」，明上古時也。

是故易者，象也。

干寶曰：言「是故」，又總結上義也。

○虞翻曰：易謂日月在天成八卦象。「縣象著明，莫大日月」是也。

象也者，象也。❶

崔憬曰：上明取象以制器之義，故以此重釋於象，言易者象於萬物。「象」者，「形象」之象也。❷

彖者，材也。

虞翻曰：彖説三才，則三分天象以爲三才，謂天地人道也。

爻也者，效天下之動者也，

虞翻曰：動，發也。謂兩三才爲六畫，則「發揮剛柔而生爻」也。

是故吉凶生而悔吝著也。

虞翻曰：爻象動内，則吉凶見外。「吉凶悔吝者，生乎動者也」，故曰「著」。

陽卦多陰，陰卦多陽，其故何也？

崔憬曰：此明卦象陰陽與德行也。「陽卦多陰」謂震坎艮，一陽而二陰。「陰卦多陽」謂巽离兑，一陰而二陽也。

陽卦奇，陰卦耦，其德行何也？

虞翻曰：陽卦一陽故奇，陰卦二陽故耦，謂德行何可者也。

陽一君而二民，君子之道也。陰二君而一民，小人之道也。

韓康伯曰：陽，君道也。陰，臣道也。君以无爲統衆，无爲則一也。臣以有事代終，有事則二也。故陽爻畫一，以明君道必一；陰爻畫兩，以明臣體必二。斯陰陽之數，君臣之辯也。以一爲君，君之德也。二居君位，非其道也。故陽

❶「象」，四庫本作「像」。
❷「形象」，四庫本作「形像」。

卦曰君子之道也，陰卦曰小人之道也。

《易》曰：「憧憧往來，朋從爾思。」

翟玄曰：此咸之九四辭也。咸之爲卦，三君三民，四獨遠陰，思慮之爻也。○韓康伯曰：天下之動，必歸於一。思以求朋，未能寂。寂以感物，不思而至也。

子曰：「天下何思何慮？天下同歸而殊塗，一致而百慮。

韓康伯曰：夫「少則得，多則惑」，塗雖殊，其歸則同。慮雖百，其致不二。苟識其要，不在博求。一以貫之，不慮而盡矣。

天下何思何慮？

虞翻曰：「易，无思也」，既濟定，六位得正，故「何思何慮」。

日往則月來，

虞翻曰：謂咸初往之四，與五成离，故「日往」。與二成坎，故「月來」。之外「日往」，在内「月來」，此就爻之正者也。

月往則日來，

虞翻曰：初變之四，與上成坎，故「月往」。四變之初，與二成离，故「日來」者也。

日月相推而明生焉。

虞翻曰：既濟體兩离坎象，故「明生焉」。

寒往則暑來，

虞翻曰：乾爲寒，坤爲暑。謂陰息陽消，從姤至否，故「寒往暑來」也。

暑往則寒來，

虞翻曰：陰詘陽信，從復至泰，故「暑往寒來」也。

寒暑相推而歲成焉。

崔憬曰：言日月寒暑往來雖多，而明生歲成相推則一，何思何慮於其間哉！

往者，詘也，

荀爽曰：陰氣往則萬物拙者也。

來者，信也。

荀爽曰：陽氣來則萬物信者也。

詘信相感而利生焉。

虞翻曰：感，咸象，故「相感」。「天地感而萬物化生，聖人感人心而天下和平」，❶故「利生」。「利生」謂陽出震，陰伏藏。

尺蠖之詘，以求信也。

荀爽曰：以喻陰陽氣屈以求信也。

龍蛇之蟄，以存身也。

虞翻曰：蟄，潛藏也。龍潛而蛇藏，陰息初巽爲蛇，陽息初震爲龍。十月坤成，十一月復生。姤巽在下，龍蛇俱蟄，初坤爲身，故「龍蛇之蟄，以存身也」。○侯果曰：不詘則不信，不蟄則无存，則詘蟄相感而後利生矣。以況无思得一，則萬物歸思矣。○《莊子》曰：古之畜天下者，其治一也。」《記》曰：「通於一，萬事畢。无心得，鬼神服。」此之謂矣。蠖，詘行蟲，郭璞云「蝍蝛」也。

精義入神，以致用也。

姚信曰：陽稱精，陰爲義，入在初也。陰陽在初，深不可測，故謂之神。變爲姤復，故曰「致用」也。○韓康伯曰：精義，物理之微者也。神，「寂然不動，感而遂通」者也。理入寂一，則精義斯得，乃用无極也。○干寶曰：能精義理之微，以得未然之事，是以涉於神道而逆禍福也。

利用安身，以崇德也。

《九家易》曰：利用，陰道用也，謂姤時也。陰升上究則乾伏坤中，詘以求信，

❶「感人」，原重文，今據四庫本、照曠閣本刪。

陽當復升，安身嘿處也。時既潛藏，故利用安身以崇其德。崇德，體卑而德高也。○韓康伯曰：利用之道，皆「安其身而後動」也。精義由於入神以致其用，利用由於安以崇其德。理必由乎其宗，事各本乎其根。歸根則寧，「天下之理得」也。若役其思慮以求動用，忘其安身以殉功美，則僞彌多而理愈失，名彌美而累愈彰矣。

過此以往，未之或知也。

荀爽曰：出乾之外，无有知之。

窮神知化，德之盛也。」

虞翻曰：以坤變乾謂之窮神，以乾通坤謂之知化。乾爲盛德，故「德之盛」。○侯果曰：夫精義入神，利用崇德，亦一致之道極矣。過斯以往，則未之能知也。若窮於神理，通於變化，則德之盛者能矣。

《易》曰：「困于石，據于蒺藜。入于其宮，不見其妻，凶。」

孔穎達曰：上章先言利用安身，可以崇德。若身危辱，何崇之有？此章引困之六三，履非其位，欲上於四。四自應初，不納於己，是困于九四之石也。三又乘二，二是剛物，非己所乘，是據于九二之蒺藜也。又有「入于其宮，不見其妻」，「凶」之象也。

子曰：「非所困而困焉，名必辱。

虞翻曰：困本咸。咸三入宮，以陽之陰則二制坤，故以次咸。❶爲四所困，四失位惡人，故「非所困而困焉」。陽稱名，陰爲辱。以陽之陰下，故「名必辱」也。

非所據而據焉，身必危。

❶「次」，四庫本、照曠閣本作「决」。

虞翻曰：　謂據二。二失位，故「非所據而據焉」。二變時坤爲身。二折坤體，故「身必危」。

既辱且危，死其將至，妻其可得見耶？

陸績曰：　六三從困辱之家，變之大過爲棺椁死喪之象，故曰「死其將至」，妻不可得見。

《易》曰：「公用射隼于高庸之上，獲之，无不利。」

孔穎達曰：　前章先須安身，可以崇德，故此明藏器於身，待時而動，是有利也。故引解之上六以證之矣。

子曰：「隼者，禽也。

虞翻曰：　离爲隼，故稱「禽」。言其行野容，如禽獸焉。

弓矢者，器也。

虞翻曰：　离爲矢，坎爲弓，坤爲器。

射之者，人也。

虞翻曰：　人，賢人也。謂乾三伏陽，出而成乾，故曰「射之者人」。人則公。三應上，故上令三出而射隼也。

君子藏器於身，待時而動，何不利之有？

虞翻曰：　三伏陽爲君子，二變時坤爲身，爲藏器，爲藏弓矢，以待射隼。艮爲待，爲時。三待五來之二，弓張矢發，動出成乾，貫隼入大過死。兩坎象壞，故「何不利之有」，《象》曰「以解悖」。三陰小人，乘君子器，故上觀三出，射去隼也。

動而不括，是以出而有獲，語成器而動者也。」

虞翻曰：　括，作也。震爲語，乾五之坤二成坎弓离矢，動以貫隼，故「語成器而動者也」。

子曰：「小人不恥不仁，不畏不義，

虞翻曰：　謂否也。以坤滅乾爲不仁不義。坤爲恥，爲義；乾爲仁，爲畏者也。

不見利不動，不威不懲，

虞翻曰：否乾爲威，爲利。巽爲近利，謂否五之初成噬嗑市，离日見乾爲見利。震爲動，故「不見利不動」。五之初，以乾威坤，故「不威不懲」，震爲懲也。

小懲而大誡，此小人之福也。

虞翻曰：艮爲小，乾爲大。五下威初，坤殺不行，震懼虩虩，故「小懲大戒」。坤爲小人，乾爲福。以陽下陰，民説無疆，故小人之福也。

《易》曰：『屨校滅趾，无咎。』此之謂也。

《九家易》曰：噬嗑六五，本先在初，處非其位，小人者也。故歷説小人所以爲罪，終以致害。雖欲爲惡，能止不行則无咎。○侯果曰：噬嗑初九爻辭也。校者，以木夾足止行也。此明小人因小刑而大戒，乃福也。

善不積，不足以成名；惡不積，不足以滅身。

虞翻曰：乾爲積善，陽稱名。坤爲積惡，爲身。以乾滅坤，故「滅身」者也。

小人以小善爲無益而弗爲也，

虞翻曰：「小善」爲復初。

以小惡爲无傷而弗去也。

虞翻曰：「小惡」謂姤初。

故惡積而不可弇，

虞翻曰：謂陰息姤至遯，「子弑其父」故「惡積而不可弇」。

罪大而不可解，

虞翻曰：陰息遯成否，以臣弑君，故「罪大而不可解」也。

《易》曰：『何校滅耳，凶。』

《九家易》曰：噬嗑上九爻辭也。陰自初升五，所在失正，積惡而罪大，故爲上所滅。「善不積」，斥五陰爻也。「聰不明」者，聞善不聽，聞戒不改，故「凶」也。

子曰：「危者，安其位者也；

崔憬曰：言有危之慮，則能安其位，不失也。

亡者，保其存者也；

崔憬曰：言有亡之慮，則能保其存者也。

亂者，有其治者也。

崔憬曰：言有防亂之慮，則能有其治者也。

是故君子安而不忘危，

虞翻曰：「君子」、「大人」，謂否五也。否坤爲安，「危」謂上也。○翟玄曰：在安慮危。

存而不忘亡，

荀爽曰：謂「除戎器，戒不虞」也。○翟玄曰：在存而慮亡。

治而不忘亂，

荀爽曰：謂「思患而逆防之」。○翟玄曰：在治而慮亂。

是以身安而國家可保也。

虞翻曰：坤爲身。謂否反成泰，君位定於內而臣忠於外，故「身安而國家可保也」。

《易》曰：『其亡其亡，

荀爽曰：存不忘亡也。

繫于包桑。』」

荀爽曰：桑者上玄下黄。乾坤相包以正，故不可忘也。○陸績曰：自此以上皆謂否陰滅陽之卦。五在否家，雖得中正，常自懼以危亡之事者也。

子曰：「德薄而位尊，

虞翻曰：鼎四也，則离九四凶惡小人，故「德薄」。四在乾位，故「位尊」。

知少而謀大，今本「少」作「小」。

虞翻曰：兑爲小知，乾爲大謀。四在乾體，故「謀大」矣。

力少而任重，

虞翻曰：五至初體大過，「本末弱」，故「力少」也。乾爲仁，故「任重」，「以爲己任，不亦重乎」。

𪏭不及矣。

虞翻曰：𪏭，少也。及，及於刑矣。

《易》曰：『鼎折足，覆公餗，其形渥，凶。』言不勝其任也。」

孔穎達曰：言不能安身，智小謀大而遇禍也，故引《鼎》九四以證之矣。

子曰：「知幾其神乎？

虞翻曰：「幾」謂陽也，陽在復初稱幾。此謂豫四也。惡鼎四折足，故以此次言豫四知幾而反復初也。

君子上交不諂，下交不瀆，

虞翻曰：豫二，謂四也。四失位，諂瀆。「上」謂交五，五貴。震爲笑言，笑言且諂也，故「上交不諂」。「下」謂交三。坎爲瀆，故「下交不瀆」。欲其復初得正元吉，故「其知幾乎」。

其知幾乎？

侯果曰：「上」謂王侯，「下」謂凡庶。君子上交不至諂媚，下交不至瀆慢，悔吝无從而生，豈非知微者乎？

幾者，動之微，吉之先見者也。

虞翻曰：陽見初成震，故「動之微」。復初「元吉」，「吉之先見者也」。○韓康伯曰：幾者，去无入有，理而未形者，不可以名尋，不可以形覩也。唯神也，不疾而速，感而遂通，故能玄照，鑒於未形也。合抱之木，起於毫末，吉凶之章，始乎微兆，故言「吉之先見」。

君子見幾而作，不俟終日。《易》曰：『介于石，不終日，貞吉。』介如石焉，寧用終日，斷可識矣。

孔穎達曰：前章言「精義入神」，此明

知幾入神之事，故引豫之六二以證之。○崔憬曰：此爻得位居中，於豫之時，能順以動而防於豫。如石之耿介，守志不移，雖暫豫樂，以其見微而不終日，則能貞吉，斷可知矣。

君子知微知章，知柔知剛，

姚信曰：此謂豫卦也。二下交初，故曰「知微」。上交於三，故曰「知章」。體坤處和，故曰「知柔」。與四同功，故曰「知剛」。

萬夫之望。」

荀爽曰：「聖人作而萬物覩」。○干寶曰：言君子苟達於此，則萬夫之望矣。周公聞齊魯之政，知後世彊弱之勢。辛有見被髮而祭，則知爲戎狄之居。凡若此類，可謂「知幾」也。皆稱「君子」，君子則以得幾，不必聖者也。

子曰：「顔氏之子，其殆庶幾乎？

虞翻曰：幾者，神妙也。顔子知微，故「殆庶幾」。孔子曰：「回也，其庶幾也？」❶

有不善未嘗不知，

虞翻曰：「復以自知」，《老子》曰「自知者明」。

知之未嘗復行也。

虞翻曰：謂顔回「不遷怒，不貳過」，「克己復理，天下歸仁」。

《易》曰：『不遠復，无祇悔，元吉。』」

侯果曰：復初九爻辭。殆，近也。庶，冀也。此明知微之難，則知微者，唯聖人耳。顔子亞聖，但冀近於知微而未得也。在微則昧，理章而悟，失在未形。故有不善，知則速改，故无大過。

易傳卷第十五

❶「也」，四庫本、照曠閣本作「乎」。

易傳卷第十六

唐資州李鼎祚集解

周易繫辭下

「天地壹壼,❶萬物化醇。

虞翻曰: 謂泰上也。先説否,否反成泰,故不説泰。「天地交,萬物通」,故「化醇」。○孔穎達曰: 以前章「利用安身以崇德也」,安身之道,在於得一。若己能得一,則可以安身,故此章明得一之事也。絪緼,氣附著之義。言天地无心,自然得一。唯二氣絪緼,共相和會,感應變化而有精醇之生,萬物自化。若天地有心爲一,則不能使萬物化醇者也。

男女搆精,萬物化生。

虞翻曰: 謂泰初之上成損。艮爲男,兑爲女,故「男女搆精」。乾爲精。損反成益,萬物出震,故「萬物化生」也。○干寶曰: 男女猶陰陽也,故「萬物化生」。不言陰陽而言男女者,以指釋損卦六三之辭,主於人事也。

《易》曰:『三人行,則損一人; 一人行,則得其友。』言致一也。」

侯果曰: 損六三爻辭也。《象》云「一人行,三則疑」,是衆不如寡,三不及一。此明物情相感,當上法絪緼化醇致一之道,則无患累者也。

子曰:「君子安其身而後動,

虞翻曰: 謂反損成益,君子益初也。

❶「壹壼」,四庫本作「絪緼」。

坤爲安，身震爲後動。○崔憬曰： 君子將動有所爲，必自揣安危之理，在於己身，然後動也。

易其心而後語，

虞翻曰： 乾爲易，益初體復心，震爲後語。○崔憬曰： 君子恕己及物，若於事，心雖不可出語，必和易其心而後言。

定其交而後求。

虞翻曰： 震專爲定，爲後。「交」謂「剛柔始交」。艮爲求也。○崔憬曰： 先定其交，知其才行，若好施與吝，然後可以事求之。

君子脩此三者，故全也。

虞翻曰： 謂否上之初，「損上益下，其道大光」； 自上下下，民説无疆」，故「全也」。

危以動，則民不與也；

虞翻曰： 謂《否》上九「高而无位」，故「危」。坤民否閉，故弗與也。

懼以語，則民不應也；

虞翻曰： 否上窮災，故「懼」。不下之初成益，故「民不應」。坤爲民，震爲應也。

无交而求，則民不與也。

虞翻曰： 上來之初，故「交」。坤民否閉，故「不與」。震爲交。

莫之與，則傷之者至矣。

虞翻曰： 上下之初，否消滅乾，則體剥傷。臣弑君，子弑父，故「傷之者至」。《易》曰：『莫益之，或擊之，立心勿恒，凶。』」

侯果曰：《益》上九爻辭也。此明先安身易心，則羣善自應。若危動懼語，則物所不與，故「凶」也。

子曰：「乾坤，其易之門邪？

荀爽曰： 陰陽相易，出於乾坤，故曰

「門」。

乾，陽物也；坤，陰物也。

荀爽曰：陽物天，陰物地也。

陰陽合德而剛柔有體，

虞翻曰：「合德」謂「天地雜」，保大和，日月戰；乾剛以體天，坤柔以體地也。

以體天地之撰，

《九家易》曰：撰，數也。萬物形體皆受天地之數也。謂九天數，六地數也。剛柔得以爲體矣。

以通神明之德。

《九家易》曰：隱藏謂之神，著見謂之明，陰陽交通乃謂之德。

其稱名也，雜而不越。

《九家易》曰：陰陽，雜也。「名」謂卦名。陰陽雖錯而卦象各有次序，不相踰越。

於稽其類，其衰世之意邪？

虞翻曰：稽，考也。三稱盛德，上稱末世。乾終上九，動則入坤。坤弒其君父，故爲亂世。陽出復震，入坤出坤，故「衰世之意邪」。○侯果曰：於，嗟也。稽，考也。易象考其事類，但以吉凶得失爲主，則非淳古之時也，故云「衰世之意」耳。言「邪」，示疑，不欲切指也。

夫《易》，章往而察來，而微顯闡幽。開而當名，

虞翻曰：「神以知來，知以藏往」，微者顯之，謂從復成乾，是「察來」也。闡者幽之，謂從姤之坤，是「章往」也。陽息出初，故「開而當名」。

辯物，正言斷辭則備矣。

干寶曰：辯物，類也。正言，言正義也。斷辭，斷吉凶也。如此則備於經矣。

其稱名也小，

虞翻曰：謂乾坤與六子，俱名八卦而小成，故「小」。「復，小而辯於物」者矣。

其取類也大。

虞翻曰：謂乾陽也。爲天，爲父，「觸類而長之」，故「大」也。

其旨遠，其辭文。

虞翻曰：「遠」謂乾，「文」謂坤也。

其言曲而中，其事肆而隱。

虞翻曰：曲，詘；肆，直也。陽曲初震爲言，故「其言曲而中」。坤爲事，隱未見，故「肆而隱」也。

因貳以濟民行，以明失得之報。

虞翻曰：「二」謂乾與坤也。坤爲民，乾爲行。行得則乾報以吉，行失則坤報以凶也。

《易》之興也，其於中古乎？

虞翻曰：興《易》者謂庖犧也。文王書經，繫庖犧於乾五。乾爲古，五在乾中，故「興於中古」。《繫》以黄帝、堯、舜爲後世聖人，庖犧爲中古，則庖犧以前爲上古。

作《易》者，其有憂患乎？

虞翻曰：謂憂患百姓，未知利興遠害，不行禮義，茹毛飲血，衣食不足。庖犧則天八卦，通爲六十四，以德化之，「吉凶與民同患」，故「有憂患」。

是故履，德之基也；

虞翻曰：乾爲德，履與謙旁通，坤柔履剛，故「德之基」。坤爲基。○侯果曰：履，禮。蹈禮不倦，德之基也。自下九卦是復道之最，故特言矣。

謙，德之柄也；

虞翻曰：坤爲柄。柄，本也。凡言德，皆陽爻也。○干寶曰：柄所以持物，謙所以持禮者也。

復，德之本也；

虞翻曰：復初乾之元，故「德之本也」。

恒，德之固也；

虞翻曰：「立不易方」，守德之堅固。

損，德之脩也；

荀爽曰：「徵忿窒欲」，所以脩德。

益，德之裕也；

荀爽曰：「見善則遷，有過則改」，德之優裕也。

困，德之辯也；

鄭玄曰：辯，别也。遭困之時，「君子固窮，小人窮則濫」，德於是别也。

井，德之地也；

姚信曰：「井養而不窮」，德居地也。

巽，德之制也。

虞翻曰：巽風爲號令，所以制下，故曰「德之制也」。○孔穎達曰：此上九卦，各以德爲用也。

履，和而至；

虞翻曰：謙與履通，謙坤柔和，故「履和而至」。「禮之用，和爲貴」者也。

謙，尊而光；

荀爽曰：「自上下下，其道大光」也。

復，小而辨於物；

虞翻曰：陽始見，故「小」。乾陽物，坤陰物，以乾居坤，故稱别物。

恒，雜而不厭；

荀爽曰：夫婦雖錯居，不厭之道也。

損，先難而後易；

虞翻曰：損初之上，失正。故「先難」。終反成益，得位於初，故「後易」，「易其心而後語」。

益，長裕而不設；

虞翻曰：謂「天施地生，其益无方」。凡益之道，與時偕行」，故「不設」也。

困，窮而通；

虞翻曰：陽窮否上，變之坤二成坎。

坎爲通，故「困窮而通」也。

井，居其所而遷；

韓康伯曰：「改邑不改井」，井所居不移而能遷其施也。

巽，稱而隱。

崔憬曰：言巽「申命行事」，是稱揚也。陰助德化，是微隱也。自此以下，明九卦德之體者也。

履以和行，

虞翻曰：「禮之用，和爲貴」，謙震爲行，故「以和行」也。

謙以制禮，

虞翻曰：陰稱禮。謙三以一陽制五陰，萬民服，故「以制禮」也。

復以自知，

虞翻曰：「有不善未嘗不知」，故「自知」也。

恒以一德，

虞翻曰：「恒，德之固」，「立不易方」，「從一而終」，故「一德」者也。

損以遠害，

虞翻曰：坤爲害，泰以初止坤上，故「遠害」。乾爲遠。

益以興利，

荀爽曰：「天施地生，其益无方」，故「興利」也。

困以寡怨，

虞翻曰：坤爲怨，否弑父與君，乾來上折坤二，故「寡怨」。坎水性通，故不怨也。

井以辨義，

虞翻曰：坤爲義。以乾别坤，故「辨義」也。

巽以行權。

《九家易》曰：巽象號令，又爲近利。人君政教，進退，釋利而爲權也。《春秋傳》曰：「權者，反於經然後有善者也。」此所以説九卦者，聖人履憂，濟民之所急行也。故先陳其德，中言其性，後叙其用以詳之也。西伯勞謙，殷紂驕暴，臣子之禮有常，故創易道以輔濟君父者也。然其意義廣遠幽微，孔子指撮解此九卦之德，合三復之道，明西伯之於紂，不失上下。

《易》之爲書也不可遠，

侯果曰：居則觀象，動則玩占，故「不可遠」也。

爲道也屢遷。

虞翻曰：遷，徙也。日月周流，上下無常，故「屢遷」也。

變動不居，周流六虚，

虞翻曰：變，易。動，行。六虚，六位也。日月周流，終則復始，故「周流六虚」。謂甲子之旬辰巳虚。坎戊爲月，離己爲日，入在中宫，其處空虚，故稱「六虚」，五甲如次者也。

上下无常，剛柔相易，

虞翻曰：「剛柔者，晝夜之象也」。在天稱上，入地爲下，故「上下无常」也。

不可爲典要，唯變所適。

虞翻曰：典要，道也。上下无常，故不可爲典要，適乾爲晝，適坤爲夜。○侯果曰：謂六爻剛柔相易，遠近恒唯變所適，非有典要。

其出入以度，外内使知懼。

虞翻曰：出乾爲外，入坤爲内。日行一度，故「出入以度」。出陽知生，入陰懼死，「使知懼」也。○韓康伯曰：明出入之度，使物知外内之戒也。出入猶行藏，外内猶隱顯。遯以遠時爲吉，豐以幽隱致凶，漸以高顯爲美，明夷以處昧利貞，此外内之戒也。

又明於憂患與故，

虞翻曰：「神以知來」，故明憂患。「知以藏往」，故知事。故「作《易》者其有憂患乎」。

无有師保，如臨父母。

虞翻曰： 臨，見也。言陰陽施行以生萬物，无有師保，生成之者。萬物出生，皆如父母。孔子曰「父母之道天地」。乾爲父，坤爲母。○干寶曰： 言易道以戒懼爲本，所謂「懼以終始」，歸无咎也。「外」爲丈夫之從王事，則「夕惕若厲」。「内」謂婦人之居室，則无攸遂也。雖无師保切磋之訓，其心敬戒，常如父母之臨己者也。

初帥其辭而揆其方，

虞翻曰： 初，始下也。帥，正也。謂「脩辭立誠」。「方」謂坤也。以乾通坤，故「初帥其辭而揆其方」。○侯果曰： 率，脩； 方，道也。言脩易初首之辭，而度其終末之道，盡有典常，非虚設也。

既有典常，苟非其人，道不虚行。

虞翻曰：「其出入以度」，故有典常。苟，誠也。「其人」謂乾，爲賢人。「神而明之，存乎其人。不言而信，謂之德行」，故「不虚行」也。○崔憬曰： 言易道深遠，若非其聖人，則不能明其道，故知易道不虚而自行，必文王然後能弘也。

《易》之爲書也，

干寶曰： 重發《易》者，别殊旨也。

原始要終，以爲質也。

虞翻曰： 質，本也。以乾原始，以坤要終，謂「原始及終，以知死生之説」。○崔憬曰： 質，體也。言《易》之書，原窮其事之初，若初九「潛龍勿用」，是「原始」也。又要會其事之末，若上九「亢龍有悔」，是「要終」也。《易》原始潛龍之勿用，要終亢龍之有悔，復相明以爲體也。諸卦亦然，若大畜而後通之類是也。

六爻相雜，唯其時物也。

虞翻曰：陰陽錯居稱雜。時陽則陽，時陰則陰，故「唯其時物」。「乾陽物，坤陰物」。○干寶曰：一卦六爻，則皆雜有八卦之氣，若初九爲震爻，九二爲坎爻也。或若見辰戌言艮，巳亥言兑也。或若以甲壬名乾，以乙癸名坤也。或若以午位名离，以子位名坎。或若德來爲好物，刑來爲惡物，王相爲興，休廢爲衰。

其初難知，其上易知，本末也。

侯果曰：本末，初上也。初則事微，故「難知」。上則事彰，故易知。

初辭擬之，卒成之終。

干寶曰：初擬議之，故「難知」。卒終成之，故「易知」。本末勢然也。○侯果曰：失在初微，猶可擬議而之福。禍在卒成，事之終極，非擬議所及，故曰「卒成之終」。假如乾之九三，噬嗑初九，猶可擬議而之善。至上九則凶災不移，是事之卒成之終，極凶不變也。

若夫雜物撰德，辨是與非，則非其中爻不備。

虞翻曰：「撰德」謂乾。辨，别也。「是」謂陽，「非」謂陰也。中，正。乾六爻，二、四、上非正。坤六爻，初、三、五非正，故「雜物」。「因而重之，爻在其中」，故非其中則爻辭不備。「道有變動，故曰爻」也。○崔憬曰：上既具論初上二爻，次又以明其四爻也。言中四爻雜合所主之事，撰集所陳之德，能辨其是非，備在卦中四爻也。

噫！亦要存亡吉凶，則居可知矣。

虞翻曰：謂知存知亡，要終者也。居乾吉則存，居坤凶則亡，故曰「居可知矣」。○崔憬曰：噫，歎聲也。言中四爻亦能要定卦中存亡吉凶之事，居然可知矣。孔《疏》扶王弼義，以此「中爻」爲二五之爻，居中无偏，能統一卦之義事，必不然矣。何則？上文云「六爻相雜，唯其時物」，言雖錯雜，而各獨會於時，獨主於物，豈可以二五之爻而兼其雜物撰德，是非存亡吉凶之事乎？且二五之撰德與是，要存與吉則可矣。若主物與非，要亡與凶則非其所象，故知其不可也。且上論初上二爻，則此「中」總言四爻矣。下論二、四、三、五，則是重述其功位者也。

智者觀其彖辭，則思過半矣

韓康伯曰：夫彖舉立象之統，論中爻之義，約以存博，簡以兼衆，雜物撰德而一以貫之者也。形之所宗者，道。衆之所歸者，一。其事彌繁則愈滯乎有，其理彌約則轉近乎道。彖之爲義，存乎一也。一之爲用，同乎道矣。形而上者，可以觀道。過乎半之益，不亦宜乎！

二與四同功，

韓康伯曰：同陰功也。○崔憬曰：此重釋中四爻功位所宜也。二主士大夫位，佐於一國。四主三孤、三公、牧伯之位，佐於天子。皆同有助理之功也。

而異位，

韓康伯曰：有外內也。○崔憬曰：二士大夫位卑，四孤公牧位尊，故有異也。

其善不同。二多譽，四多懼，近也。

韓康伯曰：二處中和，故「多譽」也。四近於君，故「多懼」也。

柔之爲道，不利遠者。

崔憬曰：此言二四皆陰位，陰之爲道，近比承陽，故「不利遠」矣。

其要无咎，其用柔中也。

崔憬曰：言二是陰遠陽，雖則不利，其要或有无咎者。以二柔居中，異於四也。

三與五同功而異位，

韓康伯曰：有貴賤也。○崔憬曰：三，諸侯之位。五，天子之位。同有理人之功，而君臣之位異者也。

三多凶，五多功，貴賤之等也。

崔憬曰：三處下卦之極，居上卦之下。爲一國之君，有威權之重而上承天子，若无「含章」之美，則必致凶。五既居中不偏，貴乘天位，以道濟物，廣被寰中，故「多功」也。

其柔危，其剛勝邪？

侯果曰：三、五，陽位。陰柔處之則多凶危，剛正居之則勝其任。言「邪」者，不定之辭也。或有柔居而吉者，居其時也。剛居而凶者，失其應也。

《易》之爲書也，廣大悉備，

荀爽曰：以陰易陽謂之廣，以陽易陰謂之大。「易與天地準」，固「悉備」也。

有天道焉，有人道焉，有地道焉。

崔憬曰：言《易》之爲書明三才，廣无不被，大无不包，悉備有萬物之象者也。

兼三才而兩之，故六。六者，非它也，三才之道也。

崔憬曰：言重卦六爻，亦兼天地人道。兩爻爲一才，六爻爲三才，則是「兼三才而兩之，故六」。六者即三才之道也。

道有變動，故曰爻。

陸績曰：天道有晝夜日月之變，地道有剛柔燥濕之變，人道有行止動靜吉凶善惡之變。聖人設爻以效三者之變動，故謂之爻者也。

爻有等，故曰物。

干寶曰：　等，羣也。爻中之義，羣物交集。五星四氣，六親九族，福德刑殺，衆形萬類，皆來發於爻，故總謂之物也。《象》「頤中有物曰噬嗑」，是其義也。

物相雜，故曰文。

虞翻曰：　乾，陽物。坤，陰物。純乾純坤之時，未有文章。陽物入坤，陰物入乾，更相雜成六十四爻乃有文章，故曰「文」。

文不當，故吉凶生焉。

干寶曰：　其辭爲文也。動作云爲，必考其事，令與爻義相稱也。事不稱義，雖有吉凶，則非今日之吉凶也，故「元亨利貞」而穆姜以死，「黄裳元吉」南蒯以敗，是所謂「文不當」也。故於經則有「君子吉，小人否」。於占則王相之氣君子以遷官，小人以遇罪也。

《易》之興也，其當殷之末世，周之盛德邪？當文王與紂之事邪？

虞翻曰：　謂文王書《易》六爻之辭也。末世，乾上；盛德，乾三也。文王三分天下而有其二，以服事殷，周德其可謂至德矣，故「周之盛德」。紂窮否上，知存而不知亡「知得而不知喪」，終以焚死，故「殷之末世」也。而馬、荀、鄭君從俗以文王爲中古，失之遠矣。

是故其辭危，

虞翻曰：「危」謂乾三。「夕惕若厲」，故「辭危」也。

危者使平，

陸績曰：　文王在紂世有危亡之患，故於《易》辭多趨危亡。本自免濟，建成王業，故《易》爻辭「危者使平」，以象其事。《否》卦九五「其亡其亡，繫於包桑」之屬是也。

易者使傾。

陸績曰：易，平易也。紂安其位，自謂平易而反傾覆，故《易》爻辭「易者使傾」以象其事。《明夷》上六「初登于天，後入于地」之屬是也。

其道甚大，百物不廢，

虞翻曰：「大」謂乾道。乾三爻，三十六物，故有「百物」。略其奇八，與「大衍之五十」同義。

懼以終始，其要无咎，此之謂易之道也。

虞翻曰：乾稱易道。「終日乾乾」，故「无咎」。「危者使平，易者使傾」，惡盈福謙，故「易之道」者也。

夫乾，天下之至健也，德行恒易以知險。

虞翻曰：「險」謂坎也。謂乾二五之坤成坎离，日月麗天，「天險不可升」，故「知險」者也。

夫坤，天下之至順也，德行恒簡以知阻。

虞翻曰：阻，險阻也。謂坤二五之乾，艮爲山陵，坎爲水，巽高，兑下。地險山川丘陵，故「以知阻」也。

能悦諸心，

虞翻曰：乾五之坤，坎爲心，兑爲説，故「能説諸心」。

能研諸侯之慮，

虞翻曰：坎爲心慮。乾初之坤爲震，震爲諸侯，故「能研諸侯之慮」。

定天下之吉凶，成天下之娓娓者。

虞翻曰：謂乾二五之坤成离日坎月，則八卦象具。「八卦定吉凶」，故能「定天下之吉凶」。娓娓，進也。离爲龜，乾爲蓍。月生震初，故「成天下之娓娓」者，謂莫善蓍龜也。○荀爽曰：「娓娓」者，陰陽之微，可成可敗也。順時者成，逆時者敗也。

是故變化云爲，吉事有詳。

虞翻曰：　詳，幾詳也，「吉之先見者也」。陽出，「變化云爲，吉事爲詳」，謂復初乾元者也。

象事知器，占事知來。

虞翻曰：「象事」謂坤。坤爲器，乾五之坤成象，故「象事知器」也。「占事」謂乾以知來。乾五動成离則翫其占，故「知來」。○侯果曰：　易之云爲，唯變所適。爲善則吉事必應，觀象則用器可爲，求吉則未形可覩者也。

天地設位，聖人成能。

虞翻曰：　天尊五，地卑二，故「設位」。乾爲聖人。「成能」謂「能説諸心，能研諸侯之慮」，故「成能」也。○崔憬曰：　言易擬天地，設乾坤二位，以明重卦之義，所以成聖人伏羲文王之能事者也。

人謀鬼謀，百姓與能。

虞翻曰：　乾爲人，坤爲鬼。乾二五之坤，坎爲謀，乾爲百，坤爲姓，故「人謀鬼謀，百姓與能」。○朱仰之曰：　人謀，謀及卿士。鬼謀，謀及卜筮也。又謀及庶民，故曰「百姓與能」也。

八卦以象告，

虞翻曰：　在天成象，乾二五之坤則八卦象成。兑口震言，故「以象告」也。

爻彖以情言，

崔憬曰：　伏羲始畫八卦，因而重之，以備萬物而告於人也。「爻」謂爻下辭，「彖」謂卦下辭，皆是聖人之情見乎《繫辭》，而假爻彖以言，故曰「爻彖以情言」。

剛柔雜居而吉凶可見矣。

虞翻曰：　乾二之坤成坎，坤五之乾成离，故「剛柔雜居」。艮爲居，离有巽兑，坎有震艮，八卦體備，故「吉凶可見」也。

○崔憬曰：言文王以六爻剛柔相推，而物雜居，得理則吉，失理則凶，故「吉凶可見」也。

變動以利言，

虞翻曰：乾變之坤成震，震爲言，故「變動以利言」也。

吉凶以情遷。

虞翻曰：乾吉坤凶，「六爻發揮，旁通情也」，故「以情遷」。

是以愛惡相攻而吉凶生，

虞翻曰：攻，摩也。乾爲愛，坤爲惡，謂「剛柔相摩」。以愛攻惡生吉，以惡攻愛生凶，故「吉凶生」也。

遠近相取而悔吝生，

虞翻曰：遠陽謂乾，近陰謂坤。陽取陰生悔，陰取陽生吝。悔吝言小疵。○崔憬曰：「遠」謂應與不應，「近」謂比與不比。或取遠應而舍近比，或取近比而舍遠應，由此遠近相取，所以生悔吝於《繫辭》矣。

情僞相感而利害生。

虞翻曰：情陽僞陰也。情感僞生利，僞感情生害。乾爲利，坤爲害。

凡易之情，近而不相得則凶。

韓康伯曰：近況比爻也。易之情，剛柔相摩，變動相逼者也。近而不相得，必有乖違之患也。或有相違而无患者，得其應也。相須而偕凶，乖於時也。隨事以考之，義可見矣。

或害之，悔且吝。

虞翻曰：坤爲害。以陰居陽，以陽居陰，爲「悔且吝」也。

將叛者，其辭慚。

荀爽曰：謂屯六三「往吝」之屬也。○虞翻曰：坎人之辭也。近而不相得，故叛。坎爲隱伏，將叛，坎爲心，故「慚」

也。○侯果曰：凡心不相得，將懷叛逆者，辭必慚恧。

中心疑者，其辭枝。

荀爽曰：「或從王事，无成」之屬也。○虞翻曰：离人之辭也。火性枝分，故枝疑也。○侯果曰：中心疑貳，則失得无從，故枝分不一也。

吉人之辭寡，

虞翻曰：艮人之辭也。

躁人之辭多。

荀爽曰：謂睽上九之屬也。○虞翻曰：震人之辭也。震爲決躁，恐懼虩虩，「笑言啞啞」，故「多辭」。○侯果曰：躁人煩急，故「辭多」。

誣善之人，其辭游。

荀爽曰：游豫之屬也。○虞翻曰：兑人之辭也。兑爲口舌，誣乾，乾爲善人也。○崔憬曰：妄稱有善，故自叙其美，而辭必浮游不實。

失其守者，其辭詘。

荀爽曰：謂泰上六「城復于隍」之屬也。○侯果曰：失守則沮辱而不信，故「其辭詘」也。爻有此象，故占辭亦從矣。○虞翻曰：巽人之辭也。巽詰詘，陽在初守巽。初陽入伏陰下，故「其辭詘」。此六子也。离上坎下，震起艮止，兑見巽伏。上經終坎离，則下經終既濟未濟。上《繫》終乾坤，則下《繫》終六子。此《易》之大義者也。

易傳卷第十六

易傳卷第十七

唐資州李鼎祚集解

周易説卦

昔者聖人之作《易》也，

孔穎達曰：據今而稱上代謂之「昔者」，聰明睿智謂之「聖人」，即伏羲也。案下《繫》云「古者庖犧氏之王天下」，「始作八卦」，今言作《易》，明是伏羲，非謂文王也。

幽贊於神明而生蓍，

荀爽曰：幽，隱也。贊，見也。神者在天，明者在地。神以夜光，明以晝照。蓍者，策也。謂陽爻之策，三十有六；陰爻之策，二十有四；二篇之策，萬有一千五百二十。上配列宿，下副物數。生蓍者，謂蓍從爻中生也。○干寶曰：幽，昧，人所未見也。贊，求也。言伏羲用明於昧冥之中，以求萬物之性爾。乃得自然之神物，能通天地之精而管御百靈者，始爲天下生用蓍之法者也。

參天兩地而倚數，

虞翻曰：倚，立；參，三也。謂分天象爲三才，以地兩之，立六畫之數，故「倚數」也。○崔憬曰：參，三也。謂於天數五地數五中，以八卦配天地之數。起天三配艮而立三數，天五配坎而立五數，天七配震而立七數，天九配乾而立九數。此從三順配陽四卦也。地從二起，以地兩配兑而立二數，以地十配离而立十數，以地八配巽而立八數，以地六配坤而立六數。從此兩逆配陰四卦也。其天一地四之數無卦可配，故虛而不用。此聖人取八卦配天地之數，總五十而爲大衍。　案：此説不盡，已釋在「大衍」章中，詳之明矣。

觀變於陰陽而立卦，

虞翻曰：謂「立天之道，曰陰與陽」。乾坤剛柔，立本者。卦謂六爻。陽變成震、坎、艮，陰變成巽、离、兑，故立卦六爻。三變三六十八，則有十八變而成卦，「八卦而小成」是也。《繫》曰「陽一君二民，陰二君一民」，不道乾坤者也。

發揮於剛柔而生爻，

虞翻曰：謂「立地之道，曰柔與剛」。發，動。揮，變。變剛生柔爻，變柔生剛爻，以三爲六也。「因而重之，爻在其中」，故「生爻」。

和順於道德而理於義，

虞翻曰：謂「立人之道，曰仁與義」。「和順」謂坤，「道德」謂乾。以乾通坤，謂之理義也。

窮理盡性以至於命。

虞翻曰：以乾推坤謂之「窮理」，以坤變乾謂之「盡性」。性盡理窮，故「至於命」。巽爲命也。

昔者聖人之作《易》也，

虞翻曰：重言「昔者」，明謂庖犧也。

將以順性命之理，

虞翻曰：謂「乾道變化，各正性命」。以陽順性，以陰順命。

是以立天之道，曰陰與陽；立地之道，曰柔與剛；立人之道，曰仁與義。

崔憬曰：此明一卦立爻，有三才二體之義，故先明天道，既立陰陽，地道又立剛柔，人道亦立仁義，以明之也。何則？在天雖剛，亦有柔德。在地雖柔，亦有剛德。故《書》曰「沈潛剛克，高明柔克」。人禀天地，豈可不兼仁義乎？所以易道兼之矣。

兼三才而兩之，故易六畫而成卦。

虞翻曰：謂「參天兩地」，乾坤各三爻而成六畫之數也。

分陰分陽，迭用柔剛，

虞翻曰：迭，遞也。分陰爲柔以象夜，分陽爲剛以象晝。「剛柔者，晝夜之象」，晝夜更用，故「迭用柔剛」矣。

故易六畫而成章。

虞翻曰：「章」謂文理。乾三畫成天文，坤三畫成地理。

天地定位，

虞翻曰：謂乾坤五貴二賤，故「定位」也。

山澤通氣，

謂艮兑「同氣相求」，故「通氣」。

雷風相薄，

謂震巽「同聲相應」，故「相薄」。

水火不相射，

謂坎离。射，厭也。水火相通，坎戊离己，月三十日一會於壬，故「不相射」也。

八卦相錯。

錯，摩。則「剛柔相摩，八卦相蕩」也。

數往者順，

謂坤消從午至亥，上下，故「順」也。

知來者逆，

謂乾息從子至巳，下上，故「逆」也。

是故易逆數也。

易謂乾，故「逆數」。此上虞義。

雷以動之，

荀爽曰：謂建卯之月，震卦用事，天地和合，萬物萌動也。

風以散之，

謂建巳之月，萬物上達，布散田野。

雨以潤之，

謂建子之月，含育萌牙也。

日以烜之，休遠反。

謂建午之月，太陽欲長者也。

艮以止之，

謂建丑之月，消息畢止也。

兑以説之，

謂建酉之月，萬物成孰也。

乾以君之，

謂建亥之月，乾坤合居，君臣位得也。

此上荀義。

坤以藏之。

《九家易》曰：　謂建申之月，坤在乾下，包藏萬物也。乾坤交索，既生六子，各任其才，往生物也。又雷與風雨，變化不常，而日月相推，迭有來往，是以四卦以義言之。天地山澤，恒在者也，故直説名矣。○孔穎達曰：　此又重明八物八卦之功用也。上四舉象，下四舉卦者，王肅以爲互相備也，則明雷風與震巽同用，乾坤與天地同功也。

帝出乎震，

崔憬曰：　帝者，天之王氣也。至春分則震王而萬物出生。

齊乎巽，

立夏則巽王而萬物絜齊。

相見乎离，

夏至則离王而「萬物皆相見」也。

致役乎坤，

立秋則坤王而萬物致養也。

説言乎兑，

秋分則兑王而萬物所説。

戰乎乾，

立冬則乾王而「陰陽相薄」。

勞乎坎，

冬至則坎王而「萬物之所歸」也。

成言乎艮。

立春則艮王而「萬物之所成終成始」也。以其周王天下，故謂之帝。此崔《新義》也。

萬物「出乎震」，震，東方也。

虞翻曰：出，生也。震初不見東，故不稱東方卦也。

「齊乎巽」，巽，東南也。齊也者，言萬物之絜齊也。

巽陽隱初，又不見東南，亦不稱東南卦，與震同義。巽陽藏室，故「絜齊」。

离也者，明也，萬物皆相見，南方之卦也。

离爲日，爲火，故「明」。日出照物，以日相見。离象三爻皆正日中，正南方之卦也。

聖人南面而聽天下，嚮明而治，蓋取諸此也。

离，南方，故「南面」。乾爲治，乾五之坤，坎爲耳，离爲明，故「以聽天下，向明而治」也。

坤也者，地也，萬物皆致養焉，故曰「致役乎坤」。

坤陰無陽，故道廣布。不主一方，「含弘光大」，養成萬物。

兑，正秋也，萬物之所說也，故曰「說言乎兑」。

兑三失位，不正，故言「正秋」。兑象不見西，故不言西方之卦。與坤同義。兑爲雨澤，故說萬物。震爲言，震二動成兑，言從口出，故「說言」也。

「戰乎乾」，乾，西北之卦也，言陰陽相薄也。

乾剛，正五月十五日，晨象西北，故「西北之卦」。薄，入也。坤十月卦，乾消剥入坤，故「陰陽相薄」也。

坎者，水也，正北方之卦也，勞卦也，萬物之所歸也，故曰「勞乎坎」。

歸，藏也。坎二失位不正，故言「正北方之卦」，與兑「正秋」同義。坎月夜中，故「正北方」。此上虞義。◯崔憬曰：以坎是正北方之卦，立冬已後，萬物歸藏於坎，又陽氣伏於子，潛藏地中，未能浸長，勞局衆陰之中也。

艮，東北之卦也，萬物之所成終而所成始也，故曰「成言乎艮」。

虞翻曰：艮三得正，故復稱卦。萬物成始，乾甲成終。坤癸艮東北，是甲癸之間，故「萬物之所成終而成始」者也。

神也者，妙萬物而爲言者也。

韓康伯曰：於此言「神」者，明八卦運動，變化推移，莫有使之然者。神則无物，妙萬物而爲言也。明則雷疾風行，火炎水潤，莫不自然相與而爲變化，故能萬物既成。

動萬物者，莫疾乎雷。

崔憬曰：謂春分之時，雷動則草木滋生，蟄蟲發起，所動萬物莫急於此也。

橈萬物者，莫疾乎風。

言風能鼓橈萬物，春則發散草木枝葉，秋則摧殘草木枝條，莫急於風者也。

燥萬物者，莫熯乎火。

言火能乾燥萬物，不至潤濕於陽物之中，莫過乎火。熯亦燥也。

説萬物者，莫説乎澤。

言光説萬物，莫過以澤而成説之也。

潤萬物者，莫潤乎水。

言滋潤萬物，莫過以水而潤之。

終萬物始萬物者，莫盛乎艮。

言大寒立春之際，艮之方位，萬物以之始而爲今歲首，以之終而爲去歲末。此則叶夏正之義，莫盛於艮也。此言六卦之神用而不言乾坤者，以乾坤而發天地，无爲而无不爲，能成雷風等有爲之神妙也。艮不言山，獨舉卦名者，以動橈燥潤功，是雷風水火，至於終始萬物，於山義則不然，故言卦而餘皆稱物，各取便而論也。此崔《新義》也。

故水火相逮，

孔穎達曰：上章言水火不相入，此言水火相逮者，既不相入，又不相及，則无成物之功。明性雖不相入而氣相逮及。

雷風不相悖，

孔穎達曰：上言雷風相薄，此言不相悖者，二象俱動，若相薄而相悖逆，則相傷害，亦无成物之功。明雖相薄而不相逆者也。

山澤通氣，

崔憬曰：言山澤雖相縣遠而氣交通。

然後能變化，既成萬物也。

虞翻曰：謂乾變而坤化。「乾道變化，各正性命」，成既濟定，故「既成萬物」矣。

乾，健也。

虞翻曰：精剛自勝，動行不休，故「健也」。

坤，順也。

純柔，「承天時行」，故「順」。

震，動也。

陽出動行。

巽，入也。

乾初入陰。

坎，陷也。

陽陷陰中。

离，麗也。

日麗乾剛。

艮，止也。

陽位在上，故「止」。

兑，説也。

震爲大笑，陽息震成兑，震言出口，故

「説」。此上虞義也。

乾爲馬。

孔穎達曰：乾象「天行健」，故爲「馬」。

坤爲牛。

坤象地，任重而順，故爲「牛」。

震爲龍。

震象龍動，故爲「龍」。此上孔《正義》。

巽爲雞。

《九家易》曰：應八風也。風應節而變，變不失時。雞時至而鳴，與風相應也。二九十八，主風精，爲雞，故雞十八日剖而成雛。二九順陽歷，故雞知時而鳴也。

坎爲豕。

《九家易》曰：污辱卑下也。六九五十四，主時精，爲豕。坎豕懷胎四月而生，宣時理節，是其義也。

离爲雉。

孔穎達曰：离爲文明，雉有文章，故「离爲雉」。

艮爲狗。

《九家易》曰：艮止，主守禦也。艮數三，七九六十三，三主斗，斗爲犬，故犬懷胎三月而生，斗運行十三時日出，故犬十三日而開目。斗詘，故犬卧詘也。斗運行四帀，犬亦夜繞室也。火之精畏水，不敢飲，但舌舐水耳。犬鬬以水灌之則解也。犬近奎星，故犬淫當路不避人者也。

兑爲羊。

孔穎達曰：兑爲説，羊者順從之畜，故爲「羊」。

乾爲首。

乾尊而在上，故爲「首」。

坤爲腹。

坤能包藏含容，故爲「腹」也。

震爲足。

震動用，故爲「足」。

巽爲股。

巽爲順，股順隨於足，故「巽爲股」。

坎爲耳。

坎北方主聽，故爲「耳」。

离爲目。

离南方主視，故爲「目」。

艮爲手。

艮爲止，手亦止，持於物使不動，故「艮爲手」。

兑爲口。

兑爲説，口所以説言，故「兑爲口」。此上孔《正義》。

乾，天也，故稱乎父；坤，地也，故稱乎母。

崔憬曰：欲明六子，故先説乾稱天父，坤稱地母。

震一索而得男，故謂之長男；巽一索而得女，故謂之長女。坎再索而得男，故謂之中男；离再索而得女，故謂之中女。艮三索而得男，故謂之少男；兑三索而得女，故謂之少女。

孔穎達曰：索，求也。以求乾坤爲父母，而求其子也。得父氣者爲男，得母氣者爲女。坤初求得乾氣爲震，故曰「長男」；坤二得乾氣爲坎，故曰「中男」；坤三得乾氣爲艮，故曰「少男」。乾初得坤氣爲巽，故曰「長女」；乾二得坤氣爲离，故曰「中女」；乾三得坤氣爲兑，故曰「少女」。此言所以生六子者也。

乾爲天，

宋衷曰：乾動作不解，天亦轉運。

爲圜，

宋衷曰：動作轉運，非圜不能，故「爲

圜」。

爲君，

虞翻曰：貴而嚴也。

爲父，

虞翻曰：成三男，其取類大，故「爲父」也。

爲玉，爲金，

崔憬曰：天體清明而剛，故「爲玉爲金」。

爲寒，爲冰，

孔穎達曰：取其西北冰寒之地。○崔憬曰：乾主立冬已後，冬至已前，故「爲寒爲冰」也。

爲大赤，

虞翻曰：太陽爲赤，月望出入時也。○崔憬曰：乾，四月純陽之卦，故取盛陽色「爲大赤」。

爲良馬，

虞翻曰：乾善，故「良」也。

爲老馬，

《九家易》曰：言氣衰也。息至已，必當復消，故爲「老馬」也。

爲瘠馬，

崔憬曰：骨爲陽，肉爲陰。乾純陽爻，骨多，故爲「瘠馬」也。

爲駮馬，

宋衷曰：天有五行之色，故爲「駮馬」也。

爲木果。

宋衷曰：羣星著天，似果實著木，故「爲木果」。

坤爲地，

虞翻曰：柔道静。

爲母，

虞翻曰：成三女，能致養，故「爲母」。

爲布，

崔憬曰：偏布萬物於致養，故坤「爲布」。

爲釜，

孔穎達曰：取其化生成熟，故「爲釜」也。

爲吝嗇，

孔穎達曰：取地生物而不轉移，故爲「吝嗇」也。

爲均，

崔憬曰：取地生萬物，不擇善惡，故「爲均」也。

爲子母牛，

《九家易》曰：土能生育，牛亦含養，故「爲子母牛」也。

爲大轝，

孔穎達曰：取其能載，故「爲大轝」也。

爲文，

《九家易》曰：萬物相雜，故「爲文」也。

爲衆，

虞翻曰：物三稱羣，陰爲民。三陰相隨，故「爲衆」也。

爲柄，

崔憬曰：萬物依之爲本，故「爲柄」。

其於地也爲黑。

崔憬曰：坤十月卦，極陰之色，故「其於色也爲黑」矣。

震爲雷，

虞翻曰：太陽火得水有聲，故「爲雷」也。

爲駹，

駹，蒼色。震，東方，故「爲駹」。舊讀作「龍」，上已「爲龍」，非也。

爲玄黄，

天玄地黄。震，天地之雜，物故「爲玄黄」。

爲旉，

陽在初，隱静，未出觸坤，故「專」，則「乾静也專」。延叔堅説以「專」爲「旉」，大布，非也。此上虞義也。

爲大塗，

崔憬曰：　萬物所出在春，故「爲大塗」，取其通生性也。

爲長子，

虞翻曰：「乾一索」，故「爲長子」。

爲決躁，

崔憬曰：　取其剛在下動，故「爲決躁」也。

爲蒼筤竹，

《九家易》曰：　蒼筤，青也。震陽在下，根長堅剛，陰爻在中，使外蒼筤也。

爲萑葦。

《九家易》曰：　萑葦，蒹葭也。根莖叢生，蔓衍相連，有似雷行也。

其於馬也，爲善鳴，

虞翻曰：　爲雷，故「善鳴」也。

爲馵足，爲作足，

馬白後左足爲馵，震爲左，爲足，爲作。初陽白，故「爲作足」。

爲的顙。

的，白；　顙，額也。震體頭，在口上，白，故「的顙」。《詩》云「有馬白顛」是也。此上虞義也。

其於稼也，爲反生。

宋衷曰：　陰在上，陽在下，故「爲反生」。謂枲豆之類，戴甲而生。

其究爲健，爲蕃鮮。

虞翻曰：　震巽相薄，變而至三，則下象究與四成乾，故「其究爲健，爲蕃鮮」。巽究爲躁卦，躁卦則震。震雷巽風無形，故卦特變耳。

巽爲木，

宋衷曰：　陽動陰静，二陽動於上，一陰

安静於下，有似於木也。

爲風，

陸績曰：風，土氣也。巽，坤之所生，故「爲風」。亦取静於本而動於末也。

爲長女，

荀爽曰：柔在初。

爲繩直，

翟玄曰：上二陽共正一陰，使不得邪僻，如繩之直。○孔穎達曰：取其號令，齊物如繩直也。

爲工，

荀爽曰：以繩木，故「爲工」。○虞翻曰：爲「近利市三倍」，故「爲工」。子夏曰「工居肆」。

爲白，

虞翻曰：乾陽在上，故「白」。○孔穎達曰：取其風吹去塵，故絜白也。

爲長，

崔憬曰：取風行之遠，故「爲長」。

爲高，

虞翻曰：乾陽在上，長，故「高」。○孔穎達曰：取木生而高上。

爲進退，

虞翻曰：陽初，退，故「進退」。○荀爽曰：風行无常，故「進退」。

爲不果，

荀爽曰：風行或東或西，故「不果」。

爲臭。

虞翻曰：臭，氣也。風至知氣，巽二入艮鼻，故「爲臭」。《繫》曰「其臭如蘭」。

其於人也，爲宣髮，

虞翻曰：爲白，故「宣髮」。馬君以「宣」爲「寡」髮，非也。

爲廣顙，

變至三，坤爲廣，四動成乾爲顙，在頭口上，故「爲廣顙」。與震「的顙」同義。震一陽，故「的顙」。巽變乾二陽，故「廣顙」。

爲多白眼。

爲白。离目上向則白眼見，故「多白眼」。

爲近利市三倍。

變至三成坤，坤爲近。四動乾，乾爲利。至五成噬嗑，故稱「市」。乾三爻爲三倍，故「爲近利市三倍」。動上成震，故「其究爲躁卦」。八卦諸爻，唯震巽變耳。

其究爲躁卦。

變至五成噬嗑，爲市。動上成震，故「其究爲躁卦」。明震内體爲專，外體爲躁。此上虞義。

坎爲水，

宋衷曰：坎陽在中，内光明，有似於水。

爲溝瀆，

虞翻曰：以陽闢坤，水性流通，故「爲溝瀆」也。

爲隱伏，

虞翻曰：陽藏坤中，故「爲隱伏」也。

爲矯揉，

宋衷曰：曲者更直爲矯，直者更曲爲揉。水流有曲直，故「爲矯揉」。

爲弓輪。

虞翻曰：可矯揉，故「爲弓輪」。坎爲月，月在於庚爲弓，在甲象輪，故「弓輪」也。

其於人也，爲加憂，

兩陰失心爲多眚，故「加憂」。

爲心病，

爲勞而加憂，故「心病」。亦以坎爲心。坎二折坤爲心病。此上虞義也。

爲耳痛，

孔穎達曰：坎，勞卦也，又主聽。聽勞則耳痛。

爲血卦，爲赤。

孔穎達曰：人之有血猶地有水。赤，血色也。案：十一月，一陽爻生，在坎，陽氣初生於黄泉，其色赤也。

其於馬也，爲美脊，

宋衷曰：陽在中央，馬脊之象也。

爲亟心，

崔憬曰：取其内陽剛動，故「爲亟心」也。

爲下首，

荀爽曰：水之流，首卑下也。

爲薄蹄，

《九家易》曰：薄蹄者，在下。水又趨下，趨下則流散，流散則薄，故「爲薄蹄」也。

爲曳。

宋衷曰：水摩地而行，故「曳」。

其於輿也，爲多眚，

虞翻曰：眚，敗也。坤爲大車，坎折坤體，故爲車多眚也。

爲通。

水流瀆，故「通」也。

爲月，

坤爲夜。以坎陽光坤，故「爲月」也。

爲盜。

水行潛竊，故「爲盜」也。

其於木也，爲堅多心。

陽剛在中，故「堅多心」。棘，棗屬也。此上虞義也。○孔穎達曰：乾震坎皆以馬喻。乾至健，震至動，坎至行，故皆可以馬爲喻。坤則順，艮則止，巽亦順，离文明而柔順，兑柔説，皆无健，故不以馬爲喻也。唯《坤》卦「利牝馬」，取其行，不取其健，故曰「牝」也。坎亦取其行，不取其健，皆外柔，故爲下首、薄蹄、曳也。

离爲火，

崔憬曰：取卦陽在外，象火之外照也。

爲日，

荀爽曰：陽外光也。

爲電，

鄭玄曰：取火明也。久明似日，暫明似電也。

爲中女，

荀爽曰：柔在中也。

爲甲胄，

虞翻曰：外剛，故「爲甲」。乾爲首，巽繩貫甲而在首上，故「爲胄」。胄，兜鍪也。

爲戈兵。

乾爲金，离火斷乾，燥而鍊之，故「爲戈兵」也。

其於人也，爲大腹。

象日常滿，如妊身婦，故「爲大腹」。乾爲大也。

爲乾卦，

火日熯燥物，故「爲乾卦」也。

爲鼈，爲蟹，爲蠃，爲蚌，爲龜。

此五者皆取外剛内柔也。

其於木也，爲折上稾。今本「折」爲「科」。

巽木在离中，體大過死。巽蟲食心則折也。蠹蟲食口木，故「上稾」。或以离火燒巽，故「折上稾」。此上虞義。○宋衷曰：陰在内則空中，木中空則上科稾也。

艮爲山，

宋衷曰：二陰在下，一陽在上。陰爲土，陽爲木。土積於下，木生其上，山之象也。

爲徑路，

虞翻曰：艮爲山中徑路。震陽在初則爲大塗，艮陽小，故「爲徑路」也。

爲小石，

陸績曰：艮，剛卦之小，故「爲小石」者也。

爲門闕，

虞翻曰：乾爲門，艮陽在門外，故「爲門闕」。兩小山，闕之象也。

爲果蓏，

宋衷曰：木實謂之果，草實謂之蓏，桃李瓜瓞之屬皆出山谷也。

爲閽寺，

宋衷曰：閽人主門，寺人主巷。艮爲止，此職皆掌禁止者也。

爲指，

虞翻曰：艮手多節，故「爲指」。

爲拘，

虞翻曰：指詘信制物，故「爲拘」。

「拘」舊作「狗」。上已「爲狗」，字之誤。

爲鼠，

虞翻曰：似狗而小，在坎穴中，故「爲鼠」。晉九四是也。

爲黔喙之屬。

馬融曰：黔喙，肉食之獸，謂豺狼之屬。黔，黑也，陽玄在前也。

其於木也，爲多節。今本爲「堅多節」。

虞翻曰：陽剛在外，故「多節」。松栢之屬。

兑爲澤，

虞翻曰：坎水半見，故「爲澤」。○宋衷曰：陰在上，令下濕，故「爲澤」也。

爲少女，

虞翻曰：坤三索，位在末，故「少」也。

爲巫，

乾爲神，兑爲通。與神通氣，女，故「爲巫」。

爲口舌，

兑爲震聲，故「爲口舌」。

爲毁折，

二折震足，故「爲毁折」。

爲附決。

乾體未圜，故「附決」也。

其於地也，爲剛鹵。

乾二陽在下，故剛。澤水潤下，故「鹹」。此上虞義。○朱仰之曰：取金之剛不生也。剛鹵之地不生物，故「爲剛鹵」者也。

爲妾，

虞翻曰：三少女，位賤，故「爲妾」。

爲羔。

羔，女使，皆取位賤，故「爲羔」。舊讀以震「駹」爲「龍」，艮「拘」爲「狗」，兑「羔」爲「羊」，皆已見上，此爲再出，非孔子意也。震已爲長男，又言長子，謂以當繼世，守宗廟，主祭祀，故詳舉之。三女皆言長、中、少，明女子各當外成，故别見之，此其大例者也。此上虞義。

周易序卦

有天地，然後萬物生焉。

干寶曰：物有先天地而生者矣，今正取始於天地，天地之先，聖人弗之論也，故其所法象，必自天地而還。《老子》曰「有物混成，先天地生，吾不知其名，彊字之曰道」，上《繫》曰「法象莫大乎天地」，《莊子》曰「六合之外，聖人存而不論」，《春秋穀梁傳》曰「不求知所不可知者，智也」，而今後世浮華之學，彊支離道義之門，求入虛誕之域，以傷政害民，豈非「讒説殄行」，❶大舜之所疾者乎！

❶「讒」，原誤作「纔」，今據四庫本、照曠閣本改。

盈天地之間者唯萬物，故受之以屯。屯者，盈也。

荀爽曰： 謂陽動在下，造生萬物於冥昧之中也。

屯者，萬物之始生也。

韓康伯曰： 屯，「剛柔始交」，故爲「萬物之始生也」。○崔憬曰： 此仲尼序文王次卦之意。不序乾坤之次者，以「一生二，二生三，三生萬物」，則天地次第可知，而萬物之先後宜序也。萬物之始生者，言「剛柔始交」，故萬物資始於乾而資生於坤也。

物生必蒙，故受之以蒙。蒙者，物之穉也。

崔憬曰： 萬物始生之後，漸以長穉，故言「物生必蒙」。○鄭玄曰： 蒙，幼小之貌，齊人謂「萌」爲「蒙」也。

物穉不可不養也，故受之以需。需者，飲食之道也。

荀爽曰： 坎在乾上，中有离象，水火交和，故爲「飲食之道」。○鄭玄曰： 言孩穉不養則不長也。

飲食必有訟，故受之以訟。

韓康伯曰： 夫有生則有資，有資則争興也。○鄭玄曰： 訟猶争也，言飲食之會，恒多争也。

訟必有衆起，故受之以師。師者，衆也。

《九家易》曰： 坤爲衆物，坎爲衆水，上下皆衆，故曰「師」也。凡制軍，萬有二千五百人爲軍。天子六軍，大國三軍，次國二軍，小國一軍。軍有將，皆命卿也。二千五百人爲師，師帥皆中大夫。五百人爲旅，旅帥皆下大夫也。○崔憬曰： 因争必起相攻，故「受之以師」也。

衆必有所比，故受之以比。

韓康伯曰： 衆起而不比則争无息，必相親比而後得寧也。

比者，比也。比必有所畜，故受之以小畜。

韓康伯曰：比非大通之道，則各有所畜，以相濟也。由比而畜，故曰「小畜」而不能大也。

物畜然後有禮，故受之以履。履者，禮也。今本「履者禮也」四字入注。

韓康伯曰：禮所以適時用也，故既畜則須用，有用須禮也。

履然後安，故受之以泰。泰者，通也。今本「履而泰」，衍「而泰」二字。

荀爽曰：謂乾來下降，以陽通陰也。○姚信曰：安上治民，莫過於禮，「有禮然後泰，泰然後安」也。

物不可以終通，故受之以否。

崔憬曰：物極則反，故不終泰通而否矣，所謂「城復於隍」。

物不可以終否，故受之以同人。

韓康伯曰：否則思通，人人同志，故可「出門同人」，不謀而合。

與人同者物必歸焉，故受之以大有。

崔憬曰：以欲從人，人必歸己，所以成大有。

有大有不可以盈，故受之以謙。今本「有大者」。

崔憬曰：「富貴而自遺其咎」，故「有大者不可盈」，當須謙退，天之道也。

有大而能謙必豫，故受之以豫。

鄭玄曰：言同既大而有謙德，則於政事恬豫。「雷出地奮，豫。」豫，行出而喜樂之意。

豫必有隨，故受之以隨。

韓康伯曰：順以動者，衆之所隨。

以喜隨人者必有事，故受之以蠱。蠱者，事也。

《九家易》曰：子行父事，「備物致用」而天下治也。「備物致用，立成器以爲天下利，莫大於聖人。」子脩聖道，行父之事以臨天下，無爲而治。

有事然後可大，故受之以臨。臨者，大也。

荀爽曰：陽稱大。謂二陽動升，故曰「大也」。○宋衷曰：事立功成，可推而大也。

物大然後可觀，故受之以觀。

虞翻曰：臨反成觀，二陽在上，故「可觀」也。○崔憬曰：言德業大者，可以觀政於人也。

可觀而後有所合，故受之以噬嗑。嗑者，合也。

虞翻曰：「頤中有物」，食，故曰「合」也。○韓康伯曰：可觀則異方合會也。

物不可以苟合而已，故受之以賁。賁者，飾也。

虞翻曰：「分剛上文柔」，故「飾」。○韓康伯曰：物相合則須飾以脩外也。

致飾而後亨則盡矣，故受之以剝。剝者，剝也。

荀爽曰：極飾反素，文章敗，故爲剝也。

物不可以終盡剝，窮上反下，

虞翻曰：陽四月，窮上，消遘至坤者也。

故受之以復。

崔憬曰：夫易窮則有變，❶物極則反於初，故剝之爲道不可終盡，而使之於復也。

復則不妄矣，故受之以无妄。

崔憬曰：物復其本，則爲誠實，故言「復則无妄」矣。

有无妄，物然後可畜，故受之以大畜。今本「有无妄」下脱「物」字。

荀爽曰：物不妄者，畜之大也。畜積不敗，故「大畜」也。

❶「夫」，原誤作「天」，今據四庫本、照曠閣本改。

物畜然後可養，故受之以頤。頤者，養也。

虞翻曰：「天地養萬物，聖人養賢以及萬民」。○崔憬曰：「大畜剛健，煇光日新」，則可觀其所養，故言「物畜然後可養」也。

不養則不可動，故受之以大過。

虞翻曰：人頤不動則死，故受之以大過。大過，否卦，棺椁之象也。

物不可以終過，故受之以坎。坎者，陷也。

韓康伯曰：過而不已則陷没也。

陷必有所麗，故受之以离。离者，麗也。

韓康伯曰：物極則變，極陷則反所麗。

有天地，

虞翻曰：謂天地否也。

然後有萬物。

謂否反成泰，「天地壹壼，萬物化醇」，故「有萬物」也。

有萬物，然後有男女。

謂泰已有否，否三之上反正成咸。艮爲男，兑爲女，故「有男女」。

有男女，然後有夫婦。

咸反成恒。震爲夫，巽爲婦，故「有夫婦」也。

有夫婦，然後有父子。

謂咸上復乾成遯。乾爲父，艮爲子，故「有父子」。

有父子，然後有君臣。

謂遯三復坤成否。乾爲君，坤爲臣，故「有君臣」也。

有君臣，然後有上下。

否乾君尊上，坤臣卑下。「天尊地卑」，故「有上下」也。

有上下，然後禮義有所錯。

錯，置也。謂天君父夫象尊，錯上。地婦臣子禮卑，錯下。坤，「地道，妻道，臣道」，故「禮義有所錯」者也。此上虞義。

○干寶曰：錯，施也。此詳言人道，三綱、六紀有自來也。人有男女陰陽之性，則自然有夫婦配合之道。有夫婦配合之道，則自然有剛柔尊卑之義。陰陽化生，血體相傳，則自然有父子之親。以父立君，以子資臣，則必有君臣之位。有君臣之位，故有上下之序。有上下之序，則必禮以定其體，義以制其宜。明先王制作，蓋取之於情者也。上經始於乾坤，有生之本也。下經始於咸恒，人道之首也。「《易》之興也，當殷之末世」，有妲己之禍；當「周之盛德」，有三母之功。以言天不地不生，夫不婦不成，相須之至，王教之端。故《詩》以《關雎》爲國風之始，而《易》於咸恒備論禮義所由生也。

夫婦之道，不可以不久也，故受之以恒。恒者，久也。

鄭玄曰：言夫婦當有終身之義。夫婦之道，謂咸恒也。

物不可以終久於其所，故受之以遯。遯者，退也。今本「久居其所」。

韓康伯曰：夫婦之道，以恒爲貴。而物之所居，不可以不恒，宜與時升降，有時而遯者也。

物不可以終遯，故受之以大壯。

韓康伯曰：遯「君子以遠小人」。遯而後通，何可終邪？陽盛陰消，君子道勝也。

物不可以終壯，故受之以晉。晉者，進也。

崔憬曰：不可以終壯於陽盛，自取觸藩，宜「柔進而上行」，受茲錫馬。

進必有所傷，故受之以明夷。夷者，傷也。

《九家易》曰：日在坤下，其明傷也。言晉極當降，復入于地，故曰「明夷」也。

傷於外者，必反於家，故受之以家人。

虞翻曰：晉時在外，家人在內，故反家人。○韓康伯曰：傷於外者，必反諸內矣。

家道窮必乖，故受之以睽。睽者，乖也。

韓康伯曰：室家至親，過在失節，故家人之義唯嚴與敬。樂勝則流，禮勝則離。家人尚嚴，其弊必乖者也。

乖必有難，故受之以蹇。蹇者，難也。

崔憬曰：二女同居，其志乖而難生，故曰「乖必有難」也。

物不可以終難，故受之以解。解者，緩也。

崔憬曰：蹇終則「來碩吉，利見大人」，故言「不可終難，故受之以解」者也。

緩必有所失，故受之以損。

崔憬曰：宥罪緩死，失之則僥倖，有損於政刑，故言「緩必有所失，受之以損」。

損而不已必益，故受之以益。

崔憬曰：損終則「弗損益之」，故言「損而不已必益」。

益而不已必決，故受之以夬。夬者，決也。

韓康伯曰：益而不已則盈，故「必決」也。

決必有遇，故受之以遘。❶遘者，遇也。

韓康伯曰：以正決邪，必有嘉遇。

物相遇而後聚，故受之以萃。萃者，聚也。

崔憬曰：「天地相遇，品物咸章」，故言「物相遇而後聚」也。

聚而上者謂之升，故受之以升。

崔憬曰：「用大牲而致孝享」，故順天命而升爲王矣，故言「聚而上者謂之升」。

升而不已必困，故受之以困。

崔憬曰：「冥升在上」，以消不富則窮，故言「升而不已必困」也。

困乎上者必反下，故受之以井。

❶「遘」，四庫本、照曠閣本作「姤」。下一「遘」字同。

崔憬曰：困及于臲卼，則反下以求安，故言「困乎上必反下」。

井道不可不革，故受之以革。

韓康伯曰：井久則濁穢，宜革易其故。

革物者莫若鼎，故受之以鼎。

韓康伯曰：「革去故，鼎取新」，既以去故，則宜制器立法以治新也。鼎所以和齊生物，成新之器也，故取象焉。

主器者莫若長子，故受之以震。震者，動也。

崔憬曰：鼎所亨飪，亨於上帝。主此器者莫若冢嫡，以爲其祭主也，故言「主器者莫若長子」。

物不可以終動，止之，故受之以艮。艮者，止也。

崔憬曰：震極則「征凶」，「婚媾有言」，當須止之，故言「物不可以終動」，故「止之」也。

物不可以終止，故受之以漸。漸者，進也。

虞翻曰：否三進之四，巽爲進也。

進必有所歸，故受之以歸妹。

虞翻曰：震嫁兑，兑爲妹。嫁，歸也。

得其所歸者必大，故受之以豐。豐者，大也。

崔憬曰：歸妹者，姪、娣、媵，國三人，九女，爲大援，故言「得其所歸者必大」也。

窮大者必失其居，故受之以旅。

崔憬曰：諺云「作者不居」，況窮大甚而能處乎？故必獲罪去邦，羇旅於外也。

旅而无所容，故受之以巽。巽者，入也。

韓康伯曰：旅而无所容，以巽則得所入也。

入而後説之，故受之以兑。兑者，説也。

虞翻曰：兑爲講習，故「學而時習之，

不亦説乎」。

説而後散之，故受之以渙。渙者，離也。

虞翻曰：風以散物，故「離也」。

物不可以終離，故受之以節。

韓康伯曰：夫事有其節，則物之所同守而不散越也。

節而信之，故受之以中孚。

韓康伯曰：孚，信也。既已有節，宜信以守之矣。

有其信者必行之，故受之以小過。

韓康伯曰：守其信者，則失「貞而不諒」之道，而以信爲過也，故曰「小過」。

有過物者必濟，故受之以既濟。

韓康伯曰：「行過乎恭，禮過乎儉」，可以矯世勵俗，有所濟也。

物不可窮也，故受之以未濟。終焉。

韓康伯曰：有爲而能濟者，以己窮物。物窮則乖，功極則亂，其可濟乎？故受之以「未濟」。

周易雜卦

韓康伯曰：雜卦者，雜糅衆卦，錯綜其義，或以同相類，或以異相明矣。

乾剛坤柔。

虞翻曰：乾剛金堅，故「剛」；坤陰和順，故「柔」也。

比樂師憂。

虞翻曰：比五得位，「建萬國」，故「樂」。師三失位，「輿尸」，故「憂」。

臨觀之意，或與或求。

荀爽曰：臨者「教思无窮」，故爲「與」。觀者「觀民設教」，故爲「求」也。

屯見而不失其居，蒙雜而著。

虞翻曰：陰出初震，故「見」。「盤桓，利居貞」，故「不失其居」。蒙二陽在陰位，故「雜」。初雜爲交，故「著」。

震，起也；艮，止也。

震陽動行，故「起」。艮陽終止，故「止」。

損益，盛衰之始也。

損，泰初益上，衰之始。益，否上益初，盛之始。

大畜，時也；无妄，災也。

大畜五之復二成臨，時舍坤二，故「時也」。无妄上之遯初，子弑父，故「災」者也。

萃聚而升不來也，

坤衆在内，故「聚」。升五不來之二，故「不來」。之内曰來也。

謙輕而豫怡也。

謙位三賤，故「輕」。豫薦樂祖考，故「怡」。「怡」或言「怠」也。

噬嗑，食也；賁，无色也。

「頤中有物」，故「食」。賁离日在下，五動巽白，故「无色」也。

兑見而巽伏也。

兑陽息二，故「見」，則「見龍在田」。巽乾初入陰，故「伏」也。

隨，无故也；蠱，則飾也。

否上之初，君子弗用，故「无故」也。蠱，泰初上飾坤，故「則飾也」。

剥，爛也；復，反也。

剥生於遘，陽得陰孰，故「爛」。復，剛反初。

晉，晝也；明夷，誅也。

誅，傷也。离日在上，故「晝」也。明入地中，故「誅」也。此上並虞義。〇干寶曰：日上中，君道明也。明君在上，罪惡必刑也。

井通而困相遇也。

虞翻曰：泰初之五爲坎，故「通」也。困三遇四，故「相遇也」。

咸，速也； 恒，久也。

相感者「不行而至」，故「速也」。 日月久照，四時久成，故「久也」。

涣，離也； 節，止也。

涣「散」，故「離」。 節制數度，故「止」。

解，緩也； 蹇，難也。

雷動出物，故「緩」。 蹇「險在前」，故「難」。

睽，外也； 家人，内也。

离女在上，故「外也」。 家人「女正位乎内」，故「内」者也。

否、泰，反其類也。

否反成泰，泰反成否，故「反其類」。「終日乾乾」，反復之道。

大壯則止，遯則退也。

大壯止陽，陽故止。 遯陰消陽，陽故退。 巽爲退者也。

大有，衆也； 同人，親也。

五陽並應，故「衆也」。 夫婦同心，故「親也」。

革，去故也； 鼎，取新也。

革更故去，鼎亨飪，故「取新也」。

小過，過也； 中孚，信也。

五以陰過陽，故「過」。「信及遯魚」，故「信也」。

豐，多故；❶親寡，旅也。

豐大，故「多」。 旅无容，故「親寡」。 六十四象皆先言卦及道其指，至旅體离，四焚棄之，行又在旅家，故獨先言「親寡」而後言旅。 此上虞義。

离上而坎下也。

韓康伯曰： 火炎上，水潤下也。

小畜，寡也； 履，不處也。

虞翻曰： 乾四之坤初成震，一陽在下，

❶「故」下，四庫本有「也」字。

故「寡也」。乾三之坤上成剥，剥窮上失位，故「不處」。

需，不進也；　訟，不親也。

「險在前也」，故「不進」。「天水違行」，故「不親也」。

大過，顛也。

顛，殞也。頂載澤中，故「顛也」。

遘，❶遇也，柔遇剛也。

坤遇乾也。

漸，女歸待男行也。

兑爲女，艮爲男，反成歸妹，巽成兑，故女歸待艮成震乃行，故「待男行也」。

頤，養正也。

謂養三、五。五之正爲功，三出坎爲聖，故曰「頤養正」。與「蒙以養正聖功」同義也。

既濟，定也。

濟成六爻，得位定也。

歸妹，女之終也。

歸妹，人之終始。女終於嫁，從一而終，故「女之終也」。

未濟，男之窮也。

否艮爲男位。否五之二，六爻失正，而來下陰。未濟主月晦，乾道消滅，故「男之窮也」。

夬，決也，剛決柔也，君子道長，小人道消也。今本「消」作「憂」。

以乾決坤，故「剛決柔也」。乾爲君子，坤爲小人。乾息，故「君子道長」。坤體消滅，故「小人道消」，喻武王伐紂。自大過至此八卦，不復兩卦對説。大過死象，兩體遘決，故次以遘而終於夬。言君子之決小人，故「君子道長，小人道消」。此上虞義。○干寶曰：凡《易》

❶「遘」，四庫本、照曠閣本作「姤」。

既分爲六十四卦，以爲上下經，天人之事，各有始終。夫子又爲《序卦》，以明其相承受之義。然則文王、周公所遭遇之運，武王、成王所先後之政，蒼精受命，短長之期，備於此矣。而夫子又重爲《雜卦》，以易其次第。《雜卦》之末又改其例，不以兩卦反覆相酬者，以示來聖後王，明道非常道，事非常事也。「化而裁之存乎變」，是以終之以決。言能決斷其中，唯陽德之主也。故曰「易窮則變」，「通則久」。總而觀之，伏羲、黄帝皆繫世象賢，欲使天下世有常君也。而堯舜禪代，非黄農之化，朱均頑也。湯武逆取，非唐虞之迹，桀紂之不君也。伊尹廢立，非從順之節，使太甲思愆也。周公攝政，非湯武之典，成王幼年也。凡此皆聖賢所遭遇異時者也。夏政尚忠，忠之弊野，故殷自野以教敬。敬之弊鬼，故周自鬼以教文。文弊薄，故《春秋》閲諸三代而損益之。顔回問爲邦，子曰：「行夏之時，乘殷之輅，服周之冕」。弟子問政者數矣，而夫子不與言三代損益，以非其任也。回則備言，王者之佐，伊尹之人也，故夫子及之焉。是以聖人之於天下也，同不是，異不非，百世以俟聖人而不惑，一以貫之矣。姤卦之「姤」，鄭氏及古文作「遘」。此卷「姤」字皆從古文。

易傳卷第十七

李氏易傳後序

《易》之爲書，無所不通。大焉天地之變，細之鱗介之動。數宜象索，惟神之測。聖師歿，七十弟子喪，後出之師各專其習，故異同派焉。晉魏之際，傳者尤衆，獨王氏爲異。摘去拘滯，特論人事，蓋得聖人所以爲《易》之意。是以歷代貴之，列諸學宮，學者誦焉。諸儒章句遂廢不著，非好古博雅，人間鮮有傳者。慶曆壬午，相府策賢良六題，一出此書，素未嘗見，賢良多下者。

是冬，予放謫北歸，復官漢東，至淮安，太守平陽公館焉。公先德學士，蜀之儒宗，名爲博古，因間以請。遂出先學士所藏李氏《易》本，俾予與其子彦孚習焉。其書會數十章句，取其合者著之。其解卦異者，家世變正、時來旁通互采，頗爲煩悉，若何、范之爲《春秋》者。其所取荀慈明、虞仲翔爲多，而斥王氏、李氏之志也。彦孚既授卒業，且欲中都官文與先學士之意，因緘別本，屬所親眉陽孫景初募工刊刻，以廣傳布。

噫！此書意例雖異，其精者、連環錯綜者有理證，似非一人之學所能舉。意仲尼之後，師師相承，以及翻、爽。豈易之道，天、地、人、鬼、神，萬化巨細無不貫，後之學者，不能兼明直順所聞言之邪？古之能事亡佚者多矣，後或有惜之者，況此書聖賢之遺旨所存乎？他日有沉深志古，得之怡然以自廣，斯亦平陽氏之世德也。慶曆甲申七月計用章撰

鳴謝

《儒藏》精華編惠蒙善助，共襄斯文；謹列如左，用伸謝忱。

本焕法師　壹佰萬元

北京大學《儒藏》編纂中心

本册审稿人　郭彧　孙通海
本册责任编委　李峻岫

圖書在版編目(CIP)數據

儒藏．精華編．二/北京大學《儒藏》編纂中心編．—北京：北京大學出版社，2009.7

ISBN 978-7-301-11720-0

Ⅰ.儒…　Ⅱ.北…　Ⅲ.儒家　Ⅳ.B222

中國版本圖書館 CIP 數據核字(2007)第 113378 號

書　　名：儒藏(精華編二)
著作責任者：北京大學《儒藏》編纂中心　編
責 任 編 輯：蕭　雪
標 準 書 號：ISBN 978-7-301-11720-0/B·0406
出 版 發 行：北京大學出版社
地　　址：北京市海淀區成府路 205 號　100871
網　　址：http://www.pup.cn
電 子 信 箱：dianjiwenhua@163.com
電　　話：郵購部 62752015　發行部 62750672　編輯部 62756694
出版部 62754962
印 刷 者：北京中科印刷有限公司
經 銷 者：新華書店
787 毫米×1092 毫米　16 開本　39 印張　482 千字
2009 年 7 月第 1 版　2015 年 11 月第 2 次印刷
定　　價：1200.00 元

ISBN 978-7-301-11720-0
定價：1200.00元